Il paraît chaque semaine		Il paraît tous les quinze jours
DEUX LIVRAISONS à 10 c.		UNE BELLE SÉRIE à 50 c.

LES AMOURS SECRÈTES

Par exception, cette 1re livraison est **GRATUITE** — DE — Par exception, cette 1re livraison est **GRATUITE**

NAPOLÉON III

| JOLIS DESSINS Par MÉJANEL | PAR PIERRE VÉSINIER | GRAVURES SUR BOIS Par LECESTRE |

PARIS — LIBRAIRIE POPULAIRE, 26, RUE DES ÉCOLES, 26 — PARIS
En Dépôt dans toute la France, l'Algérie et les Colonies
CHEZ LES LIBRAIRES, DANS LES KIOSQUES ET CHEZ TOUS LES MARCHANDS DE JOURNAUX

PIERRE VÉSINIER

LES
AMOURS SECRÈTES
DE
NAPOLÉON III

Aux Lecteurs

Le livre que nous rééditons aujourd'hui a déjà été publié, lorsque ceux dont nous flétrissons les scandales et les crimes étaient au pouvoir et tout-puissants, quand ils régnaient et gouvernaient.

Ce que nous avons voulu accomplir et ce que nous avons fait alors et ce que nous répétons aujourd'hui, c'est une œuvre de justice et de châtiment.

Depuis lors, les flétrissures que nous avons infligées et les condamnations que nous avons prononcées, ont été ratifiées par la France entière, qui a puni les coupables en les chassant honteusement du pouvoir qu'ils avaient usurpé à l'aide du parjure, de la trahison, du guet-apens et de l'assassinat, et qu'ils n'ont conservé si longtemps que par la corruption, le despotisme et la terreur.

Le châtiment de ces misérables a été aussi exemplaire que leurs crimes avaient été flagrants; mais cela ne les a pas complètement découragés, ils n'ont pas abandonné la lutte ni renoncé à leurs sinistres projets.

Embusqués derrière notre Constitution monarchique, faite dans l'espoir d'une restauration, les bonapartistes et les royalistes guettent la République comme des brigands attendent les voyageurs au coin des bois.

Chaque jour ils l'attaquent, l'insultent, la traînent dans la boue, en attendant une occasion favorable pour l'égorger.

Cette première livraison est GRATUITE pour tout le monde

Leurs journaux et leurs brochures sont remplis de mensonges, de calomnies et d'injures contre elle.

Ils prêchent chaque jour la restauration de la royauté et de l'Empire.

Eh bien! puisqu'il en est ainsi, puisqu'ils espèrent inaugurer une nouvelle ère de banditisme monarchique ;

Puisque ces misérables trouvent qu'ils n'ont pas encore amoncelé assez de ruines, de misères et de malheurs ;

Puisqu'ils veulent rétablir un régime détesté qui a été pour nous une calamité dans le passé et qui sera notre honte éternelle dans l'avenir ;

Puisqu'ils travaillent à restaurer le Bas-Empire, puisqu'ils veulent nous conduire à de nouvelles catastrophes, à la ruine et à la décadence, nous croyons qu'il est utile et indispensable de faire connaître à la nouvelle génération les malfaiteurs qui nous ont opprimés depuis si longtemps et conduits du guet-apens de Décembre à la honteuse catastrophe de Sedan.

Les Spartiates donnaient à leurs enfants le spectacle repoussant d'esclaves ivres afin de les dégoûter à tout jamais du vice honteux de l'intempérance ; nous, nous étalerons de nouveau, devant nos concitoyens, dans toute leur affreuse laideur, les tableaux des orgies, des crimes et des tyrannies des bandits dont l'impudeur égale l'audace et la dépravation le cynisme, et qui, pendant tout le temps qu'ils ont été au pouvoir, ne s'en sont servis que pour satisfaire leurs mauvaises passions, leurs bas instincts, leur nature perverse et donner un libre cours à leurs mœurs infâmes.

Si, en agissant ainsi, nous avons inspiré l'horreur de l'Empire et de ses partisans, nous aurons servi utilement la cause de la vérité et de la justice, et accompli un grand devoir.

P. VÉSINIER.

I.

SOMMAIRE. — Charles-Louis-Napoléon Bonaparte et Mlle Elise. — Elle le trompe. — Départ pour Augsbourg. — Ch.-L.-Napoléon Bonaparte collégien. — Il fait l'école buissonnière. — Il va au cabaret. — Son aventure avec un forgeron. — Ses aventures galantes de plus en plus scandaleuses. — Ses mauvaises passions grandissent avec l'âge. — Abondance des sujets. — Amours de C.-Louis-Napoléon Bonaparte en Italie. — Il se déguise en fleuriste pour séduire une belle signora florentine. — Sa déconvenue. — Le mari de la dame lui distribue des coups de bâton. — Il est rossé par les valets et poursuivi par les gamins. — Il propose un duel au mari. — Il se sauve lâchement. — Il va à Rome avec son frère aîné. — Étrange visite que reçoit la reine Hortense. — La bohémienne et sa fille. — Les prédictions qu'elle a faites, en 1790, à Joséphine de Beauharnais, en 1813 à Napoléon Ier et en 1831 à la reine Hortense. — Cette dernière prend à son service Fernanda, la fille de la gitana, en qualité de lectrice. — Les deux fils d'Hortense de Beauharnais en sont amoureux. — Différence de leur passion. — Louis fait une déclaration à la jeune fille dans le parc et se jette à ses genoux. — Il est surpris par son frère. — Sa colère et sa jalousie contre ce dernier. — Il jure de s'en débarrasser. — Les deux jeunes Bonaparte entrent dans la Jeune-Italie. — Insurrection. — Rencontre avec les troupes du Pape. — Un premier échec. — Défaite à Forli. — Napoléon Bonaparte, fils aîné d'Hortense, tombe malade. — Son frère Louis le soigne. — Il met du poison dans ses médicaments. — Mort du jeune prince. — Louis Bonaparte sera Empereur et Fernanda sera à lui. — Le docteur Sanguinetti. — Arrivée des troupes du Pape. — Fuite des insurgés. — Louis-Napoléon Bonaparte se réfugie à Arenemberg avec sa mère et Fernanda. — Il fait de nouveau sa cour à cette dernière. — Celle-ci le repousse avec mépris. — L.-N. Bonaparte donne un narcotique à Fernanda et la viole. — Hortense de Beauharnais la chasse. — Elle est recueillie par les heimathlos. — Elle a une fille et meurt. — Les heimathlos recueillent son enfant. — M. de Persigny à Arenemberg. — MM. les comtes de Gricourt et de Querelles. — MM. Luisy, Challer, Barthélemy, Lombard, etc. — Le commandant Parquin. — Le colonel Vaudrey. — Mme Gordon. — Ses amours avec L.-N. Bonaparte, Persigny et Vaudrey. — Son courage à Strasbourg. — Elle est dans une position intéressante du fait de L.-N. Bonaparte. — Elle accouche d'une fille. — M. Lombard. — M. Louis-Napoléon Bonaparte et ses preux à la Finkmatt. — Lâcheté de Louis Bonaparte. — Inceste honteux et dégradant qui lui est infligé. — Persigny perd la tête. — Courage et présence d'esprit de Mme Gordon. — Louis-Napoléon abandonne sa maîtresse et ses amis. — Il part pour l'Amérique. — Ses amours à New-York. — Il hante les mauvais lieux. — Il devient souteneur de ces derniers. — Il se fait Alphonse de filles. — Il vit à leurs dépens. — Démêlés avec la police. — Il est emprisonné sous l'accusation de tentative de vol. — Son défenseur le fait acquitter. — Il a oublié de le payer. — Il revient en Europe. — Son retour en Suisse. — Ses nombreux bâtards. — Il a un enfant naturel à Genève. — Il lui ressemble beaucoup. — Il l'a fait placer dans une chancellerie. — Il fait le mouchard. — La rue neuve du Molard. — Le canapé historique. — Louis Bonaparte quitte la Suisse.

Louis-Napoléon, l'homme de Strasbourg et de Boulogne, le prisonnier de Ham, qui s'évada déguisé en maçon, est bien le digne fils d'Hortense de Beauharnais, qui fut toute sa vie dans une position intéressante, et qui, après une vie des plus honteux scandales, vint s'établir en Suisse, où elle fit la sainte, quand l'âge et les revers mirent un terme à ses débordements.

Louis-Napoléon Bonaparte ne vivait que de conspirations ridicules, n'avait au monde aucune place pour reposer sa tête: il prit à tâche de corrompre et de dégrader tous ceux qui l'approchèrent, afin d'en faire ses instruments serviles. Aventurier abject, il foula aux pieds tous ses engagements les plus solennels, il se parjura publiquement avec le plus honteux cynisme, il afficha toujours le mépris le plus profond pour tout ce qu'il y a de plus sacré sur la terre : les principes de morale et de justice éternelle, en qui les hommes mettent foi et amour; il était couvert de honte et de boue, de sang et de crimes. On pourrait élever aujourd'hui avec les os de ses victimes un monument plus haut que celui que construisit jadis Tamerlan avec les têtes de ses ennemis; il fut aussi dépravé en amour que cruel en politique.

Il débuta à l'âge de douze ans dans la carrière galante; une jeune fille au service de sa mère reçut ses premiers hommages. Cette jeune personne, nommée Élise, avait sa chambre près de celles de la reine de Hollande détrônée et du tendre Louis.

Ce fut pendant une nuit, — le jeune adolescent était prédestiné aux expéditions nocturnes, — qu'il accomplit son premier exploit; et il se comporta envers Élise endormie comme si elle eût été une simple Constitution. Ce gredin en herbe débuta dans la vie galante par un viol, ou, pour parler plus exactement, par une tentative de viol; car il ne réussit pas, cette fois, dans son entreprise.

La soubrette, le premier moment de surprise passé, se défendit vaillamment contre le jeune libertin. Et, tandis qu'elle luttait, un bruit de porte se fit entendre.

« Ah! c'est Mme la duchesse qui vient à mon secours! » dit Élise.

A ces mots, Louis-Napoléon s'enfuit précipitamment de la chambre. Élise mit le verrou dès qu'il fut sorti, et depuis elle s'enferma tous les soirs avec précaution, pour éviter le retour d'une scène pareille à celle où sa vertu avait couru un si grand danger.

Le lendemain matin, l'indiscrète Élise conta son aventure à ses amies, en leur faisant part de l'heureux hasard qui l'avait sauvée.

En 1820, la duchesse de Saint-Leu, titre que prit la reine Hortense, vint avec ses deux fils habiter Augsbourg et s'établir rue de Sainte-Croix, dans une maison qui, plus tard, prit le nom de palais Pappenheim, parce qu'un comte de Pappenheim en avait fait l'acquisition. L'ex-reine de Hollande était venue à Augsbourg, pour faire donner à ses fils une éducation solide. Le frère aîné de Louis Bonaparte était le favori de sa mère; cette préférence venait probablement de ce que l'homme de Sainte-Hélène était son père, tandis que Louis était le fils de l'Amiral hollandais de Werhuell, à qui Hortense avait aussi accordé ses faveurs (1).

Louis-Napoléon entra au collège Sainte-Anne, comme élève, et quoiqu'il ne parlât pas alors un seul mot d'allemand; il eut bientôt la réputation d'un mauvais sujet. Nous pourrions raconter, sans peine, cent mauvais tours de sa part, pleins de méchanceté, si nous ne craignions de nous écarter trop de notre sujet. Nous nous contenterons d'en rappeler un, parce qu'il donnera une idée de la bonté du cœur du jeune prince.

Louis Bonaparte n'avait que peu d'amis; car son excellente conduite, toute napoléonienne, les chassait tous; deux seulement partageaient ses plaisirs; ils étaient aussi les deux plus propres à le seconder dans ses méchancetés et dans ses sottises. L'un d'eux, Laurent Schwesinger, était fils d'un architecte de province, de Bamberg; et l'autre, Louis Guillaume, était fils d'un fabricant de Lindau.

Un jour, sans la permission de sa mère, ni de son gouverneur, M. Lebas, Louis Bonaparte s'avisa de faire une excursion avec ses deux camarades de collège; ils firent tous trois, comme l'on dit, l'école buissonnière.

Ils allèrent d'abord se rafraîchir aux *Trois Maures*, rue Maximilien, ensuite ils se

---

(1) Le frère aîné de L. Bonaparte est mort empoisonné par ce dernier en 1831, à Forli, dans les États du Pape, lors de l'insurrection des Romagnes, dont ils faisaient tous les deux partie.

Puis, relevant la tête, il ajouta : — Un jour, je serai empereur !

promenèrent en flânant d'une rue à l'autre. En passant devant la boutique d'un forgeron, il vint à la pensée de Louis-Napoléon, de jouer un mauvais tour à l'honnête artisan qui travaillait tranquillement dans sa boutique.

Le forgeron, tout en travaillant, fumait dans une petite pipe de terre, laquelle, comme cela arrive ordinairement, s'éteignait souvent. Ce n'était cependant pas le feu qui manquait à notre homme, mais du papier pour allumer sa pipe. En homme pratique, il remédiait facilement à cet inconvénient au moyen d'une petite tringle en fer qu'il tenait constamment rougie dans sa forge. Louis-Napoléon n'eut pas plus tôt remarqué ce procédé ingénieux, qu'il résolut d'en profiter pour s'amuser aux dépens du forgeron.

Pendant que ce brave homme s'absente un instant, Son Altesse impériale retire cette allumette improvisée du feu, et la replonge par l'autre bout dans le foyer de la forge, de manière que la partie incandescente, qui perdit bientôt sa vive couleur rouge, fût dehors ; le forgeron revint, il saisit sans défiance le morceau de fer pour allumer sa pipe et se brûla si dangereusement la main que ce pauvre homme, qui n'avait que son travail pour toutes ressources, resta plusieurs jours sans pouvoir gagner sa vie. Cette farce cruelle amusa beaucoup le prince, qui en rit aux éclats.

Après l'aventure galante de la première jeunesse de notre héros, que nous venons de raconter, ses défauts et ses mauvaises passions grandirent avec lui, à mesure que le cercle de ses relations s'étendit, que son horizon politique s'élargit, et qu'il acquit de l'importance et du renom. Avec l'âge, ses mauvaises passions se développèrent, et il s'y abandonna avec une plus grande ardeur. Aussi, ce ne sont pas les sujets qui nous manquent, ni les intrigues amoureuses qui nous font défaut ; nous n'avons, au contraire, que l'embarras du choix.

L'Italie, comme l'Allemagne, servit aussi de champ clos à l'ardeur amoureuse du fils d'Hortense ; les brunes Italiennes, comme les blondes Allemandes, reçurent ses hommages. Il lui arriva, dans la belle Florence, au doux climat, au ciel si pur, au peuple affable, spirituel et intelligent, dont la langue harmonieuse est aussi douce que ses mœurs, une aventure des plus ridicules ; elle a été racontée par tous les journaux du temps et défraya longtemps la chronique scandaleuse de la bonne cité florentine.

Louis Bonaparte s'était pris d'une belle passion pour une grande dame de Florence qu'il avait rencontrée souvent dans le monde, et qu'il fatiguait de ses assiduités, sans avoir rien pu obtenir d'elle que des refus dédaigneux. Mais les beaux yeux noirs, le regard velouté de cette belle Italienne, son sourire enivrant, la pureté de ses traits, son visage enchanteur, son teint de rose et de lys, son cou d'albâtre aussi pur que celui d'une vierge de Raphaël, sa tournure gracieuse, sa taille si fine, sa gorge voluptueuse et ses deux jolis petits pieds si délicats et si mignons, sa jambe ronde ; tous ces charmes enivraient notre galant ; il y rêvait sans cesse et jurait de les posséder à tout prix ; il n'eut plus ni trêve ni repos, et mit tout en œuvre pour obtenir la possession de ces trésors d'amour et de beauté : séductions, prières, menaces ; mais, hélas ! ce fut en vain. Il résolut alors, dans son impatience fébrile et dans le paroxysme de son amour, de risquer les grands moyens, de livrer un dernier combat, de donner un assaut décisif et d'emporter la place de gré ou de force ; il s'abandonna aux chances incertaines d'un coup d'état amoureux, il fit contre la belle son expédition de Strasbourg ou de Boulogne, car notre héros n'en était pas encore alors à son Deux-Décembre en amour.

Il chercha longtemps, par quel moyen il pourrait s'introduire dans la demeure de son adorée ; mais malheureusement pour lui il lui manquait quelque intelligent et rusé Figaro, pour lui venir en aide ; à force de se creuser l'esprit, il imagina un ingénieux stratagème, qui, pensait-il, devait lui réussir.

Il se revêtit d'un costume complet de femme, d'une robe, d'un châle, d'un chapeau, et après s'être bien rasé, après avoir mis de la poudre de riz pour blanchir son teint et du rouge pour colorer ses joues, une perruque de femme, de fausses tresses et de fausses nattes, afin de mieux se déguiser, il se munit de plusieurs beaux bouquets de fleurs, et se dirigea, ainsi costumé en bouquetière, vers la demeure de la dame de ses pensées ; après qu'il eut sonné, la camérière, qui vint lui ouvrir, lui demanda ce qu'il voulait. « Je suis, dit-il, en adoucissant sa voix le plus possible, la fleuriste de la Signora, et je lui apporte les fleurs qu'elle m'a commandées. » La domestique, trompée par ce stratagème, l'introduisit sans défiance auprès de sa maîtresse. A la vue de cette horrible fille, dont les petits yeux cyniques s'écarquillaient sous son chapeau ridicule, et dont le nez proéminent donnait à toute sa physionomie un aspect grotesque et risible, — on aurait dit Bobèche habillé en femme, — la belle Italienne ne put dissimuler un profond sentiment d'aversion. Mais Louis Bonaparte, tout entier à sa passion, emporté par son amour, n'y prit pas même garde ; aussitôt que la femme de chambre se fut retirée en refermant la porte sur elle, et qu'il fut seul avec la dame, il s'avança brusquement vers elle, se précipita à ses genoux, en lui faisant mille protestations d'amour, et en la suppliant de céder à sa flamme. « Je ne puis plus, lui disait-il, vivre sans vous posséder ; plutôt mourir mille fois, que d'endurer plus longtemps les tourments affreux qui me rongent le cœur et me torturent l'âme depuis que je vous ai vue ; mettez un terme à mon supplice, cédez à mon amour, soyez à moi, ou je m'abandonne à mon désespoir et je mets fin à mes jours ! » Et, tirant un poignard caché dans sa poitrine, il le brandit en disant :

— « Je suis décidé à me tuer à vos pieds, si vous repoussez mes vœux, et je vous lèguerai ma mort comme un éternel remords. »

A cette vue, à ces gestes de désespoir, à ces menaces de se tuer, la belle Signora, en proie à la plus grande terreur, agita violemment une sonnette. Son mari et ses gens accoururent et trouvèrent le prince amoureux, déguisé en fleuriste, aux pieds de la dame, tendant son poignard d'une main et ses fleurs de l'autre.

A ce spectacle étrange, les arrivants stupéfaits ne savent que penser. Le mari demande une explication à sa femme, qui lui dit, que la prétendue fleuriste n'est qu'un poursuivant insolent et ridicule, qui l'accable depuis longtemps des importunités de son amour. A cette déclaration, l'époux furieux saisit sa canne, et d'un bras vigoureux, dont la colère double la force, il donne au malencontreux soupirant une ample distribution de coups de bâton, qui pleuvent sur son échine drus comme grêle. N'écoutant que sa frayeur, notre amoureux abandonne ses bouquets et son poignard et détale au plus vite ; les valets le poursuivent et le renversent plusieurs fois dans les escaliers, en l'accompagnant à grands coups de pieds jusqu'au milieu de la rue, où il arrive tout décoiffé, son fameux chapeau de femme pendant derrière ses épaules, sa perruque, ses fausses nattes, à moitié arrachées, son châle et sa robe déchirés. Les gamins, à qui les domestiques racontèrent l'aventure, le poursuivirent de leurs insultes et de leurs huées jusque chez lui, où il arriva dans ce piteux costume, transi de peur et roué de coups.

Le lendemain, toute Florence connaissait l'aventure arrivée au futur empereur. Pour se soustraire au ridicule qui l'accablait, il envoya deux témoins au mari outragé, et lui proposa un cartel, pensant qu'il refuserait de se battre et que cette courageuse provocation rétablirait un peu son honneur et sa réputation. Mais, hélas ! mal lui en prit encore, car l'époux courageux accepta le duel et vint au rendez-vous ; ce que voyant, Louis Bonaparte prit le parti de quitter Florence et s'enfuit honteusement, au lieu d'aller se battre, ainsi qu'il l'avait lui-même proposé. Pour excuser cette lâcheté, il la mit sur le compte de sa mère, qui ne lui avait pas permis, disait-il, d'aller au rendez-vous d'honneur qu'il avait donné, et qui le forçait de quitter Florence. Personne ne crut à ce prétexte grossier, et Louis Bonaparte quitta ainsi lâchement et honteusement la ville, qui servit, dit-on, de berceau à sa famille, et près de laquelle il y a encore aujourd'hui des Bonaparte, ses collatéraux ; et il alla à Rome, avec son frère et sa mère, habiter la villa Paolina.

A cette époque, la reine Hortense reçut une étrange visite qui exerça une grande influence sur la destinée de ses deux fils. Nous allons la raconter pour l'intelligence de nos récits ; mais il est nécessaire que nous commencions à une époque antérieure, afin que nos lecteurs connaissent parfaitement les rapports des nouveaux personnages que nous faisons entrer en scène avec la famille Bonaparte.

Au commencement de 1790, peu de temps après la prise de la Bastille, une gitana, nouvellement débarquée à Saint-Pierre de la Martinique, se présenta chez Mme Joséphine de Beauharnais ; elle savait que cette jeune créole était très superstitieuse. Admise en présence de cette dame, la visiteuse lui demanda l'autorisation de lui dire la bonne aventure ; elle avait, lui dit-elle, des choses de la plus grande importance et les plus extraordinaires à lui annoncer.

Il n'en fallait pas tant pour piquer la curiosité de Mme de Beauharnais, qui était très superstitieuse et qui se prêta très volontiers aux pratiques de la nécromancienne.

Celle-ci, prétendant lire dans le livre du destin, lui prédit la fortune merveilleuse à laquelle elle est parvenue depuis ; mais elle lui annonça aussi la mort terrible qui attendait son époux, le comte de Beauharnais, qui devait, lui dit-elle, mourir sur l'échafaud.

Malgré ce pronostic effrayant, bien fait pour faire reculer toute autre femme moins ambitieuse que Joséphine de Beauharnais, celle-ci partit pour Paris, dans l'espoir de voir se réaliser la première partie de la prophétie et, sans crainte de l'épouvantable catastrophe prédite dans la seconde ; l'histoire a depuis confirmé toute la prédiction de la bohémienne, si tant est qu'il faille croire à la perspicacité des gitanes.

Vingt-trois ans plus tard, Napoléon Ier, suivi seulement de son valet de chambre Constant, montait les cinq étages d'une vieille maison d'une des ruelles désertes de la Cité, à Paris, et se faisait tirer les cartes par la même nécromancienne qui avait prédit l'avenir à l'Impératrice Joséphine.

La bohémienne dit alors — c'est du moins la légende — mot à mot à l'Empereur ce qui lui est arrivé depuis : Le désastre de 1814, son séjour à l'île d'Elbe, son débarquement à Cannes, sa rentrée victorieuse à Paris, sa défaite à Waterloo, sa transportation à l'île de Sainte-Hélène, et jusqu'à sa mort prématurée (1).

---

(1) Voir les Mémoires de la reine Hortense et ceux de Constant, valet de chambre de Napoléon Ier. L'auteur ne croit pas à ces fables, il ne les cite que comme des preuves de la superstition des Bonaparte.

L'heure de l'orgie avait sonné; on commença par souper, on fuma des cigares...

Le grand Empereur, blessé dans son orgueil, ne voulut pas croire aux grands malheurs qu'on lui annonçait et s'en fut furieux.

Dix-sept ans plus tard, la même gitana, munie d'une lettre de Joséphine de Beauharnais, devenue impératrice, constatant ses prédictions extraordinaires, se présenta à Rome, à la villa Paolini, habitée par une reine alors proscrite et par ses deux fils.

Comme Joséphine de Beauharnais dont elle était la fille, cette princesse était superstitieuse; elle accueillit fort bien la pythonisse qui lui prédit la haute fortune à laquelle son plus jeune fils devait atteindre. Elle lui annonça son élévation sur le trône impérial. Mais, — et c'est en cela que sa double vue n'était pas parfaite, — elle ne lui parla ni du Deux-Décembre ni de Sedan, ni de la déchéance, ni de la mort de Louis Bonaparte en exil. Elle ne fit pas non plus allusion à la fin prochaine de son fils aîné, qui devait mourir si abominablement empoisonné par son frère. Elle ne lui annonça aucune de ces défaites, aucun de ces crimes, ni le châtiment mérité qui les a suivis.

La devineresse avait alors avec elle sa jeune fille, charmante personne âgée de seize ans, d'une grande beauté. L'ex-reine, à qui la jeune personne plut beaucoup et qui était enchantée des prédictions de fortune, de puissance et de gloire qui venaient d'être faites à son plus jeune fils, pria la diseuse de bonne aventure de vouloir bien lui confier sa fille, de l'avenir de laquelle elle se chargeait et dont elle ferait sa demoiselle de compagnie en remplacement de Mlle Cochelet qui devait se marier avec le commandant Parquin.

Chose extraordinaire, la diseuse de bonne aventure, qui lisait si couramment dans l'avenir des autres, ne voyait absolument rien dans le sien et dans celui de sa famille. Elle confia sa fille à l'ex-reine qui partit bientôt avec elle pour la Suisse, où elle avait un beau château à Arenemberg, dans le canton de Thurgovie, et où elle avait l'habitude d'aller passer tous les étés avec ses enfants et sa suite.

La jeune gitana, dont l'ex-reine de Hollande avait fait une de ses demoiselles de compagnie, se nommait Fernanda; sa beauté était réellement remarquable, son teint chaud comme celui de toutes les femmes de sa race, donnait un attrait piquant à sa physionomie vive et mobile, ses joues roses avaient l'éclat vermillonné des pêches andalouses, ses lèvres, le carmin des grenades; elles encadraient les plus jolies et les plus mignonnes dents blanches que l'on puisse imaginer; un petit duvet noir, à peine visible, ombrait imperceptiblement sa lèvre supérieure; son nez bien fait, son front pur, ses grands yeux noirs, ses sourcils arqués, sa chevelure opulente et de jais, l'ovale parfait de son visage, son cou délicat, complétaient l'ensemble de sa séduisante physionomie. Sa gorge était luxuriante, sa taille fine et souple, ses hanches voluptueuses, sa tournure divine, pleine de grâce et de distinction, ses pieds mignons et cambrés; et son mollet eût rendu jalouses toutes les filles d'Espagne.

Elle était gaie, aimante, confiante comme on l'est à son âge, quand on a conservé toutes les chastes illusions de l'innocence. Elle voyait tout en bon et tout en beau.

La première fois que les fils de la châtelaine de la villa Paolini la virent, ils éprouvèrent un profond sentiment d'admiration pour elle. L'aîné, Napoléon surtout, se sentit subjugué par l'éclat de cette beauté méridionale, dont il avait rêvé souvent sous le soleil brûlant de l'Italie du Sud, mais il l'admirait secrètement avec toute la candeur naïve et la foi profonde d'un premier amour; cette adorable jeune fille était pour lui une vierge de Raphaël vivante, pour laquelle il professait un culte qui n'avait rien de profane. Chaque fois qu'il la rencontrait dans les salons de sa mère ou sous les ombrages du parc de la villa, il rougissait, son cœur palpitait et battait à se rompre; quand il pouvait la saluer, lui parler, il était si émotionné et si heureux que sa voix tremblait et qu'il balbutiait. Quand il pouvait se procurer une fleur, un livre, une feuille de papier, quelque chose qu'elle avait touché, il l'emportait précieusement dans sa chambre, l'embrassait furtivement, le pressait sur son cœur en se disant :

« Celle que j'aime plus que la vie, celle que j'adore, que je vois partout, dont la pensée ne me quitte jamais, ni le jour, ni la nuit, et à laquelle je n'ai pas encore osé avouer mon amour, a touché cet objet, elle l'a regardé, admiré, aimé peut-être ; une parcelle d'elle-même, de son souffle, de son parfum de jeune fille, de jeune femme, est resté dedans. En savourant l'odeur de cette fleur qu'elle a elle-même portée à ses lèvres divines, il me semble que je respire son âme, que je m'enivre de son souffle, de son haleine embaumée, et je me sens vivre dans une autre atmosphère, dans un monde enchanté. Oh ! Fernanda ! que je t'aime ! » se murmurait-il à lui-même. Si dans ce moment la jeune fille fût entrée dans sa chambre, il serait tombé à genoux devant elle et l'eût adorée comme une madone.

Le sentiment que le plus jeune fils d'Hortense de Beauharnais éprouvait pour Fernanda était tout autre. La première fois qu'il l'aperçut, ses yeux ternes s'émerillonnèrent, un éclair fauve et libidineux les illumina, ses lèvres minces se gonflèrent, un frisson de luxure parcourut son corps et une exclamation obscène monta à ses lèvres, mais y expira, grâce à la présence de sa mère.

Profondément dissimulé, il cacha à tous les sentiments grossiers qu'il avait éprouvés à la vue de la jeune femme ; mais observateur pénétrant, il devina de suite l'impression profonde qu'elle avait faite sur le cœur de son frère, et au bout de quelque temps il ne tarda pas à s'apercevoir que la jeune fille, sans même s'en rendre compte et sans le savoir, lui préférait son frère aîné. Il en fut jaloux.

Chaque fois que Fernanda rencontrait Napoléon, elle lui rendait son salut avec une politesse pleine de tendresse ; elle lui souriait avec une bienveillante bonté, tandis qu'avec Louis sa politesse était plus froide et sa réserve plus grande.

Dans ses promenades dans le parc, souvent Napoléon avait rencontré Fernanda, les deux jeunes gens avaient fini par éprouver un grand plaisir secret, une satisfaction profonde à ces entrevues qu'ils s'efforçaient tous les deux de croire fortuites et qui souvent ne l'étaient pas ; jamais ils n'avaient échangé un mot qui ne pût être entendu de tous. Jamais le mot *amour*, les mots *je t'aime* n'avaient effleuré leurs lèvres. A quoi bon du reste ? leurs regards, l'intonation de leur voix, leurs gestes, leur attitude, leurs gestes ne parlaient-ils pas assez haut et assez éloquemment pour que leurs cœurs se comprissent ? Napoléon savait qu'il aimait Fernanda et cette dernière n'ignorait pas que son faible cœur battait pour Napoléon.

Louis s'était aperçu de tout cela et il en éprouvait un profond dépit. Il était très jaloux de son frère, parce qu'il était son aîné.

— N'est-ce donc pas assez, se disait-il à lui-même, que mon frère soit l'héritier de mon oncle, qu'il soit un jour le prétendant à la couronne impériale ? faut-il encore qu'il me vole l'amour de Fernanda ? Mais je saurai bien vaincre les obstacles que son droit d'aînesse élève devant moi, je saurai conquérir le trône de mon oncle et l'amour de Fernanda.

Puis, baissant la voix de manière à ne pouvoir être entendu de personne, il ajouta :

— Je ferai disparaître mon frère, si cela est nécessaire. Je veux être empereur et aimé de Fernanda.

Souvent il épiait dans le parc, caché derrière une touffe de lilas, son frère et la jeune lectrice de sa mère, il écoutait leur conversation, mais jamais il ne put rien surprendre de répréhensible. Les deux jeunes gens, au milieu des plus gros soupirs comprimés et des œillades les plus langoureuses, ne se dirent jamais un seul mot qui pût justifier sa jalousie ou mériter des reproches.

Comme, après tout, il n'avait aucune preuve du prétendu amour qu'il supposait que Fernanda avait pour son frère, il résolut de déclarer le sien à la jeune fille au risque de le voir repoussé.

Un jour qu'il rencontra Fernanda seule dans le parc, il l'aborda résolûment.

— Il y a longtemps, mademoiselle, lui dit-il, que je désire avoir un entretien avec vous. Seriez-vous assez bonne pour me l'accorder ?

— Parlez, monsieur, répondit la jeune fille avec calme.

Le sang-froid et l'innocence de la gentille promeneuse le déconcertèrent un peu, Mais il reprit bientôt son aplomb habituel et lui dit :

— Vous avez sans doute compris, mademoiselle, que je n'ai pu avoir le bonheur de vous voir chaque jour, d'admirer vos charmes, votre beauté, toutes les perfections dont la nature vous a douée, sans éprouver pour vous, le plus vif, le plus brûlant des sentiments, sans vous aimer de toutes mes forces ; aussi, je vous en supplie, ne repoussez pas mon amour.

— Monsieur, je vous en prie, ne me parlez pas ainsi, je ne puis vous écouter. Si je le faisais, Madame votre mère, si bonne pour moi, me chasserait et elle aurait raison.

— Ne me repoussez pas ainsi, mademoiselle, lui dit-il, en se jetant à ses genoux ; je vous le répète, je vous aime, je ne puis vivre sans vous ; il faut que vous soyez à moi. Et, joignant l'action à la parole, il voulut enlacer la jeune fille dans ses bras. Celle-ci, agile comme une gazelle, se recula vivement en poussant un cri.

Au même moment, le jeune Napoléon, ayant entendu l'exclamation de Fernanda, accourut à son secours et surprit Louis aux pieds de celle qu'il aimait.

La jeune fille, toute confuse, se sauva, pendant que Louis, se relevant en toute hâte, disparut derrière le taillis en murmurant des imprécations contre son frère.

Depuis ce jour sa résolution de se débarrasser de son frère fut bien arrêtée dans son esprit et il se promit de la mettre à exécution à la première occasion.

Charles-Louis-Napoléon Bonaparte était très ambitieux, il rêvait les plus grandes et les plus brillantes des idées ; comme Macbeth, il voulait être roi ou plutôt empereur, et, entre le trône impérial de Napoléon Ier et lui, il voyait toujours se dresser son frère aîné, qui était aussi un obstacle à sa passion pour Fernanda.

Il souhaita d'abord pendant longtemps qu'un hasard fît disparaître la cause de ses soucis. Il songeait aussi souvent qu'en aidant un peu la fortune, qu'en travaillant lui-même à la suppression de l'empêchement qui s'opposait à la réalisation de ses projets, il pourrait plus facilement atteindre son but. Et, malgré lui, l'idée d'un fratricide lui venait sans cesse à l'esprit. Au commencement il la repoussait, mais cette pensée maudite revenait toujours avec une nouvelle persistance. Peu à peu, il s'y était habitué, et à l'époque dont nous parlons elle s'était complètement emparée de son esprit. Il n'attendait plus qu'une occasion favorable pour la mettre en pratique.

Les patriotes italiens alors conspiraient et s'agitaient beaucoup, pour renverser les divers gouvernements despotiques, presque tous alliés de l'étranger ; et parmi tous ces pouvoirs un des plus détestés était celui du pape. A Rome il y avait une vaste conjuration ourdie contre le despotisme papal.

Charles-Louis-Napoléon Bonaparte pensa alors qu'en entrant avec son frère dans cette conspiration, il pourrait peut-être trouver un moyen de faire tomber son frère aîné dans quelque piège qui pourrait puissamment contribuer à le débarrasser de l'obstacle qui lui obstruait l'accès du trône impérial.

Il engagea donc fortement son frère aîné à se faire recevoir avec lui dans la société secrète *la Jeune Italie* qui était l'âme du complot contre la papauté. Son frère accepta sa proposition sans difficulté. Il était bien loin de soupçonner quel était le motif secret de son frère cadet lorsque celui-ci l'engagea à s'enrôler avec lui dans la *Jeune Italie*.

Il y avait à peine quelques mois que les deux fils de la reine Hortense étaient enrôlés dans cette société secrète, quand éclata une insurrection dans les Romagnes ; Louis-Napoléon et Charles-Louis marchèrent aux premiers rangs des insurgés et eurent bientôt une rencontre avec les troupes papales. Mais, malheureusement, la fortune des armes ne fut pas favorable aux libéraux italiens, et après un engagement sanglant, plusieurs de leurs compagnons furent tués et blessés, et ils durent battre en retraite.

Pendant cette dernière, le fils aîné de la reine Hortense, d'abord indisposé à la suite des fatigues d'une marche précipitée, tomba brusquement malade à Forli.

Ce fut son jeune frère, Charles-Louis, qui le soigna, aidé d'un patriote italien, le docteur Sanguinetti. Mais malgré les soins empressés de ce dernier, l'état du malade s'aggrava rapidement.

Le plus jeune fils de la reine de Hollande passa la nuit au chevet de son frère aîné malade, il ne le quitta pas d'une minute et lui fit prendre lui-même toutes les prescriptions du docteur, mais sans succès. Le lendemain, quand le docteur revint après avoir passé la nuit à soigner des blessés, Louis-Napoléon Bonaparte était très mal. Il ordonna une nouvelle potion qui fut aussitôt préparée.

Le frère du malade se chargea lui-même de la lui faire prendre et quand le médecin fut parti, il souleva doucement ce dernier qui sommeillait sur son lit en proie à une grande faiblesse. Lorsque le malade ouvrit un peu les yeux, Charles-Louis Bonaparte lui dit :

— Mon bon frère, comment te trouves-tu ?

— Mal, très mal, répondit le malade d'une voix faible; l'estomac brûle; je souffre énormément, et je suis très faible.

A ces mots, Charles-Louis Bonaparte prit la potion placée sur la table et dans laquelle il avait versé quelques instants avant quelques gouttes du contenu d'un flacon qu'il avait dans sa poche; puis, approchant la coupe des lèvres de son frère, il dit à ce dernier :

— Tiens, mon bon frère, prends cette médecine, elle te fera du bien, elle a été préparée et ordonnée par notre excellent ami le docteur Sanguinetti.

Le malade avala aussitôt le remède qui lui était présenté, mais à peine l'eut-il bu, qu'il poussa un sourd gémissement, ferma les yeux, s'affaissa sur l'oreiller en ne donnant plus aucun signe de vie.

Charles-Louis Bonaparte contempla un instant son frère en silence, lui tâta le pouls, lui mit la main sur le cœur; ni l'un ni l'autre ne battaient.

Il prit alors son mouchoir, essuya une sueur froide qui lui perlait au front.

— Le remède a produit son effet, murmura-t-il d'une voix sourde, mon frère est mort; le plus grand obstacle placé entre moi et le trône impérial a disparu.

Puis, relevant la tête qu'il avait jusqu'alors tenue inclinée, il ajouta :

— Un jour je serai Empereur. Et Fernanda sera à moi.

Se dirigeant ensuite vers la porte, il l'ouvrit et appela le docteur Sanguinetti. Ce dernier arriva bientôt.

— Je crois que mon frère est mort? lui dit-il.

Après un court examen, le médecin lui répondit :

— Hélas oui! La fin prématurée de votre frère m'étonne beaucoup, je ne puis comprendre l'inefficacité de mes remèdes; hier encore votre frère était bien portant, plein de vie; je ne puis m'expliquer la cause de sa mort. Si d'autres que vous l'avaient soigné, je croirais à un crime. Il faudra, si nous en avons le temps, que je fasse l'autopsie de son corps, afin de rechercher la cause de cette mort extraordinaire.

Charles-Louis Bonaparte écouta en silence, avec sa physionomie taciturne habituelle, et son flegme impassible; pas un trait de son visage ne bougea.

A peine le docteur Sanguinetti avait-il fini de parler que plusieurs insurgés accoururent en criant :

— Voici les troupes papales qui arrivent; aux armes !

Tous les volontaires prirent alors leurs fusils, mais durent battre en retraite. Une demi-heure après, la petite ville de Forli était complètement cernée par l'ennemi; les patriotes italiens avaient eu le temps de s'échapper. Les soldats du pape ne trouvèrent plus que le cadavre du fils aîné de la reine Hortense. Son frère s'était sauvé avec ses compagnons; dès qu'il fut dans la campagne, il prit un petit flacon qu'il avait dans sa poche et le jeta au loin dans un champ. Le docteur Sanguinetti, qui l'observait, courut à la recherche du flacon ; et, quand il l'eut retrouvé et examiné, il dit à Charles-Louis-Napoléon Bonaparte :

— Prince, vous êtes un assassin ! Caïn, vous avez empoisonné votre frère.

L'empoisonneur protesta de son innocence.

Après son échauffourée des Romagnes et la mort de son frère, Charles-Louis Napoléon Bonaparte retourna à Florence rejoindre sa mère qui était revenue avec Fernanda depuis le commencement de l'insurrection.

Mais bientôt le gouvernement du pape fit une plainte contre le jeune insurgé de Forli, qui avait levé l'étendard de la révolte contre lui, demandant son extradition ou tout au moins son expulsion.

L'ex-reine de Hollande fut officiellement prévenue du fait par le gouvernement du Grand-Duc, qui lui donna à entendre qu'elle ferait bien de quitter la Toscane pour quelque temps, afin d'éviter l'orage.

Hortense de Beauharnais, déjà très douloureusement affectée de la perte de son fils aîné, était encore dans la plus grande inquiétude au sujet du cadet dont elle redoutait l'arrestation ; aussi ne se fit-elle pas répéter l'invitation indirecte qu'elle avait reçue de quitter les États de son Altesse le Grand-Duc. Elle s'enfuit aussitôt, avec son cher fils Charles-Louis-Napoléon et Fernanda, se réfugier dans son château d'Arenemberg, situé près des bords du lac de Constance, dans le canton de Thurgovie (Suisse).

Lorsqu'il fut installé avec sa mère dans leur nouvelle résidence et que le temps, ce grand médecin des cœurs, eut un peu calmé la douleur que la mort prématurée de son frère avait causée parmi les hôtes du château, Louis-Napoléon Bonaparte fit de nouveau sa cour à la jeune gitana, mais inutilement. Fernanda qui avait conçu une violente passion pour le fils aîné de l'ex-reine Hortense, sans jamais la lui avouer, avait au cœur une trop profonde blessure pour jamais oublier ce jeune prince, et elle eût considéré comme incestueux tout sentiment de même nature envers son frère. Aussi chaque fois que Louis lui parlait de son amour, elle éprouvait un si grand dégoût, une si profonde répulsion qu'elle ne pouvait le lui dissimuler et repoussait avec mépris les déclarations du jeune homme.

Un jour qu'il était encore plus pressant que d'habitude, elle s'oublia et ne put s'empêcher de lui dire :

— N'êtes-vous pas honteux de me parler de votre amour quand la tombe de votre frère est à peine fermée? Ne comprenez-vous pas que je me considérerais comme une criminelle si je vous écoutais ?

— Ah ! je comprends parfaitement, Mademoiselle, vous portez dans votre cœur le deuil de mon frère et vous repoussez mon amour comme étant incestueux. Mais rassurez-vous, vous pouvez l'accepter sans vous rendre coupable, car celui que vous regrettez n'était pas votre époux ; vous pouvez aimer le frère de votre amant sans commettre d'inceste.

— Monsieur, laissez-moi ; vous êtes un lâche d'insulter ainsi une pauvre femme, et un misérable en profanant la mémoire de votre frère dont je n'ai pas plus été la maîtresse que je ne serai la vôtre!

En disant ces mots, la jeune fille quitta le prince, se sauva rapidement et s'en fut reprendre son service auprès de l'ex-reine de Hollande.

Charles-Louis-Napoléon Bonaparte, resté seul dans le parc, se promena longtemps, les bras croisés sur la poitrine à la manière de son oncle qu'il imitait toujours. Il était sombre et préoccupé.

Il songeait au meilleur moyen à employer pour venir à bout de la résistance de l'objet de sa violente et grande passion.

— Cette jeune fille sera à moi, se disait-il, j'ai juré de la posséder et je tiendrai le serment que je me suis fait à moi-même. Mon frère me gênait dans mon amour et était un obstacle placé entre le trône de mon oncle et moi. Eh bien! mon frère a disparu. Comme Caïn, je suis un fratricide. Mais, jusqu'à présent, Jéhovah ne m'est pas apparu, entouré de ses foudres, pour me maudire et me dire : « Caïn! qu'as-tu fait de ton frère? » Moi qui n'ai pas reculé devant l'accomplissement du plus grand des crimes après le parricide, hésiterai-je à en commettre d'autres pour accomplir mes volontés et satisfaire mes passions? Non! la résistance d'une jeune fille ne sera pas un obstacle pour moi; puisque je n'ai pu en triompher par la parole et par les séductions, j'emploierai un autre moyen, un moyen qui est infaillible. Je vais l'essayer dès ce soir.

En disant ces derniers mots, Louis-Napoléon Bonaparte rentra au château. Dans la journée, il eut occasion de rencontrer plusieurs fois la jeune lectrice de sa mère; comme toujours il la salua poliment, mais il ne lui adressa pas la parole et eut l'air de ne pas avoir conservé souvenir de la déclaration qu'il lui avait faite le matin.

Quand le soir fut venu, il sortit de nouveau, se rendit dans un grand champ de pavots turcs en pleine floraison, situé près du château; il cueillit un énorme bouquet de ces fleurs opiacées; elles dégageaient une forte odeur d'opium qui montait à la tête des passants qui venaient la respirer de trop près.

Il retourna ensuite dans le parc, muni de son gros bouquet, et alla s'étendre sur un moelleux gazon, vis-à-vis des fenêtres de la chambre à coucher de son adorée, à l'ombre d'un épais bouquet de lilas, dont le vert feuillage le dérobait aux regards des rares promeneurs attardés. Il avait eu le soin de cacher ses fleurs sous l'herbe épaisse.

Après le coucher du soleil, il aperçut Fernanda appuyée sur le rebord de sa fenêtre, contemplant mélancoliquement les étoiles d'or scintillant dans un ciel d'azur, et respirant les brises du soir qui s'élèvent ordinairement à la suite d'une chaude journée d'été.

La jeune femme était ravissante ainsi; sa grâce mélancolique donnait un grand attrait à sa beauté méridionale.

Louis-Napoléon Bonaparte, toujours caché dans le vert bosquet qui le dérobait à la vue de celle qu'il convoitait si ardemment, se disait à lui-même :

— Dans quelques heures, cette vierge, qui va bientôt se coucher confiante et mélancolique, sera à moi.

Peu d'instants après, la jeune descendante des almées égyptiennes, dont les paupières commençaient à s'alourdir sous les premières atteintes du sommeil et dont les sens s'assoupissaient sous l'influence des lourdes senteurs de la nuit, quitta sa fenêtre et disparut dans sa chambre.

Louis Bonaparte resta encore environ une demi-heure dans sa cachette, et lors-

La première fois qu'elle rencontra l'objet de sa flamme, il était vêtu de son costume national.

qu'il en sortit, il tenait à la main gauche le gros bouquet de pavots dont nous avons parlé et à la main droite une légère échelle qu'il avait eu soin de disposer derrière un gros arbre non loin de lui. Il s'avança en marchant légèrement sur le gazon et en faisant le moins de bruit possible, et il se dirigea contre la maison, sous les fenêtres de Fernanda. Il posa l'échelle contre le mur et monta dessus tout doucement, tenant toujours son gros bouquet de pavots à la main.

Lorsqu'il eut atteint la hauteur de la fenêtre de la chambre à coucher de Fernanda, la nuit était très claire; il plongea avec précaution son regard dans l'intérieur, de manière à ne pas être vu si la jeune fille ne dormait pas. Mais il aperçut bientôt cette dernière plongée dans un profond sommeil, et il entendit le léger murmure de sa respiration cadencée.

Il mit alors son bouquet au bout d'une longue baguette de noisetier et le déposa sans bruit sur le lit, tout auprès du joli visage de la jeune dormeuse, de manière que cette dernière en absorbât les parfums soporifiques. Il referma ensuite la fenêtre et retourna reprendre sa place sur l'herbe du parc.

Deux heures après, à minuit environ, il gravit de nouveau l'échelle placée sous la fenêtre et ouvrit cette dernière. La jeune femme était à la même place et le bouquet était toujours auprès d'elle.

Louis-Napoléon Bonaparte, après l'avoir bien regardée, sans doute pour s'assurer si le parfum opiacé du bouquet avait produit son effet, escalada la fenêtre et s'introduisit, comme un larron, comme un brigand qu'il était, dans la chambre. La nuit était splendide, la lune brillait au ciel comme un éblouissant réflecteur électrique et inondait de ses rayons le beau corps de Fernanda.

Cette dernière apparaissait au jeune prince comme une féerique vision d'Orient, ses longs cheveux d'ébène inondaient de leur flot noir et épais ses épaules de neige et ses seins mouvants et découverts ; ses beaux yeux noirs étaient tout grands ouverts (1) et semblaient regarder fixement le jeune envahisseur ; sa bouche rose était entr'ouverte comme pour donner et recevoir des baisers ; ses narines gonflées par la chaleur semblaient aspirer avec avidité le parfum des pavots dont l'atmosphère était fortement saturée ; ses sourcils arqués faisaient ressortir la blancheur et le poli de son front si pur ; ses deux bras potelés et blancs s'échappaient coquettement des manches de sa fine chemise garnie de dentelles, comme des pistils des corolles des fleurs, et ses petites mains mignonnes semblaient être de cire. Sa taille souple se dessinait sous la fine batiste qui la laissait parfaitement deviner, ses deux petits pieds, ses jambes rondes, ses mollets ravissants s'échappaient de dessous les draps, et Louis-Napoléon les dévorait du regard.

Il s'avançait sur la jeune femme en proie au sommeil des narcotiques, comme un épervier sur une caille endormie dans le sillon.

Fernanda ne fit pas un mouvement, ne poussa pas un cri, pas un soupir ; elle était inerte, chaude et immobile ; les vapeurs de l'opium du bouquet de pavots placé près de son lit s'étaient dégagées pendant plusieurs heures, de cette nuit tropicale, et étaient entrées par tous les pores de la jeune femme ; elles l'avaient inondée de leur fluide absorbant, enivrant, somnolent et l'avaient plongée dans une immobilité complète ; elles lui avaient pour ainsi dire coulé une vapeur plus lourde que du plomb, dans toutes les parties du corps, dans tous les membres ; elles l'avaient alourdie de mille kilogrammes, clouée d'une façon irrésistible, collée avec une glu insaisissable, attachée avec mille et mille liens invisibles sur sa couche.

Tel est l'effet produit par l'opium volatilisé et absorbé en grande quantité. Ceux

---

(1) Les personnes soumises au sommeil causé par l'opium dorment les yeux ouverts, voient et entendent tout, mais ne peuvent plus bouger ni faire le plus léger mouvement.

qui sont soumis à son action sont dans un état étrange ; leurs bras, leurs jambes leur semblent peser plusieurs quintaux, leur tête est lourde, ainsi que tout leur corps. Ils croient être soumis à une haute pression pneumatique sous une atmosphère de plomb. Il leur est impossible de faire le plus léger mouvement, mais cependant, chose étrange, leur esprit est éveillé, et ils voient distinctement tout ce qui se passe autour d'eux. Les sens veillent, on entend, on voit, on sent, mais on ne peut pas se mouvoir. On est réduit à l'état de cadavre vivant. On est plongé dans une sorte d'immobilité complète, on ne peut faire le moindre mouvement. En un mot, on est plongé dans une véritable catalepsie.

Rien ne ressemble mieux à la mort que le sommeil causé par l'opium.

Tel était l'état dans lequel la jeune femme était réduite, quand Louis-Napoléon Bonaparte entra dans sa chambre. On comprend facilement son supplice et quelle terreur elle a éprouvée à son apparition.

Elle invoquait dans son esprit tous les êtres qui lui étaient chers, parmi lesquels sa mère et le fils aîné de la reine Hortense étaient au premier rang ; elle les priait, elle les suppliait de venir à son aide, de la défendre, de la sauver, de la préserver du dernier des outrages, du viol dont elle allait être la proie.

Mais ses prières étaient vaines.

Quand Louis Bonaparte se rua sur elle, quand sa peau humide, visqueuse, scrofuleuse, puante, nauséabonde toucha sa carnation si délicate, douce, souple, tendre, lisse, parfumée, rose et blanche, elle crut sentir le contact d'un reptile venimeux, d'un batracien pustuleux ; un frisson glacial parcourut ses membres, elle éprouva une terreur atroce.

Elle croyait que son cerveau allait éclater, sa poitrine se briser sous l'effort impuissant de volonté qu'elle faisait pour fuir, crier et appeler au secours.

Elle sentait le corps du vampire qui l'étreignait, elle était la proie de ce monstre.

Quand le crime fut accompli, quand le viol fut consommé, quand la pieuvre bonapartiste, quand le monstre napoléonien fut repu, il abandonna sa proie, redescendit l'échelle, la retira et alla se coucher dans sa chambre.

Après son départ, Fernanda passa le restant de la nuit dans d'atroces angoisses. Quand, après plusieurs heures, les vapeurs de l'opium furent en partie disparues, la malheureuse jeune femme sentit la lourdeur du sommeil de plomb qui l'engourdissait se dissiper peu à peu et à la fin elle put se lever.

Le soleil avait remplacé la lune et brillait radieux à l'horizon, comme si aucun forfait ne s'était accompli en son absence.

La malheureuse pleura beaucoup sur son honneur perdu. Elle aurait voulu dénoncer, punir le coupable, mais elle ne l'osait pas.

— On ne me croira pas, disait-elle. On se moquera de moi, on m'accusera encore et je serai déshonorée.

Elle pensa que ce qu'elle avait de mieux à faire pour le moment était de se taire et de préparer sa vengeance.

L'infortunée refoula ses larmes et ses sanglots, sécha ses yeux, reprit son sourire et retourna auprès de sa maîtresse qui s'impatientait de son absence et reprit son service.

Louis Bonaparte fut aussi discret qu'elle et ne lui parla jamais, ni à d'autres, de cette nuit abominable.

Mais hélas! au bout de neuf mois, la taille de Fernanda trahit sa position; Hortense s'en aperçut et lui demanda des explications, la jeune femme raconta tout.

L'ex-reine interrogea Louis. Ce dernier nia effrontément devant sa victime et accusa Fernanda d'avoir un amant. Il assura à sa mère qu'il les avait surpris en flagrant délit dans le parc. La châtelaine d'Arenemberg crut son fils; et celle qui, plus que toute autre, aurait dû être indulgente pour une faute dont elle s'était elle-même rendue si souvent coupable, fut inexorable envers la malheureuse victime du criminel attentat de son fils: elle chassa impitoyablement son innocente lectrice.

La pauvre jeune fille, désespérée, erra longtemps dans la campagne qui entoure le château. Elle rencontra enfin vers le soir, dans les bois de sapins sombres et déserts que commandent les glaciers du Cintis, une tribu d'heimathlos (1).

Ces pauvres proscrits à qui elle raconta son histoire et ses malheurs, l'accueillirent avec bonté et lui donnèrent l'hospitalité sous leurs tentes. La pauvre victime de l'amour du prince fut prise dans la nuit des douleurs de l'enfantement et donna le jour à une jolie petite fille qui lui ressemblait beaucoup. Anéantie par l'émotion et le désespoir, brisée par la douleur et la fatigue de toute une journée de privations et de besoins, elle succomba le lendemain matin, en recommandant aux malheureux sans patrie qui l'avaient si généreusement accueillie sa pauvre petite fille qui allait être orpheline avant d'avoir vu la lumière.

Les maudits que repousse une société cruelle et sans entrailles lui promirent d'élever sa fille, creusèrent une fosse auprès d'un vert sapin séculaire, y déposèrent avec recueillement le corps de la défunte et tinrent la promesse qu'ils avaient faite à la jeune mère mourante. Ils soignèrent sa petite fille jusqu'à ce qu'ils eussent découvert la vieille gitana qui avait confié la pauvre défunte à l'ex-reine. Nous verrons plus loin ce que devint cette petite orpheline.

Deux ou trois ans après la mort de l'infortunée Fernanda, un visiteur qui joue un rôle considérable dans l'épopée napoléonienne, vint faire une visite au jeune aiglon impérial d'Arenemberg. Ce personnage se nommait Jean-Gilbert-Victor Fialin: il était né à Saint-Germain-Lespinasse, et avait éprouvé de bonne heure le besoin de s'octroyer un blason, de faire précéder son nom d'une particule et de se vêtir d'une livrée. Il choisit le titre de vicomte, non pas parce que son père était comte, comme on serait tenté de le croire, mais bien parce que l'aïeul du bisaïeul de son grand-père avait ce titre, à ce qu'il prétendait du moins, car nous ne certifions pas la vérité de ce conte.

---

(1) Les heimathlos sont des malheureux sans patrie qui en Suisse étaient autrefois forcés de camper dans les bois, aucune commune ne voulant les tolérer sur son territoire. Aujourd'hui leur position s'est beaucoup améliorée, la Confédération a fait une loi pour les protéger.

En outre, son nom de Jean-Gilbert-Victor Fialin n'avait pas le bonheur de lui plaire; il ne le trouvait pas assez euphonique. Pour remédier à cet inconvénient il choisit celui plus agréable à prononcer de Persigny et comme rien ne sonne aussi bien à l'oreille et ne pose mieux un homme comme il faut qu'une particule et un titre de noblesse devant son nom, il s'intitula modestement : M. le vicomte Jean-Gilbert-Victor Fialin de Persigny.

Il inventa alors un prétendu comté de Persigny, qu'il affirma exister dans l'ancienne province du Forez, à Crémieux. C'est là, assurait-il, que s'élevait jadis le château de ses ancêtres; mais, hélas! de la prétendue seigneurie des comtes de Persigny, autrefois, selon lui, si florissante, il ne restait plus maintenant aucune trace.

Au temps de Révolution où nous vivons, qui efface, hélas! toutes choses, le vieux manoir lui-même est rentré sous terre.

Vainement on interroge la contrée; vainement on en appelle aux échos muets. Le Forez tout entier fait la conspiration du silence sur les domaines des comtes de Persigny. Ils y sont complètement inconnus. Il n'en reste pas le moindre souvenir, le plus léger vestige.

Le comté de Persigny a disparu dans les brouillards du Forez. Seul l'illustre Jean-Gilbert-Victor Fialin de Persigny a survécu aux désastres de sa famille et, quoique son titre de vicomte ne fût qu'un conte et une immense blague et ses manoirs de fabuleux châteaux en Espagne, le nom et le titre qu'il convoitait lui sont restés, c'est tout ce qu'il désirait.

Comme ses prétendus aïeux, il a embrassé la carrière des armes, l'épée seule pouvait convenir au dernier descendant des comtes de Persigny.

Boursier au collège de Limoges, il quitta celui-ci pour l'école de cavalerie de Saumur et s'engagea, en 1828, dans le 4me régiment de hussards, dont le dolman rouge l'avait séduit. Il devint bientôt maréchal des logis dans l'escadron du capitaine révolutionnaire Kersausie, descendant du premier grenadier de notre grande République, le célèbre La Tour-d'Auvergne, dont l'épée sans tache nous a dernièrement été rendue au nom de la famille de Garibaldi, par le brave général Canzio, le héros de Dijon.

Kersausie révolutionna son régiment et marcha sur Paris au secours du peuple insurgé. Le prétendu héritier du comté de Persigny suivit le mouvement jusqu'à Rennes, où il fut arrêté par le gouvernement de la meilleure des Républiques. Cassé aux grades en 1831 pour inconduite et pour irrégularité graves dans sa comptabilité et dans sa caisse, il abandonna la carrière militaire et vint à Paris.

Il se lança alors dans la littérature et dans le journalisme. Grâce à la recommandation de M. Baude, ancien préfet de police, il entra à la rédaction du journal *le Temps*. Mais sa position y était si subalterne et son talent si médiocre, qu'il rêva bientôt une destinée moins obscure. Il publia deux ou trois opuscules inconnus dans l'espérance de se faire un nom.

Tour à tour légitimiste, orléaniste, républicain et bonapartiste, c'est dans ce dernier parti qu'il s'est enfin fixé.

Il fit encore deux autres brochures : l'une sur les haras, l'autre sur les pyramides d'Egypte. N'ayant ni inventé, ni contemplé ces dernières, il essaya d'expliquer leur utilité dans un écrit sublime resté obscur.

C'est à lui cependant que l'on doit cette prétentieuse phrase : « Replaçons la pyramide sur sa base, reconstruisons une à une ses vastes assises et couronnons son sommet du génie de la liberté. »

Plus tard, celui qui devait être son maître a utilisé cet aphorisme dans ses discours et ses proclamations.

M. Fialin s'est aussi livré à la culture de l'*Idée napoléonienne*.

L'inventeur de cette *idée* merveilleuse, passé à l'état de providence n° 2 et de sauveur n° 1, a, plus tard, ainsi que nous le verrons, répandu sur lui le flot de ses grâces omnipotentes; il lui a donné plusieurs millions, l'a fait duc et pair et lui a octroyé la main d'une de ses maîtresses, Mlle de la Moskowa, pour le récompenser de son culte et de son dévouement à l'idée.

Mais, avant d'être monté au Capitole, M. Fialin avait écrit dans un journal de ce nom, aussi rare que précieux.

Il a aussi inventé la question d'Occident, pour laquelle il a, dit-on, pris un brevet pour faire concurrence à la question d'Orient.

Il fonda alors l'*Occident français*, feuille aussi napoléonienne que peu lue. Il n'en fut tiré que deux numéros. Cela suffisait à la gloire, aux besoins et aux projets ambitieux de M. le vicomte de Persigny.

Il se fit ensuite recommander à l'ex-roi d'Espagne Joseph Bonaparte, par M. Sary, ex-lieutenant de vaisseau, le même qui ramena plus tard les cendres de Napoléon de Sainte-Hélène.

Dès qu'il eut la précieuse lettre d'introduction, il se rendit de suite en Angleterre, où habitait l'ex-Majesté, en disponibilité pour cause de retrait d'emploi.

Mais monseigneur le comte de Survilliers, — c'est ainsi que se faisait nommer le frère de l'Empereur, — goûta peu les idées du jeune néophyte. Ce fut en vain que ce dernier lui fit observer qu'il était le rédacteur en chef du *Capitole* et de l'*Occident*.

L'ex-monarque lui avoua franchement qu'il n'avait jamais entendu parler de ces deux journaux et il éconduisit l'intrus qui revint à Paris désolé, mais non découragé. Il se promit alors de s'adresser au prétendant impérial lui-même et, mettant aussitôt son projet à exécution, il s'en fut frapper à la porte du château d'Arenemberg, en Thurgovie, où une lettre que M. Belmontet lui avait remise, lui valut un accueil affable.

Le visiteur montra au prince le fameux numéro de l'*Occident français*, dont il avait eu le soin de se munir. L'A'tesse impériale, à la vue du beau spécimen de cette importante publication, fut très heureuse. Elle avait entendu parler, dit-elle, de cette feuille héroïque qui n'avait pas craint d'arborer le drapeau impérial devant celui de la dynastie de Juillet, mais elle n'avait pas encore eu le bonheur de lire ses colonnes dévouées; aussi leur fit-elle un accueil très sympathique et exprima-t-elle sa joie et sa reconnaissance à leur auteur.

Encouragé par cette aimable réception, le noble vicomte donna un libre cours à

son enthousiasme; il dit au prince qu'il avait étudié l'*Idée napoléonienne* pour laquelle il s'était pris d'un grand enthousiasme. Il lui assura que cette conception sublime était son idéal, son *Credo*, son Évangile, son Coran, son Ramanaya, ses Vedas, l'objet de son culte, de son adoration, et que, touché par la grâce, comme saint Paul sur le chemin de Damas, il avait résolu de consacrer toute son existence au culte napoléonien.

L'illustre proscrit était fort étonné de rencontrer un disciple aussi dévoué, aussi convaincu, aussi fervent de ses doctrines. C'était la première fois qu'une pareille bonne fortune lui arrivait; le neveu de l'homme de la Colonne était bon prince. Il ouvrit ses bras, son cœur et surtout sa bourse à son nouvel apôtre. Depuis ce jour néfaste la destinée de l'illustre Fialin fut fixée, il ne quitta plus son Altesse impériale, il devint son *alter ego*. Il s'attacha à la fortune du nouvel Enée dont il fut le fidèle Achate, et imitant les anciens preux, il lui prêta serment d'allégeance et prit pour devise ces mots : « *Je sers* », mettant sa gloire dans la servitude, comme d'autres la placent dans l'indépendance et la liberté. Il y a une espèce de gens, vils et serviles, qui sont nés pour être valets, et l'illustre vicomte appartenait à cette catégorie dégradée.

— Sire, avait dit Persigny, il est temps de vous montrer aux populations qui attendent leur sauveur, vous serez le second messie de votre race, et le doigt de Dieu vous a désigné au milieu des innombrables héritiers de Napoléon; quand l'aigle impérial s'élancera de son aire, les destinées s'accompliront.

Son Altesse souriait et encourageait du regard son jeune disciple, et préparait avec lui la trame glorieuse du complot de Strasbourg qui devait éclater bientôt. Le prétendant impérial le chargea de lui préparer la voie qui devait le conduire au Capitole, et surtout de lui recruter d'autres preux prêts à partager sa fortune et ses dangers.

Le noble vicomte se mit aussitôt à l'œuvre, et avec un zèle à la hauteur de ses grands projets, il parcourut l'Allemagne, la Suisse, la Belgique, la France, faisant par-ci par-là des prosélytes et recrutant, pour la cause du prince, des soldats, des serviteurs et des amis.

— Il n'y a pas à hésiter, disait le vicomte, l'aigle impériale sera notre guide, elle nous indiquera les étapes, elle nous guidera de clocher en clocher. Elle a déjà protégé Votre Majesté dans les Romagnes, et si elle a été témoin de votre défaite, c'est que les destins appelaient ailleurs vos premières armes, et c'est aussi que je n'étais pas là pour vous inspirer.

« L'Italie vous appartient bien certainement par droit de conquête, et par droit de naissance. Elle avait fait partie de l'Empire, et les Bonapartes étaient originaires du sol. Mais vous aviez à revendiquer un patrimoine plus vaste et dont l'héritier direct s'éteignait. La France asservie à un gouvernement méprisable, n'espérait déjà qu'en votre retour, en votre nom méconnu !

« Ah! montrez-vous seulement, et vous allez en juger par les transports soulevés sur votre passage ! »

Un autre chaud partisan de la restauration impériale se joignit à M. le vicomte de Persigny pour encourager le jeune prétendant à revendiquer l'héritage de son oncle. C'était le comte de Gricourt, dont les traits enfantins et les formes grêles contrastaient singulièrement avec ses longues moustaches et son air décidé.

Cet aimable défenseur de l'idée impériale avait toujours eu de grands goûts de dépense; il était toujours gêné, quoique appartenant à une famille riche et qui fut toujours très généreuse avec lui. Il était en outre perdu de mœurs et de réputation. Il embrassa avec joie les projets de Louis-Napoléon, qui lui offrait en perspective d'un côté les moyens de satisfaire ses mauvaises passions, et de l'autre, ceux propres à renverser le gouvernement qu'il détestait. Il appartenait au parti légitimiste. Très jeune encore, il avait été arrêté momentanément à Quimper, sous le soupçon d'avoir excité les soldats à se soulever en faveur du roi légitime. Depuis longtemps des rapports fort intimes existaient entre lui et Louis-Napoléon Bonaparte. Il était avec ce dernier à Genève lors de l'attentat de Fieschi, attendant le moment favorable pour franchir les frontières et profiter du succès, s'il réussissait, pour proclamer l'Empire.

Ce jeune homme était parent du prince, sa famille tenait aux Beauharnais par alliance. Sa grand'mère avait même vendu autrefois à la reine Hortense la terre de Saint-Leu. Il venait de passer deux mois à Nancy, d'où il avait amené un émule, M. de Querelles, lieutenant en disponibilité. Mis avec recherche, comme Gricourt, d'aussi bonne maison et du même âge, ce jeune paladin impérial se distinguait par sa taille élancée, son nez aquilin, son œil en feu. Il s'était chargé de l'acquisition du drapeau qui devait guider les chevaliers napoléoniens à la conquête de l'Empire, et il apportait encore l'aigle du 7me de ligne, de ce régiment dévoué que Labédoyère avait commandé.

C'était un bon vivant, un joyeux compagnon, ses opinions politiques étaient à la hauteur de son beau caractère.

— Il me faut la croix, disait-il naïvement, des titres, des cordons, des grades. Je vivrai bien; vingt mille livres de rente me suffiront. J'aurai des honneurs, des sinécures, un beau chapeau à plumes... Je veux être chef d'escadron, maréchal de camp si le prince devient Empereur. Je n'en demande pas davantage.

Un autre lieutenant s'était encore joint à la légion sacrée des héros d'Arenemberg. C'était Laity, mais il mettait une condition à son adhésion. Il était républicain démocrate et il voulait avant tout savoir si ses futurs collègues partageaient ses convictions et sur la réponse affirmative du prince il s'est aussitôt rallié. Laity était un hardi Breton aux fines moustaches et aux longs cheveux.

La cause impériale avait un grand nombre d'autres recrues, parmi lesquelles MM. Michel Gros, Louis Dupenhouat, André de Schaller, Barthélemy Lombard, etc. Toutes les garnisons du centre et de l'Est cachaient nos affidés, tous les jours à l'affût de notre bannière, Son Altesse n'avait qu'à paraître; Persigny l'assurait et tous le croyaient.

Mais des sous-officiers et des lieutenants ne suffisaient pas à l'ambition des conspirateurs. Il ne pouvait pas y avoir de marche triomphale sans état-major. Il fallait des épaulettes à étoiles, des colonels, des généraux.

Ce fut avec le concours de femmes plus que légères chargées de captiver les cœurs des vieux paillards de la garnison, que Bonaparte et ses dignes acolytes préparèrent la stupide équipée de Strasbourg.

Le prince y eût plutôt pourvu d'office que de s'en priver. Il s'était procuré des insignes de tous les grades et des hommes de bonne volonté pour s'en revêtir et leur faire honneur.

Il y avait alors dans le voisinage d'Arenemberg un vieux soldat qui s'était voué corps et âme au service du prince. C'était le commandant Parquin. Il était depuis longtemps l'ami du logis et vivait dans l'intimité de ses hôtes. Marié à une dame d'honneur de la reine Hortense, il avait acheté le château de Wolberg, situé à cinq minutes de celui d'Arenemberg. Il avait, malgré cela, sollicité et obtenu du service en France et on lui avait, par tolérance, accordé la faculté d'aller souvent en Suisse visiter sa propriété, et il profitait de cette tolérance et de la confiance qu'on avait en lui pour conspirer contre le gouvernement qui le payait.

A une taille de tambour-major, Parquin joignait une physionomie tout à fait martiale et que ne démentait pas son tempérament. C'était le troupier pur sang, qui n'avait d'autre *Credo* que son Empereur, dont il était fanatique. C'était un de ces dociles dévots comme les aimait le vicomte dans sa ferveur napoléonienne et son culte pour l'Empire d'Occident. Commandant de la garde municipale parisienne, Parquin avait juré fidélité au roi des Français, sous la restriction mentale des jésuites bonapartistes enseignée dans le *Compendium* des disciples du général en chef d'Arenemberg. Il prétendait qu'en fait de serment il n'y avait que le premier en date qui comptât, celui qu'il prêta jadis à l'Empire et qui datait du couronnement. M. Laity, le bonapartiste républicain, avait une doctrine tout aussi facile que celle de M. Parquin sur les serments. Il prétendait que ces derniers étaient des bêtises et des singeries et qu'on n'était pas un grand criminel quand on les violait.

C'est en vertu de ces belles doctrines que leur maître s'est parjuré solennellement le 2 décembre 1851.

— Parquin, disait Son Altesse, je vais arborer l'aigle impériale. Je vais là-bas apporter ma tête. Me suivrez-vous ?

— Prince, répondait le soldat, partout où vous courez du danger, j'y serai.

Parquin eût suivi son jeune maître jusqu'au diable et même au delà s'il l'eût fallu.

Son Altesse impériale correspondait avec le général Exelmans, ce glorieux débris des grandes batailles dont l'uniforme démodé datait d'Austerlitz. Les derniers ordres du neveu de l'Empereur lui avaient été portés par un messager fort étrange, le comte de Bruc, chef d'escadron, démissionnaire et ancien gentilhomme de la Chambre du roi Charles X ; légitimiste déclaré, il s'était sans doute converti au bonapartisme. Mais une des recrues les plus importantes et qui pouvait devenir des plus utiles, était le général Voirol, le commandant de la division militaire de Strasbourg, avec qui le prince était en correspondance suivie.

Il y avait encore dans la même garnison un officier supérieur dont la coopération paraissait certaine. C'était le colonel Vaudrey, dont la conquête avait été entreprise par Son Altesse elle-même. Elle lui avait fait les premières propositions à Baden. Le colonel Vaudrey commandait à Strasbourg le 4e d'artillerie, dans lequel Napoléon Ier avait commencé sa carrière, et qui lui ouvrit ensuite les portes de Grenoble au retour de l'île d'Elbe et qui l'escorta jusqu'à Paris.

La collaboration de Vaudrey était très précieuse; il pouvait être le Labédoyère du neveu de Napoléon ; aussi, aucun genre de séduction ne fut épargné pour faire la conquête du colonel.

Vaudrey était un beau soldat, et bien qu'il eût dépassé la cinquantaine, il pouvait penser posséder encore le don de plaire, et il n'était certes pas sans prétention ; ses cheveux noirs laissaient à découvert un front élevé qui, quoique un peu fuyant, n'était pas sans noblesse ; une moustache épaisse couvrait sa lèvre supérieure, et une superbe royale descendait en pointe sur son menton ; ses traits mâles et prononcés dénotaient de la résolution et du caractère, et pourtant le colonel venait de se rendre à Son Altesse impériale. Le colonel était homme de plaisirs, puisqu'il faut tout dire ; et l'amour, qui perdit Troie, l'avait soumis. *Dux famina facti ?* Une femme avait accompli ce prodige et devenait l'âme de la conjuration. A l'aide de ses charmes, Judith enivra et tua Holopherne. Éléonore Gordon, bien mieux avisée, n'en avait fait que la moitié.

Le colonel Vaudrey, dans son entrevue avec le prince à Baden, avait été sondé et ébranlé, mais non complètement séduit. Les conspirateurs employèrent alors envers lui d'autres moyens de séduction plus puissants et plus efficaces que l'éloquence peu entraînante de l'Altesse impériale.

Voici comment l'acte d'accusation du procès de Strasbourg rend compte de ce nouvel artifice :

« Malgré les promesses de Vaudrey, dit le procureur général, on craignait qu'il n'hésitât, son jeu était énorme. Il s'agissait pour lui de perdre une position brillante, l'honneur assurément, la vie peut-être, et il n'y avait rien qui pût même dans l'avenir lui offrir des compensations. Il pouvait réfléchir et se rappeler cette grande vérité, *que la trahison est toujours une chose odieuse, que le succès même ne saurait l'ennoblir*, et qu'on se sert du soldat qui foule aux pieds ses serments, comme d'un instrument que l'on brise dès qu'il a cessé d'être utile.

« Mais le colonel Vaudrey était vain et ambitieux, de plus, homme de plaisirs. Quoique marié à une femme digne de l'estime de tous, et père d'une famille intéressante, il trouvait encore place pour d'autres penchants. Ses mœurs n'étaient surtout ni de son âge, ni de sa position. On ne viole jamais impunément les lois de la morale ; le mal est prompt à envahir la voie qui lui est faite dans l'âme humaine ; le mépris de la décence publique aboutit souvent au crime.

« Pendant toute sa vie livrée à ses passions, le colonel Vaudrey offrait, plus qu'un autre, prise à la séduction ; c'était chose connue de tous. Louis Bonaparte le savait ; Persigny ne l'ignorait pas. Il ne s'agissait donc que de trouver une femme qui pût et voulût compléter l'œuvre qu'avaient commencée la vanité et une insatiable ambition. »

On le voit, Louis-Napoléon Bonaparte, quand il cherchait à recruter un complice, ne s'adressait pas à ces nobles sentiments, l'amour de la vérité, de la justice et du beau. Non ! il faisait immédiatement appel aux instincts les plus bas, aux sentiments les plus vulgaires, aux passions les plus mauvaises.

« Tous les moyens de séduction les plus honteux qui sont en son pouvoir, Louis-Napoléon Bonaparte les met en œuvre », dit le document que nous avons cité.

La femme qu'il cherchait fut bientôt découverte ; il n'avait qu'à prendre la première venue parmi les nombreuses suivantes qui ornaient l'escadron volant de sa chaste mère Hortense de Beauharnais, et qui étaient spécialement consacrées aux plaisirs et aux intrigues de son aimable fils et de ses complices.

Parmi ces beautés peu sévères, « Mme Éléonore Brault, veuve du sieur Gordon-Archer, dit l'acte d'accusation, cantatrice attachée au service de la reine Hortense, se faisait surtout remarquer et fixa le choix de Louis-Bonaparte et de Persigny.

« Elle était remarquable par les charmes de sa personne ; son esprit était en rapport avec sa beauté. Active, intrigante, de mœurs équivoques et sans argent, elle était l'assemblage de toutes les conditions qui, d'un être doué de raison, font souvent un instrument docile.

« Elle ne resta pas au-dessous de la tâche qui lui fut confiée ; une lettre, qui lui a été écrite par Vaudrey et qui a été saisie, prouve qu'elle a essayé sur cet homme tous les moyens qui étaient de nature à agir sur sa volonté ; qu'à l'homme essentiellement vain, elle a prodigué la flatterie ; qu'au vieux soldat et à l'homme qui l'aimait, elle a fait entendre, tantôt que reculer après une promesse donnée serait une lâcheté, tantôt, qu'elle ne pouvait appartenir qu'à l'homme qui se dévouerait entièrement au succès de l'entreprise.

« Cette femme, secouant toute pudeur, a partagé le logement de Vaudrey, dans les derniers jours, et, s'attachant plus que jamais à sa personne, elle ne s'est séparée de lui qu'au moment où il était irrésistiblement entraîné vers l'abîme, et où il ne s'agissait plus pour elle que de s'applaudir d'avoir conduit à bonne fin l'œuvre qu'on lui avait confiée. »

On comprendra facilement que le colonel Vaudrey, très galant, dut se laisser séduire avec le plus grand plaisir par cette sirène, dont les charmes dignes, en tous points de l'éloge que M. le procureur général a eu l'amabilité d'en faire lui étaient promis comme récompense de son concours au complot bonapartiste.

M. Louis Blanc, dans son livre *les Révélations historiques*, corrobore l'opinion de M. le procureur général :

« Mme Gordon, dit-il, était une femme très remuante, plus adonnée qu'il ne convenait aux intrigues politiques, mais qui à de la beauté joignait beaucoup de chaleur d'âme, une éloquence naturelle, de la persévérance et du courage.

« Je tenais d'elle que les conspirateurs de Strasbourg, ayant besoin d'un vieux soldat, dont le nom et le grade puissent faire impression sur la garnison, elle s'était rendue à Dijon, où se trouvait alors le colonel Vaudrey, et avait combattu ses hésitations avec tant d'empire, qu'elle l'avait entraîné à Strasbourg, séance tenante pour ainsi dire, et sans presque lui laisser le temps de quitter ses pantoufles.

« La vérité est que le culte de Mme Gordon pour la mémoire de Napoléon était volontairement aveugle, superstitieux, sans bornes ; mais elle ne faisait pas grand cas du parti bonapartiste, qu'elle disait manquer d'hommes intelligents et résolus... Quant à Louis Bonaparte, elle paraissait le priser fort peu. Un jour que je lui demandais, par manière de plaisanterie, si elle l'aimait : « Je l'aime politiquement, » me répondit-elle avec un sourire. Et elle ajouta : « A dire vrai, il me fait l'effet d'une femme. »

Éléonore Brault, veuve de sir Thomas Gordon, commissaire des guerres, Anglais, se donnait vingt-huit ans, et elle eût pu rigoureusement en avoir trente sans un de plus, sans duperie. Elle était à cet âge que les brunes portent d'une façon si séduisante ; ses traits étaient réguliers, ses cheveux, noirs de jais, comme ses yeux, se séparaient en bandeaux sur son front élevé et bien fait. L'ensemble de ses traits était agréable, le reste à l'avenant, plein d'agrément dans les détails, quoique un peu dur dans son ensemble. C'est qu'il y avait dans ce doux corset un cœur d'amazone. Ce front modeste savait parfois s'armer d'audace, et de ses paupières mi-baissées s'échappaient des regards à tout foudroyer.

La taille avait seule perdu de sa légèreté et de sa souplesse. Elle était alors enceinte de Louis-Napoléon Bonaparte et accoucha d'une fille, en 1837, à Paris. Les trente ans opéraient de ce côté-là. Mais beaucoup d'esprit naturel, développé par l'usage du monde, consolait de ces atteintes du temps encore insensibles et qui n'étaient un regret que pour des admirateurs qu'on ne voyait plus.

Éléonore Gordon ne datait pas son affranchissement de son veuvage. Elle n'avait pas même attendu la main d'un époux pour s'émanciper. Elle n'était arrivée au quartier d'Antin qu'en passant par le Luxembourg et par la Chaumière. Les matelottes de la Râpée avaient précédé les truites du lac de Constance, et les vins de Suresnes, ceux du Rhin.

Notre Armide avait rompu sans retour avec les passe-temps si joyeux de sa première jeunesse; il l'avait bien fallu, puisqu'elle ne dépendait plus d'elle-même, mais du public des brillants salons qui lui faisaient liesse. Mais je doute qu'elle se trouvât mieux fêtée et que la comparaison profitât aux derniers venus.

C'était une âme forte, après tout, qui s'accommodait aux situations et dont l'énergie n'altérait nullement la bonté parfaite, obligeante, désintéressée; elle ne refusa jamais un service quand elle pouvait le rendre, et en toutes circonstances, ses amis trouvèrent chez elle un dévouement dont ils abusèrent sans se lasser.

La jeune femme vivait d'une opulente pension que son mari lui avait léguée et du produit d'un talent d'artiste distinguée. Éléonore Gordon donnait des concerts dans lesquels elle chantait les morceaux choisis des maîtres en vogue. Elle voyageait ainsi, visitant les grandes villes de préférence, et sa vie nomade était très favorable à la propagande d'Arenemberg. La conspiratrice cheminait sous le couvert de l'artiste que son sexe mettait à l'abri de toute suspicion.

Mais qui donc avait affilié cette propagandiste intrépide? Persigny, d'après les uns; de Gricourt, d'après les autres. D'aucuns nomment aussi son Altesse impériale.

« A Bade, dit l'acte d'accusation du procès de Strasbourg, elle voit à plusieurs reprises Louis Bonaparte, elle le reçoit chez elle, elle fait des courses avec lui. D'un autre côté, ses rapports avec Persigny sont fort intimes. »

Le colonel Vaudrey ne serait donc pas, par conséquent, son unique néophyte, et c'est encore à Bade qu'aurait eu lieu l'initiation. Ce qui demeure incontesté, ce sont les services éminents de l'initiatrice. Elle fit pâlir, si nous osons le dire, l'astre éclatant de M. le vicomte de Persigny. Tout lui réussit à tel point, que l'envie, ce poison des cours, finit par se mettre de la partie.

Plus d'un familier la critiqua au lever du prince, et de là tous ces bruits malhonnêtes sur ses relations avec le château.

La cantatrice y avait ses grandes et ses petites entrées, ses audiences particulières, intimes même, nous le voulons bien, mais ce n'était pas une raison pour crier sur les toits ce que l'on avait vu ou entendu.

C'est chez le général Voirol, après un concert donné à Strasbourg, qu'Éléonore Gordon avait fait connaissance du colonel Vaudrey qu'elle ramenait à son régiment, triomphante; les deux amis ne poussèrent point toutefois jusqu'à la capitale d'Alsace. Ils se détournèrent à Colmar pour passer le Rhin. Ils allèrent à New-Brisach, dans le duché de Bade, et de New-Brisach à Fribourg. Ils rencontrèrent là Son Altesse. Ce fut là, ou du moins dans certaine auberge à peu de distance, que le colonel engagea définitivement sa parole et promit de donner l'exemple au jour convenu. Le lendemain, le colonel reprenait à Strasbourg son service, et Éléonore Gordon allait le rejoindre, fière de son ouvrage et pleine d'espoir.

Avant de quitter le duché, elle avait présidé de son lit, où elle reprenait du repos, un conciliabule d'affiliés, qui venaient aussi de passer le Rhin, pour recevoir leur dernier mot d'ordre. Là étaient venus Laity, avec deux ou trois camarades, lieutenants de pontonniers comme lui, et un chirurgien-militaire, nommé Lombard, qui paraissait apporter autant de sang-froid que ses compagnons d'exaltation turbulente. Là se trouvaient encore de Querelles et de Gricourt, bientôt suivis de Persigny et de Son Altesse.

Persigny exposa d'abord le but du complot: Il s'agissait de délivrer la patrie du joug humiliant qui pesait sur elle; de la rétablir dans sa liberté, dans sa puissance; de relever en un mot la grande nation. Cet état de choses, l'Empire nous l'avait acquis et il n'appartenait qu'au neveu de l'Empereur de nous le rendre. C'était donc l'Empire, l'Empire sans la dictature, nécessité exceptionnelle fort mal comprise et que la situation ne commandait plus, c'était donc l'Empire qu'on allait reconstituer. Le mouvement eût pu commencer à Lyon; mais tout considéré, Lyon ne devait qu'y répondre, ils avaient Strasbourg à côté, c'est Strasbourg qui allait donner le signal.

Persigny détailla ensuite les ressources de l'expédition; elles étaient véritablement formidables. C'était une nomenclature de régiments, décourageante même par le succès facile qu'elle présentait. On comprend que la garnison de Strasbourg et le 4e d'artillerie marchaient en tête. On avait, après cela, des intelligences dans toutes les places; il ne restait qu'à monter à cheval et qu'à commander.

Des applaudissements accueillirent cet exposé que nous abrégeons.

Lombard demanda si on s'était assuré quelque appui dans la population.

Persigny répondit que le nom de l'Empereur avait des partisans dans toutes les classes, mais que le soldat lui était particulièrement dévoué. Or, Son Altesse avait concentré sur le soldat toutes ses espérances; c'est par l'armée qu'elle voulait arriver. S'il plaisait à Dieu, une révolution militaire était son but et son espérance; et si les Césars romains eurent autrefois leur garde prétorienne, les grenadiers de la garde apparaissaient dans les souvenirs du 18 brumaire et du 20 mars.

De Querelles ajouta vivement qu'on pourrait, le cas échéant, suppléer à ce que l'attitude de la population aurait de trop calme et que trois cents gueulards aux poumons vigoureux étaient un moyen de succès dont il répondait.

Cette boutade fit rire le conseil qui se sépara fort édifié, et il n'y mettait pas, comme on voit, de la complaisance. Chacun fut averti de se tenir prêt, on distribua quelques insignes. Il y en avait, si on s'en souvient, provision. De Querelles et de Gricourt devinrent les officiers d'ordonnance du prince. De Querelles, lieutenant d'infanterie, prit les épaulettes de chef d'escadron. De Gricourt, qui n'avait jamais porté d'uniforme, ne prit que l'épaulette de capitaine d'état-major. Les épaulettes de général furent données au commandant Parquin, qui n'était survenu qu'à la fin du conseil et qui s'en affubla par obéissance.

On se serra les mains là-dessus et on se donna rendez-vous à Strasbourg pour le lendemain à la nuit tombante.

Le lendemain, Son Altesse, suivie du général Parquin, gagnait les bords du Rhin, à l'heure indiquée. Arrivée au pont de Kelh, elle s'arrêta tout à coup... Sa poitrine était violemment secouée ; tout ses traits exprimaient une émotion profonde... le moment était solennel et suprême... Mais l'incertitude ne fut pas longue. Son Altesse donna l'ordre au cocher de marcher sur l'autre rive, César passait le Rubicon en voiture !

C'était le 28 octobre. Ils entrèrent de nuit à Strasbourg qui n'avait pas encore fermé ses portes et qui ne songeait probablement guère à eux. Ils descendirent à l'hôtel de la Fleur. Mais à peine installée dans sa chambre, Son Altesse prit le bras de Gricourt qui était venu au devant d'elle jusqu'à Kelh, nous aurions dû le dire, et qui la conduisit chez de Querelles logé en maison bourgeoise et par cela même moins exposé.

Non que la police dans la place les gênât beaucoup. Son Altesse venait à Strasbourg à sa fantaisie et la police respectait son incognito. Elle y avait traité ses amis le 15 août précédent, à la barbe des autorités fort indifférentes. Les précautions toutefois pouvaient n'être pas inutiles, et le cas semblait trop grave pour les négliger.

Chacun avait pris à cœur ses attributions. Les deux officiers d'ordonnance de Querelles et de Gricourt allaient et venaient comme des gazelles ; leurs messages étaient remplis sitôt donnés. Persigny écrivait avec la fougue d'un sténographe ; l'impétueux vicomte brûlait le papier. Il avait été nommé *in-petto* major général. On avait fait de Parquin un maréchal du palais en perspective. Il leur arriva même, nous croyons, de les appeler Berthier et Duroc. Bassano... nous nous trompons... Éléonore Gordon était descendue chez Vaudrey, mais elle avait pied chez tout le monde. Elle était, comme le solitaire, un peu partout et nulle part. Elle allait, soufflant çà et là son ardeur vaillante. Elle allait réconfortant les fidèles et donnant du courage aux cœurs défaillants. Jamais cette digne amie ne se démena avec tant d'entraînement et tant de prestesse. Elle avait des ailes aux pieds comme la Victoire ; elle était la *Bellone furens* qui parcourt les rangs après le combat. — Il y eut néanmoins un peu d'orgie.

On soupa, on fuma des cigares, on fit de la stratégie à perte de vue. L'heure s'écoulait pleine d'érudition et de tactique, quand Son Altesse parut soudainement, ou plutôt... je ne sais quelle vision qui pétrifia tous les convives..... Et desso ! desso, il granduce ! C'était lui ! c'était le grand capitaine ! C'était l'Empereur !!!

..... Ce ne fut qu'un cri d'étonnement, à cette apparition inattendue. Son Altesse portait l'uniforme vert, l'uniforme des guides, bottes à l'écuyère, culotte collante et gilet coupé ; elle portait le grand cordon de l'Empire et les épaulettes de commandement ; elle portait cet historique chapeau qui gagnait les batailles et qu'on croyait voir dans une auréole dont les victoires impériales formaient les rayons !.. Elle était suivie de Parquin, ému jusqu'aux larmes ; De Gricourt et de Querelles venaient après. Son Altesse annonça, de prime abord, qu'on allait, au lever du soleil, entrer en campagne. Ce fut, à ces mots, une acclamation à réveiller tout Strasbourg, si un sommeil protecteur n'eût à ce moment redoublé de pavots à notre intention sur tous ces ménages. On devait, au reste, armer la garde nationale dès son réveil et — marcher sur Paris avec elle. Après quelques autres résolutions dont Persigny donna sommairement le détail, Son Altesse lut elle-même ses proclamations qui — produisirent un effet indicible.

« Il y a là du style de l'autre ! » s'écria Parquin ; et il disait vrai.

Son Altesse ne mangea point. Elle se jeta sur un lit, harassée de fatigue. La nuit, ô bon Dieu ! leur sembla bien longue, au gré de leur impatience ; l'horloge était de plomb et n'avançait pas. Vers les cinq heures cependant, ils virent avec transport reparaître le tricorne ; on venait de l'avertir que le régiment de Vaudrey était prêt.

C'est sur le marbre, c'est sur l'airain que nous désirerions graver les hauts faits de cette journée immortelle. De plus dignes l'ont entrepris. Que disons-nous ? César a dicté ses commentaires : Persigny et Laity ont tenu la plume, et nous avons, grâce au ciel, sous ces deux grands noms, un double tableau des péripéties de ce 30 octobre qui résume Austerlitz et Waterloo.

Austerlitz, c'est précisément au quartier de ce nom que la journée commence ! Là, le 4e d'artillerie est dès le point du jour sous les armes. Vaudrey l'a rangé en bataille et il n'attend plus que Son Altesse pour se déclarer. Le colonel a fait distribuer dix cartouches par homme et 40 fr. par batterie. Il a envoyé à la 9e batterie, casernée à Saverne, l'ordre se tenir prête au premier avis. D'un autre côté, il n'appelle point l'officier qui ne brille dans les rangs que par son absence. A quelques exceptions près, dues aux hasards ou aux nécessités du service, commandement est donné aux maréchaux des logis. Pourquoi ces dispositions ? Pourquoi ces pièces d'or ? Pourquoi ces cartouches ? Que se passe-t-il sous le ciel d'Alsace ? S'agit-il d'une fête ou bien d'un combat ?

Les conjectures courent les champs et il ne faut rien moins pour y mettre fin que la présence des conjurés. Bientôt en effet, les regards se portent avec curiosité du côté de la grille, où apparaît Son Altesse suivie de Parquin et de Persigny, Querelles et de de Gricourt, de Laity et de Lombard, et, si nous ne nous trompons pas, d'un lieutenant du 3e d'artillerie nommé Schaller, le seul de ce régiment qui ait pris fait et cause pour elle. Parquin, qui a été promu au généralat, on ne l'a pas oublié, en a endossé l'uniforme ; de Querelles, par la même raison, porte les épaulettes de chef d'escadron ; Gricourt, les épaulettes de capitaine.

Persigny s'est contenté des épaulettes de Gricourt.

C'est au milieu de cet état-major que Son Altesse se présente à la caserne. Vaudrey accourt au devant d'elle, la conduisant aussitôt sur le front de bataille :

« Soldats du 4e d'artillerie ! s'écrie-t-il, une révolution vient d'éclater. Louis-

Napoléon Bonaparte avait apprivoisé un aigle qu'il portait sur son épaule, afin de mieux en imposer aux imbéciles.

Philippe n'est plus sur le trône ; Napoléon III, empereur des Français, a pris les rênes du gouvernement... Vive l'Empereur ! »

« Vive l'Empereur ! » répondirent les canonniers qui ne s'attendaient pas plus à l'allocution qu'à ce chorus final où ils font si bien leur partie. Vainement quelques cris discordants de « vive le roi ! » sont poussés, là-bas, aux extrémités de la ligne : l'intonation du colonel n'y a pas été entendue et il y aura plus d'ensemble à la reprise du refrain. Or, c'est maintenant à Napoléon III de parler :

Écoutez ! écoutez ! respect et silence.

« Soldats,

« Le moment est venu de recouvrer votre......... vive la France !, vive la liberté ! »

Ainsi s'exprime Son Altesse. Cette proclamation, dont nous avons vu un original, est signée « Napoléon » tout court, et certes on pouvait s'y méprendre. Il y avait là, comme dit Parquin, du *style de l'autre*. Napoléon ne rappelait pas avec plus d'à-propos ses victoires, et les canonniers armaient déjà leurs mousquetons pour aller conquérir le sublime trépas que leur promettait l'orateur, sous ce beau soleil qui avait éclairé leur enfance. Ils voyaient abattu le lion de Waterloo, et, relevant à la face de la coalition les remparts d'Huningue, ils se voyaient replantant sur toutes nos conquêtes perdues notre drapeau régénéré, et ils pouvaient marcher avec confiance ; la Légion d'honneur cessait d'être le prix de l'intrigue pour ne couronner que la vraie valeur. Cette aigle dont les ennemis ne soutenaient point les regards, Son Altesse l'étalait à leurs yeux et elle ajoutait fièrement : « Je la confie au brave colonel Vaudrey qui, comme moi, saura la défendre ! »

Et l'on défilait à ces mots, musique en tête ; et pas un de ces bons troupiers qui ne crût fermement qu'il allait chasser les barbares du Capitole et que la grande ombre de l'Empereur lui battait des mains ! Seulement, et mon impartialité d'historien me force à le dire, tout le monde n'était peut-être pas au même degré au courant des choses. Le canonnier Marcot avait d'abord crié : « vive l'Empereur ! » de toute son âme, mais se ravisant tout à coup, il voulait savoir quel était cet empereur qu'on lui présentait.

— C'est le neveu de Napoléon, répondait un camarade.

— C'est plutôt son fils, repartait un autre.

— C'est Napoléon en personne, reprenait un ancien.

Et la même question, nous avons honte de l'avouer, provoquait presque partout les mêmes réponses ; tant un grand nom est un héritage difficile à transmettre, quand on n'a qu'un grand nom à revendiquer.

Aussi Son Altesse venait-elle se faire à son tour une illustration personnelle. On mettait le 4e d'artillerie à ses ordres ; mais avant d'en prendre le commandement, elle lui rappelait le dévouement qu'il avait toujours montré à la cause impériale, dont il allait être de nouveau le point de départ. Tels étaient le délire et la joie des conjurés qu'ils couraient au hasard, pressant les mains des canonniers, à droite et à gauche, et qu'ils faillirent étouffer le lieutenant Bocave, à qui ils sautèrent au cou convulsivement. Bien d'autres encore essuyèrent la fureur de leurs embrassements et de leurs étreintes ; ils auraient baisé les chevaux, si le défilé ne les eût appelé à sa tête, où une cohue de gamins, « espoir du pays », leur ouvrirent la marche et mêlèrent leurs acclamations aux cris des soldats.

Mais le mouvement s'étendait plus loin. Sous la conduite de Laity, qui, dès les premiers vivats des artilleurs, s'était détaché pour tenir aussi ses promesses, les pontonniers sortaient de leur caserne dans un enthousiasme non moins bruyant. Laity avait procédé comme Vaudrey : il avait distribué de l'argent ; il avait annoncé la chute des d'Orléans et la restauration de la dynastie impériale ; il avait cité le 4e d'artillerie en exemple ; et, appuyé par ses affidés, par les lieutenants Pietry, Gros, Dupenoy et deux ou trois autres convives de la nuit, il avait enlevé le bataillon aux cris de Vive l'Empereur ! répétés d'entrainement et sans plus d'examen que dans le 4e. Il était difficile de débuter mieux.

Ils se dirigèrent sur le Finkmatt ; Son Altesse désirait de l'infanterie, et elle avait le 46e de ligne qu'il lui tardait de rallier. Vaudrey eût préféré se réunir au 3e d'artillerie ; il lui semblait qu'entre soldats de la même arme, l'entente était toujours plus facile, et il émit l'avis de se rendre d'abord au quartier Saint-Paul. Mais Son Altesse avait son plan arrêté, et elle persista. Tous défilèrent par la Krutnau, par le pont Saint-Guilmin, et se trouvèrent bientôt devant la demeure du colonel du 3e, où ils mirent un poste de dix hommes avec la consigne de le retenir provisoirement prisonnier. Ils en firent autant à l'hôtel du général Voirol, mais ce ne fut qu'après avoir tenté des voies amiables. Son Altesse monta chez le général ; Parquin et Vaudrey l'accompagnèrent ; une douzaine d'artilleurs firent en même temps irruption, bien qu'on les eût par ménagement laissés à la porte. Voirol reçut les envahisseurs avec dignité, quoique en caleçon.

— Général, lui dit Son Altesse, reconnaissez votre Empereur, la ville et la garnison sont à nous.

— Vive l'Empereur ! s'écria Parquin. Et les canonniers de crier : Vive l'Empereur ! étonnés du peu de succès d'un tel argument pour eux péremptoire. Voirol se redressait indigné. Non seulement, il refusait de reconnaître le nouvel Empereur, mais il rendait Vaudrey responsable des évènements. Vaudrey en avait pris son parti, tout en regrettant un concours dont il s'était flatté jusqu'à cette heure. Son Altesse ne tarda point à prendre le sien.

— Parquin, dit-elle alors, assurez-vous du général ; et elle alla se remettre à la tête du régiment qui suivit sa route.

On s'arrêta encore devant la préfecture, où Persigny fut envoyé avec trente hommes pour s'assurer aussi de la personne du préfet. Un autre détachement, aux ordres de Gricourt, se rendit dans la même intention chez le commandant de la subdivision, le général Lalande.

Quittons un moment la grande armée, pour nous occuper des corps détachés.

Voirol aurait voulu haranguer nos gens, mais il ne pouvait ouvrir la bouche, le malheureux, sans que le cri de Vive l'Empereur ne lui coupât régulièrement la parole. Parquin n'avait qu'un signe à faire, et l'antienne des canonniers ébranlait l'hôtel. Le général alla revêtir son grand uniforme, mais Parquin en portait un aussi imposant et Dieu l'avait gratifié d'une autre prestance. De général à général, la lutte cette fois ne fut pas bien longue.

— Retirez-vous, vous n'êtes plus rien ! dit Parquin, impatienté, à son adversaire ; et, le poussant par les épaules, il l'envoya trébucher dans la pièce voisine, où il l'enferma à double tour.

Le vicomte de Persigny ne se piquait pas envers le préfet de plus de patience. Celui-ci, surpris entre ses draps, avait été réveillé par un bruit inusité derrière son alcôve, et la vue soudaine de vingt-cinq hommes, sabre nu, l'avait fort émotionné.

« Au nom de l'empereur Napoléon, je vous arrête ! » avait dit l'officier qui les commandait ; et tirant les rideaux d'une main brutale, il lui avait donné deux minutes pour s'habiller. Le pauvre préfet, plus mort que vif, s'était levé dans un tel trouble qu'il ne savait plus où trouver ses grègues et qu'il allait les suivre en bonnet de nuit. Le grand air cependant lui rassit le cerveau et lui remit l'âme. Il essaya de faire résistance et de protester ; mais les canonniers se mirent à lui bourrer les reins, et force lui fut, hélas ! de les suivre tranquillement à travers la ville. Arrivés au quartier d'Austerlitz, Persigny ordonna à l'adjudant de garde de mettre le prisonnier au cachot ; ce que l'adjudant, moins rigoureux, ne voulut point faire, se contentant de la salle de police, vu le lamentable état du patient. Ce préfet si malencontreux a laissé une espèce de renom dans l'administration du dernier règne. C'était M. Choppin d'Arnouville.

Le général Lalande fut plus heureux. A l'aspect des soldats qui barraient sa porte, il s'esquiva par l'appartement du voisin et se trouva libre.

Restait une dernière expédition qui ne fut pas menée moins cavalièrement que les autres. Lombard s'était chargé de faire afficher les proclamations. Il se rendit donc chez l'imprimeur Sibermann, qui ne manqua pas d'élever des difficultés vite aplanies, comme partout, au bruit des sabres des canonniers résonnant sur les dalles. Peu d'instants après, les compositeurs se partageaient la copie, et Lombard et ses hommes se tenaient l'arme aux pieds auprès des casiers.

Nous avons raconté succinctement et sans phrases. Lorsque les faits parlent si haut par eux-mêmes, la réflexion est toujours oiseuse et ne fait que nuire à l'admiration. Les plus belles légendes sont d'ordinaire les plus concises. Nous nous sommes hâté vers le dénouement, quoiqu'il nous coûte, hélas ! d'abandonner ce sentier tout de fleurs semé, que déblayait la fortune. Nous arrivons au moment où la volage, qu'elle est, commence à faire de mauvais tours et mauvais visage à nos héros. Il faut s'y résigner cependant et s'exécuter de bonne grâce. Ils sont tombés, mais ils sont tombés de toute la hauteur de leur entreprise ; il est des ruines augustes et des naufrages victorieux !

Nous n'avons pas tout dit, de ce glorieux trajet, dont nous ne connaissons que les premiers pas, qui va jeter nos héros dans un traquenard sans issue.

Nous avons craint, et c'est peut-être un tort, de nous complaire trop longtemps aux détails du triomphe. Nous ne vous avons pas montré Persigny, la main sur la garde de son épée, signifiant aux postes livrés de la préfecture, que c'en était fait de leur vie s'ils ne lui indiquaient pas la chambre à coucher du préfet Choppin.

Nous ne vous avons pas montré le noble vicomte à la caserne d'Austerlitz, mettant ledit Choppin sous la garde de l'adjudant de quartier qui en répondait sur sa tête. Nous ne vous avons pas cité les mots heureux de Son Altesse dans la profusion de ses poignées de mains et de ses saluts.

— Vous êtes un brave ! avait-elle dit au canonnier Marcot, bien édifié désormais sur son identité impériale.

— Bonjour, mon brave camarade, disait-elle à l'adjudant Gall, qui les regardait passer d'un œil indécis et que cette familiarité débonnaire entraînait d'emblée.

— Nous comptons sur vous, brave canonnier! disait-elle encore au brigadier Gaudoin, à tel point enchanté d'une confiance si inattendue que dans l'égarement de son allégresse, il y répondait par : Vive le roi!

Le bon canonnier s'était repris, il est vrai, sur les réclamations du colonel et les dédommageait par des : « Vive l'empereur! » à tue-tête.

C'est l'attribut des esprits d'élite de tout maîtriser par leur ascendant. Son Altesse cheminait sans le moindre obstacle. Comme Persigny l'avait prévu, il suffisait à Napoléon III de paraître pour que tout cédât à sa parole, pour que tout fût heureux de subir sa loi. A part le général Voirol, dont la résistance claquemurée touchait fort peu les vainqueurs, ils n'avaient que des sujets joyeux et dociles; ils avaient le vent et les cœurs en poupe, et ils arrivèrent à la Finkmatt, au grand ébahissement, sinon aux bénédictions de la bourgeoisie, qui mettait son nez effaré aux fenêtres et se frottait les yeux comme si elle était étonnée de ce qu'elle voyait. Nous ne voulons rien mêler du surnaturel dans un récit où le merveilleux surabonde. Nous ne pouvons cependant ne pas remarquer toutefois que la fortune ne fit véritablement volte-face à nos héros qu'à partir du moment où le valeureux Persigny s'éloigna de la précieuse personne de l'empereur improvisé. On eût dit qu'elle s'était amourachée du noble vicomte et qu'elle délaissait Son Altesse pour suivre ses pas. On sait avec quel succès il avait mené le Choppin de la préfecture au quartier d'Austerlitz, à travers les brocards de la gaminerie strasbourgeoise; mais son expédition laissait les compagnons sans boussole et quelle que fût l'initiative de Son Altesse, Persigny n'était plus là pour la soutenir de ses inspirations et de ses conseils; elle n'avait plus là son bon génie; Alexandre n'avait plus son Ephestion.

On ne le reconnut que trop tôt. Comme on touchait à la grille de la Finkmatt, on voulut essayer sur le 46ᵉ quelques-uns de ces magiques propos dont on venait d'éprouver sur les artilleurs le prestige. Les soldats du poste avaient pris les armes. Le premier qui tomba sous la main des envahisseurs était un sergent au teint basané, aux moustaches grises.

— Tu as de beaux chevrons, mon brave, lui dit Son Altesse.

— Ça signifie vingt-cinq ans de service, répliqua-t-il.

— Tu vois le neveu de l'Empereur, ajouta le prince, souriant d'avance à l'effet que cette révélation allait produire.

O misère! ô néant! que ne pouvons-nous oublier la réponse! Cet affreux sergent repartit crûment :

— Connais pas!.....

Nous demandons la permission de respirer un moment. L'âme impériale suffoquait. On ne se heurte pas à de tels camouflets sans que la commotion ne vous désarçonne. Il faut le temps de se remettre en selle, heureux encore quand on réussit à s'y tenir ferme et sans perdre l'aplomb. Malheureusement, nous le répétons, le vicomte de Persigny n'était plus là pour remonter l'Empereur sur son grand cheval et rendre à son cœur altéré sa première audace.

Cet abominable : *Connais pas!* lui avait cassé bras et jambes, et on le lisait sur tous les visages et comme un augure sinistre qui coulait à fond les projets des envahisseurs. Juste au même instant, Laity et les siens se joignaient au prince, mais dans quel état, bonnes gens! Trois pelés et un tondu, que l'on nous passe l'expression, tout le reste ayant déserté en chemin, nonobstant l'enthousiasme du départ et les munificences des vainqueurs.

Derrière Laity accourait Parquin, furieux d'avoir perdu son prisonnier qu'un escalier ignoré avait dérobé à sa surveillance.

A la suite de Parquin, arrivait coup sur coup la nouvelle de l'évasion du général Lalande et des rares officiers d'artillerie qui s'étaient aventurés dans les rangs des conspirateurs.

Chaque minute, en un mot, apportait de nouveaux coups, douloureux précurseurs d'une catastrophe imminente.

Il n'y avait pas à balancer cependant; et déjà Vaudrey s'avançait dans la cour, où ses collègues entraient après lui aux cris de : Vive l'empereur! et en appelant le 46ᵉ aux armes; déjà les soldats à moitié vêtus répondaient de leurs croisées par les mêmes cris; lorsque s'élançant au milieu des amis du prince, un sous-lieutenant non moins mécréant que le sergent grison qui les avait déjà si mal accueillis à la grille, osa leur demander à son tour quel était cet empereur au nom duquel on faisait tant de vacarme.

— Le voici! répondit Son Altesse en se découvrant.

— Empoignez-moi ça! s'écria l'officier; et il se serait jeté sur Son Altesse elle-même si les canonniers ne l'eussent le premier arrêté.

— A moi le 46ᵉ! cria-t-il alors; et les soldats, qui descendaient disposés pour eux, de se précipiter, par un revirement imprévu, à son aide, et la plus inexplicable mêlée de s'ensuivre, prélude d'un conflit qui devait tout perdre.

Deux fois ils lâchèrent l'assaillant, deux fois il revint avec une nouvelle fureur à la charge. Vainement l'aigle impériale, l'aigle du 7ᵉ resplendissait-elle aux mains de Querelles qui la promenait de toute part comme un signe de ralliement et de bon accord; vainement les plus pathétiques adjurations se mêlaient-elles, du côté des impérialistes, à cet aveugle débat qui prenait, en se prolongeant, une animation si funeste. La voix des officiers du 46ᵉ survenu en grand nombre était seule écoutée; ils niaient tous l'authenticité des titres du prince; le terrible *Connais pas* des moustaches grises circulait partout. « C'est lui! ce n'est pas lui! c'est Napoléon II! c'est un faussaire! » voilà en quels termes s'engageait le différend, ou plutôt la lutte, et cela par l'obstination ignorante de deux pauvres cerveaux qu'un démon envieux jetait à la traverse des grands desseins de Son Altesse. Nous vouons à vos malédictions ces deux trouble-fêtes : le sergent Connais pas se nommait Régulus Débarres; le sous-lieutenant empoigneur se nommait Pleigner.

Peut-être devrions-nous envelopper le capitaine Morin dans l'anathème. Le capitaine Morin avait blanchi sous le harnais comme Régulus. Il avait vu le Napoléon de l'Empire. Il s'était battu à Waterloo; et le capitaine Morin refusait de reconnaître son héritier, et l'aigle du 7ᵉ le trouvait sans chaleur et sans foi.

Et puis, une voix sépulcrale, une voix qui semblait sortir de tous les soupiraux de la Finkmatt dominait le tumulte : « Soldats, on vous joue! Le Napoléon que vous avez devant vous n'est qu'un mannequin habillé! » (1)

Et cette voix retentissait comme une cloche d'alarme; c'était la plus funèbre des espérances impériales, c'était le beffroi qui annonçait les derniers moments du premier succès. A cet instant, le colonel du régiment, M. Taillandier, arriva tout à coup dans la cour de la caserne.

A cette apparition subite, brusque, intempestive, à laquelle il aurait dû s'attendre et qu'il aurait dû prévoir et déjouer, notre héros fut tout à fait décontenancé, atterré, frappé de stupéfaction. Le prestige de la mise en scène si savamment organisée par lui s'évanouit complètement et comme par enchantement.

L'Empereur improvisé chercha à fuir le regard et les reproches du terrible colonel. Il se sauva au plus vite et se réfugia au fond de la cour, entre les chevaux, les caissons et le mur, sans essayer de résister plus longtemps. Il abandonna ainsi lâchement son brillant état-major et tous les malheureux officiers qui s'étaient dévoués pour lui.

Une charge à fond ouvrit un passage à travers les artilleurs, et Son Altesse fut acculée contre la muraille.

Le colonel Taillandier, méprisant, courroucé, colère, furieux, marcha droit vers l'Empereur en chrysocale, et, l'apostrophant avec la plus véhémente indignation, il lui infligea le plus honteux des affronts, le plus sanglant des outrages et le plus terrible des châtiments.

Du revers de la main, il envoya, au loin, rouler dans la boue son beau chapeau à plumes ; puis il arracha violemment tous les faux insignes dont il s'était paré: le grand cordon de la Légion d'honneur dont la croix brillait à son épée ; il souffleta ensuite et foula outrageusement à ses pieds tous les oripeaux dont s'était paré le faux Empereur.

Cependant, parmi tous ces ornements, il y avait, comme nous l'avons vu, une épée, la prétendue épée d'Austerlitz ; eh bien, Louis-Napoléon Bonaparte n'osa pas s'en servir, il n'en porta pas un seul coup pour punir l'auteur des ignominieux outrages qu'il venait de subir publiquement et pour venger son honneur. Il resta comme pétrifié par la peur.

Après avoir été ainsi dépouillé de cette façon outrageante, le prince fut traîné en prison et enfermé avec plusieurs de ses partisans auxquels les soldats avaient fait subir le même châtiment honteux (2).

Pendant ce temps-là, le sous-lieutenant Pleigner, une troisième fois relâché, plaçait des factionnaires à la grille, afin de couper la retraite aux envahisseurs et saisissait de Gricourt qui cherchait à s'opposer à ses ordres.

Le sergent Kubler s'emparait presque au même instant de Querelles, et Laity tombait au pouvoir du sergent Regulus.

L'aigle impérial, « cet impérissable étendard » que les bonapartistes avaient

---

(1) Textuel. — Voir, au procès qui s'en est suivi, les dires des accusés sur cet incident.
(2) « Dans une minute, L.-N. Bonaparte et les misérables qui avaient pris parti pour lui ont été arrêtés et les décorations dont ils étaient revêtus ont été arrachées par les soldats du 46°. » *Moniteur* du 2 novembre.

juré solennellement de défendre, qui devait servir de linceul à leur trépas glorieux, disparaissait, dans la bagarre, insultée, conspuée et foulée aux pieds.

A quoi pouvaient-ils se rallier maintenant?

Au tricorne de Son Altesse? Il avait disparu à son tour derrière les chevaux des artilleurs, dernier rempart du porteur de cette relique trois fois sainte.

Où étais-tu, Persigny? où étais-tu, Parquin, garde du corps, non moins dévoué et non moins fidèle? Parquin s'était épuisé en généreux efforts pour se frayer un chemin jusqu'au prince et ne s'était éloigné qu'en désespoir de cause. Il venait de forcer la grille, quand le major Salleix, se mettant à sa poursuite avec une vingtaine de fusiliers, le cernait aussi de tous côtés et le forçait de se rendre.

Et le dirai-je enfin? Taillandier et Salleix ne se bornaient point à faire des prisonniers; ils outrageaient des hommes sans défense. Ils ne les épargnaient pas plus que leur chef. Le major Salleix arrachait les épaulettes à Parquin, qu'il traitait d'infâme, et le tambour-major Kern, luttant de force musculaire, emportait le général dégradé au milieu des huées et des quolibets, par ordre et sous les yeux du lieutenant-colonel Taillandier.

Vaudrey et ses canonniers résistaient encore, ou pour mieux dire, Vaudrey résistait seul, car ses canonniers n'avaient plus d'autre intention que de le défendre. Taillandier usa de ruse; il demanda à parler au colonel et les rangs s'ouvrirent; il dit à Vaudrey que tout Strasbourg croyait à un mouvement légitimiste et que les citoyens couraient aux armes pour s'y opposer; il lui représenta la responsabilité qu'il avait assumée. Il lui demanda s'il espérait l'emporter, non seulement contre le 46e qu'il voyait si exaspéré et si résolu, mais contre la garnison tout entière et la garde nationale qui se portait sur la Finkmatt?

Vaudrey crut sans doute ce qu'on lui disait; car, se tournant vers ses canonniers, il leur fit remettre le sabre au fourreau et les remercia de leur dévouement désormais inutile. Il se livra ensuite au lieutenant-colonel, qui respecta son prisonnier.

Le moment d'après, le 4e d'artillerie rentrait au quartier d'Austerlitz, mais sans son colonel, ni ce radieux état-major qui deux heures auparavant marchait triomphalement à sa tête. Ses officiers avaient délivré le préfet Choppin. Ceux du 3e avaient rendu au colonel Leboul le même service. Les généraux Lalande et Voirol appelaient la garnison sur la place d'armes, tandis que nos héroïques conjurés traversaient la cité, dans un état méconnaissable, et allaient subir à la geôle les interrogatoires des gens du Roi.

Tout était donc consommé. L'aigle du 7e gisait dans la cour de la Finkmatt, terne et dédorée. Sur un banc de pierre non loin de là, se trouvaient étalés les crachats, le grand cordon, les épaulettes et la glorieuse épée de Son Altesse, et les insignes divers de ses lieutenants. L'historique chapeau coiffait une borne.

O Persigny! Persigny! que vous fûtes heureux de ne pas assister à toutes ces sauvages profanations, à tous ces déboires! Ne saviez-vous pas que la Finkmatt n'a ni aboutissants, ni porte secrète? Comment n'aviez-vous pas détourné nos enseignes

La princesse Mathilde Demidoff.

de ce guet-apens? L'étoile impériale avait filé dans une impasse, elle s'éteignait dans un cul-de-sac!

Que devenait cependant ce vicomte tant désiré? Quelle part lui avait fait le destin dans cette misère? Où était, encore une fois, Persigny? Persigny était dans sa chambre, en proie à ses regrets et à son chagrin. C'est là que l'avait rejoint Éléonore Gordon, non moins désolée. Les traits décomposés du fidèle ami attestaient sa peine poignante. D'abondantes larmes coulaient de ses yeux, bien que sa bouche demeurât close. Les grandes douleurs sont taciturnes, et la sienne ne se faisait jour que par des sanglots.

La Gordon pleurait aussi. Son affliction n'ôtait rien toutefois à sa présence d'esprit, d'autant plus éveillée que l'abattement du cher camarade semblait plus profond. Elle livrait aux flammes les biographies de Son Altesse, les proclamations manuscrites, les plans de campagne, les archives de la conspiration. Pour ne souffler mot, sa douleur n'était pas moins agissante; elle n'en prenait pas moins les précautions nécessaires, lorsqu'un bruit de pas se fit entendre. On frappe à la porte avec fracas. La Gordon se lève vivement, son compagnon demeure immobile. Le bruit redouble. La Gordon pousse une commode contre la porte, et active la flamme qui dévore les papiers. Bientôt la pote cède aux secousses ; la police et ses agents ont tout culbuté et tout envahi. Deux gendarmes se saisissent de Persigny ; deux autres s'approchent de la Gordon, « mais ils n'osent la toucher » ; ses grâces et sa beauté la protègent. Peu soucieuse d'elle-même, elle lance un regard de désespoir sur le pauvre vicomte; le vicomte n'a pas vu ce regard. Déjà elle l'avait supplié de s'éloigner, l'infortuné ne l'avait pas même entendue. Les plus grands courages ont aussi leurs moments d'absence ; celui du vicomte était pour le quart d'heure frappé de stupeur.

— Persigny, s'écria la Gordon tout à coup, mon flacon ! Ah ! mon Dieu, j'étouffe !
Et il semblait qu'elle allait mourir.

A ces accents douloureux, Persigny, pâle et tremblant, se réveille ; il lui présente un flacon de sels, et comme il se penche pour le lui faire respirer, elle lui indique d'un coup d'œil une porte entr'ouverte. Persigny l'a comprise. Cette porte est celle d'un rez-de-chaussée donnant sur le quai. Mais un des gendarmes s'est ressaisi du prisonnier, qui frémit cette fois de son impuissance. Ce gendarme tient de l'autre main un sac de ducats également de bonne prise, tandis que le reste de l'escouade va furetant dans tous les meubles et poursuit ses investigations d'un cœur haletant.

Alors cette femme, qui tout à l'heure s'évanouissait, se relève en bondissant comme une lionne, ses yeux se raniment ; et s'élançant sur le membre de la maréchaussée qui tient sa bourse :

— Rends-moi mon sac, s'écrie-t-elle, je veux mon argent.

Le gendarme, qui se voit arracher ses ducats, abandonne son prisonnier pour les rattraper et la bande entière n'est pas de trop pour lui prêter main-forte. Persigny est libre un instant et il en profite. En une seconde il a franchi la porte propice ; le voilà sauvé.

La Gordon ne dispute plus, dès lors, les ducats et se laisse emmener sans résistance.

Le même jour, Persigny traversait le Rhin.

Le chirurgien Lombard l'avait devancé et se trouvait déjà sur le territoire de Bade. Informé à temps de l'avortement dans la souricière de la Finkmatt, il avait quitté l'imprimerie Silbermann, et s'était hâté de pourvoir à sa sûreté personnelle.

Le lieutenant d'artillerie Schaller et les lieutenants de pontonniers les plus compromis avaient fait de même.

Tout le monde, Persigny compris, avait, bien entendu, changé de costume, les épaulettes mettaient autant d'humilité à s'effacer maintenant qu'elles avaient mis de complaisance à se pavaner dans la matinée. Les recherches, après cela, étaient assez molles. On n'avait pas intérêt à multiplier les coupables du moment, lorsqu'il fallait les chercher sous l'uniforme, réputé si fidèle et si dévoué.

A part cinq ou six contumax et Éléonore Gordon fort durement écrouée, on s'en tenait aux captures de la Finkmatt et on faisait bien. Je ne vois pas effectivement ce que l'on aurait pu regretter encore. Toute la conspiration était là ; absents ou présents, ils formaient peut-être bien la douzaine et vous les connaissez tous par leurs noms. Il en restait huit au réquisitoire: Son Altesse impériale d'abord, Vaudrey, Parquin, de Gricourt, de Querelles, Laity, de Bruc et Éléonore Gordon.

Il y avait deux contumax seulement : le bouillant vicomte de Persigny et le taciturne Lombard.

Après son arrestation, Louis Napoléon Bonaparte fut enfermé avec le commandant Parquin ; ce dernier lui dit en lui tendant la main :

— Prince, nous serons fusillés, mais nous saurons bien mourir.

— Oui, répondit son Altesse, qui, une fois en sûreté, avait recouvré la parole, nous avons échoué dans une belle et noble entreprise.

Bientôt le général Voirol vint la voir et lui dit :

— Prince, vous n'avez trouvé qu'un traître dans l'armée française !

Le prisonnier, tout à fait revenu de sa peur, s'était mis de nouveau à poser et à faire des phrases. Il répondit :

— Dites plutôt, général, que j'avais trouvé un Labédoyère.

Du dépôt du poste où il avait d'abord été emprisonné, il fut transféré à la prison neuve de Strasbourg.

« Le neuf novembre au soir, dit Louis Napoléon Bonaparte, dans une lettre adressée à sa mère, on vint me prévenir que j'allais être transféré dans une autre prison. Je sors, et je trouve le général et le préfet, qui m'emmènent dans leur voiture sans me dire où l'on me conduit.

« ... Arrivé dans l'hôtel de la préfecture, je trouvai deux chaises de poste ; on me fit monter dans l'une avec M. Cugnat, commandant de la gendarmerie de la Seine, et le lieutenant Tiboulet ; dans l'autre il y avait quatre sous-officiers.

« Les deux officiers qui me conduisaient étaient deux officiers de l'Empire, amis intimes de M. Parquin ; aussi eurent-ils pour moi toutes sortes d'égards. J'aurais pu me croire voyageant avec des amis. Le 11, à deux heures du matin, j'arrivais à Paris, à l'hôtel de la préfecture de police. M. Delessert fut très aimable pour moi ; il m'apprit que vous étiez venue en France réclamer pour moi la clémence du Roi, que j'allais repartir dans deux heures pour Lorient, et que de là je passerais aux États-Unis sur une frégate française. »

M. Delessert, préfet de police, remit en outre au voyageur princier une somme de 15,000 francs, pour les menues dépenses de son voyage, et ses premiers frais d'installation à New-York.

Le héros de la Finkmatt « accepta, avec la reconnaissance qu'elles méritaient, les bontés du Roi » et les 15,000 francs qui en faisaient partie, dit-il, dans une lettre qu'il écrivit à son défenseur, M. Odilon Barrot.

Il ajouta encore, trouvant sans doute que l'expression de sa reconnaissance n'était pas suffisante :

« Vous savez combien j'ai été coupable aux yeux du gouvernement. Eh bien ! le gouvernement a été généreux envers moi, il a compris que ma position d'exilé, que mon amour pour mon pays, que ma parenté avec le grand homme étaient des causes atténuantes. »

Après la reconnaissance de sa culpabilité, ses remerciements adressés au roi Louis-Philippe, Louis-Napoléon Bonaparte s'engagea encore envers le gouvernement à ne pas revenir en Europe sans son autorisation.

Nous verrons plus tard comment il a tenu sa promesse et ses engagements.

Pendant que son Altesse fait un voyage d'agrément sur l'Océan, dans une frégate de l'État, les poches bien remplies, grâce « aux bontés du Roi » et qu'elle est l'objet des prévenances, des politesses et des égards de tout l'équipage et surtout des officiers du bâtiment, ses malheureux compagnons de la triste équipée de Strasbourg gémissent en prison en attendant d'être condamnés en cour d'assises.

La belle, vaillante et aimante Mme Gordon, languit sous les verrous, séparée de ses tendres amis de cœur qui ne peuvent plus roucouler avec elle et lui prodiguer leurs douces caresses.

Mais abandonnons-les tous pour le moment dans leur solitude ; nous les retrouverons plus tard, et, traversant l'Océan, voyons à quels nouveaux exploits celui pour lequel ils s'étaient sacrifiés se livre.

Après sa défaite de Strasbourg, notre héros n'était pas riche ; il avait épuisé toutes ses ressources et mangé jusqu'à l'argent de sa maîtresse. Comme la fin ridicule de son échauffourée avait donné une bien triste idée de ses talents de conspirateur et de son courage à ses partisans et à ses amis, au crédit desquels il avait eu souvent recours, leurs bourses lui furent fermées ; aussi se trouva-t-il à New-York presque complètement dénué de ressources. Sa mère n'était à cette époque guère plus riche que lui. Brouillée avec son mari, elle ne pouvait rien en obtenir ; elle n'avait que le revenu de ses terres d'Arenemberg, qui ne rapportaient presque rien. Elle ne pouvait pas envoyer d'argent à son fils et elle avait de nombreuses dettes. Mais comme les besoins de débauche de Louis Bonaparte étaient toujours les mêmes, il eut recours aux moyens les plus honteux pour satisfaire ses mauvaises passions.

Ce ne fut plus, comme à Florence, sur de grandes dames qu'il osa lever les yeux, pour les fatiguer de ses grossières importunités ; le prétendant au trône impérial de France devint plus modeste ; il daigna abaisser ses regards souverains jusqu'aux malheureuses filles qui hantent le soir les trottoirs de New-York ; c'était dans les lupanars du plus bas étage, qu'il se livrait à tous les instincts de sa crapuleuse lubricité ; il n'avait pas le moyen de payer le prix de ses débauches, il rendait de nombreux services aux établissements qu'il fréquentait, soit en y amenant des étrangers qui venaient le voir, soit en poussant à la consommation, soit enfin en soutenant les honorables matrones qui tiennent ces lieux de débauches; s'il arrivait quelques contestations au sujet des prix, il intervenait en faveur de l'hôtesse et prenait son parti et souvent sa défense dans les rixes qui survenaient fréquemment, ce qui le fit plusieurs fois incarcérer dans la prison du Parc, qui est aujourd'hui démolie.

Ses nombreux démêlés avec la police et la mauvaise réputation dont il jouissait lui occasionnèrent un jour une bien fâcheuse aventure. Comme il avait été chassé d'un hôtel garni de New-York dans Red-Street, où il devait une misérable somme qu'il oubliait toujours de payer, il se réfugia chez une femme qui était ce que l'on appelle en chambre; il vécut pendant plusieurs mois aux dépens de cette malheureuse, il remplissait du reste auprès d'elle le même office qu'auprès des maîtresses des maisons publiques : il était à la fois son protecteur, son pourvoyeur et son amant. Il y avait aussi souvent des disputes et des batailles chez la maîtresse de Louis Bonaparte; quand venait le quart d'heure de Rabelais, ou la note à payer, le futur constable de Londres employait souvent la violence pour faire exécuter les pratiques récalcitrantes, ce qui lui valut de nouveaux démêlés avec la police; mais un soir la chose devint plus grave que d'habitude, et un malheureux jeune homme, que Louis Bonaparte et sa maîtresse avaient roué de coups, parce qu'il ne voulait pas subir leurs exigences, qu'il trouvait par trop exorbitantes, alla se plaindre d'avoir été battu et dévalisé. On emprisonna de nouveau le neveu du grand empereur, qui fut écroué dans son ancienne cellule de la prison du Parc, sous la prévention de vol, de coups et blessures. Dans sa détresse extrême il s'adressa à un avocat, devenu depuis éditeur du *Brookley Daily advertiser* pour qu'il voulût bien se charger de sa défense devant les tribunaux. Ce fut à l'habileté de son défenseur qu'il dut d'échapper à la condamnation qui le menaçait et d'être acquitté.

Voici ce qu'écrivait plus tard cet honorable avocat, quand l'ex-détenu de la prison de New-York fut devenu empereur : « Nous supposions peu à cette époque, (1837) « que ce jeune homme débauché, qui fut notre client, et qui nous doit encore le prix de « nos conseils, les frais et les déboursés de son affaire, deviendrait empereur de « France. Nous croyons, néanmoins, que la réalisation de ses espérances ambitieuses « ne fera que hâter l'arrêt terrible évidemment suspendu sur sa tête. »

Mais cette vie de gêne et de misère, malgré les moyens honteux qu'employait Louis Bonaparte pour alimenter ses basses passions, ne pouvait longtemps satisfaire ses besoins de toute nature. Du reste il était à bout de ressources et d'expédients ; il avait été chassé de trois lupanars qu'il fréquentait ; ses exigences, par trop crapuleuses, près des prêtresses de ces lieux de débauche, l'avaient fait mettre à la porte ; on l'avait brutalement envoyé exercer ailleurs son honorable industrie. Sa maîtresse, qui avait aussi été arrêtée, moins heureuse que lui, avait été condamnée et était toujours en prison ; la police de New-York avait l'œil sur lui, et l'empêchait de se créer de nouvelles ressources par des moyens honteux ; il écrivit à sa mère, l'informant de la position où il se trouvait, et la tendre Hortense, compatissante aux malheurs de son cher fils, lui envoya cette fois l'argent nécessaire pour revenir en Europe. Et malgré l'engagement d'honneur qu'il avait pris envers le gouvernement de Louis-Philippe qui l'avait gracié, de ne pas revenir en Europe, il viola sa parole et alla rejoindre sa mère à Arenemberg, en Thurgovie (Suisse). Il laissa aussi dans ce paisible canton de nombreux souvenirs de son libertinage.

Les jeunes Thurgoviennes lui semblèrent des mets d'empereur à côté des prostituées de New-York ; aussi en fit-il ses délices, et plus d'un bâtard rappelle encore aujourd'hui par sa présence les nombreuses amours de l'artilleur thurgovien.

Genève a aussi l'honneur de posséder, encore aujourd'hui, un rejeton de l'illustre Majesté ; il est facile à reconnaître à son nez proéminent comme celui de son papa, à son regard éteint, à ses paupières pendantes, à son air abruti ; du reste il paraît que l'illustre auteur de ses jours a daigné se souvenir de lui et qu'il le protégeait, car il l'avait attaché à un vice-consulat en qualité d'espion et de mouchard. Ce jeune Bonaparte de la main gauche était spécialement chargé de rechercher les livres et les brochures hostiles à son père, ainsi que leurs auteurs, afin de les dénoncer à la vindicte impériale.

A Genève, comme à New-York, Louis-Napoléon montra une prédilection toute particulière pour les mauvais lieux ; on montre encore dans un établissement de mœurs légères de la rue Neuve du Molard, dans la première de ces deux villes, le canapé historique sur lequel le glorieux empereur en herbe prenait ses doux ébats avec les nymphes du lieu ; ce meuble historique fait les délices des illustres étrangers qui honorent cet honnête établissement de leurs visites.

Notre héros avait été naturalisé citoyen suisse par 8 cantons : Thurgovie, Genève, Vaud, Saint-Gall, Soleure, Berne, Argovie et Appenzel; il était président de la Société fédérale des carabiniers bourgeois de Thurgovie et capitaine d'artillerie au camp de Thoune : mais, malgré tous ses titres, fut bientôt forcé par les plaintes et menaces du gouvernement français de quitter la Suisse hospitalière, et les douces et innocentes bergères des Alpes ; il abandonna l'éducation et l'entretien de ses nombreux enfants naturels aux communes de ses maîtresses, s'en rapportant à leurs paternelles administrations pour les soins à prodiguer aux fruits de ses trop nombreuses amours.

II

Sommaire. — Départ de Louis-Napoléon Bonaparte pour l'Angleterre. — Son arrivée à Londres. — Son Altesse n'est pas riche alors. — Elle fait la connaissance de miss Howard. — Cette aimable personne s'associe avec le propriétaire d'un tripot. — Jack-Young-Fitz-Roi. — Le marin Sampaïo, amant de miss Howard. — La belle miss fournit de l'argent à Louis-Napoléon Bonaparte. — Le futur empereur fait meilleure figure. — Miss Howard a équipage. — Lord Clebden paye 200 livres la possession de l'aimable miss. — Louis-Napoléon Bonaparte conspire de nouveau. — Carlton-Garden. — Le Club des Cotillons. — Les sorcières de Macbeth et les houris du prophète impérial. — Les premières conspirent, les secondes font l'amour. — Première sorcière, Mme Regnauld-Saint-Jean-d'Angély. — Elle préside l'aréopage féminin. — Deuxième sorcière, Mme de Salvage. — Elle est rébarbative, toujours grognant et querellant. — Troisième sorcière, Mme Hamelin. — Ex-étoile de la cour de Napoléon Iᵉʳ. — Elle a joué un grand rôle pendant les Cent Jours. — Sa grande verdeur. — L'escadron volant de l'ex-reine Hortense. — Miss Howard en fait partie. — Mme de S... également. — Ce qu'était cette belle princesse. — Elle demande à seize ans un vieux monsieur en mariage. — Elle l'épouse. — Elle n'en veut plus quinze jours après. — Elle le quitte. — Elle veut jouer le rôle de Zampa chez Franconi. — Elle entre dans le Club des Cotillons. — Son amour pour son beau cousin L.-N. Bonaparte. — La princesse Demidoff. — Ses proéminents appas. — Sa belle carnation. — Elle s'amourache du costume d'un bel Arménien. — Elle l'épouse. — L'objet de sa flamme ayant été remplacé par un paletot et un gibus, elle l'abandonne. — Elle s'élance dans les bras d'un hercule batave. — Il fait ses délices. — La vaillante et aimable Gordon entre aussi dans le Club des Cotillons. — La belle comtesse d'Espel. — Elle devient la favorite du prince. — Elle a une fille de Louis-Napoléon. — Les autres déités du Club des Cotillons. — Le Club des culottes de peau. — Le général de Montholon. — Il ternit son honneur dans les salons de Curlton-Garden. — Il avait poussé le dévouement pour Napoléon Ier jusqu'à lui sacrifier sa sensible épouse. — Il met le dévouement de ses vieux jours au service du neveu. — M. Vieillard, précepteur de son Altesse. — Il lui enseigne la morale de Machiavel. — La vertu de Sardanapale. — La bonté de Néron et la douceur de Caligula. — M. Mocquart. — L'ex-reine Hortense dépouillait ses grandeurs devant lui. — Avec lui, l'humanité reprenait ses droits. — Il reporte sur le fils son amour de la mère. — Le docteur Conneau. — Il est phrénologiste. — Il étudie les bosses de L.-N. Bonaparte. — Les beaux résultats de ses études. — Il avait aussi étudié la mère, mais dans des parties moins nobles. — Il était son premier clysopompe. — Le général Piat entre dans les Culottes de peau, grâce à son talent d'ouvreur d'huîtres. — Le cher Edgard Ney enseigne au Club à sabler le champagne. — Il est l'ami du prince et le confident de ses amours. — Le célèbre Bouffet de Montauban se recommande aussi par son dévouement. — Les Mésonan, les Laborde, les Lombard, les Leduc, les Ornano et tant d'autres que de grandes destinées appellent, entourent le prince et consolent les dames du Club des Cotillons. — La plus complète harmonie existe entre eux et elles. — Le comte d'Orsay. — Le roi de la fashion. — M. Crouy-Chanel, le descendant des rois de Hongrie. — La fondation du *Capitole*. — M. de Saint-Edme. — L'Idée napoléonienne et l'Idée cosaque. — L'empereur de Russie et les conspirateurs bonapartistes. — Le comte Orloff. — Louis-Philippe. — M. Thiers. — M. Berryer. — Les sociétés secrètes. — Blanqui-Barbès. — La fange révolutionnaire. — Jean Baudet. — Le faubourg Saint-Antoine. — Le cassis de Minor-Lecomte. — L'association nationale. — Les sources de l'argent de Louis Bonaparte. — Baumont-Smith et Rupallo. — C'est avec le produit du vol des bons de l'Échiquier que L.-N. Bonaparte conspirait et entretenait ses maîtresses et sa bande. — L'infortuné Beaumont Smith va au bagne pour lui. — Vingt-cinq millions de bons de l'Échiquier volés ont été remis par Rupallo à Louis Bonaparte. — L'expédition de Boulogne. — Orgie aux Clubs des Cotillons et des Culottes de peau. — La plage de Boulogne. — L'argent et le vin. — Corruption et lâcheté. — Louis Bonaparte lâche assassin. — Il se sauve, tombe à l'eau. — On le repêche comme un marsouin. — Le chevalier de la Triste-Fgure. — A la nouvelle de la défaite du prince à Boulogne, le Club des Cotillons tombe en syncope et Mme Hamelin meurt de rage.

Il dirigea alors sa course vagabonde vers la brumeuse Angleterre et alla offrir, sur les bords de la Tamise, aux blondes filles d'Albion, le tribut de son amour.

En Angleterre, comme en Amérique, lorsqu'il arriva, Louis Bonaparte n'était pas riche ; aussi chercha-t-il tout d'abord des amours faciles, qui non seulement ne le ruineraient pas, mais encore qui pourraient au besoin lui être d'une grande utilité ; il avait du reste depuis longtemps contracté l'habitude de vivre aux dépens des femmes ; cet honnête moyen d'existence lui avait trop bien réussi, pour qu'il ne cherchât pas l'occasion de l'employer de nouveau. Le hasard, ce protecteur des coquins, le servit encore cette fois à souhait. Un soir, qu'enveloppé dans une longue redingote boutonnée jusqu'au cou, pour se garantir de l'humidité du brouillard, le futur empereur se promenait sur les trottoirs de Londres, à Hay-Market, il rencontra une jeune miss, assez jolie, qui comme lui hantait l'asphalte ; à sa mise et à sa démarche notre homme vit de suite à qui il avait à faire. Il suivit donc la belle, qui rentra immédiatement à son logis, non sans s'être retournée plusieurs fois, pour bien s'assurer qu'elle était suivie. Arrivée chez elle, moyennant trois shillings, le prince put goûter le plus complet bonheur avec la belle. Par une de ces affinités mystérieuses qui attirent entre elles certaines natures, Louis Bonaparte et sa récente conquête sentirent dès le premier jour le plus vif attrait l'un pour l'autre ; aussi se rencontrèrent-ils tous les soirs ; la belle Élise, c'est ainsi qu'elle se nommait, congédia son amant de cœur, le marin Sampaïo et lui donna l'Altesse Impériale pour successeur. Mais malgré les nombreux visiteurs que la jolie miss voyait tous les soirs, nos deux tendres amants ne devenaient pas millionnaires, et Louis Bonaparte ne pouvait ainsi se procurer les ressources dont il avait besoin pour satisfaire ses goûts princiers, et continuer ses entreprises politiques, qu'il ne perdait pas de vue au milieu de son existence misérable et aventurière.

Il chercha donc un moyen d'utiliser d'une manière plus fructueuse les charmes de sa maîtresse. Voici comment il s'y prit : il connaissait à Londres un nommé Jack-Young-Fitz-Roi, qui tenait un brelan, où il allait souvent jouer ; il lui proposa, pour attirer de nombreux chalands dans sa maison de se servir de sa maîtresse dont il lui vanta les charmes et les séductions. L'honorable industriel voulut bien essayer et fut si content des débuts, qu'il engagea l'adroite Élise, et lui donna ainsi qu'à son amant, devenu son croupier, une large part dans ses bénéfices.

Chaque jour Elise pipait de nouveaux étourneaux dont les livres sterling et les bank-notes passaient rapidement dans la caisse de Jack-Young-Fitz-Roi.

Ce dernier, pour donner plus de cachet à sa maison, fit l'acquisition pour Elise, qui prit dès lors le nom de miss Howard, d'un élégant coupé et de deux superbes poneys. Notre séduisante miss, richement vêtue, se prélassait presque tous les jours à Hyde-Park, nonchalamment étendue dans sa voiture ; elle put dès lors viser à des conquêtes plus élevées ; sa beauté, sa grâce, son adresse et sa coquetterie captivèrent de nombreux adorateurs, qui venaient chaque soir, pour lui plaire, se faire plumer chez Jack. Ses charmes furent alors mis au plus haut prix ; ce n'étaient plus trois misérables shillings mais deux cents livres qu'il fallait pour la posséder. Lord Clebden paya généreusement ce prix et la tendre Laïs lui prodigua les trésors de sa beauté ; d'autres joueurs, piqués des préférences qu'elle accordait au noble Lord, sollicitèrent les mêmes faveurs qu'ils obtinrent au même prix. La misère de l'amant de miss Howard fit place à l'opulence, le prince impérial put faire une figure digne de son rang et de la race auguste à laquelle il appartenait ; le constable de Londres devint un parfait gentleman, on le vit briller dans les théâtres et dans les courses, le cirque d'Eglington fut témoin de son triomphe, il renoua ses relations avec les anciens conspirateurs de Strasbourg, Fialin de Persigny et autres, qui, dès qu'il eut de l'argent, vinrent le rejoindre pour partager sa fortune. Les intrigues politiques marchèrent de front avec le jeu et l'amour. Ils préparèrent une nouvelle tentative contre Louis-Philippe, à qui Louis Bonaparte avait, en échange de la grâce qu'il en avait reçue, donné sa parole de ne plus conspirer contre lui. Mais qu'est-ce qu'un engagement d'honneur pour un parjure ?

Cependant, malgré tout le zèle intelligent de miss Howard et l'heureuse chance de Jack, son associé, les conspirateurs manquaient des fonds nécessaires à leur entreprise, tant les conspirations coûtent cher ; mais encore une fois, grâce à leur esprit ingénieux et à leur délicatesse peu scrupuleuse, le hasard vint à leur aide. Parmi les joueurs assidus de la maison Jack était un nommé Beaumont Smith, employé à l'administration des bons de l'Echiquier, et neveu du fameux amiral Sidney Smith, qui combattit le général Bonaparte à Saint-Jean-d'Acre et l'obligea à lever le siège de cette place.

Louis-Napoléon Bonaparte avait établi son quartier général à Carlton-Garden, où le ban et l'arrière-ban de ses fidèles des deux sexes étaient venus le rejoindre et formaient deux clubs : celui des *Cotillons* et celui des *Culottes de Peau*.

Nous demandons pardon à nos lecteurs de ces appellations grotesques ; mais elles ne sont pas de notre invention, et elles ont une origine historique.

On ne se voyait qu'à la dérobée et à la maison tierce.

Le *club des Cotillons* se composait de quelques vieilles duègnes du premier Empire qui avaient fait autrefois les délices de la Malmaison et des Tuileries. Elles étaient à l'époque dont nous parlons plus vénérables qu'adorables, et elles ressemblaient beaucoup plus aux habitantes du sombre Empire qu'à celles de l'Elysée, quoique quelques-unes d'entre elles devaient plus tard habiter le palais de ce nom. Ces vieux parchemins ambulants et armoriés avaient mission de conserver dans toute leur pureté les traditions de la cour du grand Empereur, ses mœurs pures, sa galanterie de haut goût et son élégance originale. C'étaient de vieilles femmes édentées, décharnées, qui se rappelaient avoir été courtisées et aimées sous le premier Empire et qui attribuaient à la déchéance de Napoléon Ier la solitude dans laquelle elles étaient réduites. Elles pensaient qu'en ramenant l'Empire, elles feraient revenir et ressusciteraient ces beaux officiers si élégants, si fringants, si pressants, si pressés, si empressés, si coquets et si discrets.

Ces vieilles femmes se sont mises à conspirer, seule genre d'intrigues, hélas ! qui leur fût permis.

La première sorcière était Mme Regnauld-Saint-Jean-d'Angély. Elle portait le regard très haut, avec une dignité qui rappelait les grandes réceptions du premier Empire. Elle présidait l'aréopage féminin avec toute la gravité et la dignité qu'exigeaient les grands souvenirs de la gloire impériale.

La seconde furie shakespearienne avait nom Mme de Salvage, veuve d'un colonel de dragons de la Grande-Armée, cette respectable matrone avait près de sept lustres, la voix d'un instructeur de l'école de bataillon et la démarche d'un tambour-major. Rébarbative et toujours grognant, querellant à droite et à gauche, le sourcil hautain et la main levée, toujours prête à souffleter le premier qui eût mal reçu ses commandements, elle pouvait passer à cela près pour la meilleure et la plus douce femme du monde, et elle demeurait quand elle était à Paris, par antithèse, rue de la Paix.

Enfin la troisième Gorgone, Mme Hamelin, qui le croirait? avait été dans sa jeunesse une des plus belles étoiles de la cour impériale, elle avait joué un grand rôle dans la conspiration des Cent Jours. Cette dame étonnait le conciliabule féminin, par son expérience, son activité et sa verdeur.

Ces trois Parques se détestaient cordialement et se jalousaient.

Mais, malgré l'auréole de gloire, de vénération et de souvenirs historiques, qui entourait les cheveux blancs de ces vieilles mégères, il leur eût été bien difficile de fixer le cœur de leur jeune prince Charmant et de séduire par leurs appas plus que rances les héros dont Son Altesse pouvait avoir besoin pour l'aider dans l'accomplissement de ses vastes projets ; aussi l'héritier de la redingote grise et du petit chapeau avait adjoint à la section des trois Parques, dont les mains décharnées tissaient les trames des conjurations du second Empire, plusieurs jeunes beautés dont la fraîcheur, la gentillesse, la coquetterie, la complaisance et les mœurs faciles devaient donner un grand attrait et des charmes nombreux à sa cour et lui recruter des partisans.

Cet impérial escadron volant se composait de l'héroïque, belle et dévouée Éléonore Gordon, que nos lecteurs ont déjà le plaisir de connaître, et qui était sortie de prison, après son acquittement par le jury du Bas-Rhin ; de l'aimable et séduisante miss Howard, qui faisait toujours les délices du prince ; de sa cousine la lascive Marie de S... qui avait abandonné son mari pour les aventures de l'existence napoléonienne et ses amours libres ; de la luxuriante princesse Demidoff, dont les puissants appas captivaient un illustre boyard ; de la belle comtesse d'Espel, la dernière venue et la mieux en cour, etc..,

Si nos lecteurs veulent nous le permettre, nous leur présenterons les belles deités du Club des Cotillons qu'ils n'ont pas encore le plaisir de connaître.

Ils ont déjà vu à l'œuvre Mme Gordon et miss Howard, mais Mme de S... leur est encore parfaitement inconnue.

Cette jeune femme descendait du traître Lucien Bonaparte qui aida puissamment son frère Napoléon à consommer le coup d'État du dix-huit brumaire. Elle était donc cousine de son Altesse.

Cette jeune princesse était alors pleine de grâce et de beauté. De magnifiques cheveux noirs nattés à la grecque et enroulés autour de sa tête, la paraient d'un voluptueux diadème; elle avait le front poli et intelligent, les yeux brillants et hardis; le regard plein d'audace; son nez, sans être d'une pureté irréprochable, était bien fait; ses lèvres, rouges comme deux cerises, donnaient à sa bouche mutine un attrait de sensualité d'une grande séduction; elle avait les dents blanches et nacrées, son menton gracieux était orné d'une jolie fossette et l'ovale de son visage, très bien dessiné, avait la pureté de celui d'une statue antique; son teint mat et ses joues roses, sa lèvre supérieure légèrement ombrée donnaient un charme piquant à sa physionomie; son cou de cygne, ses épaules d'albâtre, sa gorge aux contours séduisants, sa taille fine, souple, élancée complétaient son type de beauté piquante, sensuelle et originale.

Elle avait été élevée, pour ainsi dire, sur les genoux de Mme Récamier, l'amie de sa mère. C'est chez cette célèbre beauté qu'elle a rencontré l'illustre Chateaubriand; ce grand écrivain l'avait connue tout enfant, il fut frappé de sa gentillesse et de sa précocité; il s'amusait à lui apprendre à lire. Dans les salons de l'aimable et spirituelle Récamier, elle avait connu l'auteur de la *Comédie humaine*; elle avait lu tous ses romans et étudié tous ses héros; un peu plus tard, grâce à ses relations avec ces grands écrivains, elle avait connu successivement Béranger, qui l'appelait la *Fée Bonheur*. Lamennais qui la nommait *sa chère fille*, puis Louis Blanc, Ponsard, etc...

Cette séduisante sirène avait épousé, bien jeune encore, un comte allemand, M. de S..., beaucoup plus âgé qu'elle, dont elle s'était bientôt séparée.

L'histoire de son mariage est une chose curieuse et qui mérite d'être racontée.

Voici à quel propos cette dame, lorsqu'elle était encore une innocente jeune fille, s'est tout à coup décidée à convoler en premières noces.

Un jour, elle s'était attiré une correction de Mme sa maman, et il paraît que cette dernière n'y allait pas de main morte et les soufflets que la jeune jouvencelle avait reçus sur la joue lui étaient restés sur le cœur. Elle en conserva une rancune corse à la dame qui lui avait donné le jour. Elle jura de se venger en se mariant au plus tôt, et de se soustraire ainsi au joug qui, selon elle, n'avait rien de maternel.

Quelque temps après cette belle résolution, cette dame rencontra, dans un bal que donnaient ses parents, un monsieur déjà d'un certain âge, qui lui avait été complètement inconnu jusque-là, mais qui, paraît-il, eut le bonheur de lui plaire.

Après un mûr examen de la personne de l'inconnu, elle s'avança près de lui et le pria de vouloir bien la faire danser.

Le cavalier, bien étonné de voir ainsi les rôles renversés et les jeunes demoiselles engager les hommes pour la danse, regarda son interlocutrice avec une grande surprise et accepta. Mais son étonnement augmenta encore, quand entre deux contredanses son aimable cavalière lui demanda résolument et avec le plus grand aplomb s'il était marié.

A cette question insolite, le monsieur, de plus en plus surpris, regarda avec étonnement son interlocutrice en cherchant à deviner quel pouvait être le motif qui la poussait à lui adresser une demande aussi indiscrète et à laquelle il était loin de s'attendre. Et après quelques secondes d'hésitation il lui répondit :

— Non, mademoiselle, je n'ai jamais été marié; mais me serait-il permis, à mon tour, de vous demander quel est le motif qui vous a fait me faire cette question ?

— Parfaitement, monsieur, le voici : Je voulais, dans le cas où vous seriez célibataire, vous demander en mariage.

A cette question encore bien plus extraordinaire que la précédente, le monsieur à qui elle était faite regarda la jeune fille avec stupéfaction. Il la crut folle. Cette dernière, devinant l'effet défavorable qu'elle produisait, ajouta ensuite :

— Ma demande vous surprend beaucoup, et vous paraît bien insolite; cependant, c'est très sérieusement que je vous la fais. Maman s'est permis hier de me souffleter, et depuis que j'ai reçu cet humiliant affront, cet outrage déshonorant, je ne puis plus rester à la maison auprès de ma mère. C'est parce que je veux la quitter, abandonner le toit maternel, que je vous demande si vous voulez bien m'accepter pour votre petite femme ?

A ces déclarations si extraordinaires faites à brûle-pourpoint, la surprise de celui à qui elles étaient faites allait toujours en augmentant.

Mais comme sa gentille interlocutrice devenait de plus en plus pressante et qu'il n'y avait pas moyen de repousser sa demande sans lui causer une grande peine, il lui promit de demander sa main à sa mère en lui racontant la conversation qu'il avait eue avec elle, espérant bien que sa maman la lui refuserait à cause de la disproportion d'âge.

Mais la jeune Maria prit le devant : elle eut le soin de prévenir sa mère de ses intentions et de la démarche qu'elle avait faite. Elle lui déclara en outre qu'elle était bien résolue à ne plus rester avec elle, et que si elle ne lui accordait pas son consentement à son mariage, elle quitterait la maison maternelle pour ne plus jamais y rentrer. La maman, voyant sa résolution bien arrêtée et connaissant l'entêtement de sa fille, pensa que ce qu'elle avait de mieux à faire était de ne pas lui refuser sa demande. Aussi, quand son prétendant se présenta et demanda sa main, elle lui fut accordée après quelques observations.

Voilà comment notre jeune héroïne devint Mme de S…

Le début excentrique fait dans la vie par cette enfant volontaire, promettait toute une existence orageuse; et ce qu'annonçait la jeune fille, la jeune femme l'a tenu.

A peine les doux liens de l'hyménée avaient-ils uni les deux époux, que la nouvelle mariée faisait son entrée dans le monde par de tels scandales, que M. de S… fut obligé de se séparer de sa trop galante épouse, en se promettant bien, si jamais il avait le bonheur d'être veuf, de ne plus épouser une femme beaucoup plus jeune que lui, et surtout qui aurait des idées aussi extra-conjugales que celles de sa chère moitié. Cette dernière, après avoir quitté son mari, poussa l'extravagance jusqu'à vouloir débuter chez Franconi dans un rôle de femme sauvage, fort peu vêtue, montant un cheval indompté.

La jeune Mme de S... voulait étaler devant le public des formes ravissantes, faites au tour, des charmes adorables qui, selon elle, n'étaient pas faits seulement pour l'alcôve conjugale.

Depuis lors, Mme de S... vécut séparée de son mari, mais non de ses amants, et ces derniers étaient nombreux. Prise d'une belle passion momentanée pour son cher et peu aimable cousin, elle s'enrôla dans le *Club des Cotillons* dont elle était la plus jeune prêtresse. Ses dix-sept ans faisaient un heureux constraste avec les soixante-dix-sept printemps de Mmes de Saint-Jean-d'Angély et d'Hamelin; ces respectables duègnes étaient très jalouses de la petite Maria, c'est ainsi qu'elles appelaient la cousine du prince; ce dernier raffolait de la sémillante jouvencelle.

Une autre charmante personne était aussi une des séduisantes houris de Carlton-Garden; c'était la luxuriante Mathilde Demidoff, cousine de Mme de S... Elle était fille d'un roi célèbre par sa bigamie, ses débauches, que le flot des révolutions renversa de son trône chancelant, comme tous ceux élevés par Napoléon Ier. La princesse Demidoff était jeune et belle aussi; sa carnation brillante, la blancheur et la finesse de sa peau, la richesse de ses charmes et la rondeur de ses appas la rendaient fort séduisante. Elle avait les cheveux noirs d'une Italienne, le teint blanc et rose d'une Germaine, de grands yeux, les sourcils arqués, les cils longs, la taille cambrée, la jambe ronde, le mollet voluptueux et le petit pied d'une Espagnole; ses épaules, du plus blanc satin, n'avaient pas de rivales et attiraient le baiser. Elle avait le nez grec, la bouche mutine, la gorge rebondie, le sourire plein de sensualité, l'air hardi, la pose provocante, et des allures de gourgandine.

Comme sa cousine, le caprice avait présidé à son union; elle avait épousé un prince arménien, très riche, un nabab cent fois millionnaire, dont la belle prestance avait su toucher son cœur et éveiller ses sens.

La première fois qu'elle rencontra l'objet de sa flamme, il était vêtu de son costume national, avait le chef couvert d'un magnifique bonnet d'astrakan, et était drapé dans une splendide robe persane sur laquelle tombait une longue barbe de derviche.

On assure que c'est à son beau costume, à son élégant bonnet et surtout à sa longue barbe, qu'il dut la conquête de la lascive princesse qui avait toujours rêvé des amours de sultane et les voluptés orientales des harems. Elle s'était promise, depuis sa puberté de n'ouvrir son tendre cœur et de n'accorder la possession de ses charmes qu'à un fils ou un sujet du successeur du Prophète dont elle serait la houri bien-aimée.

Mais hélas! peu de temps après son mariage, il lui arriva une bien décevante aventure:

Son époux légendaire, le héros de ses rêves, le pacha merveilleux, le calife séduisant et redoutable, se présenta un jour devant elle dans le simple, disgracieux et prosaïque costume européen : quand la tendre, enthousiaste et fantasque jeune femme aperçut son noble époux vêtu d'un pantalon, d'un habit à l'européenne, étroits, étriqués, disgracieux, quand elle vit sur sa tête un affreux gibus et, horreur ! quand elle ne vit plus sa belle et vigoureuse barbe, son époux était rasé, elle ne reconnut plus l'homme de ses pensées, l'amant de ses rêves. Elle refusa de le recevoir, elle le chassa de sa présence, en jurant de ne plus jamais être à lui et de ne plus l'aimer.

L'infortuné époux délaissé, dans l'espoir de faire changer la résolution de sa capricieuse moitié, reprit son ancien costume, mais ce fut inutilement ; l'absence de sa belle barbe en détruisait tout l'effet, les ciseaux et le rasoir qui l'avaient coupée et fait disparaître, avaient du même coup coupé le fil du charme attaché à sa personne, le mal était irréparable.

Le héros des *Mille et une nuits*, des songes dorés, des amours orientales, des voluptés du harem, s'était évanoui comme un rêve, envolé comme un songe, il avait disparu comme une fugitive espérance.

La belle princesse était complètement désillusionnée. Elle refusa obstinément ses droits à son prosaïque époux, qui se présentait devant elle costumé en Européen, en gilet blanc et habit noir, avec la raie à l'anglaise, tenant le code à sa main gantée.

Elle attendit impatiemment qu'un nouveau sultan se présentât à elle pour lui jeter le mouchoir.

Le dieu des amours ne fut pas longtemps cruel pour la capricieuse comtesse.

Il lui envoya un consolateur dans la personne d'un hercule hollandais dont la taille de tambour-major, les larges épaules, l'encolure de taureau, les longues moustaches, la barbe phénoménale et tous les accessoires robustes la dédommagèrent amplement de la perte de son époux.

Quand notre belle et grosse princesse était bien rassasiée des amours substantielles de l'invincible Hollandais, elle allait trouver son cher cousin dont les mièvreries lui formaient un contraste utile qui mettait en relief les qualités plus sérieuses de son Batave.

Il y avait encore à côté de la belle Éléonore Gordon, dont la voix mélodieuse exerçait un si grand empire sur le prince, un autre astre brillant dans le Club des Cotillons. C'était une aimable dame qui ne chantait peut-être pas si bien que Mme Gordon, mais dont les yeux brillaient aussi beaux avec encore plus de jeunesse et fascinaient Renaud sous leur charme.

Le Club des Cotillons avait frémi à l'arrivée de l'Armide en question, qui se qualifiait comtesse d'Espel ; on l'avait crue sur parole sans consulter le livre d'or du commandeur Magny ; et après avoir admis l'écusson du vicomte de Persigny sur parole, il n'y avait nulle raison de chicaner sur les armoiries de la comtesse d'Espel, qui pouvait après tout être une comtesse de la façon du prince lui-même. C'était dans son droit et ce dernier eût pu en faire une impératrice si cela lui eût convenu. On n'avait pas encore fait la loi contre les porteurs de faux-titres de noblesse. Les nobles de vieille souche ne jalousaient pas encore les parvenus de l'Empire.

Clorinde faisait concurrence à Armide, et la belle comtesse avait aussi sa maison montée à côté de celles de miss Howard, de Mme Gordon et de la maison militaire de l'Empereur.

Le *Club des Culottes de peau* se composait de la plupart de nos anciens héros de Strasbourg, tels que Persigny, Laity, Vaudrey, de Querelles, de Gricourt, etc., et d'un grand nombre d'autres personnages formant la maison civile et militaire de Son Altesse impériale et comprenant son entourage habituel, parmi lesquels nous citerons : MM. de Montholon, Vieillard, Conneau, Mocquart, Edgard Ney, le général Piat, etc...

M. de Montholon était l'ancien compagnon d'exil de Napoléon Ier à Sainte-Hélène ; cette vieille culotte de peau justifiait parfaitement l'adage : vieux soldat, vieux nigaud, en ayant permis à sa trop sensible épouse de prodiguer les plus tendres consolations, dans le plus secret tête-à-tête, a vaincu de Waterloo.

M. Vieillard était l'ancien précepteur de Son Altesse impériale ; c'était lui qui lui avait inculqué les beaux et moraux principes qu'elle mettait depuis longtemps en pratique. C'est à son école que le prince avait appris cette dissimulation profonde qui le caractérisait, ce mépris de ses semblables qui lui faisait considérer les hommes comme des instruments à la disposition des princes pour la satisfaction de leur ambition, et les femmes comme des instruments de plaisir propres à assouvir leurs passions les plus basses ; c'est lui aussi qui avait enseigné à son élève l'art du mensonge, du parjure et de la trahison passés à l'état de dogme chez les adeptes de l'Idée-Napoléonienne. C'est encore lui qui lui avait appris à forger ces constitutions perfides à double entente, à fabriquer ces textes subtils et machiavéliques, propres à surprendre la bonne foi, à capter les consciences, à escamoter les votes, à fabriquer des instruments, des fausses-trappes qu'il nomma plébiscites et qui ne furent que des pièges à loup dont il se servit pour attraper les peuples et les enchaîner.

M. Mocquart, un ci-devant jeune homme et avocat, était encore en 1816, qu'on nous passe le mot, la coqueluche des salons de la reine Hortense. Il fut un des mirliflors de cette époque célèbre ; nul ne portait mieux la botte à revers, le pantalon collant, la montre à breloques ; Mme de Genlis lui aurait trouvé aussi belle jambe qu'à M. de Puysieux. Il eut le bonheur d'être remarqué par la reine Hortense dont il devint le conseiller intime et le confident.

Pour M. Mocquart, cette chaste princesse dépouillait la majesté du rang et de l'étiquette ; pour M. Mocquart, l'humanité reprenait ses droits. M. Mocquart approcha la reine de si près qu'il dut lui rester bien des souvenirs de cette amitié familière et tendre. L'affection qu'inspira la mère se reporta naturellement sur le fils, qui en profita. M. Mocquart devint aussi le précepteur de ce dernier et, plus tard, son secrétaire intime.

C'est lui qui a corrigé et poli les phrases des œuvres du célèbre auteur des *Idées Napoléoniennes*, de *l'Extinction du paupérisme* et de plusieurs autres chefs-d'œuvres restés vingt ans obscurs et que personne n'a jamais pris la peine perdue de lire.

M. Mocquart a donc partagé avec M. Vieillard la gloire d'avoir inoculé à son élève, son amour proverbial pour la vérité, les principes de justice et de haute moralité, qu'il a, comme chacun sait, pratiqué toute sa vie.

M. le docteur Conneau, médecin de la reine Hortense, est né à Rome de parents français ; il a suivi et servi dans ses pérégrinations la famille impériale proscrite et fait partie de son mobilier.

L'illustre docteur était un phrénologiste profond, qui doit avoir bien des secrets par devers lui. S'il a tâté les bosses de son Altesse, et, si sa science est exacte, il a eu sous sa main un sujet digne des études les plus sérieuses. Si les bosses du cerveau de M. Louis Bonaparte sont en harmonie avec ses passions perverses, ses instincts dépravés et criminels, le docteur a dû découvrir sur son crâne les bosses de la duplicité, de la préméditation, de la trahison, de la cruauté froide, de l'astuce, de la ruse, de la dissimulation, de l'assassinat, de l'amour du clinquant, de la gloriole, de la vanité, d'une ambition basse, de l'abjection, de la servilité, de la lâcheté, ainsi que celles de la lubricité, de l'obscénité, des penchants abjects, bas et crapuleux qui ont été malheureusement l'apanage de ce beau sujet princier.

Mais avant de se livrer à l'étude du crâne du fils, le disciple de Gall avait commencé par l'examen de la personne de la mère. Il remplissait d'abord auprès de cette respectable Messaline le rôle de M. de Pourceaugnac ; puis il s'éleva de plus en plus dans les bonnes grâces et la confiance de cette princesse, grâce à sa discrétion, à la délicatesse et la légèreté de sa main, qui avait palpé tant de trésors secrets endommagés souvent par l'amour ; la proscrite d'Arenemberg, pour le remercier, lui confia bientôt une fonction beaucoup plus intime et surtout plus agréable, et qui lui procura d'ineffaçables souvenirs.

Il fut chargé, par l'amoureuse châtelaine, de remplacer auprès d'elle, dans la solitude d'Arenemberg, les beaux officiers de la garde impériale qui lui faisaient complètement défaut, surtout depuis l'expulsion de son auguste fils ; car Louis avait emmené avec lui tous les membres du Club des Culottes de peau, dont quelques-uns faisaient les délices de la belle abandonnée.

Conneau était donc resté auprès de la mère pour la consoler et la soigner ; mais bientôt le fils l'avait appelé à Londres, où ses conseils et surtout ses consultations lui étaient indispensables, étant atteint d'un de ces maux dont on ne parle qu'avec discrétion, dont on ne confie le traitement qu'au médecin de la maison.

Le prince avait la plus grande confiance en lui, il lui était très reconnaissant des soins nombreux et des tendres services qu'il avait prodigués à sa mère.

Le vieux disciple d'Esculape avait une expérience consommée de Louis et d'Hortense, surtout de la dernière ; personne mieux que lui ne pouvait narrer toutes les perfections, toutes les beautés, tous les attraits de l'ex-reine de Hollande. Il avait étudié tout cela. Aussi avait-il voué un véritable culte à sa souveraine et à tout ce qui l'avait touché ou approché de près. Parmi tous ces instruments de chirurgie, avec lesquels il avait instrumenté sur la noble princesse, il en était un qui avait, entre tous, un droit spécial à sa vénération. C'était le clysopompe avec lequel il avait soigné sa patiente quand elle était malade.

Le marquis n'était pas dégoûté... il frappait familièrement dans les mains calleuses et s'encanaillait jusqu'à la tournée.

Il professait pour cet instrument sacré un culte véritable, il le considérait comme une merveilleuse relique capable d'opérer les guérisons les plus miraculeuses. Aussi, lorsque le prince Louis était atteint de l'une de ces indispositions que le docte Pourceaugnac traitait avec tant de succès, le dévoué Conneau ajustait son instrument à l'endroit convenable, faisait jouer le piston avec sa prestesse accoutumée et aussitôt Son Altesse Impériale soulagée lui disait comme le grand Empereur aux grognards de la vieille garde :

— Conneau, je suis content de toi !

On comprend facilement de quelle indispensable utilité un homme comme le docteur était dans les occasions solennelles où le prince jouait sa vie pour l'accomplissement de ses grandes destinées.

Un trouble ou un accident pouvait se produire juste au moment d'agir, comme cela avait eu lieu à Strasbourg, à la Finkmatt, et, si le docteur Conneau ne se trouvait pas là pour opérer efficacement avec son piston dans l'endroit sensible, une journée glorieuse pouvait être perdue.

Aussi l'illustre praticien avait résolu de ne jamais abandonner le jeune César Napoléonien les jours des grandes batailles.

Du docteur au valet de chambre on descend un peu; mais ce dernier a aussi ses intimités et ses privilèges. Il n'y a pas plus de grand homme pour le valet de chambre que pour le docteur. Tout s'ennoblit d'ailleurs dans les maisons princières, et Petit-Pierre sera le grand-maître de la garde-robe, si vous voulez bien. Petit-Pierre, Suisse de nation, était un garçon de dévouement et d'intelligence, qui passait l'habit avec grâce et donnait le coup de brosse fort proprement. Il avait un frère marchand de vin rue Saint-Denis, dont les cabinets servaient à plus d'une entrevue politique. Il se traita là de grandes affaires; c'était quelque chose comme la tente de Tilsitt ou d'Erfurth.

Une autre utilité de premier ordre et dont les conspirateurs ne pouvaient se passer, c'était l'illustre nullité, le général Piat, célèbre pique-assiette, très versé dans l'art d'ouvrir les huîtres et de faire sauter les bouchons du champagne; comment, en effet, célébrer dignement la victoire après une grande journée, si on n'avait pas ce convive indispensable?

Le cher Edgar de la Moskowa, chose assez rare dans l'entourage impérial, était, assurait-on, le fils de son père; ce jeune officier était un ami de plaisir et un confident d'intrigues galantes du prince; il buvait souvent dans la même coupe que ce dernier et partageait avec lui les faveurs de la même maîtresse. Aussi Son Altesse lui portait une grande affection et l'avait noté pour la plus haute destinée.

Il pouvait prétendre à tout; car, comme a dit le poète :

<blockquote>L'amitié d'un grand homme est un bienfait des Dieux.</blockquote>

On procédait par gradation et par mesure. La maison militaire ne jeta pas d'abord plus loin ses jalons que la maison civile. Le colonel Bouffet de Montauban et le chef d'escadron Leduf de Mésonan en furent les inaugurateurs; ils furent les deux premiers aides de camp de Son Altesse.

Nommons encore le chirurgien Lombart, un des conjurés de Strasbourg, bon jeune homme qui joignait à l'amour de son Empereur l'amour des dames, des cigares et des couteaux catalans de 80 centimètres, et nous aurons à peu près toute la camarilla *sédentaire*. Les Montholon, les Ornano, les Voisin, les Laborde, etc... ne vinrent que plus tard, lorsque le Club des Cu'ottes de peau dut fournir une dernière levée. On ne s'attend pas à une revue biographique de tout ce personnel qui se recommande suffisamment de lui-même. Le colonel Vaudrey allait à Londres de temps à autre, mais il n'y voulait point résider. Opposé à tout projet de conspiration nouvelle, Vaudrey préférait ses vignes de Bourgogne, et on le boudait même là-dessus à Carlton-Garden.

En compensation, l'éternel officier d'ordonnance des Cent-Jours, Dumoulin, ne demandait pas mieux que de reporter au neveu le zèle fervent qu'il avait voué à l'oncle; mais il s'était frotté on ne sait comment à quelques démocrates; on l'accusait, comme Crouy-Chanel, de hanter mauvaise compagnie, et jusqu'à vérification complète, on le tenait à la colonne des douteux et des ajournés.

On connaît maintenant la petite cour de Carlton-Garden, y compris le comte, Dorsay et Rapallo, qu'on n'a sans doute pas perdus de vue; Dorsay, l'écuyer cavalcadour, le premier gentilhomme de la Chambre, Rapallo, le surintendant de la cassette impériale, qu'il avait plutôt mission de remplir que d'administrer.

Les illustres conjurés des Clubs des Cotillons et des Culottes de peau avaient pour factotum à Paris un homme intelligent et intrigant, M. Crouy-Chanel, un marquis diplomate amateur.

C'était un esprit entreprenant que l'obstacle aiguillonnait et qui se piquait d'honneur aux difficultés. Il avait failli faire un roi du Mexique de l'Infant don François; pourquoi n'aurait-il pas fait un Empereur de l'échappé d'Arenemberg?

Lui-même était de souche souveraine, il descendait en ligne directe des rois de Hongrie; il aurait pu revendiquer la couronne de Saint-Étienne; le sang d'André II coulait dans ses veines.

De là cette compatissante prédilection pour les dynasties tombées ou en herbe. Bon sang, comme on le voit, ne sait pas mentir.

M. de Crouy-Chanel s'associa un compagnon que ne rebutaient point les rudes corvées, M. Saint-Edme, qui n'avait toutefois jusqu'ici entrepris que des volumes; il ne faisait de la diplomatie qu'auprès des libraires, ce qu'on appelle *faire l'article* vulgairement. Mais il déployait dans ces banales négociations une séduction peu commune, et il n'était d'éditeur si rétif qu'il ne subjuguât.

M. Saint-Edme ne descendait pas des rois de Hongrie, il descendait tout au plus de l'abbé Trublet.

C'était un de ces compilateurs émérites, qui font jaillir des bibliothèques de leur plume, et qui sont la providence des papetiers et des cartonniers.

A M. Saint-Edme vint s'adjoindre un littérateur non moins fécond, mais d'une imagination plus fougueuse : feu Barginet, de Grenoble, auteur de *la Cotte rouge* et de *la Chemise sanglante*, qui s'était surnommé lui-même le Walter Scott dauphinois, et dont les connaissances culinaires auraient fait plutôt un rival de Vatel.

Barginet était trop gourmand pour devenir jamais un conspirateur redoutable. Nous le verrons probablement arborer assez résolument la bannière impériale au chef lieu du Rhône, où une gastrite l'a emporté. Le marquis de Crouy-Chanel développait son plan de campagne en petit comité, où assistaient, sauf erreur, M. de Girardin et un collaborateur de M. Armand Marrast, à la *Tribune* : M. Belmontet, poète lyrique, que Barginet appelait Pindare, et qui était à Pindare, ce que Barginet était précisément à sire Walter Scott; l'avocat Patroni, Corse d'origine, chargé du contentieux de la famille impériale; et quelques autres dont les noms nous échappent, et que nous retrouverons dans la suite de cette chronique.

Le projet du marquis de Crouy-Chanel était fort simple : il consistait à profiter de la complication suisse, pour élever autel contre autel à Paris.

Il voulait fonder, en d'autres termes, à la barbe du roi des Français, un organe napoléonien, qui servît à rallier les fidèles et tirât sur les Tuileries, pendant que les Tuileries tiraient sur Arenemberg. Il voulait surtout en faire un moyen de propagande d'autant plus puissant, qu'il le recrutait parmi tous les ennemis du gouvernement infâme, dussent-ils, comme on l'a dit récemment, ne voir dans Louis-Napoléon qu'une planche pour donner passage à leur drapeau.

Il fut convenu, après mûre délibération, que MM. Crouy-Chanel et Saint-Edme se rendraient à Carlton-Garden. Les délégués furent parfaitement accueillis.

On démontra à Son Altesse toute l'instabilité des conspirations militaires. On lui rappela la cruelle déconvenue de la conspiration de Strasbourg, commencée sous les auspices les plus favorables, pour n'aboutir qu'au trébuchet de la Finkmat. On lui exposa enfin la nécessité de cette propagande, qui motivait la démarche des deux délégués, et pouvait seule assurer le retour de l'aigle exilée.

Le prince goûta le plan proposé. On parla des journaux existants, du *Commerce*, entre autres, du *Courrier Français*, où l'on avait quelques relations ; mais en définitive, on passa outre, avec la résolution de créer une feuille à part, un quasi-moniteur impérial qui, tout en servant de drapeau, donnerait chaque jour libre essor à la politique napoléonienne.

Son Altesse ne s'en tint pas là ; elle distribua immédiatement à ses visiteurs le grand travail de transformation auquel elle entendait bien présider :

A Crouy-Chanel, la diplomatie, les députés, l'armée et la marine ; à Saint-Edme, la justice, le commerce, le journalisme, les gens de lettres et les gens de rien.

Chacun promit de se mettre à l'œuvre au plus vite, et de correspondre activement avec Son Altesse, qui paya les frais de voyage, en attendant mieux.

Le lendemain, les deux délégués trouvèrent chacun, à déjeuner, un billet de 1,000 francs dans leur serviette, et on ne pouvait moins, en vérité ; ils étaient venus offrir un empire.

Le journal projeté à Arenemberg allait voir le jour.

Crouy-Chanel désirait l'appeler *le Vieux Drapeau ;* Son Altesse voulait qu'il s'appelât *Le Capitole*. Il n'y avait effectivement que Son Altesse pour imaginer ce titre là.

Le *Capitole*, tel que Louis-Bonaparte le concevait, ne devait être rien moins qu'un monument dans le journalisme. C'était le temple de la Gloire ébauchée seulement par Napoléon, et dont la Restauration avait fait une Madeleine pénitente. La Madeleine hélas ! se repent toujours. On n'avait qu'à choisir parmi les demi-dieux impériaux qui allaient peupler le sanctuaire ; l'idole principale était prête, il ne manquait plus que les desservants, écrivait le prince, prêtres et lévites ; en termes plus humbles, la rédaction.

C'est à leur piété que l'on confiait le tabernacle ; et Son Altesse voulait bien ne pas pousser la métaphore plus loin, pour ne pas se heurter aux volailles sacrées qui sauvèrent le Capitole romain et la Ville éternelle.

Le premier numéro du *Capitole* parut le 15 juin 1839. Les bases du journal avaient été jetées à Arenemberg ; mais que de conférences encore pour en bien arrêter la politique et la marche !

Le pauvre M. Crouy-Chanel était à bout de voyage ; vingt fois il passa et repassa le détroit. On ne se voyait qu'à la dérobée et en maison tierce. Le prince, gardé à vue par sa camarilla, avait l'air d'aller en bonne fortune, et, tandis que M. de Persigny se perdait en malignités et en conjectures, Son Altesse refaisait l'Europe avec M. Crouy-Chanel.

On le voit, Son Altesse menait de front l'amour et la politique, pendant que MM^{mes} Gordon, de S... Demidoff, d'Espel et miss Howard faisaient le bonheur de notre nouveau Télémaque à la recherche de son Empire ; les membres du Club des Culottes de peau l'aidaient dans ses vastes projets politiques, et M. Crouy-Chanel, ce diplomate consommé, à la tête du *Capitole*, nouait des relations avec les grandes puissances, et gagnait à la cause napoléonienne les hommes politiques les plus influents de chaque parti.

Le neveu de l'Empereur et le descendant d'André II, roi de Hongrie, s'accordèrent d'abord sur ce point, qu'il n'y avait de bien-être possible pour la France, qu'avec l'alliance de la Russie. L'alliance anglaise n'offrait qu'un antagonisme perpétuel et des intérêts constamment contraires. La Russie avait besoin de tous nos produits, auxquels l'Angleterre faisait, sur tous les marchés, concurrence. Tel était le principal argument de cette politique, où la civilisation ne comptait pour rien, et que M. de Crouy-Chanel avait développée dans un mémoire, dont de M. Nesselrode aurait été fier. Et cela devant la Pologne égorgée, les lamentables convois de la Sibérie et le fouet sanglant de Paskewich ! Non que Crouy-Chanel fût un méchant homme ; nul n'était, au contraire, meilleur enfant ; mais il était ici diplomate avant toutes choses, et il se ressentait bon gré mal gré du métier.

Le *Capitole* allait donc populariser l'alliance russe ; l'*Idée-cosaque* était accollée à l'*Idée-napoléonienne*. On voit que si la prédiction de Sainte-Hélène avait des chances, ce n'était guère à la République de s'en applaudir.

Il fallait cependant une compensation. Louis Bonaparte portait notre frontière au Rhin, mais toujours de concert avec la Russie, à laquelle nous abandonnions Constantinople et tout le Levant. Nous ne songions plus, Dieu merci ! à faire un lac français de la Méditerranée, et si nous nous promettions de grandes choses, nous en revions de bien étranges.

Il y avait en outre un argot convenu et une clef de chiffres. Chaque nom propre avait son numéro, chaque député sa colonne. L'empereur de Russie était désigné sous le nom de Léonard et sous celui parfois de chevalier de Saint-Georges. L'armée s'appelait Félix, la magistrature Robert, la finance Salomon, le clergé Christophe, et le peuple Jean Baudet. Le prince jouait avec ce dernier. il nous l'a déjà dit, et pourra bien nous le redire encore. Pauvres esprits qui s'imaginaient tenir toutes les ficelles et qui ne sont eux-mêmes que des pantins !

Pour premier gage de cette politique, la rédaction en chef du *Capitole* fut dévolue à M. Charles Durand, ancien rédacteur du *Journal de Francfort*, organe avoué de la Russie, qu'on avait vu antérieurement à Saint-Pétersbourg, donnant des leçons d'éloquence française aux officiers de la maison impériale, et que le Czar lui-même, traitait avec une certaine familiarité. M. Charles Durand était un homme de quarante-cinq ans environ, court et replet, le front dépouillé et les joues pendantes, vivant bien et les mains percées, toujours aux expédients et sans le sou. Esprit délié et retors, écrivain facile, il aurait fait un publiciste très distingué, s'il s'en fût donné la peine et s'il avait été moins décrié.

Comment était-il arrivé là ? c'est encore un mystère. Il fut un moment où chacun se défendait de l'avoir appelé. Crouy-Chanel en accusait Son Altesse, qui renvoyait la balle à M. de Brunow. Charles Durand était, dans tous les cas, le correspondant de l'Empereur Nicolas qu'il tenait au courant de l'esprit public en France.

M. Charles Durand adressait ses lettres à M. le chevalier de Saint-Georges. Ce pseudonyme, ai-je dit, cachait le Czar.

M. de Brunow, le représentant russe à Paris, envoyait sous son couvert la correspondance. Sous quel nom écrivait Nicolas à Charles Durand ? Les quatorze cartons ne le disent pas ; mais nous avons des lettres qui nous l'apprennent.

L'Empereur correspondait, croyons-nous bien, par intermédiaire, notamment par le comte Orloff.

Avec un rédacteur de l'école de Durand, l'entente cordiale entre le *Capitole* et les Kalmoucks était assurée. La question extérieure n'allait pas plus loin. Quant à la question intérieure, elle était formulée de manière à rallier, comme on l'avait décidé, tout ce que le gouvernement de Juillet comptait de partis hostiles.

Marcher sur Paris au signal donné, renverser Louis-Philippe et en appeler par le suffrage universel au pays pour le choix d'un gouvernement nouveau : tel était le plan qu'on se proposait à Londres, d'où l'on écrivait en même temps à M. de Crouy-Chanel.

« Servez-vous du peuple ; jouez le parti démocratique et ne vous occupez que de l'armée...... Nous aurons le concours de la Russie au besoin (1). »

Il y avait donc un programme patent et des instructions secrètes ; quelques démocrates se laissèrent tenter au programme.

Le renversement de Louis-Philippe, l'appel au peuple, le suffrage universel, les frontières du Rhin et par conséquent la répudiation des traités de 1815 : il y avait là, en 1839, de quoi affriander les plus difficiles, et nous pardonnons volontiers aux bonnes âmes qui donnèrent dans le panneau. Elles se hâtèrent d'ailleurs de déguerpir dès que la lumière commença à se faire et que les antécédents de Charles Durand leur furent connus.

Louis-Philippe s'émut à l'apparition du journal bonapartiste. Il connaissait de longue main l'ex-rédacteur de la feuille de Francfort et le nom de Charles Durand son-

---

(1) Nous prévenons une fois pour toutes que ces correspondances sont authentiques ; qu'elles ont passé en 1840 sous les yeux du juge d'instruction Zangiacomi et de la chambre du conseil ; qu'elles ont, d'ailleurs, été publiées en partie et que les originaux existent encore, soit dans les quatorze cartons, soit dans les mains de diverses personnes.

naît dans ses souvenirs comme un rouble russe. Et puis il lui revenait de plusieurs côtés que le parti légitimiste pourrait bien appuyer, le cas échéant, les intrigues de l'incorrigible amnistié de Strasbourg.

Il savait que le marquis de Crouy-Chanel avait eu avec M. Berryer plusieurs entrevues ; il savait qu'un frère du marquis, le comte Henry Crouy-Chanel, venait d'entreprendre le pèlerinage de Gœrritz ; il savait qu'un aide de camp de l'Empereur Nicolas, le comte Orloff, s'était trouvé par hasard entre le prince Louis-Napoléon et le marquis de Crouy-Chanel, chez des tiers, à Londres. Que ne savait-il pas encore ? Car il avait, lui aussi, des agents partout aux écoutes ; bien qu'à vrai dire Crouy-Chanel fût capable de mettre sur les dents toutes les polices de l'univers.

Crouy-Chanel avait des bottes de sept lieues, on le rencontrait en même temps aux quatre points cardinaux de Paris. Quand il rentrait pour déjeuner, il avait déjà vu tout un monde ; l'armée, la magistrature, la finance, l'administration, l'Église même ; tout lui était passé par les mains.

Il fallait le voir courir, semant l'espérance à tout venant, aux fleurs de lis comme aux abeilles, et prodigue des grâces futures de Son Altesse, avec la sécurité d'un favori !

Emplois à choisir, décorations à la pelletée ; titres et dignités à qui en voulait, rien ne coûtait à sa générosité et à ses largesses ; il donnait une sénatorerie comme un évêché. Son Altesse avait fait la part à chacun : au *Commerce* la propagande intérieure, au *Capitole* l'alliance russe et l'extérieur. « Je suis bien aise de voir, disait sa lettre, que vos efforts aient déjà eu, du côté de Léonard, un commencement de succès. J'aime et j'estime Charles (Charles Durand) ; mais, ses antécédents qui me sont utiles, s'il a l'air d'être indépendant de moi, ne me sont que nuisibles s'il paraît écrire sous ma dictée ; une grande puissance qui m'adopte me relève ; mais moi, adopter une puissance étrangère, je me perds. »

Ombre de l'Empereur ! Voilà donc les inspirations de celui qui briguait votre héritage. Ce Cosaque que vous aviez voulu rejeter dans ses steppes, dont l'ambition sauvage vous préoccupait jusque sur le rocher perdu où vous avait enchaîné son inimitié, un Bonaparte, vous l'entendez, mettait son élévation sous son patronage !..... Et toi, Jean Baudet, qui n'es pas à la hauteur de ces sentiments, toi qui arroses de ta sueur, dans nos guérets ingrats, les ossements blanchis de tant de compagnons morts pour les défendre, il y a ici du moins un hommage à ton indignation, puisqu'on n'ose l'affronter et que l'on se cache !

Il y a de la conscience, à défaut de courage et de dignité.

La lettre est du 14 août, et celle-là n'est pas sous les scellés du ministère de l'intérieur, mais parfaitement en sûreté et tout entière de la main du prince. Et qu'on ne suppose point qu'il n'y avait qu'une complicité d'assentiment dans cette intrigue à l'étranger, qu'on se réservait de tenir secrète. Il y avait aussi complicité d'action et on s'en faisait au pis-aller l'intermédiaire. « J'ai lu avec plaisir la lettre de Charles à Orloff, écrivait-on antérieurement, à la date du 22 mai, et je l'ai envoyée tout de suite. »

Le prince avait écrit à son affidé : « Tâchez de me rallier toutes les sommités parlementaires. Je vous ai reconnu un grand tact, un grand talent diplomatique. »

Et le prince s'y connaissait, certes ; il nous a donné depuis la mesure de la sagacité de son esprit ; cette fois, en tous cas, il s'adressait bien, et nous n'avons pas attendu ce moment pour rendre à M. Crouy-Chanel la justice qui lui est due.

M. Crouy-Chanel était une sirène, un serpent enjoleur, qui vous enlaçait avec une grâce charmante et vous faisait mordre, en se jouant, au fruit défendu.

Le prince lui demandait les sommités du parlement ? M. de Crouy-Chanel frappait du premier coup aux trois points culminants de la Chambre, aux bancs de MM. Thiers, Berryer et Mauguin.

M. Thiers n'était pas ministre, il était en disponibilité au milieu de cette pléiade de mécontents qui gravitaient à ses côtés sur le marais du centre.

Comment s'y prit-on pour aborder ce météore brillant, qui semblait alors s'effacer à plaisir derrière ses satellites si pâles ?

Ceci est difficile à dire, ce sont de ces choses qu'on ne sait jamais absolument, mais qu'on affirme pourtant en toute sûreté de conscience.

On affirme donc qu'un émissaire impérial fut détaché auprès de M. Thiers, et qu'il se présenta porteur d'un autographe de Son Altesse.

On assure même que cette lettre ne fut pas la dernière, et qu'on revint plus d'une fois à la charge avec une ardeur qui témoignait d'un zèle bien impatient ou d'une bien tenace résistance.

Et cependant on ajoute, d'autre part, que le plénipotentiaire était parfaitement reçu à la place Saint-Georges ; que le neveu de l'Empereur y était discuté sous toutes ses faces, et que ces paroles fort peu compromettantes, il est vrai, mais dont on appréciera la bienveillance, avaient été prononcées, à savoir :

« Qu'en supposant la mort de Louis-Philippe sans *héritiers* ou sa chute du trône, il n'y avait rien de mieux qu'un Bonaparte pour mener à bien le pays. »

Une autre fois, et sur l'insistance du négociateur, M. Thiers se serait montré un tant soit peu plus explicite ; il aurait dit enfin que « si la France rappelait un jour Louis Bonaparte, il n'y mettrait non seulement nul obstacle, mais qu'il s'interposerait au besoin pour aplanir les difficultés. »

Ces paroles sont-elles textuelles ? M. Thiers a dû s'en souvenir mieux que nous.

Hâtons-nous de remarquer d'ailleurs que M. Thiers du 1ᵉʳ mars 1840, ne se trouva plus le même homme que M. Thiers de juin et de juillet 1839. M. Thiers avait reconquis un portefeuille, et le portefeuille porte conseil, et puis, nous le répétons, nous ne voyons jusqu'à présent rien de bien compromettant pour ce personnage.

La mort de Louis-Philippe sans héritiers et l'appel de Louis Bonaparte par la nation étaient aussi peu probables l'un que l'autre ; et avec moins de bonne volonté et de confiance, on eût pu prendre la réponse de M. Thiers pour une dérision.

Crouy-Chanel n'agissait pas directement dans ces préliminaires ; une démarche ostensible de sa part eût été contre son but, et M. Thiers se fût boutonné jusqu'au menton à sa seule vue.

Le marquis était tenu au courant par M. Berryer. D'après le marquis, M. Berryer aurait vu M. Thiers et en aurait tiré l'équivalent des paroles que nous avons citées.

C'était une Altesse fashionable, qui supportait les douleurs de l'exil avec beaucoup d'élégance.

Seulement le marquis ignorait que d'autres encore s'étaient entremis et qu'un envoyé de Londres, parti sur les dénonciations incessantes du *Club des Cotillons*, sondait le même terrain, tout en surveillant ses manœuvres; c'est par là, dit-on, qu'arrivaient les petits billets et les autographes.

Le discret messager toutefois ne garda point, paraît-il, un si rigoureux incognito qu'on n'ait eu vent de ses menées, et nous espérons bien faire sa connaissance s'il y revient. M. Berryer demandait moins de ménagement. Ce n'était pas un ministre en expectative, c'était mieux peut-être. M. Berryer marchait à la tête de son parti; mais enfin on pouvait l'accoster de front et sans crainte ; il n'y avait là nul regard jaloux pour s'en aviser.

Crouy-Chanel avait rêvé, lui aussi, la burlesque fusion de la République et de l'Empire, dont certaines monnaies nous offrent, il est vrai, le symbole, avec l'effigie de Napoléon qui ne tarda point à tout effacer ; c'était même là un des griefs de Carlton-Garden. Son Altesse ne voulait de Jean Baudet que pour lui faire porter ses reliques. Elle ne se sentait pas plus que Louis-Philippe, son compétiteur, du penchant vers ces *aimables faubourgs* qui n'étaient bons qu'à recevoir les premières bordées ; à cela près, il fallait les saluer très profondément et les tenir à distance.

« Jouez la comédie avec les faubourgs, écrivait Son Altesse, et ne vous occupez que de l'armée. » Mais plus à portée de juger des choses, Crouy-Chanel prenait les faubourgs très au sérieux.

C'est au 15 juin, comme on a vu, que le *Capitole* avait été lancé dans le monde, un mois après la tentative du 12 mai, après l'insurrection dont Barbès et Blanqui furent les apôtres. Les sociétés secrètes de Paris, dispersées sous le coup de leur défaite essayaient vainement de rapprocher leurs tronçons épars ; une direction manquait à cette armée occulte, les chefs étaient presque tous à la Conciergerie, à Sainte-Pélagie ou au Luxembourg.

Crouy-Chanel songea à tirer parti de cette circonstance au profit de son plan favori. Le gros de l'association était là ; il n'y avait pas trois membres des *Saisons* sur vingt personnes arrêtées, et loin de perdre courage, les affiliés disponibles étaient tout prêts à recommencer. Que l'argent ne fît pas plus défaut que l'audace, et l'on tentait une nouvelle bataille, car l'idée dominante, l'idée fixe de la conspiration de 1839 était toujours une marche impériale sur Paris, favorisée par un mouvement populaire. Tel fut le rêve du marquis, mais il comptait sans celui qui devait en avoir le bénéfice. Louis Bonaparte ne se souciait nullement de ces auxiliaires déguenillés avec lesquels il faudrait sans doute compter après la victoire. Il exprimait au contraire son mécontentement au marquis de ce qu'on s'obstinait à remuer cette *fange révolutionnaire*, dont la pensée, disait-il, soulevait le cœur. M. de Montalivet avait dit la même chose avant lui, et ce n'est pas la première fois que les grands génies se rencontrent ; quand l'application est différente, il n'y a pas d'ailleurs contre-façon. Crouy-Chanel, auprès duquel Barginet se rendait en cette occasion l'interprète officiel des dégoûts du prince, manifesta de son côté sa satisfaction de ce que Son Altesse pût méconnaître à ce point sa propre origine et oublier que de cette fange révolutionnaire étaient sortis tous les hommes qui faisaient depuis trente ans l'honneur et la gloire de leur pays. On voit que la diplomatie du marquis avait ses absences, et il était tant de gens intéressés à ne pas laisser tomber le propos !

M. Crouy-Chanel avait aussi compté sans les conjurés qu'il croyait gagner à sa cause. Il voyait déjà le faubourg Saint-Antoine se lever tout entier, au souvenir de Richard-Lenoir et des fédérés de 1815, et il fut grandement surpris qu'on ne s'y souvînt que du brasseur Santerre, de la prise de la Bastille et du 10 août. Ses propositions transmises par quelques affiliés des Saisons et des Montagnards, car il y avait des

Montagnards dès cette époque, furent de prime abord assez défavorablement accueillies. L'association n'entendait pas aliéner le *principe* pour le prince, et elle n'avait que des huées pour toutes les aspirations impériales, sous quelques formes qu'on les déguisât.

La difficulté semblait *a priori* insurmontable, lorsque les moins exaltés l'aplanirent en posant pour première condition le but de leur haine commune, le renversement de l'état de choses existant ; encore, sur ce point l'accord ne fut-il pas unanime. La plupart des sections repoussèrent tout pacte avec le drapeau napoléonien, qui n'était à leurs yeux qu'un insigne d'usurpation et de despotisme, quelque prestige que la gloire y eût attaché. D'autres voyaient là une machine de guerre et surtout un appui en argent qui devait ajouter considérablement à leur force et dont les conspirations chôment trop souvent.

Et puis, il faut se reporter au moment où ces négociations avaient lieu, au lendemain du 12 mai, quand les Sociétés secrètes flottaient à l'abandon, sans point de ralliement et sans guides ; quand les chefs condamnés n'étaient graciés de l'échafaud que pour les tortures du Mont Saint-Michel et de Doullens, que pour les ignominies et l'opprobre des bagnes ; quand ceux qui restaient rougissaient pour ainsi dire de leur liberté devant la résignation des martyrs, et qu'à la soif de les venger se joignait l'espoir de les délivrer. Il n'y avait pas trop à marchander, on le concevra, sur le secours qu'on vous proposait, si ce secours n'engageait pas votre foi et promettait d'être efficace.

En 1839, l'avenir républicain n'était rien moins qu'assuré, et bien des compromis semblaient encore possibles. Il ne faut donc point s'étonner si quelques sectionnaires consentirent à entendre M. de Crouy-Chanel et voulurent savoir ce qu'il y avait au fond de son entreprise.

De ce nombre étaient Parquin, Vachez, Caillaud, Chatelain, Jean-Pierre Lagarde, Chapuis et Delente, qui reconnurent bien vite le vide de l'alliance et contribuèrent plus que personne à la déjouer.

Crouy-Chanel se montra facile, il aurait promis le drapeau rouge au faubourg aussi bien que le drapeau blanc à M. Berryer. Il fut reconnu qu'on pouvait combiner les efforts des sociétés secrètes avec les siens, à la condition que la forme du gouvernement dépendrait de l'élection populaire, que Louis Bonaparte pourrait faire partie de ce gouvernement si le peuple l'en jugeait digne, mais sans exciper d'aucun droit héréditaire ou de transmission ; et que participant dans tous les cas du droit commun, les lois de proscription qui pesaient sur lui et les siens devaient être révoquées.

A cette sorte de protocole succéda un projet d'*Association nationale*, société nouvelle dans laquelle on espérait fusionner les *Montagnards* et le débris des *Saisons*. On convint même de publier sous ce titre un ordre du jour, qui serait distribué dans les sections un dimanche et dont on attendrait l'effet sans aller plus loin.

Nous reproduisons ce document extrêmement rare.

ASSOCIATION NATIONALE.

Ordre du jour.

« Frères,

« Un proscrit, le neveu de Bonaparte, vous a demandé l'affiliation. Des patriotes éprouvés vous ont assuré que le conspirateur de Strasbourg avait renoncé à toute vue d'ambition personnelle; qu'il n'avait qu'un désir, celui d'offrir un soldat de plus à la démocratie. Louis Bonaparte veut, comme vous, frères, le suffrage universel, la liberté de la presse, la liberté d'association. Il brûle, comme vous, de voir déchirer les infâmes traités de 1815, et de pouvoir en jeter les morceaux à la face de l'étranger. Il vous offre un ensemble, une harmonie d'efforts, dans l'action, dans la lutte qui doit vous mener à votre but, au renversement de Louis-Philippe. Lui et ses amis ne vous failliront pas.

« Et que ferez-vous, frères, lorsque cet heureux jour arrivera? Vous ouvrirez les portes de la patrie à un exilé, à un homme qui ne vous demande autre chose que le titre de citoyen libre, à un homme qui ne veut être, comme vous, qu'un ouvrier de l'œuvre d'affranchissement universel. »

Cet ordre du jour, très convenable dans la forme, très élastique dans le fond, fut lithographié à Belleville par un ouvrier appartenant aux Montagnards et ancien sectionnaire des *Droits de l'homme* et des *Familles*. Les premiers exemplaires furent tirés par un autre affilié non imprimeur de profession, Jean-Pierre Lagarde, qui imagina, pour cela faire, une presse de sa façon, mécanique assez ingénieuse du reste, qui n'eut qu'un défaut, celui d'assommer au premier essai son inventeur et de ne fournir qu'une vingtaine d'exemplaires par demi-journée.

Force fut de recourir à un homme du métier; un imprimeur du passage du Caire se prêta à ce tirage pour un chiffre de 500 exemplaires. C'était plus qu'il n'en fallait, car on ne doit pas perdre de vue que les sociétés secrètes ne comptaient plus qu'un petit nombre de sections organisées depuis l'issue fatale du 12 mai.

Cette pièce avait été fort épluchée. Le nom de Napoléon en avait été biffé comme trop dynastique. Mais les sectionnaires savaient mieux faire le coup de fusil que les proclamations, quelque habileté qu'ils y missent. Ils s'étaient appliqués à ne rien dire, sans défiance de tout ce qu'on peut tirer éventuellement, en diplomatie, d'un document qui ne dit rien. Pour nous borner à un seul trait, un aigle qu'on ne soupçonnait point sur le manuscrit, s'étalait majestueusement sur le placard lithographié, les ailes étendues, au grand ébahissement des infortunés sectionnaires, qui n'avaient point prévu ces armes parlantes et se trouvaient engagés plus qu'ils ne voulaient.

Au reste, l'effet de l'ordre du jour fut à peu près nul. Le peuple a l'instinct des situations, et l'abnégation du conspirateur de Strasbourg lui était suspecte. L'ordre du jour fut déchiré dans plusieurs sections et ceux qui s'en étaient faits les promoteurs jetés à la porte. Un cordonnier de la rue Croix-des-Petits-Champs, Chatelain, ayant voulu soutenir l'affiliation de Louis-Napoléon dans la sienne, n'eut que temps de s'échapper.

Ces hourras de réprobation n'éclatèrent point partout, néanmoins, avec la même furie. Quelques sections se rallièrent au marquis, qui en passa même la revue. Une revue, en style d'initié, consistait dans une promenade matinale et l'échange d'un salut ou d'un signe d'intelligence quelconque avec les affiliés que l'on rencontrait. Le marquis parut étonné de leur nombre, mais il dut se faire certainement illusion. Quelques chefs de section, de leur propre mouvement, sans ordre, sans direction supérieure, sans l'aveu notamment de la majorité, s'abouchèrent un moment avec l'agent bonapartiste et se ravisèrent presque aussitôt lorsqu'ils eurent examiné de près le *bloc enfariné* dont on leur préconisait l'alliance.

Ce n'était donc pas la peine que Son Altesse se récriât si fort contre cette fange révolutionnaire des faubourgs qui lui donnait des nausées ; les faubourgs ne voulaient pas d'elle, et le marquis finalement en fut pour ses pas.

M. de Crouy-Chanel s'était principalement attaché au faubourg Saint-Antoine. Jamais sergent recruteur n'avait plus fait en si peu de temps. Le marquis n'était pas dégoûté comme Son Altesse ; il frappait familièrement dans les mains caleuses et il s'encanaillait jusqu'à la *tournée*, quand la boutique de Minor-Lecomte se trouvait sur son passage, avec ses liqueurs fines et ses fruits confits. Le descendant d'André II y mettait seulement trop de munificence, l'oreille royale perce toujours.

Le prosélytisme de Crouy-Chanel dépassait même le faubourg Saint-Antoine ; et le commandant de Vincennes, le général Duchamp, n'avait pu tenir à ses attaques. Beaucoup l'affirment au moins, et M. de Crouy-Chanel, nous assure-t-on, ne le nie point. Ce n'est pas la République, dans tous les cas, que le général aurait eu en vue. Il avait, au 12 mai, chargé sur les quais Martin-Bernard et Lanieussens avec une fureur qui doit absoudre, sous ce rapport, sa mémoire.

Est-ce là tout ? Non, le marquis avait encore des relations avec les principales villes des départements. Le complot napoléonien étendant ses ramifications dans tous les grands centres, on correspondait avec les chefs d'ateliers de Lyon, de Rouen, d'Amiens, de Lille. A Rouen, un homme influent, M. de Tocqueville, le même qui nous avait amené, en 1830, ce corps de volontaires au chapeau ciré dont le secours fut heureusement inutile, M. de Tocqueville, disait-on, promettait au drapeau de l'Empire un appui non moins imposant.

Mais, hélas ! malgré tout son talent diplomatique, toute son activité dévorante et les services éminents et sans nombre qu'il avait rendus au prince et à ses partisans, M. Crouy-Chanel devait, comme tous les hommes intelligents et capables, tomber victime de la basse jalousie, de l'intrigue et de l'ingratitude de ceux qu'il avait si bien servis.

Les clubs des *Cotillons* et des *Culottes de peau*, jaloux de son influence, se liguèrent contre lui et lui nuisirent considérablement dans l'esprit du maître. Louis-Napoléon Bonaparte, qui le trouvait trop républicain, qui l'accusait de s'allier à la fange des faubourgs, qui redoutait son esprit d'indépendance et qui trouvait que le *Capitole* lui coûtait trop cher, le sacrifia.

La position de l'aventureux marquis devenait de plus en plus difficile. Soupçonné par le prince en défiance contre lui, surveillé par la police, pourchassé, traqué, dénoncé par les deux clubs mâle et femelle, il tenait envers et contre tous, avec une ténacité héroïque, et il fallut le prendre par la famine pour le faire capituler.

Son Altesse lui signifia nettement qu'il eût à se pourvoir ailleurs qu'à l'épargne de Carlton-Garden à sec pour longtemps et démunie. « Le *Capitole* m'a ruiné, lui écrivait-elle ; je ne puis suffire aux dépenses de cette feuille, qui m'est plutôt nuisible qu'elle ne me sert. Voici encore 10.000 fr., mais cherchez autre part des ressources... Décidément, je ne puis plus rien. »

O dissimulation ! Et dans le même temps, Son Altesse achetait le *Commerce*, que M. Mauguin lui faisait payer 470.000 fr., sur lesquels 430.000 étaient soldés à peu près comptant au député de Beaune. Jamais le *Commerce* n'avait assisté à pareille fête. Il ne se doutait pas de sa valeur et le nouveau marché était comme un rêve des *Mille et une Nuits* pour cette feuille honnête, qui n'avait jamais fait ses frais et qui se vendait chaque année un millier d'écus à la folle enchère.

Qu'allait devenir le marquis, avec ses ailes coupées ? Il se rendit à Londres incontinent ; mais Son Altesse était à Eglington et il ne put que lui démontrer par écrit l'impossibilité où il était de fournir même aux besoins journaliers du journal *le Capitole*, si on l'abandonnait à ses propres forces, et le discrédit dont on frappait d'un autre côté la cause impériale, si on ne le mettait en mesure de la soutenir convenablement.

A ces considérations, le marquis ajoutait le tableau de la situation et le résumé de ses actives démarches. C'était une circonstance aggravante que notre diplomate eût mieux fait d'omettre, car elle témoignait de son peu de déférence et venait à l'appui de ses ennemis.

Son Altesse répondit qu'elle n'avait pas des *mines d'or* et elle déchargea Crouy-Chanel de tout souci, en lui proposant un remplaçant plus docile. La camarilla s'attendait à voir le marquis jeter enfin le masque et répliquer, comme Tartufe, qu'il était chez lui ; la camarilla n'eut pas cette satisfaction : le marquis résigna ses pouvoirs et rentra dans sa tente.

Mais le pauvre marquis disgracié n'était pas au bout de ses tribulations.

La police, toujours à l'affût, avait eu vent de ses démarches, de ses intrigues et de ses tentatives d'embauchage des sociétés secrètes. Le gouvernement de Louis-Philippe, qui tremblait toujours, s'était figuré une grosse affaire, tout hérissée de pièges et de périls, et un mandat d'amener fut exécuté contre Crouy-Chanel, qui passait pour un nouveau Saint-Huruges, prêt à mettre en branle les faubourgs.

L'arrestation de Crouy-Chanel fut un coup de foudre, moins pour le marquis, qu'il était difficile de prendre sans vert, que pour Son Altesse obligée de suspendre une fois de plus ses préparatifs, et pour Louis-Philippe abasourdi à la découverte de ce pot-aux-roses.

Louis-Philippe ne soupçonnait pas en effet la profondeur de cette machination infernale, où tout le monde avait mis la main, jusqu'à ceux-là qui semblaient indissolublement liés à sa fortune. Quelle ne dut pas être la stupéfaction du vieillard, en cherchant dans la *fange révolutionnaire des faubourgs* les traces d'un embauchage bonapartiste, de trouver la preuve palpable de la complicité russe, de la connivence légitimiste et de la *neutralité bienveillante* de M. Thiers !......

Son premier mouvement fut d'envoyer ses passeports à M. de Médem, qui avait remplacé M. de Brunow comme chargé d'affaires ; mais ces accès de bravoure duraient peu aux Tuileries, et l'on n'eut point d'autre pensée que d'exploiter l'affaire diplomatiquement. On représenta à la Russie l'inconstance de cet aventurier sans tenue, qui faisait bon marché des marques de sympathie dont l'honorait une grande puissance, ainsi livré à de ridicules conspirations. La Russie parut sensible à ces observations ; et puisqu'on se montrait si amical, elle demanda s'il ne serait pas possible de lui restituer ces témoignages si mal adressés d'une confiance, elle avouait, un peu hasardée.

Malheureusement, la justice était saisie, et ce qui ne souffrait aucune difficulté par delà la Vistule ne laissait pas d'être embarrassant à Paris. Mais que n'eût-on pas fait pour désarmer une inimitié qui nous avait coûté tant de déboires ? De quoi s'agissait-il, après tout ? D'une soustraction de pièces dans une instruction commencée, d'une pièce de conviction à anéantir. On en toucha deux mots à M. Teste. M. Teste était le garde des sceaux de ce temps-là. Le digne ministre se mit à l'œuvre sans hésiter. Il se rendit de sa personne à la Conciergerie, où MM. Charles Durand et Barginet étaient allés rejoindre Crouy-Chanel, et après quelques conférences avec l'ex-gazetier de Francfort, toute difficulté fut aplanie. Charles Durand était libre, le chargé d'affaires russe en mesure de tout nier, et le gouvernement français avait un titre de plus à ce mépris universel qui devait le tuer, mais qui pour le moment le faisait vivre. Ceci vaut la peine d'être expliqué.

Parmi les papiers saisis chez Crouy-Chanel se trouvait une lettre de Ch. Durand à l'empereur Nicolas, de laquelle ressortait pleinement la participation de la Russie aux menées napoléoniennes. « Je vous jure sur la tête de ma femme et de mes enfants, écrivait Charles Durand à l'empereur Nicolas sous le nom de chevalier de Saint-Georges (la clef du pseudonyme était aussi dans les papiers), je vous jure que c'est après avoir étudié avec la plus scrupuleuse impartialité l'esprit public, que je puis vous assurer que non seulement les classes aristocratiques et populaires sont contraires à Louis-Philippe ; mais encore que la classe bourgeoise abandonne son roi bourgeois, qui sera bientôt entièrement isolé au milieu de la nation. »

Cette lettre avait-elle sa réponse ? Les procès-verbaux de l'instruction, pas plus que les quatorze cartons, n'en disent mot ; mais toutes les autres correspondances venaient à l'appui de cette malencontreuse épître de Ch. Durand, qui devait cependant mettre fin à ce procès plus malencontreux encore qu'on ne savait par quel bout manier. Tout venait témoigner des intelligences de la Russie avec la caricature impériale qui se mettait d'avance à sa discrétion.

« Dites-moi, écrivait Louis Bonaparte à la date du 2 mai, si Charles Durand espère recevoir une lettre de Léonard (on connaît cet autre pseudonyme) relative à moi. »

« J'ai reçu vos deux lettres, écrivait-il le 22, *et celles qu'elles contenaient*. Je suis bien heureux du concours que vous vous êtes assuré. J'ai lu avec plaisir la lettre de Charles à Orloff et je l'ai envoyée tout de suite. »

« J'ai reçu toutes vos lettres, écrivait-il le 14 août, et *celles que Charles m'a envoyées*. Je les ai lues avec beaucoup d'intérêt. Je suis bien aise de voir que vos efforts aient déjà eu du côté de Léonard un commencement de succès. »

Évidemment la lettre de Charles Durand ne pouvait être discutée *publiquement* sans ses accessoires, et comment démasquer au grand jour ces manœuvres hostiles de la Russie, sans rompre avec elle, sans congédier son représentant ? Il fallait à tout prix retirer du dossier la lettre fatale, et comme c'était là le seul document judiciaire qui eût motivé l'arrestation de Durand, il fallait mettre celui-ci et par conséquent tous ses coaccusés hors de cause ; il fallait couper court à la procédure ; c'est ce que demandait M. de Médem.

La lettre fut donc rendue à son auteur, du consentement de Crouy-Chanel, à qui M. Zangiacomi avoua que la liberté de Durand n'était qu'à ce prix. Le lendemain dans une note communiquée à la presse, M. de Médem annonçait avoir déclaré au maréchal Soult que la Russie exigeait la publication des papiers saisis ; à quoi le président du conseil aurait répondu, qu'il n'avait jamais douté de la parfaite loyauté du cabinet russe et que rien ne s'était trouvé qui pût autoriser les insinuations odieuses dont on se plaignait. Voilà la belle figure que nous faisions sous la monarchie ! On ne croira jamais qu'un agent étranger ait eu assez d'ascendant sur le gouvernement d'une grande nation, pour y arrêter ainsi le cours de la justice, par la prévarication du chef de la magistrature, de compte à demi avec un juge instructeur ! M. Teste préludait alors tout doucement à ces beaux tripotages de Gouhénans qui ont rendu son nom si célèbre. Y eut-il aussi une commission attachée à cette première affaire ? Nous ne voulons pas même nous prévaloir des données de la seconde pour rien présumer. Carlton-Garden se sentit soulagé d'un grand poids et respira à l'aise. Ce n'était, tout considéré, qu'une fausse alerte et, comme l'araignée, on allait recommencer la trame avec la même persistance et la même solidité que devant.

Le premier souci de Son Altesse fut de se garantir de Crouy-Chanel. L'infortuné marquis fut mis littéralement au ban de l'empire. On le signala partout comme un fléau véritable, et un cordon sanitaire se forma sur toute la ligne pour le repousser. Les journaux napoléoniens, *le Capitole* en tête, le chargèrent à l'envi de malédictions. Crouy-Chanel était d'autant plus coupable, en effet, qu'il avait déployé une activité plus intelligente : l'intelligence est ce que les imbéciles pardonnent le moins.

Nos lecteurs ont sans doute été bien surpris et étonnés de la vie somptueuse que Son Altesse menait à Londres avec toute la bande d'intrigants, d'acrobates politiques, d'officiers tarés, de chevaliers d'industrie, de bohèmes littéraires et de femmes galantes qui l'entouraient.

Ils se sont sans doute demandé souvent où le prince prenait tout l'argent qu'il dépensait à pleines mains pour son entourage et pour lui-même ; sans compter les sommes énormes que lui coûtaient les journaux *le Capitole* et *le Commerce ?*

Nous allons leur dévoiler maintenant quelles étaient les sources impures où la

— Vive l'Empereur ! Vive l'Empereur ! crièrent tous les convives.

bande impériale puisait sans scrupules pour alimenter sa caisse et solder le prix de ses orgies et de ses conjurations.

Nous avons vu que le brelan de Jack-Yung Fitz-Roi et la prostitution de miss Howard fournirent des sommes assez rondes au futur empereur; mais ces honorables industries ne produisaient pas assez pour payer les épingles de la charmante comtesse d'Espel, de la vaillante Gordon, des belles cousines de S... et Mathilde. Les voyages de Persigny aussi coûtaient cher. La diplomatie a toujours été hors de prix et pour bien des causes. La petite cour, d'autre part, affectait une étiquette très onéreuse. Voltaire eût appelé le Sire un fier gueux ; c'était dans tous les cas et sans jeu de mots un fort pauvre Sire.

Le prince vivait à Londres en gentilhomme, en dandy. C'était une Altesse fashionable, qui supportait les douleurs de l'exil avec beaucoup d'élégance. On la rencontrait dans Regent-Park, dans Regent-Street, à l'Opéra, à Drury-Lane aux courses d'Epson, mêlée à l'élite de l'aristocratie d'Albion, à la fleur des Tories. Amoureux du luxe, des belles livrées, des chevaux fringants, le neveu de l'empereur se couvrait de poussière et d'écume ; et les fils des Castlercagt et des Hudson-Lowe le couronnaient au Jockey-Club. Chacun triomphe à son idée, chacun a sa manière de porter son nom. Son Altesse avait été chaperonnée dans le monde-lion par le comte d'Orsay, le lion modèle, lion peut-être un peu mûr, aujourd'hui mort, mais toujours célèbre et très connu. d'Orsay était le suprême régulateur des cols rabattus et des manchettes relevées. Les tailleurs, avons-nous dit, copiaient son genre, nous aurions pu dire les chemisiers ; et de fait les experts de ces professions se réunissaient en athénée chez le noble comte, coupeur hors ligne, et prenaient leçon sur ses ciseaux. Le bon ton coûte cher à Londres.

Or, pour payer toutes ces dépenses, pour alimenter sa caisse, Louis Napoléon Bonaparte avait besoin d'un véritable pactole.

Quelle était donc la fée à la baguette magique qui lui fournissait un trésor inépuisable ?

Ce fut un Italien nommé Orsi, ancien banquier de la famille Bonaparte à Florence et un des conspirateurs de Carlton-Garden, qui se chargea de répondre à cette question ; il connaissait, dans les bas-fonds de la Bourse, un de ses compatriotes, nommé Rapallo, espèce de courtier-marron, qui pourrait, disait-il, fournir les fonds dont le prince et ses complices avaient besoin.

Ce banquier véreux venait de Gênes ; et, d'après un proverbe populaire, il faut deux Juifs et deux Maltais pour faire un Génois. Rapallo justifiait la sagesse des nations. Il était filou comme quatre, et escroc comme huit.

Rapallo fut présenté à Son Altesse, qui l'enrôla aussitôt parmi ses fidèles ; le Génois l'assura qu'il pourrait lui fournir tout l'argent nécessaire à l'accomplissement de ses projets, et il tint parole.

Mais qui donc remplissait la caisse de Rapallo ?

Voilà le mystère.

Les fonds que le prince taré recevait du banquier suspect, étaient-ils en guinées, en roubles, en livres sterling ou en napoléons ?

C'est ce qu'on n'a pas pu savoir tout d'abord.

Il y avait alors simplement un mémoire de l'avocat du Trésor anglais, à la Cour de justice de Londres, constatant que, de l'aveu formel de Rapallo, c'est lui qui fournissait l'argent au prince Louis-Napoléon Bonaparte (1).

---

(1) *History and forgery of the Exchange's bills.* — Histoire de la contrefaçon des bons de l'Echiquier.

Mais encore une fois, d'où venait l'argent de Rapallo?

C'est ce que la justice anglaise va bientôt nous apprendre.

A la fin d'octobre 1841 (deux ans après les vols), la justice anglaise découvrit qu'un grand nombre de bons de l'Echiquier, qui sont en Angleterre des valeurs semblables aux bons du Trésor de France, se trouvaient en duplicata. Ce furent MM. Mustermann et Cie, depuis actionnaires pour des sommes considérables dans plusieurs chemins de fer français et qui furent, en 1840, les promoteurs de l'expédition impériale de notre héros, qui s'aperçurent les premiers de l'irrégularité de plusieurs bons de l'Echiquier en circulation (1).

Une enquête, qui fut immédiatement ouverte, amena la découverte que ces bons avaient été volés par Baumont Smith, un des principaux employés de l'administration de l'Echiquier et neveu de l'amiral Sydney Smith.

Après son arrestation, le coupable déclara qu'il avait remis tous les bons volés à Rapallo, qui lui avait promis de les racheter avant leur négociation à la Bourse, et il ajouta encore : « que Rapallo était engagé dans l'expédition de Louis-Napoléon Bonaparte contre la France, et que c'était lui, Rapallo, qui avait loué le bateau à vapeur pour descendre à Boulogne. »

Rapallo fut alors arrêté comme complice de Smith, et il répondit au magistrat instructeur : « qu'il connaissait l'accusé depuis longtemps; qu'il n'ignorait pas quelle était sa position officielle, et qu'il savait que les bons qui lui avaient été confiés par Smith n'étaient pas la propriété de ce dernier (2). »

Beaumont Smith expliqua de la manière suivante, devant la cour criminelle, quelles étaient les circonstances qui l'avaient amené à dérober les bons en question.

« Des difficultés financières provenant d'une confiance mal placée, dit-il, mais ne dépassant pas quelques centaines de livres sterling, m'ont exposé aux suggestions d'hommes qui m'engagèrent à me libérer, en me servant, pour un court délai, des bons de l'Echiquier qui se trouvaient à ma disposition. Je cédai à la tentation, sans atteindre le but que je m'étais promis, et une fois dans les mains du tentateur, il me fut impossible de me dégager. Séduit, fasciné, par des conseils diaboliques et des promesses auxquelles je ne sus pas résister, ma situation devint inextricable ; et tandis qu'on obtenait de moi des bons de l'Echiquier pour une somme énorme, je n'en retirai pas même l'argent nécessaire pour me libérer des embarras insignifiants qui m'avaient d'abord assailli (3). »

Le malheureux Beaumont Smith fut condamné à la transportation à vie, et Rapallo, son complice, le recéleur et le fournisseur des bons volés pour Louis-Napoléon Bonaparte et ses collègues, fut retenu en prison, jusqu'à la fin de la session et mis en liberté après avoir été admis comme témoin de la Reine (*queen's évidence*), c'est-à-dire témoin à charge ou comme dénonciateur contre son co-accusé.

Des interpellations eurent lieu ensuite au Parlement anglais au sujet de cette affaire,

---

(1) *Observer* du 3 octobre 1841.
(2) *Observer*, du 7 novembre 1841.
(3) *Observer*, du 5 décembre 1841.

lorsqu'il s'est agi de rembourser les porteurs des bons de bonne foi, et le défenseur de Smith, sir T. Wilde, dans la séance de la chambre des Communes du 4 avril 1841, dit :

— « J'ai raison de croire d'abord que Rapallo a encore entre les mains pour plus de cent mille livres sterling (2,500,000 fr.) de bons de même nature en sa possession. Dans ce cas, il me semble que la Chambre ne doit pas dire quelle marche elle entend suivre, dans la crainte que Rapallo n'engage des personnes à prendre ses billets... »

Voilà par quel moyen honnête le futur Empereur s'était procuré l'argent qu'il dépensait à Londres avec ses nombreuses maîtresses et ses compagnons de plaisirs, d'orgies et de conspirations.

Nous ne raconterons pas ici la conspiration de Boulogne ; ce n'est pas sa place, mais en notre qualité de biographe impartial et de peintre véridique, il nous reste encore quelques coups de pinceaux à ajouter aux portraits que nous avons faits de Louis Napoléon et de ses amis, afin que nos lecteurs puissent les juger dans toute leur repoussante laideur.

Une partie de l'argent volé par Beaumont Smith et remis par Rapallo au seigneur de Carlton-Garden fut employée à préparer l'expédition de Boulogne.

Le directeur de la Compagnie anglaise des bateaux à vapeur à qui appartenait le paquebot *la Ville d'Édimbourg,* qui servit au transport des insurgés bonapartistes à Boulogne, a écrit une lettre au maire de Boulogne, afin de justifier la Compagnie de toute culpabilité dans cette criminelle entreprise.

Dans un passage de cette lettre, le directeur dit : « La demande de location du bâtiment, *la Ville d'Édimbourg,* a été faite par un monsieur du nom de Rapallo, de la Bourse de Londres ; le navire a été frété dans le but avoué de conduire plusieurs amis à une excursion dans le détroit et sur les côtes d'Angleterre.

Tous les membres du Club des Culottes de peau s'embarquèrent le 5 août 1840, à bord du navire dont nous venons de parler.

Les belles dames du club des Cotillons passèrent la nuit précédente avec eux dans Carlton-Garden et firent leurs adieux à leurs tendres amis dans une orgie toute romaine, dont miss Howard, Mme Gordon, la comtesse d'Espel et leurs aimables compagnes furent les intrépides héroïnes.

Ces belles prêtresses de Vénus, aussi peu vêtues que possible, partagèrent un succulent souper avec leurs doux amis.

Cette nuit-là, ce fut la belle d'Espel qui la première eut les faveurs du prince ; elle était assise à sa droite, couronnée de roses, ses blanches épaules et sa gorge divine éblouissaient sous les rayons des lustres. Louis Napoléon enlaçait sa taille d'un bras amoureux et la pressait tendrement en déposant de brûlants baisers sur sa bouche de corail.

La tendre miss Howard roucoulait à la gauche du prince et se vengeait, avec le comte d'Orsay, de l'abandon momentané de Son Altesse.

De Gricourt renouvelait sa cour à la vaillante Eléonore Gordon ; de Querelles tenait sur ses genoux la jeune Mme de S...; Bouffet de Montauban s'ébattait avec la grosse Mathilde ; M. le vicomte de Persigny ne tarissait pas de baisers avec Mlle de la Moscowa.

Chaque convive avait près de lui ou sur ses genoux une beauté peu farouche, qui lui rendait les caresses qu'il lui prodiguait.

Il n'était pas jusqu'aux trois vieilles Parques, les doyennes du Club ragaillardies par les truffes et par les fumées du champagne, qui ne se livrassent à quelques réminiscences de jeunesse, dans lesquelles les souvenirs du passé, les anecdotes égrillardes et les plaisanteries risquées jouaient le principal rôle.

Mme Saint-Jean-d'Angely racontait avec Mme Montholon, les histoires peu édifiantes du Directoire dans lesquelles l'Impératrice jouait toujours le principal rôle avec Barras ; mais elle avait le soin de prononcer tout bas le nom de Joséphine, afin de ne pas choquer Son Altesse.

Mme de Salvage, à qui Mocquart contait fleurette, lui parlait des beaux mollets du favori de la cour de la reine Hortense, et des nombreux succès qu'ils lui ont valus.

Et la frondeuse Mme Hamelin, qui avait bu comme un sapeur, détaillait à Conneau les beautés secrètes de la reine Hortense, que ce dernier connaissait mieux qu'elle. C'est en vain que le Pourceaugnac d'Arenemberg voulait lui imposer silence, la vieille sorcière revenait toujours, comme tous les ivrognes, sur le même sujet.

— Ce pauvre Louis de Hollande me faisait pitié, disait-elle à Conneau, qui cherchait en vain à calmer sa faconde en lui versant à boire ou en lui offrant des pâtisseries. Oui, ce pauvre sire était réellement à plaindre ; sa femme se gênait si peu, qu'un jour elle lui en fit porter devant lui, avec l'Empereur. Louis, qui vit tout, s'enfuit en grommelant et Sa Majesté furieuse, qui n'aimait pas à être dérangée, le traita d'imbécile et le chassa. C'était au commencement de son mariage avec Hortense, ajouta-t-elle ; ce nigaud aimait sa femme, il pleura beaucoup, cela amusa toute la Cour... Une autre fois...

— Ah ! je vous en prie, dit Conneau en l'interrompant, ne parlez pas si haut, Louis va vous entendre.

— Qu'est-ce que cela peut me faire ? Qu'il fasse comme son père ! qu'il n'écoute pas. Je vous disais donc qu'une autre fois c'était avec Flahaut, je crois... non, je me trompe, c'était avec Werhuell ; Hortense aimait beaucoup l'amiral, elle en raffolait... Enfin, c'était le jour où elle a fabriqué notre jeune prince... On peut dire cela entre nous, tout le monde sait cela, personne n'ignore que Son Altesse est le fils de Werhuell ; du reste, il lui ressemble beaucoup, on ne peut pas en douter en le voyant. Ce jour-là l'imbécile de roi de Hollande était furieux, il voulait se battre avec Werhuell ; mais Hortense s'y opposa, son amant, le père de son enfant, aurait pu être tué. Elle ne permit pas à son mari d'accomplir ce crime et de faire un orphelin.

En disant ces mots, la vieille mégère riait aux éclats.

— Vous êtes bien gaie ce soir, madame Hamelin, lui dit le prince en donnant un nouveau baiser à la comtesse d'Espel. Louis Napoléon, heureusement fort occupé de cette dernière, n'entendit pas ce qu'avait dit la vieille sorcière.

— Oui, mon prince ; je suis gaie, je raconte des histoires du bon vieux temps, et elles sont si amusantes !

Après avoir avalé un nouveau verre de champagne, elle reprit son histoire malgré les protestations du docteur Conneau.

— Ah ! une autre fois, par exemple, Louis se fâcha tout rouge : il surprit sa femme dans les bras de Flahaut, un bien bel homme, dont toutes les dames de la cour étaient jalouses. Le roi de Hollande voulait tuer Flahaut, il s'avança sur lui l'épée haute ; mais Hortense le désarma pendant que son nouvel amant se sauvait. Cette fois Louis fut inexorable, il ne voulut jamais reconnaître l'enfant né de cette liaison : c'est en vain que sa femme l'en supplia, l'Empereur lui-même ne put le décider.

— Qu'est-ce que vous raconte donc cette chère dame Hamelin ? demanda Son Altesse à Conneau ; il me semble que j'ai entendu prononcer mon nom.

— Sire, répondit le docteur, Madame me disait de boire à votre santé et à la réussite de votre glorieuse expédition.

— Merci, madame, dit le prince en se levant et en choquant son verre avec ses convives ; buvons tous à notre glorieuse entreprise, demain nous débarquerons sur la plage de Boulogne, au pied de la colonne de la grande armée, du haut de laquelle le génie de l'Empereur veillera sur nous et applaudira à nos efforts, parce qu'ils n'ont qu'un but, le bonheur de la France !

— Vive l'Empereur ! s'écrièrent tous les convives.

Louis-Napoléon Bonaparte s'était assis de nouveau ; l'orgie continua.

Quand la nuit fut très avancée et que le sommeil, la fatigue et le vin commencèrent à appesantir les paupières des convives, on vit peu à peu des couples se lever, et disparaître furtivement dans les chambres voisines.

Bientôt il ne resta plus personne dans la salle du festin.

Vingt-quatre heures après, les membres du *Club des Culottes de peau* étaient en vue de la ville de Boulogne, pendant que les belles dames du *Club des Cotillons* attendaient impatiemment à Carlton-Garden des nouvelles de leurs doux amis, en faisant des vœux pour le succès de leur entreprise.

Lorsqu'ils débarquèrent sur la plage au nombre de 70, le prince, comme à Strasbourg, était costumé en Empereur ; il avait une autre épée d'Austerlitz au côté, un autre grand cordon de la Légion d'honneur autour du cou et le chapeau historique tout neuf sur la tête.

Montholon était major général ; le colonel Voisin était aide-major général ; Mesonan était chef d'état-major, tous les quatre étaient costumés en généraux ; l'illustre Fialin de Persigny était costumé en commandant des guides à cheval en tête de la colonne ; M. Bataille, ingénieur civil, était lieutenant-colonel : M. Forestier, négociant, était lieutenant aux guides ; M. Orsi, le fameux banquier italien, était transformé en lieutenant des volontaires à cheval, etc., etc... les autres *braves* qui suivaient le prince, étaient les membres de sa basse domesticité, valets de chambre, maître d'hôtel, valets de pied, écuyers, courriers, chasseurs, cochers, jardiniers, cuisiniers, etc... Sur 70 braves, 52 n'étaient pas Français ; tous étaient gradés, il ne manquait que des soldats.

Si Napoléon Ier n'eût pas été mort, il eût pu voir son neveu revêtu de son costume historique, de ses grades et de ses décorations, de son épée de cent batailles, marcher à la tête d'une troupe étrange d'officiers en disponibilité, ambitieux et mécontents, d'une bande de valets de toutes nations, déguisés en sous-officiers et en caporaux, dont la tenue ridicule et grotesque inspirait les rires, la pitié ou le mépris aux passants.

Le grand Empereur eût vu, disons-nous, son neveu, l'héritier de son nom, s'avancer devant cette cohue entre deux officiers supérieurs ; l'un, le général Montholon, qui l'avait accompagné à Sainte-Hélène, portait une sacoche pleine de pièces d'or et d'argent qu'il distribuait aux passants ; l'autre, le colonel Voisin, tenait une bouteille débouchée dont il offrait le contenu aux badauds.

Napoléon Ier eût entendu son neveu dire à la populace qui se disputait ses pièces de monnaie et qui buvait son vin :

— « Peuple de Boulogne, suivi d'un petit nombre de braves, j'ai débarqué sur le sol français... Je viens assurer les destinées de la France ; venez à moi, ayez confiance dans la mission providentielle que m'a léguée le martyr de Sainte-Hélène... «Votre gloire sera impérissable, et la France votera des actions de grâces à ces hommes généreux, qui, les premiers, ont salué de leurs acclamations le drapeau d'Austerlitz ! »

Qu'est-ce que l'homme des Pyramides et de Marengo eût pensé en entendant son neveu ajouter : « que du haut de la colonne de la Grande Armée le génie de l'Empereur veillait et applaudissait aux efforts » de cette bande de valets ivres et d'officiers félons déguisés en héros et qui, selon lui, n'avaient qu'un but : « le bonheur de la France ? »

Qu'aurait dit, nous le demandons, Napoléon le Grand ?

N'aurait-il pas désavoué, renié, maudit son neveu, qui profanait ainsi son nom, sa renommée, sa gloire, et les traînait dans la boue des rues de Boulogne ?

Nous avons hâte d'en finir avec cette triste page d'histoire encore plus écœurante que grotesque ; mais nous ne pouvons pas le faire sans raconter deux épisodes qui peignent parfaitement les conspirateurs de Carlton-Garden.

Lorsqu'ils arrivèrent en face des soldats, dans la caserne de Boulogne, Louis Bonaparte leur fit d'abord jeter des pièces de cinq francs et verser à boire pour les séduire.

Il leur donna ensuite lecture de ses proclamations ; mais son éloquence fort peu entraînante et son aspect disgracieux ne les séduisirent pas.

Voyant le peu d'effet qu'il produisait sur les soldats, Louis Bonaparte leur distribua lui-même ses proclamations et leur donna de l'argent à pleines mains. Il leur dit qu'il était le neveu de l'Empereur, il les embrassa. Il leur prodigua des promesses d'avancement et de récompenses. Il nomma tous les sous-officiers, officiers ; il fit tous les caporaux sergents; des soldats furent nommés caporaux, d'autres furent décorés de sa main.

Il fait avancer devant la compagnie le sergent de grenadiers décoré, Chapotard, et lui dit :

— Mon brave, je vous fais capitaine.

— Prince, je refuse, je ne veux rien, répond modestement le soldat.

Deux membres de la bande de Louis Bonaparte, un sergent portant une bouteille et un officier armé d'un sabre à la main, disent au grenadier Geoffroy de boire et de crier : Vive l'Empereur !

— Je ne bois pas, répond le soldat, et je ne crie pas : Vive l'Empereur, puisqu'il est mort.

L'officier alors le menace de son sabre et lui dit :

— Je vais vous faire boire et crier : Vive l'Empereur ! de force.

Les conspirateurs de Boulogne se sont peints d'après nature dans cette manière d'agir.

On nous raconte que Diogène cherchait un homme avec une lanterne, en plein jour. Louis-Napoléon Bonaparte et ses amis, quand ils cherchent des partisans, prennent un sabre d'une main, une bourse et une bouteille de l'autre ; ils offrent d'abord des grades, de l'or et à boire à ceux qu'ils veulent rallier à leur cause, et si ce moyen grossier, malhonnête et offensant ne réussit pas, ils emploient la menace et la force pour les convaincre de la justice de leur cause.

Voilà tous les moyens de propagande des bonapartistes.

Nous en oublions un : c'est celui employé au dernier moment par Louis Bonaparte, quand les autres ne réussirent pas.

Le voici :

Au moment où un capitaine de l'armée signifia à Louis Bonaparte d'avoir à se retirer avec ses hommes, ce dernier, profitant de ce que cet officier lui tournait le dos, l'ajusta par derrière avec un pistolet, fit feu, manqua l'officier et blessa grièvement dans la bouche le malheureux grenadier qui avait refusé de boire et de crier : Vive l'Empereur !

Après ce bel exploit, l'héroïque défenseur de l'*Idée-napoléonienne*, qui n'osait lutter en face avec ses adversaires et qui attendait qu'ils lui tournassent le dos pour leur tirer dessus, se sauva avec sa troupe de laquais déguisés et abandonna la caserne.

Louis-Napoléon Bonaparte et quelques-uns de ses fidèles compagnons se dirigèrent vers la plage, sautèrent dans un canot et cherchèrent à regagner le paquebot ; mais bientôt, poursuivis par la troupe qui leur tirait dessus, ils chavirèrent et tombèrent à l'eau, et l'illustre Empereur en perspective fut repêché comme un marsouin et capturé.

« Louis-Napoléon Bonaparte, dit l'*Indépendance belge*, était dans le plus triste état quand on le repêcha. Il était très pâle, et il avait tellement peur, qu'il ne pouvait ni marcher ni se tenir debout. Un officier de la garde nationale lui donnait le bras d'un côté, et de l'autre il était soutenu par un jeune homme qui ne s'était pas écarté un seul instant de sa personne. »

Le bateau à vapeur *la Ville d'Édimbourg* fut aussi capturé ; on trouva à bord

Pendant qu'il était prisonnier à Ham, M. Louis Blanc lui fit plusieurs visites.

un demi-million en or et en argent, plus quatre barils remplis de pièces de 40 francs restant des millions, produit des bons volés à l'Echiquier, neuf magnifiques chevaux anglais et un aigle vivant apprivoisé, avec lequel Son Altesse devait faire son entrée triomphale dans sa capitale.

Il y avait encore à bord deux superbes voitures toutes neuves, des uniformes splendides nouvellement confectionnés, sur lesquels étaient écrits les noms des possesseurs; 24 caisses d'excellents vins, de bière, de brandy, de ginger-beer, de Soda-Water, un joli nécessaire de femme appartenant à miss Howard et un album sur lequel le prince avait dessiné le château d'Arenemberg, des dessins érotiques, accompagnés d'écrits et de stances du même genre.

Dans des malles et des sacs de nuit, on a trouvé des vêtements bourgeois tout neufs et très beaux ; ils devaient être endossés le soir pour un bal magnifique projeté à l'établissement des Bains.

L'homme-providence, l'élu, qui voit, qui sait et qui prévoit tout, ne s'embarquait pas sans biscuits ; il avait projeté un bal pour le soir, après la victoire, et il avait apporté un aigle vivant, bien dressé, qui devait voler de clocher en clocher jusqu'aux tours de Notre-Dame pour annoncer le triomphe de son maître.

Mais la roche tarpéienne était près du Capitole : au lieu de coucher aux Tuileries, le neveu de son oncle fut enfermé dans la prison de Boulogne, et deux jours après transféré dans le château de Ham.

Quand le Club des Cotillons apprit les terribles nouvelles du désastre, toutes les aimables déités qui en faisaient partie tombèrent dans un profond accès de désespoir. Hélas ! leur prince charmant était prisonnier avec ses compagnons ; qu'allaient devenir toutes ses gentilles tourterelles, seules dans le colombier de Carlton-Garden, sans personne pour roucouler avec elles ? A cette dure perspective, la belle comtesse d'Espel s'évanouit, miss Howard pleura comme une Madeleine, Éléonore Gordon eut un accès de rage et voulut prendre le premier paquebot pour voler au secours de Son Altesse, Mathilde poussa des soupirs capables d'ébranler la tour de Westminster, Mme de S..... jura de venger l'aigle de Boulogne, Mme de Salvage jura et sacra comme un cuirassier du premier Empire, Mme Saint-Jean-d'Angely fourbit ses armes pour marcher en guerre contre le gouvernement du Roi, et Mme Hamelin faillit mourir de rage.

III

SOMMAIRE. — Emprisonnement de Louis-Napoléon Bonaparte à Ham. — MM. Conneau et Montholon vont le rejoindre. — Mme de Montholon à Ham et à Sainte-Hélène. — Rôle de cette dame près de l'oncle et du neveu. — Un mari complaisant. — Les Clubs des Culottes de peau et des Cotillons dans le château de Ham. — Les aimables prêtresses du dernier sacrifient à Vénus dans le vieux donjon. — Miss Howard a déjà donné 4 héritiers à Son Altesse. — La sémillante Éléonore Gordon a une fille du prince. — Ce dernier a d'autres descendants en Italie, en Suisse, en Allemagne, etc. — Les héritiers au trône impérial ne manqueront jamais. — On fait ripaille à Ham. — La visite de M. Louis Blanc à notre héros. — Les théories politiques du prince Louis-Napoléon. — Un baiser à Mme Gordon. — Le prisonnier de Ham fait un appel à la bonté du roi. — Il demande à sortir de prison pour aller voir son père. — Louis-Philippe ne se laisse pas toucher. — Son Altesse Impériale travaille à son évasion. — Les réparations au château de Ham. — Le maçon Badinguet. — Le docteur Conneau à Ham. — Stratagème dont il use envers le directeur du fort. — La prétendue maladie du prince. — Sa mort supposée. — Le directeur de Ham et le cadavre du prince. — Douleur du premier à la nouvelle de la mort de son prisonnier. — Que va devenir la France ? — Le médecin du fort et les autorités viennent constater la mort du prisonnier. — Ce qu'ils trouvent dans le lit à la place du corps de Son Altesse. — Stupéfaction des assistants. — Désespoir du directeur à la nouvelle de l'évasion de son prisonnier. — Comment ce dernier a franchi les grilles de Ham. — Le fidèle Thiélen, son valet de chambre. — Arrivée du fugitif en Angleterre. — Bon accueil qui lui est fait par miss Howard et Jack-Jung-Fitz-Roi. — Le Brelan du dernier. — Prospérité de l'escroc et de la prostituée. — Louis-Napoléon vit des fruits de leurs honorables industries. — Son Altesse impériale sert de réclame à son ami Jack. — La Société pour le percement de l'isthme de Panama fondée par Louis-Napoléon Bonaparte. — M. Bataille en est l'ingénieur en chef. — M. Mocquart l'administrateur. — Conneau est son médecin. — M. Orsi est le banquier, et Rapallo le caissier de la Société. — Jack-Jung-Fitz-Roi en est le principal actionnaire. — Son Altesse le prince impérial est son directeur général. — Beaux bénéfices de la Société. — Tous les amis et complices de Strasbourg et de Boulogne retournent à Carlton-Garden. — L'Escadron volant de la reine Hortense en fait autant. — Les orgies chez le Prince. — Proclamation de la République en France. — Les rêves ambitieux de Louis Bonaparte. — Il sera Empereur. — Sa cour de Carlton-Garden ira aux Tuileries. — Hautes situations qu'il réserve à ses amis. — Miss Howard sera impératrice. — Ses autres maîtresses seront dames d'honneur. — La Compagnie de Panama périclite. — Louis-Napoléon Bonaparte et ses acolytes sauvent la caisse et s'embarquent pour la France. — Leur arrivée à Paris.

Après son échauffourée de Boulogne, Louis-Napoléon Bonaparte fut condamné par la Cour des Pairs à l'emprisonnement perpétuel; Aladenize, à la déportation; Tristan, comte de Montholon, Parquin, Lombard et Fialin, dit de Persigny, à vingt ans de détention; Conneau à cinq ans de prison; et Laborde à deux ans de la même peine. Les autres furent acquittés.

Louis-Napoléon Bonaparte fut enfermé dans la forteresse de Ham, où il fut traité avec bonté par le gouvernement de Louis-Philippe.

Il occupait dans la forteresse un grand et bel appartement bien meublé et pourvu de tout le confort nécessaire.

Les autres prisonniers furent transférés à la prison de la Conciergerie. Le général Montholon et le docteur Conneau obtinrent bientôt l'autorisation de partager la captivité du prince et de jouir des mêmes avantages que lui. Mme de Montholon put aussi accompagner son mari et habiter avec lui, sans cependant cesser d'être libre; elle avait la faculté de sortir librement de la forteresse toutes les fois que cela lui était agréable.

Cette épouse dévouée avait déjà suivi son mari à Sainte-Hélène, pendant la captivité du grand Napoléon. Elle avait prodigué à ce dernier toutes ses bontés et toutes ses tendresses, même les plus intimes; son époux, si dévoué à son Empereur, fermait les yeux, trop heureux de pouvoir servir les plaisirs de Sa Majesté dans la personne de sa femme.

Après avoir été, à Sainte-Hélène, le valet complaisant et servile de l'oncle, il était devenu celui du neveu à Ham. Quel dommage que sa chaste épouse fût trop vieille! car, si elle eût été plus jeune, elle aurait pu faire pour le neveu ce qu'elle avait fait pour l'oncle; ce n'aurait pas été son mari dévoué qui s'en serait plaint. Au contraire, son bonheur eût été grand, s'il avait pu contribuer aux plaisirs du prince, en lui concédant une part de ses droits conjugaux sur Mme la Comtesse. Mais, hélas! il fallut renoncer à ce bonheur pour cette fois. Le prince avait fait savoir, par ses favoris, qu'il trouvait la dame trop vieille.

Il avait aussi obtenu l'autorisation d'avoir encore avec lui son valet de chambre Thélin, qui put venir aussi habiter la forteresse, quoiqu'il n'eût pas été condamné. comme Mme de Montholon, il pouvait sortir librement du fort de Ham.

Plusieurs domestiques et des hommes de peine avaient été mis à la disposition des prisonniers pour les servir, et ceux-ci eurent la faculté de faire venir du dehors tout ce qu'ils désiraient.

Louis-Napoléon Bonaparte jouissait de tous les agréments possibles dans « l'ombre des cachots « en attendant qu'il eût « l'éclat du pouvoir ».

La forteresse de Ham avait remplacé Carlton-Garden, et tous les membres des

Clubs des Culottes de peau et des Cotillons avaient leurs libres entrées dans le nouveau séjour du Prince.

On sait que Son Altessse et ses joyeux compagnons n'engendraient pas la mélancolie. On faisait ripaille nuits et jours, dans le vieux donjon : jamais ses voûtes sonores, ses grandes chambres et ses corridors n'avaient entendu autant de gais propos, de joyeux refrains, de tendres soupirs d'amour et de brûlants baisers.

Toutes les aimables prêtresses de la cour de Carlton-Garden venaient, dans le vieux manoir, brûler leur encens le plus pur et sacrifier à Vénus.

Miss Howard était alors une des préférées. La souple morbidesse de sa peau tant appréciée par le prince faisait oublier à ce dernier le satin carminé et la blanche carnation de l'adorable d'Espel et jusqu'aux teintes méridionales des belles épaules et de la gorge luxuriante de l'aimable Éléonore Gordon, dont la voix harmonieuse résonnait avec tant d'éclat derrière les sombres murailles du château de Ham.

Mme Gordon était alors mère d'une charmante petite fille qu'elle avait eue du héros de Strasbourg ; mais son père ne la connaissait pas ; le sentiment de la paternité n'était pas très développé chez lui.

Sa tendre miss avait aussi eu plusieurs enfants de lui. Comme on le voit, ce n'étaient pas les rejetons qui manquaient au prince. Il en avait déjà, dès cette époque, de nombreux en France, en Angleterre, en Italie et, dit-on, jusqu'en Amérique. Partout la graine de M. Bonaparte Werhuell germait avec abondance, et, si jamais les projets ambitieux de ce dernier se réalisaient et s'il réussissait à se faire proclamer Empereur, ce ne seraient pas, après sa mort, les prétendants à sa succession et à ses droits au trône impérial qui feraient défaut ; en l'absence d'héritiers légitimes, il y aurait tous les nombreux bâtards de Son Altesse qui viendraient réclamer sa succession.

Heureuse France ! tu ne manqueras jamais d'Empereur, pour te ruiner et faire ta gloire et ton bonheur.

La solitude et la captivité de notre héros étaient donc, comme on le voit, bien égayées par toutes ces aimables dames et ces joyeux compagnons.

On faisait bonne chère et on sablait le champagne à la table du prisonnier, et les jours se passaient en bons dîners, en gais propos et souvent en orgies.

La politique aussi tenait une part considérable dans l'existence de notre héros ; prisonnier ou libre, il la menait de front avec l'amour.

Tous ses anciens compagnons de Strasbourg et de Boulogne allaient le voir dans sa prison de Ham et ourdissaient avec lui de nouvelles trames.

D'autres hommes politiques encore lui faisaient des visites. M. Louis-Napoléon Bonaparte manquait, comme on l'a vu, complètement des qualités qui font l'homme d'action ; mais il était un excellent organisateur de complots ; il ourdissait bien ses trames et les exécutait mal. Il avait un pied dans tous les camps ; dans ses écrits, il développait des théories pour tous les partis. Les *Rêveries Politiques* satisfaisaient les tendances libérales ; les *Considérations militaires et politiques sur la Suisse* flattaient les républicains ; et son livre sur *l'Extinction du paupérisme* lui valait les sympathies des socialistes. Il avait ainsi établi des relations avec les hommes politiques et les socialistes les plus influents de l'époque.

Pendant qu'il était prisonnier à Ham, M. Louis Blanc lui fit plusieurs visites, et cet historien a raconté, dans un de ses livres, *les Révélations historiques*, une de ses entrevues avec le prétendant au trône impérial, qui peint admirablement les théories et le but de Louis Bonaparte.

« La première personne que je vis à Ham, dit M. Louis Blanc, fut M. Acar. La foi politique de M. Acar était un accouplement inexplicable de bonapartisme et de républicanisme. Louis Bonaparte n'avait pas d'ami plus dévoué, et, cependant, il assurait être républicain : ce qu'il était, je crois, à sa manière. Il sembla ravi de mon arrivée.

« — Voici, s'écria-t-il gaiement, des forces auxiliaires, et j'espère que nous aurons enfin raison de Louis Bonaparte.

« Puis il me dit ensuite que les amis du prisonnier étaient divisés en deux catégories ; qu'à la tête de l'une figurait M. Persigny et quelques partisans fanatiques de l'Empire ; que l'autre contenait des républicains sincères et ardents, parmi lesquels M. Frédéric Desgeorges, Peauger, Joly, le lieutenant Laity et lui-même ; qu'entre ces deux impulsions contraires Louis Bonaparte vacillait incertain... »

M. Louis Blanc fut reçu d'une manière cordiale par Louis Bonaparte, qu'il voyait pour la première fois. Toutefois il ne lui échappa point qu'il n'y avait rien, dans le prince, du type napoléonien ; que son accent avait quelque chose d'étranger, et qu'il s'exprimait avec une difficulté singulière.

« Il se proclama un sincère démocrate, dit Louis Blanc, et déclara reconnaître la souveraineté du peuple.

« — Mais comment, lui demanda le futur membre du Gouvernement provisoire, entendez-vous l'application de ce principe ?

Louis Bonaparte répondit sans hésiter :

« — Par le suffrage universel.

. . . .

« — Il ne suffit pas de proclamer la souveraineté du peuple théoriquement, ajouta M. Louis Blanc, il faut savoir où l'on veut aller en la proclamant..... Il faut avoir un *Credo politique*.

« Mon *Credo*, dit Louis Bonaparte après un instant de silence, *c'est l'Empire*, et il ajouta : « L'Empire n'a-t-il pas élevé la France au sommet de la grandeur ? Ne lui a-t-il pas rendu l'ordre ? Ne lui a-t-il pas donné la gloire ? Pour moi, je suis convaincu que la volonté de la nation, c'est l'Empire !

— « Mais l'Empire, c'est le principe héréditaire, fit observer Louis Blanc.

— « Sans doute, répondit Louis Bonaparte.

M. Louis Blanc dit ensuite à son interlocuteur que l'hérédité du trône était incompatible avec la souveraineté du peuple.

Louis Napoléon évita de répondre directement et dit :

— « Au fond, l'important, c'est que le gouvernement, quelle que soit sa forme, s'occupe du bonheur du peuple. »

Alors, raconte M. Louis Blanc, son interlocuteur se mit à parler de l'urgence des réformes sociales, et ses vues à cet égard ne lui parurent pas beaucoup différer des siennes. Ce qui est sûr, c'est qu'autant les opinions politiques de Louis-Napoléon lui avaient déplu, autant il fut étonné de son empressement à admettre les principes du socialisme, dont, plus tard, il devait si bien faire usage pour se frayer une route à l'Empire.

« — Souvenez-vous, lui dit ensuite M. Louis Blanc, que l'Empire, c'était l'Empereur. L'Empereur peut-il sortir de son tombeau? La marche du temps nous a fait des conditions de vie nouvelle. La France d'aujourd'hui n'est plus la France d'il y a cinquante ans. L'idée du travail a remplacé l'image de la bataille. D'autres besoins et d'autres aspirations appellent d'autres institutions. Osez surtout devenir et vous déclarer républicain! »

Non seulement Louis Bonaparte ouvrit l'oreille à ce langage, mais il en parut vivement touché, ajoute M. Louis Blanc.

Quand il prit congé du prince, ce dernier avait les yeux humides et il le serra dans ses bras avec un élan dont M. Louis Blanc ne put se défendre d'être ému.

Arrivé au bas de l'escalier il entendit une voix très gaie qui lui criait :

« Ah! ah! n'oubliez pas d'embrasser pour moi Mme Gordon. »

Très étonné, il se retourna et fut bien surpris, quand il vit que celui qui riait et plaisantait maintenant était l'homme qui, il y avait une demi-minute à peine, avait des larmes dans les yeux.

Louis Napoléon était déjà, à cette époque, un grand comédien.

Mais, malgré cela, il n'avait pas dissimulé à M. Louis Blanc son fanatisme ardent, inintelligent pour les doctrines surannées de *l'Idée-Napoléonienne*.

Il ne lui avait pas caché qu'il n'avait qu'un but :

Restaurer à son profit le trône impérial.

M. Louis Blanc n'avait, du reste, pas besoin de cette déclaration nouvelle; il avait pour ainsi dire assisté aux deux échauffourées ridicules, odieuses et criminelles de M. Louis-Napoléon Bonaparte à Strasbourg et à Boulogne, faites dans le but unique de se faire proclamer Empereur.

Il avait vu l'histrion impérial, affublé de la défroque de son oncle, se présenter devant les soldats pour se faire porter sur le pavois.

Il avait été témoin du châtiment terrible que le colonel Taillandier lui avait infligé en le soufflettant, en lui arrachant le grand cordon de la Légion d'honneur et jusqu'à son épée, dont Louis Bonaparte n'avait ni osé, ni su se servir pour venger son honneur.

Il connaissait tout aussi bien son aventure de Boulogne, encore plus ignoble, organisée avec l'argent provenant des bons volés à l'Échiquier anglais.

Il avait vu le prétendant au trône impérial débarquant à Boulogne à la tête d'une bande de valets, costumés en soldats, tenant une bouteille d'une main et une bourse de l'autre, offrant du vin aux troupes et leur distribuant de l'or et de l'argent pour les corrompre et pour payer leur trahison.

Eh bien, malgré tout cela, toutes les horreurs, toutes les infamies, toutes les lâchetés, toutes les trahisons dont M. Louis-Napoléon Bonaparte s'était rendu coupable, M. Louis Blanc est allé le voir en prison, il a poussé l'oubli de l'histoire, du passé, et la naïveté jusqu'à lui demander quel était son *Credo* politique.

L'homme de Strasbourg et de Boulogne, à qui les défaites, les malheurs et l'expérience n'ont rien appris, lui répondit cyniquement :

« Mon *Credo*, c'est l'*Empire !* »

M. Louis Blanc, après cette réponse, « crut, dit-il, devoir faire un dernier appel aux bons sentiments de son hôte, auquel il dit : Osez devenir et vous déclarer républicain ! »

Nous nous demandons franchement qu'est-ce que la République aurait bien pu gagner à la conversion d'un misérable de l'espèce du héros de Strasbourg, de Boulogne et de Décembre ?

Mais revenons à ce dernier, que nous avons laissé dans sa prison, entouré de ses maîtresses et de ses complices.

Malgré les nombreuses distractions que lui procuraient ses conspirations et ses amours, le temps paraissait bien long à Louis-Napoléon Bonaparte. Il était fatigué de la monotonie de son existence de prisonnier.

Les jours, les mois et les années se succédaient sans apporter de changement à sa situation, et il n'apercevait aucun indice lui indiquant la fin prochaine de sa détention.

Comme tous les prisonniers, Louis Napoléon songea à mettre un terme à son incarcération.

Son père Louis Bonaparte, qui vivait dans la retraite, à Florence, était tombé malade. Le héros de Boulogne, jusqu'à ce jour, s'était fort peu préoccupé de l'auteur de ses jours, pour lequel il n'avait jamais eu aucune affection ; mais il pensa alors que la maladie de l'ex-roi de Hollande pouvait lui être d'une grande utilité, qu'elle lui offrait un prétexte pour demander au roi la permission d'aller le voir, et il espérait que, s'il l'obtenait, il saurait bien trouver un moyen qui le dispenserait de retourner dans sa prison.

Il écrivit donc au gouvernement pour solliciter de lui l'autorisation d'aller voir son père.

M. Duchâtel, ministre de l'intérieur, lui répondit : « que *la grâce* qu'il sollicitait ne pouvait être obtenue que par la clémence du roi ».

Louis Napoléon Bonaparte s'adressa alors directement à Louis-Philippe en l'assurant « de sa reconnaissance, s'il daignait exercer en sa faveur sa haute et généreuse intervention ».

Le roi se souvenait sans doute qu'en 1836, lorsqu'il avait accordé si généreusement la grâce à l'insurgé en chef de Strasbourg, ce dernier lui avait écrit une lettre dans laquelle il lui disait : « qu'il appréciait comme il le devait les bontés du roi ».

Or, comme il était résulté de cette consciencieuse appréciation que, quatre ans plus tard, le gracié de 1836, au mépris de la parole qu'il avait donnée alors au roi de rester dix ans en Amérique, et des témoignages de reconnaissance qu'il lui avait prodigués, était revenu en Europe recommencer ses intrigues, ses complots, et qu'il avait commis un nouvel attentat, Louis-Philippe crut aussi « devoir apprécier comme elle le méritait » la démarche du récidiviste de Boulogne.

Et il lui fit répondre : « que, pour que la clémence du roi pût s'exercer, il fallait que la grâce fût méritée et franchement avouée. »

Louis-Napoléon Bonaparte crut alors qu'aux yeux du roi « sa grâce » n'avait pas été méritée et il renonça à la solliciter plus longtemps. Il pensa qu'il ferait mieux de travailler à son évasion ; c'est, en effet, ce qu'il fit.

Il pria le gouverneur du château de Ham de vouloir bien faire faire quelques réparations dans son appartement dont il avait absolument besoin, disait-il.

Ce dernier, qui était plein d'égards et de complaisances pour son prisonnier, s'empressa d'obtempérer à sa demande. Il fit venir des ouvriers maçons, charpentiers et menuisiers pour exécuter les améliorations demandées.

Il y avait deux ou trois jours que les ouvriers travaillaient quand, un matin, lorsque le directeur du château vint pour faire sa visite habituelle au détenu, il lui fut répondu par le docteur Conneau que Son Altesse était malade, qu'elle avait passé une très mauvaise nuit, qu'il lui avait fait prendre une potion qui lui avait fait beaucoup de bien, que dans ce moment Louis Bonaparte sommeillait et qu'il le priait d'avoir la bonté de revenir plus tard pour le voir.

Le directeur sans défiance se retira en souhaitant au malade un prompt rétablissement et en disant qu'il viendrait le lendemain prendre de ses nouvelles, ce qu'il fit en effet.

Le docteur Conneau lui dit alors que la nuit du malade avait encore été plus mauvaise que la précédente, qu'il était très fatigué, qu'il le priait de ne pas le déranger pour le moment et de vouloir bien ajourner sa visite jusqu'au soir.

Le directeur se retira et revint à l'heure indiquée ; le docteur lui dit qu'il y avait du mieux dans l'état du malade ; il le pria de s'asseoir pendant qu'il allait s'assurer si Son Altesse, qui était dans la pièce voisine, pouvait le recevoir, et il s'avança alors, sans bruit, avec précaution, sur la pointe des pieds dans l'autre pièce. Il revint bientôt près du directeur en prenant les mêmes précautions et lui dit :

— Le prince, à qui j'ai donné un narcotique pour calmer de fortes douleurs névralgiques dont il a été atteint depuis hier, dort dans ce moment ; et je vous prie de ne pas l'éveiller, dit M. Conneau.

— Je serais désolé de le déranger, répondit le gouverneur du fort, mais ne pourriez-vous pas me montrer le prince sans l'éveiller?

— Parfaitement, répondit le docteur ; si vous voulez ne pas faire de bruit, rien n'est plus facile.

Le directeur lui ayant répondu affirmativement, M. Conneau le fit entrer dans la chambre voisine dont les rideaux des fenêtres étaient fermés et dans laquelle régnait une demi-obscurité, il conduisit ensuite le directeur près de la porte d'une alcôve qu'il ouvrit et écartant les rideaux d'un lit dans lequel on apercevait à peine une forme humaine dont la tête enveloppée d'un foulard était enfoncée dans les oreillers,

Il conduisit ensuite le directeur près de la porte d'une alcôve qu'il ouvrit.

dissimulée et cachée en grande partie par les draps et les couvertures, il dit à voix très basse au directeur :

— Voilà le prince, vous voyez comme il dort profondément, retirons-nous pour ne pas le réveiller et revenez plus tard ou demain matin quand il ne sera pas endormi, et vous pourrez lui parler.

Le directeur, malgré le désir qu'il avait de parler à son prisonnier, se retira sans bruit.

Il ne revint que le lendemain, et, lorsqu'il demanda à parler au prince, M. Conneau lui dit :

— Hélas ! monsieur le directeur, j'ai une bien triste nouvelle à vous annoncer ; je suis certain que vous allez me faire bien des reproches, car j'aurais dû vous dire plus tôt le malheur qui est arrivé.

— Voyons, parlez, de quoi s'agit-il? Mon prisonnier s'est-il évadé ? dit le directeur effrayé.

— Hélas ! plût au ciel qu'il en fût ainsi, je ne serais pas si triste, si désolé ; je serais au contraire bien gai, bien content et bien heureux. Mais malheureusement ce n'est pas de cela qu'il s'agit.

— Mais enfin, monsieur, dites-moi donc ce que le prince est devenu?

— Ah ! monsieur, quel malheur épouvantable, irréparable ! Son Altesse impériale, l'héritière du grand Napoléon, est morte ! dit Conneau en sanglotant et en s'essuyant les yeux avec son mouchoir.

A cette affreuse déclaration, le vieux commandant du fort fut pétrifié.

— Comment, le prince est mort, que m'apprenez-vous là ! monsieur, pourquoi ne m'avez-vous pas appelé, afin que j'assiste à ses derniers moments, comme c'était mon devoir?

— Cela ne m'a pas été possible, Monsieur, répondit le docteur ; le prince est mort subitement cette nuit, d'une congestion au cœur. J'étais resté près de lui jusqu'à trois heures du matin; comme il était beaucoup mieux et très calme, j'ai profité de l'amélioration apparente produite dans son état, pour aller me reposer un peu, car voilà deux nuits que j'ai passées près de lui à son chevet, sans dormir. Je me suis jeté sur mon lit tout habillé, et, quand je suis revenu il y a un quart d'heure, le prince était mort ; j'ai tâté son pouls, il ne battait plus ; j'ai mis la main sur son front il était froid comme un marbre. J'allais vous envoyer chercher quand vous êtes arrivé. Venez avec moi pour vous assurer vous-même du décès de Son Altesse.

A ce récit, le bon directeur était de plus en plus effrayé, de plus en plus atterré.

Il se leva silencieusement, les larmes aux yeux et suivit le docteur, qui le conduisit dans l'alcove où se trouvait le lit du prince.

Les volets de la chambre mortuaire étaient hermétiquement fermés et une nuit profonde régnait dans celle-ci, une pâle veilleuse était allumée au chevet du lit et éclairait à peine d'une lueur douteuse ce sanctuaire de la mort.

Le docteur écarta un rideau du lit, prit une main du directeur et la posa sans dire un mot sur le front d'une tête pâle que l'on apercevait à peine sur l'oreiller, à la faible lueur de la veilleuse, dans la profonde obscurité de l'alcove.

Au contact de cette tête, le directeur poussa un cri et retira vivement sa main.

Il avait senti le froid du marbre des tombeaux, au contact du front qu'il venait de toucher.

Il n'en demanda pas davantage et ne voulut pas pousser plus loin son examen. Il se retira tout tremblant, en disant :

— Pauvre prince ! Il est mort bien jeune; c'est un grand malheur pour la France qu'il aimait tant et qu'il voulait régénérer.

Réponse au *PAYS*, journal du Bas-Empire

L'organe officiel des parjures, des traitres et des assassins du Deux-Décembre; des incapables et des lâches de Sedan; cette feuille cynique réceptacle de toutes les hontes et de tous les crimes, *le Pays*, journal du Bas-Empire, crie au scandale au sujet de la publication des *Amours secrètes de Napoléon III*.

Il nous annonce que, « dans son testament, son regretté *Prince*, par un sentiment de piété filiale qui s'ajoutait à toutes les vertus qu'il lui connait, a expressément recommandé que la mémoire de son père fût protégée contre l'outrage et la calomnie. »

« Le regretté Prince » avait toutes sortes de bonnes raisons pour réclamer la protection de la mémoire de son père, et la meilleure de toutes, c'est que cette dernière n'est pas respectable.

Mais en écrivant cette clause de son testament, le fils de la Montijo léguait une bien lourde tâche à ses héritiers.

Quant aux vertus du jeune cadet de Woolwich, qui est allé se faire tuer en Zoulouland au service de l'oligarchie britannique, elles sont bien connues. Tous ses anciens camarades d'université savent qu'il était aussi paresseux que gourmand, ignare, débauché, insolent et orgueilleux. Il avait à peine quitté les bancs du collège, qu'il réclamait ce qu'il appelait l'héritage de son père et faisait acte de prétendant à la couronne impériale.

Avant de partir pour l'Afrique du Sud, il avouait cyniquement qu'il allait combattre les Zoulous pour faire parler de lui, « *for make some peaple speak of him* », écrivait-il, dans l'espoir d'acquérir la popularité et la renommée qui l'aideraient dans ses projets d'asservissement de la France, qu'il préméditait.

Après avoir assisté enfant à nos désastres, il voulait, au risque d'en occasionner d'autres, imiter son honorable père, recommencer des tentatives semblables à celles de Boulogne et de Strasbourg et renouveler le guet-apens du 2 Décembre 1851. Pour réaliser ses projets ambitieux et criminels, il n'aurait pas reculé devant l'éventualité de la guerre civile et du massacre des citoyens.

Il voulait à tout prix égorger la République et restaurer l'Empire. Peu lui importaient les conséquences, dussent-elles entraîner avec elles la guerre civile et la guerre étrangère, des ruines, des désastres, des massacres, une nouvelle invasion, d'autres Sedan et d'autres Metz, la honte, le démembrement et la décadence.

Voilà quels étaient les honnêtes projets inspirés au prince par ses vertus.

Le jeune soldat de la perfide Albion, l'enfant chéri de l'aristocratie anglaise, tant regretté de cette dernière, composée de nos plus mortels ennemis, de ceux qui ne prononcent le nom de la France qu'avec une patriotique horreur, s'il était si jaloux de la mémoire de son père, aurait bien dû honorer celle de son oncle, Napoléon Ier, en se conformant aux dernières volontés de ce dernier, qui, sur son lit de mort à Sainte-Hélène, a voué dans son testament, au mépris, à la haine et aux malédictions de la postérité, l'oligarchie et la famille régnante d'Angleterre qui l'ont fait lâchement empoisonner.

Le quatrième comme le troisième Napoléon a fait bon marché de la dernière et suprême recommandation du martyr de Longwood, il est allé s'asseoir au foyer et à la table, il a endossé l'uniforme, il a porté la livrée des assassins de son oncle.

Telle est la piété filiale du vertueux prince pour l'illustre chef de sa famille.

Le journal que nous avons cité adjure la mère de leur jeune et regretté prince, de faire exécuter la clause du testament de son fils bien-aimé, relative au respect dû à la mémoire de l'homme de Décembre et de Sedan.

La même feuille adresse une recommandation semblable à l'ancien sybarite du Palais-Royal, M. Jérôme Bonaparte.

Elle met en outre l'Administration en demeure de sévir contre notre publication, elle la menace de poursuites devant les tribunaux, et elle termine ses adjurations indignées et ses récriminations, « en avisant le gouvernement que, si l'intérêt des bonnes mœurs ne lui paraît pas supérieur au plaisir de laisser insulter la mémoire du souverain que la France a acclamé, elle invitera ses amis à se réunir en groupes nombreux pour être assuré du succès et à se faire justice eux-mêmes.

Enfin, l'aimable journal pudibond dont nous avons effarouché la vertu, termine en disant :

« On verra sur qui retombera la responsabilité des collisions qui pourront se produire à ce sujet. »

Mais il nous semble que c'est tout vu d'avance, et que cette responsabilité retombera naturellement sur les provocateurs de la lutte. Cela nous paraît de toute justice.

Nous attendons donc sans crainte l'exécution des menaces des Don Quichotte impériaux que nous ne redoutons pas.

Quand nous avons publié pour la première fois en 1862, *les Amours secrètes de Napoléon III*, cela était plus dangereux qu'aujourd'hui, et il y avait quelque courage à le faire, l'Empire régnait et trônait, il était redouté en Europe.

Nous avons alors, malgré cela, dénoncé ses infamies, dévoilé ses turpitudes et stigmatisé ses crimes; nous avons été persécuté, poursuivi, traqué et expulsé partout pour l'avoir fait : en Suisse, en Italie, en Hollande, etc... Nous avons pour cela été condamné en Belgique, et nous avons fait, dans ce charmant pays libre, sous le gouvernement libéral de S. M. Léopold II, deux ans de prison pour la publication *du Mariage d'une Espagnole*. Après, nous sommes allé nous réfugier en Angleterre pour nous soustraire aux aménités du bon gouvernement impérial. Là encore il a essayé de nous atteindre.

Ayant eu l'extrême audace de stigmatiser publiquement le bandit de Décembre, d'appeler sur sa tête la vindicte publique et privée, dans un meeting tenu à Londres, et de publier le compte rendu de ce dernier dans deux journaux, *l'Espiègle* et *la Cigale*, l'honnête gouvernement impérial a réclamé notre extradition et la condamnation des journaux que nous venons de nommer ; mais il n'a pu obtenir ni l'une ni l'autre.

Eh bien, quelques mois après tout cela, en 1869, avant l'amnistie, malgré tous les dangers qu'il y avait à le faire, nous sommes venu en France, braver le monstre.

Nous avions compris alors que l'heure de la justice et du châtiment allait bientôt sonner pour lui. Nous pensions que l'Empire n'avait plus qu'un moyen de prolonger son existence : la guerre étrangère. Nous étions venu à Paris dans l'intention de faire tout notre possible pour empêcher cette dernière, prévoyant nos revers et nos défaites!

Nous avons accompli notre tâche sans trêve ni repos, jusqu'au 4 septembre 1870.

Ce jour-là nous sommes parvenu, un des premiers, à forcer les portes du Corps législatif et à l'envahir, et nous avons eu l'heureuse chance de proclamer à sa tribune, en présence de toute la salle comble, la dissolution du Corps législatif, la déchéance de l'Empire et la République.

Cette œuvre de justice et de salubrité publique accomplie, nous avons laissé dormir nos pamphlets, espérant que l'Empire avait à tout jamais disparu dans le sang de Décembre et la boue de Sedan.

Mais puisque aujourd'hui la bête féroce que nous avions cru morte relève la tête, grogne et cherche à mordre, nous recommençons la lutte contre elle; nous exhumons un de nos livres de la poussière dans laquelle il était enseveli, et nous publions de nouveau les crimes, les orgies et les hontes des misérables qui ont ruiné, ensanglanté et déshonoré la France pendant vingt ans.

L'organe de la bande des assassins de Décembre, et des lâches de Sedan, réclame le respect pour la mémoire de l'impérial malandrin et de sa famille.

Nous lui répondons : l'homme pour lequel vous réclamez le respect n'est pas respectable, il ne le mérite pas, nous ne pouvons pas le lui accorder.

Quand un homme ou un prétendu souverain se met au-dessus des lois, les détruit toutes, étrangle le droit, viole la liberté et assassine la République, il se met lui-même hors la loi, le droit et l'humanité, et il ne peut plus les invoquer pour le protéger.

Il s'est placé lui-même au pilori de l'histoire, au ban de l'humanité; tous les citoyens ont le droit de faire son écriteau infamant, et de le marquer au front avec le fer rouge.

C'est là le cas pour M. Louis-Napoléon Bonaparte, pour sa famille et ses complices.

En exécutant ces grands et exceptionnels criminels, nous accomplissons un devoir et exerçons un droit.

Nous avons pour nous la justice et la conscience universelle.

C'est bien, diront quelques-uns, mais épargnez la femme, elle n'est pas coupable; puis c'est une lâcheté d'attaquer une femme.

Voyons cela !

La femme est l'égale de l'homme, elle doit avoir les mêmes droits et les mêmes devoirs. La loi punit la femme comme l'homme, et des mêmes peines pour les mêmes crimes. Cela est juste.

Voyons maintenant quelle est cette femme, si elle est innocente ou coupable, et si, dans ce dernier cas, elle mérite l'indulgence.

C'est une courtisane Espagnole, venue en France avec sa mère pour chercher fortune.

Douée d'une grande beauté, elle a séduit le grossier et ignoble débauché qui nous opprimait. Luxurieuse et bigote, elle a fait de son palais un mauvais lieu, passant sa vie du boudoir à la sacristie.

Elle a exercé la plus grande et la plus funeste influence sur son époux.

C'est elle qui l'a poussé à toutes ses aventureuses expéditions guerrières qui nous ont coûté tant de milliards et de sang, dans lesquelles nous avons perdu une partie de notre territoire et quelque peu aussi de notre honneur.

C'est elle qui a fait maintenir jusqu'en 1870 nos soldats à Rome, pour défendre le pape. C'est elle aussi qui a conseillé les expéditions du Mexique et de Chine. La première pour fonder un empire catholique et escroquer les 80 millions des bons mexicains.

La seconde pour s'approprier une bonne part du pillage du Palais d'été du céleste Empire. Enfin, c'est elle encore qui a conseillé, recommandé et fait déclarer à l'Allemagne « SA GUERRE A ELLE, » comme elle a appelé elle-même cette terrible calamité qui nous a coûté tant de sang, de si affreux désastres, l'invasion, d'incommensurables ruines, deux provinces et 15 milliards de pertes totales.

Cette femme maudite qui nous a causé le plus épouvantable désastre dont les annales de l'histoire aient jamais fait mention chez aucun peuple, n'était pas encore satisfaite; elle est allée se réfugier en Angleterre avec son jeune louveteau impérial, enrichie du produit de nos dépouilles s'élevant à plus de 100 millions (1); elle l'a fait élever à l'école de cette perfide et cruelle aristocratie anglaise, l'ennemie jurée de la France et de ses institutions. Dès que son fils eut fini son éducation, elle l'a envoyé en Zoulouland, dans le but de lui faire acquérir quelque renom, afin qu'il pût, lorsqu'il serait de retour, recommencer les tentatives criminelles, les trahisons, les guet-apens de son père contre la France. Heureusement la lance d'un Zoulou a mis un terme à cette nouvelle machination et nous a débarrassés de ce beau sujet.

Aujourd'hui cette vieille coquette et fanatique bigote, complote, avec le prince Napoléon Jérôme, le renversement de la République et la restauration de l'Empire.

L'atroce mégère qui a fait tout cela est-elle une femme? Mérite-t-elle qu'on la considère comme telle et qu'on la respecte?

Que les gens sensibles, que les femmes qui l'auraient pensé d'abord, songent au nombre des veuves et des orphelins qu'elle a faits et à ceux qu'elle voudrait faire encore, et ils cesseront de la considérer comme une femme et de s'apitoyer sur elle.

Restent les complices du couple horrible que nous venons de dépeindre. Tous, mâles et femelles, ont bénéficié des crimes, des orgies et des saturnales impériales; tous sont des malhonnêtes gens et n'ont aucun droit au respect.

Pas un d'entre eux, mort ou vivant, ne nous échappera; tous, depuis Fleury jusqu'à Rouher; depuis Canrobert jusqu'à Jérôme Bonaparte; depuis Marguerite Bellanger jusqu'à Mathilde Demidoff et la Montijo, seront cloués au noir poteau infamant; ils seront marqués sur le front;

« Car je tiens le fer rouge et vois leur chair fumer. »

Les écrivains de la Société des Gourdins réunis menacent d'employer la violence et d'avoir recours à leurs lâches procédés d'argousins, en se mettant vingt contre un Nous prévenons ces chevaliers du casse-tête et du poignard que leurs bravades et leurs menaces ne nous effrayent pas, et que nous les attendons de pied ferme, en les rendant responsables de leurs guet-apens.

P. VÉSINIER.

---

(1) Ces voleurs nous font un crime d'avoir une pension nationale de 1200 fr. On nous l'a donnée à titre de récompense patriotique, pour avoir emprisonné et fusillé les assassins du Deux-Décembre et défendu la République.

— Le génie du grand Napoléon l'inspirait, dit Conneau, et s'il eût vécu, la France eût été sauvée. Qu'allons-nous devenir maintenant? ajouta-t-il.

Le vieux gouverneur n'osa pas répondre; il se contenta de pousser un profond soupir qui voulait certainement dire :

— Nous sommes perdus.

Et les deux hommes sortirent, les larmes aux yeux, de la chambre mortuaire.

Le directeur envoya quérir le major du régiment en garnison à Ham.

En attendant son arrivée, on alluma des cierges autour du lit du prince, et la chambre fut transformée en chambre ardente ; un factionnaire fut placé à la porte.

Le major de la garnison arriva enfin, aussi désolé de la triste nouvelle qu'il venait d'apprendre que le directeur du château de Ham.

Les soldats et la population furent aussi plongés dans la consternation quand ils apprirent la mort du prince. Depuis qu'on savait que le neveu de l'empereur était mort, tout le monde était devenu tout à coup bonapartiste. On comprenait qu'on pouvait afficher sans crainte ses sympathies pour le prétendant napoléonien mort, puisqu'il n'était plus un danger pour le gouvernement et pour la dynastie de Louis-Philippe.

Le major s'avança enfin auprès du lit du défunt, accompagné du gouverneur, du commissaire de police et du maire de la ville. Le docteur Conneau suivait ces messieurs.

Tous aperçurent bientôt, à la pâle lueur des bougies, à moitié cachée dans les oreillers, une tête pâle semblable à celle d'un mort.

Le major souleva alors les couvertures pour prendre un des bras du défunt, et lui tâter le pouls. Mais quelle ne fut pas sa surprise, quand il ne put pas trouver la main qu'il cherchait. Il tâta alors le corps du mort, et il s'aperçut qu'il était remplacé par un traversin ; il prit la tête dans ses mains, l'examina, et ne fut pas peu étonné quand il vit que la prétendue tête du prince était une tête de bois ayant un long nez corbin comme le sien et des moustaches en croc. A cette découverte, une profonde stupéfaction se peignit sur les figures de tous les assistants ; seule, celle du docteur Conneau avait un air de satisfaction triomphante.

— Qu'est-ce que tout cela signifie ? dit le major furieux en s'adressant au gouverneur ; auriez-vous eu, monsieur, l'intention de me mystifier, et de vous moquer de moi, de M. le commissaire de police et de M. le maire ?

— Pas le moins du monde, répondit le commandant du fort plus mort que vif et plus pâle que la prétendue tête du prince ; je ne comprends pas plus que vous ce qui se passe ici. Et se tournant vers M. Conneau, il ajouta :

— Allez-vous enfin, monsieur, me dire ce que tout cela veut dire et ce qu'est devenu le prince Louis ?

— Très volontiers, répondit le docteur Conneau en riant. Son Altesse impériale est maintenant en sûreté à l'étranger, car il y a trois jours qu'elle est partie d'ici ; j'avais mis un mannequin à sa place dans son lit et je vous ai fait croire à sa mort pour gagner du temps. Maintenant que mon stratagème a réussi, vous pouvez vous retirer, votre office n'est plus nécessaire ici.

— Aux armes! cria le gouverneur; soldats! gardez cet homme à vue! dit-il en désignant le docteur Conneau, et cherchez dans tout le fort, fouillez partout, afin de découvrir Louis-Napoléon Bonaparte, s'il est caché quelque part!

Messieurs le maire, le commissaire et le major se retirèrent en maugréant, pendant que les soldats et les geôliers cherchaient partout, mais inutilement, le prince. M. Conneau fut étroitement emprisonné, et poursuivi pour complicité d'évasion.

Quant à Louis-Napoléon Bonaparte, pendant qu'on le cherchait partout dans sa prison de Ham, il voguait tranquillement à bord d'un paquebot qui le conduisait en Angleterre.

Voici comment il s'y était pris pour s'évader :

Il y avait alors dans le fort, parmi les ouvriers qui travaillaient aux réparations de l'appartement du prince, un maçon nommé Badinguet qui ressemblait beaucoup à Louis-Napoléon Bonaparte ; comme lui, il avait un gros nez en bec de perroquet, des yeux sans éclat, et l'allure endormie.

Il était à peu près de sa taille, il ne lui manquait que des moustaches pour ressembler au prince.

Louis Bonaparte se procura des vêtements de maçon semblables à ceux de Badinguet et il s'en revêtit après s'être fait couper les moustaches. Il se barbouilla la figure, et les mains avec du mortier, et à l'heure du déjeuner, pendant que M. Conneau offrait du vin à Badinguet, et le retenait quelques instants dans le fort, le prince déguisé en maçon, une planche sur l'épaule qui lui cachait à moitié la figure, passait devant les geôliers et les soldats, traversait le pont-levis et gagnait l'extérieur de la forteresse et la ville, à la campagne son fidèle valet Thélin l'attendait avec une voiture. Ce dernier n'était pas prisonnier, quoique habitant le fort avec son maître ; il pouvait entrer et sortir quand cela lui plaisait. Il avait donc eu toutes les facilités nécessaires pour organiser les moyens de fuite.

Louis-Bonaparte monta lestement dans la berline conduite par son fidèle domestique, et après s'être débarrassé de son accoutrement de maçon et avoir conservé le costume de cocher dont il était revêtu sous sa blouse et son pantalon de travail, il saisit les rênes et partit au galop avec Thélin pour Saint-Quentin, où ils prirent la poste pour Valenciennes et, de là, le chemin de fer pour Bruxelles et Ostende. Dans cette dernière ville, les fugitifs s'embarquèrent pour l'Angleterre, où ils arrivèrent le lendemain.

Louis-Napoléon retrouva à Londres sa chère miss Howard et son bon ami Jack-Jung-Fitz-Roi, dont l'établissement prospérait toujours, grâce aux nombreux chalands que les appas de la belle Anglaise attiraient.

En l'absence du prince, cette aimable beauté s'était livrée en toute liberté à son joli commerce et avait réalisé d'assez beaux bénéfices.

Elle allait souvent à Ham voir son ami de cœur, et revenait ensuite à Londres travailler à sa fortune. Comme toute bonne Anglaise, elle savait que ses charmes étaient de l'argent ; *my charms are money*, disait-elle à son ami Jack, et quand Son

Le prince, déguisé en maçon, une planche sur l'épaule, passait devant les geôliers.

Altesse vint la retrouver après son évasion, elle fut bien heureuse de jouir du fruit de ses économies.

L'expédition de Boulogne avait coûté beaucoup d'argent. Louis-Bonaparte avait pris avec lui tout ce qu'il possédait, y compris ce qui lui restait du produit du vol des bons de l'Échiquier; et lors de la capture du bateau à vapeur *la Ville d'Édimbourg*, par le gouvernement de Louis-Philippe, ce dernier avait saisi la caisse des conspirateurs dans laquelle il y avait près d'un million. Son Altesse, après son évasion lorsqu'elle revint à Londres, était complétement ruinée, sans un sou. Ce furent miss Howard et Jack qui lui vinrent en aide, grâce aux produits de leurs honorables industries, le jeu, l'escroquerie et la prostitution.

Le bruit que fit l'évasion du prince et sa présence dans le tripot de Jack furent d'excellentes réclames pour ce dernier et pour miss Howard.

Les charmes et les faveurs de cette dernière haussèrent considérablement, et furent cotés à un prix très élevé au *Stock-Exchange* d'amour tenu par Jack, et dont Son Altesse devint le héros.

La petite Cour de Carlton-Garden, s'était dispersée après l'échauffourée de Boulogne et le long emprisonnement du prince. Lorsque ce dernier fut de retour à Londres, il abandonna momentanément la politique pour s'occuper d'affaires ainsi que le lui conseilla son ami Jack.

Il imagina avec celui-ci de fonder une société en commandite, *limited Society*, pour le percement de l'isthme de Panama. Louis-Napoléon fut le prédécesseur de M. de Lesseps dans le projet du grand travail qui s'exécute aujourd'hui et qui a pour objet d'unir les deux Océans en séparant les deux Amériques par un canal.

Notre héros abandonna momentanément ses projets, ayant pour objectif le trône de son oncle; ce n'était plus pour Paris que l'aigle de Boulogne devait prendre son vol, mais pour l'Amérique. En attendant, le prince avait organisé, à Londres, un vaste *office* pour *the Panama Society*, dans lequel, entourée de cartes, de plans, de registres et d'un nombreux personnel, Son Altesse se livrait à des études profondes et à des calculs phénoménaux sur les travaux à exécuter et les bénéfices à palper dans la nouvelle entreprise qu'il méditait. M. Bataille, ingénieur civil, un des conspirateurs de Boulogne, aidait le prince dans ses études sur les travaux à exécuter, il remplissait les fonctions d'ingénieur en chef. M. Dalembert, aussi un conjuré de Boulogne, était le secrétaire général. M. Mocquart était à la tête du contentieux. Le docteur Conneau devait être chargé du service sanitaire. La partie financière était placée sous la haute, intelligente et probe direction de deux banquiers fameux : M. Orsi, célèbre financier italien, ex-banquier de la famille Bonaparte à Florence, un des membres les plus utiles du complot de Boulogne, et son complice le précieux Rapallo, *the stock broker* d'Angel Court qui avait fourni les bons volés à l'Echiquier qui servirent à payer les frais de l'expédition de Boulogne. Ce Rapallo était le financier le plus important de la nouvelle entreprise, il avait encore pour plus de cent mille livres sterling de bons volés à l'Échiquier (2,500,000 francs), ainsi que M. Wilde, membre du Parlement anglais, l'avait déclaré à la Chambre des Communes. Rapallo était le caissier de la nouvelle Compagnie dont Orsi était l'administrateur.

Jack-Yung, Fitz-Roi, l'ami Jack, était un des principaux actionnaires *of the Panama Society limited*, placée sous la haute et honnête direction de Son Altesse impériale le prince Charles-Louis-Napoléon Bonaparte, grand'croix de la Légion d'honneur, etc…

Des actions furent émises pour une somme considérable, un grand nombre furent placées par Orsi, Rapallo, Jack et d'autres amis du prince. La caisse de la société se remplit de banknotes et d'or.

Une grande publicité, une énorme réclame, les charmes de miss Howard et le nom du prince attirèrent les actionnaires et captèrent les badauds.

Son Altesse et ses acolytes purent de nouveau vivre dans l'abondance et mener, joyeuse vie, grâce à cette entreprise industrielle. Carlton-Garden se peupla de nouveau, les anciens complices, et les anciennes maîtresses des Clubs des Culottes de peau et des Cotillons entourèrent le prince et peuplèrent ses salons.

Persigny, Laity, Mautauban, Voisin, Lombard, de Querelles, de Gricourt, mesdames Gordon, d'Espel, Quadridoff, de S..... etc. traversèrent le détroit et vinrent rejoindre Son Altesse en Angleterre en attendant qu'ils l'accompagnassent en Amérique sur l'isthme de Panama où devait se réaliser la grande entreprise du prince.

Ce dernier, absorbé par ses plaisirs, tout entier aux jouissances faciles qu'il goûtait dans sa nouvelle position, semblait avoir complètement abandonné la politique, depuis deux ans lorsqu'éclata la révolution de Février.

Au bruit du coup de foudre populaire le prince et ses compagnons se réveillèrent tout à coup en sursaut.

La chute du gouvernement de Louis-Philippe, et la proclamation de la république, brisaient les chaînes qui retenaient Louis-Napoléon Bonaparte en exil, lui ouvraient à deux battants les portes de la France, et faisaient briller de nouveaux horizons à son ambition démesurée. Il pensa que l'heure de réaliser ses projets ambitieux était enfin venue; il rêva de nouveau une grande fortune, des honneurs, des richesses et le pouvoir souverain.

Il se voyait déjà élu député, président de la République, Empereur.

Tous ses rêves ambitieux évanouis, après les malheureuses échauffourées de Strasbourg et de Boulogne, lui revenaient à l'esprit plus forts, plus ardents et plus persistants que jamais.

Il se voyait déjà aux Tuileries, assis sur le trône, ayant la couronne impériale sur la tête, sa tendre miss assise près de lui, partageant sa gloire et son bonheur, ainsi qu'elle avait partagé ses malheurs.

D'autres beautés non moins fameuses l'entouraient et rehaussaient sa gloire de leurs charmes, c'étaient: l'héroïque Eléonore Gordon, dont il avait eu une fille, la sémillante comtesse d'Espel, la luxuriante Demidoff et Mme de Solms, ses cousines qui avaient aussi eu pour lui de bien tendres bontés, Mlles de la Moskowa et Anna Murat, etc.

Il apercevait encore autour de lui tous ses compagnons d'armes, les héros de la Finkmatt et de la plage de Boulogne; ils pouvaient aspirer à tout, les plus hautes positions sociales, les plus grandes dignités de l'Etat les attendaient quand il se serait assis sur le trône de son oncle.

Maître Jack deviendrait gouverneur de la Banque de France, Rapallo syndic des agents de change, et Orsi ministre des finances. MM. Montauban, Persigny, Laity, etc... seraient certainement ministres, grands dignitaires, pairs de France, etc... MM. Mésonan, Parquin, Montholon, Waudrey, Ney pourraient prétendre aux plus hauts grades dans l'armée.

Pendant que Son Altesse faisait tous ces beaux projets et ces rêves brillants, la Compagnie pour le percement de l'isthme de Panama périclitait. Depuis deux ans que cette entreprise avait été fondée sous la haute protection de Son Altesse impériale, le prince Charles-Louis-Napoléon Bonaparte, elle n'avait jamais existé que sur le papier, ses travaux s'étaient réduits à quelques plans du canal habilement tracés et enluminés sous les ordres et la direction de M. Bataille, ingénieur en chef. Pas un seul de ses fondateurs n'avait jamais vu l'isthme de Panama que sur la carte ; jamais un seul pouce du terrain sur lequel devait être creusé le canal n'avait été acquis par la Compagnie, ni un seul ouvrier envoyé par elle pour remuer une seule pelle de terre, donner un seul coup de pioche ou dessécher une seule goutte d'eau des marais que les travaux du canal devaient traverser.

Les actionnaires n'avaient jamais reçu un centime des fabuleux dividendes qu'on leur avait promis, ils refusaient de faire de nouveaux versements, murmuraient, menaçaient de poursuivre les directeurs de la Compagnie, de faire mettre en faillite et liquider cette dernière.

Dans cette grave occurrence, le conseil directeur s'assembla sous la présidence du prince Louis-Napoléon Bonaparte, et, après une mûre délibération, décida que le siège de la Compagnie de Panama serait transféré à Paris, afin de lui donner un nouveau développement par l'émission de nouvelles actions, dont le besoin se faisait généralement sentir parmi les fondateurs de la Société. Il fut aussi décidé que les actionnaires seraient ultérieurement informés de cette importante décision.

Son Altesse Impériale et ses acolytes des deux sexes se partagèrent ensuite le peu d'argent qui restait en caisse et tous s'embarquèrent pour la France, et le paquebot, qui portait le nouveau César, ses amis et sa fortune, ne tarda pas à les débarquer à Calais, d'où ils prirent le chemin de fer pour Paris.

III

SOMMAIRE. — Arrivée de Louis-Napoléon Bonaparte à Paris après la proclamation de la République, le 24 février 1848. — Le conseil des frères et amis. — Lettre de L.-N. Bonaparte au gouvernement provisoire de la République. — Accueil qui lui est fait. — Son Altesse impériale est priée de retourner à Londres. — Fureur des partisans du prince. — Nouvelle ardeur de l'amour de L.-N. Bonaparte pour miss Howard. — Elle supplante mesdames d'Espel et Gordon. — Jalousie de cette dernière. — Elle perd sa voix et sa beauté. — Tout le monde est jaloux de miss Howard dans l'entourage impérial. — Avant de partir pour Londres, L.-N. Bonaparte ourdit un complot contre la République. — Il distribue les rôles à ses complices. — Le prince part pour Londres avec miss Howard, les autres dames restent à Paris pour recruter, à l'aide de leurs charmes, des partisans au prince. — La jalousie contre la tendre miss devient plus intense après son départ avec L.-N. Bonaparte. — Mme Gordon raconte tout ce qu'elle sait sur miss Howard. — Sa visite avec le prince L.-N. Bonaparte dans les *lodging-houses* du Wapping. — Le premier cercle de l'enfer de la misère. — Ce qu'on y voit et ce qu'on y apprend. — Les sociétés de voleurs et d'assassins. — Un policeman socialiste. — La jolie *Bar-maid* Elisa. — Son amant le métis Sampaïo. — Le second et troisième cercle de la misère. — Le maître de l'établissement Jack-Yung-Fitz-Roi. — Dextérité des doigts de miss Howard. — Son talent de *pick-pocket*. — Ce qu'étaient devenues la bourse de Mme Gordon et la montre du prince. — Moyen ingénieux pour se les faire rendre. — L'alerte. — Le prince devient amoureux de la jolie Elisa. — Il fait concurrence à Sampaïo. — Il se fait constable à Londres. — L.-N. Bonaparte défend le suffrage universel en France et le combat en Angleterre. — L.-N. Bonaparte se met au service de l'oligarchie anglaise qui a assassiné à Sainte-Hélène son oncle, et que ce dernier a vouée au mépris et à la vengeance de la postérité. — Louis-Napoléon Bonaparte cherche à exploiter à son profit l'insurrection de juin 1848. — L.-N. Bonaparte élu dans cinq départements revient à Paris avec miss Howard. — Ils sont reçus par leurs dévoués admirateurs. — Louis-Napoléon à l'Assemblée constituante avec mesdemoiselles de la Moskowa, Anna Murat, miss Howard, etc. — Jérôme Bonaparte fils. — Pierre Bonaparte, l'assassin de Louis Noir. — Son élection est validée. — Il fait serment de dévouement et de reconnaissance à la

République. — Les membres de la famille impériale viennent offrir leur concours à L.-N. Bonaparte dans l'espoir de partager sa fortune. — Ils se prosternent devant miss Howard. — La fête de l'Élysée. — Miss Howard et L.-N. Bonaparte la président. — Splendide parure de la belle Anglaise. — Sa beauté ravissante. — Émotion du prince. — Persigny vient juste à temps pour la sauver d'une syncope. — Il l'emmène dans la serre. — De Querelles danse avec miss Howard. — Il est séduit par la belle. — Il la conduit dans d'odorants réduits des serres. — Ce qu'il y fit avec sa future souveraine. — Le tendre Louis rencontre la sémillante Éléonore. — La redoutable Ariane le conduit dans le labyrinthe des salons et des boudoirs. — Elle est dévorée par le minotaure impérial. — L.-N. Bonaparte prélude par les saturnales de l'Élysée aux orgies des Tuileries. — Miss Howard découvre son infidèle en tendre et intime conversation avec sa rivale, l'entreprenante Éléonore Gordon. — Elle demande l'exil de cette dernière, qui lui est accordé. — C'est M. de Persigny qui est chargé de notifier la décision du prince à Mme Gordon et de lui remettre 5,000 francs de dédommagements. — Cette dame refuse l'argent et le jette par la figure du proxénète. — Ce dernier, sans vergogne, met les 5,000 francs dans sa poche. — Le lever de miss Howard et de L.-N. Bonaparte à l'Élysée. — M. de Gricourt, grand maître des cérémonies. — Il annonce les visiteurs. — Miss Howard et son doux souverain les reçoivent au lit. — Toilette légère de la dame. — Aspect peu attrayant de son amant. — Le vieux roi de Westphalie Jérôme Bonaparte est introduit le premier, et vient faire sa cour à miss Howard et se prosterner devant elle. — Ce qu'était ce vieux bigame paillard. — Ses crimes, ses débauches. — Son fils Pon-plon vient ensuite. Portrait de ce prince. — De Pierre Bonaparte — De Murat. — De la princesse Mathilde. — Du signor Bacciochi. — De Mme de S. — D'Anna Murat. — De Morny. — De M. Walewski. — De Mesdames Tascher de la Pagerie. — De M. Wieyra Molina et de sa respectable moitié, etc., etc.

A leur arrivée à Paris, Louis-Napoléon Bonaparte et ses amis des deux sexes s'établirent dans un petit hôtel, rue du Cirque, 14, près de l'Élysée.

Les frères et amis tinrent conseil.

Son Altesse Impériale avait l'intuition des hautes destinées qui l'attendaient. Elle était persuadée que dès que l'armée et le peuple seraient informés de sa présence à Paris, une profonde émotion se produirait et que les chefs de légion et les tribuns conféreraient à l'héritier de l'homme de la Colonne les destinées de la République et l'avenir de la France ; qu'ils le chargeraient de ramener l'ordre dans la rue, la gloire sur la nation, et l'honneur sur nos drapeaux.

L'illustre Fialin, vicomte de Persigny, jurait sur la mémoire de ses nobles ancêtres que bientôt le prince monterait au Capitole, porté sur le pavois, escorté par les bataillons de la garde impériale, précédé des étendards sur lesquels planaient les aigles et les victoires.

M. de Gricourt assurait qu'avec cinq ou six cents vigoureux gaillards aux voix fortes, aux poumons puissants, qui crieraient : Vive l'Empereur ! le succès était assuré.

M. Bouffet de Montauban était certain que quelques futailles de bon vin pour exciter les enthousiasmes, et quelques sacs d'écus pour récompenser les dévouements, ne nuiraient pas.

M. Vieillard était d'avis qu'il fallait avant tout envoyer un message au gouvernement provisoire de la République, pour l'informer officiellement de la présence à Paris du neveu du grand Empereur.

Son Altesse Impériale était de la même opinion.

Elle donna l'ordre au secrétaire de ses commandements, le docte Mocquart, de prendre une plume de l'aigle historique de Boulogne et d'écrire sous sa dictée la lettre suivante :

« Messieurs,

« Le peuple de Paris ayant détruit par son héroïsme les derniers vestiges de l'invasion étrangère, j'arrive de l'exil pour *me ranger sous le drapeau de la République* qu'on vient de proclamer.

« *Sans autre ambition que celle de servir mon pays*, je viens annoncer mon arrivée aux membres du Gouvernement provisoire, *et les assurer de mon dévouement à la cause qu'ils représentent*, comme de ma sympathie pour leurs personnes.

« Recevez, Messieurs, l'assurance de ces sentiments.

« Louis-Napoléon Bonaparte. »

Cette lettre, scellée des armes et du cachet de l'Empire, fut envoyée au Gouvernement provisoire, et publiée dans *le Napoléonien*, journal officiel de Son Altesse et qui avait remplacé *le Capitole*.

Le Gouvernement provisoire était malheureusement composé d'hommes incapables d'apprécier la sincérité des protestations de *« dévouement et de sympathies »* de l'ex-prétendant impérial de Strasbourg et Boulogne. En conséquence, il le pria poliment de vouloir bien retourner à Londres et d'attendre pour « *se ranger sous le drapeau de la République* » que l'Assemblée Constituante ait statué sur le sort des familles royales et impériales qui ont régné sur la France.

Cette invitation adressée par le Gouvernement provisoire au prince impérial excita un profond mécontentement parmi ses fidèles mâles et femelles.

Le bouillant vicomte de Persigny ne parlait de rien moins que de descendre dans la rue, de tirer l'épée d'Austerlitz et de Marengo, d'appeler le peuple et l'armée aux armes pour rétablir « *l'homme de la fatalité* ou *l'homme de la Providence* » dans l'exercice de ses droits et dans la possession de l'héritage de son oncle.

Mme de Salvage jure, sacre et tempête; elle veut tout pourfendre, tout casser, tout tuer. Elle jure que la chose ne se passerait pas comme cela si elle avait cinquante ans de moins, et qu'elle serait allée en personne punir les pékins du Gouvernement provisoire.

La langoureuse miss Howard est très contrariée de la décision de ces derniers, qui va l'obliger à retourner respirer les brouillards de la Tamise et les senteurs parfumées des rues boueuses de Londres et qui, en la rapprochant du palais de Westminster, l'éloignait de celui des Tuileries, dans lequel son Sweetheart (1) lui avait promis, lorsqu'elle serait impératrice de la main gauche, de lui donner pour habitation les splendides appartements de l'ex-reine Amélie et de céder le pavillon Marsan à ses trois enfants, lesquels devaient être bientôt, avec leur chaste mère, la gloire de la France et l'orgueil du trône.

Depuis son arrivée à Paris, l'amour du prince pour la belle Anglaise avait acquis une grande intensité et repris toute son ancienne ardeur; son amante lui rappelait toutes ses joies les plus tendres du passé; elle avait apporté avec elle tous les souvenirs de la Grande-Bretagne si mélancolique, si mystérieuse, où il avait coulé des jours

---

(1) Le mot anglais *Sweetheart* signifie amant et se compose des mots : *Sweet*, sucré, et *heart*, cœur. Il veut donc dire, en le traduisant textuellement : *Cœur-Sucré*.

heureux dans les bras de cette fille d'un nautonier de la Tamise dont la morbidesse exerçait sur lui un si grand empire.

Jusqu'alors le prince n'avait jamais éprouvé un aussi profond attachement que celui qu'il avait pour sa tendre miss et, depuis qu'elle était en France, elle était devenue sa sultane favorite, elle avait supplanté Mmes d'Espel et Gordon. Cette dernière était très jalouse de miss Howard et cherchait, par tous les moyens, à nuire à la belle Anglaise dans l'esprit du prince ; mais jusqu'alors elle n'avait pas réussi.

Nous devons avouer que l'héroïne de Strasbourg avait beaucoup perdu en grâce et en attrait depuis quelques années; elle avait pris de l'embonpoint, était devenue beaucoup plus grosse, ses formes avaient bien moins de grâce et de séduction, sa taille était moins souple ; sa beauté masculine, beaucoup plus accentuée, lui donnait un air dur qui était loin d'être à son avantage, l'éclat de son teint avait disparu, quelques rides précoces faisaient leur apparition sur son front jadis si pur ; quelques-uns de ses cheveux très noirs commençaient à grisonner : bref, cette belle dame était sur le retour, c'était un fruit trop mûr qui pouvait avoir conservé encore de sa saveur, mais qui avait certainement perdu sa fraîcheur et son éclat.

Mais ce qu'il y avait de plus malheureux encore, c'est que sa belle voix, depuis quelque temps, s'évanouissait. C'était cette dernière, son charme et sa mélodie, qui avaient assuré son succès dans le monde, et son empire sur le prince. Aussi, depuis cet accident malheureux arrivé à sa belle voix, elle était déchue du premier rang dans le cœur de notre héros.

Elle ressentait moins vivement que miss Howard l'exil de ce dernier en Angleterre elle espérait que le retour de sa rivale sous le ciel brumeux de la perfide Albion romprait le charme qui avait augmenté son empire sur les bords de la Seine ; elle espérait aussi que le temps lui offrirait une occasion de nuire à sa rivale, et de la supplanter, et elle se promettait bien de ne pas la laisser échapper.

La belle comtesse d'Espel était aussi très courroucée contre miss Howard, qui avait pris sa place dans le cœur du sultan du Club des Cotillons.

Les hommes eux-mêmes étaient jaloux de l'influence de la belle insulaire sur leur prince bien-aimé ; aussi maintes intrigues s'étaient ourdies contre elle, et un véritable complot de médisances et de calomnies s'organisait pour détruire son influence.

Le prince, enivré de l'encens que brûlaient à ses pieds tous ses courtisans, et dont la fumée lui cachait tout le reste, ne s'apercevait de rien.

Il se préparait à retourner en Angleterre sans avoir l'air d'en avoir trop de dépit. Il pensait avec raison que de l'autre côté de la Manche l'ostracisme du gouvernement le grandirait et le poserait devant l'opinion publique. Il deviendrait un martyr auquel le sol de la patrie était interdit. De loin il lui serait plus facile d'ourdir des trames. Il courrait moins de dangers ; il échapperait au contrôle journalier de l'opinion, et acquerrait un grand prestige par l'éloignement, il pourrait en toute sécurité attendre le moment d'agir et de revenir en France, pour jouer un rôle actif qu'il aurait ainsi le loisir de préparer.

Mais avant de partir il ourdit la trame de son noir complot contre la République, et distribua les rôles à chacun de ses complices.

Il fut convenu que ces derniers enrôleraient le plus grand nombre d'ouvriers qu'il leur serait possible, sous la bannière napoléonienne.

Les généraux Montholon et Piat, le commandant Mésonan, M. Bouffet de Montauban, MM. de Persigny, Laity et d'autres, furent plus spécialement chargés de faire des recrues, et d'organiser des manifestations anti-républicaines. Ils cherchèrent surtout à exercer leur action dans les ateliers nationaux et dans l'armée. Les premiers furent travaillés par de nombreux émissaires soldés secrètement par le prince et par ses amis.

Il fut décidé que le prince retournerait seul à Londres avec sa tendre miss, et que les autres dames resteraient à Paris, afin d'user de leur influence, et de leurs charmes sur la moins belle partie du genre humain, pour recruter des partisans à Son Altesse Impériale.

Et cette dernière retourna de suite à Londres, accompagnée de miss Howard.

Une fois Louis-Napoléon Bonaparte parti avec sa favorite, tous ses partisans dévoués se mirent en campagne pour travailler à l'œuvre napoléonienne.

Comme nous l'avons dit, Mmes Gordon, d'Espel, de S..., de Salvage, de Saint-Jean d'Angely, et jusqu'à Mme de Montholon, étaient fort jalouses de l'influence de miss Howard sur leur cher prince, surtout depuis qu'il était retourné seul avec cette dernière à Londres.

Elles ne laissaient jamais échapper aucune occasion de médire d'elles. Un soir, après une journée de fructueuse propagande en faveur de la cause impériale, pendant laquelle Mmes d'Espel, Gordon avaient embauché plusieurs jeunes et galants officiers à force d'œillades et de coquetteries, toutes ces dames étant réunies pour forger quelques nouveaux galants complots, la conversation tomba tout naturellement sur le prince et l'Egérie qui l'accompagnait.

— Mme Gordon en sait beaucoup plus que nous sur le compte de la belle insulaire, disait la jolie comtesse d'Espel; j'ai entendu parler par Persigny d'une certaine visite faite à Londres dans les *lodging-houses* par le prince, et notre amie Eléonore, dans laquelle elle a pu étudier les bonnes mœurs de la séduisante fille d'Albion, qui aujourd'hui exerce une si grande influence sur notre prince bien-aimé ; mais notre chère Eléonore a toujours été envers moi d'une discrétion absolue, lorsque je l'ai priée de me raconter ce qu'elle avait appris de curieux sur le compte de la gracieuse Elisa.

— Nous espérons que ce soir Mme Gordon sera assez aimable pour nous raconter tout ce qu'elle sait à ce sujet, dit la princesse de S...

— Voyons, ajouta Mme de Montholon en s'adressant à son amie Eléonore, racontez-nous ce que vous savez sur le compte d'Elisa; nous sommes toutes très intéressées à le connaître, et nous attendons ces confidences de votre complaisante amitié.

— Le récit que vous me demandez, dit Mme Gordon, n'est pas un mystère, et je puis parfaitement vous le faire sans indiscrétion aucune; miss Howard est assez

Le prince, absorbé par ses plaisirs et tout entier aux jouissances faciles, avait complètement abandonné la politique.

connue par nous pour que ce que je vais vous dire ne vous apprenne rien de bien nouveau ; mais, si cependant vous désiriez entendre le récit de l'aventure à laquelle notre chère comtesse d'Espel a fait allusion, je suis prête à vous le faire.

— Oui ! c'est cela, parlez ! nous vous écoutons, dirent les dames.

— Eh bien ! puisque vous le désirez, je vais vous narrer ma première entrevue avec la belle miss.

Lorsque le prince, après son retour d'Amérique, alla chercher un asile en Angleterre contre les persécutions de la police du gouvernement de Louis-Philippe, j'allais lui faire une visite à Londres, et comme je désirais beaucoup connaître la grande métropole anglaise dans tous ses détails, et jusque dans ses repaires les plus secrets, je priais Son Altesse Impériale de vouloir bien m'accompagner dans les *lodging houses* des quartiers les plus mal famés de Londres, véritables repaires de voleurs et d'assassins, dont j'avais souvent entendu parler, mais que je ne connaissais pas. Le prince, avec sa complaisance habituelle, promit de m'accompagner et il tint parole.

Il fut convenu qu'afin de pouvoir plus facilement exécuter mon projet, je me vêtirais avec des habillements d'homme, ce que je fis en effet, et le soir convenu, accompagné du prince et de deux detectives (1) mis à notre disposition par la police de Londres, nous nous fîmes conduire en cab dans le quartier du Wapping, un des plus mal fréquentés de Londres, situé près des bords de la Tamise, de la Tour de Londres et de Sainte-Catherine Docks.

Suivant la recommandation des deux officiers de la police, qui nous accompagnaient, nous nous étions costumés de la façon la plus modeste, n'ayant pris que fort peu d'argent sur nous, et laissé tous nos bijoux à notre domicile. Le prince seul avait conservé sa montre, malgré mes observations. Nous étions tous les deux armés de pistolets et de poignards, ainsi que nos guides, et nous avions soigneusement boutonné nos paletots, afin de préserver le plus possible nos poches des atteintes des *pick-pockets*.

Il était environ dix heures du soir quand nous arrivâmes au Wapping, après avoir suivi assez longtemps la grande artère qui longe London-Docks, dans laquelle nous rencontrâmes devant les *public-houses* et sous les becs de gaz, ainsi que cela est habituel le soir dans toutes les rues de Londres, un nombre considérable de femmes de tout âge, dont quelques-unes, belles et fraîches, attendent les chalands ; nos guides nous firent prendre à droite une petite ruelle sombre et étroite qui conduisait à la Tamise, un des policemen qui nous accompagnaient se plaça derrière nous, et l'autre marcha devant, en nous recommandant de faire silence et de nous tenir au milieu de la ruelle.

Nous commençâmes à être peu rassurés et à regretter d'être venus exposer nos vies dans ces affreux quartiers ; mais, par amour-propre, nous n'osâmes pas reculer. Arrivés presque au fond de la ruelle tortueuse, nos compagnons s'arrêtèrent, chacun d'eux donna la main à l'un de nous, en nous disant de nous laisser guider. Ils nous introduisirent alors dans un affreux couloir humide, au fond duquel on apercevait une lueur blafarde, le brouillard intense au milieu duquel elle luisait à peine nous la faisait paraître à une distance considérable. Cependant, au bout d'une trentaine de pas, nos guides s'arrêtèrent de nouveau, poussèrent une porte qui roula sans bruit sur ses gonds et nos deux compagnons nous dirent de nous baisser et de continuer à les suivre en descendant avec eux un escalier tournant et obscur ; après avoir compté une vingtaine de marches environ, nous arrivâmes sur un palier ; l'un de nos deux compagnons ouvrit une nouvelle porte et nous dit d'entrer.

---

(1) Agents secrets, chargés de rechercher les criminels.

Nous étions dans le premier cercle de cet enfer de la misère et du crime qui, comme celui du Dante, en a plusieurs, ainsi que nous l'apprîmes bientôt.

Après le trajet de huit ou dix minutes que nous venions de faire dans l'obscurité, nous fûmes éblouis par la lueur des becs de gaz, placés devant des réflecteurs qui éclairaient la salle dans laquelle nous venions d'entrer; nous ne distinguâmes pas d'abord tout ce qui nous environnait. Mais bientôt nos yeux se firent à ce nouveau milieu et nous aperçûmes tout auprès de nous un grand nombre d'hommes aux figures sinistres ; les uns debout autour d'un comptoir d'étain ; les autres assis sur des bancs autour de tables épaisses scellées dans le plancher ainsi que les sièges. Il y avait sur ces tables des assiettes, des cuillers et des fourchettes; mais ce qui nous parut extraordinaire, c'est que tous ces objets, ainsi que les gobelets de même métal, qui, sur le comptoir, servaient aux buveurs, étaient attachés avec des chaînes de fer aux meubles sur lesquels ils étaient placés.

Ayant demandé à nos conducteurs les motifs de ces précautions, ils nous expliquèrent que, si on n'attachait pas ainsi les ustensiles servant aux habitués du lieu, ces derniers étant tous des voleurs, se les approprieraient. Pendant que nous prenions un pot de stout, je considérais plus attentivement les personnes qui nous entouraient et je remarquais que toutes avaient l'air d'être fortes et robustes ; le vice, l'orgie et la débauche étaient peints sur leurs traits beaucoup plus que la misère.

J'en fis l'observation à un des policemen.

— Ces gens-là, me dit-il, sont la fine fleur des brigands de Londres ; ce sont les aristocrates de la haute pègre, tous vivent très bien ; il ne leur manque jamais rien. Ils viennent ici chaque soir, c'est leur Bourse du vol, leur *Royal Exchange*, et tel individu que vous voyez là tout dépenaillé est un voleur capitaliste, un riche actionnaire, directeur d'une puissante association industrielle, qui a pour objet le vol et même quelquefois l'assassinat.

— Vous plaisantez sans doute, dis-je à mon narrateur, étonné de son langage.

— Non, monsieur, me dit-il, je parle très sérieusement. Les malfaiteurs ont établi entre eux des sociétés anonymes et en commandite qui ont le vol pour objet; ils ont émis des actions au porteur qui ont cours, non seulement parmi eux, mais encore qui sont achetées ou négociées par certains industriels de Whitechapel, et même, il faut l'avouer, par certaines maisons de la Cité.

— Cela n'est pas possible?

— Si monsieur, cela est très possible et cela existe, quand la bande associée a fait un bon coup, les actions haussent ; si au contraire elle a échoué dans une de ses entreprises, dites industrielles, si quelques-uns de ses plus adroits filous, de ses *pickpockets* en renom et de ses plus redoutés chefs sont arrêtés, les valeurs baissent. Absolument comme pour les autres associations industrielles, quand elles éprouvent des pertes, des sinistres.

Du reste, il n'y a peut-être, entre les associations de voleurs dont je parle et celles des prétendus honnêtes gens qu'une seule différence, c'est que les premiers volent illégalement et que les autres le font légalement. Les unes dépouillent leurs victimes sur la voie publique, dans des maisons isolées ou inhabitées, et les autres les volent dans des beaux magasins, dans des comptoirs, dans des ateliers, dans des usines, dans des banques, au Royal-Exchange. Mais partout les bénéfices ne sont pas le produit du travail de ceux qui les réalisent, mais celui de la spoliation et du vol.

Ces observations, très extraordinaires dans la bouche d'un *policeman*, ne me parurent pas moins justes pour cela, et je pensais avec raison que les victimes faites par les voleurs légaux, dits et réputés honnêtes, sont des centaines de milliers de fois plus nombreuses que celles faites par les voleurs de grand chemin, puisqu'elles se comptent par millions et les derniers par milliers seulement.

Mais comme je n'étais pas venu dans ce *lodging-house* pour discuter l'économie sociale et politique et rechercher l'origine et la moralité des bénéfices et de la propriété, je me suis contenté d'accepter les déclarations et les observations de mon policeman économiste et je lui ai dit ensuite :

— Mais, alors, puisque ces faits sont connus, pourquoi l'autorité ne sévit-elle pas, pourquoi tolère-t-elle des refuges de bandits comme celui où nous sommes ?

— Que voulez-vous que la police dise et fasse ? me répondit-il ; quand elle ne voit commettre aucun délit, quand elle n'a la preuve d'aucun crime, elle n'a rien à dire, rien à faire, excepté de surveiller ceux qu'elle soupçonne ; c'est ce qu'elle fait ; mais cela n'empêche pas un grand nombre de méfaits et de crimes de se commettre. Ces gens que vous voyez ici sont dans la légalité tout comme les autres spéculateurs ou exploiteurs.

Dans une heure ils partiront pour se livrer à leurs quotidiennes tentatives criminelles et pendant ce temps-là une autre population les remplacera, celle des malheureux sans asile, qui viendront ici pour préparer leur souper et se coucher.

Vous voyez cette grande marmite dans l'âtre : elle est pleine d'eau chaude. Chaque individu qui vient ici a le droit pour two pence (20 centimes) de passer la nuit, couché dans un coin ou assis à une de ces tables ; il peut en outre faire cuire dans l'eau bouillante de la marmite, ou devant le feu de houille, tel aliment qui lui convient et se servir des ustensiles d'étain. En outre, il trouve ici aux prix ordinaires la consommation habituelle des public-houses. Il peut aussi avoir de l'eau chaude et propre pour faire du thé.

Il y avait derrière le comptoir une très jolie fille de dix-sept ou dix-huit ans au plus. Le prince qui la remarqua de suite exprima son étonnement de rencontrer dans un pareil lieu une aussi belle jeune personne.

— C'est Elisa, répondit le policier, c'est la *bar-maid* (1) ou la demoiselle du comptoir de l'établissement. Elle remplace le maître du lodging-house quand il sort ou quand il est, comme dans ce moment-ci, retenu en bas.

C'est une fille aussi intelligente qu'adroite et qui remplit avec beaucoup de sang-froid la fonction difficile et dangereuse qui lui est confiée, et les plus redoutés brigands du Wupping la respectent et n'oseraient pas lui faire le moindre mal.

---

(1) *Bar-maid*, ou demoiselle de comptoir ou de café, est un mot anglais composé des mots *bar*, comptoir, et, *maid* vierge, et qui se traduit textuellement : la vierge du comptoir.

— Vous apercevez là-bas, dans ce coin, ajouta le policeman, ce colosse aux cheveux crépus, à la peau olivâtre, aux dents blanches, qui dévore des yeux la belle Elisa, c'est un métis, moitié nègre moitié Indien, le marin Sampaïo. Eh bien ! c'est l'amant de la jeune et jolie *bar-maid*. Il veille constamment sur elle quand il n'est pas en mer et quand il est parti un de ses collègues le remplace. Elisa a donc toujours un amant vigoureux et fort pour veiller sur elle et malheur à celui qui oserait l'insulter, la menacer ou la frapper, Sampaïo le broyerait dans ses poignets de fer.

Nous témoignâmes notre surprise de ce qu'une aussi jolie et aussi intelligente jeune fille fût la maîtresse d'une brute aussi laide et aussi grossière que le métis. Notre cicérone nous répondit :

— Comme je vous l'ai dit, Elisa est une fille qui connaît et qui sait faire son métier, elle est très intéressée, elle veut gagner de l'argent, ses parents sont très pauvres, elle a été élevée dans la plus profonde misère, dans un dénuement absolu. Aussitôt qu'elle a été assez grande pour pouvoir travailler, ses parents l'ont placée ici pour rincer les choppes de bière et pour tenir le lodging-house propre. Ensuite on l'a mise au comptoir ou au *bar* pour servir la bière et les liqueurs.

Mais ici, dans cet établissement, la *bar-maid* est obligée de choisir de suite un amant pour la protéger et la défendre contre les autres malfaiteurs. Elle a fait choix de Sampaïo, parce qu'il est le plus fort et qu'il avait déclaré que si Elisa en prenait un autre pour amant, il l'étranglerait ; personne n'aurait osé braver la menace du marin dont la force herculéenne et la férocité sont connues.

Mais depuis que Sampaïo est l'amant d'Elisa, cette dernière l'a apprivoisé. Toujours aussi féroce et aussi redoutable pour les autres, elle en a fait pour elle un véritable agneau ; la Dalila du *lodging-house* a dompté le Samson du Wapping, elle fait de cette brute tout ce qu'elle veut, elle lui a adjoint un grand nombre de collègues depuis qu'il est son amant. Toutes les fois qu'un joli garçon lui plaît, elle n'est pas cruelle pour lui et quand un visiteur du *lodging-house* veut y mettre le prix, il peut user avec elle de toutes les privautés. Sampaïo grogne un peu, mais elle l'a bientôt calmé avec quelques verres de gin ou de wisky.

Nous étions de plus en plus surpris, de plus en plus stupéfaits de ce que nous entendions et de tout ce que nous voyions. Le prince, depuis les dernières explications de notre guide, regardait la jolie Elisa avec des yeux de convoitise ; mais le caprice qu'il semblait avoir pour elle était tempéré par la vue du marin Sampaïo qui l'effrayait.

Nous quittâmes le compartiment où trônait la jolie bar-maid pour descendre dans l'étage inférieur, à une quinzaine de marches plus bas. Là un spectacle beaucoup plus triste s'offrit à nos yeux, une multitude de malheureux étaient assis autour des tables ; d'autres étaient accroupis dans des coins, les uns buvaient ou fumaient, les autres dormaient. Nos conducteurs nous recommandèrent de redoubler de précautions et de bien surveiller nos poches ; mais cette dernière recommandation venait un peu trop tard ; le prince et moi, nous n'avions déjà plus de mouchoirs de poche, des mains *invisibles* nous les avaient soustraits.

Dans cette salle on ne payait qu'un *penny* (dix centimes) pour passer la nuit.

Comme nous avions hâte de descendre au dernier degré de cette échelle de la misère du vice et du crime, nous nous fîmes conduire de suite dans l'étage le plus bas.

Une odeur nauséabonde faillit nous suffoquer quand nous pénétrâmes dans ce bouge, véritable chenil infect, où grouillaient dévorées par la vermine, une multitude de formes humaines, d'êtres nus, hommes, femmes, enfants, jeunes filles, vieillards, dégradés, abrutis par la misère ou atrophiés par l'abus des liqueurs fortes et les excès de tous genres, accroupis sur un plancher humide, contre des murs suintant les immondices et toutes les malpropretés des étages supérieurs.

Tous ces malheureux faisaient pitié ; on ne pouvait pas se figurer un pareil abaissement, une pareille dépression, une pareille dégradation de la nature humaine au milieu de toutes les richesses, de toutes les splendeurs, de toutes les magnificences de la civilisation moderne, dans la première nation industrielle et commerciale du monde.

Nous avons vu là, dans la métropole de la riche Angleterre, gisant dans la fange, à côté de vieillards en cheveux blancs, des jeunes adolescents des deux sexes, pêle-mêle, presque entièrement nus, entassés et enlacés dans la promiscuité la plus dégoûtante. Ces malheureuses victimes d'un ordre social injuste et criminel sont réduites par lui non seulement au dessous de l'état sauvage le plus primitif, mais encore dans une condition inférieure à celle des brutes les plus immondes. La société oligarchique et mercantile de la riche et chrétienne Angleterre a plus d'égards, traite mieux, soigne mieux les porcs que les *paupers* (1).

Tous les parias réunis dans le troisième cercle de l'enfer du paupérisme anglais que nous dépeignons, payaient *half penny* (un demi penny ou cinq centimes) pour passer la nuit. Et, il y a en outre dans Londres 200,000 malheureux ilotes qui n'ont pas les cinq centimes, qui couchent dans les parcs, dans les champs, à la belle étoile ou dans les *Work-houses* (maison de travail forcé où on reçoit les malheureux dénués de tout).

Quand on contemple une pareille misère, une semblable détresse, on se demande, comment à côté du sybaritisme le plus éhonté, que l'on côtoie à chaque pas dans les rues de la métropole anglaise, le paupérisme le plus affreusement affligeant peut exister? La réponse à cette question est facile. C'est la constitution même de la société anglaise qui produit ce contraste choquant. L'organisation puissante des privilèges et des monopoles de races, de castes et d'industries, a produit ce résultat effrayant. La féodalité nobiliaire, agricole et industrielle a engendré le paupérisme sans fond et sans espérance de la fière Albion. Là où quelques-uns possèdent tout, il y a nécessairement des multitudes de gens qui ne possèdent absolument rien, comme en Angleterre. Nous en sommes nous-mêmes arrivés là en France, malgré notre constitution sociale

(1) Pauvres.

démocratique et républicaine. La triple féodalité industrielle, commerciale et financière nous dévore et nous ronge ; elle a engendré aussi chez nous le paupérisme, et si nous la laissons faire, avant vingt-cinq ans elle nous aura conduits au fond de l'abîme, nous serons tombés en pleine décadence. La République et la démocratie auront disparu et la France avec.

Après avoir contemplé l'effrayant tableau étalé devant nous, nous nous hâtâmes de remonter à l'étage supérieur, qui nous fit l'effet d'un lieu confortable à côté des souterrains putrides où grouille la misère que nous venions de visiter.

Beaucoup des habitués qui l'occupaient tout à l'heure avaient disparu, d'autres les avaient déjà remplacés. Nous nous approchâmes du comptoir et nous demandâmes du gin. Le maître de l'établissement, Jack-Jung-Fitz-Roi, était de retour. Il servait ses nombreuses pratiques avec toute la gravité et toute la ponctualité du négociant anglais le plus consommé.

Quand notre tour arriva, sur un signe que lui fit un de nos compagnons en prononçant le mot de *gentleman*, au lieu de nous servir la liqueur demandée dans un vase d'étain attaché au comptoir par une chaîne, il nous la fit donner dans un verre, sur une table auprès de laquelle nous allâmes tous les quatre nous asseoir.

Il y avait à peine une minute que nous avions pris place, quand la jolie *bar-maid* dont nous avons parlé vint s'asseoir sur les genoux du prince et qu'une autre très jolie jeune fille blonde usa des mêmes privautés avec moi.

— Vous étiez tous les deux en bonne fortune, dit Mme de S...

— Oui, madame, répondis-je ; pour ma part je trouvais ma conquête charmante, et j'avoue franchement que je regrettais beaucoup de ne pas être un homme, pour lui faire ma cour au complet ; je lui eusse certainement demandé un rendez-vous. Mais vous comprenez que mon embarras était grand et que je renonçais à l'entreprise.

— Vous avez eu tort, répliqua la cavalière Mme de S... je n'aurais pas fait comme vous, si j'eusse été à votre place. J'aime beaucoup les Anglaises.

— Il paraît, madame, répondit la Gordon en ayant l'air de ne pas comprendre l'allusion peu convenable contenue dans cette réponse, que votre cousin était de votre avis ; car il me parut très affriandé de la sienne, malgré le portrait peu flatté que lui en avait fait l'un des policiers qui nous accompagnaient, et je crois que si la chose eût été possible, il fût sorti avec elle. Mais cela ne se pouvait pas, la police ne l'eût pas permis ; il n'y a pas de cabinets particuliers dans les *lodging-houses* et il y avait aussi l'amant de la belle miss, master Sampaïo, qui ne l'eût pas permis ; il grommelait dans son coin et semblait toujours prêt à venir faire un mauvais parti au prince.

Mais Mlle Elisa, qui le surveillait, avait une façon toute particulière de le regarder qui semblait le calmer chaque fois que sa colère était sur le point d'éclater. Et si ce procédé n'était pas suffisant, elle se faisait verser un verre de brandy qu'elle envoyait à son amant ; celui-ci le buvait à petites gorgées, en faisant des grands yeux blancs en coulisse, et se calmait pour un moment.

Pendant que ces scènes se passaient, nos deux compagnons étaient restés debout au comptoir, en nous tournant le dos et causant à demi-voix avec maître Jack ;

lorsqu'ils revinrent vers nous, ils me parurent contrariés de voir l'intimité par trop familière qui existait entre les deux jeunes Anglaises et nous. La venue des policiers produisit sur ces deux dernières l'effet de douches d'eau froide, et elles nous quittèrent bientôt.

Lorsqu'elles eurent disparu dans la chambre voisine, derrière le comptoir, nos cicerones nous dirent que nous avions eu tort de lier conversation avec ces deux jeunes filles, et que s'ils n'étaient pas avec nous, cela aurait pu être très dangereux, car nous aurions ainsi fourni un prétexte pour qu'on nous cherchât dispute; mais que dans tous les cas ils étaient persuadés que les deux drôlesses qui, tout à l'heure, étaient auprès de nous ne s'étaient pas enfuies les mains vides, et ils nous engagèrent à vérifier nos poches.

Nous pensâmes que la précaution était inutile et qu'il était impossible que nous eussions été volés, puisque nos paletots étaient boutonnés par-dessus nos gilets, dans les poches desquels était le peu d'argent que nous avions sur nous; mais nos guides ayant insisté en nous assurant que cela était nécessaire, nous nous décidâmes à faire la visite de nos poches.

Quelle ne fut pas notre stupéfaction quand le prince s'aperçut que sa montre avait disparu et quand je découvris que mon gousset était veuf de mon porte-monnaie.

Nous reconnûmes, mais un peu tard, toute la justesse des observations et des prédictions qui nous avaient été faites par nos conducteurs. L'un d'eux nous demanda si personne autre qu'Elisa et sa camarade ne s'était approché de nous. Sur notre réponse négative, il nous recommanda de bien rappeler nos souvenirs.

Nous lui dîmes que nous nous rappelions en effet avoir vu un enfant de six ou sept ans, qui était venu jouer deux ou trois fois avec Elisa et son amie.

— C'est cela, nous dit le *détective*, les deux jeunes filles vous ont dévalisés et elles ont remis de suite ce qu'elles vous ont volé à cet enfant, qui l'aura passé à un complice, afin de faire disparaître les preuves de leur larcin.

— Savez-vous si le petit gamin a parlé à quelqu'un?

— Nous l'avons aperçu allant plusieurs fois près de Sampaïo, et il a causé avec lui.

— C'est cela, me répondit le policier, ce métis aura, lui aussi, remis à d'autres votre montre et votre bourse qui ne sont plus ici maintenant.

— Alors, ma montre et l'argent de Monsieur sont perdus, dit le prince; il faut en faire notre deuil.

— Non pas, répliqua le policeman, nous saurons bien vous les faire rendre, vous allez voir.

Il se leva alors et s'en fut vers le gamin qu'il saisit par l'oreille, et l'amenant ainsi près de nous, il lui dit:

— Qu'as-tu fait de la montre et de la bourse de ces deux gentlemen?

Le petit effronté répondit:

— Je ne les ai pas vues, je ne sais pas ce que vous voulez me dire.

— Eh bien, reprit le policeman sans lâcher le petit garçon, si tu n'avoues pas de suite qu'Elisa et sa compagne Alice t'ont remis la montre et la bourse de ces deux

D'autres beautés l'entouraient et rehaussaient sa gloire de leurs charmes...

gentlemen, et que tu les a données à Sampaïo, moi et mon camarade qui t'avons surveillé, qui avons tout vu et qui sommes officiers de police, nous allons t'arrêter, te conduire en prison où tu recevras tous les jours 25 coups de *birch* (verges); si au contraire tu avoues et dis la vérité, voici une livre pour toi que nous te donnerons dès que la montre et la bourse seront retrouvées.

Le petit filou regarda bien fixement les deux agents de police, comme pour bien s'assurer qu'ils disaient la vérité, puis il lança un coup d'œil sournois à la pièce d'or restée sur la table. Après cet examen qui parut le satisfaire, il dit :

— Eh bien! si je parle, jurez-vous, sur la Bible, que je ne serai pas puni ni personne si on retrouve la montre et la bourse, et que j'aurai les 20 shillings ?

— Nous le jurons, répondirent les deux hommes en embrassant une Bible que Jack leur avait remise.

— Eh bien, c'est vrai, répondit le gamin: Élisa m'a remis la montre et Alice la bourse, et j'ai donné le tout à Sampaïo.

A peine l'enfant avait-il prononcé ces mots, que le métis se leva pour sortir; un des policeman lui courut aussitôt après, et le saisit au collet, par derrière, au moment où il allait franchir la porte.

— Sampaïo, lui dit-il, je suis officier de police et je t'arrête. Je vais te conduire devant le magistrat.

Le colosse chercha à se dégager par une vigoureuse secousse, mais l'autre policeman étant accouru au secours de son compagnon, ils tirèrent tous les deux fortement le marin en arrière, pendant que l'un d'eux lui passait la jambe, et ils le renversèrent sur une table! Et en moins de deux minutes, ils lui eurent attaché solidement les deux mains.

A cette vue, tous les bandits du *lodging-house* se levèrent en murmurant; quelques-uns se mirent en garde pour boxer, d'autres ouvrirent leurs couteaux; nous nous crûmes perdus et nous courûmes nous grouper vers nos compagnons, qui déjà s'étaient adossés au mur, en faisant face au groupe des assaillants, afin de ne pas être pris par derrière; chacun d'eux s'était armé d'un pistolet et de son *truncheon* (bâton), s'apprêtant à en faire usage si on les attaquait. Nous imitâmes leur exemple, en nous mettant aussi sur la défensive.

Les murmures des malfaiteurs allaient croissant et nous nous attendions à être bientôt frappés, lorsque l'un de nos deux compagnons dit au maître du lieu :

— Jack! on sait que nous sommes ici ce soir; si dans un quart d'heure, à minuit, nous ne sommes pas dehors sains et saufs, toute une escouade de policemen viendra nous chercher ici et vous serez tous arrêtés, nous vous rendons responsable de tout ce qui va se passer; nous avons des armes, nous sommes décidés à nous défendre et à en faire usage. A la première détonation, on viendra à notre secours et vous serez tous emprisonnés; dites donc à ces hommes de rester tranquilles, de ne pas se mêler de ce qui ne les regarde pas: c'est ce qu'ils ont de mieux à faire.

— Voyons, dit Jack, laissez ces messieurs en paix; ils sont officiers de police et font leur devoir, vous ne pouvez que vous faire une mauvaise affaire, si vous intervenez.

A ces observations, les habitués du *lodging-house* se rassirent.

— Maintenant, dit l'officier de police en s'adressant à Sampaïo, si dans un quart d'heure la montre et l'argent de ces deux gentlemen ne sont pas ici, toi, Elisa, Alice, vous serez mis en charge et conduits en prison. Vous êtes certains d'être condamnés à 18 mois de *hard-labour* (dur travail) que vous subirez à New-Gate (1); on vous fera tourner la *trède-mill* (2), et vous savez déjà tous les trois par expérience ce que cet

---

(1) La plus ancienne prison de Londres.
(2) Le *trède-mill* (*trède*, industrie, *mill*, moulin) est une grande roue de 30 ou 40 pieds de diamètre, dans laquelle plusieurs condamnés marchent comme les chiens qui font tourner une roue ou comme un écureuil;

exercice a d'agréable. Dépêchez-vous donc d'envoyer chercher les objets volés, si vous ne voulez pas aller coucher en prison.

A cette menace, la belle Elisa s'empressa de donner des ordres à un jeune homme qui sortit et qui revint au bout de dix minutes, avec la montre et la bourse qui nous furent restituées, nos mouchoirs de poche avaient été remis à leur place sans que nous nous en aperçûmes.

— Quelles affreuses hôtelleries que ces *lodging-houses!* dit la comtesse d'Espel.

— Mais, demanda Mme de Salvage, dites-nous donc comment, après une pareille aventure, le prince a pu s'amouracher de l'habile *pick-pcoket* Elisa et comment cette dernière est devenue miss Howard.

Il paraît que la belle avait tout à fait donné dans l'œil à notre noble ami, car il la dévorait du regard et il m'en parla beaucoup pendant qu'on était allé chercher sa montre. Il me répéta souvent qu'il la trouvait adorable, et qu'elle lui plaisait beaucoup. Il ne pouvait pas comprendre, me disait-il, comment une aussi jolie personne en était réduite à vivre dans un pareil bouge. Je lui répondis qu'il n'avait qu'à retirer cette perle du fumier dans lequel elle était enfouie, s'il en était épris. Il l'a rencontrée en outre sur le trottoir, depuis, comme vous le savez.

— Alors Jack avait donc deux établissements? demanda de Gricourt.

— Oui, il avait le *lodging-house* dont je viens de vous parler et un café mauvais-lieu, à Hay-Market, dans lequel on jouait gros jeu, et où on rencontrait une collection de jolies jeunes miss qui étaient à la disposition des habitués.

— Les mœurs de la perfide Albion sont bien corrompues, dit Mme Saint-Jean d'Angely, et ces Anglaises sont d'horribles femmes. Il est bien malheureux que notre grand Empereur n'ait pas pu opérer sa descente sur les côtes britanniques; il aurait purgé la terre de cette abominable race de femmes, qui a séduit et débauché son neveu.

— Oh, oui! dit Mme de Salvage en poussant un affreux juron de caserne, n'est-ce pas une chose horrible à penser, que l'héritier du grand Napoléon est sous la domination d'une Anglaise?

— Et de quelle Anglaise encore, dit la comtesse d'Espel, une fille de *lodging-house!*

— La maîtresse du métis Sampaïo, ajouta Mlle de la Moskowa.

— La pick-pocket du Wapping, fit observer la grasse Demidoff.

— La courtisane d'Hay-Market, dit encore la générale de Montholon.

— Il faudra arracher notre prince des bras de cette enchanteresse, fit observer en minaudant la piquante Anna Murat.

— Il n'y a qu'un moyen pour cela, dit Mme de S...

— Lequel? demandèrent plusieurs belles dames.

— Parbleu! il faut lui ouvrir les vôtres, dit l'énergique douairière Mme de Salvage.

— Si la vieille sorcière Shakespearienne s'en mêle, si elle ouvre ses bras au prince,

pour la faire tourner, s'ils s'arrêtent, un battoir mécanique les frappe sur le dos à coups redoublés. C'est extraordinairement pénible.

il restera éternellement à Londres, avec sa belle Circé, dit tout doucement M. de Gricourt.

— Il faut lui laisser jeter ses gourmes, dit Conneau; quand il sera président de la République et Empereur, nous lui trouverons une femme digne de lui, une archiduchesse et nous renverrons la tendre miss au Wapping, dans le *lodging-house* de maître Jack.

— Oui, certainement, ajouta Persigny; mais il nous faut tout d'abord assurer son élection à la présidence de la République, et pour cela travailler activement en sa faveur, en faisant une propagande active, incessante, dans la presse, dans les journaux et dans les brochures, par la parole dans les réunions publiques, dans les banquets, etc...

Nous devons partout faire son éloge, parler de sa loyauté chevaleresque, de sa probité antique, de sa générosité, au-dessus de tout éloge, et de ses mœurs chastes et pures.

Pour l'armée, il doit être représentant de la gloire nationale ; pour le peuple travailleur, l'auteur de *l'Extinction du paupérisme* doit être une promesse, un gage d'émancipation sociale; pour les riches, pour les classes possédantes, son nom sera un symbole d'ordre et de conservation.

En nous pénétrant bien de ces idées et en faisant de la propagande dans ce sens, il obtiendra une immense majorité aux élections pour la présidence de la République.

— Le meilleur moyen de propagande, c'est de dire qu'il est le neveu de son oncle, dit le général de Montholon; c'est là son premier, son plus beau titre devant les électeurs. Tous les paysans voteront pour le neveu de Napoléon Ier, ce dernier est son grand électeur, c'est le souvenir de Napoléon Ier qui lui assurera le succès.

Nous avons fait faire et apposer des affiches, dit Laty, qui annoncent que le prince Louis-Napoléon, plus riche qu'un nabab, va donner plus d'un million pour dégager du Mont de Piété tous les effets déposés depuis le 24 Février, et qu'il va payer toutes les dettes de la France, et dégrever les impôts avec l'argent provenant de sa fortune personnelle.

Tous ces moyens de propagande, quelque contraires à la vérité et absurdes qu'ils fussent, avaient un grand succès auprès des masses ignorantes et crédules. Louis-Napoléon Bonaparte était élu représentant du peuple dans plusieurs départements, dans l'Yonne, la Charente-Inférieure, la Corse, la Seine, etc... Chaque jour sa popularité gagnait du terrain.

Pendant que ses amis et ses partisans le représentaient en France comme un excellent républicain, un démocrate convaincu, défenseur du suffrage universel; comme un socialiste dévoué, voulant abolir la misère et éteindre le paupérisme, Louis-Napoléon Bonaparte, à Londres, s'enrôlait comme *spécial constable* au service de l'oligarchie anglaise, pour combattre les Chartistes qui faisaient des manifestations et tenaient des meetings pour réclamer le suffrage universel.

Ainsi Louis-Napoléon Bonaparte se fait policeman en Angleterre pour combattre le suffrage universel qu'il défendait en France, et qui venait de l'élire représentant du peuple dans six départements.

Voici la copie du serment qu'il a prêté, en 1848, à Londres, lorsqu'il s'est fait recevoir *spécial constable* ; nous le transcrivons en anglais, tel que nous l'avons copié sur les registres de la paroisse de Saint-James ; nous en donnons ensuite la traduction :

« *London, Saint-James parish year* 1848.

« *At Malborough street police court, on the sixth day of april, prince Louis Napoléon, residing at* 3 *King's-Street, Saint-James, was sworn in*, as special constable, *for two months, by P. Byngham, esquire, and schall be on duty, the* 10 *of april, as* special constable *for Saint-James parish, during the chartist meeting under the command of the arl de Grey.* »

Voici la traduction de ce document :

« Londres, paroisse de Saint-James, 1848.

« Le 6 avril, le prince Louis-Napoléon, demeurant à King's-Street, n° 3, Saint-James, a prêté serment comme *spécial constable* pour deux mois, à la cour de police de Malborough Street, entre les mains de M. Byngham, écuyer, et il entrera en fonction de *spécial constable*, pour la paroisse de Saint-James, le 10 avril, pendant le meeting chartiste, sous le commandement du comte de Grey. »

L'évadé de Ham, en attendant de se ranger sous le drapeau de la République, comme il le dit dans sa lettre adressée au Gouvernement provisoire, se place sous l'étendard de l'aristocratie britannique ; il s'arme du glorieux bâton des policemen anglais, et assomme le peuple de Londres, qui, à l'exemple de celui de Paris, veut aussi conquérir ses droits et ses libertés.

La révolution de Février avait eu un profond contre-coup en Angleterre, ainsi que dans toute l'Europe. Les chartistes, ces représentants de l'idée démocratique républicaine et révolutionnaire en Angleterre, avaient organisé à Londres plusieurs manifestations imposantes pour réclamer le suffrage universel. Ces manifestations causèrent de grandes et vives inquiétudes au gouvernement anglais.

Ce dernier, pour conjurer les dangers qui le menaçaient, eut recours à une mesure extraordinaire ; il invita les habitants opposés au mouvement révolutionnaire à prêter main-forte aux *policemen*, à se faire inscrire et à prêter serment dans leurs paroisses en qualité de constables spéciaux pour défendre le gouvernement réactionnaire de la reine. Un grand nombre de défenseurs de l'aristocratie anglaise, de la royauté, de la féodalité capitaliste, industrielle et commerciale répondirent à cet appel.

Mais ce qui parut alors plus qu'extraordinaire, c'est de rencontrer parmi les défenseurs des abus monstrueux, qui servent de base à la société anglaise, le conspirateur, qui s'était insurgé deux fois à Strasbourg et à Boulogne pour revendiquer et faire triompher la souveraineté du peuple, l'homme qui venait de féliciter le Gouvernement provisoire « du triomphe de la République, et de l'assurer de son dévouement et de ses sympathies. »

Personne ne se serait sans doute attendu à voir l'homme qui revendique l'héritage du déporté de Sainte-Hélène, du prisonnier de Longwood, se mettre au service de cette aristocratie anglaise que Napoléon Ier, à son lit de mort, a vouée aux malédictions et à la vengeance de la postérité, en écrivant dans son testament :

« *Je meurs prématurément* ASSASSINÉ *par l'oligarchie anglaise et son sicaire !* »

Eh bien, c'est cependant ce qui a eu lieu. Louis-Napoléon Bonaparte fut un des premiers à répondre à l'appel du gouvernement de l'oligarchie anglaise, qui avait fait mourir son oncle à Sainte-Hélène; il fut un des plus empressés à marcher contre les Chartistes, qui défendaient la souveraineté du peuple et représentaient la démocratie.

Qu'aurait pensé Napoléon Ier, s'il avait pu sortir de son tombeau, et voir son prétendu neveu, son futur successeur, armé d'un gourdin d'assommeur, au milieu d'une vile escouade policière, se ruer sur les démocrates de Londres pour défendre ses assassins ?

Tels étaient pourtant les étranges et honteux exploits par lesquels celui qui se disait l'héritier du héros d'Arcole, d'Austerlitz et de Marengo, du vaincu de Waterloo, du martyr de Sainte-Hélène, se préparait à ses hautes destinées.

Mais en même temps que le chef du parti bonapartiste s'apostasiait ainsi, il jouait un jeu complétement opposé en France ; il poussait le prolétariat, les travailleurs, et plus particulièrement les ouvriers des ateliers nationaux à l'insurrection.

Dès le commencement du mois de juin 1848, des rassemblements considérables se formèrent autour de l'Assemblée nationale aux cris nombreux de : Vive Louis Bonaparte ! Vive Napoléon ! Vive l'Empereur !

Des hommes obéissant à un mot d'ordre, armés de gourdins et de casse-têtes menaçaient et frappaient ceux qui refusaient de mêler leurs voix aux vociférations des meneurs bonapartistes ou qui les désapprouvaient. C'étaient les quatre ou cinq cents gaillards aux poumons vigoureux chargés de crier : Vive l'Empereur, par M. de Querelles, et qui furent plus tard bien connus sous la dénomination de décembraillards, et composèrent la bande des cinq ou six mille coquins stigmatisés par M. de Lasteyrie.

Un attroupement très nombreux stationnant aux Tuileries proposait même de marcher sur l'Assemblée pour la renverser, et proclamer Louis-Napoléon Bonaparte premier Consul, ou Empereur !

On remarquait parmi les meneurs Persigny, Laity, les généraux Piat et Montholon, etc... Mmes Gordon, de S..., d'Espel, de Salvage, etc... qui ne dédaignèrent pas non plus de venir exciter la foule, et de lui faire crier : Vive l'Empereur !

Plusieurs coups de feu furent même tirés sur la troupe et la garde nationale, par les bonapartistes, aux cris de : Vive l'Empereur !

« Messieurs, disait Lamartine à l'Assemblée constituante de 1848, c'est la première goutte de sang qui ait taché la Révolution pure et glorieuse du 24 février. Gloire à la population parisienne ! gloire aux républicains ! Ce sang n'a pas été versé par leurs mains. Il a coulé non pas au nom de la liberté, mais au nom du fanatisme impérial, des souvenirs militaires, et d'une opinion naturellement, quoique involontairement peut-être, ennemie de toute République. »

M. Louis Blanc, dans son livre les *Révélations historiques*, constate que « les ateliers nationaux étaient fortement travaillés, par les agents bonapartistes, et que dans cette masse énorme d'ouvriers réunis, enrégimentés, le bonapartisme cherchait avec avidité des recrues. »

« De l'activité fiévreuse des bonapartistes dans ces heures funestes, ajoute-t-il, de leurs artifices, de leurs corruptrices manœuvres, de leurs efforts pour faire tourner le désespoir de tant de milliers d'hommes au profit d'un seul, il existe des preuves trop nombreuses et trop frappantes, pour qu'à cet égard le doute soit possible.

« Le soir du 22 juin, la candidature de Louis-Napoléon Bonaparte comme lieutenant-colonel de la 12e légion avait été hardiment posée et soutenue plus hardiment encore, en vue, osa-t-on dire, d'une lutte prochaine, mais sans autre explication. M. Émile Thomas, directeur des ateliers nationaux, était un bonapartiste (1).

« Au premier rang des recruteurs en blouse du bonapartisme figurait un maçon nommé Lahr, homme d'une énergie peu commune, et qui exerçait sur ses compagnons beaucoup d'empire. Il était employé sous M. Nadaud à des travaux de maçonnerie, commencés place du Panthéon. Un matin, deux ou trois jours avant l'insurrection, M. Nadaud s'aperçut que Lahr, dont en ce moment l'assistance lui était nécessaire, avait disparu. Il va aux informations et il apprend qu'on a vu entrer son camarade dans un cabaret situé près de là. Il y court, entre et trouve Lahr attablé avec plusieurs ouvriers, la plupart allemands. Aussitôt celui-ci se lève et s'avance vers le visiteur inattendu, lui tend un verre de vin et s'écrie :

— « Allons, camarade, à la santé du Petit ! »

« Invité à s'expliquer, il ajoute :

— « Oui, à la santé de Louis Bonaparte, car il est temps de nous mettre à la besogne. »

« M. Nadaud repoussa le verre avec indignation et sortit.

« Quelques jours après avait lieu à la barrière de Fontainebleau, le meurtre du général Bréa, meurtre pour lequel Lahr fut condamné à mort et exécuté.

« Entre autres preuves que Lahr donnait de ce que le peuple avait à espérer de l'avènement de Louis Bonaparte, il se plaisait à raconter, que soldat dans un régiment d'artillerie en garnison au fort de Ham, il avait un jour reçu de Louis Bonaparte, pour acheter des pipes et du tabac, une pièce de vingt francs, dont le neveu de l'Empereur lui avait généreusement accordé le change.

« Un autre des principaux inculpés, un des plus sévèrement frappés dans cette affaire du général Bréa, fut un conducteur des ponts et chaussées nommé Luc.

« Or, voici ce que raconte dans sa déposition le nommé Pierre Menan, caporal de la garde-mobile :

---

(1) Il devint plus tard rédacteur du journal napoléonien *le Dix-Décembre*, puis administrateur des biens de Louis-Napoléon Bonaparte en Sologne.

« J'allais, dit-il, au logement de Luc, j'y trouvais un fusil et une baïonnette ; je ne le trouvais pas lui-même, mais je trouvais une lettre adressée à Louis-Napoléon qui était à Auteuil, dans laquelle il lui disait qu'il avait payé des petits verres d'un sou, aux ouvriers des ateliers nationaux et qu'ils pouvaient exercer la plus grande influence.

« Au faubourg Saint-Marcel, au faubourg St-Jacques, à Montmartre, à Belleville, il y a eu des bonapartistes parmi les combattants ; on en compta surtout à Gentilly, aux Deux-Moulins, à la barrière de Fontainebleau, dans la zone enfin qui fut le théâtre du meurtre du général Bréa. »

Ainsi, deux des insurgés accusés de la mort du général Bréa, Lahr et Luc étaient des bonapartistes. Nous n'avons jamais eu, en établissant ces faits, l'intention de jeter le blâme ou la déconsidération sur l'insurrection de Juin 1848, que nous avons toujours considérée comme une des guerres sociales les plus justes et les plus légitimes. Nous avons seulement voulu prouver qu'à l'époque où le traître Louis-Napoléon Bonaparte défendait en Angleterre la cause de l'aristocratie féodale et royale, il poussait les prolétaires de France à une insurrection démocratique, socialiste, révolutionnaire.

Nous avons voulu démontrer aussi que, si le parti bonapartiste avait ses agents derrière les barricades, au milieu des combattants de Juin 1848, c'était pour escamoter, à leur profit une insurrection sociale ayant pour but la régénération de la vieille société ; pour se frayer un chemin au pouvoir sur les cadavres des prolétaires ; pour relever le trône de Napoléon Ier sur les débris fumants des incendies, et ramasser la couronne impériale dans le sang des ouvriers.

Ainsi les bonapartistes ne commettaient pas seulement un crime abominable en faisant verser le sang du peuple, pour satisfaire leur ambition illimitée et leurs appétits grossiers ; mais encore, ils se rendaient coupables d'un odieux forfait en cherchant à arrêter dans leur intérêt personnel la marche progressive de l'humanité.

Larh et Luc furent deux instruments inconscients de cette abominable politique napoléonienne, qui nous a coûté tant de sang, de désastres, d'invasions, de démembrements et de hontes.

Mais ce qu'il y a de triste et d'incroyable dans la conduite du parti bonapartiste, ce qui prouve jusqu'à quel degré de perversion et d'immoralité a pu descendre Louis-Napoléon Bonaparte et ses partisans, c'est que, quand ce prétendant fut arrivé au pouvoir, non seulement il désavoua ses complices, les malheureux et obscurs insurgés, mais encore il n'osa pas user de son droit de grâce en faveur de l'infortuné Lahr qu'il laissa guillotiner en expiation du meurtre auquel il l'avait lui-même poussé. Ce malheureux paya de sa tête, sur un échafaud bonapartiste, son dévouement aveugle à la cause impériale. Il fut une des plus tristes victimes de l'ingratitude des princes envers leurs partisans.

Une autre preuve historique que nous empruntons au même livre que nous avons déjà cité ne laissera aucun doute sur les trames odieuses et coupables de Louis-Napoléon Bonaparte.

« Au moment où on se battait dans les rues, le général Rapatel se présenta au siège du gouvernement. Ce général tenait à la main une lettre qu'il désirait communiquer au général Cavaignac. Celui-ci, fort occupé dans une conférence, chargea le colonel

Louis Napoléon fait la connaissance de Miss Howard dans un lodging-house de Londres.

Charras de l'entendre. Le général Rapatel s'avança, et, prenant pour le général Cavaignac qu'il n'avait jamais vu, le colonel Charras qu'il ne connaissait pas non plus, et qui se présentait à lui en simple capote ouverte et sans insignes, il lui tendit la lettre qu'il tenait à la main.

« Voici le sens exact, sinon les termes de cette lettre :

« Au général Cavaignac,

« Londres, le 22 juin 1848.

« Général, je connais vos sentiments pour ma famille; si les événements qui se

« préparent tournent dans un sens qui lui soit favorable, vous êtes ministre de la
« guerre.

« LOUIS-NAPOLÉON BONAPARTE. »

« Le colonel Charras tressaillit :

« — Il faut que je montre ceci au général Cavaignac, dit-il.

« — Eh quoi ! répondit le général Rapatel, vous n'êtes donc pas le général Cavaignac ?

« — Non, répliqua le colonel mais ne vous inquiétez pas de votre méprise. Il
« m'aurait sans doute communiqué cette lettre. »

« Le général Rapatel fut alors introduit auprès du général Cavaignac. Devait-on publier cette étrange missive? La question fut agitée. La crainte de grandir par là l'importance de Louis Bonaparte et de le désigner comme chef aux insurgés prévalut. On se décida pour le secret. Que n'a-t-il été révélé plus tôt? La connaissance d'un fait pareil eût jeté trop de jour sur les manœuvres qui consistèrent à chercher dans le sang du peuple le chemin qui conduisait aux Tuileries. »

Comme on le voit, des faits nombreux et authentiques prouvent la participation du parti bonapartiste tout entier à l'insurrection de juin 1848.

Louis-Napoléon Bonaparte, de Londres où il s'était réfugié, se préparait à l'exploiter à son profit, si elle eût triomphé. Aurait-il réussi? nous sommes convaincu que non.

L'insurrection de Juin ayant été vaincue, Louis-Napoléon Bonaparte, conspirateur persévérant, ne se découragea pas. Il continua ses intrigues politiques et profita habilement de toutes les circonstances qui pouvaient fixer l'attention publique sur son nom. Il usait de tous les moyens de réclames qui s'offraient à lui et qui pouvaient lui être favorables.

Après avoir donné plusieurs fois sa démission de représentant du peuple, afin de faire croire à son désintéressement, il se porta de nouveau candidat dans plusieurs départements : dans la Seine, le Rhône, la Moselle, la Charente-Inférieure, la Corse et l'Yonne.

Le prince se mit en frais de correspondance avec ses électeurs. A la vérité, en sa qualité d'Altesse Impériale, il ne leur écrit pas directement; il leur fait savoir ses intentions par des tiers; il observe ainsi heureusement toutes les règles de l'étiquette.

C'est au général Piat, spécialement chargé du département des affiches bleues, que le prince adresse une première confidence destinée à la publicité.

Toutes ces manœuvres et ces intrigues obtiennent néanmoins un grand succès.

Il est élu dans la Seine par 109,637 voix, tandis que l'honnête et dévoué citoyen Raspail père n'en obtient que 66,963.

Le candidat impérial triomphe encore dans les quatre autres départements où il s'est présenté.

Quand Louis-Napoléon Bonaparte connut les résultats de ces élections, il résolut de venir siéger à l'Assemblée constituante. Il croyait avoir assez surexcité l'opinion publique en sa faveur et que l'heure de faire sa rentrée en France était arrivée. Il en informa ses fidèles, et dès que sa décision fut connue du public, elle excita une grande curiosité dans le peuple et une vive appréhension dans les régions du pouvoir.

MM. Persigny et Laity étaient allés à Londres comme ambassadeurs, délégués par ses plus fidèles partisans.

Louis-Napoléon Bonaparte était attendu à Paris le 26 septembre, par le ban et l'arrière-ban de toute la camarilla impériale. Il arriva en effet, ce jour-là dans la matinée, par le chemin de fer de Boulogne.

Son Altesse impériale était accompagnée de sa tendre et chère miss Howard ; elle était belle comme une impératrice, une longue robe de velours violet dessinait sa taille gracieuse, un beau chapeau à plumes ornait sa jolie tête et encadrait son doux visage aux traits distingués et séduisants ; une belle rivière de diamants ornait son cou délicat et retombait sur ses seins ondulants, que cachaient mal les dentelles de son corsage au milieu desquelles brillait une broche étincelante. Ses bras potelés, garnis de superbes bracelets, s'échappaient élégamment des flots de broderies de ses larges manches.

Lorsque la séduisante miss descendit du train, elle était souriante et gracieuse, sémillante et attrayante ; le prince, toujours galant et plein de prévenances pour la reine de son cœur, lui tendit gentiment la main pour l'aider à sortir du train ; la belle Anglaise, légère comme une gazelle, sauta gracieusement sur la plate-forme, en montrant coquettement un petit pied mignon, un bas de jambe et un mollet voluptueux.

Elle remercia d'un tendre sourire son aimable cavalier, et, passant son bras dans le sien, elle se rendit, amoureusement penchée sur lui, dans la salle d'attente, où l'attendait une cour nombreuse de jaloux et d'admirateurs.

Le prince était radieux, ses yeux ternes brillaient ce jour-là d'une clarté phosphorescente, son nez proéminent semblait jubiler, un sourire qu'il s'efforçait de rendre gracieux se stéréotypait sur ses lèvres, ses moustaches cirées, tordues en pointes étaient conquérantes, la satisfaction du succès et du triomphe se lisait sur sa physionomie ordinairement taciturne ; le héros de la Finkmatt était rayonnant, le grand cordon de la Légion d'honneur qu'il avait au cou, et dont l'étoile de diamants étincelait sur sa poitrine semblait défier la main brutale du colonel Taillandier.

Louis-Napoléon Bonaparte arrivait triomphant, entouré d'une quintuple auréole électorale de plus de quatre cent mille voix. Il avait été élu représentant du peuple par cinq départements.

L'aigle de Boulogne avait pris son vol de la brumeuse Angleterre et était venu s'abattre dans Paris, en attendant qu'il pût poser ses serres sur la France tout entière.

Il y avait dans la gare, comme nous l'avons dit, toute une foule de courtisans qui étaient venus au devant de Son Altesse impériale et de sa noble compagne, pour leur présenter respectueusement leurs hommages et leur faire le serment d'allégeance.

Il y avait parmi eux toutes nos anciennes connaissances de Carlton-Garden et de nouveaux et nombreux admirateurs que la fortune du nouveau César enchaînait à son char.

La belle miss, heureuse et triomphante, daignait à peine répondre aux hommages empressés que lui prodiguait la cohue des courtisans serviles.

Elle monta dans un élégant coupé traîné par deux fringants coursiers, avec l'élu de son cœur, avec celui qui lui avait promis de lui donner sa main et de l'asseoir avec lui sur le premier trône du monde, si jamais il parvenait, comme il l'espérait, à le conquérir.

Les amis et admirateurs du prince suivirent dans d'autres voitures les deux héros du jour, et tous arrivèrent bientôt rue du Cirque, où un excellent déjeuner les attendait. Le repas fut gai, mais on causa surtout affaires.

Après déjeuner, un conseil privé fut tenu à part entre les intimes. MM. Persigny, Laity, Conneau, Mocquart, Vieillard et Piat y assistèrent seuls ; Son Altesse donna ses instructions à ses fidèles amis ; elle leur indiqua toutes les mesures à prendre pour la préparation de son élection à la présidence de la République. Il fut décidé que provisoirement, on ne ferait aucune allusion aux droits du prince à la couronne impériale, au trône et à l'héritage de son oncle ; qu'il se donnerait comme un sincère républicain, ami de l'ordre et de la paix.

— L'essentiel, dit-il, c'est que je sois élu président de la République, que j'entre dans la place, une fois que j'y serai, je n'en sortirai plus ; je saurai bien perpétuer mon pouvoir et changer mon fauteuil présidentiel en trône impérial. Une fois le plan adopté, Louis-Napoléon Bonaparte monta en voiture avec ses amis intimes et se dirigea vers le palais de l'Assemblée, où il arriva à deux heures.

Pendant ce temps, miss Howard, accompagnée de Mesdames Demidoff, de S..., et de Mesdemoiselles de la Moskowa et Anna Murat, se rendait au même lieu dans un beau coupé aux armoiries impériales.

Le prince fait son entrée à l'Assemblée par la petite porte de la rue de Bourgogne, il est reçu et introduit par ses deux cousins, Jérôme Bonaparte fils et Pierre Bonaparte, il va se placer à gauche avec M. Vieillard qui l'accompagne.

A son arrivée, de nombreux chuchottements se font entendre sur tous les bancs et il est l'objet de la curiosité de l'Assemblée.

Le rapporteur de son élection pour le département de l'Yonne, annonce qu'il a obtenu 42,056 voix, et se prononce pour la validation pure et simple. Cette dernière est votée et Charles-Louis-Napoléon Bonaparte est admis par l'Assemblée.

Alors le prince demande la parole de sa place.

« A la tribune ! lui crie-t-on de toutes parts.

Louis-Napoléon Bonaparte quitta alors son banc et s'avança à pas comptés d'un air grave et flegmatique, vers la tribune, au haut de laquelle il apparut bientôt, tenant un papier à la main.

Comme toujours, il lut son discours, car il ne savait pas improviser deux mots :

« Citoyens représentants, dit-il, il ne m'est pas permis de garder le silence après les calomnies dont j'ai été l'objet.

« Après trente-trois années de proscription et d'exil, je retrouve enfin ma patrie et tous mes droits de citoyen !

« C'est la République qui m'a fait ce bonheur ; qu'elle reçoive ici le serment de ma reconnaissance et de mon dévouement, et que les généreux compatriotes, qui m'ont porté dans cette enceinte, soient certains que je m'efforcerai de justifier leurs suffrages en travaillant avec vous au maintien de la tranquillité, ce premier besoin du pays, et au développement des institutions démocratiques que le peuple a le droit de réclamer.

« Longtemps je n'ai pu consacrer à la France que les méditations de l'exil et de la captivité. Aujourd'hui la carrière où vous marchez m'est ouverte ; recevez-moi dans vos rangs, mes chers collègues, avec le même sentiment d'affectueuse confiance que j'y apporte ; ma conduite, toujours inspirée par le devoir, toujours animée par le respect de la loi, vous prouvera, à l'encontre des passions qui ont essayé de me noircir pour me proscrire encore, que nul ici plus que moi, n'est résolu a se dévouer à la défense de l'ordre et à l'affermissement de la République ! »

Ce discours astucieux fut accueilli par des cris nombreux de : vive la République !

Aujourd'hui, on sait avec quelle audace épouvantable le noir bandit qui a prononcé ces paroles, s'est publiquement parjuré le 2 décembre 1851, en détruisant « la République qui avait fait son bonheur », et à laquelle il avait prodigué « ses serments de reconnaissance et de dévouement ». Aussi on est effrayé et troublé devant tant de cynique audace et d'affreuse perversion.

Mais alors, il n'y avait personne assez sceptique pour supposer de quelle abominable trahison ce criminel épouvantable était capable.

Le but poursuivi par ce monstre était atteint ; il était parvenu à inspirer confiance à ses victimes avant de les dévorer, à faire croire à son amour pour la République qu'il était résolu d'égorger.

Quand Louis Bonaparte eut fini de parler, et que les cris de : vive la République ! se furent calmés, M. Fialin de Persigny qui était dans les tribunes, assis à côté de la rayonnante miss Howard, se pencha vers cette dernière et lui dit :

— Madame, avant trois mois le prince sera président de la République.

— Et quand serai-je impératrice ? demanda-t-elle.

— Dans un an, madame.

— C'est bien long, répondit la belle impatiente, en poussant un soupir.

Deux mois et demi plus tard, le prétendant impérial était élu président de la République par près de 6 millions de suffrages ; et il prêtait serment de fidélité à la République et à la Constitution, en présence du peuple français, du haut de la tribune nationale.

Le 20 décembre 1848, Louis-Napoléon Bonaparte et miss Howard couchèrent à l'Élysée. Il y eut, ce soir-là, une fête brillante sous les lambris dorés de ce palais. Tous les frères et amis du héros de Strasbourg et de Boulogne furent invités.

Mais il y avait encore d'autres importants personnages qui étaient venus faire leur cour au prince, lui rendre hommage et lui offrir leurs services pour l'accomplissement de l'œuvre criminelle qu'il préméditait contre la République qui lui avait rendu sa

patrie, tous ses droits de citoyen, et qui venait de lui faire l'honneur de l'élever à sa plus haute magistrature.

Pour les ambitieux comme Louis Bonaparte, la République était une proie qu'ils voulaient exploiter pour s'enrichir, puiser à pleines mains dans les caisses publiques, acquérir des honneurs, les plus hautes positions sociales, le pouvoir et la puissance.

Un grand nombre des personnes que nous allons nommer appartenaient à la famille impériale.

Nous n'avons vu jusqu'à ce jour autour du prince qu'une bande d'aventuriers d'un rang secondaire, tous pauvres et besogneux et d'un talent médiocre; mais aujourd'hui que la fortune sourit à notre héros, nous allons voir s'associer à ses projets des personnages qui ont occupé les plus hautes positions sociales, jusqu'à un ancien monarque, un grand nombre de princes et de princesses, des députés, etc., et un ou deux personnages d'un talent supérieur. Nous allons voir tous ces scélérats à l'œuvre, travaillant à leurs crimes sur une vaste échelle, nous allons naviguer à pleines voiles dans un océan de forfaits.

Nous avons vu que, lorsque Son Altesse avait échoué dans ses glorieuses, mais malheureuses tentatives de Strasbourg et de Boulogne, les membres de son auguste famille n'avaient pas donné signe de vie, pas fourni un maravedis à leur infortuné cousin. Ils avaient même désavoué ses téméraires et ridicules entreprises. Mais aujourd'hui que la fortune sourit enfin au persévérant champion de l'Idée-Napoléonienne, c'est bien différent, toutes ces Altesses, qui s'étaient prudemment tenues à l'écart pendant l'insuccès, sont très empressées à se produire quand elles espèrent recueillir une part de gloire et de profit dans l'impériale entreprise.

Il y avait, ce jour-là, au palais de l'Elysée un frère de Napoléon Ier, le vieux Jérôme Bonaparte, ancien roi de Westphalie, son auguste fils, Jérôme Bonaparte, qui fut surnommé plus tard Plon-Plon, nous dirons pourquoi; son cousin Pierre Bonaparte, fils de Lucien, Joachim Murat, fils de l'ex-roi de Naples; la princesse Mathilde, sœur de Plon-Plon et fille du vieux Jérôme; le signor Bacciochi, petit-cousin par les femmes de Son Altesse impériale; Mme de Solms, petite-fille de Lucien Bonaparte; Mlle Anna Murat; M. de Morny; M. Walewski; ces deux derniers étaient aussi membres de la famille impériale, mais de la main gauche seulement; nous expliquerons ce touchant mystère d'alcôve en temps et lieu; Mmes Tascher de la Pagerie, parentes du prince par les Beauharnais. A côté des parents plus ou moins légitimes du prétendu héritier du trône impérial, il y avait de nombreux amis intimes et admirateurs, dont nous n'avons pas parlé, et qui venaient aussi réclamer leur part de curée.

Tous ces membres de l'auguste famille impériale et ces admirateurs, parmi lesquels il y avait une ancienne Majesté en disponibilité d'emploi, prodiguaient leurs compliments et leurs plus plates adulations à l'Altesse impériale et à son aimable compagne, l'ancienne maîtresse du métis Sampaïo, *l'ex-barmaid* du *lodging-house* de Jack, et cette dernière recevait ces hommages avec hauteur et d'une façon dédaigneuse, elle était avare des sourires et des regards qu'on lui mendiait. Plus d'un membre de l'impériale famille n'obtint d'elle que des dédains.

Nos lecteurs nous permettront maintenant de les faire assister à la fête, et de les introduire dans le palais de l'Elysée.

Le rez-de-chaussée éblouissait sous les scintillements du gaz et des lustres; partout les dorures, les peintures, les cristaux rayonnaient dans les salons splendides; une musique entraînante électrisait les heureux convives de cette fête princière; l'éclat et le parfum des fleurs se joignaient à tous ces enivrements.

Après un souper succulent, dans lequel la saveur et l'abondance des mets le disputaient à la générosité et au fumet des vins des meilleurs crus, les convives se livraient à tous les délires, à tous les enchantements de la danse entraînante et de la valse séduisante.

Le prince et son aimable miss présidaient à la fête. Le premier avait un magnifique costume de général, un beau chapeau à plumes, une nouvelle épée d'Austerlitz au côté, qui n'avait plus à craindre d'être brisée par le terrible colonel Taillandier, le grand cordon de la Légion d'honneur entourait son cou, et sa plaque toute de diamants, de saphirs et d'améthystes brillait d'un million de feux éblouissants sur sa poitrine.

Le prince, cette nuit-là, avait la figure beaucoup plus animée que d'habitude, son flegme britannique l'avait abandonné, ses traits étaient animés, et son regard terne, gêné par les rayonnements du gaz, comme celui du hibou par les éblouissements du soleil; sa démarche était plus assurée et plus vive qu'à l'ordinaire. L'homme de la ruse et de la dissimulation semblait s'être évanoui, et avoir été remplacé par un jeune cavalier entreprenant et audacieux.

Il trônait parmi ses invités comme un conquérant, ayant au bras miss Howard, plus belle, plus splendide, plus rayonnante que jamais de grâce et de séduction.

Ce soir-là, elle ressemblait à une véritable impératrice. Un splendide diadème, tout en pierres précieuses du plus grand prix, brillait sur sa tête; son front pur et élevé éblouissait des feux d'une étoile de rubis qui l'ornait; une aigle impériale en diamants, ayant les ailes déployées et tenant des foudres en rubis dans ses serres, décorait sa gorge d'albâtre, dont elle illuminait la blancheur satinée. Des bracelets d'abeilles au corps de topazes et aux ailes d'améthystes entouraient ses poignets délicats; une longue et ondoyante robe de pourpre dessinait sa taille fine et souple et ses hanches voluptueuses; des ferrets en diamants soutenaient les traînes en dentelles de sa jupe gracieuse; ses yeux lançaient des éclairs de triomphe; et sa bouche amoureuse, fraîche et rose, distillait les sourires et faisait rêver aux baisers qu'elle faisait éclore; sa démarche avait la grâce d'une sylphide et la majesté d'une reine.

Le prince, dans l'extase, contemplait la dame de ses pensées, la souveraine de son cœur, avec une muette adoration; jamais il ne l'avait trouvée aussi belle, jamais ses séductions divines, sa morbidesse enivrante n'avaient si profondément chatouillé ses sens et agi d'une façon aussi vive, aussi aiguë. Le prince était en proie à une secrète et tendre émotion, il sentait fondre son âme et était prêt à défaillir.

Persigny, pour qui la physionomie impériale n'avait pas de mystère, s'en aperçut.

Il alla au secours de Son Altesse pour la sauver, et la prenant par le bras, il l'entraîna vers un salon voisin bien moins rempli de convives, pendant que de Querelles invitait miss Howard à faire une valse avec lui.

Cet aimable et ambitieux cavalier, surexcité par les fumées du champagne et les accords d'une enivrante musique, voyait déjà tous ses beaux rêves de fortune, de jouissance et de luxe réalisés ; il croyait qu'il serait bientôt costumé en général, en maréchal de France, qu'il aurait des croix, des titres, des grades, des cordons, des galons, des décorations, et les vingt mille livres de rentes qu'il espérait gagner à Strasbourg s'étaient multipliées par dix, et il voyait en perspective dans un avenir peu éloigné, voltiger autour de lui quatre petits millions en billets de *mille* qui ne demandaient qu'à s'introduire dans son portefeuille.

Aux premiers tourbillons de la valse vertigineuse, il rêva que ses titres, ses grades et sa brillante fortune lui avaient procuré une splendide maîtresse, une impératrice et dans le trouble de son illusion, il déposa un brûlant baiser sur l'épaule nue de sa valseuse.

— Que faites-vous ? lui dit cette dernière, d'un ton tendrement courroucé.

— Je t'aime! murmura le bouillant officier, qui ne se rappelait plus à qui il parlait.

— Plus bas, silence ! allons faire un tour dans les serres, où nous pourrons causer plus à notre aise, dit la miss peu cruelle, qui n'avait pas complètement oublié les mœurs faciles du *lodging-house* du Wapping. Et les deux valseurs disparurent bientôt derrière les orangers et les lauriers roses.

Lorsque le prince fut seul avec Persigny, ce dernier lui dit :

— Sire, la moitié de la voie qui mène au trône impérial est parcourue, de l'Elysée aux Tuileries la route n'est pas bien longue.

— Vous dites vrai, vicomte, répondit l'Empereur en perspective ; et, avec un peu de patience et de prudence, j'aurai bientôt franchi la distance qui me sépare du trône de mon oncle, et le jour où mes vœux les plus ardents seront réalisés, vous serez duc et pair.

— Et millionnaire, ajouta Persigny.

— Certainement, dit le prince, rien ne sera plus facile, puisque nous aurons la caisse.

Pendant qu'ils causaient, Louis-Bonaparte et son confident rencontrèrent deux belles dames très séduisantes. L'une d'elles était Mme de S... costumée à la grecque, enveloppée dans les draperies d'une tunique antique fort transparente, qui laissait entrevoir plus de beautés qu'elle n'en cachait.

L'autre, la charmante comtesse d'Espel, était plus séduisante encore que son amie, quoique mieux voilée. Chacune de ces dames prit le bras d'un de ces messieurs, et les deux couples disparurent à leur tour dans des directions différentes dans les couloirs, les salons et les boudoirs de l'Elysée.

Les autres déités de ces lieux de délices, après les plaisirs et les joies de la danse et de la valse, jetèrent chacune leur dévolu sur un des invités, et, lorsqu'arrivèrent les

Louis-Napoléon se fait policeman à Londres.

premières clartés du jour, quand la musique avait cessé depuis longtemps, tous les hôtes du prince se reposaient ou soupiraient mollement dans les alcôves du palais ou sur les divans des serres.

C'est ainsi que Louis-Napoléon Bonaparte préludait par les saturnales de l'Elysée aux orgies des Tuileries.

Le galant de Querelles, après un doux tête-à-tête avec son impératrice, avait eu la bonté de la conduire à la recherche de son tendre époux. Ils le découvrirent en aimable conversation avec la roucoulante Gordon, dont les roulades, hélas! avaient beaucoup perdu de leur attrait pour le prince. La sultane favorite de ce dernier fut, paraît-il, très contrariée de la découverte; elle se montra très jalouse et se plaignit beaucoup au tendre Louis de son incartade dont elle était très fâchée. Elle mit pour condition à une réconciliation et à l'oubli de la faute de son bien-aimé, l'exil immédiat et pour toujours de l'Elysée de la coupable cantatrice à laquelle elle conservait rancune, ayant appris qu'elle avait raconté sa visite au Wapping lorsqu'elle était au *lodging-house* de Jack.

Le prince n'avait rien à refuser à celle dont les charmes exerçaient le plus grand empire sur son cœur; il accorda facilement le renvoi demandé, il fut alors pardonné par sa jalouse et rancunière maîtresse, qui le paya généreusement de sa condescendance à ses désirs par les plus tendres faveurs.

Louis-Bonaparte n'avait pas fait un bien grand sacrifice à miss Howard en lui accordant le renvoi de Mme Eléonore Gordon. L'ancienne conspiratrice de Strasbourg avait, en 1848, passé la quarantaine; elle était arrivée à cet âge où les femmes de complexion masculine comme elle perdent complètement les charmes qui jusqu'alors les rendaient si séduisantes, et son teint avait perdu sa fraîcheur; en outre sa belle voix s'était envolée, son talent de cantatrice était complètement perdu. Le prince venait, malheureusement pour son ancienne amie, de faire une minutieuse expérience des changements fâcheux survenus chez elle, et il ne lui était pas désagréable de s'en débarrasser. Il était même heureux de faire le léger sacrifice que lui demandait l'exigeante Anglaise dont les charmes et la volonté le dominaient.

C'est ainsi que le fils de la volage Hortense sacrifiait, abandonnait et payait de la plus noire ingratitude la femme dévouée dont le concours, la bourse et les charmes lui avaient été d'une si grande utilité.

Il lui fit notifier sa décision par M. le vicomte de Persigny, qui cumulait alors les fonctions de confident et de surintendant des alcôves du prince. Cet important personnage fut en même temps chargé de lui remettre une somme de 5,000 fr. sur la cassette de Son Altesse. A cette notification des impériales volontés, et surtout à l'offre de l'indemnité en argent qui lui était faite d'une façon si outrageante, la violente Mme Gordon entra dans une grande colère, traita le prince et son valet de mauvais lieu comme ils le méritaient, et jeta à la tête du second la bourse pleine d'or qu'il lui offrait. Cet honnête confident fit jeter à la porte de l'Elysée par deux valets l'ancienne favorite, et garda la bourse qu'il mit dans sa poche.

Il devait y avoir ce jour-là un grand lever, le premier du prince président de la République et de l'aimable miss Howard, à l'Elysée.

Tous les complices de Strasbourg et de Boulogne, tous les membres des Clubs des Cotillons et des Culottes de peau, tous les membres de la famille impériale devaient assister à cette importante cérémonie de cour, qui devait se faire selon toutes les règles de l'étiquette la plus rigoureuse et selon les traditions de la cour de Napoléon Ier.

Mais, comme nous l'avons vu, la fête de la veille s'était prolongée jusque dans la matinée du jour suivant, et le couple présidentiel, s'étant couché de très bonne heure, avait à peine eu le temps de dormir et de se reposer suffisamment, lorsque M. de Gricourt, qui remplissait les fonctions de grand maître des cérémonies, vint annoncer au prince et à sa belle compagne que la cour était en attente dans les salons voisins pour assister au lever de Son Altesse Impériale.

Le prince, pour lequel la tendre miss avait été pleine d'aimables complaisances, était d'une humeur charmante ; il ne voulut pas faire attendre une minute de plus ses invités, il ordonna à de Gricourt de les introduire dans l'ordre hiérarchique.

Son Altesse Impériale s'assit sur son lit, ayant à ses côtés la pudique miss dans le plus simple et le plus avenant négligé ; elle était enveloppée dans un léger peignoir dont les broderies et les dentelles cachaient ses charmes d'une façon bien indiscrète, *honni soit qui mal y pense* ; ses beaux cheveux dénoués tombaient sur ses épaules satinées, ses bras blancs, potelés laissaient admirer leur contour gracieux, ses seins mouvants se moulaient dans les dentelles, sa taille souple se dessinait fine et élégante, et ses rotondités s'accusaient sous les plis légers, qui laissaient deviner bien d'autres trésors que le prince pouvait contempler sans voiles. Ce dernier, placé à côté de sa bien-aimée, faisait contraste et donnait du relief à cette dernière ; son nez proéminent, ses paupières pendantes, ses yeux ternes, son regard éteint, son air à moitié endormi, sa figure terreuse, son teint bistré, ses moustaches en crocs, ses cheveux plats faisaient ressortir la grâce, la beauté, l'élégance et la fraîcheur de la séduisante Anglaise.

IV

SOMMAIRE. — Jérôme-Bonaparte, roi de Westphalie, au lever de miss Howard et de Louis-Napoléon Bonaparte. — Les crimes du roi Jérôme. — L'infortunée Wilhelmine. — Le roi la viole. — Son désespoir. — Son suicide. — L'assassinat de son fiancé. — M. Napoléon-Jérôme fils du roi de Westphalie. — Il siège à la Montagne, se pose en Brutus. — Il jure de tuer son cousin s'il trahit la République. — Il traite ce dernier de faux Louis, d'intrus, de bâtard. — Il lui fait ensuite sa cour, ainsi qu'à miss Howard. — Sa sœur, la princesse Mathilde, en fait autant. — Pierre Bonaparte, fils de Lucien, vient s'incliner devant la courtisane de Wapping et son amant. — Les crimes de Pierre Bonaparte, à Rome. — Son triple meurtre. — Il est condamné à mort. — Le Saint-Père gracie le prince, triple meurtrier. — Ce bandit chasse de race — Son père Lucien. — Il a empoisonné sa femme. — Il viole une jeune fille. — Il est l'amant de sa sœur, Caroline, maîtresse de Napoléon Ier, et femme de Murat. — Les Bonaparte aussi criminels que les Borgia. — Lucien épouse une femme de mauvaises mœurs. — Grossière réponse qu'il fait à son frère au sujet de son mariage. — Joachim Murat, fils de l'ancien palefrenier, roi de Naples. — Les trois Grâces impériales. — Caroline, mère de Joachim Murat. — Ses crimes et ses débauches. — Adultère, inceste et bâtardise dans la famille Bonaparte. — Le traître Joachim Murat. — Ses crimes et ses débauches. — Le signor Bacciochi, cousin de Louis-Napoléon Bonaparte vient réclamer sa part de la curée impériale. — Descendance de ce misérable. — Son auguste père. — Sa respectable mère. — Elisa Bonaparte. — Ses premières armes à Marseille. — Sa prostitution. — Ses vices, ses débauches et ses crimes. — Le rival d la nouvelle Sapho. — Les Lesbiennes. — Continence forcée du signor Bacciochi. — Ce qu'il en advient. — Visite du signor Bacciochi aux prêtresses de Vénus. — Désagréments nombreux qui en sont la conséquence. — De quoi se plaint sa chaste épouse. — Grande colère de la dame. — Elle punit son époux volage d'un mois d'arrêts. — Son amour pour un beau marquis. — Ce dernier est amoureux de sa femme. — Il résiste à la tentation. — La nouvelle Putiphar préméditate un crime pour séduire son Joseph. — Elle débauche l femme du cruel marquis pour le dégoûter d'elle. — Le marquis se tue de désespoir en apprenant l'in co..l it de son épouse. — Elisa Bonaparte, dans sa rage et son désespoir, chasse la jeune marquise et l'enferme dans un couvent. — Le descendant de cette honnête princesse Bonaparte est digne de son père et de sa m è e — Bon accueil que lui fait son cousin Louis. — Il s'installe à l'Elysée et devient le po..v yeur des pl i s s clandestins de l'hôte de l'Elysée. — Les parents de la main gauche du prince président. — Le comte de Morny. — Sa haute origine. — Il a eu pour père un descendant du renégat Talleyrand, prélat défroqué, M. le comte de Flahaut, et pour mère, la chaste Hortense de Beauharnais. — Il est donc le frère utérin et adultérin de l'amant de miss Howard. — Lors de la naissance de ce nouveau bâtard, Louis Bonaparte, époux d'Hortense, ne voulut pas le reconnaître. — Un vieil émigré, M. de Morny, lui donna son nom. — M. Flahaut de Morny a tous les vices de son père et de sa mère. — Nombreux adultères de ce t dernière. — Napoléon Ier l'a débauchée. — Elle était enceinte de lui, quand il l'a mariée à son frère Louis. — Son second, fils empoisonné à Forli par son frère, avait aussi pour père Napoléon Ier. — Le troisième bâtard d'Hortense, notre héros Louis Bonaparte, était le fils de l'amiral Werhuell, et le quatrième produit des adultères de cette princesse est le trop célèbre bandit de Morny. — C'est à la descendance de cette créole adultère et incestueuse, que la France doit les deux scélérats, Louis Bonaparte et de Morny, qui lui ont causé de si grands malheurs. — Les débauches de cette prostituée lui ont été fatales. — Ce que c'était que cette infâme courtisane. — Ses mœurs affreuses. — Elle transforme sa demeure en maison de débauche. — Ses nombreux et vulgaires amants. — Elle fait le trottoir en amateur. — Belle conquête faite par elle au jardin des Tuileries. — Sa partie fine avec un jeune étudiant. — Bonheur des deux amants d'un jour. — L'indiscrétion sévèrement punie. — Les travaux forcés pour un baiser. — Les amants des princesses Bonaparte et de la reine Hortense au bagne. — Ce que Louis-Napoléon Bonaparte avait appris chez sa mère et sa grand'mère quand il était un petit garçon. — La chanson des écuries. — Prédiction que lui fit Napoléon 1er à la Malmaison. — Elle s'est malheureusement réalisée. — Louis-Napoléon Bonaparte associe à ses crimes et à ses amours son bandit de frère adultérin et utérin Flahaut de Morny. — Les antécédents de ce misérable. — Il est nommé sous-lieutenant après 1830. — Il abandonne la carrière militaire pour les industries véreuses. — Nouveau Robert-Macaire, il exploite la commandite, lance des actions et fonde de nombreuses entreprises à l'aide desquelles il attrappe les badauds. — Il joue gros jeu, corrige la fortune, et fait sauter la coupe. — Il est tout à la fois croupier, souteneur de femmes, entretenu par elles, écumeur de Bourse, écuyer du turf, coureur de boudoirs, habitué des coulisses, viveur émérite, héros de parties fines, et spéculateur véreux, etc. — Sa liaison avec la maîtresse du duc d'Orléans. — Il est entretenu par elle. — Elle le fait jouer à la Bourse. — Il gagne un demi-million de compte à demi avec sa maîtresse, qui lui communique les nouvelles à l'aide desquelles il joue à coup sûr. — C'était le duc d'Orléans qui renseignait la dame. — M. de Morny, une fois en possession de ses bénéfices considérables, abandonne sa belle fructueuse maîtresse. — Spirituelle lettre de cette dernière à son amant. — Elle lui propose de rester son ami et son associé au jeu. — M. de Morny accepte. — Il joue de nouveau, mais son adroite et perfide amie le renseigne mal à dessein, il perd tout ce qu'il avait gagné. — Sa déconvenue. — Vous avez besoin d'un tuteur, lui dit la belle, je vous en servirai. — Elle loge son volage amant auprès d'elle, dans un charmant pavillon, qu'elle surnomme *la niche à Fidèle*. — Les deux amis, redevenus amants, continuèrent longtemps leurs fructueuses spéculations et leurs amours. — L'homme de *la niche à Fidèle* vient déposer ses hommages aux pieds de miss Howard et offrir le concours de ses talents à son illustre frère utérin et adultérin le prince président. — M. Walewski. — Son histoire et les amours de sa maman.

Le premier visiteur qui vint saluer et rendre hommage à l'héroïne du Wapping et à son impérial amant fut l'ex-roi de Westphalie, Jérôme Bonaparte, oncle de Louis-Napoléon, un vieux pénard dont les débauches ont eu heureusement peu d'imitateurs, qui donna pendant son court règne l'exemple de la plus crapuleuse débauche, des vices les plus honteux et qui transforma son palais en lupanar.

Aujourd'hui sa vieille carcasse repose encore aux Invalides près de celle de son frère Napoléon Ier, non moins criminel que lui. Puisque dans l'état de dégradation, dans la société putride où nous vivons, on laisse reposer sous le dôme doré, qui ne devrait recouvrir que les cendres des héros utiles et honnêtes, les corps de pareils malfaiteurs, et qu'il ne s'est trouvé personne pour demander qu'on les jette à l'égout le plus voisin, nous allons en faire justice et les traîner sur la claie à l'égout de l'histoire.

Jérôme était celui des Bonaparte qui réunissait le plus de vices bas et honteux.

« Son cœur, aussi impur que son corps, dit un historien, ne s'attacha vraiment qu'à une certaine Danoise qui le mettait à sec. »

Ce libertin bigame épousa en Amérique Mlle Patterson, dont il eut un fils; il la répudia ensuite sur l'ordre de son frère Napoléon Ier. Le trône de Westphalie fut sa récompense pour cette lâcheté. Il fut ensuite marié avec une princesse allemande.

Avant d'aller habiter son royaume, le nouveau roi célébra cet événement sans étiquette et avec ses compagnons de libertinage. Ils se rendirent chez Véry ; et, dès que les fumées de vin troublèrent la raison du monarque, la scène changea.

— Prends la plume, dit Jérôme à Pigault-Lebrun, je te nomme chancelier, rédige nos décrets. Je nomme le chevalier E. A. N. mon connétable.

Il fit ainsi la liste des grands officiers de sa couronne, il apposa sa signature au bas des décrets et les scella avec le cachet de sa montre.

Le roi de Westphalie Jérôme Bonaparte conduisit ensuite tous ses hauts dignitaires qui étaient avec lui et ses amis de débauche, dans un établissement qui ne se nomme pas dans le langage poli, tenu par Mme L..... Il est décidé entre le roi et ses compagnons que le plus sévère incognito sera gardé, qu'ils ne s'appelleront pas par leurs noms.

Ils boivent à flots, battent les hétaires, cassent les meubles, brisent tout et rossent la prêtresse qui présidait à leurs divertissements. Cette dernière crie au secours, appelle la garde à grands cris. Un officier de police accourt. Ils se moquent de lui, le bafouent et Jérôme Bonaparte d'un coup de canne lui casse un bras.

La force armée requise vient à son tour. Alors la scène change, le roi se fait reconnaître et la maîtresse du lieu déclare qu'on s'amuse, que l'on ne se bat pas.

L'inspecteur de police adresse un rapport au ministre Fouché. Le lendemain, celui-ci, rencontrant Jérôme, veut lui faire la morale, le roi interrompt le sermonneur, lui rit au nez, l'injurie et le quitte en ricanant.

Hors de lui, Fouché va trouver l'Empereur et lui raconte l'orgie de la veille. Il base son accusation sur le rapport de l'inspecteur de police et sur des pièces à conviction, parmi lesquelles se trouvent les diplômes dont Jérôme Bonaparte avait gratifié ses compagnons de débauches.

A cette accusation, devant ces preuves irréfutables, Napoléon Ier exaspéré fait appeler son frère et lui dit :

— Il vous sied bien, polisson que vous êtes, de compromettre ainsi mon nom et le vôtre. Quoi ! le faubourg Saint-Germain saura aujourd'hui que le frère de l'Empereur Napoléon, que le roi de Westphalie, oubliant ce qu'il me doit, ce qu'il se doit à lui-même, à son peuple, à la majesté royale, s'est conduit comme la canaille de Paris ? Ne devriez-vous pas redouter mon indignation ? Vous croyez-vous déjà assez puissant pour me désobéir, pour me braver ? Songez que d'un seul mot je puis vous briser, et vous faire disparaître.

L'empereur Napoléon accompagnait son admonestation par d'énergiques imprécations.

Mais, fier de sa nouvelle dignité souveraine, le roi Jérôme répondit en usant les grands mots et les phrases à effet.

— Ma couronne assure mon indépendance, dit-il, je suis souverain ; je ne relève de personne, nul n'a le droit de me faire des observations.

— Comment, misérable ! dit Napoléon Ier ; et, s'armant d'une canne, il frappa vigoureusement Sa Majesté le roi de Westphalie, qui se sauva à toute vitesse, en courant de salle en salle, jusque dans le salon des maréchaux, où le poursuivit l'impérial gourdin.

Voici un exemple de l'ingratitude, de la profonde perversion et de l'infamie du plus jeune frère de Napoléon Ier.

Une très honorable dame, Mme de L..., au commencement de la Révolution, avait rendu d'importants services et prêté de fortes sommes d'argent à la famille Bonaparte, quand cette dernière était dans le besoin et la pauvreté. Ces sommes ne lui furent jamais restituées. Muni d'une lettre de recommandation de Mme Létitia Ramolini, mère de Napoléon Ier et de son frère Jérôme, le fils de Mme de L... se présenta devant le roi de Westphalie et sollicita de ce dernier la place de premier écuyer. Il fut mal reçu et ne put rien obtenir.

Un jour que le roi Jérôme se promenait dans le parc de Fontainebleau, il aperçut dans une allée M. de L... avec sa femme, une personne d'une grande beauté. Jérôme, alléché par la vue de cette jolie femme, s'approcha de M. de L..., lui adressa la parole avec beaucoup de courtoisie en lorgnant sa jeune femme, et lui promit de s'occuper de sa demande.

Le lendemain, ayant rencontré la belle Mme de L... dans un salon, il causa avec elle, lui dit qu'il sera très content d'avoir son mari à son service, qu'il n'a pas oublié l'obligeance de la famille de son mari pour la sienne, et qu'il se fait un plaisir de lui prouver sa reconnaissance en prenant M. de L... pour premier écuyer. Il prie poliment la jeune femme de ne pas en parler à son mari, afin de lui faire une surprise et de venir elle-même le lendemain chercher le brevet pour ce dernier.

Mme de L... était loin de soupçonner que Jérôme Bonaparte pouvait nourrir des pensées inavouables à son égard. Elle se rendit le lendemain chez le roi de Westphalie pour chercher la nomination que celui-ci avait promis de lui remettre pour son mari. Mais quelle ne fut pas sa douloureuse surprise quand l'obligé de son mari lui fit des propositions honteuses et qu'il mit la nomination de celui-ci au prix de son honneur. Aussi honnête que belle, elle ne voulut pas en entendre davantage; elle voulut fuir, mais l'infâme Jérôme la retint de force. Ce fut vainement qu'elle appela au secours et cria de toutes ses forces, personne ne vint à son aide. Son séducteur employa la violence envers elle, il la renversa sur un sofa, elle se défendit vigoureusement, lui griffa la figure, mais son bourreau ne lâcha pas prise, et lorsqu'elle fut à moitié évanouie de fatigue et de terreur, il parvint à accomplir sur elle le plus infâme attentat. Lorsqu'il s'aperçut ensuite qu'elle lui avait écorché la figure et qu'il était tout ensanglanté, il lui prodigua les plus grossières injures et la fit jeter à la porte par ses valets.

La cour de Westphalie devint bientôt sous son nouveau monarque le refuge du libertinage et de la débauche les plus éhontés. Voici la peinture qu'en faisait Pigault-Lebrun, ami et compagnon des plaisirs du roi, son bibliothécaire et son lecteur, dans une lettre qu'il adressait à son ami Réal, conseiller d'État :

« Paris, disait-il, n'est plus dans Paris, il est tout où nous sommes, nous apprenons le roi à être libertin, sans scandale et débauché, sans crapule. Rien de plus piquant que la première nuit de ses noces, telle que dans nos orgies de Napoléonshoehe, le roi s'amuse à nous la retracer. Imaginez-vous un homme dont la première femme est vivante, un Corse, un Jérôme Bonaparte, le fils d'un bourgeois d'Ajaccio ; imaginez-le approchant sans ménagement une princesse orgueilleuse et timide, méprisant ses pleurs, la poursuivant jusque dans les bras de Mme Westerholt, sa gouvernante près de laquelle elle s'était réfugiée. Imaginez les sourires malins des dames d'honneur et la rougeur des demoiselles de compagnie, toutes réveillées par ce bruit inattendu ; imaginez le lendemain Jérôme regardant sa nouvelle épouse avec un air moqueur et celle-ci, chez qui la timidité était évanouie, lui opposant la hauteur la plus provocante, et vous n'aurez qu'une faible idée de cet épisode unique en son genre et dont je me propose de consigner les détails dans un roman. Depuis, la princesse nous méprise et nous le lui rendons bien. Deux intrigantes consommées, la Bonneuil et la Reitz, que nous avons placées près d'elle, la gagnent par leurs complaisances étudiées, leur conversation enjouée et surtout par l'art avec lequel elles servent le goût qu'elles lui ont inspiré pour les modes françaises.

« Le roi maintenant a cinq maîtresses. Aucune n'est en titre ; les confidents du prince paraissent les avoir pour leur compte.

« Voici la nomenclature et le portrait de ces courtisanes du roi :

« L'aimable Caroline, dont l'espiègle mutinerie a fait tourner mille têtes parisiennes, habitait avec moi le bâtiment gothique de Napoléonshoehe.

« Une comtesse allemande, enlevée de Munich, passait aux yeux des Westphaliens pour la légitime épouse du médecin Personne. Celle-ci était la Junon, et Caroline l'Hébé des festins nocturnes.

« Le ministre de la justice Siméon entretenait, à son insu, sous le titre de première femme de chambre de madame son épouse, la petite Héberti, qui, après avoir brillé pendant quelques jours parmi les fringantes élèves de Terpsichore, avait consenti à végéter dans une situation obscure, dont les ennuis sont compensés par la préférence réelle que le roi lui accorde, et qui, pour cela même, doit être enveloppée d'un profond mystère, si on ne veut pas exposer cette aimable enfant à être enlevée par ordre de Napoléon, comme le fut il y a un an la petite Hénin qui avait eu la fantaisie de suivre Jérôme de Paris à Cassel.

« Dans une villa des environs de Paris, le prince Borghèse avait enseveli une Italienne divine, qui peint comme Kauffmann et chante comme Festa ; les limiers de Jérôme l'avaient découverte et le secrétaire des commandements la couvrait à Napoléonshoehe de son aile protectrice. Cette fille de Rome amusait nos libertins par la variété de ses jalousies, de ses caprices, de ses froideurs et de ses infidélités.

« La cinquième houri du harem royal avait été séduite et cédée par un ministre de la cour de Westphalie. C'était une orpheline qui servait de temps en temps à varier les plaisirs de Jérôme ; elle habitait une des nombreuses chaumières du jardin du palais. Cette pauvre fille opposa de vives résistances à son séducteur, qui n'eut pitié ni de ses prières, ni de ses larmes.

« Ce n'est pas tout, le banqueroutier génois Tornezy, devenu banquier de la cour, grâce à la princesse Pauline, dont il fut l'amant, possédait une jolie femme, Jérôme la vit, l'aima et la conquit. Il prodigua les diamants et les équipages à Mme Tornezy, dont le luxe faisait pâlir ses rivales. Un matin, le ministre Siméon reçoit de l'Empereur l'ordre formel d'exiler de Cassel Mme Tornezy et son complaisant époux. Il fallut se soumettre à ce firman rigoureux. »

Jérôme recevait en même temps la lettre suivante :

« Mon frère Jérôme Napoléon, roi de Westphalie, vous aimez la table et les femmes. La table vous abrutit, les femmes vous affichent. Faites comme moi, n'ayez que des passades et point de maîtresses. La reine est négligée par vous. Eh ! sacredieu ! polisson, n'est-elle pas assez grande dame pour vous ? Je n'entends point parler de sa grossesse, malgré l'importance que j'attache à avoir des rejetons de race mixte. Si vous courez les filles, si vous faites des orgies, sans doute ce n'est pas là le moyen d'avoir des enfants ; mais souvenez-vous que, si vous ne faites pas d'enfants à la reine, je lui en ferai faire. »

Le roi Jérôme chargea Pigault-Lebrun de répondre à cette lettre en imitant le style de l'Empereur. Voici cette missive :

« Mon auguste frère Napoléon, empereur des Français.

« Votre Majesté me reproche d'aimer la table, j'avoue que je n'aime pas me repaître d'une vaine gloire, je cherche une nourriture plus substantielle. Je suis gourmand sans être glouton, c'est tout ce qu'on peut exiger d'un roi.

« Vous me dites d'avoir des passades et non des maîtresses, les passades sont bonnes *pour ceux qui violent les femmes qu'ils ne peuvent séduire ni cacher.*

« Votre Majesté se plaint de mes procédés envers la reine ; Votre Majesté a bien pu me forcer à l'épouser, mais à l'aimer ce n'est pas en son pouvoir.

« N'est-elle pas assez grande dame pour moi ? me dites-vous.

« Si j'ai de l'orgueil, c'est vous qui me l'avez inspiré. Je ne voulais pas d'une grande dame, Votre Majesté le sait bien. Au reste, j'ai modelé ma cour sur la vôtre ; je m'habille comme vous, que pouvez-vous exiger de plus ? »

Cette réponse attira les foudres impériales sur la cour de Westphalie ; elle éclata sous la forme du général Rapp, au milieu d'un petit souper que présidait la favorite du jour.

Voici tel qu'il était l'ordre formel de l'Empereur :

« Notre aide de camp le général Rapp partira sur-le-champ pour Cassel ; il fera venir en sa présence Muller, commandant des hussards de Westphalie, et le commettra à la garde du roi qui gardera les arrêts pendant quarante-huit heures ; Pigault-Lebrun, auteur de la lettre insolente que nous a écrite notre frère, sera mis au cachot pendant deux mois et ensuite envoyé en France sous bonne et sûre escorte. »

Il fallut se soumettre, Pigault-Lebrun eut à opter entre un mois de cachot de plus et le séjour de Cassel, ou la liberté et le retour en France. « Six mois de cachot de plus, répondit-il, plutôt que de me confier à la perfide clémence de Napoléon. »

Mais, tôt ou tard, le vice enfante le crime, Jérôme n'a reculé ni devant l'un ni devant l'autre. Dans un des cercles de Cassel, le comte de Vertin, vieillard fléchissant plutôt sous les lauriers militaires que sous le poids des années, lui présenta sa fille. Cette jeune personne était aussi spirituelle que jolie, vertueuse et bien élevée.

Jérôme Bonaparte espéra qu'avec de l'or et des dignités il séduirait le père et la fille. Ses émissaires ouvrirent la campagne. Dès qu'il s'aperçut qu'on marchandait

L'infortunée Wilhelmine, après le crime de Jérôme, se jeta par la fenêtre et se brisa la tête sur le pavé.

l'honneur de sa belle et chaste Wilhelmine, le comte repoussa avec une violente indignation les mercures galants du roi.

Vaincu de ce côté, Jérôme essaya de séduire la jeune fille ; à ses criminelles paroles, la sage Wilhelmine répliqua par cette réponse d'une dame française au libidineux Henri IV : « Mon rang ne me permet pas d'être votre femme et moins encore votre maîtresse. »

La pensée d'un crime germa alors dans l'âme perverse du roi de Westphalie. La nouvelle de la promesse de la main de mademoiselle Vertin au comte A. de N., officier des gardes, augmente la rage du roi. Néanmoins un double sentiment l'agite, la jalousie et l'espoir, Jérôme Bonaparte espère que la position du fiancé rendra plus facile l'assouvissement de sa passion irritée. Mais quelqu'un le gêne, c'est le vertueux père de la jeune fiancée; un faussaire habile contrefait la signature du vieux comte. On rédige une lettre adressée à l'empereur de Russie, pour l'engager à entreprendre une guerre contre Napoléon; on y ajoute de graves insultes contre ce dernier; et ce chef-d'œuvre d'infamie est adressé à l'ombrageux despote par le ministre de Westphalie. Quelques jours plus tard, on reçoit l'ordre d'enlever pendant la nuit le noble vieillard et de l'envoyer en France. L'enlèvement s'exécute; depuis ce moment, on n'eut plus de nouvelles du comte dont on ignora le sort.

L'infortunée Wilhelmine va se jeter aux pieds de Jérôme, elle lui réclame son père avec les plus sublimes élans de l'amour filial. Ce lâche roi ne lui répond qu'en renouvelant ses propositions honteuses. Ils étaient seuls; usant de sa force contre une faible enfant qu'affaiblit encore une douleur profonde, Jérôme la souille de ses embrassements. Elle s'évanouit.

Le frère de l'empereur profite de son état pour consommer sur elle le plus abominable des attentats. En revenant à elle, la chaste Wilhelmine reconnaît qu'un misérable lui a ravi son honneur. Sa raison s'égare; d'une voix étouffée, elle maudit l'infâme Jérôme et s'élance du haut d'un balcon sur le pavé où elle se brise la tête et meurt.

On s'efforça de cacher cet horrible suicide, fruit d'un horrible crime; mais le fiancé de la jeune comtesse en fut instruit. Sa douleur ne put se contenir, elle s'exhala jusqu'aux menaces, jusqu'au serment qu'il fit de venger sa pudique fiancée.

Le jeune officier était brave, Jérôme était lâche; il eut peur, et la seconde nuit après cette affreuse journée, on trouva dans une des rues de la ville le corps sanglant du jeune comte A. de N..., percé de plusieurs coups de poignard.

Le bandit couronné ne se faisait aucun scrupule d'employer des faux, la force et le viol pour satisfaire ses honteuses passions, lorsque la ruse, l'intrigue, l'or et la corruption ne lui suffisaient pas; et, comme dans le cas que nous venons de citer, s'il redoutait la colère ou la vengeance des parents ou des amis de ses victimes, il les faisait assassiner par ses sicaires.

Ce royal chenapan était aussi laid au physique qu'au moral : sa maigreur était extrême, il avait le teint jaune et la peau tannée des Corses.

A l'époque dont nous parlons, lorsqu'il vint saluer la prostituée du Wapping et son amant, ce vieux criminel était tout blanc, aux trois quarts déplumé, cassé, courbé, il ressemblait à un vieux rat épilé et à moitié crevé.

Voici l'opinion de Napoléon Ier sur son cher et digne frère :

« Jérôme, a-t-il écrit, est un prodigue, dont les débordements ont été grands ; il les avait poussés jusqu'au plus hideux libertinage. »

Cependant Jérôme était un élève de Napoléon Ier, et il répétait souvent la maxime de ce dernier :

— « L'instinct est bien prévoyant et bien extraordinaire chez moi; il me montre dans tout homme qui ne s'avilit pas en me flattant, *un ennemi*, et dans toute femme, *une proie.* »

Après l'oncle de Sa Majesté, vint son fils le prince Napoléon Jérôme, bien digne en tous points du vénérable auteur de ses jours, auquel il ne le cède en rien en lâcheté, en bassesse et en vice.

Ce prince de la Montagne, ce républicain rouge, se donnait alors pour un Brutus ; il ne parlait de rien moins que de poignarder son cousin Louis si jamais il osait porter une main sacrilège sur la République. Il y avait quelques mois à peine, il traitait son cousin d'intrus, de bâtard de l'amiral Werhuell. Il disait que ce prétendu héritier de Napoléon 1er était un faux Louis, qu'il n'avait pas une goutte du sang des Napoléons dans ses veines. Maintenant, il vient se prosterner devant celui qu'il insultait et rendre hommage à une prostituée du plus bas étage raccolée dans les bouges de Londres, raccrochée sur les trottoirs d'Hay-Market.

L'aimable fille du roi de Westphalie, la sœur rubiconde, mais non pudibonde de M. Plon-Plon, la vertueuse épouse Demidoff, la capricieuse maîtresse d'un beau et robuste batave, vint aussi baiser au front sa belle amie, miss Howard, et son charmant cousin.

Ensuite le trop célèbre Pierre Bonaparte, devenu depuis, l'assassin de Victor Noir, fait son apparition ; ce cousin du flegmatique et mélancolique Louis, était déjà bien connu alors pour son caractère violent, cruel et féroce. Lorsqu'il habitait Rome avec son père Lucien Bonaparte, principal complice du 18 brumaire, et son frère Antonin, il se rendit coupable avec ce dernier du meurtre d'un garde-chasse. Un mandat d'arrêt fut lancé contre les deux jeunes princes. Antonin parvint à se réfugier en Amérique, mais Pierre resta à Rome ; et quand la force armée vint pour s'emparer de sa personne, de deux coups de poignard il tua raide l'officier et blessa mortellement le sergent qui l'accompagnait. Pris à la fin, il fut condamné à mort pour son triple meurtre, le 8 septembre 1836.

Mais notre Saint-Père le Pape est bon et miséricordieux pour les princes meurtriers. Il réserve toutes ses bontés et toute sa mansuétude pour ces bandits, et toutes ses sévérités et ses cruautés pour les défenseurs du droit, de la justice et de la liberté ; aussi il s'empressa de gracier le prince assassin qui put bientôt aller rejoindre son frère en Amérique. Voilà quels ont été les débuts de ce bandit corse.

Les électeurs de l'île de la vendetta l'ont élu représentant en 1848, et il siège sur les bancs les plus élevés de la gauche, près de son digne cousin Jérôme.

Lors de la discussion relative à l'application de la loi de 1832 qui bannissait la famille Bonaparte du territoire français, Pierre Bonaparte est monté à la tribune pour déclarer que « la République était son idole et qu'il aimerait mieux mourir que d'en accepter une autre. »

Son cousin Jérôme, plein d'un bel enthousiasme, lui succéda alors immédiatement à la tribune et déclara « qu'il se joignait de tout son cœur aux paroles chaleureuses que *son cousin* venait de faire retentir. »

On sait maintenant comment ces deux idolâtres de la République ont tenu leurs promesses et leurs serments.

Cela n'a du reste rien d'étonnant, ces deux Bonaparte chassaient de race, le dernier était le fils du fameux roi de Westphalie dont nous avons raconté les infâmes débauches; l'autre, Pierre Bonaparte, avait pour père le trop célèbre Lucien, le président des Cinq-Cents, le 18 brumaire. Quand nos lecteurs connaîtront les vices et les crimes du père, ils ne seront pas étonnés de ceux du fils ; si le proverbe *tel père tel fils* est quelquefois vrai, c'est certainement dans la famille Bonaparte.

Lucien Bonaparte vint à Marseille dans la première année de notre grande République, il épousa alors la fille d'un cabaretier, et fut *garçon gâcheux* dans une école primaire.

Lorsque son frère devint général en chef de l'armée d'Italie, il se fit nommer commissaire des guerres et il se débarrassa de sa femme qui le gênait à l'aide d'un bouillon à l'italienne.

Grâce à ses déprédations il acquit bientôt une fortune immense. Pendant la guerre avec l'Angleterre, il arma un corsaire, à Gênes, qui écumait au loin la mer sans distinction de pavillon, à son grand bénéfice; mais cette honnête piraterie souleva bientôt de violentes récriminations et de nombreuses plaintes.

Devenu ministre de l'intérieur après le 18 brumaire, en récompense de l'utile concours qu'il avait prêté à son frère dans l'accomplissement de cet attentat, il avait pu donner une libre carrière à son goût du lucre et à son amour du pillage, et voler à pleines mains.

Il avait organisé une certaine *Compagnie Petit*, à laquelle il faisait concéder toutes les fournitures de l'Etat, ce qui lui rapportait d'immenses bénéfices.

A cette époque il ne mettait plus aucun voile à ses exactions ni aucun frein à ses débauches. Un jour il viola dans les bureaux de son ministère une jeune solliciteuse qui avait eu l'imprudence de s'y aventurer. Ce crime honteux produisit une grande indignation dans Paris.

Mais une autre cause de scandale était alors la liaison incestueuse de Lucien avec sa sœur Caroline, qui avait aussi pour amant son autre frère, Napoléon Ier. Dans la famille des Bonaparte, comme dans celle des Borgia, l'inceste marche de pair avec la polygamie. Caroline Bonaparte, comme Lucrèce Borgia, prodiguait ses faveurs à ses deux frères ; cependant Napoléon Ier fut moins féroce que le fils d'Alexandre VI, il ne fit pas assassiner son frère Lucien. Il se contenta de l'exiler à Madrid où il l'envoya en qualité d'ambassadeur ; avant son départ pour son poste, Lucien provoqua en duel Joachim Murat, le mari de sa maîtresse ; il voulait se débarrasser de lui afin d'avoir de sa femme plus à son aise. Ce fut Napoléon Ier qui empêcha la rencontre entre les deux beaux-frères.

Chargé de négocier la paix avec le Portugal, le rapace Lucien se fit payer un pot de vin de six millions. Cette puissance, n'ayant pas d'argent, le paya en diamants bruts, qu'il vendit au juif Salomon, de Londres, venu exprès pour les acheter.

Lucien avait épousé une certaine dame Jauberton, veuve d'un riche courtier, femme d'une moralité plus que suspecte. A la nouvelle de ce mariage, Napoléon Ier réprimanda son frère en termes très grossiers.

— Comment, lui dit-il, vous connaissiez cette courtisane, et vous l'épousez ? C'est une misérable prostituée, une.....

Lucien, d'un caractère violent et emporté, répondit à son frère :

— Ma..... comme vous la nommez, a un avantage sur la vôtre, elle est jeune et jolie, tandis que la maîtresse de Barras est usée et inféconde.

Cette réponse, mordante et grossière, piqua au vif Napoléon, qui ne répliqua pas. Depuis lors, il a toujours été très mal avec son frère.

Quelle monstrueuse famille que celle des Bonaparte! malheureusement tous ceux de ses membres, dont nous aurons encore à parler dans l'avenir, sont semblables à ceux que nous avons déjà dépeints.

Après Pierre Bonaparte, M. de Gricourt annonça Joachim Murat, fils de l'ancien palefrenier de ce nom, devenu roi de Naples par la grâce de sa femme ; ses appats avaient eu le don d'exciter les instincts dépravés et l'incestueuse passion de son frère aîné, Napoléon Ier, dont elle était, comme nous l'avons dit, la maîtresse.

Nous allons finir de peindre ici ce membre femelle de l'exécrable famille Bonaparte, qui ne l'a pas cédé en dépravation à ses deux sœurs Pauline et Élisa, qui formaient avec elle une infâme trilogie d'incestueuses prostituées.

Un volume ne suffirait pas pour faire le récit des débauches de la Messaline Caroline, reine de Naples. Elle imitait et surpassait, dans son royaume des Deux-Siciles, le libertinage monstrueux de sa sœur Élisa de Lucques et de Florence, et les crapuleuses débauches de Pauline, princesse Borghèse. Parmi ses nombreux amants, la reine de Naples, distinguait surtout le jeune Flahaut, fils naturel de Talleyrand et de la dame qui lui a donné son nom. Cet amant favori de Caroline Bonaparte, devint aussi celui de la belle-sœur de cette princesse, de la facile et amoureuse Hortense de Beauharnais, reine de Hollande ; et un de nos héros, dont nous aurons bientôt à parler, le trop fameux comte de Morny, fut le fruit vénéneux et véreux de M. de Flahaut et de la chaste Hortense, mère de Louis-Napoléon Bonaparte.

La bâtardise et la promiscuité s'ajoutaient à l'inceste, à l'adultère à la polygamie dans cette libidineuse famille Bonaparte, dont tous les membres sont tous unis entre eux par des liens honteux d'alcôves et des boudoirs, dans les plus incestueuses copulations.

Aux vices de ses sœurs, Caroline ajoutait celui de l'avarice et de l'escroquerie au jeu. Elle tenait un brelan dans son palais. Elle attirait dans ce respectable établissement des filous, des escrocs, d'adroits industriels, très experts dans l'art de bizeauter les cartes et de faire sauter la coupe. Elle s'associait avec eux, et les aidait à filouter et à dépouiller ses nobles invités, qu'elle engageait à jouer gros jeu, en leur faisant des œillades et de galantes avances. Plus d'un malheureux, ruiné par elle, est allé se suicider en sortant de ses bras.

« Qu'on imagine ce que le vice a de plus bas, l'orgie de plus crapuleux et la luxure de plus immonde, dit un historien, et le portrait de Caroline Bonaparte sera tracé. »

Telle est l'honorable mère de M. Joachim Murat.

Voyons maintenant quel était son père. Ce dernier était fils d'un aubergiste, maître de forges à Quercy. Il fut amené à Paris en 1784, par un gentilhomme qui l'avait pris en amitié. Il quitta bientôt son bienfaiteur et entra en qualité de palefrenier dans les écuries du prince de Condé. Il en fut chassé pour vol.

Un héritage de six mille francs lui permit de vivre pendant quelque temps. Ambitieux et entreprenant, il chercha à se produire dans l'espoir d'obtenir ainsi une position sociale avantageuse. Il fréquenta à cet effet les clubs, se disant parent de Marat, à cause de la grande similitude de son nom avec celui de l'Ami du peuple. Il afficha une grande ardeur révolutionnaire. Après les journées de Septembre dans lesquelles il se distingua, dit-on, par sa férocité, il montrait un *orteil sanglant*, qu'il avait dans sa poche, en disant :

— *Voici une dépouille d'aristocrate!*

Ayant été arrêté à Nice pour plusieurs vols, dont il s'était encore rendu coupable, il obtint la faveur de quitter la France avec le général Bonaparte, qui devait être bientôt le héros du Caire, des Pyramides et de Jaffa; de retour en France avec ce dernier, il s'attacha à sa fortune et l'aida puissamment dans son crime du *dix-huit brumaire*.

Napoléon Bonaparte le récompensa de tant de zèle et de service, en le mariant à sa plus jeune sœur Caroline, véritable Messaline, qui était déjà, avons-nous dit, sa maîtresse incestueuse.

Murat avait des instincts sanguinaires; toutes les fois qu'il s'agissait d'un crime à commettre, d'une sanglante mission à accomplir, l'époux de l'impure Caroline en était chargé,

Ce fut lui, en sa qualité de gouverneur de Paris, qui désigna les assassins du duc d'Enghien. Il assista lui-même à l'exécution nocturne de cet infortuné. Et lorsqu'au moment d'être assassinée, la victime, en s'adressant aux gendarmes, dit :

— Allons, tirez juste, mes amis!

Le féroce Murat lui répondit brutalement :

— Tu n'as pas d'amis, ici.

Il ne pensait pas alors que, lui aussi, serait un jour fusillé.

Après tous les crimes dont nous venons de parler, ce grossier marmiton, ce brutal soldat d'aventure devenu roi, couronna sa carrière d'attentats par un plus grand forfait.

Ce traître renégat, dans nos jours de malheur, tourna ses armes contre sa

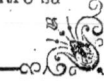

patrie; il signa un traité d'alliance avec l'Autriche, le 11 janvier 1814, et marcha contre la France.

Dans sa proclamation datée de Naples, le 17 du même mois, cet infâme apostat dit :

— « De justes raisons nous ont forcé à demander une alliance aux puissances coalisées contre la France, et nous avons eu le bonheur d'être admis parmi elles. »

Dès que cette trahison fut ainsi rendue publique, tous les Français, ses meilleurs officiers, s'éloignèrent de lui.

— Sire! lui dirent ses aides de camp au moment de le quitter, vous allez marcher contre la France, votre patrie, qui vous a fait ce que vous êtes, à qui vous devez tout! Ne craignez-vous pas que du même canon qui a tué le traître Moreau, il ne parte un nouveau boulet qui vous foudroie?

Le colonel Gesner arracha ses épaulettes napolitaines et les foula aux pieds devant lui, en lui disant :

— Jamais vous ne ferez de moi un renégat et un traître!

Murat remplaça alors tous ses compatriotes par des étrangers ; il peupla sa cour de Russes, d'Autrichiens, de Prussiens et de tous les ennemis de la France.

Il était partout entouré de courtisans étrangers, et de nos ennemis, qui le suivaient à la promenade, à la ville, à la campagne, dans les fêtes et au théâtre, où il était partout accueilli aux cris de :

— Vivent les ennemis de la France !

C'était le commencement de sa punition.

Comme Macbeth, il avait voulu être roi. Comme Macbeth, il savourait les amertumes du pouvoir! Il épuisait la coupe royale pleine de sang et de fiel!

Mais, pas plus que son beau-frère, Napoléon Ier, il n'échappa au trop juste châtiment final de ses crimes, qui l'attendait. La Sainte-Alliance, dont il avait invoqué la protection, la coalition contre la France, dont il avait fait partie après son infâme trahison, le détrônèrent et le chassèrent de ses États. Quand, plus tard, il débarqua dans les Calabres pour reconquérir son trône, il fut battu, fait prisonnier et fusillé comme un chien par le Bourbon de Naples. Il dut alors se souvenir avec amertume des dures paroles qu'il avait dites au dernier des Condé, dans les fossés de Vincennes ; car, lui aussi, n'avait plus d'amis.

Le descendant de ce traître renégat, que la fin tragique et les crimes de son père n'avaient pas dégoûté du trône, venait faire sa cour à la Vénus des *lodging-houses* et à son Jupiter à la triste figure, afin de prier ce dernier de l'aider de l'influence que lui donnait sa haute situation pour reconquérir le trône de son père. Le prince Joachim Murat, comme tous les membres de la famille impériale, n'écoutait que son ambition, sa soif de l'or et de la puissance, il était comme tous ses cousins, besogneux et très âpre à la curée.

Un autre personnage qui assistait aussi au lever du prince et de sa dulcinée était le signor Bacciochi. Ce monsieur mérite une mention particulière. Son père avait épousé l'aînée des sœurs de l'empereur, la princesse Elisa Bonaparte, grande duchesse de Toscane et de Piombino.

Si un nouveau Paris avait été choisi pour juge entre les trois grâces impériales, Elisa, Pauline et Caroline, nous ne dirons pas pour leur accorder la pomme de beauté, mais bien le prix de luxure et d'inceste, il aurait certainement été très embarrassé pour faire un choix, et la duchesse de Piombino, sous ce rapport, ne le cédait en rien à ses deux sœurs.

Aussi orgueilleuse et hautaine que son frère Napoléon Ier, elle s'efforçait de le copier en tout.

Un ancien chambellan du premier empire raconte qu'en sa qualité de fille aînée de la famille Bonaparte, lorsque cette dernière était dans la misère, « elle avait été le soutien principal de la maison fort peu respectable, tenue à Marseille par sa vertueuse mère, madame Létitia Ramolini Bonaparte, et comme elle ne craignait pas de rendre à ses amants les horions qu'elle en recevait, elle jouissait d'une grande réputation de courage. »

Plus tard, lorsque la situation de la famille Bonaparte eut complètement changée, et que le vainqueur d'Arcole et de Lodi était devenu général en chef de l'armée d'Italie, un certain signor Bacciochi, d'origine corse, petit-fils d'un danseur de cordes et fils d'un marqueur au billard, avait fait connaissance de Lucien Bonaparte, alors commissaire des guerres.

Le signor Bacciochi, après avoir été pendant longtemps *tailleur de trente-et-un* dans les maisons de jeu du littoral de la Méditerranée, servit dans l'armée française. Il profita de sa camaraderie avec le frère du général, pour s'associer avec lui afin d'escroquer d'énormes bénéfices sur les fournitures de l'armée d'Italie. Il ne tarda pas à réaliser ainsi une belle fortune ; et toujours grâce à la protection de Lucien, il obtint la main d'Elisa, sœur de ce dernier, *fille* déshonorée depuis longtemps et dont personne ne voulait plus.

Une fois que cette Messaline eût un éditeur responsable de ses œuvres dans la personne du signor Bacciochi, elle n'imposa plus aucun frein à ses passions désordonnées. Il serait aussi facile de compter les feuilles dans les forêts, les brins d'herbe dans les prairies et les grains de sable sur le bord de la mer, que les amants de cette louve corse, qui avait alors pour principal favori, un riche fournisseur nommée Hongerlo.

Lorsque son frère, devenu empereur, distribua des couronnes, elle se montra aussi âpre à la curée de l'impérial butin que lascive en amour. Napoléon Ier refusa d'abord de céder à ses sollicitations importunes. Il ne voulait pas entendre parler du signor Bacciochi dont la détestable réputation, les mœurs grossières, la stupidité et l'abrutissement lui étaient bien connus. Mais la persistante et rapace ambition de la sœur aînée de Napoléon ne se lassa pas, et ce dernier fut obligé de céder aux opiniâtres réclamations de l'ambitieuse Elisa ; il investit cette créature dégradée de la souveraineté des principautés de Lucques, de Piombino et du grand duché de Toscane.

Les jeunes filles du Conservatoire d'Élisa Bonaparte avaient pour maîtresses des femmes corrompues qui leur donnaient de perfides conseils.

Aussitôt que son frère l'eût élevé à la puissance souveraine, elle ne perdit pas un instant pour aller prendre possession de ses nouveaux Etats. La poste allait trop doucement à son gré, elle aurait voulu qu'elle fît dix lieues à l'heure. Chaque minute qui s'écoulait lui semblait un siècle perdu de la jouissance du pouvoir royal.

Dès qu'elle fut intronisée, elle s'empressa d'organiser sa cour. Elle s'appliqua à singer, en les exagérant, le cérémonial, l'étiquette, les usages et les cérémonies de la cour impériale de son frère.

Elle rédigea et octroya des constitutions à ses fidèles sujets bien aimés, leur fabriqua des lois, leur adressa des proclamations et voulut réformer les mœurs de sa nouvelle patrie.

On doit comprendre quelle désastreuse influence cette femme pernicieuse et vicieuse exerça dans ses Etats; quelle corruption effrayante et quelle dégradation profonde la nouvelle souveraine apporta dans ses vastes domaines.

Elle s'entoura d'une foule d'amants appartenant à toutes les classes de la population; elle n'était ni délicate ni difficile dans ses choix; une haute stature, de larges épaules, une encolure de taureau, des yeux noirs et brillants, de la vigueur et de la jeunesse, et surtout des nerfs solides, telles étaient les conditions exigées des aspirants à la possession de ses charmes; avec elle on pouvait être certain de faire un chemin rapide à la cour de Piombino. Les Théodora, les Faustine se virent dépassées par cette femelle sans pudeur et sans vergogne. Les vices les plus honteux, la débauche la plus hideuse, la crapulerie la plus dangereuse régnèrent sans partage, sans honte, sans retenue et sans frein dans ses Etats.

Elle rassembla dans son palais les courtisanes les plus corrompues, les plus viles, les plus effrontées et les plus jolies qu'elle pût recruter partout; elle en forma un gros escadron de débauchées.

Telles furent les cours de Lucques et de Florence dans lesquelles la coquetterie des courtisanes fut constamment surpassée par la *coquinerie* de leur maîtresse.

Cette femelle dépravée avait établi à Lucques une espèce de pension de demoiselles, qu'elle avait couverte de l'étiquette trompeuse de Conservatoire, dans laquelle elle obligeait les seigneurs de ses Etats de faire élever leurs filles pour lui plaire. Dans cette dangereuse institution, des maîtresses aussi habiles que corrompues enseignaient à leurs élèves tous les raffinements de la luxure et des vices les plus immoraux.

La voluptueuse Elisa venait souvent passer quelques jours ou plutôt quelques nuits avec ses charmantes pupilles initiées aux mystères de Lesbos, et emmenait avec elle les plus expertes pour faire concurrence aux courtisanes de son palais qu'elle honorait de ses préférences; lorsqu'elle avait assez de ces jeunes filles, elle les abandonnait à ses favoris. Elle les mariait ensuite aux nombreux employés français qui pullulaient alors en Italie, ou aux riches propriétaires du pays, contraints à de pareilles unions sous peine d'être exposés à la disgrâce et aux vengeances de leur souveraine.

Mais ce qu'il y a de plus extraordinaire et de plus incroyable, c'est que cette Messaline était jalouse de son mari. Cette femme qui se donnait à tout venant, exigeait une fidélité à toute épreuve et une continence absolue de l'infortuné Bacciochi, qui assistait à toutes les débauches de sa femme, sans jamais pouvoir les partager ou obtenir des faveurs dont elle était si prodigue avec les autres. Ce malheureux était ainsi condamné au plus affreux supplice de Tantale; il voyait tout autour de lui les beautés les plus séduisantes, se livrant aux plus doux ébats, les appats les plus tentants à sa portée; mais chaque fois qu'il voulait approcher ses lèvres de la coupe enivrante des voluptés, elle s'éloignait de lui ; une volonté plus puissante que la sienne, celle de sa femme, de sa souveraine, la duchesse de Piombino, lui défendait de toucher aux trésors dont la vue l'affamait et l'altérait. Cet infortuné éprouvait ainsi la plus épouvantable torture, qui le rongeait, le dévorait, le minait et lui calcinait le sang.

Un jour qu'il ne pouvait plus supporter ses affreux tourments, que son supplice était trop grand, il parvint à tromper la surveillance que sa femme faisait sans cesse exercer sur lui, il rompit son ban, il s'échappa et s'enfuit incognito dans un des nombreux établissements de ses États, qui ressemblaient beaucoup, sous le rapport des mœurs, à celui fondé par sa chaste duchesse sous le titre de Conservatoire. Là, il put enfin jouir tout à son aise des plaisirs dont il était privé. Mais hélas ! le serpent se cache sous les fleurs pour distiller son venin, et les roses voilent sous leurs brillantes couleurs leurs épines aiguës et piquantes, dont ne nous préservent ni leur beauté, ni leurs parfums. Le signor Bacciochi en fit la terrible expérience, et malheureusement sa chère moitié s'étant relâchée un jour de la continence à laquelle elle l'avait condamné avec elle, les suites en furent si cruelles que la duchesse ne put plus douter de la cause de l'accident qui lui était arrivé ; et son docteur et celui de son époux, ayant confirmé ses soupçons, elle entra dans une grande fureur. Bacciochi, plus mort que vif, en butte aux sarcasmes des courtisans et aux invectives de son épouse courroucée, se tenait coi, blotti dans un coin, dans une attitude contrite, gardant un silence prudent, n'osant souffler mot. Il fut condamné par sa Souveraine à un mois d'arrêts et à la continence à perpétuité. La galante Élisa fut obligée elle-même, jusqu'à complète guérison, de suivre le régime qu'elle avait imposé à son époux. Sa conduite exemplaire, pendant cette retraite forcée, étonna beaucoup la cour et la ville, qui rirent aux éclats de l'aventure désagréable du signor Bacciochi et de son épouse ; elles se livrèrent aux plus grivois quolibets sur le compte du couple ducal ; une fois rétablie, la brûlante Élisa s'ingénia à rattraper le temps perdu et se livra à tous les excès ; elle épuisa de nouveau la coupe du plaisir jusqu'à la satiété.

Elle n'avait ni trêve ni repos.

Quand elle allait se promener, elle se faisait accompagner par deux robustes valets de pied, Allemands, forts gaillards, robustes et fièrement campés, qui l'accompagnaient seuls dans ses solitaires promenades, et se relayaient pour la porter dans leurs bras ou sur leurs épaules, jusque dans les profondeurs des solitudes, où elle les dédommageait tour à tour de la façon la plus aimable de leurs soins et de leurs fatigues.

Voici une autre anecdote racontée par un ancien chambellan de la famille Bonaparte qui peint sous son vrai jour cette courtisane dépravée et criminelle dont Napoléon Ier avait fait une grande duchesse.

« Cette dernière avait parfois des caprices, dit l'auteur que nous citons. Le marquis de S... était jeune et beau ; mais il aimait éperdument sa femme, jeune et belle comme lui ; il avait, d'un autre côté, un esprit peu cultivé et une de ces piétés à l'italienne que l'ignorance favorise au profit des hommes noirs. Les désirs que la beauté du marquis inspirait à Elisa, s'irritaient par les obstacles que leur satisfaction rencontrait. Les agaceries, les demi-confidences, les soupirs, messagers des aveux, tout ce manège enfin d'évolutions adroites, de provocants regards et d'artificieuses manières que sait adroitement employer une courtisane bien dressée, tout échouait, rien n'était compris.

« Elisa était en proie au plus vif dépit ; une idée à la Bonaparte illumina son esprit. Elle pensa que la séduction de la marquise rendrait plus facile sa victoire sur le marquis. Elle se mit vite à l'œuvre.

« Elle mande aussitôt auprès d'elle l'un des plus roués libertins de la cour, le comte de L...; elle l'excite à faire la conquête de la marquise, et elle lui promet de récompenser magnifiquement son difficile triomphe, s'il réussissait. L'amour-propre du comte se piqua au jeu ; la jeune marquise devint l'unique but de ses galanteries, et de ses soins assidus ; mais elle aimait son mari et ferma l'oreille aux aimables propos du séducteur qui ne se découragea pas. Tandis que l'imbécile marquis embigoté va réciter ses prières ou ses *oremus* et se confesser à quelque gras moine libidineux, le comte continuait à conter à la jolie marquise des choses si tendres qu'à la fin elle finit par les écouter.

« Elisa est près de son but, elle va bientôt l'atteindre. Pour hâter le dénouement, la jeune marquise est invitée à souper chez sa souveraine, qui a ce jour-là une société de débauchés émérites, de séducteurs d'élites, la fine fleur des libertins.

« Le festin est splendide, les flots d'un vin capiteux ruissellent et pétillent, les gais propos circulent ; on boit sans s'en apercevoir au milieu d'une gaieté folle, la jeune marquise suit l'exemple de tout le monde, elle vide souvent son verre sans s'en douter ; son esprit se trouble, elle perd la tête, elle sait à peine ce qu'elle fait ; le comte devient de plus en plus pressant ; un boudoir est voisin de la salle du festin ; le comte y entraîne adroitement la jeune femme, à moitié vaincue par le vin, il profite de son trouble, de l'ivresse dans laquelle elle est plongée, qui la mettent dans l'impossibilité de disputer la victoire à son amant.

« Au réveil de sa raison, quand elle s'aperçoit de ce qui s'est passé, elle en est désolée, elle verse d'abondants pleurs, elle ne peut s'habituer à la pensée de son déshonneur, à sa nouvelle situation qui lui cause d'amers regrets, de grands chagrins. Elle ne veut plus revoir le marquis, l'auteur de sa honte. Mais Elisa, son mauvais génie, le démon qui l'a perdue et qui veut la corrompre tout-à-fait ne l'a pas abandonnée ; elle est là qui la guette. Elle l'attire peu à peu, moitié de bonne volonté, moitié par contrainte et par menace, à ses festins nocturnes et à ses parties fines, secrètes ; la malheureuse n'a pas la force de résister aux sollicitations et aux ordres de sa souveraine. Une fois arrivée à ce degré, sa corruption complète est certaine. Au bout de peu de temps, les perfides et corrupteurs conseils d'Elisa, l'éloge du vice, la pratique des plaisirs défendus, les entraînements de l'ivresse, les séductions, le langage séducteur du comte, achevèrent de corrompre la jeune marquise qui devint bientôt semblable aux courtisanes de la cour de Lucques. Alors, ne gardant plus aucune retenue, sur les conseils de l'astucieuse Elisa, elle chercha à entraîner son jeune époux dans la même voie de honte et de corruption qu'elle.

« La grande duchesse Elisa, plus éprise de lui que jamais, l'invita à ses parties fines avec sa femme, lui fit toutes les avances ; mais ce fut inutilement, le nouveau Joseph préférait laisser son manteau à la belle Putiphar qui se montrait sans voiles, que de céder à ses désirs. Il s'en fut et sauva sa vertu. Le jeune marquis, très amoureux de sa femme, n'aimait qu'elle et était complètement insensible aux charmes de l'impudique Elisa.

« Cette dernière, dans l'espoir de détruire l'amour du marquis pour sa femme, *le fit assister invisible à un rendez-vous que cette dernière avait donné à son amant.*

« A la vue, dans les bras d'un autre, de son épouse chérie qu'il avait jusqu'alors crue chaste et pure, il fut pris d'un profond accès de désespoir et ne voulant pas tuer celle qu'il aimait, ni survivre à son malheur, il se brûla la cervelle.

« La mort du marquis, dont la cause fut connue, fit beaucoup de bruit et causa beaucoup de scandale. Élisa, pour détourner les soupçons qui commençaient à planer sur elle, chassa ignominieusement de son palais la jeune marquise qu'elle avait elle-même débauchée, et la força de se réfugier dans un couvent, à Pise. »

Le signor Bacciochi avait conservé rancune à sa vertueuse épouse pour le mois d'arrêts qu'elle lui avait infligé, et pour se venger d'elle, il dénonça à Napoléon Ier les intrigues amoureuses d'Élisa et du préfet de C..., qui était alors son amant en titre. Napoléon Ier, pour mettre fin au scandale que cette liaison causait en Toscane, fit destituer le trop galant préfet, et le signor Bacciochi fut très heureux de la peine et des ennuis qu'il occasionna ainsi à sa femme.

Cette dernière, aussi avare que débauchée, se livrait sans aucune retenue au pillage de ses États ; elle établissait, selon son bon plaisir et à tout propos, de nouveaux exorbitants impôts, des taxes arbitraires et des droits iniques de toutes sortes ; elle forçait ses fidèles et dévoués sujets bien-aimés à les payer pour remplir ses coffres et ses poches. Ainsi que ses frères et sœurs, elle considérait ses États comme des mines fructueuses, inépuisables, taillables et corvéables à merci. Elle les exploitait à la manière des fermiers généraux de l'ancien régime, ou plutôt à la façon des pachas turcs.

Elle fut chassée honteusement de Florence en 1814, et poursuivie par les injures, les malédictions et les outrages du peuple. Elle se réfugia à Lucques, d'où elle mendia la protection du gouvernement autrichien, en le priant et le suppliant de lui laisser cette principauté.

Mais ses lâches supplíques furent accueillies avec le mépris qu'elles méritaient ; elle reçut l'ordre de partir dans les vingt-quatre heures, ce qu'elle fit en toute hâte ; elle gagna Gênes et rejoignit ensuite à Nice sa digne sœur Pauline, dont le beau corps alors gangréné par la débauche tombait en décomposition. Bientôt, ne se croyant pas en sûreté, elle se rendit à Marseille, théâtre de ses premiers exploits. Mais dès que les habitants connurent la présence de cette Messaline dans leurs murs, ils lui témoignèrent hautement leur mécontentement et leur aversion par leurs injures et leurs sifflets. Effrayée, elle se sauva furtivement la nuit. Les malédictions populaires poursuivaient partout cette femme impure, avilie et criminelle, et vengeaient ainsi ses nombreuses victimes.

Elle traînait avec elle son abominable et lâche mari, tremblant et suant la peur comme un affreux caniche.

Le descendant de ce couple infâme, le signor Bacciochi, ressemblait beaucoup à sa chaste maman et à son aimable papa. Ses parents avaient été complètement ruinés depuis la chute de l'Empire, ayant dissipé et dépensé dans les débauches et les orgies la fortune énorme qu'ils étaient parvenus à s'approprier du temps des splendeurs et de la puissance de leur famille.

Le rejeton de cette belle souche croupissait dans la misère chez un vigneron de Bastia, où il s'était réfugié et caché pour échapper à ses créanciers avides auxquels ils devait : nourriture et habillement : paletot, habit, gilet, pantalon, chapeau et bottes, tout ce qu'il avait sur le dos, en un mot.

Dès que cet honorable fugitif apprit la nomination de son petit-cousin à la première magistrature de la République, il s'empressa d'emprunter 200 francs à l'avocat Carbuccia et se rendit directement à l'Élysée, où il s'installa chez son soi-disant cousin en qualité d'homme à tout faire.

D'une nullité sans pareille, sachant à peine lire et écrire, il n'en fut pas moins sur le chemin de la fortune, grâce à la haute protection de Louis-Napoléon, dont il devint un des familiers et des compagnons de plaisir, un des pourvoyeurs de ses alcôves, un des recruteurs de mauvais lieux dont le personnel fut souvent mis en réquisition par les hôtes de l'Élysée.

Si nous passons des membres de la famille impériale de la main droite à ceux de la main gauche, nous trouvons des sujets tout aussi remarquables et dont les vices et les crimes pourraient leur valoir à juste titre la *légitimation*

Le plus important de tous est M. le comte de Morny, il était un des plus parfaits types de bandits que l'on puisse imaginer ; ce Don Juan impérial réunissait à l'esprit d'un Richelieu, l'astuce et l'adresse de Gusman d'Alfarache, la hardiesse de Cartouche, le sang-froid de Mandrin, la cruauté froide de Lacenaire et la basse et effrontée corruption de Casanova.

Nous avons raconté que Caroline Bonaparte, épouse de Joachim Murat, roi de Naples, avait eu pour amants favoris son frère Napoléon Ier et le bâtard de Flahaut, fils naturel du traître Talleyrand. Eh bien, ce même Flahaut, qui était, paraît-il la coqueluche des vertueuses dames de la cour impériale de Napoléon Ier, devint plus tard l'amant de la reine Hortense de Beauharnais, mère de

Napoléon III, qui avait été aussi la maîtresse de son beau-frère et beau-père Napoléon Ier.

Dans cette affreuse famille impériale règne la plus épouvantable promiscuité, l'inceste le plus criminel. Toutes les femmes sont en commun et les liens du sang ne sont pas respectés.

Ce métis hybride, né d'une créole et d'un prélat défroqué, d'une Beauharnais et d'un Talleyrand, avait un singulier mélange de sang saturé de molécules de vices et de crimes, d'*animalcules* de monstres. Sa nature dépravée et perverse n'a donc rien d'étonnant et qui doive nous surprendre. Les éléments qui ont composé ce type étrange et abominable, nous donnent la clef de ses penchants, de ses vices et de ses crimes, et nous font reconnaître en lui l'esprit infernal, l'effronterie audacieuse, le scepticisme cruel, la cruauté cléricale, la duplicité machiavélique, la fausseté à toute épreuve, la perfidie éhontée, la dépravation profonde, la débauche dégoûtante, l'amour du lucre grossier et de la rapine insatiable de son scélérat de grand-père, unis à tous les vices abominables et aux passions honteuses et dépravées de la sensuelle reine Hortense qui l'avait porté dans ses flancs féconds.

Mais moins heureux que le fils Werhuell, le rejeton de Flahaut ne fut pas reconnu par le mari de sa mère, le débonnaire Louis de Hollande ; cette fois il se montra inexorable et ne voulut à aucun prix laisser donner son nom au nouvel intrus, produit des débauches de son épouse prolifique. Et quand on invoquait contre lui les articles du code civil sur la paternité, il menaçait immédiatement d'en appeler à ceux du divorce. Pour éviter tout scandale public, un vieillard tout dévoué aux Beauharnais, le comte de Morny, accepta le rôle de père nourricier, et se chargea de faire élever le fils adultérin d'Hortense, justement répudié par un mari courroucé ; une femme au service de la reine de Hollande consentit à passer pour sa mère.

On est profondément attristé et indigné quand on pense à quelles influences fâcheuses, à quelles circonstances déplorables, à quels événements vulgaires, à quels hasards étranges, à quels personnages méprisables tiennent quelquefois les destinées, le malheur ou le bonheur des nations.

Ainsi, c'est à Hortense de Beauharnais, une courtisane aussi vulgaire que dégradée et méprisable, à ses mauvaises mœurs, à sa corruption, à son esprit dissolu que nous devons les deux héros les plus corrompus et les plus criminels de notre époque ; c'est à ces deux misérables que la France est redevable des malheurs, des désastres qui l'ont frappée depuis 35 ans. Si la fille de Joséphine eut été honnête, elle n'aurait jamais donné le jour à ces deux monstres ; nous n'aurions eu ni le Deux-Décembre, ni Sedan, ni Metz, ni la capitulation, ni le démembrement, ni la ruine, ni la honte, ni la décadence.

Nous devons compléter ici ce que nous avons déjà dit de cette femelle néfaste dont l'inconduite nous a été si fatale.

La reine Hortense était fille du général de Beauharnais et de la créole Joséphine. Cette dernière, après la mort de son mari, exécuté comme traître et aristocrate, devint la maîtresse de Barras, qui la fit épouser au général Bonaparte, pour s'en débarrasser.

« Barras était ennuyé de sa maîtresse, dit l'auteur Goldsmith, Buonaparte lui avait été utile ; je ne sais s'il a eu l'intention de lui donner de l'avancement ou non, mais le fait est que pour se débarrasser de sa maîtresse, il proposa à Buonaparte de l'épouser, et pour le décider à se charger de Joséphine, il lui donna le commandement de l'armée d'Italie. Buonaparte et la vertueuse Joséphine furent mariés à la municipalité.

« Ce qui avait dégoûté Barras d'elle, c'est une maladie de famille qu'elle et ses enfants ont eu au plus haut degré : une haleine infectée. Buonaparte avait été longtemps de garde à la porte d'entrée de Barras, demeurant au troisième au-dessus du restaurant Véry, au Palais-Royal. On voyait Buonaparte couché par terre, à l'entrée de la chambre dans laquelle Barras partageait son lit avec la vertueuse Joséphine... Buonaparte avait trop de philosophie pour refuser la main de la maîtresse de son bienfaiteur. Les Parisiens comparaient cette dernière à une lettre de change tirée par Barras et Cie, *endossée* par Cambacérès et acceptée par Buonaparte.

« La liste des amants de Joséphine est assez grande ; les plus favorisés, sans parler de Barras ni de Tallien, étaient Rapp, Cafarelli, tous les deux aides-de-camp de son mari ; on y voyait également figurer l'acteur Cahun, l'espion Julian et le mamelouk Rustan, qui est aussi le cher ami de Sa Majesté Napoléon. Les railleurs de Paris disent que Rustan est l'épouse de l'empereur et l'époux de l'impératrice.

« Sa fille Hortense était vaine et coquette, sans mœurs et sans moralité. Si elle n'avait pas été faite princesse et reine par le hasard des événements et le caprice d'un despote tout puissant, elle eut été tout au plus une vulgaire courtisane.

« Ce fut son beau-père, ce corse violent et grossier en amour, qui la débaucha, moitié de force, moitié de bonne volonté. Lorsqu'elle fut dans une position intéressante, il força son frère Louis à l'épouser. Ce dernier se plaignait souvent de la contrainte que son frère avait exercée sur lui.

« Il n'est pas moins certain que ce même Napoléon est le père d'un autre enfant, dont la même dame a accouché depuis. »

Tous les deux sont morts, le premier très jeune, le second à Forli, empoisonné par son frère, ainsi que nous l'avons raconté, au commencement de ce livre.

— « Marié par mon frère Napoléon, contre mon gré, disait l'ex-roi de Hollande, je ne voulais pas de cette femme flétrie, qui est la cause que j'ai été considéré comme un mari complaisant et lâche. »

Voici l'opinion exprimée dans une lettre datée du 22 mars 1813, adressée à Napoléon 1er, par Joséphine de Beauharnais, après son divorce, et relative à la conduite de l'empereur envers elle et sa fille Hortense :

Elle le fit assister, invisible, à un rendez-vous que sa femme avait donné à son amant.

« Cette pauvre Hortense, épouse sans mari, écrivait Joséphine, est encore l'objet des mépris de votre concubine et sœur Pauline. Voilà la femme qui influence votre frère Louis, jusqu'à lui faire donner les noms les plus outrageants à son épouse.

« Lorsque l'on m'accuse de la plus criminelle des complaisances, on ignore que cette affreuse intrigue, dont je ne devins complice que quand il fallut en cacher les suites, intrigue qui trompa ma fille, et qui, après avoir été combinée pour satisfaire votre désir impétueux, comme tous vos désirs, de transmettre votre couronne à des héritiers, dont vous seriez le père, n'a eu d'autres résultats que de jeter le déshonneur sur une enfant, de répandre le désespoir dans le cœur de ma fille, et la rage dans celui de son époux, et de vous faire jouir, comme vous l'aimez, des plaisirs atroces et illicites, et de l'avilissement, de l'agonie des êtres qui les produisent sans les partager. Sans doute, je dus alors venir au secours de la victime de la plus décevante des illusions, comme de la machination la plus infernale. C'est ce que je fis pour cacher le plus révoltant de tous les scandales, scandales qui, dans les temps modernes, n'a jamais été plus multiplié que dans votre famille. C'est à ces efforts, que je dois ce mépris public, qui me poursuit dans mon exil, et qui sert si bien vos calculs. »

Le mari d'Hortense, comme on le voit, n'était pas le père de ses enfants ; on attribuait les uns à MM. de Flahaut, de Werhuell, de Ferbin, de Turpin-Crissé. et Napoléon 1er avait engendré les autres. Il était difficile, dit un historien, de savoir à qui d'entre tous les heureux que faisait la reine de Hollande, on devait accorder les honneurs de la paternité de ses nombreux bâtards. La princesse elle même s'embrouillait dans ses calculs.

Telle était la femme immorale, dont les mauvaises mœurs et la dépravation ont produit les deux scélérats, Louis-Napoléon Bonaparte-Werhuell et Flahaut de Morny, dont la France a tant eu à souffrir.

Hortense de Beauharnais avait au plus haut degré la vaniteuse prétention et l'orgueil des créoles. Elle visait à la sensibilité et à l'esprit. Tour à tour amante, musicienne et auteur, elle jouait tous les rôles.

Elle s'était formé au château de Saint-Leu une espèce de cour, un entourage d'artistes et de poètes. Douée d'une excellente mémoire, elle retenait fidèlement ce qu'elle entendait.

Elle profitait et abusait de cette qualité pour s'approprier les œuvres des autres et ravir aux poètes, aux musiciens et aux compositeurs les fruits de leur travail, leurs poésies, leurs romances, leurs chants et leurs compositions musicales.

Elle s'attribuait ainsi la propriété et la primeur des œuvres des autres et se faisait une réputation de femme de lettres et d'artiste.

La manière indélicate dont elle s'appropria la fameuse romance : « *Partant pour la Syrie* », que tout le monde connaît et lui attribue à tort, apprendra à l'aide de quels procédés aussi ingénieux que malhonnêtes elle volait les compositions d'autrui.

L'un des harpistes les plus distingués, Dalvimare, lui apporta un jour l'étrenne d'une romance du comte de Laborde dont il venait d'achever la musique. Le lendemain, devant une nombreuse société, notre héroïne effrontée, avec l'aplomb qui la caractérisait, s'adressa à cet artiste et lui dit :

— Il faut que je vous fasse entendre une composition que j'ai faite hier sur les paroles d'un comte de mes amis ; vous me direz ce que vous en pensez.

L'artiste l'écouta avec beaucoup d'attention. Elle prit alors sa harpe et chanta : « *Partant pour la Syrie*, » etc.

L'auteur de ce chant ne peut en croire ses oreilles, il croit que la princesse plaisante, qu'elle veut lui procurer un triomphe, qu'elle lui ménage une surprise, que quand elle aura fini d'exécuter le morceau de musique, elle lui en attribuera la paternité et lui en fera ses compliments.

Mais qu'elle ne fut pas son étonnement, sa surprise et son indignation contenue, quand la dernière parole chantée, la dernière note évanouie, la reine de Hollande, triomphante, se retourna vers lui en lui disant :

— Eh bien ! Monsieur, comment trouvez-vous ma composition ? ai-je eu hier une bonne inspiration ?

A cette déclaration, dont l'effronterie surpassait tout ce qu'il aurait pu imaginer, le véritable auteur de la romance resta confondu, abasourdi.

Enfin, le musicien, n'osant démentir la reine, s'inclina profondément en faisant l'éloge de son œuvre, en l'applaudissant comme tout le monde, il en laissa attribuer la paternité à celle qui la lui volait si effrontément. Quant au comte de Laborde, en courtisan qu'il était, il se déclara très flatté qu'Hortense ait daigné mettre en musique ses paroles.

A son prétendu talent de poète et de compositeur, la mère de Louis Bonaparte-Werhuell et de Morny-Flahaut joignait celui d'artiste dramatique. Elle faisait jouer des farces dont Merles et Désaugiers étaient les auteurs, et dont elle s'attribuait très souvent la paternité.

Comme pour jeter un défi à l'opinion publique, qui tout bas comptait ses nombreux bâtards, cette éhontée et impériale courtisane jouait souvent le rôle d'Isabelle grosse par vertu, et Maret, dit de Bassano, remplissait le rôle de Cassandre.

Parmi les acteurs de Saint-Leu figurait un officier taillé en hercule, doué d'une belle et mâle figure ; il était sans aucune éducation, mais ses brusqueries et même ses inconvenances plaisaient à Hortense, qui avait un caprice pour lui et qui préférait les dons physiques à toutes les qualités morales de l'esprit et du cœur. Aussi la princesse admettait ce grossier mais solide butor dans sa plus parfaite intimité.

Elle avait aussi appris de ses belles-sœurs à aller le soir à la découverte des jeunes et gentils cavaliers qui pouvaient lui plaire. Ce genre de distraction nocturne était fort à la mode chez les belles dames de la cour impériale.

Un soir, entre autres, Hortense revêtit un costume dont la simple coquetterie dissimulait son rang et donnait à son joli visage un air provoquant et un charme particulier. Une voiture sans armoiries la déposa rue Dauphine, et le cocher, confident discret, reçut l'ordre d'aller l'attendre au pont tournant. Hortense gagna pédestrement le jardin des Tuileries, se glissa clandestinement et courageusement sous l'ombre épaisse des arbres.

Les libertins cherchent à cette heure des amours faciles dans ce lieu propice et mystérieux ; des hommes de tout âge et de toute condition l'abordent et lui font des propositions galantes ; elle en repousse plusieurs qui ne lui conviennent pas. Elle désespérait d'en rencontrer un qui lui plût et d'avoir une bonne fortune; elle était de mauvaise humeur de sa mauvaise chance et allait se retirer très mécontente de sa soirée perdue, lorsqu'elle aperçut un beau jeune homme qui passait non loin d'elle ; elle lui court après, l'arrête, le raccroche, lui permet quelques privautés, et elle lui propose ensuite de le conduire chez elle.

Elle discute le prix avec le galant qui marchande la possession de ses charmes et qui trouve le prix un peu élevé. Enfin on tombe d'accord sur ce dernier. On traverse le jardin, dans l'obscurité de la nuit, à la seule clarté de quelques pâles réverbères.

Hortense, au bras du jeune homme, se dirige vers le carrosse qui l'attend, elle monte prestement dedans en invitant son cavalier à en faire autant. Mais il hésite d'abord, son aventure lui paraît extraordinaire, le prix convenu avec la belle payerait à peine les frais de la voiture.

Enfin il cède aux instances de la dame qui le décide par quelques paroles séduisantes, irrésistibles, dites d'une voix bien tendre, bien douce, qui touche et fait battre le cœur du galant.

La voiture roule fort longtemps et après mille détours s'arrête au bout d'une rue étroite du faubourg du Temple. Les deux amoureux franchissent la porte d'une humble maison et gravissent lestement l'escalier qui conduit au premier étage. Ils entrent dans un joli petit appartement, et le jeune homme reste interdit à la vue d'un ravissant boudoir ; mais il se remet bientôt en présence de la jeune femme, mille fois plus séduisante encore que le boudoir ; il lui prend la taille ; bref, tout se passe selon le rituel ordinaire.

Hortense est dans la joie.

Pour prouver sa satisfaction à son amant, elle lui glisse adroitement un rouleau de napoléons dans la poche sans qu'il s'en aperçoive. Un bon souper dans un charmant et amoureux tête-à-tête complète la partie, et après un dernier sacrifice à Vénus, on quitte le délicieux logis et l'on remonte dans la voiture qui ramène nos héros au marché des Innocents.

Là, on s'embrasse une dernière fois ; le jeune homme descend, très intrigué, et on se quitte en promettant de se revoir ; la voiture qui emporte Hortense part au galop, le jeune amoureux ne peut la suivre, comme il s'était promis de le faire, et elle disparaît bientôt dans la nuit, le laissant en proie à la plus agréable des stupéfactions.

Le lendemain, le héros de cette galante bonne fortune raconte à ses amis son aventure de la veille ; il leur montre à l'appui son rouleau d'or qu'il oppose à leur incrédulité.

— On raconte une foule d'aventures de cette espèce qu'on attribue aux princesses de la famille impériale, lui disent quelques-uns de ses camarades. S'il en est ainsi, si tu as eu pour amante une de ces Altesses Impériales, ce sera bien heureux pour toi ; ta fortune est faite, la dame saura bien te retrouver pour que tu lui procures de nouveaux plaisirs.

Curieux de percer un mystère que semblait éclairer les propos de ses amis, le jeune étudiant ne négligea aucune occasion de voir les princesses de la famille Bonaparte; mais celles qu'il rencontra n'avaient aucune ressemblance avec la belle inconnue qu'il cherchait à découvrir.

Un soir à l'Opéra un mouvement se fait dans la loge impériale, plusieurs voix s'écrient : — Voilà la reine Hortense! — Il regarde cette princesse, et, oh, surprise! oh, bonheur! il reconnaît son enivrante maîtresse d'un soir. Sa joie devient excessive, il raconte étourdiment tous les détails de sa bonne fortune à un ami. Un de ses voisins, espion de la police, écoute et entend tout ce qu'il dit et fait aussitôt son rapport. A l'issu du spectacle, quatre gendarmes, qui en ont reçu l'ordre, l'attendent à la porte du théâtre et l'arrêtent.

Un double rapport de cette imprudente confidence est fait; l'un est adressé au duc de Rovigo, ministre de la police, l'autre à la reine de Hollande. Cette dernière attribue à une erreur causée par une similitude de traits et de grande ressemblance l'étourderie de l'étudiant, et demande sa mise en liberté.

Mais un ordre supérieur enjoignit de diriger le malheureux imprudent sur le bagne de Rochefort où il fut enfermé et où il est mort au bout de plusieurs années, à la suite d'horribles souffrances dans ce lieu de dégradation, de misères et d'affreux supplice.

Cette horrible vengeance exercée par l'Empereur contre les victimes de l jalousie et des luxures impériales a souvent été répétée; une lettre de Mlle N..., demoiselle de compagnie de l'impératrice Marie-Louise adressée à Mme W..., à Vienne, est un douloureux mais certain témoignage de ces infâmes barbaries.

— « J'ai vu, écrit cette demoiselle, dans la rade de Cherbourg, plusieurs jeunes gens à l'air très comme il faut, avec de jolies manières, qui étaient au bagne, subissant les travaux forcés ; et, sur l'étonnement que je manifestais en les voyant, avec leur bonne tournure, réduits à une pareille et si terrible situation dégradante, un personnage occupant une haute situation dans la police, qui m'accompagnait, me dit confidentiellement :

— «Ne m'interrogez pas si inconsidérément, ne témoignez pas votre curiosité
« d'une manière aussi ostensible. Ces messieurs, dont la présence ici vous étonne,
« sont condamnés à travailler dans ce bagne toute leur vie, parce qu'ils ont eu des
« privautés et des bonnes fortunes avec les sœurs de l'empereur, qui leur ont
« accordé leurs faveurs, et qu'il faut à tout jamais ensevelir ces souvenirs dans le
« silence des geôles. »

— « Ah! mon Dieu! quelle horreur m'apprenez-vous là ! Comment cela
« peut-il être possible, ces infortunés sont plus de cent ! »

« Quelle famille, ma chère amie ! j'ai appris sur elle des horreurs que je ne puis croire que difficilement, quoique d'après tout ce que j'entends dire par des personnes très recommandables, la famille impériale s'est rendue coupable des plus grands crimes (1). »

En 1848, le chef de cette épouvantable famille était donc le prince Louis-Na-

---

(1) Voir *Bonaparte et sa Cour*, par un chambellan.

poléon Bonaparte qui avait été proclamé président de la République. Nous avons vu pendant son long exil cet homme pervers adonné à tous les vices et ne reculant devant aucun crime pour satisfaire son ambition et ses mauvaises passions. Tout enfant, il avait déjà donné des preuves de ce qu'il serait un jour. Voici une anecdote racontée par le même chambellan du premier empire, que nous avons déjà cité, qui le prouve surabondamment :

« Joséphine, après son divorce, avait été reléguée à la Malmaison ; elle avait pris pendant quelque temps auprès d'elle Charles-Louis-Napoléon Bonaparte, le second des enfants vivants de sa fille Hortense.

« Un soir, l'Empereur eut la fantaisie de revoir Joséphine, qui lui offrait alors l'attrait du fruit défendu. Après la satisfaction de son caprice, il envoya chercher le fils d'Hortense.

« — Connais-tu mon papa ? demanda le petit gamin à Duroc, qui l'amenait.

« — Non, mon ami, lui répondit ce dernier.

« — Eh bien ! je n'en sais pas plus que toi, ajouta l'enfant, et, continuant, il lui dit encore : « Écoute mon histoire : papa n'aime pas maman ; maman n'aime pas papa ; moi, je n'aime ni papa ni maman, et mon frère n'a pas le même papa que moi. »

« Et le lutin criait à tue-tête. L'empereur l'entendit et le gronda. Joséphine demanda au petit garçon quelle était la personne qui lui avait appris cette horreur ?

« — Personne ne me l'a apprise, grand'maman ; c'est l'histoire des écuries, tout le monde la raconte.

« — Qu'on appelle mademoiselle Élise, la gouvernante de Louis, dit Napoléon Ier.

« Quand cette dernière fut venue, l'empereur lui dit sévèrement :

« — Comment, mademoiselle, permettez-vous que cet enfant aille dans les écuries apprendre de pareilles horreurs ?

« — Sire, répondit la demoiselle, je ne puis pas m'opposer aux volontés de Son Altesse, elle est très entêtée et ne m'écoute pas...

« — Cela est très vrai, dit à son tour Joséphine, cet enfant est un démon, je n'en ai jamais vu de plus précoce pour faire le mal, excepté son petit frère aîné, qui le dépasse encore.

« — Un jour, il vint à moi sérieusement, ajouta Joséphine, et me dit : « Grand-« maman, tu me dis toujours, tu me répètes sans cesse que, si j'étais gentil et « bon, je serai joli ; eh bien ! grand-maman, ce que tu m'as dit n'est pas vrai ; tu « connais le petit garçon que l'on m'a donné pour jouer avec moi, que je bats et « que j'égratigne ? Je suis allé auprès de lui ; je lui ai donné des macarons au « lieu de coups et je lui ai dit : — Ne me trouves-tu pas joli, maintenant ? — Non! « m'a-t-il répondu, tu es jaune et laid, ta tête de bois, tes yeux de mort me font

« peur. » Tu vois, grand-maman, que je n'ai rien à gagner à être bon, aussi je
« veux être très méchant. »

« — Oui, répondit le bambin, qui avait écouté et tout entendu, je veux être
méchant comme mon frère qui égratigne et bat tout le monde. »

« L'empereur, qui écoutait le fils d'Hortense d'un air de satisfaction, se
pencha vers Duroc et lui dit à voix basse :

« — J'ai le pressentiment que l'un des deux fils d'Hortense sera le Bonaparte de mes rêves et qu'il me succèdera. »

« Le petit Louis, qui avait l'oreille très fine et qui écoutait, s'avança alors devant Napoléon Ier et lui dit :

« — Ce sera moi qui vous succèderai, mon oncle, et si mon frère aîné voulait m'en empêcher et monter sur votre trône, je le tuerais... Je veux être empereur !... »

« A cette réplique, Napoléon fut émerveillé, il embrassa le petit garçon en
lui disant :

— « Très bien, mon ami, tu seras un jour empereur ! »

Nous avons vu que cet enfant précoce a tenu la première partie de sa promesse, qu'il a empoisonné son frère aîné à Forli ; et nous savons aussi qu'il en a
été de même de la seconde partie de son engagement, et qu'il s'est fait proclamer
empereur.

Mais n'anticipons pas sur les événements, et restons en 1848, au lendemain
de l'inauguration de Louis-Napoléon Bonaparte à la présidence de la République,
quand cette épouvantable famille reparut avec tous ses vices, ses bas instincts,
ses mœurs crapuleuses, sa cupide ambition, son égoïsme brutal, ses habitudes
rapaces, sa haine du bien et du beau, son mépris de la foi jurée, son impudente
hypocrisie, ses goûts sanguinaires, sa férocité native, ses rancunes et ses vengeances corses, ses attractions vers le mal, ses entraînements irrésistibles vers
le crime.

Louis-Napoléon Bonaparte s'était adjoint pour l'aider dans son œuvre de perversion, son abominable frère utérin et adultérin Flahaut de Morny. Cet impérial
bâtard, pendant la Restauration, fut élevé dans une prudente obscurité. Il appartenait à une race momentanément proscrite, en attendant qu'elle pût donner
à son tour de nouveau l'exemple des proscriptions les plus inouïes dans l'histoire
depuis le cruel Sylla.

M. de Flahaut, rallié aux Bourbons de la branche aînée, ainsi qu'un grand
nombre de bonapartistes, qui n'ont jamais eu d'autre opinion que celle de leurs
intérêts, avait oublié complètement, au milieu des plaisirs et des intrigues politiques, le fils qu'il avait eu avec la reine de Hollande dans un moment de folle passion. Il s'en souvint seulement quand la révolution de Juillet vint rendre au parti
bonapartiste des espérances et des chances inattendues.

Dès lors, l'ancien favori de la reine Hortense et de Caroline Bonaparte, bien
accueilli aussi dans la cour du roi-bourgeois issu des barricades de Juillet, rap-

procha de lui ce bâtard, abandonné depuis quinze ans, et l'introduisit dans les salons du Faubourg-Saint-Honoré, dans les clubs de la Chaussée-d'Antin et parmi les viveurs du boulevard de Gand.

Le jeune de Morny, taciturne, replié sur lui-même, ne se livrant que par boutades excentriques, eut bientôt pris en dégoût la vie de salons et fit quelques folies à la suite desquelles son père adultérin jugea prudent de le lancer dans la carrière militaire : il le fit entrer à l'école d'état-major, et obtint pour lui, en 1832, une sous-lieutenance dans un régiment en garnison en Afrique. De retour à Paris en 1838, le jeune officier donna sa démission pour se lancer dans les spéculations commerciales et industrielles qui lui offraient des chances de fortune plus rapides que la guerre africaine. Il fonda en Auvergne une fabrique de sucre de betteraves et devint secrétaire de la commission des délégués du sucre indigène. Cette fonction le mit en relief dans son département, et il se porta, aux élections du Puy-de-Dôme, candidat ministériel avec l'appui de M. Guizot, président du conseil.

Il fut élu le 10 juillet 1842. Il se rangea alors parmi les conservateurs bornés qui furent les dociles instruments de la politique personnelle de Louis-Philippe. Il devint un des meneurs les plus actifs de cette phalange d'industriels rapaces et bancocrates, devenue aujourd'hui la féodalité financière, industrielle et commerciale qui nous pille, nous ruine, depuis plus d'un demi siècle, nous conduit rapidement à la décadence et fera, si on n'y met bon ordre de nous une nation d'ilotes et de sybarites.

Le nouvel élu se fit remarquer par un aplomb impertubable à la tribune de la chambre des députés, et profita largement et sans scrupule aucun de sa position de législateur pour obtenir et trafiquer des faveurs ministérielles ; il accabla en public le ministère Guizot de ses protestations de dévouement et en secret de ses demandes de concessions, d'emplois, de décorations et de bureaux de tabacs. Il fut renvoyé une seconde fois à la Chambre en 1846. Mais ses devoirs de député n'absorbaient pas tout son temps, il en consacrait la plus grande partie à ses plaisirs ou à ses affaires industrielles.

On le rencontrait plus souvent dans les coulisses de l'Opéra que dans les couloirs du Palais-Bourbon, dans les cabinets particuliers du café de Paris, de Véfour, de la Maison-Dorée qu'aux dîners ministériels de M Guizot ou de M. Duchâtel. Mais c'était aux courses du Champ de Mars, aux chasses princières de Chantilly, dans les allées du Bois de Boulogne, partout où se rassemblent les plus beaux fils du turf, du lansquenet et du baccarat que l'on était le plus certain de voir apparaître sa grande figure osseuse, maigre, ironique, sérieuse, impassible, moqueuse, imperturbable, rappelant à s'y méprendre celle du Don Quichotte de la Manche de Michel Cervantès. Pour peu que le docteur Véron, l'accompagnât avec sa grosse bedaine et sa mine réjouie et rebondie, on croyait voir apparaître devant soi le héros à la triste figure et son fidèle Sancho Pança.

M. de Morny fut un des 225 députés qui votèrent l'ordre du jour des *satis-*

Le jeune étudiant ne se doutait pas qu'il pressait dans ses bras la reine de Hollande.

faits qui couvrirent les grossières corruptions du ministre Duchâtel. Ce vote est resté célèbre parmi les plus bas et les plus vils qu'aient émis les assemblées parlementaires, et l'épithète de *satisfait* est devenue depuis une injure. M. de Morny avait aussi acheté une part du *Constitutionnel*, dans les colonnes duquel il accusait, avec la collaboration du véreux docteur Véron, sous le voile de l'anonyme ou du pseudonyme, le gouvernement qu'il défendait à la tribune. Par cette double et honorable tactique M. de Morny forçait d'un côté la main du ministre par des démonstrations ostensibles qui demandaient naturellement leurs récompenses; de l'autre par des manœuvres occultes il lui faisait une guerre sourde et perfide qui lui fournissait l'occasion de mettre un prix à la paix qui lui était chèrement payée. Cette honnête industrie était doublement et sûrement productive.

Eh bien, malgré tout cela, le bâtard de la reine Hortense et du renégat Flahaut était toujours criblé de dettes. Son existence de chevalier du brelan et du lansquenet, agile à faire sauter la coupé et expert à corriger la fortune ; sa vie de croupier de tripots, d'écumeur de la Bourse, d'écuyer du turf, de membre du Jockey-Club, de Robert Macaire industriel, de coureur de boudoirs, d'habitué des coulisses de l'Opéra, de héros de parties fines, de viveur émérite et de spéculateur hasardeux, absorbait et au-delà tous les énormes bénéfices qu'il se procurait à l'aide de ses spéculations véreuses et de ses chantages ministériels.

Il eut souvent recours, dans ses moments difficiles, aux ressources que lui procuraient d'aimables actrices ou de dévouées femmes galantes, qui le soutenaient avec l'argent de leurs entreteneurs. M. de Morny n'était pas scrupuleux, il avait l'esprit subtil, il était aimable, gracieux, entreprenant, hardi jusqu'à l'insolence. C'étaient là de précieuses qualités plus que suffisantes pour assurer son succès auprès de certaines femmes.

Une circonstance favorable vint tout-à-coup améliorer immédiatement la situation de notre Don Juan. A cette époque, l'héritier du trône du roi-citoyen qui, depuis, a eu la maladresse de se casser le nez sur les pavés de la capitale du monde civilisé, avait pour maîtresse attitrée une très aimable dame dont l'époux était revêtu de hautes fonctions diplomatiques auprès du papa de son royal amant.

La famille du prince, toute bourgeoise, était très contrariée de cette liaison qu'elle trouvait par trop régence. La reine-mère surtout, de mœurs exemplaires, à qui jamais personne n'avait fait la cour, et pour cause, très dévote et très pieuse, souffrait beaucoup du culte tout païen que son fils bien-aimé rendait à son adorée.

D'habiles courtisans, qui s'étaient aperçus de tout cela, saisirent l'occasion qui s'offrait à eux d'être agréables à la reine en faisant rompre la liaison du prince et de la belle dame. Connaissant le transcendant talent de séduction de M. de Morny, ils s'adressèrent à lui pour les aider dans leur entreprise ; ils lui firent entrevoir tout ce que la conquête de la maîtresse du prince avait d'avantageux, d'agréable et de flatteur pour lui. Ils lui offrirent même une forte somme à titre de prime et de récompense s'il voulait entreprendre cette tâche agréable et productive. Le frère extra-légal du futur prince-président, qui n'avait pas et n'eut jamais de scrupules, accepta l'offre qui lui était faite, empocha l'argent et se mit immédiatement à l'œuvre.

La belle dame ne résista pas longtemps : elle était fort heureuse d'avoir un second collaborateur dans le gentil exercice auquel elle se livrait avec le très jeune duc d'Orléans qui, un peu novice, manquait d'expérience et de pratique pour plaire à une dame de la force de celle dont nous parlons.

Dès que le frère de la main gauche du prince-président fut admis dans la plus tendre intimité de la dame, cette dernière songea à utiliser les capacités financières de son nouvel ami de cœur. Elle lui dit que, grâce à ses relations avec un haut personnage, elle pouvait être facilement tenue au courant des nouvelles diplomatiques et des secrets ministériels qui lui permettraient de jouer à coup sûr à la Bourse et de gagner ainsi beaucoup d'argent.

Le chevalier du baccarat et du trente-et-un, l'habile spéculateur véreux fut enchanté de l'heureuse occasion qui s'offrait à lui de tenter la fortune; les spéculations de bourse étaient son élément. Il fut si bien renseigné par sa belle maîtresse, qu'au bout de fort peu de temps il gagna, de compte à demi avec elle, la somme énorme d'un demi-million. Ce rapide succès l'éblouit; il se crut de nouveau assez riche pour se passer de la collaboration de la favorite du duc, qu'il trouvait trop exigeante dans le partage du butin et un peu mûre pour le boudoir. Notre jeune beau était alors présomptueux, inconstant, capricieux et volage; il aimait à papillonner en amour. Croyant maintenant pouvoir *voler* seul, il quitta son habile conseillère, retourna auprès des aimables actrices, des danseuses séduisantes et des gentilles ballerines dont les dessous de maillots, les jambes, les pieds agiles et le reste avaient tant d'attrait pour lui.

Mais son experte conseillère, qui avait trouvé en lui l'homme qu'il lui fallait et qu'elle cherchait depuis longtemps, l'amant habile et intrépide, le spéculateur adroit et intelligent, le joueur froid et rusé, ne se tint pas pour battue; elle espérait bien le ramener au bercail. Elle lui écrivit l'astucieuse, adroite et spirituelle petite lettre suivante :

« Monsieur,

« Quand on ne s'aime plus, l'amitié ne peut-elle donc remplacer l'amour?

« Revenez auprès de moi comme un ami. La somme que vous avez gagnée ne fait pas la fortune d'un homme comme il faut; je veux que vous la tripliez.

« Je ne signe plus cette lettre : votre amante, mais votre amie..... »

A cette aimable invitation, qui lui faisait entrevoir de nouveaux et fructueux bénéfices, sans l'ennui et la nécessité de subir des faveurs qui lui étaient souvent peu agréables, notre Lovelace de Bourse et d'Opéra retourna sous la tente de sa Circé.

Elle le fit jouer de nouveau; mais cette fois elle lui donna des renseignements qui n'avaient pas pour but de lui faire gagner de l'argent, mais bien de lui donner une sévère leçon.

M. de Morny joua gros jeu, sur les indications que lui donna la dame et perdit d'un seul coup tout ce qu'il avait gagné précédemment.

Quand il revint sans le sou, tout déconfit, à l'hôtel de son amie, cette dernière lui dit avec un sourire moqueur:

— Eh bien! monsieur l'infidèle, que pensez-vous de la leçon? Lequel de nous deux est le plus fort? Vous avez besoin d'un tuteur, je vous en servirai. Ce charmant pavillon qui touche à mon hôtel sera votre demeure et nous le nommerons la *Niche à Fidèle*.

Ainsi fut dit, ainsi fut fait. Le pavillon fut très bien nommé et le nom lui est resté ; on le montre encore près du rond-point, aux Champs-Elysées.

Depuis ce jour l'adroite et rusée courtisane a su retenir et captiver son volage.

Les deux amis, redevenus amants et associés dans de fructueux coups de Bourse, continuèrent très longtemps leurs très lucratives et profitables spéculations et réalisèrent ainsi d'énormes bénéfices, qui leur permirent de mener une existence princière.

M. Walewski, un illustre Polonais, est aussi un parent de la main gauche du prince-président. Il est le produit de la tendre conjonction d'une Vénus du Nord et du grand empereur d'Occident. Cette fille de la Vistule a été sacrifiée à un caprice grossier dans un moment de brutale passion de son impérial amant.

Après les membres de l'impériale famille de la main droite et de la main gauche, viennent les amis et les commensaux du prince président, parmi lesquels nous citerons : la belle princesse de la Moskowa, petite-fille du double traître de ce nom qui, pendant les Cent-Jours, après le débarquement de Napoléon Ier sur le territoire français, avait promis à Louis XVIII de lui ramener l'empereur dans une cage, pieds et poings liés. Ce maréchal félon a trahi le roi en passant du côté de l'empereur et il a ensuite trahi ce dernier à Waterloo. Mlle de la Moskowa est très belle. M. Fialin en est, dit-on, amoureux ; on assure cependant que le prince, dont elle est une des sultanes favorites, n'est pas disposé pour le moment à l'abandonner à son fidèle Achate.

Une autre belle dame assiste aussi au lever princier, c'est la fille d'un illustre général bien connu par ses excentricités et la multitude des décorations dont sa poitrine est constellée ; la fille est aussi excentrique que le père, et si ses exploits galants lui eussent valu chacun une médaille de la cour d'amour, il est certain qu'elle serait encore plus décorée que son papa. Elle a épousé un célèbre bandit, illustre par ses débauches, ses orgies et ses crimes, et dont nous parlerons plus tard ; sa digne épouse a jugé à propos d'ajouter à l'auréole de gloire qui entoure la tête de son mari un autre genre d'ornementation que la plus belle moitié du genre humain a souvent l'habitude de prodiguer à la plus laide.

Un autre ami du prince, M. Fleury, est aussi présent à cette matinée intime. C'est un jeune officier d'alcôve et d'antichambre, plus connu de Vénus que de Mars, ayant plus cueilli de myrtes que de lauriers. Il devait ses épaulettes à sa bonne mine, à ses agréments personnels, à ses connaissances en femmes et en chevaux. Fils d'un négociant de la capitale, il a, dit-on, dissipé son patrimoine en folles orgies ; il s'est ensuite engagé dans un régiment en garnison en Afrique, pour se créer une nouvelle position sociale. Regrettant bientôt, dans les camps brûlants et arides de l'Algérie, les plaisirs faciles des boulevards de Paris, les petits soupers de la Maison-Dorée, les princesses de l'asphalte et les demi-mondaines, qu'il préfère aux filles du désert, il sollicita un congé, et, l'ayant obtenu il revint à Paris se garantir des ardeurs du siroco et des moustiques ; ayant rencontré le prince dans des maisons qu'on ne nomme pas, ce dernier, qui se connaissait en homme, le remarqua de suite, et il devina les précieuses qualités dont il est doué. Il le nota comme un sujet précieux, et qui pourrait lui être utile dans l'avenir. Depuis ce jour, le prince et le jeune officier furent intimes.

Il nous reste encore à citer deux invités du président, que nous aurions dû nommer plutôt, si nous avions tenu compte de leur mérite ; car, comme on le verra, ils ont droit à une mention particulière, et à une première place. Ce sont les époux Vieyra-Molina.

M. Vieyra est un juif portugais, naturalisé français, autrefois associé à un de ses coréligionnaires, nommé Jaffa, avec lequel il eut plus tard des démêlés judiciaires. Nous allons puiser dans les documents du procès qui eut lieu entre ces deux messieurs, des renseignements qui édifieront nos lecteurs sur la moralité des époux Vieyra.

Ce monsieur Jaffa fut acquitté de la plainte portée contre lui par son associé. Dans l'ordonnance de non-lieu rendue à ce sujet à Paris, le 31 mars 1827, visée par M. de Belleyme, alors procureur du Roi, enregistrée, nous lisons le petit passage biographique suivant :

« M. Henry Vieyra Molina, fils légitime de Moyse Vieyra Molina, aujourd'hui décédé, contracta en mai 1822, un mariage qui lui assurait à cette époque une belle fortune. Il avait alors 18 ans et 10 mois. Son contrat de mariage constate le fait d'émancipation et lui donnait à tort ou à raison la qualité de négociant. »

Or, dans le procès qu'il eût avec son associé Jaffa, ce dernier produisit une pièce devant le tribunal de première instance de la Seine, établissant que M. Vieyra tenait une maison de *tolérance*, rue Rameau. Quelque temps avant, M. Vieyra avait voulu emprunter une somme d'argent à un M. Henry, dont il avait alors besoin pour faire marcher son moral établissement, et il lui proposa de lui céder le revenu et les meubles de ce dernier pour le garantir et le désintéresser. Voici la note curieuse qu'il lui remit à ce sujet et qui a été produite devant le tribunal :

« Deux mille deux cents francs étaient dûs à M. Henry. Il y avait dans l'établissement 3,000 fr. de meubles et six femmes rapportant au minimum 1,500 fr. tous les trois mois.

« Si M. Henry paie les 3,000 fr. dus à Gérard ou prend avec ce tapissier les arrangements qu'il trouvera convenables, on lui garantit *la recette des six femmes*, à 1,500 fr. par 3 mois et l'on fera le transport des meubles de ces six chambres à M. Henry.

« Supposons qu'il y eut pour ces femmes 1,500 fr. d'arriérés, que l'on ne touche même pas, il se trouvera toujours 7,500 fr. qui seront rentrés dans une année.

« Si M. Henry, pour les fonds qu'il avancerait jusqu'à la vente des meubles ci-dessus, désirait une garantie plus solide, moi, Henry Vieyra, lui ferais le transfert de l'hypothèque de 10,000 fr. »

Au bas de cette pièce curieuse est écrit : « Enregistré le 9 juin 1827. — Timbré le même jour. — Déposé en minute chez un notaire le 11 juin. »

Tel était l'honorable personnage que le président de la République recevait dans les salons de l'Élysée. Cet homme, grâce à la protection du prince, devint chef de la garde nationale ; nous le verrons bientôt, à la tête des amis de l'ordre, dont il était un des plus dignes soutiens, piller et saccager les imprimeries Proux et Boulé ; il fut ensuite nommé colonel d'état-major de la garde nationale, en récompense de ses hauts faits et il sut mériter et capter ainsi la confiance du prince dont il devint un des confidents les plus intimes.

On pourra, peut-être, être étonné de voir le premier magistrat de la République s'afficher dans les salons et se compromettre avec un homme taré, vivant du produit de la prostitution de six malheureuses femmes dont il vendait les profits de leur infâme trafic par anticipation, six mois à l'avance ; on se demandera quel pouvait être le motif puissant de l'intimité du prince avec un honteux industriel de l'espèce du sieur Vieyra Molina.

Eh bien, le même motif qui avait mis Louis Bonaparte en relation à Londres avec Jack-Jung-Fitz-Roi et miss Howard, lui faisait cultiver l'intimité du juif portugais. L'ex-propriétaire du lupanar de la rue Rameau avait fait de rapides progrès, il avait gagné beaucoup d'argent dans son honorable industrie de la traite des blanches. Il était, à l'époque dont nous parlons, propriétaire d'un des plus beaux établissements de femmes de la capitale, dans les splendides salons duquel il avait l'honneur de recevoir très souvent le prince et ses nobles amis.

Il y avait, dans ces lieux consacrés aux plaisirs profanes, de mystérieux réduits où les initiés aux goûts les plus raffinés seuls pénétraient ; là on rencontrait les plus belles et les plus habiles prêtresses, ainsi que les jeunes débutantes, qui venaient se faire initier aux tendres mystères de Vénus. Quand les dames étaient parties, dans ces lieux retirés, à l'abri de tous regards indiscrets et des fines oreilles de la police, Louis Bonaparte et ses complices, pouvaient tout à leur aise conspirer et ourdir leur trames contre la République sous la discrète protection du maître du lieu.

Il y avait, comme on le voit, un lien intime, une affinité secrète entre les salons du juif Vieyra Molina et ceux de l'altesse impériale de l'Élysée. Ce palais, depuis l'avènement du prince, avait été transformé en une caverne, en un véritable mauvais lieu dans lequel on rencontrait des princes perdus de dettes, de réputation et couverts de crimes, au milieu desquels trônait un ex-roi, des officiers tarés de tous grades et de tout âge, des chevaliers d'industrie, escrocs du grand monde et de bas étage, des coureurs de brelan et de lupanars, des misérables vivant aux dépens des femmes, des courtisanes les plus corrompues et les plus dégradées, de tous rangs, parmi lesquelles il y avait des princesses, des duchesses et des altesses, ainsi que des prostituées du rang le plus infime.

Lorsque Louis-Napoléon Bonaparte et miss Howard eurent reçu les honneurs de leurs visiteurs, ces derniers se retirèrent dans les salons du palais où ils purent causer, jouer et boire en toute liberté. Lorsqu'ils furent partis, le couple présidentiel se leva et lorsque Louis Bonaparte et miss Howard eurent terminé leur toilette, ils allèrent rejoindre leurs hôtes qu'ils avaient invités à dîner. Le prince était superbe. Il s'était, ce jour-là, costumé en Empereur, il avait mis l'uniforme historique que son oncle portait le jour du sacre, moins le manteau impérial parsemé d'abeilles; son brillant uniforme serrait sa taille trop longue; le grand cordon de la Légion d'honneur entourait son cou, et son étoile resplendissante garnie de diamants scintillait sur sa poitrine; l'épée d'Austerlitz et de Marengo se balançait à son côté, les grandes bottes recouvraient ses jambes courtes, le chapeau historique était impérialement posé sur sa tête.

Il donnait le bras à miss Howard, drapée dans une belle et longue robe d'impératrice en velours cramoisi, dont la large crinoline et la queue traînante l'entouraient d'un flot de pourpre, elle était garnie de superbes dentelles, dans lesquelles brillaient des nœuds en diamants et des abeilles en saphirs aux yeux de rubis; un magnifique diadème décorait son beau front; un lion britannique en pierres précieuses éblouissait sur sa gorge de satin; ses oreilles délicates et fines étaient ornées de magnifiques boucles dont les pendants étaient deux jolies petites couronnes impériales en brillants; les boucles de sa chevelure blonde tombaient gracieusement sur ses épaules voluptueuses; ses beaux yeux lançaient des feux qui luttaient avec ceux de ses pierreries; le plus séduisant des sourires s'épanouissait sur sa bouche plus fraîche qu'un bouton de rose, et ses dents de perles humides ressemblaient à des pépins d'ivoire encadrés dans un écrin de pourpre. Elle était rayonnante et triomphante au milieu de ses invités; heureuse et fière, elle, la pauvre fille du Wapping, la *bar-maid* du *lodging-house*, la basse courtisane d'Hay-Market, de recevoir les hommages de l'ancien roi de Westphalie, de son fils Jérôme, qui, un jour peut-être, sera un prétendant à la couronne impériale de France. Elle était bien glorieuse, la belle miss, d'être choyée par les princes Murat, ces héritiers de la couronne de Naples, d'être admirée par les princesses Mathilde et de Solms, aussi de la famille impériale, par les descendantes des Ney de la Moskowa, des Tascher de la Pagerie, par le général de Montholon, par le comte de Morny, ce dernier ayant dans ses veines du sang des Beauharnais et de Talleyrand, par messieurs les comtes, vicomtes et marquis de Querelles, de Gricourt et de Persigny. Elle rêvait de devenir madame la présidente de la République, et plus tard Sa Majesté l'Impératrice des Français; car son prince bien-aimé ne pouvait pas, ne devait pas s'arrêter en si beau chemin, il devait s'asseoir sur le trône de son oncle et il avait promis de l'épouser.

En attendant, elle faisait les honneurs de l'Elysée avec la grâce d'une impératrice, l'aplomb d'une véritable souveraine et son charme de courtisane.

Le prince-président était heureux au milieu de sa cour, de ses grandeurs et de sa fortune; mais il rêvait de monter plus haut encore, de ceindre la couronne impériale, de se draper dans le manteau d'hermine semé d'abeilles, de saisir le sceptre, de s'armer du glaive, d'être un véritable souverain, de s'entendre dire « mon frère » par les souverains de l'Europe, par la reine d'Angleterre, impératrice des Indes, et par le tzar de toutes les Russies.

Il se promenait grave, méditatif et pensif, les mains derrière le dos ou les bras croisés sur la poitrine, comme son oncle, drapé dans son costume historique, revêtu de ses croix, de ses ordres et décorations; et quand un maréchal de l'empire, un duc ou un prince l'interrompait en lui adressant la parole, il lui disait, d'un air fort sérieux :

— Laissez-moi, monsieur, je pense!

En effet, il songeait aux grandes destinées qui l'attendaient.

Il préméditait de nouveaux crimes, le parjure, la trahison, le viol et l'assassinat.

Il préparait les plans monstrueux et tortueux qui devaient le conduire au pouvoir suprême, le couvrir de sanglante gloire, de honte, d'infamie et le faire sacrer empereur.

Mais, pendant que Son Altesse Impériale rêvait batailles et victoires, guetapens et massacres, sceptres et couronnes, sa belle compagne, non moins ambitieuse, se voyait déjà ceinte d'un vrai diadème, ointe par les princes de l'Eglise, assise sur le trône impérial, dont elle serait digne par son audace, ses vices et ses crimes.

Mais la journée s'avance, la nuit tombe, l'heure du souper va bientôt sonner, les splendides salons de l'Elysée s'illuminent brillamment, des milliers de bougies parfumées mêlent leurs limpides clartés à la lumière du gaz, tous ces feux se répercutent et se multiplient dans les innombrables glaces qui ornent le palais, les parois dorés, les candélabres ciselés ou polis, les cristaux de porcelaines de Sèvres et de Chine miroitent et étincellent; l'éclat et le parfum des fleurs se mêlent aux richesses et aux prodiges de l'art, et des chefs-d'œuvre de peinture et de sculpture le disputent en beauté aux merveilles de la nature.

Dans une élégante salle à manger, dont le parquet est recouvert des plus moelleux tapis, se dresse une superbe table couverte des mets les plus délicats, des vins les plus exquis, autour de laquelle sont rangés de nombreux et joyeux convives. Près de chacun d'eux est placée une jeune femme belle et élégante, dont les yeux brillants lancent des flammes amoureuses, dont les lèvres frémissantes distillent le sourire et engendrent le baiser. Les robes décolletées laissent deviner les formes adorables de leurs gorges mouvantes, de leurs seins agités. Sur leurs blanches épaules, dont le galbe d'albâtre se dessine amoureusement, sur leurs cous de cygne, tombent voluptueusement les flots ondoyants de leurs chevelures entremêlées de fleurs et humides de parfums; leurs tailles élégantes et souples sont amoureusement entourées par les bras de leurs cavaliers, qui pressent avec volupté leurs mains mignonnes, blanches et potelées, et des mots furtifs et passionnés, dits à l'oreille, augmentent encore le délire des convives, pendant que des vins généreux pétillent dans le cristal et mêlent leurs feux à ceux de l'amour dans les veines des heureux mortels qui assistent à ce festin.

Il avait revêtu le costume traditionnel.

Miss Howard, dont la superbe robe de velours pourpre fait ressortir la blancheur de sa peau et la beauté de son teint, a la tête ceinte d'un diadème de diamants, comme nous l'avons dit, et préside à ce repas.

Près d'elle, son Silène impérial écarquille ses yeux vitreux en contemplant la morbidesse de la gorge ondulante de sa maîtresse.

La belle princesse de la Moscowa, au teint mat, aux beaux yeux intelligents et doux, au sourire dédaigneux et fier, partage en secret les faveurs du prince, en attendant qu'elle épouse l'ancien sous-officier Fialin, dit de Persigny; elle est placée près de ce dernier qui dévore du regard les charmes promis à sa lubricité, mais dont jusqu'à ce jour son maître s'est seul réservé la jouissance.

La piquante et lascive Mme de Solms, petite-fille de Lucien et cousine de Louis Bonaparte, fait face à la princesse de la Moscowa ; sa figure éveillée, son air hardi, ses regards provocateurs, ses allures de *fille*, semblent défier toutes les convives ; elle lance de temps en temps des regards jaloux à miss Howard, et fait des yeux en coulisse à son affreux cousin. A cette époque elle était en faveur et ne jouait pas encore, comme elle l'a fait depuis, son rôle de femme proscrite.

Près d'elle était aussi l'entreprenant Fleury ; vis-à-vis d'elle, la superbe princesse de Castiglione, nouvellement arrivée à Paris avec le signor Bacciochi, semble dominer la réunion par sa beauté antique et accabler ses rivales d'un souverain mépris.

On voit que cette femme a conscience de sa beauté, et qu'elle est assurée d'avance de son triomphe et de la solidité de son empire.

L'égrillarde marquise de G... cause à demi-voix et rit aux éclats avec un bel officier.

Mme Lehon, placée près de son ancien amant de Morny, emploie toutes les ressources de la plus savante coquetterie pour enchaîner plus étroitement encore le cœur de son volage adorateur de la Niche à Fidèle.

Edgard Ney joue amoureusement avec une boucle des noirs cheveux de son adorable voisine, la séduisante Anna Murat, la petite-fille du célèbre roi de Naples, fusillé par le roi Bomba ; elle a aussi, comme toutes ses voisines, une large part dans les faveurs du prince, car aucune femme de la cour élyséenne n'a pu y échapper ; toutes, sans en excepter ses cousines, ont dû céder aux désirs du satrape, et, disons-le, presque toutes les ont sollicités, malgré tout ce qu'ils ont de repoussant, et malgré l'aversion que le prince affreux leur inspire.

Mais le sentiment de jalouse rivalité qui les guide, et leur désir ardent de régner sans partage sur le cœur de leur maître tout puissant, sont si forts, qu'ils suffisent pour leur faire surmonter leur dégoût et briguer ses ignobles faveurs.

La charmante comtesse d'Espeuille écoute complaisamment les propos galants du vicomte de Gricourt qui, penché sur elle, effleure son beau cou de ses lèvres brûlantes, sous prétexte de lui faire de tendres confidences à l'oreille.

Le juif escroc Vieyra-Molina se prélasse à côté de sa chaste épouse, tandis que la robuste Mathilde Demidoff donne en spectacle ses amours adultères avec M. de Nieuwerkerke qui lui presse amoureusement les mains. Plusieurs autres convives, assis près de leurs maîtresses, augmentent par leurs rires bruyants ou leurs conversations animées, l'éclat de ce joyeux festin ; à mesure que les libations se multiplient, les esprits et les sens s'allument, et les joyeux propos se croisent en tous sens.

Louis Bonaparte, ordinairement sombre, taciturne, peu parleur, quand il a bu, devient au contraire d'une loquacité extraordinaire ; il serre amoureusement la taille de miss Howard.

— Oh ma reine ! lui dit-il, quand donc pourrai-je parer ton beau front d'un véritable diadème impérial, le seul digne de ta beauté et de mon amour !

— Vous savez prince, lui répond sa Miss adorée, combien je suis heureuse de vos sentiments qui m'honorent, et que, si je rêve une couronne, c'est pour vous. Je serais néanmoins bien fière, si votre amour pour moi et votre désir de me plaire davantage excitaient votre impatience et hâtaient l'accomplissement de vos projets.

— Ne sois pas trop impatiente, ô mon adorée ! répond le prince en donnant un baiser à la belle Anglaise ; laisse-moi le temps de mûrir et de combiner mes projets ; il n'y a pas encore vingt-quatre heures que je suis arrivé à l'Élysée, et tu me parles déjà d'aller aux Tuileries. Le temps est un élément indispensable en tout, surtout dans les conspirations.

— Vous avez raison, prince, dit le fidèle et bon conseiller Mocquart, maintenant que nous sommes dans la place, la victoire est certaine ; mais pour l'obtenir, il nous faut du temps, de l'habileté et de la prudence. Le temps, nous l'avons ; il ne s'agit que de savoir en profiter ; l'habileté, nous la possédons avec messieurs de Morny, Persigny et Laity ; la prudence nous sera enseignée par MM. Conneau, Montholon, Lombard et de Querelles. Quant à vous, prince, vous réunissez à vous seul toutes les qualités dont nous avons besoin. Vous joignez au courage d'Ajax, la prudence de Nestor et l'habileté d'Ulysse. Si ces belles dames veulent être assez bonnes pour ne pas trop nous pousser dans la voie des entreprises téméraires, et si, au contraire, elles sont assez aimables pour nous accorder les quelques mois dont nous avons encore besoin, nous sommes presque assurés de réussir dans notre entreprise.

— Belles dames et messieurs, ajouta le prince, vous venez d'entendre un de mes plus anciens amis qui m'a suivi partout pendant mon long exil, M. Mocquart, mon fidèle et sage Mentor. Il vous a dit que je serai habile et prudent, je m'efforcerai de l'être et de justifier ses prévisions. Vous savez tous que mon idéal est l'Empire. Suis-je l'homme de la fatalité ou de la providence ? je l'ignore, mais peu m'importe, je vivrai ou je mourrai pour ma mission. Je sens derrière moi l'ombre de l'Empereur qui me pousse en avant, je ne m'arrêterai que lorsque j'aurai gagné ma bataille d'Austerlitz, remis les aigles sur nos drapeaux, le peuple dans ses droits et la couronne impériale sur ma tête !

— Bravo ! bravo ! crièrent ces messieurs et surtout ces dames qui applaudissaient leur prince des deux mains et lui envoyaient des baisers.

— Mais pour que je réussisse dans ma glorieuse entreprise, il me faut votre concours à tous. Il faut que vous, messieurs, vous m'aidiez de votre intelligence, de votre pouvoir et de vos bras, que vous mettiez votre esprit subtil et vos vaillantes épées à mon service.

— Nous le ferons, nous le jurons ! dirent MM. Fialin de Persigny, Laity, de Morny, de Gricourt, de Querelles, Edgard, Ney, Montholon, Parquin, Mesonan, etc., qui tirèrent et brandirent les épées dont la plupart d'entre eux étaient pourvus.

— Et de vous belles dames, continua Louis Bonaparte, je n'attends pas moins que de ces messieurs ; vous savez que, du temps de la chevalerie, des belles châtelaines comme vous encourageaient les brillants paladins lorsqu'ils partaient en guerre. Eh bien, il faut que vous soyez nos Clorindes, nos Armides, que vous nous aidiez, que vous nous encouragiez dans la nouvelle croisade que nous entreprenons. Il faut que vous nous ceigniez les reins de nos glorieuses épées, que vous nous décerniez les palmes de la victoire après le combat, et que l'amour des plus belles, soit l'encouragement et la récompense des héros.

— Bravo ! bravo ! criaient les jolies bouches de mesdames d'Espeuille, de Solms, Castiglione, Mathilde, de miss Howard et des autres déités de l'Olympe Élyséen.

— Oui, mesdames, reprit le prince, vous devez nous aider, nous encourager; il faut que, dès aujourd'hui, vous fassiez votre choix, que chacune de vous ait son chevalier servant, qui écoute ses encouragements et exécute ses volontés et auquel elle accorde la récompense promise à ses exploits en se donnant à lui toute entière. Quand chacun de vous sera ainsi engagé par les plus doux des serments, par les plus tendres des liens, quand il aura auprès de lui une douce, belle et vaillante Armide pour lui montrer le champ de la gloire, le chemin qui mène à la victoire, cette dernière sera assurée, surtout quand il saura quelle tendre récompense sera le prix de chacun de ses efforts. Voilà ce que j'attends de vous, belles dames. Faites donc votre choix de suite.

A ces derniers mots, toutes les belles pécheresses qui étaient à la table du président obéirent. Miss Howard, entourant le cou de son prince, déposa un ardent baiser sur sa bouche en disant :

— A tout Seigneur tout honneur. O mon bien-aimé ! je serai toujours ton bon génie et ma beauté sera ta récompense.

— Et la mienne celle du charmant Edgard, dit la séduisante Anna.

— Mes charmes sont à Gricourt, murmura la gracieuse d'Espeuille sous un baiser du vicomte.

— Et les miens à Persigny, dit Mlle de la Moscowa en s'abandonnant au premier lieutenant du héros de la Finkmatt, qui la serrait tendrement dans ses bras.

— Je promets des voluptés toutes romaines à celui qui sera le plus dévoué au prince, dit l'audacieuse de Solms.

— Voulez-vous que ce soit moi, belle dame ? dit de Querelles en pressant la jeune princesse sur son cœur.

— Je ne demande pas mieux, répondit la sirène, en rendant les baisers avec usure.

— Moi, je suis constante, dit Mme Lehon, je reste avec mon aimable ami de la Niche à Fidèle.

— Et moi, ajouta Mathilde en se penchant sur son hercule hollandais, je suis trop heureuse avec mon héros pour le changer.

Ce dernier, sensible au compliment, déposa un lourd baiser sur les charmes robustes de son adorée.

— Et vous, belle dame, dit Louis-Napoléon Bonaparte à l'incomparable de Castiglione, ne faites-vous pas un choix ?

— Sire, je veux appartenir au plus brave.

— Quel malheur que je ne sois pas libre ! dit de Morny, j'aurais voulu être celui-là, madame.

— Ce sera moi, dit le jeune Fleury en prenant la main de la dame.

— Et qui me répond de votre bravoure, monsieur ? demanda la princesse.

— Moi, dit le président.

— Puisqu'il en est ainsi, je m'abandonne, sur la garantie de votre Altesse, répliqua la princesse, qui céda aux étreintes passionnées de son entreprenant cavalier.

Toutes les autres dames firent successivement leur choix et bientôt toutes furent au bras d'un cavalier. M. Jérôme Bonaparte fils (Plonplon), eut une belle actrice ; son auguste père, l'ancien roi de Westphalie, avait fait choix d'une hétaire de la maison Vieyra-Molina qui avait été invitée à cet effet à la soirée ; le couple de la rue Rameau était resté forcément uni, personne n'ayant voulu ni du mari ni de la femme ; les vieilles furies shakespeariennes, Mmes Hamelin, de St-Jean-d'Angaly, etc., firent inutilement de l'œil à Conneau et à Mocquart ; ces deux ex-ornements des salons de la tendre Hortense s'étaient pourvus, comme l'ex-roi Jérôme, de vestales inscrites à la préfecture, dont les jeunes appas leur paraissaient préférables aux quartiers de noblesse impériale de ces vieilles duègnes.

— Maintenant, dit le prince, jurons tous de nous consacrer tout entiers au triomphe de l'*Idée napoléonienne*, qui doit nous assurer l'Empire de France d'abord et l'Empire du monde ensuite !

En disant ces mots, Louis-Napoléon Bonaparte tira du fourreau sa glorieuse épée d'Austerlitz, il l'étendit au dessus de la table, couverte des débris du festin et des verres pleins de champagne, ses convives en firent autant, tous prirent un glaive dans la main ; les dames seules n'en avaient pas, mais elles tenaient également leurs mains mignonnes tendues pour le serment.

— Je jure d'être parjure ! dit le prince. (Tonnerre de bravos.)

— Jurons tous, maintenant, haine à la République ! amour à l'Empire !

— Oui ! haine à cette République maudite, à laquelle on m'a obligé de prêter serment !

— Mort et malédiction à cette République abhorrée ! répétèrent toutes les voix.

— Nous jurons tous, amour et dévouement à l'Empire qui doit nous donner le pouvoir, la richesse et le bonheur et assurer à tout jamais notre règne.

— Nous le jurons tous ! répondirent tous les assistants.

— Jurons de travailler de toutes nos forces, et par tous les moyens au rétablissement de l'Empire, de n'avoir ni trêve ni repos avant de l'avoir fait triompher et proclamer, dit Louis Bonaparte.

— Nous le jurons tous, répondirent les conjurés.

— Que ceux d'entre vous qui oublieraient ou ne tiendraient pas leurs serments, qui deviendraient parjures et traitres soient maudits, qu'ils soient punis, que leurs corps soient percés par ces épées, et que leurs cadavres soient jetés à la voirie, dit le prince.

— Qu'il en soit ainsi, répliquèrent tous les fidèles en brandissant leurs épées.

— Maintenant souvenez-vous de vos serments, sérieux cette fois; ils ne sont pas comme celui que j'ai prêté à l'Assemblée constituante pour la forme. Remettez vos glaives aux fourreaux, couronnez-vous de roses, videz vos verres et goûtez avec vos dames tous les enivrants plaisirs qu'elles vous ont promis, épuisez avec elles la coupe des voluptés et de l'amour !

Comme il disait ces derniers mots, la lumière des lustres et des bougies se voila, il ne régna bientôt plus dans les salons qu'une faible clarté, juste suffisante pour pouvoir se conduire.

Tous les aimables convives, guidés par leurs amoureuses compagnes, se dirigèrent à travers les dédales des salons vers les alcôves mystérieuses et discrètes où les tendres baisers, les doux ébats, et les promesses de s'aimer toujours, remplacèrent les serments de haine à la République et d'amour à l'Empire.

V

Sommaire. — La promenade aux Champs-Élysées. — La belle inconnue. — Louis-Napoléon Bonaparte est frappé de sa beauté. — Fleury, le messager galant. — Quelle était cette dame ? — Elle accepte l'invitation qui lui est faite pour la prochaine soirée de l'Élysée. — Quel était le frère de cette belle dame ? — Le maître et le valet. — Félice Orsini et sa sœur Héléna à la soirée de l'Élysée. — Sensation produite par cette dernière. — L.-N. Bonaparte en est amoureux fou. — Les deux anciens conspirateurs de *la Jeune Italie* renouvellent connaissance. — Miss Howard est jalouse d'Héléna. Elle dissimule ses sentiments de jalousie. — Orsini rappelle à son hôte ses anciens serments de Carbonaro. — Il l'invite à ne pas abandonner la République romaine. — Embarras de L.-N. Bonaparte. — L.-N. Bonaparte fait une cour assidue à Héléna. — Orsini et les autres patriotes italiens doivent aller défendre la République romaine. — L.-N. Bonaparte demande la permission d'aller présenter ses respects à la sœur de son ami en l'absence de ce dernier. — Elle lui est accordée. — Visite de L.-N. Bonaparte à Héléna, à Auteuil. — Le bravo Griscelli l'accompagne. — Ce dernier fait sa cour à la soubrette pendant que le prince soupe avec Héléna. — L.-N. Bonaparte veut lui faire une déclaration d'amour. — Héléna lui rappelle qu'elle est la sœur de son ami Orsini. — Elle lui parle de l'Italie dans les fers, de la République romaine en danger. — L.-N. Bonaparte l'assure de son dévouement pour l'Italie et la République. — Héléna le conjure d'employer son pouvoir pour la délivrance de l'Italie, son amour est à ce prix. — L.-N. Bonaparte lui promet de faire tout ce qui dépendra de lui en faveur de la République romaine, mais Héléna doit avoir confiance en lui. — Héléna redoute une trahison. — Elle le menace du poignard de Brutus — L.-N. Bonaparte lui promet la liberté de l'Italie en échange de son amour. — Il la conjure de lui céder, d'être à lui. — Il cherche à employer la violence. — Deux hommes masqués et armés viennent au secours d'Héléna. Frayeur de L.-N. Bonaparte à la vue de leurs poignards. — Il appelle son sicaire Griscelli à son secours. — Il ne vient pas. — Ce qui est advenu de lui. — Les hommes masqués s'emparent de L.-N. Bonaparte. — Quel est le lieu où ils le conduisent. — Le tribunal de la Vente Suprême. — La mise en accusation de L.-N. Bonaparte. — Quels étaient ses juges ? — Terreur de L.-N. Bonaparte. — L'accusation de fratricide, de parjure et de haute trahison. — Les témoins des crimes. — Leurs dépositions. — Défense de l'accusé. — Le verdict du jury. — Condamnation à mort. — Terreur de L.-N. Bonaparte. — Discussion sur l'ajournement de la sentence. — Terrible anxiété de l'accusé, pendant le dépouillement du scrutin. — Seule, la voix du président fait ajourner l'exécution. — L.-N. Bonaparte, en apprenant que sa vie est sauvée, reprend un peu de courage. — Il promet de sauver la République romaine et d'être fidèle à tous ses serments si on lui rend la liberté. — Les conditions qui lui sont imposées. — Il doit prendre un narcotique. — Il dormira pendant vingt-quatre heures, après lesquelles il sera libre. — Il se soumet à cette condition. — Il est enfermé avec son bravo Griscelli, endormi comme lui. — Pendant leur sommeil, les patriotes conspirateurs italiens et Héléna vont à Rome défendre la République. — Réveil de L.-N. Bonaparte et de Griscelli. — Retour à l'Élysée. — Scène de jalousie de miss Howard. — Nouveau parjure, nouvelle trahison de L.-N. Bonaparte. — L'assassinat de la République romaine. — Restauration du gouvernement du Pape. — Arrestation d'Héléna à Rome. — Serment de vengeance des Carbonari.

Six mois environ s'étaient écoulés depuis le serment de haine à la République et d'amour à l'Empire, prêté au palais de l'Élysée, par Louis-Napoléon Bonaparte et sa bande de princes errants, sans aveu et sans asile, véritables Gusmans d'Alfarache, en quête d'un mauvais coup à faire qui put leur rapporter une bonne aubaine; de nobles sans parchemins, bâtards pour la plupart; de chevaliers d'industrie, d'officiers tarés, d'escrocs, de chenapans à tous les degrés de l'échelle sociale, de princesses perdues de mœurs, de femmes entretenues et de courtisanes du dernier rang, avec ou sans cartes

Il faisait alors un temps magnifique, c'était par une tiède soirée du mois de juin, le Président de la République se promenait sous les beaux ombrages des Champs-Élysées, en calèche découverte, accompagné du commandant Fleury, qui caracolait autour de lui, monté sur un superbe pur-sang. Le prince avait remarqué dans une voiture qu'il venait de croiser une jeune femme, dont la rare beauté l'avait frappé. Cette belle inconnue était ravissante, d'une beauté correcte, la régularité des lignes étaient sur elle aussi remarquables que la grâce des détails. Elle avait la pureté des statues antiques et l'inappréciable séduction des jolies parisiennes; on aurait pu la prendre pour une fille de l'Athènes du siècle de Périclès transplantée et élevée à la Chaussée-d'Antin, au xixᵉ siècle.

Elle était drapée à l'antique dans un beau châle de dentelle qu'on aurait pu confondre à la rigueur avec une tunique grecque; ses formes que Phidias n'eut pas mieux sculptées se dessinaient sous ses longs plis qui ne les voilaient qu'à demi; grande, svelte et imposante, elle était d'une distinction suprême; une épaisse chevelure noire couronnait sa tête de ses épais bandeaux et rehaussait l'éclat de son front pensif; sous ses longs cils soyeux encore plus foncés que ses cheveux, brillaient d'un éclat métallique deux yeux remplis de flamme et de langueur, dont les rayons brûlants perforaient les cœurs de ceux qui s'abandonnaient au charme irrésistible de leur contemplation. Une auréole de séduction invincible entourait sa physionomie poétique, pleine d'idéal et de rêverie; son sourire avait autant de charme divin, que son regard avait d'attraction; sa taille élancée et bien prise était un chef-d'œuvre de perfection, et il était impossible de contempler sa gorge divine sans se sentir pénétré jusqu'à la moelle.

Aussi le prince-président qui l'avait admirée comme dans une extase, était-il complètement subjugué, anéanti; il s'était senti fondre d'amour à la vue de cette beauté miraculeuse qui l'avait cloué dans une espèce de pamoison sur les coussins de sa voiture; il avait ressenti une véritable commotion électrique, ses sens étaient troublés. Il lui fallut un certain temps pour se remettre de son émotion profonde. Pendant ce temps-là, sa charmante et fascinante vision avait disparu; mais au bout de sept ou huit minutes, le prince aperçut de nouveau la voiture de la belle inconnue qui revenait de son côté et qui allait bientôt le croiser une seconde fois.

Il fit alors en toute hâte signe à son écuyer Fleury de venir lui parler, et lorsque ce dernier fut tout auprès de lui, il se pencha vers son oreille, et lui dit :

— Vous voyez cette charmante personne qui s'avance dans sa jolie calèche rose et qui va bientôt nous croiser? Allez la saluer de ma part, dites-lui que je n'ai jamais admiré une aussi séduisante beauté qu'elle, déposez mes hommages à ses pieds, et si elle ne les accepte pas de suite, remettez-lui une invitation pour la première soirée qui aura lieu à l'Élysée, et suppliez-la, de ma part, de me faire l'honneur d'y assister, et si elle ne vous remet pas son adresse, faites la suivre jusque chez elle.

Le complaisant écuyer, Mercure galant de Son Altesse Impériale, s'en fut aussitôt accomplir la mission qui venait de lui être confiée. Il excita un peu de la voix son pur-sang qui partit au galop, et eut bientôt rejoint la belle dame. Arrivé près de la portière de la voiture, le messager galant salua profondément la dame et s'acquitta de la commission dont son maître l'avait chargé.

La charmante inconnue rougit beaucoup, parut très embarrassée en entendant les choses aimables que lui débitait l'entreprenant entremetteur Fleury. Mais lorsqu'elle fut un peu remise, elle tendit sa carte à l'écuyer du président en lui disant :

— Mon frère, le comte Félice Orsini a l'honneur d'être connu de Son Altesse ; mon frère m'a souvent parlé d'elle. J'accepte donc l'invitation pour la prochaine soirée à l'Élysée, et j'aurai l'honneur de vous être présentée par mon frère le comte Félice Orsini.

Et, saluant, elle prit congé de M. Fleury, sans même lui laisser le temps de lui répondre ; son cocher fouetta ses chevaux, et sa voiture partit au galop.

Lorsque Louis Bonaparte lut sur la carte qui lui fut remise le nom de Félice Orsini, il éprouva une grande surprise. Il ne put s'empêcher de pâlir malgré son flegme britannique et de dire à Fleury :

— Quelle étrange rencontre ! j'ai beaucoup connu le frère de cette belle dame, il y a dix ans à Rome ; j'étais loin de supposer que sa sœur, que j'ai connue toute jeune fille, était la charmante beauté que j'admirais tout à l'heure. Mais, puisque le hasard l'a jetée de nouveau sur mon chemin, je la recevrai avec son frère à l'Elysée, et nous renouvellerons connaissance.

— Cette vieille amitié vous sera, je l'espère, utile auprès de cette jeune dame qui, certainement, ne vous a pas non plus oublié.

— Cela est possible, répliqua le prince, mais j'aurais préféré être tout à fait inconnu d'elle; car il m'est bien difficile maintenant d'avoir auprès de la jeune comtesse le respect que je dois à la sœur de mon ancien ami de jeunesse.

— En amour, je ne connais pas d'amis, répondit le cynique Fleury, j'aime toutes les femmes quand elles sont jolies ; peu m'importe leurs parents et leurs familles ; je comprends le père Loth, amoureux de ses filles, et le grand empereur

Deux hommes masqués, tenant un poignard à la main, firent leur apparition dans la chambre.

Charlemagne et tant d'autres; l'inceste pour un homme bien élevé est un grossier préjugé. Il y a des papes qui l'ont pratiqué, témoins Alexandre VI, amant de sa fille, et Pie IX, amant de sa sœur.

— Je n'ai pas plus de préjugés que vous, mon cher Fleury, et ce n'est pas un sentiment exagéré du respect dû à la sœur d'un ami qui me gêne dans la circonstance présente, mais bien le frère lui-même de la jolie personne que nous avons rencontrée ce soir; car, s'il s'apercevait que je fais la cour à sa sœur, il serait furieux contre moi et serait capable de m'en demander raison.

— Votre ami a sans doute le caractère mal fait; il devrait s'estimer, au contraire, très heureux si le prince président daigne jeter les yeux sur sa sœur. C'est pour lui une bonne fortune que plus d'un lui enviera et dont lui et sa sœur devraient se montrer dignes ?

— Certainement, dit le prince, mais cela me paraît bien peu probable qu'il en soit ainsi ; le comte Félice Orsini, démocrate et républicain, n'en est pas moins un aristocrate de naissance, et il ne comprendra pas que je puisse faire la cour à sa sœur ainsi qu'à toute autre jolie femme, et je suis certain qu'il m'en voudra beaucoup s'il apprend jamais que je lui ai parlé d'amour.

— Votre ami Orsini céderait à un préjugé ridicule s'il s'agissait ainsi ; il serait de notre devoir de lui donner une leçon méritée, en captant les bonnes grâces de la belle ; si Votre Altesse ne voulait pas le faire, je m'en chargerais volontiers.

— Je vous en prie, Fleury, n'allez pas faire une folie de ce genre ; abstenez-vous de toute parole hasardée avec la sœur de mon ami, car vous me désobligeriez beaucoup si vous ne teniez pas compte de ma recommandation.

— Les observations de Votre Altesse sont des ordres pour moi, répliqua l'écuyer du prince, et je respecterai la belle signora.

Deux jours après, il y avait grande soirée à l'Élysée ; miss Howard en faisait les honneurs avec sa grâce habituelle. Toute la famille impériale, tous les complices politiques, tous les amis et tous les partisans du prince étaient présents.

Lorsque l'on annonça M. le comte Félice Orsini et sa sœur Héléna, et que ces deux nouveaux personnages firent leur apparition dans les salons de l'Élysée, un murmure d'admiration se fit entendre ; la belle Italienne paraissait encore beaucoup plus belle sous les rayonnements des lustres et les reflets miroitants des glaces, et son frère était aussi un cavalier accompli.

Louis-Napoléon Bonaparte, à la vue de la beauté éclatante et subjugante de la jeune femme, fut de nouveau ébloui ; il oublia complètement la promesse qu'il s'était faite d'être très circonspect dans ses projets de tentative de séduction, et d'user de la plus grande réserve envers la sœur de son ancien camarade. Il s'avança auprès de la jeune femme et de son frère, et après les compliments d'usage et le renouvellement des sentiments de la vieille amitié qui avait jadis existé entre M. le comte Orsini et Louis Bonaparte, ce dernier fut plein d'empressement et de galanteries pour Mlle Héléna, qu'il ne quitta plus de la soirée, et de laquelle il se fit le chevalier servant pendant toute la nuit.

Tout le monde remarqua l'empressement du prince pour la séduisante italienne. Miss Howard, s'en aperçut une des premières et en fut profondément affligée. La jalousie la mordit au cœur ; la beauté supérieure de la jeune femme qui éclipsait la sienne la fit pâlir de colère et trembler de dépit.

Elle comprit de suite que la lutte était impossible avec Héléna, elle s'avoua à elle-même qu'elle était vaincue, mais cependant elle résolut de ne pas céder sans combat, de dissimuler son dépit et de redoubler de coquetterie auprès de son amant ; et en attendant, elle n'eut pas l'air de s'apercevoir des préférences que le prince avait pour la nouvelle venue, et elle lui témoigna la même bienveillance, la même courtoisie qu'aux autres invités.

Louis-Napoléon ayant présenté Héléna à miss Howard comme la sœur de son ami, le comte Félice Orsini, la belle anglaise lui fit un gracieux et bienveillant accueil en lui disant :

— Je suis heureuse, mademoiselle, de voir que le prince compte parmi ses amis une aussi charmante personne que vous et un aussi aimable cavalier que monsieur votre frère, et je vous prie tous les deux de vouloir bien reporter un peu sur moi l'amitié que vous avez pour Son Altesse ; je serais heureuse de vous payer de retour.

Héléna s'inclina en réponse à ce gentil compliment et à ce bienveillant accueil, et son frère dit à miss Howard :

— Merci, Madame, pour ma sœur et pour moi, de votre courtoise réception ; soyez persuadée que nous en conserverons la reconnaissance qu'elle mérite.

Héléna fut gracieuse et aimable avec le prince sans jamais se départir de la plus extrême réserve. Son frère Félice annonça à son hôte qu'il allait partir bientôt pour Rome avec ses amis pour aller défendre la République romaine menacée par la papauté, par l'Autriche et l'Espagne.

— J'ose espérer, ajouta-t-il, que les patriotes républicains italiens peuvent compter aujourd'hui, comme par le passé, sur les sympathies de Votre Altesse ; et il ajouta tout bas à l'oreille du Président : et sur les serments de l'ancien membre de la Jeune Italie, l'insurgé de Forli.

Louis-Napoléon, visiblement contrarié, répondit avec une courtoise réserve :

— Le Président de la République française saura concilier ses sympathies pour la République romaine avec ses devoirs envers la République française.

— Nous n'en avons jamais douté, répondit Orsini.

La conversation en public en resta là sur la politique ; mais on remarqua que Félice Orsini et Louis-Napoléon eurent une conversation très animée dans l'embrasure d'une croisée d'un salon à peu près désert.

Après une nuit que Louis-Napoléon consacra presque toute entière à danser avec Héléna et à lui faire sa cour, ce dernier demanda à son ancien ami la permission d'aller visiter sa sœur pendant son absence.

— Prince ! lui répondit Orsini, je vais partir pour Rome, afin de faire mon devoir de citoyen ; je vous recommande ma chère Héléna, remplacez-moi auprès d'elle, servez-lui de frère pendant mon absence.

— Comptez sur moi pour cela, mon cher ami, répondit le prince, Mademoiselle n'aura pas de serviteur plus dévoué que moi.

En prenant congé de ses deux amis, le Président de la République leur promit d'aller faire une visite à Héléna le lendemain du départ du frère de cette dernière pour l'Italie.

Et, en effet, trois jours après la soirée que nous venons d'esquisser, Louis-

Napoléon alla faire la visite qu'il avait promise à Héléna; il était accompagné d'un bravo corse nommé Griscelli, agent secret, homme capable de tout, courageux et déterminé, qui l'accompagnait toujours dans ses parties galantes. Plusieurs autres agents secrets avaient reçu l'ordre de suivre de loin le prince, de surveiller les abords de la maison où avait lieu le rendez-vous, et de se tenir toujours à proximité de cette dernière, de manière à pouvoir venir au secours de Louis Bonaparte au moindre signal, s'il en avait besoin.

La jeune italienne habitait une petite villa à Passy, située dans un endroit isolé, non loin des fortifications, la maison était coquettement dissimulée au milieu d'un joli jardin, entourée d'arbres et de massifs de verdure. Le prince fit arrêter sa voiture à quelques centaines de mètres de l'habitation, en ordonnant au cocher de l'attendre, et il se dirigea à pied, en compagnie de Griscelli vers la demeure d'Hélèna, afin de ne pas attirer l'attention des voisins. Il sonna discrètement à la porte; un vieil italien servant de concierge vint lui ouvrir; il lui remit une carte portant le nom de M. le baron de Rimini, qui était le nom d'emprunt de Griscelli lorsqu'il allait dans le monde avec son Altesse et que cette dernière voulait conserver l'incognito. La belle Italienne, qui avait été mise au courant de cette manière de faire, donna aussitôt l'ordre d'introduire les deux visiteurs.

Ce soir-là, Hélèna était encore plus séduisante que d'habitude; son épaisse chevelure noire tombait sur ses épaules de marbre et faisait ressortir la blancheur mate de son beau visage de statue grecque; son torse svelte, élégant et élancé, était enveloppé dans une tunique de mousseline blanche, garnie de dentelles, attachée sur les épaules par des agrafes en diamants, et retenue à la taille par une petite ceinture d'un rose très clair, qu'on aurait bien désiré voir se dénouer, tant les formes voluptueuses emprisonnées et pudiquement voilées dans les longs plis flottants du vêtement de la jeune femme laissaient deviner de charmes divins sous la gaze et les dentelles.

Hélèna attendait le prince, comme nous l'avons dit; elle avait fait préparer un bon petit souper à l'italienne, composé de mets délicats et exquis et des vins généreux des meilleurs crus de l'Italie.

Une jolie soubrette nommée Silvia, avait fait les apprêts de ce délicat festin. Louis-Napoléon désirant être seul avec Hélèna, il avait été convenu que Griscelli se tiendrait dans une pièce voisine, veillerait à la sûreté du président, prêt à accourir au secours de ce dernier, au moindre signe ou au plus léger appel qui lui serait fait; il devait souper en tête à tête avec l'agaçante Silvia. Lorsque tous ces arrangements préliminaires furent pris, Griscelli sortit de la villa pour s'assurer si les agents secrets qui devaient surveiller cette dernière étaient à leur poste. Il ne tarda pas à rencontrer plusieurs d'entre eux auxquels il donna ses instructions en leur recommandant de rester en embuscade et d'accourir au premier signal ou au premier appel qu'il leur ferait. Il rentra ensuite à son poste et se mit à la table qui lui avait été préparée par la jolie soubrette, à laquelle il fit deux doigts de cour, faisant en même temps le plus grand honneur à son bon souper et surtout à son bon vin.

Pendant ce temps-là, le prince, à table avec Héléna, était plongé dans une de ces extases amoureuses auxquelles il était sujet lorsqu'il approchait pour la première fois une jeune et jolie femme qu'il avait longtemps convoitée à distance.

— Mademoiselle, lui disait-il, les trois jours qui viennent de s'écouler sans vous voir m'ont paru trois siècles; votre image chérie, gravée dans mon cerveau, ne me quitte pas depuis que j'ai eu le bonheur de vous apercevoir, aux Champs-Élysées, et surtout depuis la soirée délicieuse que j'ai passée près de vous, au palais de la présidence, la dernière nuit de mes grandes réceptions. Aussi suis-je bien heureux de vous revoir ce soir, d'être ici seul avec vous, de pouvoir vous admirer tout à mon aise et contempler tous vos attraits enchanteurs, qui font de vous la femme la plus accomplie et la plus parfaite que l'imagination la plus ardente, la plus poétique, puisse rêver.

En disant ces mots, le prince, entraîné par son ardeur, se pencha vers la jeune femme et voulut lui prendre la taille; mais Héléna, souple et agile comme une couleuvre, l'évita adroitement; et, repoussant délicatement sa main entreprenante, elle lui dit d'un ton de doux reproche:

— Prince, je vous en prie, rappellez-vous que je suis la sœur de votre ami Félice Orsini, qu'il m'a confiée à votre loyauté, que vous avez promis d'être un frère pour moi et de me respecter comme une sœur.

— Oh! n'accusez que votre beauté, charmante Héléna, de l'excès de mon amour pour vous; pardonnez aux tendres sentiments si vrais, si profonds que vous m'inspirez, excusez la passion que vous allumez dans mon âme et les ardeurs de mes sens troublés à votre vue. Laissez-moi vous aimer, vous...

— Prince, dit de nouveau la jeune femme en l'interrompant, je vous en prie de nouveau, soyez pour moi un ami, un frère, du moins pour le moment; j'ai à vous parler de choses qui m'intéressent beaucoup et qui, j'en suis persuadée, ne vous seront pas indifférentes. J'ai besoin de causer avec vous de notre chère Italie encore dans les fers, pour laquelle vous avez déjà combattu dans les Romagnes et pour laquelle vous serez toujours, j'espère, aussi dévoué que moi?

Louis-Napoléon, très contrarié, au fond, de la tournure que prenait la conversation, se résigna à écouter la séduisante patriote italienne, persuadé que le meilleur moyen de gagner sa confiance et de mériter son amour, c'était de partager, en apparence au moins, ses beaux sentiments de dévouement pour la patrie italienne.

— Vous avez raison, mademoiselle, lui dit-il, de croire à mon affection et à mes sympathies pour l'Italie, qui est aussi ma patrie, celle de ma famille; je n'ai pas oublié que j'ai eu le malheur de perdre un frère chéri en combattant pour sa liberté, ni les belles années de bonheur que j'ai passées sous son beau ciel bleu, dans ses belles cités de marbre, sur les bords de ses fleuves charmants, à l'ombre de ses oliviers, de ses citronniers et de ses lauriers-roses, et je me souviens surtout que cette terre promise, illustrée par le Dante, le Tasse et Pétrarque, est aussi la patrie de Rienzi, de Jordano Bruno, de Savonarole et de Mazaniello ; je n'ai pas oublié quelle était la terre classique des héros et des martyrs et qu'elle est encore foulée aujourd'hui par des hordes de barbares Croates, de soldats autrichiens, et que Rome est menacée encore de subir le joug du plus infâme des gouvernements, celui des prêtres, contre lequel j'ai combattu en 1831 à Forli avec mon frère infortuné, mort comme je vous l'ai dit, pour l'Italie. Oui! Mademoiselle, je me souviens de tout cela et j'aime comme vous notre patrie commune.

— Eh bien! puisqu'il en est ainsi, répliqua Héléna, pourquoi ne vous servez-vous pas du pouvoir que vous avez dans vos mains pour secourir ma malheureuse patrie, la vôtre, et la délivrer?

— Pourquoi?... Mais croyez-vous donc que c'est la bonne volonté qui me manque? Croyez-moi! si je n'écoutais que mes sentiments et mes ardents désirs, il y a longtemps que les armées de la République française auraient franchi les Alpes, pour voler au secours de notre patrie commune, et faire l'Italie libre, du Var à l'Adriatique. Mais vous ne l'ignorez pas, je ne suis qu'un président constitutionnel, je n'ai que des pouvoirs très limités, c'est l'Asssemblée qui règne et gouverne, et si je voulais outrepasser mes pouvoirs, je serais immédiatement mis en accusation. Ne réclamez donc pas de moi ce que je ne peux pas faire. Vous savez que les troupes françaises que l'Assemblée nationale et mon gouvernement envoient à Civita-Vecchia, « ne vont pas en Italie pour imposer un gouvernement aux Italiens; que la pensée du gouvernement français n'est pas de faire concourir la France au renversement de la République romaine... Fille d'une Révolution populaire, la République française ne pourrait que s'amoindrir en coopérant à l'asservissement d'une nationalité indépendante; il faut agir pour défendre... la liberté de l'Italie que nous seuls pouvons sauver » (1). Ainsi ayez bon espoir; comptez sur moi, j'userai de mon pouvoir dans l'intérêt de l'Italie et de la République romaine. Mais, je vous le répète, n'exigez pas de moi, aujourd'hui, plus que je ne puis faire, laissez-moi le temps indispensable pour mener mes projets à bonne fin.

— Je n'exige pas de vous l'impossible, répondit Héléna, mais il circule de sourdes et sinistres rumeurs sur le but secret de votre expédition à Rome. On dit que vous avez promis votre appui aux catholiques pour la restauration du pouvoir temporel du pape, et qu'en échange ceux-ci appuieraient vos projets de restauration impériale en France; ils vous aideraient à égorger la République française, si vous détruisiez la République romaine. Tel est le pacte infâme, le complot abominable, l'acte de trahison et de brigandage que l'on vous accuse d'être en voie de perpétrer à l'heure actuelle en envoyant des troupes à Rome; mais prenez garde, tremblez s'il en était ainsi; car non-seulement tous les pa-

---

(1) Déclaration de M. Odilon Barrot, président du Conseil à l'Assemblée constituante en 1849 et de M. Drouin de Lhuys, au sein de la commission de crédit pour l'expédition de Rome.

triotes italiens s'armeraient pour vous frapper et vous punir, mais les femmes elles-mêmes saisiraient le poignard de Brutus pour vous tuer, et vous me rencontreriez la première sur votre chemin pour vous faire expier votre infâme trahison.

En disant ces dernières paroles, Hélèna s'était levée, pâle et frémissante, dans l'attitude de la menace; son beau front, ordinairement si pur, s'était couvert de sombres nuages, ses beaux sourcils se fronçaient, ses yeux ordinairement remplis d'une douce flamme, lançaient des éclairs de colère; elle regardait le prince avec une défiance courroucée, cherchant à deviner ses plus secrètes pensées.

Louis-Napoléon Bonaparte, replié sur lui-même, calme, flegmatique, restait impassible; pas un muscle de son visage ne bougea sous le regard scrutateur, devant l'attitude, menaçante et soupçonneuse, de la jeune patriote. Il lui répondit simplement avec le plus grand sang-froid :

— Calmez-vous, ma chère amie; si vous doutez ainsi de moi, pourquoi me recevez-vous ici, chez vous ? S'il en est ainsi après tout ce que j'ai fait pour l'Italie, tout ce que je suis disposé à faire encore, et tout ce que je viens de vous dire, il serait préférable que nous en restions là et que je me retirasse.

Cette déclaration froide, juste et logique, calma aussitôt la jeune femme. Elle se rassit auprès de Louis Bonaparte, en lui disant :

— J'ai peut-être eu tort de vous soupçonner et d'écouter les propos malveillants que l'on débite au sujet de vos intentions. Mais si ces dernières sont pures, si tout ce que vous m'avez dit de vos projets favorables à la délivrance de ma patrie est vrai, hâtez-vous donc de le mettre en pratique, et vous pouvez être assuré de la reconnaissance de tous les patriotes italiens, et moi-même, alors, je n'aurai plus rien à vous refuser.

— Ne doutez pas plus longtemps de moi, chère Hélèna, dit Louis Bonaparte en jouant l'attendrissement indigné, croyez à la sincérité de mon double amour pour l'Italie et pour vous. Cessez de me faire souffrir, de me torturer comme vous le faites en m'accusant d'être capable de trahir la cause sacrée de l'indépendance italienne et surtout en doutant de mon amour sincère, profond pour vous; je vous jure que je délivrerai l'Italie, que je la ferai grande et libre; mais si vous voulez doubler mon ardeur, me rendre ma tâche beaucoup plus facile et en hâter l'accomplissement, donnez-moi un encouragement, un gage précieux qui augmente mon ardeur et fortifie ma résolution. Aimez-moi, Hélèna ! Aimez-moi comme je vous aime, et alors, excité, encouragé, fortifié par votre amour, rien ne me sera difficile, tout me sera possible !

S'animant de plus en plus et cédant à un nouvel accès de sa passion brûlante, que la vue des charmes irrésistibles de la jeune femme poussait à son paroxysme, il la saisit tout à coup par la taille, et, avant qu'elle eût le temps de se défendre, il l'enlaça fortement et déposa un baiser ardent sur sa bouche, chercha à la renverser sur un canapé, en lui disant :

— Sois à moi, et l'Italie sera libre !

Héléna poussa alors un cri perçant, en se débattant et en cherchant à lui échapper.

Au même moment, deux hommes masqués, tenant un poignard à la main et ayant les insignes des carbonari italiens, firent leur apparition par les deux portes opposées de la chambre. Louis Bonaparte, effrayé, lâcha immédiatement Héléna.

— Misérable ! dit l'un d'eux en s'avançant sur Louis-Napoléon, tu vas nous rendre compte de ton infâme conduite et de ta trahison envers l'Italie.

— Griscelli, à moi, au secours ! cria le prince, tremblant devant l'étrange apparition des deux hommes masqués et armés, qui le menaçaient.

Alors, l'un d'eux, ouvrant toute grande la porte de la chambre d'où il sortait, lui montra Griscelli étendu sur le tapis sans mouvement et lui dit :

— Regarde ton sicaire, il est là, immobile, il ne te répondra pas.

— A l'assassin, s'écria Louis Bonaparte, à l'assassin ! vous avez tué ce malheureux !

— Non, répondit l'inconnu sous son masque, ton bravo corse n'est pas mort ; mais il n'en vaut guère mieux pour toi, il ne te répondra pas et ne viendra pas à ton secours.

Le prince, à cette vue, à cette déclaration, comme dans toutes les circonstances décisives de sa vie, comme à Strasbourg, comme à Boulogne, quand il s'était agi de faire preuve de courage et d'action, perdit complètement tout sang-froid, toute présence d'esprit, il resta inerte, inanimé, incapable d'opposer la moindre résistance, il se conduisit comme le dernier des lâches.

— Écoute ce que nous avons à te dire, dit l'homme masqué, tu es à notre discrétion, personne ne viendra te secourir ici ; nous allons maintenant t'introduire dans une autre chambre où tu comparaîtras devant tes juges, qui statueront sur ton sort.

Louis-Napoléon, en proie à une grande terreur, resta immobile, inerte et sans voix.

Les deux hommes masqués se placèrent alors de chaque côté du prince, pendant que la belle Héléna, sombre et sévère, comme la statue de la justice, impassible, drapée dans sa tunique, ses grands yeux noirs brillants comme deux escarboucles au-dessous de ses sourcils froncés, sur le fond d'ébène de sa chevelure épaisse, contemplait en silence le misérable qui l'avait outragée et dont l'attitude lui faisait pitié.

— Debout, et suis-nous ! dit l'un des deux hommes à Louis Bonaparte.

Mais ce dernier, de plus en plus terrorisé, restait immobile.

Les deux inconnus le prirent sous les bras, le soulevèrent et le conduisirent ainsi, les jambes traînantes, à moitié évanoui, dans la salle voisine, le firent asseoir sur une chaise ; deux hommes masqués et armés se tinrent debout de chaque côté de lui et deux autres se placèrent par derrière.

Le prisonnier était devenu jaunâtre, ses yeux ternes étaient complètement

Le petit lever de Napoléon Bonaparte et de miss Howard, sa maîtresse, à l'Elysée : hommages des courtisans du crime et de la débauche.

vitreux, sa figure était terreuse, il avait l'aspect cadavéreux d'un mort, on aurait dit que la terreur avait interrompu la circulation de son sang et qu'il était pétrifié.

Devant lui, on voyait une table recouverte d'un tapis rouge, sur laquelle était placé un gros livre relié en chagrin rouge et doré sur tranche, sur lequel on lisait en grosses lettres d'or le titre suivant :

DROITS DE L'HOMME ET DU CITOYEN
ET
STATUTS DE LA JEUNE ITALIE

Devant ce livre étaient placés deux poignards en croix.

Sur la muraille, derrière la table, on lisait les inscriptions suivantes :

LIBERTÉ, ÉGALITE, FRATERNITÉ.

SOUVERAINETÉ DU PEUPLE ET INDÉPENDANCE NATIONALE.

VIVE LA RÉPUBLIQUE, UNIVERSELLE, DÉMOCRATIQUE ET SOCIALE!

MORT AUX TYRANS !

A côté et au-dessus de ces légendes révolutionnaires, il y avait des peintures allégoriques aussi révolutionnaires, représentant des couronnes, des tiares, des sceptres, des chaînes, des instruments de torture brisés; près d'eux on voyait aussi des compas, des équerres, des niveaux, des marteaux, des pelles, des pioches, des truelles, etc, etc.... et d'autres emblèmes de l'égalité et du travail.

Derrière la table au-dessous des inscriptions et des emblèmes allégoriques du travail, dont nous venons de parler, trois hommes masqués étaient assis. C'étaient le vénérable ou grand-maitre, qui présidait la réunion, le premier assistant, assis à sa droite, et le second à sa gauche.

D'autres hommes aussi masqués, au nombre de deux douzaines, étaient assis de chaque côté de la table.

Deux gardiens étaient en factions à la porte de la salle, le poignard à la main, l'un en dehors, l'autre en dedans.

Tous les assistants, à l'exception du prince prisonnier et gardé à vue, avaient à la boutonnière un ruban aux couleurs italiennes, et le président de la réunion en portait un de mêmes couleurs en sautoir; chacun d'eux avait en outre un morceau de charbon, pendu à la boutonnière, par un ruban noir et rouge, le rouge représentant le feu et le noir le charbon. Ce dernier insigne était celui de *la Charbonnerie*, à laquelle tous les spectateurs étaient initiés.

Quand le prince fut assis, et que tous les préparatifs de la réunion furent achevés, le président frappa les trois coups sacramentels, deux d'abord, et un troisième au bout d'un petit intervalle de temps un peu plus long.

— Mes *bons-cousins*, dit le vénérable, debout et à l'ordre.

A ce commandement, tous les hommes masqués se levèrent, croisèrent leurs bras sur leurs poitrines, se prirent par les mains, formèrent ainsi une chaîne circulaire, et échangèrent entre eux un mot d'ordre à voix basse; quand tous l'eurent faits, le premier assistant, placé en face du président, s'avança vers ce dernier et lui dit :

— Vénérable, les mots sont justes.

— Quelle heure est-il ? demanda le premier assistant.

— Il est minuit.

— A quelle heure les bons-cousins ont-ils l'habitude de se réunir pour commencer leurs travaux ?

— A minuit.

— Eh bien! puisqu'il est minuit, je déclare nos travaux ouverts au grade d'apprenti, au nom de *la République universelle démocratique et sociale*. Maintenant à vos places, mes bons-cousins, dit le vénérable.

Alors tous les assistants rompirent leurs chaînes d'union et prirent place sur les deux sièges alignés en deux rangées.

— Mes bons-cousins, il a été déposé entre les mains de la Vente Suprême, une demande de mise en accusation d'un de nos anciens bons-cousins, membre de la forêt du Tibre; le prince Charles-Louis-Napoléon Bonaparte, aujourd'hui président de la République Française, accusé de fratricide, de parjure et de tentative de haute trahison envers notre ordre et de tentative de corruption, de débauche et de viol sur la fille d'un bon-cousin. La Vente Suprême, après avoir examiné scrupuleusement les motifs de l'accusation et les pièces à l'appui, et entendu les témoins, vous a réunis ici, ce soir, pour juger le prévenu, prononcer votre sentence, et l'exécuter s'il y a urgence. L'accusé a été appréhendé au corps par deux de nos bons-cousins, et amené devant la pierre de comparution, pour qu'il soit statué à son sujet, conformément à nos statuts et règlements. Mes bons-cousins gardiens, faites lever l'accusé.

A ces mots, les deux bons-cousins, placés à droite et à gauche de Louis Bonaparte, le saisirent par dessous les épaules et le soulevèrent.

Ce dernier, alors seulement, revint à lui; quand il vit enfin qu'il ne s'agissait pas de le frapper, mais de le juger, quand il comprit que le danger imminent, immédiat, était passé, le sentiment de la conservation personnelle prit le dessus, son sang-froid lui revint, il se tint debout, prêt pour sa défense.

Sur la demande du vénérable, il déclina ses nom, prénoms, âge et profession. Après quoi, le vénérable lui dit :

— Tu as entendu les raisons pour lesquelles tu es traduit ici en jugement, tu es accusé de fratricide, de parjure et de haute trahison? Je vais donner la parole à notre bon-cousin qui t'accuse. Mon bon-cousin accusateur, vous avez la parole.

A ces mots, un bon-cousin, tenant un rouleau de papier à la main, se leva et dit :

— Mes bons-cousins, comme vous l'a dit notre vénérable, je porte ici, devant vous une triple accusation de fratricide, de parjure et de haute trahison etc., contre Charles-Louis-Napoléon Bonaparte. Voici ces actes :

« Le 1er août 1830, après la glorieuse Révolution de Juillet qui délivra la France du despotisme de la royauté, prétendue légitime et de droit divin; quand l'Italie, en proie à une vive effervescence, travaillait à sa régénération, espérant, elle aussi, briser le joug de la royauté et de la papauté, et faire sa révolution, deux jeunes néophytes, deux frères, se présentèrent devant vous et demandèrent l'initiation.

C'étaient :

« 1° Napoléon Bonaparte aîné, mort depuis, vous saurez comment tout à l'heure;

« 2° Charles-Louis-Napoléon Bonaparte, frère cadet du précédent, l'accusé ici présent.

« Tous les deux, après avoir subi un examen approfondi et pris connaissance des principes, des doctrines, des statuts, des règlements et du but de notre Société, lui ont prêté de leur plein gré, de leur bonne volonté et en toute liberté, le serment suivant, qu'ils ont prononcé à haute et intelligible voix, ayant les mains placées sur des glaives, en votre présence et celle du vénérable :

« Au nom de la souveraineté du peuple, ont-ils dit, et des droits impres-
« criptibles, incessibles, inaliénables et éternels de l'homme et du citoyen,
« nous jurons amour et dévouement à la République universelle, démocratique
« et sociale.

« Nous jurons fidélité à la devise immortelle :

« LIBERTÉ, ÉGALITÉ, FRATERNITÉ ET SOLIDARITÉ.

« Nous jurons haine mortelle à toutes espèces de monarchies, à celle du roi,
« de l'empereur et du pape, à la double tyrannie politique et économique, maté-
« rielle et spirituelle.

« Nous jurons de travailler de toutes nos forces à l'abolition de l'exploitation
« de l'humanité par le monarque, le prêtre et le capitaliste, et à l'affranchissement
« complet de l'humanité toute entière, sans distinction aucune.

« Nous jurons d'aimer nos bons-cousins comme nous-même, de leur faire tout
« ce que nous voudrerions qui nous fût fait, de les respecter, de les protéger, de
« les aider, de les secourir, eux, leurs femmes et leurs enfants, dans toutes les
« circonstances possibles.

« Si jamais nous forfaisons ou manquons à nos serments, si nous devenons
« traîtres et parjures, que les glaives de nos frères nous punissent de nos crimes,
« qu'ils nous percent le cœur, qu'ils nous mettent à mort, que notre corps soit jeté
« à la voirie, que notre nom soit maudit, que notre souvenir et notre mémoire
« soient voués à la haine, à la malédiction et à l'exécration de la postérité ! »

« Après que les deux néophytes eurent prononcé cette formule de serment, le vénérable leur a dit en présence de tous les bons cousins :

« — Que mérite un traître ?

« — La mort ! ont-ils répondu successivement.

« — Si le sort vous désignait l'un ou l'autre pour tuer un tyran, le mettriez-
« vous à mort ?

« — Oui, nous le tuerions, » répondirent les deux jeunes Bonaparte.

« Ces serments prononcés, les deux néophytes ont été placés sous les glaives de tous leurs bons-cousins, formant la voûte d'acier sur leurs têtes, et le vénérable leur a dit solennellement :

« — Vous voyez ces glaives ? souvenez-vous qu'ils seront toujours suspendus
« sur vos têtes, partout où vous irez et quelle que soit votre position sociale, prêts
« à vous frapper si vous êtes traîtres ou parjures, et prêts à vous protéger, à vous
« secourir et à vous venger si vous êtes fidèles à vos serments. »

« Ces épreuves terminées, ces serments prononcés, le vénérable et tous les bons-cousins ont donné l'accolade fraternelle aux deux nouveaux initiés et les ont reçus dans leurs rangs.

« Vous venez, mes bons-cousins, d'entendre la lecture des engagements et des serments solennels de ces deux initiés.

« Vous allez maintenant avoir connaissance de leur conduite.

« Lorsqu'en 1831, nos bons cousins, les Carbonari des Romagnes, s'insurgèrent, les deux jeunes Bonaparte furent forcés de prendre les armes avec eux et de marcher contre les défenseurs de l'infâme papauté, dont l'abominable tyrannie corrompait, dépeuplait, abrutissait et réduisait au dernier terme de la misère les malheureuses populations placées sous le double joug temporel et spirituel du prétendu vicaire du Christ.

« Vous connaissez tous, mes bons-cousins, le malheureux résultat de ce mouvement, qui fut comprimé par les troupes et les sbires du pape. Cette fois encore le génie du mal triompha, et la force donna momentanément raison aux plus mortels ennemis du droit et de la justice, aux prêtres de Rome et à leur monstrueux souverain à la fois pape et roi.

« Plusieurs de nos malheureux bons-cousins perdirent la vie dans la lutte inégale qui eut alors lieu entre les défenseurs du droit et les suppôts du gouvernement des prêtres. Un grand nombre d'autres malheureux dénoncés par les espions infâmes furent jetés dans les prisons du Vatican, soumis aux affreuses tortures aux supplices terribles de l'Inquisition et du Saint-Office. Et presque tous ont succombé dans les cachots aux misères innarrables et aux mauvais traitements qui leur ont été infligés.

« L'aîné des jeunes princes, Napoléon Bonaparte est mort à Forli, vous allez connaître dans quelles circonstances.

« Je prie le vénérable de vouloir bien interroger à ce sujet deux témoins ici présents, qui ont soigné le jeune Napoléon Bonaparte pendant sa maladie, et qui ont assisté à ses derniers moments. »

« Les deux témoins, tous les deux docteurs, ont alors déposé comme suit :

Premier témoin. — « Je suis docteur en médecine ; je faisais partie de l'insurrection contre le pape, qui éclata en 1831 dans les Romagnes ; j'ai beaucoup connu le jeune Napoléon Bonaparte, le frère de l'accusé ici présent ; il était tombé malade de fatigues, mais il n'était pas blessé ; son frère Charles-Louis-Napoléon Bonaparte, ici présent, était près de lui et le soignait ; il ne permettait que très difficilement aux médecins de visiter le malade et de lui donner leurs soins ; j'ai vu Charles-Louis-Napoléon Bonaparte verser le contenu d'un petit flacon, qu'il prit dans sa poche, dans une potion que j'avais ordonnée à son frère ; celui-ci mourut quelques heures après ; j'ai surpris le même Charles-Louis-Napoléon Bonaparte jetant loin de lui le même petit flacon ; j'ai ramassé ce dernier, il y avait encore dedans le restant d'une liqueur dont j'ai fait l'essai sur un chien en en mettant quelques gouttes dans ses aliments ; cet animal est mort quelques heures après dans une affreuse agonie.

« Voici ce flacon, bouché à l'émeri, je l'ai conservé précieusement comme pièce de conviction contre l'empoisonneur. »

Le témoin ayant déposé le flacon sur le bureau, le vénérable fit prendre quelques gouttes pures de son contenu à un chat apporté exprès, et le malheureux animal expira quelques minutes après.

Le second témoin vint ensuite déposer et dit :

— « Je suis docteur en médecine, j'étais à Forli, lors de la maladie du jeune prince Napoléon, comme on attribuait sa mort prématurée à un empoisonnement, j'ai fait l'autopsie de son corps et j'ai trouvé une forte dose de poison dans ses intestins.

« Pour moi, il n'y a pas de doute sur la cause de sa mort, il a été empoisonné, et comme son frère seul l'approchait et le soignait, c'est lui, selon moi, qui lui a administré le poison » (1).

Quand les deux témoins eurent terminé leur déposition, l'accusateur prit de nouveau la parole en ces termes :

— « Vous venez, mes bons-cousins, d'entendre les deux témoins qui ont déposé au sujet de l'accusation de fratricide que j'ai portée contre Charles-Louis-Napoléon-Bonaparte, vous vous prononcerez maintenant avec connaissance de cause et selon votre conscience.

« Après avoir commis le crime dont on vient de déposer, le prince Charles-Louis-Napoléon Bonaparte ; parvint à s'échapper et à gagner la Suisse avec sa mère ; il se réfugia avec cette dernière au château d'Arenemberg en Thurgovie qui leur appartenait, et il se fit naturaliser citoyen suisse et bourgeois de Thurgovie. Il publia alors plusieurs brochures politiques et sociales ; dans l'une d'elles, il oublie complètement les principes politiques républicains qui sont la base de notre ordre, qu'il s'est engagé par serment de respecter, de propager et de défendre ; il préconise, fait l'éloge et l'apologie de la monarchie et du despotisme impérial. Mais il a fait plus et pire encore : passant de la théorie à la pratique, il a fait deux tentatives infructueuses, l'une à Strasbourg et l'autre à Boulogne, pour restaurer la monarchie impériale, violant ainsi ouvertement les serments qu'il nous avait faits.

« Depuis, il n'a cessé d'écrire et d'agir dans le même sens. Ayant été élu Président de la République par le peuple, engoué du nom de son oncle, qu'il trompe et abuse, après avoir prêté de nouveau serment à la République, et cette fois, non

(1) Les docteurs Sanguinetti et Gavioli, proscrits italiens naturalisés français, ont souvent raconté à l'auteur la mort du jeune Napoléon Bonaparte, empoisonné par son frère cadet, Charles-Louis-Napoléon, ainsi que les détails du jugement de ce dernier par les Carbonari, dont ils faisaient partie.

plus dans le mystère et le secret d'une vente de Carbonari, mais en public, offi ciellement, du haut de la tribune de l'Assemblée Constituante, en présence du peuple français et du monde entier.

« Eh bien ! malgré cela il n'a pas craint de fausser son serment, de manquer aux engagements qu'il avait pris avec nous et de trahir les promesses qu'il nous avait faites en attendant qu'il se parjure cyniquement.

« La Constitution de la République française, que Charles-Louis-Napoléon Bonaparte a juré solennellement de défendre et de respecter, contient un article 5 ainsi conçu :

« La République française respecte les nationalités étrangères, comme elle
« entend faire respecter la sienne ; elle n'entreprend aucune guerre de conquête
« *et n'emploie jamais ses forces contre la liberté d'aucun peuple.* »

« Eh bien ! malgré ce texte formel qu'il a juré d'observer, le Président de la République française, Charles-Louis-Napoléon Bonaparte, qui a aussi juré entre nos mains amour à la République et à la liberté, haine à la monarchie et à la tyrannie, a trahi tous ses serments. A l'heure qu'il est, il a envoyé des troupes à Civita-Vecchia pour détruire la République romaine et pour rétablir le gouvernement théocratique du pape.

« En outre, Charles-Louis-Napoléon Bonaparte joue un double jeu et tient un double langage : il fait d'abord déclarer à l'Assemblée, du haut de la tribune, par M. Odilon Barrot, président du Conseil, et par M. Drouin de Lhuys, ministre des affaires étrangères, que « le gouvernement n'envoie pas des forces en Italie, pour imposer un gouvernement aux Italiens..... Qu'il ne veut pas faire concourir la France au renversement de la République romaine... ni coopérer à l'asservissement d'une nationalité indépendante ; qu'il faut agir pour défendre, si non la République romaine, du moins la liberté de l'Italie, que nous seuls pouvons sauver. »

« Et pendant qu'il abuse et trompe la représentation nationale, et le peuple français, par les pompeuses, menteuses et officielles déclarations que je viens de vous lire, notre ancien bon-cousin et collègue, le Carbonaro Louis-Napoléon Bonaparte, devenu président de la République, envoie des instructions et des ordres complètement opposés aux déclarations de ses ministres, et il viole ouvertement ces dernières.

« Il donne l'ordre au général Oudinot de marcher sur Rome pour renverser la République Romaine et rétablir le gouvernement du Pape.

« Général, est-il écrit dans l'un de ses ordres, votre marche sur Rome, à la
« tête de vos troupes, facilitera sans doute le dénouement, donnera courage *aux*
« *honnêtes gens.....* Vous pouvez, si vous le jugez convenable ou nécessaire.....
« favoriser le rétablissement des autorités qui étaient en fonctions avant la pro-
« clamation de la République ou en établir de nouvelles. »

« Vous le voyez, mes bons-cousins, il est hors de doute que Charles-Louis-

Napoléon Bonaparte, viole ses serments, et trahit la cause de la République et de la liberté qu'il avait juré de défendre.

« Mais ce n'est pas tout encore : quand la nouvelle de son infâme trahison, parvint en France, quand on apprit qu'au mépris de tous ses serments et de la Constitution qu'il avait jurée, ce misérable osait faire marcher ses troupes sur Rome, et leur envoyer l'ordre de bombarder la Ville Éternelle, de lui donner l'assaut, d'assassiner la République, et de rétablir le gouvernement infâme du pape scélérat et sanguinaire, cruel et débauché, corrompu et hypocrite, un immense cri d'indignation retentit dans le monde entier, des interpellations eurent lieu à l'Assemblée nationale française, et cette dernière déclara « qu'elle invitait le gouvernement de Louis-Napoléon Bonaparte, à prendre sans délai, les mesures nécessaires, pour que l'expédition d'Italie, ne fut pas plus longtemps détournée du but qu'on lui avait assigné. »

« Le ministre Odilon Barrot vint déclarer aussi, « que les armes de la France ne serviraient pas à *restaurer des abus impossibles.* »

« Eh bien ! malgré tout cela, l'accusé Charles-Louis-Napoléon Bonaparte, persista dans sa politique de trahison ; il écrivit au général catholique Oudinot, et lui dit : « Que l'honneur militaire était engagé, qu'il ne devait pas souffrir qu'il reçût aucune atteinte, que les renforts ne lui manqueraient pas. »

« Le crime est prêt d'être consommé, la République romaine va être égorgée, le gouvernement du Pape restauré, et l'infâme Pie IX pourra rentrer dans ses États, quand il voudra, pour y faire fonctionner le tribunal de l'inquisition et le saint-office, y rétablir la peine du chevalet et la torture.

« Voilà quels sont les crimes de fratricide, de parjure et de haute trahison, accomplis avec préméditation et récidive, par Charles-Louis-Napoléon Bonaparte.

« Enfin, il s'est encore, aujourd'hui même, rendu coupable du crime de tentative de corruption, de débauche et de viol, sur la personne de la sœur de l'un de nos bons-cousins, que les constitutions de notre ordre lui ordonnent de respecter.

« En conséquence, j'accuse Charles-Louis-Napoléon Bonaparte, ici présent :

« 1° De fratricide ; 2° de parjure ; 3° de haute trahison envers notre ordre et envers la République ; 4° et de tentative de corruption, de débauche et de viol, envers la sœur d'un bon-cousin.

Après qu'Héléna eut déposé sur la tentative dont elle avait été victime de la part du prince, ce dernier choisit un défenseur parmi les bons-cousins, et la parole lui fut en outre accordée pour faire valoir toutes les raisons qu'il crut utiles à sa défense.

Il nia obstinément l'accusation de fratricide, malgré les preuves accablantes qui pesaient sur lui ; il eut bien de la peine, ainsi que son défenseur, pour excuser sa conduite criminelle envers la République romaine, ainsi que le parjure dont il s'était rendu coupable envers l'ordre des Carbonari, et il chercha à pallier sa conduite envers Héléna.

Il voulut faire retomber la responsabilité de l'expédition romaine sur l'Assem-

Condamnation à mort de Louis-Napoléon Bonaparte par les Carbonari.

blée constituante qui avait voté les crédits; il prétendit qu'il n'avait pas violé la Constitution, puisque la majorité de l'Assemblée législative avait repoussé la demande de mise en accusation déposée contre lui.

Il ajouta qu'il n'était pas libre de faire le bien, de mettre en pratique les principes qui lui avaient été enseignés par les carbonari, ni de conformer sa conduite au serment qu'il avait prêté entre leurs mains; que s'il le faisait, il serait immédiatement mis en accusation par la majorité de l'Assemblée, arrêté, condamné et déchu de ses fonctions; qu'alors il lui serait impossible de servir utilement la cause de la Révolution à laquelle il était tout dévoué.

Il ajouta encore que ses bons-cousins les carbonari, au lieu de douter de lui, de le mettre en suspicion, de l'accuser et de le traduire à leur barre, feraient mieux de se servir de lui, de la bonne volonté qu'il avait d'employer l'influence et la puissance que lui donne la haute position qu'il occupe, dans l'intérêt de leur cause commune. Mais que pour cela ils devraient, au lieu de l'accuser, l'aider à fortifier, à augmenter son pouvoir, afin qu'il puisse arriver à employer ce dernier à faire le bien, à travailler dans l'intérêt de la liberté, de l'indépendance des peuples, de l'affranchissement des nationalités et des races opprimées.

S'il avait un pouvoir suffisant, il s'empresserait de faire l'unité italienne, de faire l'Italie libre des Alpes à l'Adriatique; l'armée française qui est à Rome, serait immédiatement employée à la réalisation de cette mesure. Mais, pour l'accomplir, pour arriver à ce résultat, il lui faudrait disposer du pouvoir, ne pas être, comme aujourd'hui, le serviteur, le simple exécuteur de la politique de l'Assemblée. Les paroles, les proclamations, les actes qu'on lui reproche, ne sont que des moyens qu'il emploie pour arriver au but qu'ils se proposent tous.

Comme Hamlet, comme Brutus, il dissimule ses projets et sa politique, mais si jamais il réussissait à conquérir le pouvoir, les bons-cousins peuvent être certains qu'il s'en servirait pour appliquer le programme de la Jeune Italie et les principes du carbonarisme.

« — Non seulement, dit-il, je veux faire triompher la révolution politique, mais encore je voudrais pouvoir accomplir une révolution sociale, abolir la misère et le paupérisme. Les bons-cousins peuvent se convaincre de la profondeur de mes idées en lisant ma brochure sur ce dernier sujet, qui a pour titre *l'Extinction du Paupérisme.* »

Il n'a donc, comme ils le voient, nullement trahi leur cause commune ou violé ses principes; il n'a fait qu'en ajourner la réalisation dans l'intérêt de son succès final.

Quant à l'accusation formulée contre lui au sujet de sa conduite envers Hélèna, elle n'a rien de criminel, il a seulement cédé à l'entraînement de la passion violente qu'il a pour elle; il n'a pu résister à la puissance de sa beauté et de ses charmes, mais il n'a jamais eu l'intention de corrompre, de débaucher et encore moins de violer la fille d'un bon-cousin. Ceux qui ont, comme lui, subi l'influence toute-puissante des séductions d'une femme aussi accomplie qu'Héléna, comprendront et pardonneront son égarement d'un moment. Quant à l'empoisonnement de son frère dont on l'accuse, il le nie; les témoins commettent de graves erreurs, leurs souvenirs les trompent, ils sont faux.

Après lui, son défenseur plaida chaleureusement en sa faveur. Le vénérable fit le résumé des débats avec la plus grande impartialité et sans émettre aucune opinion personnelle.

L'accusé ayant été ensuite conduit à la chambre d'attente, les bons-cousins présents, constitués en jury, après une sérieuse délibération, déclarèrent à l'unanimité l'accusé coupable sur chacun des chefs d'accusation portés contre lui.

Le vénérable ayant fait informer les jurés que leur verdict entraînait la peine de mort pour l'accusé, leur a demandé si la sentence devait être ajournée ou exécutée de suite sans appel ni délai.

Le scrutin secret ayant été demandé, on vota sur ce dernier point; chacun des jurés déposa son bulletin fermé dans l'urne placée devant le vénérable sur la pierre de comparution. Lorsque tous les jurés eurent voté, l'accusé fut introduit de nouveau devant ses juges. Le vote avait été pour l'emploi du scrutin secret.

Le vénérable dit alors :

— Mes bons-cousins, debout et à l'ordre, armez-vous de vos glaives pour entendre et faire exécuter la sentence qui sera rendue contre l'accusé ici présent.

Puis, s'adressant à ce dernier, le vénérable lui dit :

« — Charles-Louis-Napoléon Bonaparte, tes bons-cousins t'ont jugé aujourd'hui, conformément au droit qu'ils ont sur toi depuis que tu t'es lié à eux par ton serment, et que tu as été reçu dans leurs rangs et dans l'ordre révolutionnaire des carbonari.

« Sur les trois questions qui ont été posées au jury, ce dernier a répondu sur la première question de fratricide : oui, à l'unanimité.

« Sur la deuxième question de haute trahison :

« Oui, à l'unanimité.

« Sur la troisième question de tentative de corruption, de débauche et de viol :

« Aussi oui, à l'unanimité.

« Le jury ayant répondu oui à l'unanimité, je déclare l'accusé convaincu des crimes de fratricide, de parjure, de haute trahison et de tentative de corruption, de débauche et de viol.

« La peine, d'après nos statuts, pour de pareils crimes étant la mort par le glaive, je prononce cette sentence contre l'accusé qui devra être exécuté par les glaives de ses bons-cousins. »

A cette déclaration, Louis-Napoléon Bonaparte, toujours debout, devint affreusement pâle; sa figure prit un aspect terreux; un tremblement convulsif parcourut ses membres; ses yeux devinrent ternes et vitreux.

Les deux assistants placés près de lui durent le soutenir.

Le vénérable dit ensuite :

— Mes bons cousins, selon nos règlements, je dois vous consulter sur l'application de la peine, et vous demander si cette dernière doit être exécutée de suite ou ajournée. Vos votes secrets sur ce sujet, devront être déposés dans cette urne, je les dépouillerai ensuite devant vous et quelle que soit la sentence, jurez tous de l'exécuter.

— Nous le jurons tous, répondirent les bons cousins, en agitant leurs poignards et en étendant leurs bras armés vers l'accusé.

Le vote définitif eut lieu, les bulletins secrets furent mis dans l'urne placée devant Louis-Napoléon Bonaparte.

Celui-ci, de plus en plus pâle, était sur le point de défaillir ; les deux bons-cousins placés près de lui le firent asseoir. Il était incapable de se tenir plus longtemps debout.

Le vénérable rompit les scellés placés sur le couvercle de l'urne et ouvrit cette dernière avec une clef. Un scrutateur fut alors chargé de dépouiller les votes, il prit un à un les bulletins et lut leur contenu pendant que deux secrétaires inscrivaient les résultats.

Premier bulletin : exécution immédiate, dit à haute voix le scrutateur.

Second bulletin : exécution immédiate.

Troisième idem, quatrième idem et ainsi de suite. jusqu'au onzième bulletin.

Chaque fois que le scrutateur prononçait les mots « exécution immédiate, » la figure de Louis Bonaparte se décomposait ; elle passa successivement du blanc pâle au jaunâtre, au verdâtre, et à la fin elle devient complètement livide ; au dixième bulletin sa tête s'affaissa sur sa poitrine et un tremblement nerveux s'empara de ses membres.

Le scrutateur prit le onzième bulletin dans l'urne et après l'avoir déployé, il le lut et dit d'une voix solennelle :

— Ajournement.

Il tira le douzième bulletin et dit encore : — Ajournement.

Puis, il tira encore d'autres bulletins et dix fois le même mot : ajournement. Louis Bonaparte, toujours très pâle, ne tremblait presque plus.

— Il releva un peu la tête, souleva à demi ses lourdes paupières et regarda le scrutateur avec anxiété.

Ce dernier prit lentement le bulletin suivant, le 23e (il n'en restait ensuite plus qu'un dans l'urne), le déploya lentement et dit :

— Exécution immédiate.

A ces mots fatals, la tête de Louis Bonaparte retomba inerte et lourde sur sa poitrine.

Le scrutateur, impassible comme la fatalité, prit le dernier bulletin, le déploya très lentement. Il y avait douze bulletins qui étaient sortis pour l'ajournement et onze pour l'exécution immédiate. Celui que le scrutateur avait dans sa main allait trancher la destinée de Louis-Napoléon Bonaparte. S'il était pour l'ajournement ; l'accusé pouvait avoir l'espérance d'être sauvé ; s'il était pour l'exécution immédiate, il y aurait égalité de voix pour cette dernière et pour l'ajournement ; ce serait alors la voix prépondérante du vénérable qui ferait pencher la balance pour ou contre l'accusé ; si ce dernier votait l'ajournement, il serait sauvé, s'il se prononçait pour l'exécution immédiate, il était perdu.

Le scrutateur, après une légère pause, dit d'une voix impassible :

— Exécution immédiate.

Louis-Napoléon Bonaparte, qui avait encore conservé juste assez de forces pour entendre et comprendre, s'affaissa complètement comme une masse inerte, à ces mots terribles, et perdit connaissance.

— Soignez le condamné, dit le vénérable.

Ses deux gardiens lui placèrent alors un flacon sous le nez et au bout d'un instant Louis Bonaparte revint à lui et entr'ouvrit les yeux.

Quand il fut encore un peu mieux et que le vénérable pensa qu'il pouvait le comprendre, il lui dit :

— Charles-Louis-Napoléon Bonaparte, vous venez d'être condamné à mort pour quatre crimes épouvantables : tentative de viol, fratricide, parjure et trahison. Consultés pour savoir à quelle époque la juste sentence rendue contre vous devait être exécutée, douze voix se sont prononcées pour l'ajournement et douze pour l'exécution immédiate. D'après nos statuts, je dois dans cette circonstance faire pencher la balance par mon vote. Votre destinée est donc entre mes mains, puisque je puis, d'un mot, vous faire exécuter de suite, ou bien faire ajourner votre supplice. Eh bien ! avant de me prononcer, je vais vous interroger encore, et de vos réponses dépendra votre vie ou votre mort. Veuillez réunir toutes vos forces pour vous lever, et tout votre sang-froid pour me répondre. Si j'ajourne l'exécution de votre sentence, me promettez-vous d'envoyer immédiatement l'ordre, aux troupes françaises qui sont à Rome, de protéger et de défendre la République romaine et de la sauver ?

Louis-Napoléon Bonaparte encore sous le coup de la torpeur profonde qui l'avait accablé à la nouvelle de sa condamnation à mort, se leva avec beaucoup de difficulté, soutenu par deux gardiens. Il était courbé, tremblant, terrorisé par la sentence qui pesait sur lui, sa figure était livide et décomposée, son regard éteint.

Il n'eut pas d'abord la force de répondre à la question qui venait de lui être adressée. Ses gardiens lui firent alors boire un cordial, et, au bout d'un moment, le vénérable, croyant qu'il serait en état de lui répondre, lui répéta sa question.

Après un grand effort, le condamné Louis Bonaparte répondit d'une voix chevrotante, entrecoupée de sanglots :

— Je jure de faire ce que vous me demandez.

— Promettez-vous à l'avenir, d'observer rigoureusement tous les serments que vous avez prêtés, de toujours, et quoiqu'il arrive, respecter et défendre les Républiques romaine et française, de respecter et défendre leurs Constitutions, d'observer fidèlement à l'avenir, les statuts et règlements de notre ordre, du Carbonarisme, et de vous conduire toujours et partout, en honnête et bon-cousin et citoyen, et de ne jamais exercer de poursuites ou de représailles pour ce qui s'est passé, dit et fait ici ce soir, et de n'en conserver aucune rancune.

— Je le jure, dit Louis-Napoléon Bonaparte.

— J'accepte votre serment, répondit le vénérable, et, certain de votre châtiment si vous vous parjuriez encore, je vous accorde le bénéfice de ma voix prépondérante : je vote l'ajournement de l'exécution de la sentence.

En conséquence de tout ce qui précède, le président du jury chargé de statuer sur les accusations portées contre Charles-Louis-Napoléon Bonaparte, président de la République, accorde à ce dernier le bénéfice de son vote en faveur de l'ajournement de la sentence de mort déjà prononcée contre lui.

A ces mots, la physionomie de Louis-Napoléon Bonaparte se rasséréna tout à coup, son tremblement nerveux cessa, son teint s'éclaircit, ses yeux se séchèrent, furent moins troubles, et il put se tenir debout sans aide.

Le vénérable, s'adressant alors directement à lui, lui dit :

— Charles-Louis-Napoléon Bonaparte, vous venez d'entendre l'ajournement de la sentence qui a été prononcée contre vous, et qui est renvoyée à une époque qui n'est pas encore fixée, mais qui le sera, quand la nécessité s'en fera sentir; il dépend de vous que l'ajournement qui vient d'être prononcé le soit pour longtemps, et même indéfiniment. Il en sera ainsi, si, par votre conduite dans l'exercice des hautes fonctions dont vous êtes revêtu, vous prouvez à vos bons-cousins que vous êtes dans l'intention de réparer le mal causé par vos crimes et que vous êtes ainsi digne de l'indulgence dont ils ont usé à votre égard. Mais n'oubliez jamais que la sentence rendue contre vous existera toujours, et que, nouvelle épée de Damoclès, elle restera continuellement suspendue sur votre tête, qu'elle ne tient qu'à un fil, et qu'au moindre acte coupable de votre part, ce fil se brisera; songez que cette terrible sentence vous atteindra d'une manière inévitable, et que vous serez exécuté et mis à mort. Tous nous avons juré de vous tuer quand nous le jugerons nécessaire. Soyez donc prudent et honnête, si vous voulez éviter le terrible châtiment qui vous attend.

Louis-Napoléon Bonaparte, maintenant qu'il était certain qu'il n'avait rien à risquer pour le moment, resta calme et impassible ; il écouta l'admonestation du vénérable, avec la plus parfaite indifférence, absolument comme s'il ne s'était pas agi de lui.

Quand le vénérable eut terminé, il fit introduire Héléna.

Louis-Napoléon Bonaparte lui présenta ses excuses, dans les termes qui lui furent imposés par le vénérable, absolument comme un perroquet ; la jeune femme les accepta sans mot dire, et lui tourna le dos.

— Maintenant, ajouta encore le vénérable, vous allez me donner un ordre pour les agents à l'extérieur, dans lequel vous leur ordonnerez de retourner de suite vous attendre aux Champs-Élysées ; vous écrirez en outre, une lettre adressée à M. de Persigny, dans laquelle vous le préviendrez que vous ne rentrerez que demain à midi, que vous êtes en bonne fortune avec la Montaigu ou toute autre fille, et que vous priez qu'on cache votre absence à tout le monde, et que l'on dise à vos serviteurs que vous êtes indisposé ; toutes les affaires, quelques urgentes qu'elles soient, doivent être renvoyées à demain.

Le prince s'exécuta aussitôt et écrivit la lettre demandée qu'il remit au vénérable.

— Et maintenant, qu'allez-vous faire de moi jusqu'à demain, et qu'avez-vous fait de Griscelli ? demanda-t-il.

— Votre bravo dort toujours, lui fut-il répondu, et il dormira ainsi jusqu'à demain à midi. Vous allez vous coucher sur un sofa, dans la même chambre que lui, vous allez prendre un narcotique qui vous a été préparé, qui ne vous fera aucun mal, mais qui vous endormira jusqu'à demain à midi ; quand vous vous réveillerez, nous aurons disparu et nous serons loin d'ici, à l'abri de vos atteintes.

— Voici la coupe du narcotique, videz-la, dit le vénérable.

— Mais, dit Louis Bonaparte, vous avez la promesse que je vous ai faite de ne pas vous poursuivre, elle doit vous suffire.

— Non, répliqua le vénérable, nous estimons vos promesses et vos serments pour ce qu'ils valent et nous prenons nos précautions.

Et, s'adressant aux bons-cousins, il leur dit :

— Que quatre hommes de bonne volonté conduisent le condamné dans la chambre où Griscelli dort, qu'ils ordonnent à Louis Bonaparte de se coucher sur un sofa et de boire le narcotique contenu dans la coupe, et, s'il ne le fait pas de suite, poignardez-le, ainsi que son misérable bravo.

Les quatre hommes masqués, armés de poignards, prirent la coupe de narcotique et conduisirent le patient dans la chambre voisine. Cinq minutes après ils furent de retour en tenant la coupe vide.

— C'est fait, dirent-ils, il a bu la potion et dort d'un profond sommeil à côté du bandit Griscelli.

— Maintenant, mes bons-cousins, dit le vénérable, il est plus de minuit, je déclare nos travaux clos ; que chacun de nous exécute les instructions qu'il a reçues et que tous soient fidèles au rendez-vous dans la Ville Éternelle, dans trois jours pour défendre la République.

A ces mots, les bons-cousins se dirent adieu, en s'écriant tous :

— Mort aux tyrans ! et vive la République romaine !

Dix minutes après ils avaient disparu dans la nuit. Seul Louis Bonaparte et Griscelli dormaient profondément dans un cabinet secret, dont on n'apercevait pas la porte cachée dans la cloison et qu'il aurait été impossible de découvrir. Une demi-heure après, tous les bons-cousins étaient en route pour l'Italie par des voies différentes.

Héléna, Orsini, Pieri, Pianori, Rudio et Gomez prirent le train express pour Marseille où ils s'embarquèrent pour l'Italie.

Le lendemain, Louis-Napoléon Bonaparte et son compagnon, l'assassin Griscelli, se réveillèrent juste à midi, ainsi que cela avait été prédit la veille.

La première pensée du bravo corse avait été pour le Président de la République ; il pensait qu'il avait été assassiné ou enlevé pendant son sommeil ;

aussi fut-il bien étonné quand il le vit sain et sauf à côté de lui entrain de rouler placidement une cigarette.

— Ah! que je suis donc heureux de revoir votre Altesse en bonne santé, dit-il, car j'ai eu bien peur qu'il lui soit arrivé malheur pendant mon sommeil.

— Rassure-toi, mon cher Griscelli, il ne m'est pas arrivé de plus grand désagrément qu'à toi, j'ai aussi pris un narcotique qui m'a cloué sur ce sofa pour vingt-quatre heures; mais, puisque nous voilà bien réveillés tous les deux, et que nous sommes seuls ici, profitons-en pour partir et quitter cette maison maudite qui me semble hantée par un mauvais génie.

Au moment où ils arrivèrent dans la cour ils aperçurent le cocher du président en train d'atteler son cheval.

— Tiens, toi ici, Petit-Pierre, demanda Louis Bonaparte, en s'adressant à son cocher, est-ce que tu as aussi dormi jusqu'à présent ?

— Oui, monseigneur, je ne sais pas à quoi attribuer cela, mais hier, j'ai pris en arrivant un petit verre dans la loge du concierge et je me suis tout à coup senti en proie à un sommeil accablant : il n'y a pas une demi-heure que je me suis réveillé, je vous ai cherché, et ne vous ayant pas aperçus, j'ai pensé que n'ayant pas pu me tirer de mon sommeil vous étiez partis, et je me dépêchais à atteler pour retourner à l'Élysée.

— Cela se rencontre à merveille, conduis-nous vite au palais, dit le prince en entrant dans sa voiture avec son misérable garde du corps, qui ne le quittait pas plus que son ombre.

Louis-Napoléon Bonaparte et son fidèle compagnon de débauche et d'assassinat arrivèrent bientôt aux Champs-Élysées et firent leur entrée dans le palais présidentiel, par la porte du parc, afin de ne pas être vus de l'entourage.

Lorsque miss Howard apprit l'arrivée tardive de son volage fiancé, elle entra dans une grande colère d'english lady ; elle se rendit aussitôt dans les appartements du prince pour lui faire une scène de jalousie.

— Votre Altesse a encore découché ; où peut-elle bien avoir passé la nuit? sans doute avec votre italienne ou dans quelque bouge avec quelque prostituée de bas étage ? lui demanda la jalouse anglaise. Cela est abominable! Vous ne vous guérirez donc pas de ces mauvaises mœurs, contractées en Angleterre, grâce à vos belles fréquentations d'Hay-Market !

— Je suis étonné, Madame, répondit le prince, que vous osiez faire allusion à cette rue où vous avez fait vos premières armes ; vous devriez comprendre que cela me rappelle toujours des souvenirs qui ne sont pas faits pour m'être agréables ni pour vous être utiles?

— Il fut un temps, Monsieur, répliqua la belle miss, où les trottoirs d'Hay-Market étaient très fréquentés par vous, et vous devriez vous souvenir que vous étiez bien heureux alors quand une jeune et jolie miss consentait à partager sa bourse et son lit avec vous.

Hélèna Orsini, sous le costume masculin, défendait, avec les garibaldiens, les remparts de Rome.

— C'est possible, mais ce n'est pas une raison pour me le rappeler. Vous devriez avoir assez de délicatesse pour comprendre cela.

— Et vous, assez de convenance pour ne pas découcher comme vous le faites! Je rougis pour vous de votre conduite. Qu'est-ce que vos gens doivent penser du premier magistrat de la République?

— Eh bien! Madame, ils penseront que c'est bien un miracle qu'il se soit tiré sain et sauf du guet-apens qui lui a été tendu par cet enragé d'Orsini et tous ses amis les patriotes italiens.

26ᵉ Livraison.   Librairie Populaire.

— Que me dites-vous là? Seriez-vous encore tombé dans quelque piège tendu par les conspirateurs?

— Précisément, Madame.

Louis Bonaparte raconta alors son aventure de la nuit précédente à sa miss chérie, moins sa déclaration d'amour à la belle Héléna. Son aimante et dévouée compagne des mauvais jours fut très alarmée du récit dramatique qu'il lui fit. Elle regretta beaucoup le mouvement de mauvaise humeur et de jalousie que l'absence du prince lui avait occasionné, et, pour se faire pardonner, elle fut pour lui d'une bonté et d'une complaisance extrêmes qui consolèrent le libidineux Louis Bonaparte de ses mésaventures de la veille.

VI

Sommaire. — La conspiration cléricale et monarchique. — Les troupes françaises devant Rome. — La nouvelle croisade. — Un nouveau Simon de Montfort. — L'héroïque Garibaldi défend la République romaine. — Ses intrépides volontaires. — Un Christ miraculeux. — Oudinot, le soldat du pape, battu, se sauve à Civita-Vecchia. — Plan de Garibaldi pour la délivrance de l'Italie. — Proclamation au peuple romain. — Enthousiasme et héroïsme. — Arrivée d'Orsini, d'Héléna et de leurs compagnons à Rome. — Bon accueil qui leur est fait par Garibaldi et sa digne compagne Anita la Brésilienne. — Ils s'enrôlent tous comme volontaires. — La belle Héléna combat au premier rang. — Seconde attaque de Rome par Oudinot. — Conduite héroïque des défenseurs de la République romaine commandés par Garibaldi. — Attaque de la villa Pamfili. — Arrivée de Maria de S.... à Rome. — Ludovico Foletti. — Le doux billet que lui écrit Maria. — Le rendez-vous d'amour. — L'intrigue mystérieuse. — Trahison involontaire. — Douce récompense. — Un baiser pour un ordre de Garibaldi. — Ce qu'il advint de ce dernier. — Bartelucci abandonne Ponte-Molle sur un faux ordre de Garibaldi. — Découverte de la trahison. — Ludovico se brûle la cervelle de désespoir. — Ordre d'arrêter l'espionne Maria de S... — L'arrivée des renforts. — Le siège régulier. — Bombardement de Rome. — Attitude héroïque des habitants. — Le nouvel Alaric menace de tout détruire, de tout tuer. — Le dernier assaut. — Garibaldi et Anita sa femme. Orsini et Héléna, sœur de ce dernier. Pisacane, Pianciani, Laviron, etc., se battent avec le plus grand courage. — Héroïsme extraordinaire d'Héléna. — Lutte dernière. — Les cadavres des assaillants jonchent les remparts. — Ces derniers sont à la fin emportés. — Héléna tombe sans connaissance, frappée d'un coup de crosse. — Elle est faite prisonnière. — Un grand nombre de défenseurs de la République sont tués. — Mort de Laviron, de Daveiro et du poète Mancelli. — Garibaldi, sa femme Anita, Orsini, Pianori, et un grand nombre d'autres défenseurs de la République romaine gagnent la campagne avec armes et bagages. — Les nouveaux barbares entrent dans la Ville Éternelle, au milieu des ruines, précédés de prêtres fanatiques et suivis des prélats du sacré-collège. — La réaction cléricale et monarchique triomphe sur le cadavre de la République. — Toutes les libertés sont égorgées, tous les bons citoyens sont dans les fers. — Les prisons regorgent. — L'Inquisition et la peine du chevalet sont rétablies. — Héléna dans les cachots de la sainte Inquisition. — Les soldats français transformés en sbires du Pape et en familiers du Saint-Office. — Le triumvirat rouge. — Louis-Napoléon Bonaparte a envoyé l'armée française à Rome pour restaurer et soutenir le plus abominable des gouvernements: celui des prêtres; la plus infâme des tyrannies: celle de la théocratie. — Mazzini, Garibaldi, Orsini et leurs compagnons dans une ferme isolée, la nuit au milieu de la campagne romaine. — Importantes résolutions qui y sont prises. — Les traîtres et les parjures mis au ban de la Charbonnerie sur la proposition d'Orsini. — Leur condamnation à mort est votée. — Les exécuteurs sont désignés. — Serment solennel de punir les traîtres. — La marche sur Venise à travers l'armée autrichienne et l'armée française.

Pendant que Louis-Napoléon Bonaparte et sa tendre miss faisaient la paix dans de doux et amoureux ébats, les conspirateurs catholiques et monarchiques qui se préparaient à assassiner la République romaine, avaient mis le temps à profit et commencé l'exécution de leur œuvre liberticide.

Les troupes françaises envoyées dans les États du Pape par le gouvernement de Louis-Napoléon Bonaparte sous le spécieux prétexte de défendre la liberté en Italie, menacée par le roi de Naples, l'Autriche et l'Espagne dans les États romains, étaient arrivées à Civita-Vecchia où elles avaient été reçues en amies, mais dès qu'elles furent débarquées, le général Oudinot jeta aussitôt le masque; il mit la ville en état de siège, fit jeter le gouverneur en prison, marcha aussitôt sur Rome qu'il s'apprêta à prendre de force, pendant que le général autrichien Wimpfen entrait dans les Légations, que le général napolitain Winspeare franchissait le Garigliano, et que 5,000 Espagnols débarquaient à Firmiciono. Toute la réaction catholique et monarchique accourait à l'appel du représentant du génie du mal, le prêtre-roi se préparait à la curée du malheureux peuple des États du pape.

Le général français venant par la villa Pamfili, arriva le 29 avril au matin, avec 8,000 hommes d'infanterie, deux batteries de campagne et une nombreuse cavalerie.

Des prêtres, le crucifix à la main, marchaient devant le moderne Simon de Montfort, prêchant la nouvelle croisade contre la République et la liberté en faveur du despotisme papal, de l'inquisition et de l'obscurantisme.

Le général sacristain fit attaquer la ville éternelle par trois points à la fois: par les portes Cavalligieri, Portèse et Angélica, afin d'éviter le feu des bastions entourant le mont Janicule, depuis la porte San-Pancrazio jusqu'au Tibre.

Mais Garibaldi était chargé de la défense de ce point dangereux, ayant sous ses ordres une légion d'ardents patriotes italiens et de républicains de toutes les parties du monde accourus au secours de la République romaine, ainsi que quelques bataillons romains.

L'héroïque soldat de la République romaine engagea le premier le combat, le matin du 30, au lever de l'aurore; la lutte fut acharnée de part et d'autre pendant plus de neuf heures sans que le succès se dessina en faveur d'une des deux causes. Enfin, Garibaldi ordonna une terrible charge à la baïonnette, ne pouvant maintenir la fougue de ses héroïques volontaires tous brûlant du désir d'en venir aux mains avec les faux frères qui venaient envahir leur pays et assassiner leur République bien-aimée, qu'ils avaient eu tant de peine à conquérir. Le choc fut épouvantable, les assaillants furent mis en complète déroute. Ils laissèrent 600 hommes sur le champ de bataille et 500 prisonniers; un prêtre, nouveau Judas, qui servait de guide, fut heureusement coupé en deux par un boulet, et les éclats du crucifix qu'il tenait à la main, creva le second œil du comte Dévot (un nom de circonstance) qui avait déjà perdu le premier à l'assaut de Constantine, et cet effet miraculeux de l'image du rédempteur à la potence, rendit le noble comte tout à fait aveugle.

Ce brillant accueil fait au général Oudinot calma son ardeur belliqueuse, il s'empressa de battre en retraite sur Civita-Vecchia, poursuivi le long du chemin par la population furieuse. Le lendemain, Garibaldi, enleva un escadron de cavalerie, et força les fameux flibustiers catholiques au service du Pape à battre en retraite sur Castel-Guido.

Garibaldi demanda au gouvernement de la République romaine, l'autorisation de poursuivre le général papalin, de lui couper la retraite sur Civita-Vecchia et de l'anéantir.

— Je vous avais promis de repousser les assaillants, j'ai tenu ma parole, dit Garibaldi aux triumvirs ; maintenant je vous promets de ne plus leur laisser regagner leurs vaisseaux.

Mais Mazzini, le plus influent des triumvirs la lui refusa, craignant d'attirer à tout jamais l'inimitié de la France sur la République romaine, s'il détruisait complètement l'armée envoyée contre cette dernière.

— Ces gens-là ne sont pas la France, répliqua l'héroïque républicain.

Avezzanna, le vaillant patriote qui avait admirablement organisé la défense insista auprès de Mazzini pour qu'il permette à Garibaldi d'accomplir son projet; mais ce fut en vain, le triumvir s'obstina dans son refus. Ce fut un grand malheur, car l'expédition d'Oudinot anéantie, Louis-Napoléon Bonaparte n'eut pas pu en envoyer une seconde, la République romaine était sauvée, et le pouvoir temporel du Pape à jamais détruit.

Une fois débarrassé du plus redoutable des ennemis de la République romaine, Garibaldi eut eu le temps et la force nécessaires pour marcher contre le corps d'armée napolitain, qu'il n'eût pas eu beaucoup de peine à détruire, il aurait alors soulevé la Toscane, les autres duchés, Naples, la Sicile, tout le midi de l'Italie, et il n'est pas douteux que le Piémont eût suivi l'exemple.

La Lombardie et la Vénétie en auraient fait autant, et eussent été aussi affranchies. L'Espagne aurait abandonné la croisade papale et l'Autriche serait restée seule en face de l'Italie toute entière. Garibaldi, aurait été, un mois ou deux après à la tête de toutes les forces de l'Italie, devenue une grande République, dont Rome eut été la capitale, et qui serait devenue la sœur de la République française et la papauté eut à tout jamais été détruite.

Qui peut prévoir les conséquences heureuses, qui en seraient résultées pour la civilisation, pour l'Europe en général, et pour la France en particulier ? Nous n'aurions probablement jamais eu le coup d'État du deux décembre, ni la défaite de Sedan. Que de malheurs, que de désastres eussent été évités !

Mazzini, l'habile conspirateur, l'agitateur puissant, le grand patriote, le républicain convaincu, a rendu un très mauvais service à l'Italie, à la France, et à la cause du progrès, en ne laissant pas l'intrépide et heureux champion de la liberté, Garibaldi, accomplir son œuvre jusqu'au bout.

Après cet échec, le traître Oudinot demanda des renforts à son maître qui lui répondit : « Nos soldats ont été reçus en ennemis, notre honneur militaire est engagé, je ne souffrirai pas qu'il reçoive aucune atteinte, les renforts ne vous manqueront pas. »

Quand les Romains connurent la détermination du général et les encouragements qu'il recevait de son gouvernement, ils résolurent de se défendre à outrance.

Voici la proclamation que les triumvirs firent afficher sur les murs de la capitale :

« RÉPUBLIQUE ROMAINE.

« Romains !

« Au crime d'attaquer, avec des troupes marchant sous le drapeau républicain, une république amie, le général Oudinot joint l'infamie de la trahison. Il viole la promesse écrite, dont le texte est entre nos mains, de ne pas nous attaquer avant lundi.

« Debout, Romains ! aux murailles, aux portes, aux barricades ! Prouvez à l'ennemi qu'on ne triomphe pas de Rome, à l'aide de la trahison.

« Que la ville éternelle se lève toute entière dans l'énergie d'une seule pensée ! que chaque homme soit un combattant, ait foi dans la victoire ! qu'il se souvienne de nos pères et soit grand !

« Victoire au droit et honte éternelle à l'allié de l'Autrichien !

« Vive la République !

« Signé Mazzini, Armellini et Saffi. »

Il serait difficile de décrire l'enthousiasme et l'héroïsme qui régnèrent dans Rome à la lecture de cette proclamation, et au souvenir de la victoire de la veille. Hommes, femmes et enfants coururent aux armes et aux barricades, tous le murs d'enceinte de la ville se hérissèrent de nombreux combattants, parmi lesquels se distinguaient les héroïques soldats de Garibaldi qui s'étaient déjà couverts de gloire en battant l'armée des traîtres envahisseurs de leur pays et qui voulaient détruire leur liberté.

C'est au milieu de ces circonstances dramatiques que les patriotes italiens, que nous avons vus à la petite maison d'Auteuil, arrivaient à Rome.

Félice Orsini, sa sœur dévouée et tous leurs amis s'empressèrent d'aller trouver l'héroïque Garibaldi et de lui offrir leurs services pour la défense de la République romaine.

— Soyez les bienvenus, leur dit le simple et modeste héros, je vous attendais tous, je savais que vous viendriez faire votre devoir de patriotes et de républicains, prenez place près de vos frères et faites vous tuer pour la liberté et la République, si c'est nécessaire.

Puis, apercevant Héléna qui s'était modestement tenue en arrière, il ajouta :
— Pardonnez-moi, signora, de ne pas vous avoir présenté mes respects plus tôt ; mais votre modestie habituelle vous avait soustraite à mon admiration, ma femme Anita sera bien heureuse de vous voir.

En disant ces mots, le grand patriote italien envoya prévenir cette dernière de l'arrivée d'Héléna.

— Citoyen Garibaldi, répondit la belle Héléna, je serais heureuse si je meurs en combattant à vos côtés et à ceux de votre épouse chérie pour la liberté de notre chère Italie, et la défense de notre jeune République.

A peine Héléna achevait-elle de parler, que la bonne, aimante et dévouée épouse du premier soldat de la République romaine vint embrasser la sœur d'Orsini.

— Que je suis donc heureuse de vous revoir, ma chère Héléna, lui dit Anita la Brésilienne (c'est ainsi que l'on appelait la femme du futur héros de Marsala), j'espère que vous ne me quitterez plus, nous allons combattre ensemble et mourir s'il le faut, pour la Pépublique.

— Oui, ma chère amie, répondit Héléna, je viens pour cela avec mon frère et mes amis, espérons que votre héroïque époux nous conduira à la victoire.

— Vous savez bien que Giuseppe est toujours vainqueur, espérons que cette fois il aura encore le même bonheur.

Après quelques mots de conversation, Garibaldi donna ses instructions à ses amis nouvellement arrivés, et au bout de quelques instants, tous allèrent prendre les postes qui leur avaient été assignés. Héléna, bien entendu, resta avec son amie Anita.

Tous les patriotes italiens qui travaillaient dans la *Jeune Italie* à l'indépendance de leur patrie étaient à leur poste de combat.

Giuseppe Mazzini, ses deux collègues et un grand nombre de représentants du peuple parcouraient les remparts, l'enceinte des fortifications, les bastions et les avant-postes et encourageaient les défenseurs de la République.

L'intrépide Garibaldi commandait en chef l'armée romaine ; les généraux Médici, Manara, Bixio et Mellara ; les colonels Pisacane, Pianciani, etc..., étaient chargés de la défense des points les plus importants. Dans les premières attaques le courageux Daveiro et le poète Mancelli furent tués, Manzina et sept autres officiers furent blessés. Torré et Calandrelli, officiers d'artillerie, commandaient deux batteries.

Angelo Brunetti, surnommé Cicernacchio par le peuple romain et ses deux fils, commandaient les barricades.

Laviron, le célèbre proscrit français, était à la tête des volontaires républicains ses compatriotes, qui avaient volé au secours de leurs frères de Rome et arboré, au haut des remparts de la ville éternelle, le drapeau rouge des Républicains français. Dans cette guerre fratricide il y avait des Français dans les deux camps, les traîtres avaient eu le machiavélique talent de faire combattre des républicains contre des républicains, des frères contre des frères.

Pianori, Pieri, se faisaient remarquer parmi les défenseurs les plus dévoués de la République.

Orsini, commandait sur les remparts et, non loin de lui, Héléna, sa sœur, excitait les combattants par son enthousiasme, son courage et son héroïsme. La jeune femme avait un charmant costume approprié à la circonstance; une jolie tunique, dont les basques lui descendaient jusqu'au dessous du genou, dessinait sa taille élégante et bien prise, des larges pantalons à la hussarde entouraient de leurs plis gracieux ses cuisses et ses jambes souples et nerveuses; des bottes à revers emprisonnaient ses mollets bien faits, un joli chapeau de feutre, surmonté d'une plume d'aigle en forme d'aigrette, était coquettement placé sur sa tête et cachait les épais bandeaux de sa brune chevelure, ses longs sourcils arqués et ses cils épais ombrageaient ses beaux yeux brillants et veloutés, son front pâle était sombre et rêveur, son nez irréprochable frémissait, ses narines se gonflaient en aspirant les émanations de la poudre, dont l'atmosphère était imprégnée; sa bouche était contractée légèrement, le sourire, banni de ses lèvres, était remplacé par un pli d'une ironie amère; on aurait dit qu'une déception profonde ou qu'une douleur concentrée et aigrie était venue se stéréotyper sur ses lèvres décolorées; son visage respirait une profonde tristesse. En voyant cette jeune femme, on devinait qu'elle était la proie des plus tristes pressentiments, qu'elle pressentait la chute prochaine de la République romaine, objet constant de son culte et de son amour. On comprenait que les illusions et la consolante espérance étaient bannies de son âme, on se sentait attiré vers elle comme vers un abîme inconnu par tout l'attrait de l'insondable et du mystérieux. Héléna était ainsi d'un grand charme et d'une grande beauté, elle portait avec élégance un long sabre recourbé, attaché à sa ceinture, et maniait avec grâce une belle carabine surmontée d'un sabre-poignard en guise de baïonnette. Les défenseurs de Rome pensaient ne pas être attaqués de nouveau par les Français avant le lundi, 4 juin au matin, ainsi que le général Oudinot en avait pris l'engagement écrit; mais, dans l'espoir de surprendre ses adversaires, ce soldat déloyal viola sa promesse écrite tout comme il avait violée sa parole jurée de ne pas attaquer la République romaine; le dimanche, 3 juin, à deux heures et demie du matin, il fit avancer ses colonnes contre la ville.

Il attaqua d'abord, avec 8,000 hommes, la Villa Pamfili qui n'était défendue que par 2,000 soldats de la République.

Oudinot, comme il l'a déjà fait lors de sa précédente agression, procéda par trahison. Il s'approcha en ami des avants-postes et parvint ainsi à surprendre 200 soldats isolés auxquels il avait persuadé qu'il venait en frère pour les aider à combattre les Napolitains et les Autrichiens; puis, quand il eut entouré les trop confiants républicains, il les fit prisonniers, les désarma et les envoya à Bastia, en Corse. Cependant le même stratagème ne lui réussit pas longtemps et, quoiqu'il s'avança en faisant porter devant sa colonne un drapeau blanc en signe d'amitié et qu'il eut fait cacher ses canons au milieu de ses soldats, les défenseurs de la Villa Pamfili ne furent pas dupes de ce stratagème, ils devinèrent une nouvelle trahison dans ces simulacres d'amitié et accueillirent les soldats du traître Oudinot à coups de canons; le combat s'engagea alors, acharné et terrible. Les Romains se défendirent avec un héroïsme extraordinaire; la Villa Pamfili fut prise et repris quatre fois, et elle ne resta au pouvoir d'Oudinot qu'après qu'il eut éprouvé des pertes considérables et encore il ne dut son succès définitif qu'à sa supériorité numérique.

Dès qu'il eut assuré ses positions et établi sa base d'opération à la Villa Pamfili, le commandant français fit attaquer Rome de tous les côtés à la fois. A la porte Saint-Pancrace, les canons de Garibaldi foudroyèrent les soldats de Louis Bonaparte, ceux du fort Saint-Ange leurs firent aussi un mal considérable; en défendant vigureusement cette porte et celle de Cavallégiéri, Laviron fit des prodiges de valeur; les villas Saint-Pancrace, Corsini, Valentini, etc... retranchées d'une manière formidable, opposèrent une résistance invincible aux attaques vigureuses dont elles furent l'objet et aux nombreux assauts qui leur furent donnés. Partout les assaillants rencontrèrent la résistance la plus héroïque; après 18 heures d'un combat acharné et des plus meurtriers, les défenseurs du pape eurent 500 hommes hors de combat et ne gagnèrent pas un pouce de terrain; les défenseurs de la République éprouvèrent aussi des pertes considérables. Massara perdit 200 de ses braves sur 700, parmi lesquels 12 officiers, tous sont tombés en criant : Vive la République ! Le courageux Manzina, commandant de la cavalerie garibaldienne, fut tué. Durant ce combat opiniâtre, Garibaldi fit quatre heureuses sorties pendant lesquelles il captura de nombreux prisonniers.

Le seul avantage que remportèrent les assaillants pendant cette journée de lutte acharnée, c'est l'occupation de Ponte-Molle, que le général Barteluici était chargé de défendre, et qu'il abandonna à la suite d'un faux ordre qui lui fut adressé. Nous allons raconter comment ce malheur est arrivé :

Nous avons vu à l'Élysée, parmi les prêtresses du lieu, une jeune et jolie femme, Maria de S..., cousine du prince-président; cette dame, très versée dans la politique, jouait un double rôle auprès du prince, dont elle était à la fois la maîtresse et la confidente.

Lorsque ce dernier avait une mission délicate ou difficile à remplir, il en chargeait sa cousine Maria de S..., et, comme à l'époque dont nous parlons, il avait besoin d'un agent secret, intelligent, dévoué et discret, réunissant tous les charmes, toutes les séductions d'une jolie femme et toutes les ruses, tout l'astuce et toute l'habileté d'un espion consommé, pour l'envoyer à Rome, auprès du général Oudinot, en qualité de secret plénipotentiaire, et auprès des défenseurs de la République, afin de les espionner, de les trahir et de servir ainsi ses projets criminels, il avait fait le choix de sa gentille et spirituelle cousine Maria pour jouer ce double rôle infâme.

Cette dame avait habité Rome avec sa mère, lorsque son cousin Louis-Napoléon faisait partie de la *Jeune Italie*. Elle était connue comme une bonne patriote par un grand nombre de carbonari qui étaient loin de soupçonner le rôle abominable dont elle s'était chargée.

Après le départ d'Orsini, de sa sœur et des autres patriotes italiens pour Rome, Mme Maria de S... n'était restée que peu de temps à Paris, elle était bientôt

Au milieu des survivants de la lutte héroïque, Garibaldi traversa la campagne romaine et se rendit à Venise.

partie pour la Ville Éternelle, où elle était arrivée chargée, par son cousin Louis-Napoléon Bonaparte, de la double mission dont nous avons parlé.

Il y avait alors parmi les aides de camp de Garibaldi, un jeune officier nommé Ludovico Foletti qui s'était épris, depuis longtemps déjà, d'une folle passion pour Maria de S... Ce jeune Romain avait rencontré la belle intrigante dans la société des membres les plus influents de la *Jeune-Italie*, pendant la Révolution à Rome, et il avait cru naturellement à son patriotisme et à son dévouement à la cause de l'indépendance et de la liberté. Il avait alors exprimé déjà plusieurs fois ses tendres sentiments à l'objet de sa flamme; la belle coquette les avait accueillis avec une adresse séduisante qui laissait tout espérer sans rien accorder.

— Je suis très sensible à l'affection profonde que vous me témoignez, lui disait-elle, mais permettez-moi d'en faire d'abord l'expérience et de la mettre à 'épreuve, et plus tard je verrai ce que je puis croire de vos beaux serments et ce que je dois accorder à votre amour.

Le jeune galant avait protesté de son dévouement à toute épreuve et de sa constance, et il avait promis à son adorée de lui en donner tels témoignages qu'elle désirerait si elle voulait bien tenter l'expérience. Cette proposition avait été acceptée déjà depuis longtemps, lorsqu'un beau matin, la 2 juin 1849, Ludovico, à sa grande surprise, reçut un petit billet parfumé sur lequel il lut : « Si vous m'aimez toujours, soyez ce soir, à neuf heures, sur le Corso, j'ai une bonne nouvelle à vous apprendre. Signé : Maria de S... »

La lecture de ce billet mystérieux causa tout d'abord une grande surprise à Foletti, il y avait longtemps qu'il n'avait reçu des nouvelles de Madame de S..... qu'il savait absente de Rome, et il était fort étonné de son brusque retour et surtout du rendez-vous inespéré qu'elle lui donnait, et ce fut avec la plus grande impatience qu'il attendit l'instant fortuné qui devait le mettre en présence de celle qu'il aimait.

A huit heures et demie il se promenait déjà le long du Corso ; bientôt une voiture sans armoiries et soigneusement fermée s'arrêta en face de lui, le cocher descendit, et l'invita à monter dans l'intérieur du véhicule en lui disant qu'une jeune dame désirait lui parler. On comprend que le galant militaire ne se fit pas répéter cette agréable invitation. Dès que le cocher eut ouvert la portière, il entra dans la voiture, dans le fond de laquelle il aperçut une femme soigneusement enveloppée dans une mante de dentelles dont le capuchon lui voilait en partie les traits ; lorsqu'il eut salué la mystérieuse personne auprès de laquelle il se trouvait, cette dernière lui fit signe de s'asseoir vis-à-vis d'elle et lui dit :

— C'est bien aimable à vous, Monsieur Ludovico, d'avoir été exact au rendez-vous que je vous ai donné, et je suis bien heureuse de voir que vous ne m'avez pas oubliée.

— Comment vous oublierai-je, Madame ? ne savez-vous pas combien je vous aime ? répondit le jeune amoureux, et il faudrait être bien peu galant pour ne pas venir avec empressement auprès d'une aussi charmante personne que vous, et, prenant une des mains de la belle Madame de S..., car c'était-elle qui était dans la voiture, il déposa dessus un brûlant baiser.

— Voyons, mon trop aimable Monsieur Ludovico, ne vous enflammez pas aussi facilement, car j'ai à vous parler sérieusement et de sujets des plus intéressants.

— Que voulez-vous qui m'intéresse plus que mon amour pour vous ? quoi de plus sérieux que les sentiments que vous m'avez inspirés ?

— Je veux bien croire à la sincérité de l'affection que vous dites avoir pour moi, Monsieur; mais oubliez-vous que dans les circonstances graves où nous nous trouvons, il est un intérêt beaucoup plus important que ceux qui nous sont tout personnels? je veux parler de celui de notre chère patrie, et du salut de la République.

— Vous avez raison, Madame, mais pardonnez-moi l'excès de mon amour, qui dans ce moment-ci, près de vous, me fait oublier la cause juste pour laquelle je combats; mais heureusement, plus dévouée et plus zélée que moi, vous voulez bien me rappeler les exigences de la situation grave dans laquelle nous nous trouvons.

— Eh bien, monsieur, c'est précisément pour améliorer cette situation, si c'est possible, que je vous ai fait venir ici, et j'espère que vous m'accorderez le service que j'attends de vous.

— Vous pouvez en être persuadée à l'avance, madame; vous savez que je n'ai rien à vous refuser, surtout s'il s'agit de l'intérêt de notre cause.

— Je l'espère, monsieur Ludovico, mais comme dans la circonstance dont il s'agit, je ne puis vous confier toute ma pensée, comme je suis obligée de faire appel à votre confiance en moi afin de vous demander, dans l'intérêt de la République bien entendu, de me remettre une pièce importante dont j'ai besoin, je ne suis pas certaine si vous aurez assez de foi en moi pour m'accorder ce que je vous demanderai sans connaître l'emploi spécial que je veux en faire; en disant ces mots, la jeune femme lançait sur Ludovico un long regard de doute et d'incertitude en voilant modestement ses beaux yeux sous ses longs cils.

Une teinte de tristesse et de mélancolie s'était répandue sur son beau visage et donnait un grand charme à sa beauté.

Ludovico la contemplait avec une muette extase.

— Oh! parlez, madame, lui dit-il; quoique vous me demandiez, je suis prêt à vous l'accorder, ne savez-vous pas que je vous aime?

— Eh bien, mon ami, j'ai confiance en votre promesse, je vais donc m'ouvrir à vous; vous savez que demain ou après-demain le général Oudinot doit attaquer Rome; or, je connais un moyen certain de déjouer ses projets et de faire échouer son attaque; mais pour cela il me faudrait un blanc-seing de Garibaldi à l'aide duquel je simulerai des ordres stratégiques faux que j'aurai le soin de faire parvenir au général Oudinot au moyen d'un de ses espions que je connais et qui m'est tout dévoué, de cette façon j'entraînerai notre ennemi dans un piège, il ferait des fausses manœuvres et je vous fournirai le moyen de le battre.

— C'est avec beaucoup de regret, madame, que je me vois forcé de vous refuser ce que vous me demandez; mais il m'est de toute impossibilité de vous procurer le blanc-seing que vous désirez, car je n'en ai pas, et si j'en réclamais un à mon général, il est certain qu'il me le refuserait.

— Mais vous avez au moins un ordre quelconque, un autographe signé de lui, si vous vouliez me le confier, vous rendriez un grand service à notre cause et vous me donneriez une preuve éclatante de votre affection et de votre dévouement pour moi.

Ludovico prit alors son portefeuille et en tira un pli non cacheté qu'il montra à la jeune femme.

— Voici, lui dit-il, la seule pièce signée de mon général que je possède ; c'est un ordre qu'il m'avait chargé il y a quelques jours de porter au général Barteluici, campé sur le Ponte-Molle, afin de le faire rentrer dans la ville pour lui donner un autre poste ; mais depuis Garibaldi a changé d'avis ; cet ordre n'a pas été remis à son destinataire et il m'est resté entre les mains. Néanmoins je n'oserai pas m'en dessaisir, car on peut me le réclamer d'un instant à l'autre.

— Je crois que vous pouvez être parfaitement rassuré à cet égard, car à supposer que l'on vous réclamât ce papier, vous pourriez parfaitement répondre que vous l'avez perdu, égaré ou déchiré ; mais du reste personne ne songera jamais à vous demander un ordre désormais inutile.

— Cela peut être vrai, mais ne comprenez-vous pas, madame, qu'en vous remettant cet ordre, j'abuse de la confiance que mon général a en moi et que je commets un acte d'indélicatesse ?

— Vous exagérez mon cher Ludovico, dit Marie de S.... avec un gracieux sourire et en posant sa petite main gantée sur les genoux du jeune officier ; quel mal, quel abus y a-t-il à me confier un ordre qui n'est plus d'aucune utilité, un chiffon de papier qui n'est plus bon à rien, et surtout quand c'est, comme je vous l'ai dit, dans l'intérêt de notre cause et pour servir notre chère République, que je vous le demande ? Mon cher ami, vous n'avez donc aucune confiance en moi ? vous ne m'aimez donc pas ? — et fixant ses beaux yeux sur ceux de Ludovico, la sirène avança sa main jusqu'au papier que le jeune militaire tenait toujours dans la sienne ; — cédez-moi ce chiffon, mon ami, et je croirai que vous m'aimez.

Ludovico, éperdu d'amour pour cette belle jeune femme, qui était là, suppliante et séduisante devant lui, n'eut pas la force de refuser ; il ouvrit ses doigts, céda l'ordre tant convoité en disant :

Et vous, Marie, ne m'accorderez-vous rien ?

— Oh si ! dit la jeune femme, je ne serai pas ingrate envers vous, car, moi aussi, je vous aime, Ludovico, et ce que je viens de faire était une épreuve, je voulais savoir jusqu'on allait votre amour et votre dévouement pour moi, car que voulez-vous que je fasse de ce chiffon de papier ; et en disant ces mots, elle froissa négligemment ce dernier.

Ludovico, en entendant parler ainsi celle qu'il aimait, devint fou de bonheur, il ne songea plus à la pièce qu'il venait de céder, et il pressa tendrement sa charmante compagne dans ses bras en la couvrant de baisers.

— Comment, Marie, vous m'aimiez aussi et vous ne me le disiez pas, et vous me laissiez languir et souffrir loin de vous. Oh ! que c'était mal !

— C'est cela, plaignez-vous, ingrat, dit-elle, en se défendant faiblement contre les étreintes passionnées de son cavalier.

Lorsque la voiture arriva devant l'hôtel Canino, où habitait la trop aimable Maria, Ludovico donna un tendre baiser d'adieu à la belle en lui disant :

— Quand te reverrai-je, mon ange?

— Bientôt, mon bien-aimé, répondit la voluptueuse Maria en pressant de ses lèvres roses la bouche de son amant ; je te donnerai le plus tôt possible un autre rendez-vous.

En disant ces mots, la coquette et adroite Maria se dégagea prestement des bras de son amant, descendit lentement de la voiture et rentra dans son hôtel ayant eu le soin d'emporter avec elle le précieux ordre signé Garibaldi.

Lorsqu'elle fut seule dans sa chambre, Marie de S... ouvrit un coffret en ébène contenant plusieurs flacons, déboucha l'un d'eux ; trempa dedans un pinceau et elle passa plusieurs fois ce dernier humide d'une blanche liqueur (1) dégageant une forte odeur de chlore sur l'ordre de Garibaldi en ayant bien soin de ménager la signature de ce dernier qu'elle n'humectait pas. Chaque fois que sa main experte passait le pinceau sur l'écriture, celle-ci disparaissait à vue d'œil, et le papier après avoir été ainsi mouillé trois ou quatre fois ne conserva plus qu'un léger trait jaune indiquant la trace des lettres. Marie de S..., trempa alors son pinceau dans un second flacon plein d'une liqueur blanche, épaisse, semblable à de la crème (2), elle en appliqua aussi une couche sur les lettres presque entièrement effacées, et, au bout de quelques secondes, la trace jaune qui restait encore disparut à son tour. Elle lava alors très proprement le papier qu'elle venait de soumettre à cette opération chimique et sur lequel toute trace d'écriture avait disparue, à l'exception de la signature et du sceau de Garibaldi qui s'étalaient au bas de la page blanche. Quand cette dernière fut un peu moins humide, Marie de S... passa dessus une légère couche de colle de poisson et, quelques heures après, lorsque la page fut entièrement sèche, elle écrivit au-dessus de la signature de Garibaldi :

« Au général Barteluici,

« Général, abandonnez votre position de *Ponte-Molle* sans rompre le pont et repliez-vous dans l'intérieur de la ville, où je vous transmettrai des ordres ultérieurs.

« Rome, le 3 juin 1849. »

Le lendemain matin de bonne heure, une estaffette porta cet ordre au général Barteluici et ce dernier l'exécuta immédiatement en abandonnant la position qu'il était chargé de défendre.

Les Français trouvant le *Ponte-Molle* inoccupé, le traversèrent et vinrent

---

(1) Cette liqueur était du sel d'oseille dissous dans de l'eau (acide oxalique).
(2) C'était du chlorure de chaux

s'établir sur le Pincio d'où il leur était facile de canonner la ville et d'ouvrir une brèche.

La perte de cette position était pour les Romains un grand malheur et son occupation par les Français un succès important, le seul qu'ils aient obtenu, et par trahison après 18 heures du combat le plus opiniâtre et le plus meurtrier.

Le soir, quand la nuit fut venue mettre un terme aux massacres et une trêve à la fureur des combattants, Garibaldi entouré de quelques-uns de ses officiers d'état-major et de ses aides-de-camps, se promenait sombre et soucieux en écoutant les rapports de la journée, quand le général Barteluici vint à son tour pour lui rendre compte de la mission qui lui avait été confiée ; la belle figure franche et ouverte de Garibaldi prit une expression de profonde sévérité.

— Général, dit-il au nouveau venu, je vous retire votre commandement et vous allez vous rendre aux arrêts forcés jusqu'à la fin de la lutte. Vous passerez alors devant le conseil de guerre pour rendre compte de votre conduite, car vous avez lâchement abandonné le poste que je vous avais confié.

— Comment, général, vous m'accusez d'avoir abandonné mon poste quand c'est sur votre ordre formel que je me suis retiré de Ponte-Molle ?

— Général, pas de fausses défaites, je vous avais confié la garde de *Ponte-Molle* en vous recommandant expressément de détruire le pont si vous étiez forcé de l'abandonner, et au lieu d'exécuter mes ordres vous avez quitté votre poste devant l'ennemi sans raison, sans prétexte, sans la moindre résistance et sans détruire le pont, répondit Garibaldi.

— Il est vrai, général, que vous m'aviez d'abord donné l'ordre dont vous parlez, mais depuis vous m'en avez envoyé un second dans lequel vous me dites de quitter ma position et ne ne pas détruire le pont ; cet ordre écrit, je l'ai, le voici, ajouta Barteluici en remettant un papier à Garibaldi.

Ce dernier lut alors l'ordre écrit que Marie de S... avait fabriqué et qu'elle avait envoyé au commandant de Ponte-Molle.

A la vue de cette pièce au bas de laquelle était sa signature et son sceau, Garibaldi pâlit et s'écria :

— Quel est le misérable qui a abusé de ma confiance et qui a fabriqué cette pièce fausse ? car cet ordre est faux, la signature est bien de moi, mais l'écriture qui la précède n'est pas la mienne ! On s'est sans doute servi d'un de mes ordres, on en a effacé le contenu pour le remplacer par l'ordre perfide d'évacuer Ponte-Molle ; ce ne peut-être qu'un de mes aides-de-camp qui a commis cette infamie, et si ce misérable ne se nomme pas lui-même, je saurais bien le découvrir ; quel qu'il soit, malheur à lui !

Cette scène se passait comme nous venons de le dire devant les officiers d'état-major et les aides-de-camp de Garibaldi qui tous se regardaient interdits en présence de l'accusation qui pesait collectivement sur eux tous ; plusieurs d'entre eux faisaient entendre des murmures et des protestations, lorsque Ludovico s'avança plus pâle qu'un mort auprès de Garibaldi en disant :

— Général, n'accusez personne que moi du mal qui vient d'être fait; car c'est moi qui ai eu l'imprudence de confier un de vos ordres, non pas à un de nos ennemis et pour en faire l'usage perfide que vous connaissez, mais à une femme, qui se dit des nôtres, à une de nos amies à tous, à Maria de S..., qui m'avait prié de lui remettre cette pièce dans l'intérêt de notre cause, à ce qu'elle m'affirmait, et pour en faire un usage qui devait nous être des plus profitables. Comme cet ordre avait été contremandé et qu'il n'avait plus aucune valeur, j'eus la faiblesse de condescendre au désir de cette dame que je croyais nous être toute dévouée; maintenant je comprends de quelle infâme machination j'ai été la victime. Je n'entends pas excuser ma faute dont j'apprécie toute la gravité et toute la culpabilité, j'ai seulement voulu dénoncer la perfide, l'infâme, qui a abusé de ma confiance et de ma faiblesse, afin qu'elle ne puisse plus faire ni de nouvelles dupes, ni de nouvelles victimes et accomplir d'autres trahisons; maintenant je vais me punir de mon crime auquel je ne veux pas survivre.

En disant ces derniers mots, et avant qu'on ait eu le temps de l'en empêcher, le malheureux jeune homme se fit sauter la cervelle d'un coup de pistolet; les éclats du crâne et le sang de l'infortuné Ludovico maculèrent plusieurs des assistants qui reculèrent effrayés devant cet acte de désespoir. Garibaldi contempla de son air triste et doux ce jeune officier qui venait de se faire justice aussi sévèrement et de se punir de mort pour une imprudence et un acte de faiblesse.

— Qu'on enlève le cadavre de ce malheureux, dit-il, et que sa triste fin serve d'exemple à tous ceux qui, comme lui, pourraient commettre une faute par légèreté, excès de confiance ou par inexpérience; qu'on envoie de suite à la police l'ordre d'arrêter Maria de S..., qui joue ici le rôle d'espionne et qui fomente la trahison. J'aurais dû m'en douter, car elle appartient à cette infâme famille corse qui a déjà coûté tant de larmes et de sang à l'Italie et qui aujourd'hui cause tous nos malheurs.

— Patience, dit à son tour Félice Orsini, l'attaque indigne qui s'accomplit contre nous aujourd'hui ne restera pas sans châtiment et si nous succombons sous le nombre et sous la force, nous saurons du moins nous venger.

— Nous le jurons, répondirent tous les militaires présents.

— En attendant, ajouta Garibaldi, combattons pour la défense de la République, suivez-moi, mes amis, allons faire une nouvelle sortie à la faveur de la nuit et déloger l'ennemi qui s'est établi sur le Pincio.

Tous les Garibaldiens suivirent leur chef et bientôt après on entendit dans le silence et l'obscurité une vive fusillade dans la direction de Ponte-Molle; c'étaient les républicains romains qui attaquaient les envahisseurs de leur pays; quand les premiers rentrèrent dans Rome ils amenèrent avec eux plusieurs centaines de prisonniers.

Ces combats, cette résistance héroïque et ces attaques acharnées durèrent plus d'un mois; Oudinot demanda et attendit de nouveaux renforts et des pièces de siège pour ouvrir la brèche et donner l'assaut. Ce ne fut que quand il les eut reçues qu'il se décida à tenter ce dernier.

Mais dès que les renforts et l'artillerie de siège furent arrivés, le général Oudinot commença un siège régulier, il fit ouvrir les tranchées, construire les batteries de siège, et bientôt le bombardement commença ; les pièces de gros calibre et de longue portée ouvrirent un feu épouvantable sur la Ville Éternelle, qu'elles couvrirent de boulets, de bombes, d'obus et de mitraille, menaçant de tout détruire, de tout incendier ; les projectiles tombent sur les monuments précieux de la Rome antique et semblent vouloir anéantir tous ceux que le temps a épargné. Les bombes pleuvent sur le Capitole, le Colysée, les vieux temples, les collections curieuses de tableaux, de statues, d'objets d'art, d'antiquités ; les bibliothèques, les écoles, tout est menacé de destruction et d'incendie, la coupole de Saint-Pierre, le Vatican, le Quirinal, sont percés par les boulets des nouveaux Vandales qui menacent la Ville Éternelle de pillage, d'incendie et de destruction. Cet épouvantable bombardement dura près d'un mois, jusqu'au 29 juin, malgré les protestations des triumvirs et de plusieurs consuls étrangers, auxquels le général Oudinot, le nouvel Alaric, exécuteur brutal des hautes-œuvres du traître Louis-Napoléon Bonaparte, avait répondu « que le bombardement continuera, dût-il entraîner l'effusion du sang innocent et la destruction des monuments qui devraient être impérissables. »

Le père Ventura, un prélat romain, un des plus chauds partisans de Pie IX à ses débuts, écrivait à un de ses amis de France :

« Très-cher ami et frère, c'est avec des larmes dans les yeux que je vous écris cette fois ; pendant que je trace ces lignes, les soldats français bombardent Rome, détruisent les monuments, mitraillent les citoyens, et le sang de part et d'autre coule par torrents. Les ruines s'amoncellent sur les ruines. Le peuple romain voit que les Français, au nom du Pape, font couler le sang romain, et détruisent la ville de Rome. Il voit que c'est le Pape qui a lancé quatre puissances armées de tous les moyens de destruction, contre les États romains, comme une meute sur une bête féroce...

« Dès-lors, vous comprenez bien que l'on ne veut rien, plus rien de ce qui vient du prêtre, de ce qui sent le prêtre...

« Ah ! mon cher ami, l'idée d'un évêque qui fait mitrailler ses diocésains, d'un pasteur qui fait égorger ses brebis, d'un père qui envoie la mort à ses enfants, d'un pape qui veut régner, s'imposer à trois millions d'habitants par la force, qui veut rétablir son trône sur des ruines, des cadavres et du sang ! Cette idée, dis-je, est si étrange, si absurde, si horrible, qu'il n'y a pas de conscience qui n'en soit révoltée, pas de foi qui puisse y tenir, pas de langue qui ne se sente poussée à la malédiction et au blasphème !...

« Il est possible que le Pape rentre à Rome portant le glaive, précédé de soldats, suivi par le bourreau, comme si Rome était la Mecque... Mais il ne rè-

Les trois cardinaux Altieri, Vanutelli et Della Genga employaient leurs jours à dévaster Rome et travaillaient, durant leurs nuits, à la repeupler C'étaient des orgies de sang et de débauche.

gnera jamais sur le cœur des Romains, son règne est détruit, fini pour toujours!...

« La guerre fratricide que nous fait le gouvernement actuel de la France, ne laissera dans l'histoire qu'une de ces pages sanglantes que devront expier pendant de longs siècles la France et l'humanité! »

Ce terrible jugement porté par cet homme de génie, qui fut l'ami de Pie IX, quand il le crut honnête, restera le jugement de l'histoire contre les misérables auteurs de l'expédition entreprise contre la République romaine au mépris de toute justice et de tout droit.

Mais, malgré tout, l'œuvre de destruction et de mort continuait. Les Romains résistèrent et se battirent avec un courage digne de leurs ancêtres, et se conduisirent en héros antiques.

Pendant que les boulets français détruisaient les chefs-d'œuvres de la Ville Éternelle, qu'avaient autrefois respectée les Vandales, pendant que les bombes éclataient sous les portiques du Vatican et du Quirinal, pendant que la population toute entière, hommes, femmes et enfants, combattaient sur les remparts de la cité aux sept collines, et que le sang romain coulait à flots dans cette lutte fratricide, où les soldats d'une République égorgeaient ceux d'une autre, pour rétablir le plus infâme des despotismes, celui des prêtres, la plus horrible des tyrannies, celle du sacerdoce, les représentants du peuple romain qui n'avaient pas été désignés pour commander les barricades, décrétèrent du haut du Capitole, au bruit de la mitraille, du canon et de la fusillade, la Constitution de la République romaine, la plus parfaite qui fut jamais promulguée en Italie, et qui restera dans l'histoire, comme un monument de gloire immortelle pour ce peuple romain tant calomnié par le parti clérical et les suppôts du despotisme.

Le 30 juin au matin, sous une pluie diluvienne, pendant que le tocsin sonnait, que le canon hurlait, que les bombes et les obus sifflaient, quand les remparts étaient en ruines, intenables, quand les troupes françaises occupaient tous les bastions, quand les barricades à moitié démolies par les canons étaient couvertes de morts et de mourants, quand le sang coulait à flots et ruisselait dans les rues, les troupes du traître Louis-Napoléon Bonaparte donnaient un dernier assaut. Garibaldi et sa femme, Anita la Brésilienne, Orsini et sa sœur Héléna, Manara, Bixio, Mellara, Angelo Brunetti, ses deux fils, Médici, les colonels Pisacane et Pianciani, le commandant des volontaires français Laviron et beaucoup d'autres officiers combattaient, le fusil à la main, au milieu des défenseurs de la République romaine, sur les brèches, derrière les barricades et sur les points les plus menacés. Torri et Calandrelli, officiers d'artillerie, commandaient deux batteries et criblaient les assaillants des projectiles de leurs canons tirant à toute volée.

La dernière lutte fut terrible, les troupes françaises donnèrent cinq ou six assauts et furent toujours repoussés avec de grandes pertes.

Garibaldi faisait des prodiges de valeur et de génie militaire pour lutter, comme il le fit avec succès, contre la puissante armée régulière d'Oudinot, de près de cinquante mille hommes, bien pourvue d'armes, de munitions, ayant un matériel de guerre considérable, des batteries de siège formidables et de bons officiers du génie et d'artillerie.

Orsini et sa sœur se battirent comme deux lions; Anita, la femme de Garibaldi, était toujours avec son mari aux endroits les plus dangereux, donnant l'exemple du courage, de l'audace et de l'héroïsme.

La nuit était tombée et couvrait de son voile épais le champ de mort et de carnage, les Français se préparaient à donner un dernier assaut afin d'enlever les remparts et de forcer les barricades; de leur côté les Romains luttaient avec le courage du désespoir ; Garibaldi se multipliait, on le voyait partout où on faiblissait ; il apparaissait avec son héroïque compagne pour soutenir les courages et rétablir le combat.

Orsini, avec sa belle tête antique, intrépide à son poste, soutenait depuis le matin une lutte acharnée contre des ennemis dix fois supérieurs en nombre.

Sa sœur Hélèna se battait comme une lionne, sa beauté sublime, son courage héroïque, son habileté à manier les armes, son adresse et sa force peu communes faisaient l'admiration de tous ceux qui la voyaient combattre avec un sangfroid et une présence d'esprit extraordinaires. Le rempart en ruine derrière lequel elle s'abritait avait déjà soutenu trois ou quatre assauts depuis le matin.

Hélèna, dissimulée comme une couleuvre derrière les terrassements qui la garantissaient, ainsi que ses compagnons de combat, restait immobile, presque invisible, sur la grêle de balles qui sifflaient au-dessus de sa tête et qui s'amortissaient sur le rempart. Le fusil en main, prête à faire feu, elle ajustait froidement et sûrement ses ennemis, et lorsqu'elle en apercevait un au bout de son fusil, elle appuyait sur la détente, et le malheureux qu'elle avait visé était un homme mort, elle ne le manquait jamais, il chancelait et s'abattait comme un bœuf.

A chacun des assauts qu'elle avait soutenus depuis le matin, elle avait attendu cachée, immobile derrière les remparts, avec ses compagnons, sans faire un mouvement, sans donner signe de vie, que l'ennemi arrivât presque à bout portant, et alors, quand elle le voyait se dresser, menaçant, devant elle, prêt à s'élancer sur les ortifications qui la protégeaient, elle s'écriait de sa voix sonore et mélodieuse : Feu ! Aussitôt, tous les fusils braqués de ses voisins du premier rang et le sien, partaient, on n'entendait qu'un coup formidable, une décharge foudroyante et tout le premier rang des assaillants était couché dans la boue sanglante.

Pendant qu'ils tombaient, Hélèna et ses compagnons se relevaient avec rapidité, les baïonnettes en avant, recevant sur leurs pointes les imprudents et courageux ennemis qui osaient avancer, et bientôt une seconde décharge du second rang des défenseurs des remparts mettait les assaillants en déroute.

Il était plus de huit heures du soir quand le dernier assaut fut donné ; comme d'habitude, Hélèna et ses amis firent feu à bout portant, un rang d'assaillants fut étendu dans la boue. Le second rang se précipita sur les baïonnettes en faisant feu Plusieurs des compagnons d'Hélèna tombèrent à leur tour. La jeune femme, intrépide, resta debout et cloua au sol, comme un papillon, un de ses ennemis, avec sa baïonnette. Mais cette fois les assaillants ne reculaient pas ; quand il en tombait dix, il en venait vingt. En moins d'une minute, les remparts furent escaladés, Hélèna reçut un coup de crosse qui l'étourdit et la renversa pendant que ses compagnons étaient tués ou refoulés. Quand elle revint à elle, la position qu'elle avait défendue était prise et elle était prisonnière. Il était neuf heures du soir.

Presque toutes les portes étaient occupés par l'ennemi, les remparts étaient forcés, Duveiro et le poète Mancelli, qui combattaient à côté d'Hélèna étaient étendus morts à ses pieds. Manzina et sept autres étaient blessés et prisonniers comme elle, son frère Orsini avait disparu dans la nuit, ainsi que Garibaldi, sa femme Anita, Pieri, Pianori et un grand nombre d'autres qui battirent en retraite en combattant sous le feu de l'ennemi auquel ils parvinrent à échapper. Ils purent sortir de Rome en grand nombre et gagner la campagne.

Quand les nouveaux barbares entrèrent dans la Ville Éternelle au milieu des ruines, ils trouvèrent les représentants du peuple à leur poste comme les Gaulois avaient trouvé leurs aïeux assis dans leurs chaises curules, et il fallut employer la force pour les arracher de leurs sièges, les disperser et les chasser du Capitole.

La réaction cléricale ne perdit pas une minute pour s'organiser dans la Rome papale reconquise. L'administration toute entière fut aussitôt livrée au clergé le plus réactionnaire, il y eut jusqu'à la commission municipale qui fut composée de cléricaux réactionnaires. Toutes les libertés furent supprimées : liberté de la parole, de la presse, de réunion, d'association, du travail, etc. Tous les citoyens qui avaient servi la République, tous ceux qui étaient suspectés d'avoir des sympathies pour elle étaient menacés de la prison et expulsés. Tous les anciens tribunaux ecclésiastiques ou mixtes furent rétablis et notamment celui du Saint-Office ou de l'Inquisition. La torture et la peine du chevalet furent remises en vigueur par un décret spécial du souverain pontife ; et le tribunal de sang fonctionna de nouveau, protégé par les soldats de la République française, qui devinrent ainsi les sbires et les familiers du Saint-Office. Une commission gouvernementale composée des trois cardinaux, Della Genga, Vanicelli et Altieri, fut instituée par Pie IX. Le peuple la surnomma *le triumvirat rouge*. Les prisons furent aussitôt remplies de malheureuses victimes dont le seul crime était l'amour de la liberté, de la justice et du droit et la haine du joug odieux des prêtres et de la tyrannie pontificale. L'encombrement des détenus politiques devint si grand que le conseil de salubrité dut faire des représentations énergiques sur les dangers qu'une pareille agglomération de prisonniers faisait courir à la santé publique.

Dès le soir de son arrestation, l'infortunée Héléna fut enfermée dans une des geôles infectes et malsaines du Saint-Office, dans laquelle elle fut traitée comme la plus grande criminelle et la dernière des misérables, ayant pour tout lit un peu de mauvaise paille pourrie et infecte jonchant le sol de son cachot.

Le général en chef de l'armée française à Rome fit défiler ses soldats devant le *triumvirat rouge*. Les trois infâmes cardinaux étaient perchés sur un trône à trois places qu'ombrageait un pompeux baldaquin couleur de sang.

C'était pour introniser ces malfaiteurs sacrés, pour soutenir le gouvernement théocratique, la plus abominable de toutes les tyrannies ; pour protéger le Saint-Office et l'Inquisition, les plus infâmes des tribunaux, pour défendre la papauté, la plus honteuse des superstitions et le plus cruel de tous les fanatismes, que les soldats de la République française étaient allés égorger la République romaine. Voilà quelle était l'œuvre de la France à Rome. Quel était le crime dont Louis-Napoléon Bonaparte s'était rendu coupable !

Le drapeau de la République romaine, si glorieusement défendu par le peuple tout entier est tombé dans le sang des martyrs ; celui des traîtres et des parjures vainqueurs grâce à la force, au nombre et à la trahison l'a remplacé sur les monuments de la ville éternelle et flotte au Capitole.

Tous les héroïques défenseurs de la République, les compagnons de Garibaldi, les combattants des barricades, les volontaires de toute l'Italie, les républicains français qui étaient allés à Rome, combattre pour la liberté et défendre leurs frères de la Ville Éternelle ; les représentant du peuple qui étaient restés inébranlables à leur poste ou derrière les barricades ; les magistats républicains ; les triumvirs, et jusqu'aux femmes héroïques et aux enfants courageux qui s'étaient battus pour la République, avaient quitté la ville et fuyaient dans la campagne, cherchant un refuge et un asile contre les oppresseurs de leur patrie, les destructeurs de leurs libertés, les violateurs de toutes les lois et de tous les droits, qui s'étaient emparés de leur cité héroïque sur les cadavres et dans le sang de leurs concitoyens.

La ville entière était plongée dans la colère, la terreur et le désespoir, toutes les maisons étaient fermées, toutes les portes étaient closes, les visages étaient sombres et les poings crispés ; c'étaient la rage dans le cœur, la haine dans les yeux en chargeant leurs armes et en aiguisant leurs poignards dans l'ombre que les Romains regardaient les envahisseurs de leur cité.

Il est minuit ; au milieu de la campagne romaine, campe une troupe nombreuse de soldats et de citoyens ; ce sont les défenseurs de la Ville Éternelle, qui ont battu en retraite devant les soldats du despotisme vainqueurs du droit et de la justice, après avoir défendu leur chère République de rempart en rempart, de bastion en bastion, de barricade en barricade, de rue en rue, de maison en maison et après avoir brûlé leur dernière cartouche.

Tous les membres de la jeune Italie, à l'exception du prince Louis et du commandeur Rattazi et de quelques autres encore étaient parmi les républicains fugitifs : Giuseppe Mazzini, Félice Orsini, Pieri, Pianori, Galetti, Cicernacchio, Pianciani, Torré, Calandrelli, Pisacane, Zambianchi, etc., etc., formaient le cortège de l'héroïque Garibaldi et de sa courageuse et intrépide femme Anita la brésilienne qui n'avait pas voulu le quitter.

Tous ces proscrits étaient réunis dans la salle basse d'une ferme isolée. C'était Giuseppe Mazzini, l'illustre triumvir qui les présidait ; ce célèbre tribun, le héros populaire Garibaldi, et leurs compagnons d'infortune, étaient encore plus grands après leur défaite qu'avant, et c'était avec un stoïcisme antique, qu'ils supportaient la mauvaise fortune,

— Mes frères, disait Giuseppe Mazzini, les traîtres et les parjures sont parvenus à nous battre, grâce au nombre considérable de leurs soldats, à leurs moyens formidables de destruction, et à la trahison ; mais le droit est demeuré debout avec nous, le glorieux drapeau de la République, à l'ombre duquel nous avons combattu avec courage, est resté pur et sans tache ; partout où il flottera, le peuple de l'Italie le saluera toujours avec respect et admiration ; tous les hommes de cœur, tous ceux dignes de ce nom, l'acclameront comme un emblème de liberté et de rénovation sociale ; l'idée qu'il représente, est immortelle ; quand on la persécute, elle grandit et s'incruste plus profondément dans les âmes, quand on frappe ses défenseurs, on en fait des martyrs. La République, a incarné en elle, la grande notion de justice innée dans le cœur de l'homme, les principes immortels de *liberté, d'égalité et de fraternité*, qui triompheront certainement, et qui deviendront la base de notre ordre social ; aussi, quoiqu'il puisse nous arriver, quel que soit le sort qui nous est réservé, ayons foi en la grandeur, en la justice de notre cause, ne nous décourageons jamais, supportons avec la même fermeté, la même sérénité, la bonne comme la mauvaise fortune ; car, quand on combat pour une cause juste, on ne doit jamais douter un instant de son succès dans l'avenir. Nous devons donc continuer notre œuvre avec la même persévérance, sans cesser un seul moment de travailler pour elle, chacun de nous doit donc poursuivre sa tâche dans la mesure de ses forces ; que ceux qui sont soldats, continuent de combattre avec les armes, qu'ils aillent rejoindre nos frères de Venise, pour défendre encore la République et la faire triompher ou succomber avec elle ; que ceux qui sont tribuns, écrivains, journalistes, historiens, combattent avec la plume ou la parole pour la République, et que tous concourent à son triomphe.

Quand Giuseppe Mazzini eut fini de parler, le chef des défenseurs de Rome se leva, et dit :

— Mes chers amis, j'approuve tout ce que vient de dire notre respectable triumvir ; comme lui, je suis d'avis que nous devons lutter jusqu'à la dernière heure, verser jusqu'à la dernière goutte de notre sang pour la République. Or, comme son drapeau flotte encore à Venise, je suis résolu à traverser l'armée autrichienne, qui occupe les Marches et l'Ombrie, et l'armée française, afin d'aller rejoindre les défenseurs de Venise, avec tous ceux de mes compagnons qui voudront bien se frayer avec moi un chemin à travers les rangs ennemis.

A ces mots, un grand nombre de ces courageux citoyens, s'écrièrent :

— Nous irons tous, avec vous, général, nous vous accompagnerons partout.

— Oui, citoyen, nous irons avec vous combattre aux côtés des héroïques défenseurs de Venise, dit Félice Orsini ; mais ne serait-il pas aussi nécessaire, de punir les traîtres, et d'en faire justice, ceux qui, au mépris de leurs serments, ont trahi et combattu la cause sacrée de la République, à laquelle ils avaient juré fidélité avec nous ; avez-vous oublié, quel est le châtiment que nos règlements infligent aux parjures ? Mes frères, que méritent les traîtres !... répondez ? Eh bien, vous n'avez pas plus que moi, oublié ceux, qui, autrefois étaient avec nous, ceux qui ont juré dans les mains de notre président, fidélité et dévouement à nos principes, et qui, non seulement, nous ont abandonnés, mais encore qui combattent ouvertement notre cause, et qui ont poussé l'infamie, jusqu'à employer contre nous la puissance que nous les avons aidés à conquérir. Ces traîtres, ces parjures, ces parricides, qui percent sans pitié le sein de leur mère, vous les connaissez aussi bien que moi, puisque tous, vous avez été témoins de leurs serments ; je demande donc qu'ils soient condamnés et flétris comme traîtres et infâmes, et que trois d'entre nous, soient désignés par le sort, pour exécuter la sentence capitale, qui sera prononcée contre eux.

A cette proposition, le président se leva, et dit :

— Mes frères, vous venez d'entendre la motion qui a été faite par le bon cousin Félice Orsini ; je vais la mettre aux voix, sans désigner par leurs noms propres, ceux qui sont accusés, et que vous connaissez tous, aussi bien que moi ; et que la Vente Suprême indiquera aux coups de leurs justiciers ; que ceux qui sont d'avis que les membres de la *Jeune-Italie* qui ont forfait à leurs serments, en attaquant et en détruisant la République romaine, sont des traîtres, des parjures et des parricides, et méritent la mort, lèvent la main.

Tous les assistants firent le signe indiqué.

— En conséquence de la réponse affirmative et unanime que vous venez de faire, je déclare les accusés, coupables des crimes de trahison, de parjure et de parricide ; je les condamne à mort, je les mets hors la loi, hors l'humanité, et je déclare, que chacun de vous, que tous les citoyens ont le droit et le devoir de les poursuivre, de leur courir sus, et de les mettre à mort par tous les moyens ; en agissant ainsi, ils feront bonne justice et un acte méritoire, qui leur vaudra l'estime et le respect de leurs concitoyens, et la reconnaissance de la postérité. Et afin que la sentence de mort qui vient d'être prononcée soit sûrement exécutée, nous allons tirer au sort, pour savoir quels sont les trois d'entre nous, qui seront chargés de l'exécution des traîtres, parjures et parricides.

Le président mit alors dans une urne tous les noms des membres de la *Jeune-Italie* présents, et, après avoir bien mêlé les bulletins sur lesquels ils étaient écrits, il en fit tirer trois au sort par trois membres différents. Les bulletins qui sortirent furent conservés cachetés et placés dans une enveloppe fermée, avec cinq cachets de cire dont une empreinte fut remise à chaque membre de la société ; après quoi, le cachet qui avait servi à les faire fut brisé devant tous les assistants. Le président conserva par devers lui l'enveloppe cachetée dans laquelle étaient enfermés les trois bulletins sur lesquels étaient écrits les noms de ceux qui étaient chargés de tuer les tyrans et les traîtres, pour la remettre à la Vente Suprême qui devait l'ouvrir lorsqu'elle aurait décidé que le moment était venu.

— Maintenant, mes frères, ajouta Giuseppe Mazzini, jurons tous, si le sort nous a désignés, d'exécuter fidèlement la sentence qui nous sera communiquée.

Tous les républicains étendirent la main et dirent :

— Nous le jurons !

— Jurons tous, dans le cas où ceux d'entre nous qui seront chargés de tuer les traîtres et les tyrans n'accompliraient pas leur tâche, de les punir de mort.

— Nous le jurons !

— Engageons-nous aussi à subir tous la même peine et à être exécutés pa nos frères dans le cas où, en manquant à nos serments, nous serons lâches et parjures.

— Nous le jurons !

— Jurons encore de venger nos frères dans le cas où ils succomberaient dans l'accomplissement de leur tâche, et de conserver le plus profond secret sur tout ce qui a été dit, vu et fait dans cette séance.

— Nous le jurons !

— Jurons haine éternelle et mort à tous les tyrans.

— Nous le jurons ; mort aux tyrans ! mort aux tyrans !! mort aux tyrans !!!

— Maintenant, mes frères, n'oubliez pas vos serments, et souvenez-vous que la tyrannie est impossible si nous les tenons, car il suffit du plus faible d'entre nous pour tuer un tyran. Nous allons nous remettre en route pour Venise, afin de combattre par l'épée tant qu'il nous restera une épée, et si on brise cette dernière, nous ferons des poignards avec les tronçons, et alors mort aux tyrans !

— Oui, mort aux tyrans ! dirent tous les membres.

— Tous cachés dans l'ombre, nous irons attendre les oppresseurs et nous leur plongerons nos poignards dans le cœur en leur disant notre devise immortelle :

— « Ainsi toujours pour les tyrans ! »

— Car, nous le jurons tous, nous préférons mourir que de vivres esclaves.

— Nous le jurons !

— Notre chère République, qu'on a détruite par la trahison et par la force, nous jurons de la rétablir sur les cadavres de nos ennemis ou de descendre dans la tombe.

— Nous le jurons !

— C'est bien, mes frères, restez tous animés de ces sentiments virils et vous serez bientôt libres, et que dans l'avenir notre cri de ralliement soit : La liberté, Rome ou la mort !

— Je jure, si je ne succombe pas dans la lutte que je vais engager, dit Garibaldi, quand l'heure sera venue, d'appeler toute l'Italie aux armes et de marcher sur Rome, à la tête de mes volontaires, aux cris de : Rome ou la mort !

— Nous le jurons tous, dirent les proscrits.

— Et maintenant que la liberté nous protège, dit Giuseppe Mazzini.

— Et en route, ajouta Garibaldi.

Et tous les républicains proscrits, ainsi que la femme de Garibaldi, l'héroïque Anita, la brésilienne, prirent leurs armes et se dirigèrent sur Venise, à travers les armées française et autrichienne.

LES AMOURS SECRÈTES DE NAPOLÉON III

C'était à l'époque où les débordements de Louis Bonaparte à l'Élysée, annonçaient les saturnales de Napoléon III aux Tuileries.

VII

SOMMAIRE. — Le triumvirat rouge. — Les cardinaux Della Genga, Vanicelli et Altieri. — Les mauvais mœurs et la férocité du premier. — Cruauté des deux autres. — L'orgie et le sang. — Giacomo Antonelli, de Sonnino. — Les brigands de Sonnino. — La carrière ecclésiastique embrassée par l'un d'eux. — La galanterie risquée du cardinal. — Ses succès et ses conquêtes auprès des dames. — Sa gloutonnerie en amour. — Ses rapts et ses viols. — Ses amours de bête féroce. — Sort réservé à ses victimes. — L'orgie romaine du triumvirat rouge. — Le culte des Éminences à la Vierge Marie et aux prêtresses de Vénus Callipyge. — L'entrée de ces dernières. — Le dîner au Vatican. — Les castrats de la chapelle Sixtine et les eunuques du sérail. — Quelles étaient les charmantes prêtresses de ce temple du plaisir? — Mesdames Maria de S..., de Castiglione et de Spaur. — Elles sont invitées à la soirée du triumvirat rouge. — La belle Térésa, comtesse de Spaur. — Elle devient la maîtresse du pape. — Elle le fait fuir à Gaëte. — Elle devient l'Égérie du Numa du Vatican. — Elle brûle un cierge à Antonelli. — Elle est surprise sur les genoux de l'Église. — Séduite par la luxure

29ᵉ LIVRAISON.   LIBRAIRIE POPULAIRE.

papale, elle passe des bras d'Antonelli dans ceux du cardinal Della Genga. — Le second triumvir le cardinal Vanicelli avait pour partenaire cette nuit-là la belle princesse Maria de S... — Et le cardinal Altieri avait fait choix de l'adorable comtesse de Castiglione. — L'orgie des robes rouges et des robes blanches au Vatican. — La papale Caprée. — La nouvelle et mystérieuse arrivée. — Sa beauté imposante et sévère. — La statue de la pudeur outragée. — Réception d'Héléna par le cardinal Antonelli. — Déclaration d'amour de ce dernier. — Accueil qui lui est fait. — La fille des victimes du cardinal se dresse devant lui, appelle le châtiment sur sa tête et repousse avec indignation son amour. — Elle menace le cardinal de la vengeance de son frère. — Les excuses du cardinal. —Tentative d'assassinat dirigée contre lui par le père d'Héléna.—La conjuration contre le Pape.— Arrestation, condamnation et exécution du père d'Héléna. — Dénonciation et livraison de son frère à l'Autriche. — Évasion miraculeuse de ce dernier, de Mantoue. — Antonelli offre à Héléna de la délivrer, de briser ses chaînes, de lui donner la fortune, et un palais en échange de son cachot, si elle veut l'aimer. — Fière réponse de cette héroïque jeune femme. — Héléna ne veut pas être la maîtresse du ravisseur de sa mère, de l'assassin de son père, du traître qui livra son frère et du tyran de sa patrie. — Antonelli donne l'ordre à ses eunuques de la garrotter. — Sa résistance désespérée. — Elle s'empare d'un poignard et en menace le cardinal. — Ce dernier se sauve. — Héléna, à la fin est désarmée et garrottée.—La visite que lui fait le triumvirat rouge et les belles prostituées qui l'accompagnent. — Le cardinal fait donner un narcotique à Héléna. — Cette infortunée sur le lit du sacrifice. — La profanation du regard précède celle du viol. — Une nuit de dégoûtante luxure.— Le réveil de la victime en présence de son bourreau. — Ce dernier lui donne les détails de l'attentat qu'il a accompli sur elle pendant son sommeil quand elle était soumise à l'influence du narcotique. — La possession charnelle et forcée de la jeune femme ne suffit pas au cardinal, il veut encore la contraindre à lui céder volontairement. — Moyens cruels qu'il veut employer pour cela. — Résistance d'Héléna. — Nouvelle lutte avec ses gardiens. — Elle est conduite dans les prisons du Saint-Office. — Dernière scène d'orgie.

Pendant que Garibaldi et ses amis les patriotes italiens se dirigent sur Venise pour aller aider l'immortel Manin à défendre la République, pendant que l'intrépide Héléna faite prisonnière était enfouie dans un cachot du Saint-Office, les membres du nouveau gouvernement, nommé par le pape Pie IX, pour remplacer celui de la République, célébraient dans une orgie toute romaine l'inauguration de leur pouvoir.

Nous avons dit que l'infâme triumvirat rouge qui avait remplacé le triumvirat républicain était composé des trois cardinaux Della Genga, Vanicelli et Altieri. Ces trois Eminences étaient dignes entre toutes de l'odieuse, cruelle et sanguinaire tâche qui leur était confiée. Le premier des triumvirs empourprés de sang appartenait à une famille noble qui avait eu le triste honneur de donner à l'Eglise le féroce Léon XII et qui avait été illustrée depuis longtemps par les crimes d'un grand nombre de ses membres. Ces hobereaux faisaient refleurir dans leur manoir les traditions du moyen âge. Dans leurs courses de brigands seigneuriaux, ils enlevaient de temps en temps quelques jolies paysannes qu'ils emportaient dans leur aire isolée, où ils leur faisaient subir les derniers outrages après lesquels ils les chassaient et les renvoyaient chez leurs parents à qui elles racontaient leur déshonneur.

En sa qualité de neveu de Léon XII, Della Genga, encore adolescent, avait été nommé archevêque de Ferrare. Il avait dans cette ville entretenu des relations amoureuses et fécondes avec une jolie nonne. Le nouvel Abeilard, non castré, et sa tendre Héloïse s'écrivirent de nombreuses lettres qui, étant tombées dans des mains profanes, firent longtemps la jubilation et l'édification de ses fidèles diocésains. Le cardinal Della Genga était un homme féroce. Quand Pie IX proclama son amnistie, il était légat du pape à Urbino et à Pesaro, et il refusa de mettre en liberté les prisonniers.

— Le pape est fou, disait-il, de gracier ces brigands, et tant que je commanderai cette province ils resteront dans les fers.

Lorsqu'il fut nommé triumvir, il déclara qu'il venait à Rome pour venger la religion et la morale des outrages que leur avait infligés les révolutionnaires. Nous verrons bientôt de quelle façon ce pieux et vertueux prélat s'y prit pour venger la morale.

Le second triumvir, Vanicelli, aussi cruel que son collègue Della Genga, comme lui n'avait pas appliqué l'amnistie. Il s'était contenté de publier le décret; mais il avait donné des instructions secrètes et confidentielles, prescrivant de ne pas en tenir compte.

Quant au cardinal Altieri, au commencement du règne de Pie IX, il avait affiché les opinions démocratiques et libérales les plus avancées, ainsi que c'était alors la mode. Lorsque le peuple réclamait la guerre contre l'Autriche et brûlait l'aigle à deux têtes sur les places publiques, il avait applaudi des deux mains et emporté comme une relique un morceau de l'écusson autrichien brisé dans cette manifestation patriotique. Quand on institua la garde civique, il se fit nommer aumônier de la première légion, assista aux manœuvres et distribua de l'eau-de-vie et de l'eau bénite avec une égale prodigalité. Mais une fois arrivé au triumvirat, sa nature perverse et cruelle reprit le dessus, et, lorsque ses collègues demandaient qu'un peu de sang fut versé, il en accordait beaucoup, persuadé qu'on ne saurait jamais en répandre assez.

Ces trois misérables étaient donc bien faits pour gouverner ensemble; aussi ce fut avec l'unanimité la plus parfaite qu'ils s'entendirent pour envoyer les patriotes à la torture et à l'échafaud. Ils se seraient plutôt faits eux-mêmes bourreaux de leurs victimes, que de les laisser échapper!

Mais à l'époque dont nous parlons, ils avaient résolu de mêler les voluptés de l'orgie au sang des exécutions afin de doubler leurs jouissances, et ils avaient pris pour les présider cette nuit là, un bandit digne d'eux, Monseigneur Giacomo Antonelli, conseiller intime de Pie IX, et président du ministère nommé en 1848 par Sa Sainteté. Monseigneur Antonelli s'était réfugié à Gaëte avec le Pape, et était venu à Rome à l'époque dont nous parlons pour assister à l'inauguration du triumvirat rouge.

Avant de faire assister nos lecteurs aux abominables saturnales de ces grands dignitaires de l'église catholique, apostolique et romaine, ils nous permettront de leur esquisser la biographie du plus puissant, du plus capable, du plus criminel et du plus connu de tous. Ils pourront, d'après celui-là, connaître, apprécier et juger les autres, et ils verront par quels misérables, par quels épouvantables bandits la catholicité est gouvernée.

Monseigneur Giacomo Antonelli méritait en tous points la confiance de son maître et la haute position qu'il occupe dans la hiérarchie catholique. Issu d'une famille de brigands, Monseigneur Antonelli compte parmi ses ancêtres une longue lignée de voleurs et d'assassins de grands chemins.

Le petit village de Sonnino, dans les États pontificaux, a eu l'honneur de lui servir de berceau. Ce repaire de bandits est situé sur la frontière des États de Naples, au milieu de halliers des bois épais, des fourrés impénétrables, au sommet d'une petite montagne escarpée où l'on arrive par des chemins tortueux et rapides offrant toutes les facilités pour le crime, toutes les commodités pour le brigandage et l'assassinat.

La respectable famille Antonelli est une des plus anciennes, des plus connues et des mieux famées de ce réceptacle de bandits; elle a eu la gloire d'avoir plus d'un de ses membres roués vifs ou écartelés sur la grande place de Sonnino, pendant que d'autres jouissaient de la faveur insigne de travailler dans les galères de Sa Sainteté.

Les nobles traditions des célèbres aïeux de l'illustre Eminence se sont perpétuées de père en fils, de génération en génération, jusqu'à nos jours, et jamais le zèle de la police de messieurs les carabiniers pontificaux et du bourreau n'a pu parvenir à éteindre cette race de montagnards robustes et prolifiques, aussi âpres au pillage qu'ardents à l'amour, et qui, observant la loi du Seigneur, croît et multiplie d'une façon dangereuse pour la sécurité publique et privée.

Le premier ministre de Pio Nono avait sucé avec le lait maternel les principes de morale privée, politique et sociale enseignés dans les cavernes de Sonnino; le grand cardinal avait été bercé au bruit des chants beaucoup plus érotiques qu'héroïques des brigands ses aïeux. L'odyssée paternelle avait été pendant longtemps son seul enseignement et sa seule éducation; elle avait développé de bonne heure chez lui les précieux instincts qui firent plus tard sa gloire et sa fortune.

Avec une facilité qui fait le plus grand honneur à son intelligence, le jeune Giacomo comprit que la vie devait être consacrée à acquérir des richesses afin de se procurer la plus grande somme possible de jouissances. Ce n'étaient pas les principes de morale ni les scrupules qui le gênaient; il était persuadé que tous les moyens étaient bons pour atteindre le beau résultat qu'il se proposait et que les plus expéditifs étaient les meilleurs; mais il avait pensé aussi que la prudence ne doit pas être négligée quand on poursuit un but aussi élevé.

Le métier d'assassin qu'il avait vu pratiquer, dans son village, par ses parents et par ses amis, avait bien son charme et surtout rapportait d'assez jolis profits; mais il n'était malheureusement pas sans inconvénients et sans dangers.

Par exemple, le grand papa de notre Eminence, qui avait pratiqué le brigandage et chouriné si longtemps avec une grande habileté et un grand succès, n'en avait pas moins été décapité. Cette fin tragique donnait beaucoup à réfléchir au jeune Giacomo qui se mit en quête d'une profession qui peut offrir les mêmes avantages, ou même en offrir de supérieurs, sans faire courir les mêmes risques. Et après un examen approfondi, il découvrit que la meilleure et la plus lucrative carrière qu'il put embrasser, celle qui se rapprochait le plus du brigandage, était celle qui conduit aux premières dignités ecclésiastiques, au cardinalat et à la papauté, il n'en voyait pas de meilleure à moins que ce ne fut celle qui mène à l'empire. Mais pour le moment il ne fallait pas songer à la dernière dignité, car depuis Constantin il n'y a plus d'empereur à Rome; quant aux autres états, ils sont suffisamment pourvus de sauveurs providentiels soit en ligne directe, soit en ligne collatérale. Après mûre réflexion, il se décida, non pas à être prêtre, mais à devenir prélat, ce qui n'est pas du tout la même chose; car, pour être prêtre, il faut recevoir les ordres, tandis que l'on peut devenir cardinal et même pape sans cela, et ce n'est jamais qu'à la dernière extrémité qu'un homme d'esprit se décide à subir la formalité désagréable de l'ordination, cette castration morale et non matérielle. Aussi un grand nombre de prélats romains ne sont pas ordonnés prêtres, et Monseigneur Giacomo Antonelli, lui-même, est devenu cardinal et secrétaire d'état de Sa Sainteté Pie IX, sans recevoir l'ordination, et il espère bien ne jamais en être pourvu si le dieu des Sonniniens lui continue sa protection. Il n'a jamais pris fantaisie à notre Eminence de dire la moindre messe ni d'écouter, entre quatre planches et quatre yeux, les péchés des vieilles bigotes; comme nous l'avons dit, c'est une pensée bien plus profane qui l'a inspiré.

Le cardinal préfère, et de beaucoup, administrer les finances du Saint-Siège, que de réciter des *Oremus* et psalmodier des litanies. Sa position élevée lui a permis de réaliser d'énormes bénéfices à côté desquels ceux des honnêtes habitants de Sonnino ne sont qu'un menu frétin et ne peuvent être comparés.

Aussi, avec quel orgueil les anciens de la commune parlent-ils de lui, du jeune Giacomo, comme ils l'appellent; ils sont fiers de penser qu'un des leurs est arrivé aux premières dignités de l'Église et de l'État; qu'il est coiffé du chapeau des cardinaux et vêtu de rouge, qu'il se promène à Rome dans un superbe carrosse, qu'il a de beaux cheveux et de magnifiques maîtresses; qu'il loge au Vatican, au-dessus du pape; que les ambassadeurs et les ministres des puissances étrangères le traitent d'Eminence, et que non seulement les carabiniers pontificaux ne l'arrêtent pas, mais encore lui présentent les armes et lui rendent les honneurs lorsqu'il passe; ce dernier trait surtout émerveille les bons Sonniniens, car ils ne peuvent comprendre, ces dignes gens, comment leur chef Giacomo, né au milieu d'eux, qu'ils ont connu tout petit, sans un sou vaillant, a pu amasser aussi facilement une fortune princière, sans avoir eu maille à partir avec la justice, tandis qu'eux ont tant de peine à gagner leur misérable vie et à amasser un petit pécule, à la sueur de leur front, dans les gorges de Sonnino, en courant risques de leurs vies, de leurs têtes, et en étant toujours exposés à se voir arrêtés par la gendarmerie pontificale qui traite avec tant de déférence un des leurs, leur chef à tous, l'illustre Giacomo Antonelli de Sonnino. Tel est le phénomène étrange qu'ils ne peuvent comprendre, qui cause leur admiration et qui leur paraît au moins aussi extraordinaire que le miracle de saint Janvier, ou que le dogme de l'Immaculée-Conception. Mais, quoiqu'il en soit, le cardinal-ministre d'Etat n'en est pas moins la gloire de Sonnino et le bras droit de la papauté. Ses quatre frères ont fait dans leur jeunesse le rude apprentissage que les anciens de leur village enseignent à leurs enfants, ils ont travaillé avec succès sur les grands chemins et dans les défilés de leurs montagnes ; eh bien, depuis que leur frère est passé à l'état d'Eminence, ces quatre Sonniniens ne tremblent plus devant la justice pontificale avec laquelle ils n'avaient pas toujours été en très bonne harmonie, ils ne redoutent plus les galères qu'ils ont frisées plusieurs fois de très près ; ils sont bien placés à Rome, où ils jouissent de hautes positions et aident leur frère à administrer les biens de l'Église et les deniers de l'État, d'une manière très fructueuse pour eux, ayant conservé cette habileté native à s'approprier le bien d'autrui qui faisait leur mérite ; dans leurs hautes administrations ; aussi sont-ils riches, mais très riches, aussi riches que des Colonna ; et comme les honneurs vont toujours de pair avec la fortune, ils ont un blason, ils sont comtes ou barons. En outre, par prévoyance, le signor Giacomo, en homme prudent, a placé un sien neveu à la tête de la police pontificale ; grâce à cette petite précaution, il est assuré que sa famille et lui n'auront rien à redouter de cette dame aux yeux louches, aux doigts crochus et à l'oreille subtile, fort peu aimable dans les États romains comme partout. Depuis que le collatéral de son Éminence est revêtu de cette haute fonction, les honorables sonniniens jouissent des plus grandes immunités, et peuvent exercer tranquillement leur petite industrie de grands chemins, sans courir le risque d'être emprisonnés, envoyés aux galères ou décapités. L'honnête population qui a eu l'honneur de voir naître l'illustre cardinal est maintenant assurée contre les persécutions indignes dont elle eut tant à souffrir sous Léon XII et Pie VIII. Aussi, aujourd'hui, grâce à la haute protection du cardinal-ministre et de ses frères, les affaires de ces braves gens vont de mieux en mieux. On mentionne chaque jour de nouveaux exploits accomplis par eux dans les gorges de leur pittoresque contrée. On raconte souvent que quelques chaises de poste ont été dévalisées après que les hommes avaient été assassinés et les femmes violées ; mais cela ne tire pas à conséquence, jamais les moindres poursuites n'ont été exercées contre le meurtriers couverts par la robe rouge de monseigneur le cardinal secrétaires d'État.

Son Éminence a conservé les habitudes de galanterie téméraire et très risquée pratiquées dans les repaires de Sonnino, et prévues par le Code pénal, seulement les belles dames qu'il eut été forcé d'attaquer sur la grande route pour les posséder, s'il fut resté dans les montagnes, sont les premières à lui offrir et à lui accorder aujourd'hui très gracieusement leurs faveurs. Voilà à quel heureux résultat on aboutit quand on sait s'y prendre adroitement, quand on a de l'esprit et quand on est bel homme et cardinal ; on obtient alors de bonne volonté ce que dans de moins favorables circonstances, on n'aurait pu avoir qu'à l'aide de la violence et de la force.

Mais, malgré sa haute position sociale et tous les nombreux avantages qui en résultent, le monsignor n'a pas encore pu dépouiller tout à fait le vieil homme ; il a conservé la ruse et l'instinct naturel du bandit, ses appétits grossiers et féroces, et il les assouvit journellement sur les femmes qui ont le malheur d'être remarquées par lui. Quand une jolie femme lui plaît, il la fait acheter à son mari ou à sa famille, si on veut la lui vendre pour de l'argent, des places, des honneurs ou des faveurs; et si on refuse d'accepter son marché infâme, il fait arrêter les récalcitrants par la police pontificale, ou par les familiers du Saint-Office, sous un prétexte quelconque, et pendant que les parents ou le mari pourrissent dans quelque cul de basse fosse, sont soumis à la torture ou sont exécutés en place publique, Giacomo fait conduire la femme près de lui, et se rappelant les habitudes de sa jeunesse, si elle ne cède pas de bonne volonté à ses désirs, il se précipite sur elle et la viole. Puis il l'envoie ensuite à son tour mourir dans un *in-pace*, si elle n'a pas succombé à un accès de désespoir. C'est ainsi qu'il a agi avec le père et la mère d'Héléna Orsini, comme nous le verrons plus loin.

Mais si monseigneur Antonelli ne craint plus les gendarmes il a très peur des assassins. Depuis que le père d'Héléna l'a attendu dans les escaliers du Vatican, armé d'un mauvais couteau pour venger l'honneur de sa femme, il voit partout des poignards. Aussi, chaque fois qu'il a un rendez-vous d'amour avec une dame, il commence d'abord par la fouiller minutieusement, pour s'assurer qu'elle n'a pas d'armes cachées sur elle, et ce n'est qu'après cette vérification préalable qu'il s'occupe des charmes de la belle; et s'il n'a rien découvert de suspect, alors la défiance du bandit disparaît, pour faire place aux instincts sauvages du montagnard lubrique; son nez en bec d'aigle, s'allonge quand il flaire les appas de sa maîtresse d'un quart d'heure, ses narines se dilatent; son œil d'épervier s'émerillonne quand il contemple sa proie; il se précipite alors sur elle avec la voracité carnassière du vautour ou du condor, et, quand il est bien repu, semblable à ces tyrans des airs, il reste longtemps à digérer ses jouissances, plongé dans une sorte de somnolence.

Tel était l'illustre prélat appelé à présider à l'orgie romaine qui devait avoir lieu pour célébrer dignement l'inauguration du *triumvirat rouge.*

A l'heure indiquée, dans une splendide salle à manger du Vatican, Son Éminence le cardinal, secrétaire d'État et les triumvirs rouges firent leur entrée.

Tous allèrent immédiatement s'agenouiller devant une statue de la Vierge Marie, à laquelle ils adressèrent une fervente invocation, pour qu'elle répandît ses grâces sur eux.

A peine avaient-ils terminé leur prière que les portières s'ouvrirent de chaque côté d'eux et qu'ils virent apparaître de belles jeunes femmes vêtues d'une tunique transparente et semblables en tout à la Vierge devant laquelle ils venaient de se prosterner. Chacun des convives prit une des nouvelles venues par la main, à l'exception du cardinal Antonelli qui se contenta de contempler, de ses yeux d'oiseau de proie, les jeunes femmes de ses collègues. Il avait prévenu ces derniers qu'il attendait une miraculeuse beauté, qui devait, disait-il, effacer les trois autres par l'éclat de ses charmes.

Tous les invités prirent place au tour d'une table splendidement servie. Des castrats qui chantaient à la chapelle Sixtine et remplissaient les fonctions d'eunuques au sérail du Vatican, servirent un succulent dîner aux Éminences et à leurs belles invitées, pendant que des musiciens cachés derrière le jeu d'orgues exécutaient les symphonies les plus délicieuses.

Deux des charmantes prêtresses de ce temple du plaisir sont connues de nos lecteurs. Ce sont les princesses Maria de S..... et la comtesse de Castiglione. Ces deux dames, toutes deux d'origine italienne, avaient longtemps habité Rome et avaient souvent eu occasion de rencontrer dans les salons de la princesse de Canino les principaux membres de la Jeune Italie qui s'y réunissaient pour conspirer.

Avant la nomination de Louis-Napoléon Bonaparte à la présidence de la République, ces deux dames avaient la réputation d'être très libérales et affichaient ouvertement leurs sympathies pour la cause de l'indépendance et de la liberté de l'Italie, tandis qu'en secret elles avaient conservé des attaches très puissantes avec les partis clérical et monarchique, auxquels elles rendaient d'importants services.

C'était à cause de cette double accointance avec les deux camps libéraux et cléricaux que Louis-Napoléon Bonaparte les avait envoyées en Italie, où la comtesse de Castiglione avait demandé à accompagner son amie, ce qui lui avait été immédiatement accordé.

Elles avaient voulu tout naturellement faire leur cour au rouge triumvirat et s'étaient fait inviter à la soirée d'inauguration de ce dernier.

La troisième invitée n'est pas encore connue de nos lecteurs, c'est la belle et aimable comtesse de Spaur, épouse de l'ambassadeur bavarois auprès du Saint-Siège. Elle est d'origine française et se nommait d'abord Thérèse Giraud ; puis elle vint à Rome, où elle était bien connue, quand elle était demoiselle, sous le nom de la belle Térésa ; elle avait alors été femme de chambre d'une grande dame romaine, puis s'était mariée avec un antiquaire anglais, nommé Dotwel, séduit par ses charmes et tué par le culte trop violent qu'il leur rendit. Devenue veuve, la séduisante Térésa avait épousé le comte de Spaur. Clara Colonna, une des dernières maîtresses du Pape, était morte ; cette dame, afin d'avoir plus de facilité pour rencontrer son amant sacré, lui avait fait adopter l'usage de recevoir les femmes en audience ; l'intrigante et ambitieuse Térésa profita de cette coutume pour se faire présenter et se faire recevoir par Sa Sainteté. Le représentant de Dieu sur la terre fut émerveillé à la vue de l'adorable comtesse, il faillit tomber en pamoison. L'adroite Térésa, avec sa rouerie consommée d'ancienne fille de chambre d'une grande dame romaine, n'était pas femme à laisser échapper l'occasion qui se présentait à elle, d'assurer à tout jamais son empire sur le souverain pontife ; elle manœuvra si bien, que dès sa première entrevue elle avait tout accordé au libidineux successeur de Saint Pierre, qui avait goûté dans ses bras toutes les célestes joies du paradis. Insinuante, gaie, intelligente, pleine de ressources, causant bien, racontant spirituellement les bruits de la ville, des salons et des boudoirs, dévote jusqu'à l'adoration de son amant, dont

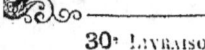

— De madame la comtesse, du cardinal et de moi, je fus le seul qui rougit.

elle faisait un véritable Dieu sur terre, elle avait tout ce qu'il fallait pour séduire et subjuguer le faible enflammable Pie IX, dont elle devint bientôt l'Egérie. Dès lors, elle mit la main à tout, aux choses sacrées comme aux profanes, elle se mêla de la fabrication des dogmes, des encycliques, des syllabus, des bulles, des canons et des lettres apostoliques. La politique, et la diplomatie surtout, la passionnaient ; elle prenait l'initiative — ou contrôlait la plupart — des actes et des décisions de la Sacrée Consulte et du gouvernement pontifical. La jupe de cette courtisane était toute puissante ; c'était en dernier ressort, sous les cotillons de l'amoureuse comtesse, que le vice-Dieu puisait ses inspirations et formulait ses décrets tout puissants. C'est sous la crinoline de la maîtresse du Pape, entre deux baisers, que se forgeaient les foudres du Vatican, dont les éclats et le tonnerre devaient embraser l'Italie et ébranler le monde ; chose bien triste à dire, l'intervention funeste d'une femme débauchée a joué un grand rôle dans les événements de notre époque. Malheureusement, ce phénomène n'est pas isolé, on le retrouve à chaque pas dans l'histoire. La toute puissante et irrésistible Térésa se plut à tenir le comte Rossi, premier ministre en échec, à narguer les libéraux, à se moquer de l'ambassadeur français, le comte d'Harcourt. Elle mit toute la puissance formidable de son esprit et surtout de ses charmes, au service de la contre-révolution, de la politique ultramontaine et jésuitique de l'Autriche, de Naples et de l'Espagne. C'est elle qui conseilla et fit exécuter la fuite du Pape à Gaëte ; c'est à son bras, sur ses genoux, dans sa voiture, que le Pape s'évada de Rome. Elle avait complètement ensorcelé le faible représentant de la divinité qui s'humanisait beaucoup trop dans ses bras.

Mais tout en aimant le Saint-Père, elle ne négligeait pas non plus de brûler des chandelles à ses conseillers ; elle n'avait rien non plus à refuser à Antonelli dont elle avait deviné le sinistre génie. C'est avec lui qu'elle venait de faire le voyage de Gaëte à Rome pour organiser la contre-révolution sur les ruines de la République. Bien entendu, elle accorda ses faveurs à l'ardent prélat, tout le long de la route. Du reste, les amours d'Antonelli et de la comtesse dissolue n'étaient pas un mystère à Rome. Un aventurier français, le prince de C..., un des compagnons de conspirations de Louis-Napoléon Bonaparte, racontait à ce sujet une piquante anecdote.

Chargé d'intriguer à la curie romaine, il était un des familiers du Quirinal. Un soir, ayant affaire avec le cardinal-ministre d'Etat, il se rendit chez lui ; trouvant la porte du cabinet de ce dernier entrebâillée, il la poussa et entra sans cérémonie. Mais, quelle ne fut pas sa surprise et son étonnement, lorsqu'il vit la belle comtesse de Spaur s'étalant sur les genoux de Son Eminence dans une position qui ne laissait ni doutes ni équivoques.

Son apparition inattendue ne troubla nullement les deux amoureux qui ne se dérangèrent pas.

—De madame la comtesse, du cardinal et de moi, dit le malencontreux visiteur, je fus le seul qui rougit.

Attirée et charmée à son tour par cette luxure papale, cléricale et romaine, qui n'a, dit-on, pas de rivale dans le monde, l'insatiable Térésa était venue participer à l'orgie inauguratrice du rouge triumvirat ; elle passit des bras d'Antonelli dans ceux du féroce et débauché cardinal Della Genga.

Monseigneur Vanicelli, l'odieux légat, la terreur de Bologne, devenu triumvir, avait fait choix pour cette nuit-là de la séduisante Maria de S..., la cousine de Louis-Napoléon Bonaparte. La tunique dans laquelle elle se drapait laissait deviner tous ses attraits et en rehaussait encore l'éclat en les voilant à demi, sa beauté grecque la faisait ressembler à une hétaire antique. Pygmalion l'eût volontiers fait poser pour sa Galathée, s'il l'eût vue dans son costume de Lesbienne, et la belle et poétique Sapho en eut certainement été jalouse. Ses cheveux nattés entouraient de leur noir diadème son front poli, dont une guirlande de roses enrichies de pierreries rehaussaient encore l'éclat; ses beaux yeux brillants étincelaient et lançaient des rayons ardents difficiles à soutenir; son sourire enivrait, ses lèvres humides promettaient des baisers plus doux que le miel; ses formes rondes, délicates, pleines d'harmonie, recélaient mille perfections et faisaient rêver à l'avance un bonheur qu'on était certain de goûter avec elle; leur vue eut suffi pour donner le vertige à un sage et pour faire damner tous les saints. Il eut été difficile de demander plus de perfections à une femme et impossible d'en rencontrer davantage. Cette séduisante sirène savait, du reste, par un raffinement de coquetterie, les mettre en évidence, les placer sous le meilleur jour et en tirer tous les avantages possibles; par ses poses et ses attitudes, elle déployait mille grâces, mille séductions irrésistibles, et montrait des charmes que cachait mal la mousseline indiscrète.

Le noble et hautain Altieri avait pour compagne d'orgie, dans cette nuit mémorable, la belle comtesse de Castiglione, dont la riche carnation et la grâce imposante n'avaient pas d'égales; ses belles épaules, plus blanches, plus transparentes, mieux polies que le marbre de Paros, éblouissaient sous la vive lueur des bougies; sur sa gorge ferme et rebondie s'étalaient gracieusement deux globes d'albâtre surmontés de deux boutons de rose humides; sa taille svelte, élancée, son torse fait au tour, ses hanches bien développées, sa jambe ronde et tous ses charmes adorables se dessinaient voluptueusement sous les dentelles à jour; ses petits pieds mignons, chaussés de babouches d'or s'échappaient coquettement sous sa blanche tunique; une couronne de lierre au feuillage d'argent, avec baies en brillants, scintillait de mille feux sur les noirs bandeaux de son épaisse chevelure; une rivière de diamants étincelait autour de son cou gracieux; ses yeux noirs, surmontés de sourcils bien dessinés et ombragés par de longs cils, distillaient une flamme ardente et voluptueuse; ses lèvres, rouges comme des cerises, avaient la fraîcheur et le brillant humide de ces fruits délicieux, son sourire enchanteur laissait voir une rangée de dents d'ivoire. Toute sa personne était une merveille de grâce et de beauté; aussi son heureux cavalier la couvait-il d'un œil plein de désirs. Les instincts lubriques de l'Eminence se réveillaient à la vue des charmes promis à sa convoitise.

C'était un singulier et peu édifiant tableau que celui qu'offrait cette réunion de robes rouges et blanches, de prélats d'un âge mûr et de jeunes femmes dans tout l'éclat de leur beauté, entourant la table du festin et se livrant à toute l'expansion de leurs passions surexcitées, lorsque les libations nombreuses qu'ils faisaient eurent allumé en eux les désirs les plus ardents, quand la contagion du vin et de la luxure leur fit oublier toute retenue et toute pudeur, et quand, comme Tibère à Caprée, ils donnèrent de spectacle des voluptés grossières et repoussantes.

Ils soulevaient le dégoût jusque chez les eunuques dégradés qui, seuls, heureusement, étaient appelés à être témoins de leurs ignobles ébats.

Au moment où l'orgie commençait, quand les sens du cardinal Antonelli s'allumaient à la vue des scènes lubriques qui se déroulaient sous ses yeux, un castrat qui venait d'entrer s'avança auprès de lui et lui dit tout bas, dans le tuyau de l'oreille :

— Monseigneur, la personne que vous avez envoyée chercher vient d'arriver; elle est dans la chambre voisine.

— C'est bien, répliqua le cardinal Antonelli, j'y vais de suite.

Puis, se levant aussitôt, il souhaita bien du plaisir à ses joyeux compagnons de table et suivit l'eunuque qui l'introduisit dans la chambre dont il venait de parler et à la porte de laquelle il resta en faction, pendant que l'Eminence entrait dans l'intérieur. Lorsque le cardinal fut dans la chambre, il aperçut debout, devant lui, une belle jeune femme, d'une pâleur extrême; ses beaux cheveux noirs dénoués tombaient en long flot sur ses blanches épaules d'ivoire poli; ses sourcils froncés et son front plissé annonçaient le courroux qui grondait dans son âme; ses grands yeux lançaient des éclairs de colère; sur sa bouche se dessinait un sourire de profond mépris; toute sa physionomie, toute son attitude annonçaient la rage concentrée qui la dévorait et la haine prête à faire explosion qui couvait dans son âme.

Elle était belle ainsi, d'une beauté sombre et sévère; sa gorge mouvante bondissait, sous l'étreinte de l'émotion profonde qui l'oppressait; toute sa charmante personne était enveloppée dans les plis gracieux de son long peignoir; ses bras blancs et potelés, ses mains mignonnes et ses doigts de cire sortaient de ses larges manches; son buste plein de séduction et d'élégance, sa taille fine, les rondeurs accentuées de ses hanches se dessinaient avec grâce sous les plis de la légère et blanche étoffe qui les couvrait. Cette belle jeune femme, nos lecteurs l'ont déjà deviné, c'était Héléna.

En la voyant immobile, avec son attitude méprisante et courroucée, dans ce temple consacré à l'orgie, dans cette salle où arrivaient les bruits du choc des verres, des baisers et des propos obscènes qui s'échappaient de la pièce voisine, on l'aurait prise pour la statue de la pudeur outragée.

L'illustre Eminence s'avança au-devant de la nouvelle venue et lui dit en cherchant à s'emparer de sa main :

— Charmante Héléna, dès que j'ai appris que vous étiez prisonnière, j'ai donné l'ordre qu'on vous amenât près de moi. Votre place est ici, dans mon palais, et non pas dans un horrible cachot: une personne aussi accomplie que vous a besoin d'un cadre digne d'elle, et je serais bien heureux si vous vouliez accepter l'hospitalité que je vous offre. Il y a bien longtemps que je pense à vous, depuis le 10 février 1848, lors de la manifestation populaire de Monte-Cavallo, où je vous ai admirée au premier rang quand vous vous avanciez, montée sur un beau cheval noir; votre taille élégante était emprisonnée dans un beau corsage noir, les plis de votre longue jupe tombaient gracieusement sur vos petits pieds mignons ; vous aviez sur la tête un feutre noir orné d'une plume d'aigle, dessous lequel votre abondante chevelure bouclée s'échappait et flottait au vent ; je vous vois encore aujourd'hui avec votre air intrépide et fier, vous ressembliez à une héroïne du beau temps de la chevalerie chrétienne marchant à la conquête de la Terre-Sainte et du tombeau du Christ; depuis cette époque, votre image adorée est restée gravée dans ma mémoire, depuis ce jour, je pense à vous et je vous aime. Je n'ai jamais pu vous le dire depuis lors, car je n'ai pas pu me rapprocher de vous. Mais, puisque aujourd'hui, des circonstances plus favorables à mon amour me permettent de vous le déclarer, permettez-moi d'en profiter. J'espère que vous ne repousserez pas mes vœux et que vous voudrez bien être le plus bel ornement de la fête que nous célébrons ici ce soir?

— Misérable ! dit Héléna au cardinal, en retirant sa main et en se reculant avec horreur, n'est-ce donc pas assez d'avoir fait assassiner juridiquement mon père, d'avoir outragé ma mère, qui en est morte de désespoir, et d'avoir livré mon frère Felice à l'infâme gouvernement autrichien qui l'a fait condamner à mort après l'avoir enfermé dans la forteresse de Mantoue, d'où il s'est échappé par un miracle de courage, de force et d'audace? Osez-vous donc encore pousser l'infamie jusqu'à vouloir déshonorer la fille et la sœur de vos victimes? Ne m'approchez pas, votre présence me fait horreur ! Et redoutez ma vengeance, car elle vous atteindra bientôt

— Comment, que dites-vous, de quel assassinat et de quelles violences parlez-vous? demanda le cardinal en feignant l'étonnement.

— Ah! misérable, ne vous souvient-il plus de Cornélia, de Pietro et de Felice Orsini, vos victimes? C'étaient ma mère, mon père et mon frère ! Les deux premiers sont morts, mais mon frère vit encore. Il s'est échappé des mains de ses ennemis et de ses bourreaux. Tremblez! tremblez! car, il saura nous venger tous et vous atteindre.

— Vous avez tort, Héléna, de m'accuser et de me menacer ainsi, car je ne suis pas coupable. J'ai aimé votre mère, cela est vrai ; à la fin, elle a partagé mon amour. Est-ce donc là un crime ? Votre père s'est aperçu de notre liaison, il voulait tuer votre mère; cette dernière, pour sauver sa vie, m'a accusé, elle a dit que je l'avais fait enlever, conduire dans mon palais, et que là, je lui avais fait subir le dernier des outrages par la force. Mais cela n'était pas vrai. Votre père, alors, tourna toute sa colère, toute sa rage contre moi, il jura de me tuer, et il a tenté de m'assassiner dans mon palais. Il a été arrêté en flagrant délit; dans une visite domiciliaire, qui a ensuite été faite chez lui, on a trouvé des armes, des munitions et des papiers contenant tous les documents relatifs à une conjuration ayant pour but : l'abolition du pouvoir temporel de Notre-Saint-Père, et le renversement de son gouvernement et la proclamation de la République. Après cette découverte, votre père a été jugé et condamné pour son double crime. J'ai demandé sa grâce à Notre-Saint-Père, mais il n'a pas cru devoir me l'accorder. Vous le voyez donc, je ne suis pas responsable de sa mort. Quant à votre frère, il conspirait contre le gouvernement autrichien : il avait fomenté une insurrection en Lombardie et en Vénétie ; arrêté au moment où il cherchait à embaucher des soldats italiens, en garnison à Mantoue, il a été ensuite, enfermé dans la forteresse de cette place, et condamné à mort par un conseil de guerre ; que voulez-vous que je fasse à cela ? Heureusement pour lui, il est parvenu à s'évader, et il a ainsi sauvé sa vie. Voilà la vérité, Héléna, je ne suis donc coupable d'aucun des crimes dont vous m'accusez ; cessez donc de m'en vouloir.

Vous vous êtes gravement compromise avec votre frère, dans les derniers évènements qui ont eu lieu à Rome depuis quelques mois, vous avez été arrêtée les armes à la main, en vous battant contre les soldats du gouvernement de Notre-Saint-Père le pape, et vous avez été emprisonnée. Dès que j'ai su que vous étiez détenue, j'ai donné des ordres pour qu'il ne vous soit fait aucun mal, et pour que l'on vous amène près de moi. Je voulais vous rapprocher de moi et vous sauver. Car, vous devez comprendre, qu'après les crimes dont vous vous êtes rendue coupable envers le gouvernement du pape, vous êtes perdue, si une haute influence ne vient pas à votre aide. Et pour me remercier, vous m'accusez des crimes les plus épouvantables, et vous me menacez de votre vengeance et de celle de votre frère. Cessez donc ces accusations injustes et ces menaces vaines. Voyez les choses comme elles sont.

Je vous aime, Héléna, comme j'ai aimé votre mère, à laquelle vous ressemblez beaucoup ; ne repoussez pas mon amour, laissez-moi vous sauver, briser les lourdes chaînes qui ont meurtri vos jolies bras et les remplacer par les guirlandes des roses de l'amour. Alors, les joies, les plaisirs, les festins et les fêtes, remplaceront la tristesse, les souffrances, les chagrins et les larmes, qui sont votre partage, depuis que vous êtes prisonnière. Dites un mot, et un palais remplacera votre cachot !

— Ne croyez pas m'abuser, ni m'en imposer, répondit Héléna, j'ai eu les preuves de tous les crimes, dont je vous accuse ; ne joignez pas le mensonge et l'imposture à toutes vos infamies. Vous avez fait enlever ma mère, un soir, en l'absence de mon père ; j'étais alors une petite fille, mais je me le rappelle encore aujourd'hui ; je vois encore ma pauvre mère, se débattant contre vos estaffiers, qui l'ont garottée, bâillonnée et jetée dans une voiture qui l'a emportée, malgré mes cris et mes larmes ; j'ai bien cherché à la suivre, mais hélas ! inutilement ; elle est partie au galop, et a bientôt disparu dans la nuit.

Lorsque mon pauvre père est rentré très tard dans la soirée, je lui ai raconté ce qui s'était passé en son absence ; il fut en proie au plus profond désespoir et à la plus grande colère. Ce fut en vain qu'il chercha ma mère toute la nuit et les jours suivants, il ne put en avoir aucune nouvelle. La police à laquelle il s'adressa lui répondit que ce qu'il avait de mieux à faire c'était de se taire, s'il ne voulait pas qu'il lui en arrivât malheur ! Mais mon père était un homme courageux et intrépide, il jura qu'il retrouverait sa femme morte ou vivante et qu'il saurait se venger des infâmes qui la lui avaient ravie. Trois jours après ma mère revint à la maison désolée, toute en larmes, elle raconta à mon père l'attentat criminel, l'outrage odieux dont elle avait été la victime. Elle lui dit le nom du misérable qui avait abusé d'elle par la violence, et cet infâme, c'était vous. J'ai entendu, moi-même, maintes et maintes fois, mon père et ma mère prononcer votre nom en vous maudissant et en jurant de se venger de vous. Enfin, un jour, mon père est parvenu à s'introduire dans votre palais, et il allait enfin vous punir et vous châtier pour votre infamie, lorsque, malheureusement, un de vos valets a détourné le coup de poignard dont il vous a frappé, et qui ne vous a fait qu'une légère blessure. Mon malheureux père a ensuite été arrêté, et on a, comme vous le dites, découvert qu'il faisait partie d'une conjuration organisée contre le gouvernement du Pape. Condamné à mort pour ces faits, mon père infortuné a été exécuté. Avant de mourir, la dernière fois qu'il nous a vus, ma mère, mon frère et moi, il nous a fait jurer de le venger, nous avons fait ce serment, et nous le tiendrons. Depuis que nous avons vu rouler sa tête sur l'échafaud, mon frère et moi n'avons eu qu'une idée fixe, venger notre père que vous avez fait assassiner juridiquement.

L'exécution de mon père a conduit ma mère au tombeau. Elle est morte de désespoir moins d'un an après. Depuis, mon frère et moi, nous avons tenu nos serments, nous avons pensé que le meilleur moyen de venger notre père et notre mère était d'imiter leur exemple, de travailler comme eux à la délivrance de notre patrie, en renversant les jougs de la papauté et des monarchies qui pèsent sur elle, et qui la ruinent. Nous avons conspiré contre la papauté, l'empire et la Royauté. Nous avions déjà accompli une partie de notre tâche; nous avions renversé le gouvernement infâme des prêtres de Rome et proclamé la République sur ses ruines; mais, malheureusement, une autre République, plus puissante que la République romaine, au mépris de tous les droits, de toute justice, de la raison et du bon sens le plus vulgaire, est venue détruire notre œuvre de justice et de régénération; elle a malheureusement assassiné il y a quelques jours à peine notre jeune République romaine, pour installer à sa place le triumvirat sanglant des infâmes cardinaux, aussi cruels que débauchés, que j'ai aperçus dans la salle voisine. Vous avez pu jusqu'à ce jour échapper à la vengeance de mon frère et à la mienne, en allant vous réfugier à Gaëte avec le pape. Mais patience! si jusqu'à ce jour nous n'avons pas pu vous atteindre, et venger notre père et notre jeune République que vous avez conduits au tombeau, nous ne désespérons pas de le faire un jour. Je suis, il est vrai, en votre pouvoir aujourd'hui, mais mon frère est libre; il tiendra son serment, il se vengera, il me vengera ainsi que mon père, ma mère et la jeune République romaine assassinée. Vous pouvez faire de moi ce que vous voudrez, vous n'échapperez pas à mon frère et à ses nombreux amis qui se composent de toute l'Italie.

— Vous avez tort, Héléna, de me parler ainsi, la passion et la colère vous égarent. Je ne me suis pas rendu coupable des crimes que vous me reprochez. Croyez les explications que je viens de vous donner, car elles sont vraies; le reste est de l'exagération et le produit de votre imagination surexcitée par les derniers événements politiques, les souffrances et les malheurs que vous avez endurés. Croyez-moi, oubliez tout cela. Nous ne pouvons rien changer à tout ce passé terrible. Laissez-moi vous aider à sortir de l'affreuse position dans laquelle vous êtes maintenant. Acceptez l'offre de mon amour, et vos malheurs seront finis. Vous serez heureuse comme vous le méritez. Votre existence tout entière ne sera plus qu'une joie, je serai toujours là pour vous protéger, vous aimer et vous rendre heureuse. Dites un mot, et je suis à vos pieds et pour toujours, je serai votre serviteur et votre esclave.

En disant ces mots, le cardinal Antonelli se rapprocha de la jeune femme et voulut lui saisir de nouveau la main, mais Hélèna la retira vivement et se recula en arrière, comme si elle avait été en contact avec un animal venimeux.

— Cessez votre perfide langage, répliqua Hélèna; je connais votre vie publique et privée; je sais de quoi vous êtes capable. J'ai, comme je vous l'ai dit, la preuve des crimes épouvantables dont vous vous êtes rendu coupable envers mes parents, et je devine ceux que vous préméditez maintenant et dont je serai la première victime. N'espérez donc pas m'abuser par vos mensonges et vos impostures. Il y a entre nous deux un abîme de haine : l'outrage fait à ma mère, le sang de mes malheureux parents crient vengeance; les cadavres de mon père et de ma mère me montrent leur bourreau et demandent justice! Et vous voudriez que je vous aime..? Horreur! Assassin de mon père et de ma mère, ne me parlez plus de votre amour qui est pour moi le plus grand des outrages! ne m'approchez pas, ne me touchez pas! faites-moi reconduire dans mon cachot et tremblez pour vous, le jour où j'en sortirai!

— Malheur à vous, Hélèna! si vous me poussez à bout, redoutez ma colère, car vous êtes à ma discrétion, n'espérez pas m'échapper.

— Après la tentative de séduction par la douceur, les mensonges et les belles promesses, vous employez les menaces. Je m'y attendais. Mais ces dernières me trouveront toujours insensible.

— Mais, malheureuse, oubliez-vous que je suis tout puissant ici, que je puis vous contraindre par la force, que je n'ai qu'un mot à dire, qu'un signe à faire, pour qu'on vous garotte et qu'on vous bâillonne, et qu'alors vous ne pourrez plus faire un mouvement, plus dire un mot, que vous serez ainsi livrée pieds et poings liés à ma complète discrétion, que je pourrai alors faire de vous tout ce que je voudrai, et qu'après, sur un signe de moi, vous serez reconduite dans votre cachot, livrée au Saint-Office, soumise à la plus affreuse, à la plus épouvantable torture jusqu'à ce que vous me demandiez grâce et que vous soyez trop heureuse d'accepter mes faveurs et d'être à moi volontairement?

— A la bonne heure, misérable! cette fois au moins, vous jetez le masque, vous me proposez sans détour de me prostituer à vous ou d'y être contrainte par la force et ensuite d'être soumise à la torture jusqu'à ce que je sois obligée par la douleur de vous promettre d'obéir à vos caprices et de céder à votre passion gros-

Trois eunuques entrèrent dans la chambre et s'avancèrent sur la jeune femme pour s'emparer d'elle.

sière et obscène. Eh bien, faites ce que vous voudrez, employez la force envers moi, comme vous l'avez déjà fait envers ma malheureuse mère, et ensuite torturez-moi tant que vous voudrez; mais soyez convaincu d'avance que vous n'obtiendrez rien de moi de bonne volonté.

— Voyons, encore une fois, cruelle Héléna, cessez des récriminations inutiles et des accès de colère impuissants; calmez-vous et résignez-vous. Vous êtes ici à ma discrétion, cédez à mes désirs; venez partager mes plaisirs; accordez-moi de bonne volonté ce qu'il m'est si facile d'obtenir par la force; ne me forcez pas à employer des moyens violents dont vous seriez victime, mais devant lesquels je ne reculerai pas. J'ai juré que vous serez à moi, que je vous posséderai cette nuit, et il en sera ainsi ; aucune puissance humaine ne pourra m'en empêcher. Toute résistance de votre part serait aussi inutile que ridicule. Cédez donc.

— Jamais ! répliqua Héléna d'un air déterminé.

— Eh bien ! puisque vous m'y forcez, il en sera ainsi que vous l'aurez voulu. Entr'ouvrant la porte, le cardinal parla bas à l'oreille du castrat de faction dans le couloir, deux minutes après, qui semblèrent deux siècles à la malheureuse Héléna, trois eunuques entrèrent dans la chambre, s'avancèrent sur la jeune femme pour s'emparer d'elle, mais celle-ci, plus prompte que la pensée, fit un bond de panthère du côté de la cheminée, et, saisissant un poignard antique pendu à une panoplie, elle s'en arma, et menaçant ses adversaires, elle leur dit en brandissant son arme :

— Le premier qui m'approche est un homme mort. Puis, s'adressant spécialement à Monseigneur Antonelli, elle ajouta : « Et toi, prélat suborneur, ravisseur infâme, lâche et assassin, je vais te faire expier tous tes crimes et venger mes malheureux parents dont tu as causé la mort. »

En disant ces derniers mots, elle s'élança sur le cardinal pour le frapper ; mais celui-ci, à la vue de l'arme meurtrière, se sauva et courut en toute hâte s'abriter de l'autre côté du sofa, en criant : « Au secours ! A l'assassin ! »

Les convives, à table dans l'autre salle, furent pendant un moment très alarmés ils se remirent pourtant bientôt quand ils connurent le sujet de leur alarme. Les eunuques s'emparèrent d'Héléna après une lutte qui ne fut pas longue, la désarmèrent, la garottèrent et la bâillonnèrent ; après quoi ils la déposèrent sur un beau lit tout garni de soie noire ; une fois que cette infortunée fut ainsi ficelée, tous les convives, pour ne pas avoir l'air d'être des poltrons, vinrent la visiter.

— Cette femme est réellement belle, dit le cardinal Della Genga.

— Oui, ajouta son collègue Vanicelli, Antonelli a eu très bon goût en choisissant cette drôlesse.

— Il avait bien raison quand il faisait l'éloge de sa beauté farouche qui, disait-il, n'avait pas de rivales, ajouta encore le cardinal Altieri.

— Je crois qu'en faisant donner un peu de torture à son inhumaine, cela la calmera, l'adoucira et la rendra plus traitable, répliqua le cardinal Vanicelli.

— C'est ce que j'ai souvent entendu raconter par mon père, fit observer Son Eminence Della Genga ; chaque fois qu'une de ses vassales qu'il avait fait apporter dans son château, pour l'honorer de ses faveurs, se refusait à les accepter avec la déférence qui leur était due, il ordonnait qu'il lui soit administré une bonne correction sur les parties charnues sans cependant les détériorer ; il m'a toujours assuré que ce petit traitement produisait un effet des plus salutaires, et qu'ensuite la belle était pleine de déférence pour lui et se prêtait avec empressement à tous ses caprices.

— Vous entendez, ma chère Héléna, dit Monseigneur Antonelli, j'espère que

vous me dispenserez d'employer envers vous les petits moyens indiqués par Monseigneur Della Genga?

— Vous voyez bien que votre douce amie ne peut pas vous répondre, dit Della Genga; ôtez-lui donc son bâillon afin qu'elle puisse nous faire part des réflexions que lui suggère sa nouvelle position.

Sur un signe du cardinal Antonelli, un des castrats ôta le bâillon de la belle patiente. Cette dernière, qui avait entendu parfaitement la conversation de ses bourreaux, resta silencieuse.

A ce moment la princesse Maria de S..., les comtesses de Castiglione et Thérésa de Spaur firent leur entrée dans la chambre où l'infortunée Héléna était séquestrée et garottée sur le lit. A leur vue, cette dernière ne put retenir une exclamation de douloureuse surprise et d'indignation.

— Comment, dit-elle, vous, ici, mesdames? dois-je en croire mes yeux ou ne suis-je pas plutôt la proie d'une hallucination? Quoi! vous que je croyais si dévouées à la cause du progrès, de la civilisation et de l'indépendance de l'Italie, vous ne rougissez pas de vous abaisser jusqu'à vous faire les courtisanes de ses oppresseurs, de vous dégrader jusqu'à vous prostituer à ces prélats immondes et criminels, auteurs de tous nos maux? Quelles âmes de boue sont donc les vôtres et quel rôle infâme jouiez-vous donc en venant au milieu de nous?

— Voyons, indomptable Héléna, ne recommencez pas des récriminations inutiles et ridicules, dit le cardinal sonninien, imitez plutôt l'exemple de ces deux nobles dames, vos compagnes de conjuration dans la jeune Italie; voyez comme elles savent adroitement concilier leur amour pour leur patrie, pour l'indépendance, pour la liberté et pour le plaisir. Faites comme elles, et vous vous en trouverez bien. Il n'y a pas encore deux ans, elles faisaient les serments les plus formidables et les plus solennels à la République; aujourd'hui la République romaine est morte, ces aimables héroïnes s'empressent de venir nous aider à célébrer dignement ses funérailles et à lui faire un convoi de première classe.

— Ces dames sont d'infâmes parjures, des traîtresses de la pire espèce, de viles prostituées, qui ne méritent que le mépris et la haine des honnêtes gens. Cessez donc de me les donner en exemple.

— Eh bien! puisqu'il en est ainsi, puisque la situation, à laquelle votre entêtement et votre violence vous ont réduite, ne vous a pas fait réfléchir, puisque vous voulez persister dans votre manière d'agir, si contraire à vos véritables intérêts, je suis résolu à user envers vous de tous les moyens dont je puis disposer.

— Et vous ferez bien, dit le cardinal Della Genga, vous êtes bien bon d'écouter toutes les injures et tous les reproches de cette ennemie de Dieu et de l'Église; quant à moi, je ne veux pas perdre plus longtemps, un temps précieux qui doit être consacré à l'amour, je vous souhaite donc le bonsoir, et je vous laisse avec votre féroce et indomptable tigresse.

— Et nous aussi, nous vous présentons nos respects, dirent les deux autres, triumvirs rouges. Puis les trois prélats retournèrent avec leurs dames dans la salle voisine. Lorsqu'ils furent partis, le cardinal Antonelli, resté seul avec Héléna et les eunuques, dit à cette dernière :

— Maintenant, Madame, vous voyez que je suis seul avec vous et ces hommes, qui m'obéiront dans tout ce que je leur commanderai ; toute résistance de votre part, à mes désirs, serait donc inutile. — Encore une fois, voulez-vous m'écouter, être à moi de bonne volonté ? dans ce cas, je vais faire rompre vos liens, et nous irons rejoindre vos anciennes compagnes et mes collègues, dans la pièce voisine, et nous passerons tous ensemble une nuit de plaisirs ; si au contraire, vous persistez dans votre refus, je vais employer les moyens nécessaires pour détruire toute résistance de votre part. Réfléchissez bien avant de répondre.

— Je vous l'ai déjà dit, répliqua Héléna, mes réflexions sont toutes faites, je refuse, faites de moi tout ce que vous voudrez, j'ai fait le sacrifice de ma vie. Mais rappelez-vous que je serai vengée, mon frère et mes amis, savent que je suis votre prisonnière, ils vous rendront responsable de tout ce qui m'arrivera, et sauront vous punir d'une façon exemplaire.

— Je me ris et me moque de leurs menaces, répondit le cardinal, nous avons maintenant l'armée française pour nous défendre, des sbires, des gendarmes, la justice, des tribunaux et jusqu'au Saint-Office pour nous protéger ; nous ne redoutons rien de quelques conspirateurs isolés, et puisque vous ne voulez pas céder de bonne volonté à mes désirs, je vais faire venir le docteur, et grâce à ses médicaments j'aurai facilement raison de votre résistance.

Puis, s'adressant à un eunuque, le cardinal ajouta :

— Allez chercher le docteur, et dites-lui d'apporter sa trousse avec lui.

Le castrat sortit aussitôt et revint quelques minutes après accompagné du docteur Torlioni. Dès qu'il fut arrivé, Monseigneur Antonelli lui dit :

— Docteur, pouvez-vous endormir Madame pour jusqu'à demain matin ?

— Parfaitement, j'ai justement apporté plusieurs narcotiques parmi lesquels il y en un tout à fait inoffensif ; aussitôt que Madame l'aura pris, elle s'endormira d'un profond sommeil, elle aura des songes très agréables et très voluptueux, elle rêvera qu'elle est dans les bras de son amant, et si par hasard la réalité venait se joindre au travail de son imagination, quoique endormie, elle verrait et sentirait parfaitement l'heureux mortel qui partagerait sa couche ; le narcotique n'aurait d'autre effet que de surexciter son imagination à ses sens, et de remplacer les liens qui dans ce moment retiennent Madame sur sa couche.

— Eh bien, s'il en est ainsi, vous allez immédiatement administrer par force votre narcotique à Madame, car elle se refusera certainement à le prendre de bonne volonté.

— Cela importe peu, dit le docteur, j'ai là une petite pompe foulante à l'aide de laquelle je vais promptement, et sans aucune douleur, introduire le narcotique dans l'estomac de Madame.

— C'est bien, dit le cardinal, faites vite.

Le docteur, à ces mots, prit un flacon dans la boîte qu'il avait apportée, versa le contenu dans une petite pompe foulante en forme de seringue; puis, faisant signe aux eunuques, ces derniers tinrent la tête d'Hélèna, lui ouvrirent la bouche de force, placèrent dedans une espèce de poire d'emgoisse qui maintenait sa bouche ouverte, et ils introduisirent dans le gosier de la patiente un tube en caoutchouc communiquant avec la pompe foulante, et en un seul coup de piston, tout le liquide contenu dans le corps de pompe passa dans l'estomac d'Hélèna.

Cette malheureuse, fortement attachée sur le lit, bâillonnée, ayant la tête tenue par un des castrats, ne pouvait faire aucun mouvement, ni prononcer aucune parole.

Dix minutes après que l'opération de l'introduction du narcotique fut terminée, le docteur tâta le pouls d'Hélèna, et dit :

— Madame dort profondément les yeux ouverts, elle voit, entend et sent tout, mais il lui est de toute impossibilité de faire un seul mouvement et d'articuler un son, elle est à la complète discrétion de tous ceux qui pourraient l'approcher. Vous pouvez lui ôter ses liens et son bâillon, ils sont parfaitement inutiles.

— Otez-les, dit le cardinal.

Les castrats s'étant acquittés de cette tâche; Hélèna était sans liens, immobile, sur son lit, sans faire le plus léger mouvement, sans murmurer un seul mot ses grands beaux yeux noirs étaient ouverts, fixes, immobiles, brillant d'un éclat métallique qui leur donnait un aspect étrange et égaré.

Le beau visage d'Hélèna était encore plus pâle que d'habitude, ses traits étaient légèrement contractés; mais peu à peu ils se détendirent, comme sous l'influence d'un beau rêve; ses lèvres pâles, sèches et plissées semblaient prendre un léger coloris et s'humecter ; toute la figure de la jeune femme s'animait, ses yeux étaient moins fixes, plus doux; on aurait presque pu croire qu'un léger sourire allait errer sur ses lèvres et que sa jolie bouche allait murmurer des mots d'amour et exhaler des soupirs de volupté.

Hélèna était belle ainsi, le cardinal la contemplait en extase.

— Cette jeune femme ne va-t-elle pas bientôt se réveiller, docteur, il me semble qu'elle s'anime? demanda le cardinal Antonelli, anxieux.

— Non, Monseigneur, vous pouvez être sans inquiétude à cet égard, le narcotique, au contraire, est dans toute sa puissance, le hatchich dont il est composé en partie opère, c'est lui qui produit des sensations agréables, des rêves enchanteurs, dont vous voyez les effets se produire sur le visage de cette jeune femme ; mais plus les rêves délirants seront violents, plus le narcotique sera puissant et moins il y aura de danger de voir la personne soumise à leur influence se réveiller.

— Alors vous répondez que cette dernière restera endormie ainsi jusqu'à demain à midi?

— Parfaitement, Monseigneur, il n'y a aucun danger qu'elle se réveille avant, à moins que je lui donne un antidote; et, dans ce cas, je puis la faire réveiller quand vous le désirerez.

— C'est bien, dit l'Éminence au médecin et aux castrats, laissez-moi, retirez-vous dans la salle qui vous est réservée et restez à ma disposition en attendant mes ordres.

A ces mots, les acolytes du cardinal Antonelli se retirèrent et le laissèrent seul avec sa victime.

Lorsqu'ils furent partis, le cardinal ferma soigneusement la porte de la chambre en dedans, et, s'avançant sur la pointe des pieds vers la jeune femme comme s'il eut eu peur de la réveiller, il la couva avec ses yeux de vautour et son regard de convoitise comme s'il eut voulu la dévorer.

— Cette belle jeune femme, qui doit encore être vierge, va donc être à moi! dit-il, je vais donc enfin me repaître de ses charmes que j'envie depuis si longtemps!

Puis, portant une main profane sur le corsage de la belle endormie, il le décrocha rapidement avec un tremblement nerveux dans la main; quand, dégagées par ses doigts sacrilèges, les formes rondes de la gorge de la jeune femme lui apparurent comme deux globes de neige, le prélat profanateur eut des éblouissements, et, lorsqu'il en approcha ses lèvres avides, il se sentit brûler par un frisson ardent qui parcourut ses veines; il continua rapidement son œuvre de criminelle profanation, arrachant un à un tous les habillements de sa victime et découvrant à chaque seconde de nouvelles beautés, de nouveaux trésors, de nouveaux charmes que probablement jamais aucun être humain n'avait contemplés. A chaque nouvelle précieuse découverte de ces beautés secrètes, une nouvelle commotion de l'électrique volupté le frappait dans tous ses sens, et, plus il avançait dans ses découvertes, plus les sensations étaient vives et aiguës.

Enfin, quand le dernier lambeau du dernier vêtement eut disparu sous sa main téméraire et criminelle, quand Héléna n'eût plus rien autre que le pudique voile de sa longue et épaisse chevelure noire, il put tout à son aise la profaner de ses regards obscènes.

Alors ce misérable, que rien ne retenait plus, se précipita comme un animal carnassier sur sa proie, et put, tout à son aise, pendant une longue nuit, satisfaire sa brutale passion. Seul, isolé comme un aigle glouton dans son aire, il se reput tout à son aise, jusqu'à complète satiété, des charmes de cette incomparable jeune femme.

Ce ne fut que le lendemain qu'il se décida à abandonner sa proie, dans la crainte de la voir enfin s'éveiller.

Il appela ses cruels et insensibles mercenaires, les aides de ses sinistres orgies, leur dit de remettre les liens à la jeune femme, afin qu'en s'éveillant elle ne pût se livrer à aucune acte de violence.

Après quoi, renvoyant de nouveau ses aides, il se coucha sur un sofa, pour attendre le réveil de sa victime.

A midi juste, comme le docteur l'avait dit, Héléna commença à s'éveiller; elle chercha à se lever, à s'asseoir sur son lit, mais elle ne le pût pas, elle était solidement, mais délicatement assujettie sur ce dernier.

Voyant son impuissance, elle poussa un profond soupir; le cardinal qui l'entendit se leva, s'approcha d'elle pour lui souhaiter le bonjour.

— Madame a-t-elle passée une bonne nuit? lui demanda-t-il d'un ton ironique; a-t-elle été bercée par des rêves dorés? son bien-aimé, l'amant de son cœur, est-il venu la visiter en songe?

Le puissant narcotique, absorbé la veille par Héléna, avait eu pour effet principal d'endormir et d'affaiblir considérablement sa mémoire; elle ne se rappelait plus rien.

— J'ignore ce que vous voulez me dire, Monsieur, répondit la jeune femme, et de quel bien-aimé vous voulez me parler; je ne me souviens que d'une chose, c'est que vous êtes un misérable, et que je suis votre prisonnière.

— Eh bien! puisqu'il en est ainsi, ma charmante, et que vous perdez la mémoire en dormant, je vais faire en sorte de vous aider à rappeler vos souvenirs. Hier, comme vous n'avez pas voulu écouter les bons conseils que je vous donnais ni consentir à m'accorder volontairement vos faveurs, j'ai été obligé d'avoir recours à d'autres procédés pour les obtenir, je vous ai fait prendre un narcotique, et quand il eût produit son effet, j'ai pu, grâce à sa puissance, grâce au charme qu'il exerçait sur vous, être le plus heureux des mortels; vous n'avez rien eu à me refuser, au contraire; le narcotique avait été si savamment composé, son charme était tel, qu'il vous prédisposait à ce que j'attendais de vous, et c'était avec une satisfaction inconsciente de votre part, mais qui n'en était moins réelle pour cela, et qui me rendit fort heureux, que vous vous êtes abandonnée avec une secrète satisfaction aux complaisances que j'attendais de vous.

Vous avez, quoique vous ne vous en rappeliez pas aujourd'hui, été pleine de bonté pour moi, et j'ai passé, dans vos bras, la plus délicieuse nuit que j'aie jamais rêvée.

A ces mots, Héléna, qui ne pouvait pas retenir son indignation, murmura entre ses dents :

— Misérable! comment oses-tu te vanter d'un pareil forfait?

— Il est oiseux, ma belle, de prendre vos grands airs avec moi; vous feriez mieux de m'écouter si cela vous est agréable; car, ce que j'ai encore à vous dire pourra peut-être vous intéresser. J'avais décidé depuis longtemps que vous seriez à moi, et j'ai réussi la nuit dernière à réaliser mon rêve, j'ai trouvé chez vous, non seulement tous les charmes, toutes les perfections, toutes les beautés secrètes dont mon imagination ardente vous avait douée, mais encore, le gage précieux, qui m'a prouvé que je suis le premier mortel qui ait possédé tous ces trésors; aussi, j'ai été bien heureux, je vous l'avoue. Mais il manque encore une chose à mon bonheur : il faut que vous consentiez volontairement à être à moi, il me faut posséder votre volonté, comme votre corps ; vous savez maintenant que j'ai réussi déjà dans la première moitié de mon entreprise, il faut aussi que je réalise la seconde, et pour cela, il n'est rien que je ne fasse. Je suis décidé à ployer votre volonté, résignez-vous donc, et je vous le répète encore aujourd'hui, vous serez la plus heureuse des femmes, car je vous aime encore plus maintenant que vous avez été à moi ; mais, il faut aussi que vous partagiez ma passion, et si vous ne le voulez pas, si vous me résistez, malheur à vous ! mon amour pour vous deviendra féroce, je briserai votre volonté ou je vous ferai mourir dans les supplices les plus affreux, dans les tortures les plus épouvantables. Rappelez-vous cela, et souvenez-vous, que j'ai à mes ordres l'Inquisition et le Saint-Office, qui viennent d'être rétablis à Rome, et auxquels je vous livrerais, si vous me résistez plus longtemps.

— Vous êtes un monstre de luxurieuse dépravation et de férocité ! je vous le répète, faites de moi ce que vous voudrez, mais je ne serai jamais volontairement la maîtresse de l'assassin de ma mère et de mon père.

— C'est là votre dernier mot, madame ?

— Oui, monsieur, répondit Héléna.

— C'est bien, on va vous ôter vos liens, vous donner des vêtements, vous vous habillerez et vous ne quitterez ce palais que pour y revenir quand vous aurez consenti à subir mes volontés.

Le cardinal ayant donné ses ordres aux castrats, ces derniers délièrent la jeune femme, lui remirent un costume complet et la laissèrent seule afin qu'elle pût procéder à sa toilette.

Lorsque la sœur d'Orsini fut libre dans la chambre, elle réfléchit un instant à tout ce que lui avait dit ce cardinal infâme. Elle put malheureusement s'assurer que tous les détails qu'il lui avait donnés sur la nuit précédente qu'il avait passée auprès d'elle étaient vrais. Elle se sentit saisie d'un profond sentiment de terreur et de dégoût pour ce prélat odieux, qui n'avait pas reculé dans l'accomplissement prémédité du plus abominable des attentats et du plus lâche des outrages qu'un homme puisse accomplir sur une femme. Quand elle songeait qu'elle avait été la proie de cet homme dépravé et criminel, qui avait déjà outragé sa mère, qui avait fait guillotiner son père, qui avait dénoncé et livré son frère à l'Autriche afin de le faire pendre, et que ce misérable qui s'était rendu coupable de tous ces crimes envers sa famille, l'avait outrageusement violée, qu'il avait eu ses prémices après lui avoir fait prendre un narcotique, et qu'elle était encore à la discrétion de cet être féroce et dégradé, qui pouvait recommencer son crime impunément et par les mêmes moyens, autant de fois que cela lui plairait, cette infortunée se sentait saisie d'un profond sentiment de désespoir et d'un ardent désir de vengeance.

Il lui vint un instant à l'esprit la pensée de feindre, de céder volontairement à son bourreau, afin de trouver un moyen de se venger de lui. Mais elle repoussa

Puis, portant une main profane sur le corsage de la belle endormie, il le décrocha rapidement.

bientôt cette idée loin d'elle, comme indigne, la dissimulation et le mensonge répugnant à sa nature loyale, franche et honnête, et elle persista dans sa première résolution de résister jusqu'au bout et de succomber plutôt dans les tortures que de consentir jamais à être l'instrument des plaisirs du cardinal.

Pendant qu'elle prenait cette courageuse résolution, ce dernier revint auprès d'elle accompagné de ses eunuques.

— Eh bien, madame, vous avez eu suffisamment le temps de la réflexion, dites-moi maintenant si vous avez changé votre résolution ?

— Non, monsieur, comme je vous l'ai dit, ma résolution est immuable, il est parfaitement inutile d'insister davantage sur ce sujet.

— Puisqu'il en est ainsi, dit monseigneur Antonelli à ses aides, conduisez madame dans les prisons du Saint-Office.

Deux des serviteurs de Son Eminence s'avancèrent aussitôt sur la jeune femme pour s'emparer d'elle ; mais cette dernière plus prompte que la pensée saisit une chaise qui se trouvait auprès d'elle, s'élança armée de cette dernière sur les deux castrats qui s'écartèrent devant Héléna, elle courut alors aussitôt sur le cardinal qui se trouvait devant elle et lui assénant un grand coup de chaise sur le dos, elle l'étendit tout au long sur le tapis ; elle allait redoubler la correction, quand un des eunuques lui saisit le bras et lui arracha sa chaise des mains. Elle fut alors entourée, saisie par les aides de Monseigneur qui la garottèrent de nouveau et la conduisirent dans les cachots de l'Inquisition.

Lorsque cette malheureuse victime de Son Eminence fut partie, les aimables ministres du représentant de Dieu sur la terre qui avaient passé leur nuit de chasteté et de continence en doux ébats avec les galantes princesses de Castiglione, de S... et madame la comtesse de Spaur, abandonnèrent les voluptés du lit pour les plaisirs de la table, en compagnie de leurs maîtresses.

Un déjeuner succulent leur fût servi ; les convives, libertins et gloutons, lui firent un très bon accueil ; ils se versèrent de nombreuses rasades et burent aux amours tragiques de monseigneur Antonelli, à la restauration de la papauté et au prochain retour de notre Saint-Père dans la capitale de ses États.

Afin que la partie fut complète, la sœur Félicita, la gentille abbesse de Fognano, une des maîtresses du Pape, était venue s'asseoir à table, sur les genoux du luxurieux cardinal Antonelli, qui fut d'une grande galanterie avec la chaste épouse du Seigneur ; celle-ci déploya mille grâces avec son ardent cavalier, complaisant servant d'amour.

Les autres rouges prélats furent aussi brûlants et entreprenants auprès de leurs belles compagnes qui se louèrent beaucoup de leur ardeur infatigable. L'orgie se prolongea encore toute la nuit suivante. Il était jour depuis longtemps le lendemain quand les membres de ces couples bizarres en robes rouges et en tuniques blanches se séparèrent après un dernier baiser et en se promettant de se revoir au plus tôt.

VII

Sommaire. — Le saint tribunal de l'Inquisition. — Son rétablissement par le Pape Pie IX. — La torture, la peine du chevalet, la question, remises en vigueur. — Héléna dans les prisons de l'Inquisition. — L'in-pace. — L'étrange visite. — Amour et férocité. — Plus vous me haïssez, plus je vous aime. — La torture ou l'amour. — Un cachot ou un palais. — La fortune, le pouvoir dans l'infamie ou la misère, la souffrance et les supplices. — L'amour dans le crime. Plutôt la mort dans les supplices que la prostitution, la honte, le déshonneur. — Scène de violence dans un cachot. — Epouvantable situation. — Désespoir insondable d'Héléna. — La mort seule peut la délivrer — Elle l'accueillerait comme un sauveur. — Mais l'espoir d'être délivrée par une exécution lui est ravi. — La prisonnière est réservée à la torture, au viol et à tous les outrages. — Héléna est résolue à tout endurer, à tout souffrir, à mourir dans les tourments, sous les outrages, mais à rester digne d'e-

même et de la grande cause à laquelle elle a consacré sa vie. — Nuits terribles d'insomnie dans un cachot. — Les rats, la vermine et le froid. — Le saint tribunal de l'Inquisition. — Héléna comparaît devant lui. — L'interrogatoire. — Séductions et menaces. — Le grand inquisiteur — Il requiert l'application de la question ordinaire et extraordinaire — Quel était ce personnage. — Le bourreau et ses aides. — Les instruments de torture. — Nouvelle exhortation du président. — Héléna reste inébranlable et impassible. — L'ordre barbare et impudique du tribunal. — Le bourreau et ses aides veulent dépouiller l'accusée de ses vêtements. — Résistance désespérée de cette dernière. — Elle échappe à ses bourreaux et les menace de les tuer. — Terreur du tribunal — Hésitation du bourreau et de ses aides. — A la fin Héléna est vaincue, étendue toute nue sur le banc du supplice et garottée — Sensuelle extase des juges à la vue des charmes de leur victime. — Ils la dévorent du regard. — Le grand inquisiteur se rapproche de la jeune femme. — Son attaque d'érotomanie. — La question par le supplice du banc — Les jouissances des bourreaux faites des tortures des victimes. — La Vénus du banc. — Affreuses tortures qui lui sont infligées. — Second et troisième supplices — L'infortunée à bout de force s'évanouit. — Le bourreau déclare que si on continue le supplice du banc, la patiente en mourra. — Le grand inquisiteur propose qu'on lui substitue le supplice du fouet pour varier les plaisirs — Cette atrocité est acceptée avec enthousiasme. — L'atroce flagellation. — Chaque coup enlève les chairs et fait jaillir le sang. — Héléna reprend connaissance sous les coups. — Elle persiste à repousser les propositions infâmes du cardinal. — Ce dernier furieux fait recommencer le supplice du banc. — Second évanouissement de la patiente. — Le grand inquisiteur fait transporter la suppliciée dans son cachot où il l'accompagne. — Son infâme projet. — Ce qui s'est passé pendant l'évanouissement de la victime. — Le cardinal raconte à Héléna les détails de l'attentat qu'il a accompli sur elle. — La tentation de Saint-Antoine. — Nouvelles supplications et nouvelles menaces du cardinal. — La jeune femme indignée repousse les premières et brave les secondes. — Elle prédit au prélat la punition de ses crimes et de ceux de la papauté dont le pouvoir temporel disparaîtra bientôt. — Le cardinal lui rit au nez. — Il est plus incrédule, plus athée qu'elle. — Belle réponse d'Héléna. — Affreuse réplique de Monseigneur Antonelli. — La nuit d'une torturée et celle d'un tortionnaire. — Le lendemain, le cardinal court en toute hâte s'assurer que sa prisonnière ne lui a pas échappé. — Il est heureux de la retrouver sous les verrous. — Il met le monde au défi de lui arracher sa belle prisonnière. — de la ravir à son amour. — Accueil peu rassurant fait à Monseigneur par sa belle captive. — Frayeur du cardinal — Il appelle le geôlier à son secours et lui donne l'ordre de faire conduire sa victime dans la chambre des tortures. — Héléna est remise aux mains des soldats. — Quels étaient ces derniers. — La jeune femme est transformée par eux en dominicain. — Elle se dirige vers la porte à travers les corridors. — Elle rencontre le cardinal Antonelli. — Ce dernier ne la reconnait pas. — Le cardinal se rend dans la chambre des tortures où il espère trouver sa victime — Mais cette dernière n'est pas venue. — Stupéfaction du prélat et du Saint-Office. — On verra plus tard ce que sont devenus Héléna et ses sauveurs.

Comme nous l'avons dit, Héléna avait été reconduite dans les prisons du Saint-Office.

Nos lecteurs vont sans doute se récrier et dire que l'odieux tribunal de l'Inquisition a été aboli depuis longtemps et qu'il n'existait plus en 1849.

Mais ce serait une grande erreur que de croire cela. Un des plus cruels et des premiers actes du gouvernement pontifical qui venait d'être installé sous la forme du triumvirat rouge, fut le rétablissement du saint tribunal de l'Inquisition que la République avait aboli; la torture et la peine du chevalet furent remises en vigueur par un décret spécial du souverain pontife et ce tribunal de sang fonctionna de nouveau, protégé par les soldats de Louis-Napoléon Bonaparte, qui devinrent aussi des sbires et des familiers du Saint-Office. Pie IX, ce représentant du génie du mal sur la terre, quand il rentra à Rome, peu de temps après l'époque dont nous parlons, put entendre les gémissements de ses victimes et voir couler leur sang sous son char triomphal; il eût pu alors paver de leurs cadavres la voie romaine qui conduit au Vatican, car plus de 300 exécutions capitales publiques ensanglantèrent alors les États romains, sans compter les malheureux exécutés en secret et tous ceux qui sont morts dans les tortures.

Les prisons étaient tellement encombrées de détenus politiques, que le conseil de salubrité dut faire des représentations énergiques au sujet des dangers qu'une pareille agglomération de prisonniers faisait courir à la santé publique.

Non seulement le pape avait rétabli l'Inquisition et la torture dans ses États en 1849, lors de la restauration de son pouvoir, mais encore il les a maintenues jusqu'en 1870 ; elles ne furent abolies qu'à cette époque lorsque les troupes françaises furent forcées d'abandonner les États pontificaux, lors de la guerre entre la France et l'Allemagne.

Voici du reste quelques faits qui prouveront que le Saint-Office existait encore longtemps après le rétablissement du pouvoir du Pape.

En 1860, « le frère Philippe Bertholotti, *inquisiteur du Saint-Siège apostolique*, spécialement délégué contre l'hérétique malice, a fait afficher dans les villes et diocèses de Pisaro, Rimini, Fano, Peccabilli et dans les terres et lieux attenants chez les imprimeurs, libraires, douaniers, employés d'octroi, portiers, aubergistes, traiteurs et marchands, et dans les sacristies et les églises, un décret du *Saint-Office*, ordonnant aux fidèles de satisfaire à l'obligation très stricte de dénoncer au tribunal de la très Sainte-Inquisition les délits de sa compétence, sous peine d'excommunication, outre les autres peines prescrites par les œuvres sacrés, etc..., et accordant pleine liberté au *père inquisiteur* de faire administrer un peu *de torture, de chevalet*, de jeûne ou de prison, même perpétuelle, à quelques malheureux entachés de politique. »

Comment trouvez-vous, chers lecteurs, cette faculté accordée au *père inquisiteur ?*

En présence d'un pareil décret, osera-t-on encore nier l'existence de l'Inquisition dans tous les États romains à l'époque dont nous parlons, sous le pontificat du miséricordieux Pio Nono ? Voici d'autres témoignages constatant les mêmes faits, ils ont été signés par un ecclésiastique, don Giuseppe Pottroniéri et par deux autres de ses collègues qui ont assisté à Bologne, dans la nuit du 15 au 16 mars 1853, trois malheureux condamnés à mort pour cause politique. « Je veux d'abord, dit le premier condamné nommé Succi, faire quelques mots de testament et vous dire que la confession et la déposition que j'ai faites m'ont été été arrachées par la torture, par le supplice de la planche, par la bastonnade et les fers ; on ne se bornait pas à me menacer, on me frappait et on me torturait et si je ne voulais pas mourir sous les coups et dans les tourments, il fallait bien que je dise ce que l'on voulait. »

Le second condamné Malaguetti a dit : « Sachez que dans mes interrogatoires, j'ai dû dire tout ce qu'on a voulu, que j'ai souffert une horrible torture, qui m'a causé une hémorragie. »

Le troisième condamné nommé Parmeggiani, a dit aussi : « Je suis innocent, tout ce que j'ai dit m'a été arraché par la question, par la bastonnade et par les fers. On m'a laissé un mois entier enchaîné. Il a fallu ensuite me porter à l'hôpital des Martyrs ou je suis resté 18 jours. »

Ces trois infortunés parlaient sans cesse de la manière cruelle et injuste de chercher la vérité par la torture.

Nous pourrions citer mille autres exemples de semblables barbaries, si nous voulions fouiller dans les annales du règne de ce pontife que le peuple de Rome avait tout d'abord acclamé comme un libérateur. Victor Hugo a flétri, dans les beaux vers suivants, les atrocités que nous venons de citer et a mis au ban de l'humanité le brigand Pie IX, coiffé d'une triple couronne :

> Les suppliciés d'Ancone emplissent les murailles,
> Le **Pape Mastaï** fusille ses ouailles.
> Il pose là l'hostie et commande le feu.
> Parmeggiani périt le premier, tous les autres
> Le suivirent sans parler, tribuns, soldats. apôtres,
> Ils meurent et s'en vont parler du prêtre à Dieu.
> . . . .
> Saint-Père, sur tes mains, laisse tomber tes manches,
> Saint-Père, on voit du sang à tes sandales blanches,
> Borgia te sourit, le Pape empoisonneur.
> Combien sont morts ? Combien mourront ? qui sait le nombre ?
> Ce qui mène, aujourd'hui, votre troupeau dans l'ombre.
> Ce n'est pas le berger, c'est le boucher, Seigneur ! »

Ainsi, comme nous venons de le prouver, l'odieux tribunal de l'Inquisition et la hideuse torture existaient encore dans les États romains, sous le pontificat de Pie IX, et ils ne seraient pas encore abolis aujourd'hui, sous celui de Léon XIII, si la ville de Rome et les Etats romains étaient encore soumis à la domination infâme du pape et du gouvernement des prêtres.

Nous avons cité les faits historiques qui précèdent pour que nos lecteurs ne nous accusent pas d'exagération quand nous les ferons assister aux affreuses scènes de torture et de débauches cléricales qui nous restent encore à leur raconter.

Lorsque la malheureuse Héléna fut arrivée dans les prisons de l'*Inquisition*, elle fut jetée dans un *in-pace*, ou étroit cabanon, noir et humide, n'ayant d'autre ouverture qu'un petit guichet, percé dans l'épaisse porte de chêne ; un peu de paille pourrie, une cruche d'eau et un vase d'immondices étaient tout l'ameublement de cet affreux tombeau dans lequel on l'avait enterrée vivante ; à la muraille suintante et couverte de moisissures pendait une chaîne à l'extrémité de laquelle on avait eu la cruauté d'attacher la prisonnière ; un rang de durs, froids et grossiers anneaux de fer entourait et meurtrissait la taille fine et délicate de la malheureuse Héléna. Chaque matin, le geôlier ouvrait le guichet et lui jetait, comme à un chien, un morceau de grossier pain noir ; c'était là la seule nourriture de la jeune femme.

Depuis qu'elle était placée dans cet isolement et dans cette obscurité profonde, elle ne distinguait pas le jour de la nuit ; en proie au froid et à l'humidité, ne pouvant faire que deux ou trois pas à l'extrémité de sa lourde chaîne qui meurtrissait et qui déchirait ses hanches délicates, elle ne pouvait ni se reposer ni dormir sur sa paille humide, étant tourmentée et mordue par de gros rats et partout un fourmillement d'insectes qui grouillaient dans sa couche de moisissures. On comprendra facilement quels étaient les fatigues, les tourments et les tortures de cette malheureuse soumise à un pareil régime et à un semblable traitement.

Il y avait déjà trois jours qu'elle était enfermée dans son affreux cachot, lorsqu'un matin elle entendit un bruit de pas qui grandissait en se rapprochant; bientôt sa porte s'ouvrit et un homme entra. Il était enveloppé dans un grand manteau et avait la figure à moitié cachée sous les ailes d'un large chapeau. Lorsqu'il fut dans la cellule, l'inconnu fit un signe au geôlier qui l'avait accompagné; ce dernier accrocha sa lanterne au mur, prit une petite clef pendue à sa trousse, ouvrit le cadenas qui attachait la prisonnière à sa chaîne; après quoi, il sortit de la cellule dont il referma la porte.

La jeune femme, d'abord éblouie par l'éclat de la lumière, contempla avec étonnement le nouveau venu.

— Vous ne m'avez pas reconnu, Héléna, dit ce dernier en ôtant son chapeau et en se débarrassant de son manteau.

L'étonnement de la captive redoubla quand elle vit devant elle le cardinal Antonelli, car c'était lui qui venait d'entrer.

— Quoi, vous ici! lui dit-elle, venez-vous insulter à mon malheur, vous repaître des outrages et des souffrances que vous me faites endurer?

— Non, signora, je viens voir si l'isolement et le recueillement dans lesquels vous êtes plongée ici vous ont porté conseil, si vous avez réfléchi et si vous êtes mieux disposée à m'écouter et à m'obéir?

— Je vous ai déjà dit que mes réflexions étaient faites et que ma résolution était inébranlable; ni la solitude, ni la nuit, ni le froid, ni toute l'horreur de ce cachot infect dans lequel vous m'avez fait plonger, n'ont modifié en rien ma résolution. Je vous hais en raison des tourments que vous me faites subir. Vous pouvez donc facilement comprendre, d'après ce que j'ai souffert, quelle est mon horreur pour vous.

— Eh bien, moi, j'éprouve pour vous des sentiments tout contraires; plus vous me détestez, plus je vous aime, ou plutôt, plus je désire vous posséder. Depuis surtout la nuit délicieuse que j'ai passée dans vos bras, je n'ai plus qu'une pensée, qu'une idée fixe, je ne songe qu'à une chose : vous avoir de nouveau toute à moi.

— Encore une fois, je vous le répète, je ne serai jamais volontairement à vous; ainsi n'insistez pas davantage, laissez-moi.

— Non, Héléna, je ne veux pas vous abandonner ainsi, je veux vous sauver malgré vous du sort affreux qui vous attend; car, vous le savez, vous avez été arrêtée les armes à la main, en pleine insurrection contre le gouvernement, ou plutôt, contre le pouvoir que Notre Saint Père le pape, votre souverain légitime, tient de Dieu, et vous ne l'ignorez pas, votre crime est puni de mort. Il suffira donc de vous faire comparaître devant un Conseil de guerre, ou devant une

Cour martiale, pour que vous soyez immédiatement condamnée et exécutée. Réfléchissez donc avant de repousser la seule chance que vous ayez de sauver votre vie, car moi seul puis vous délivrer ?

— Eh bien ! laissez-moi comparaître devant un Conseil de guerre, qui me condamnera à mort et qui me fera fusiller. Tant mieux, le plus tôt sera le meilleur. Je voudrais déjà être morte, pour être débarrassée de votre odieuse présence, ne plus vous entendre, ne plus vous voir et ne plus souffrir.

— Calmez-vous, Héléna, votre colère et vos emportements ne peuvent vous être ici d'aucune utilité, ils ne hâteront ni votre exécution, ni votre mise en liberté, vous êtes complètement à ma discrétion. Je ne vous enverrai pas devant un Conseil de guerre, car vous m'échapperiez, vous seriez condamnée à mort et exécutée; et alors, tout mon pouvoir sur vous serait terminé. Je vous réserve pour une plus haute juridiction, pour le tribunal de la Sainte-Inquisition, à l'aide duquel vous resterez en mon pouvoir; je pourrai ainsi vous faire comparaître devant vos juges, et vous faire interroger tout à loisir vous soumettre à la question, à la torture, tout à mon aise, et prolonger votre supplice autant que je le voudrai. Vous le voyez donc, vous ne pouvez pas m'échapper. Ce que vous avez de mieux à faire, c'est donc de céder à mes désirs, et alors je vous rendrai la liberté, je serai votre humble serviteur, vos désirs seront pour moi des ordres, je mets à vos pieds ma fortune et ma puissance, il n'y aura pas une femme au-dessus de vous dans Rome, pas même les maîtresses du pape; la belle comtesse de Spaur ne viendra qu'après vous. Vous serez la plus heureuse des femmes. La première dans Rome ! Dites un mot, et ce cachot affreux sera changé contre un éblouissant palais. Voyons, répondez-moi, acceptez, je vous en prie.

— Non ! encore une fois, je n'aurai jamais pour vous que le mépris et l'horreur que m'inspirent vos forfaits; vous serez toujours, pour moi l'ennemi le plus dangereux de ma famille et de ma patrie, de la liberté et de la République; le conseiller, l'âme damnée du prêtre-roi, de l'odieux et hypocrite despote, qui opprime mon pays et mes concitoyens, le misérable débauché, qui m'a outragée de la façon la plus infâme; l'assassin de mon père, de ma mère et de la République.

— Prenez garde, Héléna, à ne pas me pousser à bout, car vos insultes pourraient bien avoir ce résultat; dans tous les cas elles ne vous sauveront pas; je vous le répète, vous êtes à ma discrétion, vous serez à moi quand je le voudrai, la nuit prochaine, dans une heure, de suite si je le désire. Je puis vous faire enchaîner, bâillonner et disposer de vous tout à mon gré; mais je puis, mieux encore, il ne dépend que de moi de vous faire donner un narcotique délirant, du hatchich, comme celui qui vous a déjà été administré, et alors je pourrai encore vous posséder tout à mon aise, et votre imagination surexcitée, vos désirs sensuels éveillés dans votre sommeil par le hatchich, vous feront me prodiguer toutes vos ardeurs brûlantes qui me rendront le plus heureux des mortels pendant toute une nuit, des plus douces jouissances, trop courte, hélas! pour moi; je puis faire tout cela et je le ferai si vous me résistez.

— Je sais que vous êtes un monstre de débauche et de perversion, vous m'avez prouvé par expérience de quoi vous êtes capable. Faites de moi ce que je ne puis empêcher, mais n'espérez jamais me dégrader à mes propres yeux. Je ne serai jamais volontairement la maîtresse d'un scélérat de votre espèce.

— Eh bien, puisqu'il en est ainsi, puisque vous m'y forcez, j'emploierai tous les moyens pour vous réduire à l'obéissance, je vous ferai mettre à la torture, je vous soumettrai à la plus affreuse question, à la peine du banc et du chevalet, et je répéterai ce supplice autant de fois que cela me fera plaisir, jusqu'à ce que vous m'imploriez et que vous cédiez à mes désirs ou que vous succombiez à la douleur. Et, remarquez-le bien, votre supplice, vos souffrances, vos angoisses doubleront mon bonheur, j'étoufferai vos cris de douleur sous mes baisers, et je mêlerai mes jouissances à votre agonie. Jamais, croyez-moi, je n'aurai été aussi heureux.

— Misérable, lui dit Héléna, je suis bien malheureuse d'être à la discrétion d'un monstre tel que vous. Mais lors même que je devrais succomber dans les tortures physiques, je l'aimerai mieux encore que d'être la proie des tortures morales que j'aurais à endurer si j'étais assez lâche pour céder à votre amour, pour oublier tout le mal que vous m'avez fait, tous les crimes dont vous vous êtes rendu coupable envers mes parents, envers moi et envers ma patrie. Non, je ne le ferai jamais! Plutôt mourir.

— Vous ne mourrez pas encore de sitôt, répondit le cardinal, je donnerai des ordres en conséquence, et je surveillerai moi-même votre mise à la torture afin qu'on vous y soumette de manière à ce que votre supplice dure le plus longtemps possible.

— Et tu penses, bandit, que je vais te laisser tranquillement agir ainsi? Mais non!

En disant ces derniers mots, la jeune femme saisit sa cruche à eau et la lança de toutes ses forces à la tête du cardinal.

Ce dernier l'esquiva en se baissant et la cruche alla se briser contre la muraille en éclaboussant monseigneur Antonelli de son contenu. A cette attaque imprévue, le lâche prélat se crut perdu et se mit à crier de toutes ses forces à l'aide et au secours!

Le gardien accourut aussitôt à son aide.

— Enchaînez cette furieuse qui a failli me briser la tête, dit le cardinal en sortant du cachot; puis, se retournant vers la malheureuse, il dit à sa victime:

— Héléna, vous aurez bientôt de mes nouvelles, la torture vous apprendra la soumission et l'obéissance.

— Je sais que vous êtes un monstre, capable de tout, répondit la courageuse prisonnière.

Alors le geôlier se précipita comme un furieux sur cette dernière, l'en-

L'étonnement de la captive redoubla quand elle vit devant elle le cardinal Antonelli, car c'était lui qui venait d'entrer.

chaîna de nouveau solidement, et l'abandonna dans l'obscurité de son cachot sur sa paille humide.

La malheureuse jeune femme, en proie à une grande agitation, résultat de la scène violente qu'elle venait d'avoir, se promena pendant quelques instants, attachée au bout de sa chaîne pouvant à peine faire deux ou trois pas dans un demi-cercle très étroit.

Elle se rappela alors les dernières paroles du cardinal, et ce ne fut pas sans une terreur secrète qu'elle pensa de nouveau qu'elle était à la discrétion de cet homme violent et passionné, vindicatif, cruel, inexorable et tout puissant.

Peu à peu son irritation et son exaltation se calmèrent. Elle s'accroupit contre la muraille, plaça sa tête entre ses deux mains, se plongea et s'abîma toute entière dans les plus sombres et les plus tristes réflexions.

— Que vais-je devenir? se demandait-elle à elle-même. Je suis ici au pouvoir et la proie de ce monstre. Je ne vois plus aucune chance de salut, maintenant que Rome est occupée par l'armée du traître Louis-Napoléon Bonaparte, bien digne d'être l'allié de l'infâme Mastaï. Aucune révolution, aucune tentative populaire n'ont la moindre chance de succès; seule une évasion bien combinée serait possible. Mais hélas! mes amis sont tous en fuite devant les soldats du pape et de l'Autriche qui les poursuivent. Mon frère lui-même, quelque courageux qu'il soit, est obligé de se sauver et de se réfugier à l'étranger. Puis s'il était pris, c'est la mort qui l'attend. Mais malgré cela, si Félice était informé de la terrible position dans laquelle je me trouve, il est certain que quoiqu'il pût lui arriver, il viendrait à mon secours. Mais hélas! comment l'en informer? je ne vois pas de possibilité de la lui faire savoir? Mon geôlier est probablement un homme incorruptible.

Je n'ose pas lui faire de propositions, je crains qu'il ne me dénonce, et que l'on redouble de sévérités envers moi et que l'on prenne encore de plus grandes précautions contre toutes tentatives d'évasion qui pourraient être faites en ma faveur. Il faut me résigner et attendre la mort avec courage. Si je devais être fusillée, guillotinée ou pendue, j'envisagerais mon supplice avec stoïcisme. La vie est maintenant pour moi un fardeau embarrassant, surtout depuis que j'ai été souillée par ce scélérat de cardinal. Il me serait bien doux maintenant de mourir pour ma cause. Je ne regretterais rien que la bonne amitié de mon bon frère et la peine que ma mort lui causerait.

Mais, malheureusement, ce n'est pas la mort violente, rapide presque instantanée des suppliciés, qui m'attend. C'est une lente agonie dans un cachot, et à l'aide de toutes les tortures lentes et atroces que l'Inquisition réserve à ses victimes. Le cardinal Antonelli accomplira toutes les menaces qu'il m'a faites. Il me soumettra à la question, et si je refuse de céder à ses infâmes désirs, il me fera mourir dans les supplices les plus affreux.

Eh bien! j'aurai du courage jusqu'au bout, je resterai digne de moi-même, digne de mon frère héroïque, de mon père et de ma mère, morts victimes de leur dévouement à la grande cause de la justice et de la liberté. Je saurai tout souffrir tout endurer, et, s'il le faut, mourir dans les tourments.

Mais jamais je ne me prostituerai, jamais je ne céderai à ce prélat éhonté, débauché et féroce.

Toute la nuit, qui sembla longue de plusieurs siècles, à Héléna, s'écoula au milieu de ces tristes réflexions, des plus sinistres pressentiments et des plus sombres visions.

La malheureuse aurait bien voulu pouvoir se reposer un peu en s'étendant sur sa paille à moitié pourrie, mais elle n'osait pas le faire. Elle redoutait les gros rats qui hantaient son cabanon et tous les insectes malpropres et rampants, qui grouillaient dans sa couche pourrie. Elle resta donc appuyée contre la muraille froide et suintante, accablée de fatigue et de sommeil, mais sans pouvoir céder à ce dernier, quoiqu'il y eut trois nuits qu'elle n'avait pas dormi. Dès qu'elle s'assoupissait un peu, elle sentait aussitôt de gros rongeurs humides et velus qui lui couraient sur le corps et qui la réveillaient en sursaut. Des insectes puants, dégoûtants et dévorants lui montaient le long des jambes, la piquaient partout, et le froid augmentait encore son supplice; une fièvre lente commençait à la dévorer et faisait chaque jour des nouveaux progrès. Aussi quelqu'un qui l'eût vue au bout de trois jours de prison, l'aurait reconnue avec peine; ses belles couleurs et son teint frais avaient disparu; son front était pâle, ses joues creuses, ses yeux caves; ses lèvres n'avaient plus de sourire, son corps s'affaissait sous la fatigue et les veilles, sa taille se courbait sous le poids des chaînes, s'endolorissait par leur frottement, et ses membres, pleins et florissants de santé avant son arrestation, s'amaigrissaient par le manque de nourriture et de repos.

Cependant elle était toujours pleine de grâce et de séduction, sa beauté s'était transfigurée, quelqu'un qui l'aurait vue dans son cachot, les cheveux flottant sur ses blanches épaules, les yeux illuminés d'ardents éclairs et brillant sous son front pâle et nuageux, la bouche contractée par la douleur, l'eût certainement prise pour la personnification de la douleur et du désespoir faite femme, et serait resté en extase devant tant de charmes, de beauté et d'innocence aux prises avec tant de souffrance et d'adversité.

Le lendemain de la scène de violence qui s'était passée entre le cardinal Antonelli et Héléna, le geôlier et deux gardes vinrent chercher la prisonnière et la conduisirent dans une salle basse située au-dessous de son cachot, toute tendue de noir, au fond de laquelle on voyait une espèce d'estrade sur laquelle il y avait une table couverte d'un tapis rouge. Trois hommes masqués étaient assis à cette table et faisaient face à la porte d'entrée. Ils étaient vêtus de costumes étranges; leurs longues robes noires étaient semées de têtes de morts blanches et de tibias en croix. A droite on voyait un autre homme, aussi masqué et assis, enveloppé dans une longue robe de pourpre et à gauche un cinquième personnage tenant une plume à la main, assis devant une table sur laquelle s'étalaient plusieurs liasses de papiers.

Lorsque Héléna entra, ces hommes mystérieux qui chuchottaient entre eux, se turent et la salle fut plongée dans un profond silence.

Deux lampes, d'un aspect funèbre, placées sur la table éclairaient mal cette grande salle lugubre.

Les deux gardes armés de sabres, de hallebardes et d'arquebuses, firent asseoir la prisonnière sur un escabeau en bois placé au milieu de la salle en face de l'estrade, et se tinrent debout à côté d'elle, appuyés sur leurs lances, et ayant le fusil en bandoulière.

A la vue du spectacle qu'elle avait devant les yeux, Héléna fut un instant étonnée, mais elle se remit bientôt, et se prépara à répondre avec le plus grand sang-froid aux questions qui allaient sans doute lui être posées.

Celui des trois hommes qui semblait présider cette cour sinistre lui dit alors :

— Comment vous nommez-vous ?

— Héléna Orsini, répondit la prisonnière.

— Où demeurez-vous ?

— Au Transtévére.

— Où êtes-vous née?

— A Rome.

— De quoi êtes-vous accusée ?

— Je ne le sais pas, j'ignore même qui vous êtes et ce que vous me voulez; si je suis accusée de quelque chose, c'est à vous de me l'apprendre.

— Vous devez bien savoir pourquoi vous avez été amenée ici et quel est le crime que vous avez commis.

— Je ne suis coupable d'aucun crime; j'ai été arrêtée pour avoir défendu la République qui représente la justice, le droit; je me suis battue contre les envahisseurs de mon pays, qui sont venus à Rome pour restaurer le despotisme et étrangler la liberté; en agissant comme je l'ai fait, loin d'avoir commis un crime, j'ai au contraire fait une bonne action et mon devoir.

—Comment osez-vous bien soutenir que vous n'avez commis aucune faute en combattant l'autorité de notre Saint-Père le Pape, le représentant de Dieu sur la terre, en vous insurgeant contre son gouvernement qui est celui de notre sainte mère l'Eglise, à laquelle vous devez obéissance et soumission comme à Dieu lui-même? En agissant ainsi, vous vous êtes rendue coupable du plus grand, du plus abominable de tous les crimes. Mieux vaudrait pour vous que vous vous soyez révoltée contre tous les monarques de la terre que de vous insurger contre le roi des rois, le monarque des monarques, le représentant de Dieu. Confessez donc votre crime, ma chère fille, demandez-en humblement pardon à Dieu et vos aveux, vos révélations et votre repentir pourront vous valoir l'indulgence du tribunal. Au contraire, si vous persistez dans vos dénégations, dans votre impénitence, vos juges seront obligés, bien à regret et malgré eux, d'user de tous les moyens en leur pouvoir pour vous forcer à leur dire la vérité et toute la vérité et vous obliger à vous repentir.

— Cessez cette odieuse comédie, repondit Héléna, et n'espérez pas m'effrayer par vos menaces, ni me séduire par vos adjurations; je vous l'ai déjà dit et je vous le répète, je n'ai commis aucun crime et je n'en ai aucun à confesser ou à avouer.

— Prenez garde à vos réponses, nous vous engageons dans votre intérêt à parler au tribunal avec plus de modération et de respect.

— Vous auriez bien dû commencer par me dire quel est l'étrange tribunal devant lequel je comparais?

—Ma très chère fille, répondit le président, ne l'avez-vous pas déviné? Vous êtes ici devant l'auguste tribunal de la très Sainte-Inquisition. Ainsi répondez, nous vous le demandons de nouveau dans votre intérêt : quels sont les crimes que vous avez commis et qui vous font traduire à notre barre ?

— Je vous ai déjà dit deux fois que je n'ai commis aucun crime, je n'ai aucune confession à vous faire, et je vous préviens, afin que vous n'insistiez pas, que je ne répondrai plus à vos questions. Puisque vous êtes le tribunal de l'Inquisition, je suis ici entre les mains de mes ennemis les plus mortels ; je n'ai aucune justice à attendre d'eux ; ils peuvent me soumettre à tous les supplices, mais ils ne me feront pas avouer des crimes que je n'ai pas commis ; je ne consentirai jamais, pour leur être agréable, à transformer la vertu en crime. Vous pouvez faire de moi tout ce que vous voudrez, mes amis et le peuple me vengeront bientôt.

A ces mots, le personnage, habillé de rouge, qui remplissait le rôle de grand inquisiteur, se leva, fit le signe de la croix et dit :

— Attendu que l'accusée, ici présente, se refuse à reconnaître et à confesser ses crimes, quoiqu'elle ait été charitablement invitée à le faire par le saint tribunal devant lequel elle comparaît,

Attendu, qu'en agissant ainsi, l'accusée compromet le salut de son âme, qu'il est de notre devoir de sauvegarder, en préservant cette dernière de la damnation éternelle,

Au nom de la Très-Sainte-Trinité, nous requérons que la question ordinaire et extraordinaire soit appliquée à l'accusée, afin de lui faire confesser ses crimes, et d'obtenir d'elle qu'elle s'en repente.

Héléna écoutait avec étonnement et stupéfaction le mystérieux personnage qui demandait d'une façon si onctueuse, qu'on la soumît au plus affreux des supplices, il lui sembla qu'elle avait déjà entendu cette voix, et que le regard brillant qu'elle apercevait à travers le masque de l'inquisiteur, ne lui était pas non plus inconnu. Elle se souvint alors de la visite que le cardinal lui avait faite dans son cachot, et elle crut reconnaître monsignor Antonelli sous le masque du grand inquisiteur.

— Une dernière fois, voulez-vous confesser vos crimes et vous en repentir, dit le président ?

— Je n'ai rien à confesser et je ne me repens de rien, dit Héléna.

Pendant que la belle et héroïque prisonnière prononçait ces paroles courageuses, le grand inquisiteur la regardait à travers son masque d'un œil flamboyant. Il fit un signe au président du Saint-Office, ce dernier sonna et un familier apparut aussitôt. Il lui parla à voix basse à l'oreille.

Le nouveau venu s'inclina profondément, et disparut aussitôt.

Héléna très anxieuse, regardait tour à tour avec mépris le grand inquisiteur, le président de cet odieux tribunal et ses deux acolytes.

Quelques minutes après l'ordre qui venait d'être donné, cinq hommes masqués entrèrent; l'un d'eux, le chef, était habillé de rouge et les quatre autres de brun.

Ils avaient apporté avec eux des cordes, des courroies, des chaînes, des carcans, des menottes, des tenailles, des barres de fer, des fouets, des lanières, des bâtons, des nerfs de bœufs, un réchaud allumé et des soufflets, des poulies, un épais banc de chêne, long d'environ vingt pieds, à chacune des extrémités, duquel il y avait un treuil, autour duquel étaient enroulées deux cordes solides. Lorsque ces engins de torture furent en place, le président du Saint-Office, dit à Héléna :

— Vous voyez ces instruments de supplice ? si vous refusez d'avouer vos crimes, on va vous mettre à la torture; réfléchissez donc avant de vous exposer à un pareil supplice. Confessez vos crimes, repentez-vous, réclamez l'indulgence du saint tribunal, et il pourra peut-être, dans sa miséricorde, vous épargner les tortures auxquelles, sans cela, vous allez être soumise.

Héléna était plus pâle qu'une morte, elle n'avait pu se défendre d'un sentiment de terreur à la vue des apprêts de l'affreux supplice que les noirs et féroces bourreaux qui s'érigeaient en juges se préparaient à lui infliger.

Mais, faisant un grand effort pour cacher son émotion, elle répondit d'une voix ferme :

— Mes réflexions sont toutes faites, je refuse.

— Eh bien, dit le président du sanglant tribunal, qu'on fasse subir à l'accusée la question ordinaire par le supplice du banc.

Sur un signe du grand inquisiteur, le bourreau que nous avons vu entrer, il y a un moment avec ses quatre aides, dit à ces derniers :

— Saisissez la prisonnière, et déshabillez-la.

A cet ordre, les quatre brutes se précipitèrent sur l'infortunée Héléna; mais cette dernière, plus prompte que la pensée, se leva aussitôt, saisit l'escabeau sur lequel elle était assise et, avant que ses bourreaux aient pu l'atteindre, elle se recula d'un ou deux pas, armée de son siège qu'elle brandissait au-dessus de sa tête en disant :

— Je brise le crâne au premier misérable qui osera me toucher !

Les valets de l'exécuteur des hautes œuvres du Saint-Office, surpris et effrayés de l'agilité, de l'attitude menaçante, de la résistance énergique, du courage désespéré et des menaces de la jeune femme, se reculèrent prudemment à quelques pas, pendant que les juges effarés la regardaient avec terreur.

— Ah! misérables, dit Héléna en se retournant vers le tribunal, vous osez pousser l'infamie jusqu'à vouloir soumettre une pauvre femme aux outrages de vos mercenaires en leur donnant l'ordre de la dépouiller de ses vêtements, et de l'exposer nue à vos regards obscènes et à ceux de vos bourreaux. Vous avez perdu dans la pratique de votre culte superstitieux et de votre infâme ministère tout sentiment de pudeur, tout respect humain et toute pitié. Vous êtes aussi dégradés que lâches et cruels. Osez donc m'approcher et vous êtes morts ! Je saurai me défendre jusqu'à la dernière extrémité.

En disant cela, l'héroïne brandissait toujours son menaçant escabeau.

Le bourreau et ses aides, intimidés, se tenaient toujours à distance, et les juges, encore plus effrayés, étaient prêts à se sauver.

— Poltrons que vous êtes, dit le grand inquisiteur, avez-vous donc peur d'une faible femme ? allez-vous donc vous sauver devant elle ?

Les cinq misérables qui n'avaient pas osé exécuter les ordres qu'ils avaient reçus, et qui se tenaient à distance de la jeune femme, reprirent courage et se précipitèrent tous à la fois sur elle. L'un d'eux reçut un vigoureux coup d'escabeau, mais les quatre autres s'emparèrent de l'accusée, la renversèrent sur le banc, la garrottèrent et la déshabillèrent tout à leur aise, lorsqu'ils l'eurent mise dans l'impossibilité de leur résister.

C'était avec une rage concentrée que la malheureuse voyait enlever un à un tous ses habillements, elle faisait des efforts inouïs pour briser ses liens, mais, hélas ! inutilement. C'était en vain qu'elle meurtrissait ses blanches mains, qu'elle ensanglantait ses poignets délicats, qu'elle déchirait ses petits pieds, et froissait ou arrachait ses magnifiques cheveux en se débattant ; elle était trop solidement garrottée pour pouvoir rompre ses liens ou se dégager. Ses bourreaux eurent bientôt fait de lui arracher ses vêtements.

Lorsqu'apparurent ses épaules adorables, sa gorge nue, ses bras d'ivoire, sa taille élégante et souple, et tous ses charmes secrets, les yeux des juges du Saint-Office s'allumèrent d'une flamme ardente et brillèrent à travers les trous de leurs masques ; ces misérables se repaissaient de la vue des beautés de leur victime. Le grand inquisiteur n'était plus maître de lui ; oubliant son rôle de justicier, n'y tenant plus, il se leva, s'avança auprès de la prisonnière, et la flairant, la contemplant, la dévorant du regard, il sentit se développer en lui la soif ardente, l'appétit dévorant et tous les instincts irrésistibles que la vue des proies excite chez les animaux féroces. On aurait dit qu'il voulait se précipiter sur la malheureuse, nue et garrottée. Il se pencha sur elle afin d'aspirer de plus près les parfums enivrants, les émanations voluptueuses qui s'échappaient du corps de cette jolie femme et qui mettaient ses sens en délire. Ses narines se dilatèrent, ses lèvres se séchèrent, son haleine brûla, ses tempes battirent avec force et ses yeux s'injectèrent de sang sous son masque. Il était en proie à une attaque d'érotomanie. Approchant alors sa bouche tout près de l'oreille d'Héléna, il lui dit tout bas et d'une voix tremblante de passion :

— Je t'aime ! Tu es plus belle que Vénus, plus charmante que les Grâces, plus séduisante que les Voluptés, promets-moi d'être à moi, dis un mot de consentement, et je serai le plus heureux des hommes, et toi, la plus fortunée des femmes, je te ferai délier et transporter dans mon palais où tu seras mon idole, et ton existence une longue jouissance, tu règneras sans partage sur mon cœur et dans Rome, qui sera jalouse de ton bonheur.

— Jamais! lui répondit Héléna aussi à voix basse, je préfère tous les supplices, toutes les tortures à la honte d'être la maîtresse d'un misérable criminel tel que vous, du gredin qui m'a outragée et déshonorée, de l'assassin de mon père, de ma mère et de la République romaine.

— Eh bien, tu l'auras voulu, ne t'en prends qu'à toi des tortures que tu vas endurer. Toi seule seras cause si on te disloque, si on déchire ces belles formes que j'aurai voulu couvrir de baisers, revêtir de velours de soie et de dentelles, parer de pierres précieuses, de diamants et de bijoux.

La malheureuse suppliciée, pour toute réponse, lança un regard de profond mépris et de dégoût à son persécuteur. et tourna sa belle tête de l'autre côté.

Le cardinal Antonelli, car c'était lui qui remplissait le rôle d'inquisiteur. poussa un soupir de rage et dit tout haut aux tortionnaires :

— Qu'on applique la question à cette coupable qui persiste dans son impénitence.

Les aides s'approchèrent alors d'Héléna étendue tout de son long sur le banc du supplice. Ils lui attachèrent fortement aux mains et aux pieds les deux cordes enroulées autour des deux treuils placés aux extrémités du banc; ils lièrent en outre la patiente à ce dernier au moyen de trois courroies, dont l'une était placée autour du cou, l'autre à la ceinture et la troisième aux pieds.

Et quand la victime fut ainsi garrottée, les aides tournèrent les manivelles des treuils jusqu'à ce que les cordes attachées aux bras et aux jambes d'Héléna fussent tendues ainsi que les membres et tout le corps de la patiente. Lorsque les apprêts du supplice furent ainsi terminés, le grand inquisiteur, qui dévorait toujours du regard le beau corps de la jeune femme dont les charmes étaient ainsi complètement exposés à tous les yeux, fit un signe aux tortionnaires qui firent faire un quart de tour à chacun des treuils; on entendit alors un bruit de craquement de nerfs, et la suppliciée poussa un cri aigu; elle était pâle comme une cire vierge; tous ses muscles, tous ses nerfs et sa peau étaient tendus; on voyait presque circuler le sang dans ses veines bleues qui se dessinaient sur le marbre blanc de son corps d'une perfection irréprochable. Il était impossible de voir quelque chose de plus beau et de plus douloureusement attendrissant que cette femme ainsi suppliciée dont pas une des beautés n'échappait à la vue, dont on pouvait admirer chacune des perfections dans ses plus secrets détails, c'était la Vénus du banc. Aussi ses bourreaux se repaissaient de sa vue et la dévoraient du regard avec volupté. Et chose bien triste à penser, ce qui augmentait encore les secrètes et impures jouissances de ces misérables, c'étaient les souffrances de celle dont la vue des charmes les enivrait. Les cris d'angoisses de la suppliciée, le frisson de douleur qu'on voyait circuler dans tout son corps, l'agiter d'un tremblement nerveux, les spasmes arrachés par la torture, le craquement des muscles prêts à se rompre, la tension des veines sur le point de se briser, le tissu de la peau fine qu'on tremblait de voir se déchirer, les soupirs, les cris de douleur qu'arrachaient les tortures, la sueur froide qui perlait sa peau, l'agonie de la victime, tout était une cause de secrète volupté pour les bourreaux obscènes. Chez certaines natures sensuelles, il n'est de bonheur complet que par le mélange des cris de douleur des victimes aux soupirs voluptueux, des râles aux baisers, de la vie à la mort, de la production à la destruction de l'espèce, de l'amour à la cruauté, du plaisir à la peine, des convulsions de l'agonie aux spasmes de l'amour créateur.

Tibère, Louis XV et Pierre le Cruel, étranglaient ou poignardaient les jeunes enfants qu'ils violaient sur leurs couches de débauche pour doubler leur volupté. Les inquisiteurs se repaissaient de la vue des charmes de leurs victimes et de la douleur qu'ils leur infligeaient. Beaucoup consommèrent sur elles le dernier des attentats pendant qu'elles étaient sur le banc du supplice; si le cardinal eut été seul avec sa victime, garottée sur le chevalet, il en eut certainement fait autant. Il l'eut couverte de ses baisers et de ses caresses, pendant que les bourreaux en faisaient tourner la manivelle des treuils, lui auraient arraché des cris d'agonie, et que ses nerfs auraient craqué. Mais ne pouvant assouvir immédiatement sa grossière passion sur cette malheureuse, il donnait un libre cours à sa luxurieuse cruauté en la torturant. Il fit de nouveau signe aux bourreaux et ceux-ci appuyant encore sur la manivelle, lui firent accomplir de nouveau un second quart de circonférence. Les membres, les nerfs et les muscles d'Héléna s'étirèrent et se tendirent encore davantage, les membres craquèrent et se disloquèrent, sa douleur devint de plus en plus intense, et la malheureuse poussa un second cri aigu encore plus perçant que le premier.

C'était un spectacle affreux que celui qu'offrait cette jeune femme d'une si rare beauté ainsi étirée, disloquée, déchirée, sur cette machine à torturer; ses bras, ses cuisses, ses jambes, son buste, sa poitrine, sa taille étaient dans un état de tension si extrême, que l'on apercevait à travers sa peau ses nerfs et ses fibres prêts à se rompre. Mais ce qu'il y avait encore de plus révoltant, c'était de voir que la joie, le plaisir, la volupté que les tortionnaires éprouvaient en accomplissant leur atroce besogne allaient en augmentant, en raison directe des souffrances et de l'agonie de leur victime. Tous ces épouvantables personnages étaient haletant devant Héléna, couchée sur son lit de Procuste, contemplant, d'un regard libidineux, cette malheureuse, placée dans une position aussi douloureuse. On aurait volontiers pris tous ces lugubres personnages pour un groupe de satyres ou de faunes admirant une nymphe, prise dans leurs filets et tombée en leur pouvoir. On aurait facilement supposé qu'ils s'étaient costumés en juges, pour cacher leurs corps difformes et velus, et qu'ils avaient placé un masque sur leurs faces cyniques, afin qu'on ne puisse pas voir briller leurs instincts de bestiale lubricité.

Pendant qu'ils se livraient ainsi à leur contemplation impudique, la patiente, en proie à la honte, aux douleurs les plus aiguës et à mille souffrances, dissimulait ses angoisses, et restait impassible. Mais cela ne faisait pas l'affaire de ses bourreaux, plus avides d'émotions sensuelles que d'aveux, et qui jouissaient en secret de voir palpiter les chairs de leur belle victime, sous les étreintes de la douleur, puisqu'il ne leur était pas donné de les faire frissonner sous celles du plaisir. Ils ordonnèrent une troisième fois à leurs satellites d'imprimer une nouvelle tension aux cordes.

Cette fois, la malheureuse suppliciée ne poussa qu'un faible soupir, ses grands yeux se voilèrent d'angoisses, ses lèvres se blanchirent d'écume, la sueur perla sa peau, une pâleur mortelle la couvrit, elle s'évanouit complètement. Le bourreau, s'étant approché d'elle, déclara au tribunal que, si on la soumettait à une nouvelle tension de la corde, cela pourrait amener une dislocation complète des membres, et causer sa mort. Il fut, en conséquence, décidé par le Saint-Office qu'il ne continuerait pas le même supplice.

Une idée diabolique traversa alors l'esprit du Grand-Inquisiteur. Il proposa d'infliger à sa victime le supplice du fouet, afin, disait-il, de la faire revenir de son évanouissement. Le bourreau ayant déclaré, que ce genre de torture, appliquée avec mesure, ne pouvait pas avoir de conséquences dangereuses, tous les membres du Saint-Office s'empressèrent d'appuyer la proposition du cardinal, qui variait leurs plaisirs, et qui leur promettait de nouvelles jouissances contemplatives. En conséquence, l'infortunée Héléna, toujours évanouie, fut retournée sur son banc de douleur, et placée dans l'autre sens, de manière à montrer le dos ; puis, lorsqu'elle fut de nouveau assujettie par les courroies, et qu'elle eût les membres bien tendus, à l'aide des cordes des deux treuils, les valets du bourreau, armés de fines lanières, garnies de petites épingles, lui cinglèrent la partie la plus charnue avec précaution ; on voyait à leur manière de faire, qu'ils étaient très experts dans ce genre de supplice. Chaque coup donné par eux traçait un sillon rouge, et la peau de la malheuseuse se perlait aussitôt de petites gouttes de sang ; après quelques minutes de cet exercice cruel, la suppliciée poussa un cri, s'agita convulsivement, et commença à reprendre l'usage de ses sens ; bientôt elle rouvrit les yeux, et par un sentiment de pudeur, elle chercha à se retourner ; mais la chose lui fut impossible, les courroies qui le fixaient étaient solides, elle fut ainsi contrainte de rester dans sa position indécente et douloureuse. Lorsqu'elle fut complètement revenue de son évanouissement, le Grand-Inquisiteur lui dit d'un ton plein d'implacable ironie.

— Je suis heureux, Madame, de voir que vous avez repris l'usage de vos sens, et que les sels efficaces que je vous ai fait administrer ont produit un effet salutaire.

La malheureuse femme, indignée du cynisme cruel du misérable qui lui parlait ainsi, resta muette sous ce nouvel outrage ; elle se contenta de lancer un regard de profond mépris à son tortionnaire.

Ce dernier n'y prit pas garde complètement ; préoccupé de ses pensées lubriques, que la vue de la jeune femme dans sa nouvelle position augmentait encore, il s'approcha de nouveau de la victime, et lui dit tout bas :

— Maintenant, voulez-vous être à moi ? Prenez bien garde à ce que vous allez dire ; car, si vous me refusez, je vais faire continuer le supplice.

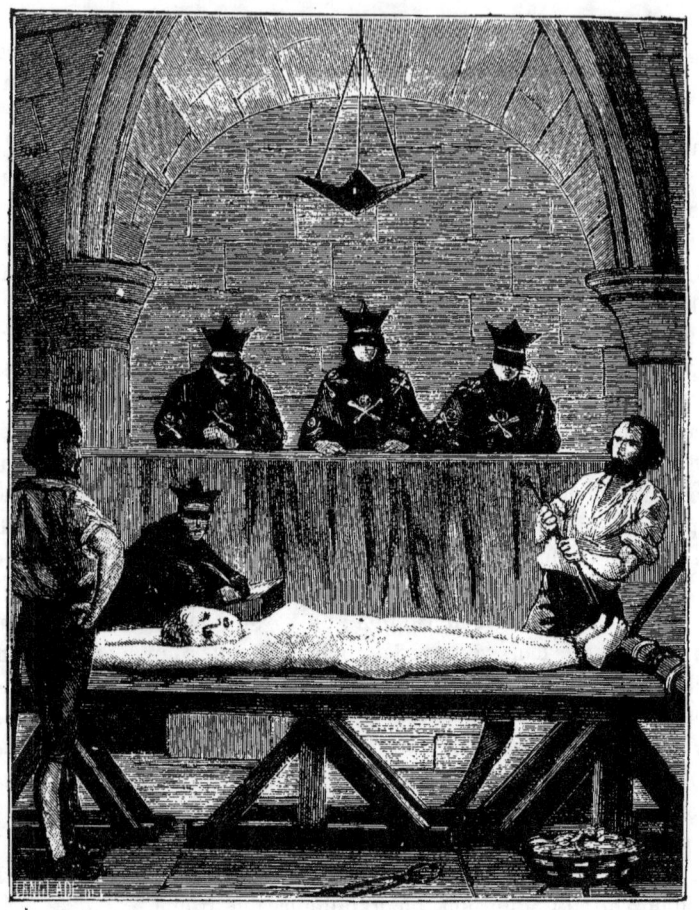

Héléna devant le tribunal de l'Inquisition, à Rome.

Héléna, dédaignant de lui répondre, lança un regard de mépris à son bourreau.

Celui-ci, indigné de la persistance de sa victime à ne pas accepter ses propositions infâmes, dit aux membres du tribunal :

— Cette pécheresse, endurcie et pervertie, refuse toujours de confesser ses crimes ; je crois qu'il est utile de continuer de lui appliquer le supplice du banc.

Les trois tortionnaires inclinèrent la tête en signe d'assentiment. Sur l'ordre du prélat, le bourreau fit continuer le supplice par ses aides, ces derniers firent de nouveau grincer les treuils et enrouler les cordes, les membres de la patiente furent tendus avec force, ses muscles et ses nerfs craquèrent, ses yeux se fermèrent, et cette fois son épuisement était si grand, sa douleur si violente qu'elle n'eut pas même la force de crier ; elle s'évanouit une seconde fois.

L'exécuteur des hautes œuvres s'approcha alors d'elle, l'examina attentivement, lui tâta le pouls et dit :

— Cette personne ne pourrait pas supporter plus longtemps la torture sans succomber ; je vous engage à ne pas continuer le supplice, si vous ne voulez pas la tuer.

Le cardinal, à cette déclaration, ne put pas dissimuler un mouvement de mécontentement. Cet homme débauché et cruel ne voyait pas sans un vif regret sa malheureuse victime lui échapper pour cette fois. Le spectacle de cette belle jeune femme nue, attachée sur son banc de supplice, les membres tendus par les cordes, était pour cet infâme prélat libidineux d'un grand attrait. Il ne pouvait détacher sa vue de ce corps de femme qu'on aurait pu croire taillé dans un marbre antique par le ciseau de Phidias ; aussi ne pouvant se décider à quitter sa victime dont il rêvait toujours la possession, il la suivit dans son cachot où il la fit transporter évanouie dans l'espoir d'accomplir sur elle l'infâme attentat qu'il préméditait depuis longtemps.

Environ une demi-heure après, quand la malheureuse victime revint de son évanouissement, elle était dans son cabanon froid et humide plongée dans une obscurité profonde ; seulement, à sa grande surprise, au lieu d'être étendue sur sa paille pourrie, elle s'aperçut qu'elle était couchée sur un lit confortable et enveloppée dans des draps et de chaudes couvertures.

Elle ne revenait pas de sa surprise, et cette amélioration l'étonna beaucoup ; cependant elle se l'expliqua en supposant qu'on lui avait donné un lit à cause de l'état de souffrance que lui avait occasionné la torture à laquelle elle avait été soumise ; cette raison lui sembla toute naturelle, lorsque tout à coup elle vit ouvrir sa porte, et bientôt le cardinal fit son entrée dans sa cellule souterraine. Ce dernier lui dit alors d'un ton moqueur :

— Bonjour, ma belle, comment vous trouvez-vous, maintenant ? je vois avec plaisir que vous êtes revenue de votre évanouissement. Je vous ai entendu remuer et je suis entré pour m'informer de l'état de votre précieuse santé.

Héléna ne répondit pas à ce sarcasme grossier.

— Il paraît, ma belle dame, continua le cardinal, que vous me conservez rancune, que vous me gardez rigueur et que vous avez juré de me priver du plaisir d'entendre votre douce voix. Eh bien, je vais vous raconter un petit détail qui, je l'espère, vous déliera la langue.

Il y a une demi-heure environ, quand on vous a apportée ici évanouie, je suis venu avec vous, ne voulant confier à personne le soin de veiller sur votre charmante personne. Lorsque vous fûtes mollement étendue dans le lit que j'avais fait préparer ici pendant votre absence, dans la prévision de ce qui allait arriver, je renvoyais tout les geôliers, nous restâmes seuls et je m'assis à votre chevet et je veillai sur vous. La lampe que j'avais fait suspendre au-dessus de votre tête répandait une douce clarté sous la voûte sombre de votre cachot et vous caressait de ses tendres rayons ; vous étiez belle, mais belle ! comme je vous avais rêvée la première fois que je vous avais vue ; vos longs cheveux noirs tombaient en flots épais sur vos épaules blanches et polies, vos grands yeux étaient fermés, et votre front si pur malgré sa pâleur était d'un grand charme et d'une grande beauté, votre bouche mi-close murmurait tout doucement des mots que je ne pouvais entendre et attirait mes baisers ; vos lèvres tendres comme des fraises étaient à croquer, votre sein de neige montait et descendait comme un flot mouvant cherchant les baisers de la rive, mille autres appas s'étalaient à mes yeux et semblaient m'inviter à leur faire fête ; or, quoique cardinal et ministre, je ne suis pas un saint, mais bien un homme qui vous aime, vous le savez, Héléna. Moins vertueux que saint Antoine, je ne résistais pas à la tentation, je fus heureux, mais heureux d'un bonheur ineffable ! Votre évanouissement était si profond que vous ne vous aperçûtes même pas de mon bonheur. Au bout d'un quart d'heure, lorsque je sentis que votre cœur commençait à battre plus fort et que je vis que vous alliez reprendre connaissance, je jugeais prudent de mettre une porte solide entre vous et moi, car je redoutais à votre réveil l'expression de votre reconnaissance ; j'abandonnais donc bien à regret votre couche voluptueuse sur laquelle je venais de goûter dans vos bras de si vifs plaisirs ; mais j'attendais patiemment ici que vous soyez réveillée, afin de vous exprimer toute ma reconnaissance pour le bonheur que vous m'avez procuré.

Maintenant, si vous ne voulez pas consentir à m'accorder à l'avenir de bonne volonté ce que je puis obtenir chaque jour par la force, et ce que je viens de prendre aujourd'hui, chaque fois que je voudrai être heureux dans vos bras, je vous ferai donner la question jusqu'à ce qu'elle vous ait occasionné un profond évanouissement ; alors je vous ferai transporter dans votre chambre, où je resterai seul avec vous pour goûter le plus parfait bonheur dans la plus tendre intimité du plus aimable tête-à-tête.

— Vous êtes un infâme, dit Héléna, d'oser vous rendre coupable d'un pareil attentat, de vous en vanter et de me menacer de le renouveler !

— Comment, ma belle amie, vous osez m'accuser, quand c'est vous qui êtes seule coupable !... car il dépend de vous que ce que vous qualifiez si sévèrement ne soit plus qu'une gracieuse galanterie ; il suffirait pour cela que vous soyez moins cruelle pour moi et que vous m'accordiez de bonne volonté des faveurs que vous m'obligez, bien malgré moi, à prendre de force.

— Raillez-moi, moquez-vous de moi, insultez-moi, après vous être rendu coupable envers moi des plus grands et des plus abominables forfaits ; votre conduite est bien digne d'un scélérat de votre espèce, mais soyez certain que vous n'échapperez pas au châtiment qui vous attend et qui vous frappera bientôt.

— Votre langage m'étonne, ma belle incrédule ; est-ce que la question que je vous ai fait subir aurait déjà eu des fruits salutaires ? est-ce qu'elle vous aurait convertie ? Croyez-vous maintenant aux châtiments providentiels ? Une conversion miraculeuse se serait-elle opérée en vous, depuis que vous êtes captive et que la sainte Inquisition vous a prodigué ses faveurs et ses grâces ? Auriez-vous abandonné les préceptes de l'athéisme ? S'il en est ainsi, sous ce rapport, je suis votre maître, car je crois bien moins que vous en Dieu, surtout en un Dieu providence, qui punit les méchants et qui récompense les bons, car si j'y croyais, je n'oserais pas commettre ce que vous appelez mes crimes, et si j'affiche pompeusement une opinion contraire, c'est par intérêt et non par conviction.

— Je sais tout cela, répliqua Héléna, j'ai toujours cru que vous étiez un profond hypocrite, un fourbe et un imposteur. Quant à moi, je n'ai pas changée, et l'exemple de vos crimes, loin d'ébranler mes convictions si elles étaient susceptibles de l'être, n'aurait fait au contraire que de les fortifier ; car s'il y avait un Dieu, il ne permettrait pas que des misérables de votre espèce puissent accomplir des crimes comme les vôtres, et vous êtes le meilleur argument que l'on puisse invoquer contre l'existence de la divinité. Mais tout en ne croyant pas en Dieu, la raison m'enseigne que tous les crimes portent en eux et avec eux leur châtiment, parce qu'ils sont des violations de la justice, du droit et de l'ordre naturel, et qu'ils produisent nécessairement des perturbations, des accidents funestes dont sont victimes, tôt ou tard, ceux qui s'en sont rendus coupables. Voilà pourquoi j'ai la conviction profonde que vous expierez un jour vos crimes.

— Votre simplicité me fait pitié, ma belle Héléna, apprenez qu'il n'y a ni crime, ni vertu, ni châtiment, ni récompense, ni juste, ni injuste, ni bien, ni mal, ni bon, ni mauvais, ni innocents, ni coupables. Il n'y a qu'un droit : la force ; des gens qui jouissent comme moi ou qui souffrent comme vous. Je ris de ce que vous appelez la justice supérieure, inexorable, je la mets au défi de m'atteindre jamais !

— Eh bien, moi, répondit Héléna, je suis persuadée du contraire, j'ai la conviction profonde que le jour de votre châtiment et de celui de la papauté approche. Pie IX sera le dernier pape souverain temporel, en attendant la disparition complète de la papauté.

— Franchement, Madame, vous me faites pitié avec vos prédictions à la Cassandre, et je vous invite généreusement à méditer sur votre position présente et sur la proposition que je vous ai faite, cela vaudrait mieux et ce serait un plus sûr moyen de remédier à vos maux.

Maintenant, adieu ; je reviendrai demain voir si la nuit vous aura porté conseil et si vous serez à la fin revenue à de meilleurs sentiments à mon égard ; car, dans le cas contraire, je serais obligé de vous faire donner encore un peu de torture et de vous accompagner après ici, quand vous serez évanouie, afin de passer encore quelques instants de douce intimité avec vous, et il en sera ainsi aussi longtemps que vous me résisterez.

En disant ces derniers mots, le cardinal sortit, laissant la prisonnière en proie aux plus sombres idées et au plus profond désespoir. Elle resta longtemps assise sur son lit, la tête dans ses deux mains, abîmée dans ses tristes pensées, songeant au malheur qui l'accablait, aux violences, à la torture et aux outrages dont elle avait été la victime, et réfléchissant aussi au sort affreux qui l'attendait le lendemain et les jours suivants. Elle se croyait déjà étendue de nouveau sur le chevalet fatal, soumise à la torture, elle sentait ses membres se disloquer, une profonde douleur s'emparait de son âme, de grosses larmes coulaient de ses yeux, et elle ne voyait d'autre issue à ses maux que la mort. Mais, hélas! pensa-t-elle : quelles tortures, quelles souffrances et quelles angoisses ne devait-elle pas encore endurer avant que cette dernière ne vînt la délivrer!

Cependant, peu à peu la fatigue fut plus forte que la surexcitation fébrile qui la tenait éveillée : elle s'assoupit d'abord et finit par s'endormir tout à fait. Toute la nuit elle eut des rêves affreux, d'épouvantables cauchemars qui la tourmentèrent et la torturèrent jusqu'au lendemain.

Le cardinal Antonelli était rentré dans son palais, mais malgré tout le luxe et toute la somptuosité qui l'entouraient et au milieu desquels il vivait, il passa, lui aussi, une bien mauvaise nuit, très agitée; les prophéties d'Héléna sur le châtiment qui l'attendait, sur la chute prochaine de la papauté, le tourmentaient. Il avait rêvé que la prisonnière s'était évadée et qu'elle était allée rejoindre son frère, que ce dernier avait juré de venger sa sœur. Il tremblait que ses menaces et ses projets de justes représailles ne se réalisassent bientôt.

Le lendemain matin, il se leva de bonne heure pour se soustraire aux tristes pressentiments qui l'obsédaient, et, après déjeuner, il se rendit à la prison du Saint-Office pour voir si sa prisonnière y était encore, et pour s'assurer que sa proie ne pouvait pas lui échapper.

Lorsqu'il entra dans la cellule de cette dernière, il éprouva une vive satisfaction en la retrouvant, toujours enchaînée, dans son cachot. Le geôlier qui avait accompagné le prélat, avant de se retirer, ainsi qu'il en avait l'habitude, suspendit sa lanterne dans un angle de la cellule et laissa, ainsi que la chose lui avait été commandée, le cardinal seul avec la prisonnière.

Cette dernière était, comme elle en avait l'habitude, assise sur le bord de son lit, plongée dans une obscurité profonde. La lumière lui causa d'abord un éblouissement de courte durée; mais ses yeux s'y habituèrent bientôt, et elle aperçut son visiteur blotti dans l'angle de la porte et qui la contemplait.

Héléna, après les fatigues, les souffrances et les tortures des jours précédents était d'une pâleur extrême, ses traits amaigris avaient conservé toute leur pureté et toute leur beauté régulière, ses beaux yeux lançaient des éclairs et brillaient d'un éclat maladif sur son pâle visage qu'encadrait sa longue et épaisse chevelure qui noyait, dans son flot d'ombre, ses épaules de statue grecque. Sa rude jupe de bure emprisonnait dans ses plis grossiers ses hanches délicates meurtries par la chaîne cadenassée autour de sa taille fine; sa jupe un peu courte laissait voir deux jambes admirables, de beaux mollets, des chevilles fines et des petits pieds d'enfants qui se balançaient à quelques pouces du sol humide.

Lorsque la porte de son cachot s'était ouverte, la belle captive, avec cet instinct qui n'abandonne jamais les jeunes femmes, avait immédiatement rajusté sa robe de la manière la plus convenable; elle avait jeté un petit châle sur ses épaules et sur sa gorge à moitié nues, et cherché à donner à sa physionomie le calme le plus apparent qui lui fut possible. Mais malheureusement, malgré toutes ses précautions, sa figure et toute sa personne trahissaient les cruelles souffrances et toutes les anxiétés de son âme.

Le cardinal, dès qu'il fut entré dans la cellule de sa prisonnière, contempla cette dernière avec l'œil brillant et le regard perçant de l'oiseau de proie couvant ou dévorant sa victime.

— Je suis venu vous voir, Madame, lui dit le prélat, dans l'espérance que vous me traiterez aujourd'hui avec moins de rigueur?

A ces mots, dits d'un ton cynique et railleur, Héléna regarda l'Eminence avec dédain et mépris, elle se contenta de hausser légèrement ses belles épaules.

— Voyons, madame, soyez raisonnable et ne me forcez pas encore aujourd'hui à employer les petits moyens coërcitifs que vous connaissez, et qui me réussissent si bien, pour triompher de vos rigueurs.

— Misérable! dit Héléna, en sautant au bas de son lit et en s'avançant de toute la longueur de sa chaîne du côté du cardinal, viendrez-vous donc toujours m'outrager, me menacer et me torturer? quand donc serai-je débarrassée de votre présence?

— Ce sera, ma cruelle, selon votre prophétie, quand je recevrai le juste châtiment de mes crimes; mais j'espère que cela n'arrivera pas de sitôt.

— Je crois que vous vous trompez et que si vous ne vous hâtez pas de mettre bientôt un terme à mon supplice, en me faisant expirer dans les tortures, je pourrais bien vous échapper dans peu de temps.

— Vous vous faites d'étranges illusions sur votre situation, vous êtes en mon pouvoir et vous le serez aussi longtemps que cela me sera agréable. N'espérez même pas que je vous fasse succomber dans les supplices. Non, je vous aime trop pour cela, vous resterez longtemps ma prisonnière et vous continuerez d'être à moi après chaque torture que je vous ferai subir. Plus je vous aimerai, plus je vous torturerai. Qui aime bien, torture bien, telle est ma devise pour vous. Je brave ici en paix votre justice supérieure, et le châtiment dont vous me menacez; je mets le monde au défi de me ravir ma belle prisonnière. Qui osera jamais venir ici vous arracher à mon amour?

En disant ces mots, le cardinal, entraîné par sa passion, s'avança de quelques pas auprès de sa prisonnière; cette dernière, voyant son bourreau à la portée de ses mains, se précipita sur lui et le saisit par la jupe de sa robe rouge en lui disant :

Sa face pâle, ses grands yeux, son beau front en faisaient un très joli dominicain, à l'air ascétique et inspiré.

— Oh! scélérat, en attendant que tu me supplicies de nouveau, je vais te faire expier tes crimes.

Le cardinal, éperdu de frayeur en se sentant saisi par la jeune femme, se précipita du côté de la porte en criant de toutes ses forces :

— Au secours! au secours!

Le geôlier accourut aussitôt et aida le prélat à se dégager des mains de la prisonnière, qui n'eût pas le temps de lui faire aucun mal.

Dès qu'il fut libre, le féroce et lâche Antonelli dit au geôlier :

— Faites conduire de suite cette femme dans la chambre des tortures. »

35ᵉ LIVRAISON.   LIBRAIRIE POPULAIRE.

Et il s'empressa de disparaître avec le gardien. Un moment après, ce dernier revint en compagnie de deux soldats du Saint-Office auxquels il remit la prisonnière qui disparut bientôt avec eux dans les corridors tortueux des prisons pontificales. Arrivés devant la porte d'une cellule vide, les deux militaires poussèrent la jeune femme dedans et fermèrent la porte.

Héléna, lorsqu'elle fut seule avec eux, les regarda avec étonnement.

— Ne nous reconnaissez-vous pas, signora ? dit l'un d'eux en ôtant son casque.

— Non, répondit la captive.

— Et moi, me reconnaissez-vous ? demanda le second soldat.

— Pas davantage, dit Héléna.

— Eh bien ! nous sommes Rudio et Pianori, dirent les deux hommes à voix basse.

— Comment, vous ici ? répondit la jeune femme, comment avez-vous pu faire pour y arriver, et dans quel but ?

— Pour vous délivrer, dit Pianori, nous n'avons pas le temps de vous en dire davantage aujourd'hui, nous vous raconterons tout cela une autre fois ; en attendant, voici un costume de dominicain, dépêchez-vous à l'endosser, et une fois que vous en serez revêtue, vous ne risquerez plus rien, vous pourrez sortir d'ici en toute sécurité, on vous prendra pour un inquisiteur, les soldats vous présenteront les armes, les gardiens et les geôliers vous ouvriront les portes. Vous pourrez donc vous évader avec la plus grande facilité.

En disant cela, Pianori défaisait un paquet de hardes, contenant un costume complet de dominicain ; une robe, des sandales, un chapeau, etc...

Les deux faux militaires aidèrent Héléna à se déguiser, ce qui fut bientôt fait.

La jeune femme, sous son nouveau costume, était très bien ; sa face pâle, ses grands yeux, son beau front en faisaient un très joli dominicain à l'air ascétique et inspiré.

— Vous êtes méconnaissable comme cela, sortez vite. S'il vous arrivait quelques difficultés avec quelques personnes, donnez-leur de suite la bénédiction, et pendant qu'elles s'agenouilleront, continuez votre route. Une fois arrivée sur la place, devant la prison, vous verrez une voiture, vous direz au cocher : *Sic semper tyrannis*. Ce sont les mots de reconnaissance convenus, et vous monterez dans la voiture, le conducteur est un des nôtres, il vous conduira en lieu sûr et vous serez sauvée.

— Très bien, répondit Héléna en finissant de se costumer en dominicain, et vous, qu'allez vous devenir ?

— Ne vous inquiétez pas de nous, nous serons sortis d'ici en même temps que vous ; nous vous retrouverons ce soir, et demain nous serons tous embarqués pour l'Angleterre.

— A merveille, dit Héléna, je vais exécuter vos ordres, et à ce soir. En disant ces mots, le dominicain improvisé serra la main de ses deux libérateurs, et sortit de la cellule, son capuchon enfoncé sur ses yeux, les mains croisées sur la croix rouge des inquisiteurs en murmurant des oremus.

Elle n'avait pas fait vingt pas dans le corridor quand elle rencontra le cardinal Antonelli se rendant en toute hâte au saint tribunal de l'Inquisition, pour assister à sa torture.

Quand elle vit ce misérable, tout son sang lui reflua au cœur, qui battit à se rompre. Si elle eut eu un poignard, elle se fut certainement fait justice en tuant ce bandit ; mais, heureusement pour lui et pour elle, elle n'en avait pas, car si elle eut frappé ce misérable prélat, on s'en fut sans doute aperçu, et elle aurait été arrêtée. Il était donc bien heureux qu'elle ne fut pas armée et qu'elle ajournât sa vengeance.

Lorsqu'elle passa devant son Eminence, elle s'inclina très profondément ; mais le prince de l'Église, très préoccupé, daigna à peine rendre le salut au dominicain, et continua rapidement sa route. Le faux moine en fit autant et ne tarda pas à disparaître dans les sombres couloirs du saint-office.

Lorsque le cardinal arriva dans la salle de la torture, les membres du tribunal de l'Inquisition, attendaient la patiente qui n'était pas encore arrivée ; le cardinal fut bien surpris de ce contretemps, et il envoya un sbire s'informer auprès du geôlier du motif du retard survenu dans la comparution de la prisonnière. Il lui fut répondu par celui-ci que cette dernière était partie depuis longtemps en compagnie de deux soldats, et que, depuis, on n'avait plus eu de ses nouvelles. Quand monseigneur Antonelli apprit cela, il entra dans une grande colère, lança des espions et des gendarmes pontificaux dans toutes les directions, et fit fouiller partout la prison de l'Inquisition, mais ce fut une peine inutile, on ne trouva pas trace de la fugitive.

On pourrait difficilement s'imaginer quelle fut la fureur de son Éminence lorsqu'elle eut la certitude, après deux grandes heures d'attente inutile, de l'évasion de sa prisonnière, de la dame de ses pensées sur le corps de laquelle il espérait continuer à satisfaire ses sales voluptés. Il donna l'ordre qu'on lui amenât les deux familiers du saint-office à qui le geôlier avait remis la prisonnière, mais personne ne put les retrouver.

Le geôlier fut accusé d'être complice de l'évasion de la prisonnière et de l'avoir remise à de faux familiers de l'Inquisition ; il fut arrêté et jeté dans un cachot en attendant qu'il fût condamné au bagne sans même être entendu. Quant à Héléna, Rudio et Pianori, nous reverrons plus tard ce qu'ils sont devenus.

En attendant, nous allons retourner à Paris, à l'Élysée, où nous retrouverons les principaux héros de notre œuvre que nous avons été forcé d'abandonner dans les deux derniers chapitres dans l'intérêt et pour les besoins de nos récits.

VIII

Sommaire. — Les conspiratrices bonapartistes multiplient leurs séductions pour capter des adhérents en faveur de la conspiration impériale. — Un colonel d'antichambre et d'alcôve. — Comment on fait des généraux. — Embauchage et corruption de l'armée. — La mission de Fleury. — Moyen honnête de s'assurer le concours d'un officier véreux. — Pourvoyeur et suborneur. — Mademoiselle Célina à l'Elysée. — Accueil qui lui est fait par M. Bacciochi. — Châtiment bien mérité qu'il reçoit. Arrivée de M. Fleury auprès de mademoiselle Célina. — Il veut prélever le droit du seigneur sur la jeune visiteuse par la force. — Il est désarmé par elle, conduit prisonnier chez le prince. — Ce dernier rit beaucoup de la mésaventure de son pourvoyeur. — Mademoiselle Célina passe la nuit à l'Elysée. — Elle s'aperçoit le lendemain que sur dix mille francs que Fleury devait lui remettre, l'entremetteur en a volé cinq mille. — La représentation du lendemain. — La séduisante Célina se surpasse. — Louis-Napoléon Bonaparte lui fait demander une seconde nuit d'amour. — Elle la lui refuse. — Inquiétude et dépit du prince. — Nouvelle insistance auprès de la belle. — Réponse de cette dernière. — Le dernier acte. — Les adieux au prince charmant. — La crise hystérique de Louis-Napoléon Bonaparte ; quelle en est la cause. — On lui amène deux femmes de la rue Rameau pour calmer sa crise. — Le prince les repousse. — Il appelle l'objet de sa flamme. — Le lendemain le prince va mieux. — Célina invite tous ses collègues du théâtre à souper. — Singulière histoire que leur raconte Célina. — Sa sublime résolution. — Une nuit à l'Elysée. — Sentiment de dégoût et de haine qu'elle lui inspire. — Résolution héroïque. — Rêves d'un avenir meilleur. — Décadence de l'art de la littérature et des mœurs. — Les deux extrémités de l'ordre social. — Singulière similitude. — Etranges prévisions. — Une fille victime de la brutalité de son père. — Le coffret mystérieux. — La fille de la bohémienne et de Louis Bonaparte. — Départ de M. Fleury pour l'Afrique. — Les notes confidentielles du prince. — Le dossier d'un illustre général, complice du prince. — M. Jacques Arnaud-Leroy (dit Saint-Arnaud). — Il est expulsé pour inconduite des gardes-du-corps. — Il change de nom et devient M. de Saint-Arnaud. — Il fabrique des compliments à un franc la ligne. — Les chemises de la brune et de la blonde au mont-de-piété. — M. de Saint Arnaud et la baronne de Pifay se sauvent à Londres pour éviter la police correctionnelle. — Ils tombent dans le *police court*. — Saint-Arnaud revient à Paris pour éviter le *trade mill*. — Ses créanciers l'envoient à Sainte-Pélagie. — Curieuse lettre de M. Saint-Arnaud sur les charmes de la liberté. — Sa sortie de prison. — La révolution de 1830 éclate. — Il rentre dans le service militaire. — Il fait la guerre de Vendée. — Il est geôlier de la duchesse du Berry à Blaye. — Il espionne la princesse pendant son accouchement. — Un second enfant du miracle. — Il ne peut rester dans son régiment. — Il passe à la légion étrangère. — Il est pris la main dans le sac par l'intendant-général Rullière. — Protégé par le maréchal Bugeaud, il obtient de l'avancement. — Il est nommé chef de bataillon. — Il devient lieutenant-colonel, puis colonel, grâce aux services qu'il a rendus au gouvernement en espionnant la duchesse. — Ses dilapidations. — Joyeuse vie. — La prise de Bou-Maza lui vaut le grade de maréchal de camp en 1847. — La révolution de 1848. — Saint-Arnaud à la préfecture de police. — Il offre sa glorieuse épée au gouvernement provisoire. — Il est renvoyé en Afrique, à Orléansville. — Ses nouvelles exactions. — Arrivée de Fleury. — Embauchage de Saint-Arnaud. — Le général Magnan. — Ses rapports de police. — Sa conduite envers Louis Bonaparte en 1846. — Ses dettes. — Il se fait payer par une femme. — Sa conduite louche pendant l'insurrection de Lyon. — Il se sauve en Belgique. — Il reçoit des pots-de-vin des marchands d'hommes. — Il vend deux fois le même mobilier. — Sa conduite à Lyon en 1849 pendant l'insurrection. — Il se vend aux conspirateurs bonapartistes. — Les autres valets et souteneurs des traîtres de décembre en font autant.

Pendant qu'Héléna s'évade des prisons du Saint-Office, que Garibaldi, Orsini, Piéri et les autres défenseurs de la République romaine cherchent à atteindre Venise afin d'aller combattre avec l'intrépide Manin pour la République vénitienne, attaquée par les armées autrichiennes, le président de la République française, continue sa conspiration contre la République et la constitution auxquelles il a juré fidélité.

Durant l'attaque fratricide faite contre la Ville éternelle, les conspirateurs bonapartistes n'avaient pas perdu leur temps. Les complices du prince avaient beaucoup travaillé, les dames surtout s'étaient dévouées pour enflammer le zèle des conspirateurs. On peut dire sans exagération qu'elles s'étaient multipliées pour embaucher et séduire de nouveaux adhérents. Elles avaient prodigué leurs tendres sourires, leurs brûlantes œillades, leurs langoureuses mines, afin de séduire et de captiver de nouveaux adeptes à la cause impériale.

Un conseil fut tenu à ce sujet à l'Élysée sous la présidence du prince président ; MM. de Persigny, de Morny, Fleury, Vieyra, Edgar Ney, les généraux Piat et Montholon, etc., y assistaient.

— Messieurs, leur dit le prince, vous devez avoir compris comme moi ce que l'armée est en droit d'attendre de moi et ce que je dois attendre d'elle. La glorieuse expédition de Rome qu'elle a su mener à bonne fin, grâce à notre concours, nous a prouvé de quoi l'armée était capable : je ne dois cependant pas vous dissimuler que, composé comme il l'est encore, l'état-major général n'offre pas des garanties assez complètes ; les généraux surtout sont à craindre, les plus âgés peuvent manquer d'audace et la grande majorité des plus jeunes figures dans le parlement, nous ne pouvons pas compter sur eux. « Il nous faut faire des généraux » (1).

— Oui, répéta M. de Persigny, cet ardent et infatigable chevalier du napoléonisme, faisons des généraux !

— Et, pour en faire, ajouta le commandant Fleury, il faut faire une expédition en Kabylie ; elle nous fournira les prétextes nécessaires pour donner de l'avancement, des grades et des commandements à nos partisans.

— Vous m'avez compris, Fleury, dit le prince ; et pour vous récompenser de votre perspicacité et de votre zèle, je vous fais colonel ; vous aurez votre brevet avant de partir pour l'Afrique, où j'ai une importante mission à vous confier.

— Prince, je vous remercie et je suis à vos ordres, répondit le nouveau colonel.

— Vous le voyez, Messieurs, comment j'ai fait un colonel ; eh bien, il n'est pas plus difficile de faire des généraux, fit observer le prince, nous en ferons, et beaucoup. Voici ce que j'ai décidé, nous allons organiser une guerre dans la petite Kabylie, dans le but que je vous ai indiqué, « notre brave, brillant et sympathique Fleury va partir immédiatement pour l'Afrique, où il sera chargé d'apprécier les courages, d'évoquer les dévouements, de certifier les espérances ; sa mission ne sera ni longue ni pénible ; généraux de division ou de brigade, colonels, lieutenants-colonels, aucun de ceux à qui son entraînante parole peindra les dangers du pays, n'aura besoin d'être convaincu ; tous ont une égale horreur du parlementarisme et du socialisme, qui dissolvent avec une égale rapidité l'honneur militaire, la foi au drapeau et l'obéissance aux consignes. »

— Vous avez raison, prince, dit le général Piat, « un officier qui discute ses ordres est presque toujours un homme médiocre, parce qu'il manque du sentiment le plus impérieux et le plus constitutif de l'intelligence du soldat : le devoir ;

---

(1) Nous le répétons, tous les passages guillemetés que nous mettons dans la bouche de nos personnages ont été prononcés par eux et sont textuels.

s'il a quelque valeur d'esprit ou de services, cet officier est pire encore, c'est un traître ou un ambitieux prêt à le devenir. Les exemples abondent. Pour le soldat, le principe est encore plus rigoureux, parce qu'il est plus applicable. Ce qui a fait la discipline de notre armée et par conséquent sa gloire, *c'est qu'en dépit de la civilisation, des journaux et des livres, elle n'a jamais eu des idées, mais des instincts; elle aime ou elle hait carrément, complètement jusqu'à la mort, jusqu'à la frénésie, mais sans calcul, sans restriction et surtout sans phrases.* »

— L'Empire l'a bien prouvé, exclama le général de Montholon, enthousiasmé. Napoléon dut ses victoires miraculeuses autant peut-être à l'amour farouche, exclusif et superstitieux qui tordait à son nom les entrailles du dernier conscrit, qu'aux combinaisons de son génie et au courage de ses lieutenants.

— « Oui, Messieurs, répondit le prince, c'est ainsi que l'armée doit être aujourd'hui; elle a été un peu envahie, un peu gangrénée par le parlementarisme, par les généraux avocats, c'est pour cela que quelques bonnes mesures sont nécessaires; nous ferons donc, comme je vous l'ai dit, des généraux; c'est ainsi que les cadets deviendront les aînés. » Voici une liste de quelques-uns des officiers de l'armée que j'ai honorés et que je crois dignes de ma confiance et de mes faveurs. En disant cela, Louis-Napoléon Bonaparte prit un papier qu'il déploya lentement et lut les noms suivants : — « Saint-Arnaud, Magnan, Canrobert, Forey, Espinasse, De Cotte, Marulaz, Rochefort, Feray, d'Allonville, Garderens de Boisse, de Lourmel, Herbillon, Dulac, Courtigis et quelques autres. »

A la lecture de ces noms, de nombreux applaudissements les saluèrent, et ce fut M. Fialin de Persigny qui répondit au président.

— Prince, lui dit-il, je me voue avec enthousiasme à la réalisation de votre œuvre de génie, car elle assurera notre succès; avec le concours des officiers dont vous venez de citer les noms, notre tâche deviendra facile. Il ne s'agit donc pour nous que d'évoquer, ainsi que vous l'avez si judicieusement dit, de susciter, d'encourager les dévouements; ce sera à vous, prince, d'en profiter et de les récompenser. Nous nous mettons tous à vos ordres pour l'accomplissement de votre idée sublime.

— Très-bien, mes chers et fidèles amis, répliqua le prince, je n'attendais pas moins de votre dévouement à toute épreuve. Dès demain, le colonel Fleury partira pour l'Afrique, dont il est chargé; quant à vous, mon cher Persigny, je vous charge de tâter les dévouements de l'armée en France; il vous reste, comme vous le voyez, une belle tâche à accomplir; j'espère que tous nos amis ici présents vous prêteront leur concours le plus empressé et le plus efficace afin de vous en faciliter l'accomplissement et de vous permettre de la mener à bonne fin.

Tous les complices du prince s'empressèrent d'approuver ses paroles et de se mettre à ses ordres et à ceux de M. Fialin pour exécuter l'œuvre de suborneurs et d'embaucheurs de l'armée au profit de la conjuration impériale qui se tramait contre la république.

Après cette courte mais décisive conférence, dans laquelle Louis-Napoléon Bonaparte avait proposé et fait adopter à ses complices de corrompre, de suborner l'armée et de l'embaucher dans son complot contre la république, il congédia ses invités à l'exception de Fleury, avec lequel il avait besoin de causer plus particulièrement au sujet des instructions qu'il avait à lui donner pour la mission spéciale dont il le chargeait en Afrique.

Tous les confidents du prince sortirent, et ce dernier resta seul avec Fleury.

— Ainsi, c'est entendu, vous partirez demain pour l'Afrique. Voici mes instructions et mes pouvoirs pour traiter avec les officiers auprès desquels je vous accrédite. Vous verrez tout d'abord le général Saint-Arnaud ; je compte beaucoup sur lui : c'est un homme déterminé, capable de tout, je connais son passé, je me suis fait remettre copie de son dossier ; je la joins à mes instructions, vous en prendrez connaissance en route, car il est nécessaire que vous sachiez à quoi vous en tenir sur l'homme auquel je vous adresse. Si, contre mon attente, le général Saint-Arnaud refusait d'écouter les ouvertures et les propositions que vous êtes chargé de lui faire de ma part et de nous accorder son concours, voici une petite note que je vous autorise à lui communiquer et qui le décidera.

Après avoir dit ces mots, Louis-Napoléon Bonaparte lut la petite note suivante à son confident :

« M. Le Roy de Saint-Arnaud, colonel du 53° de ligne et commandant la subdivision d'Orléansville, menait un train de Sardanapale, quoique le cinquième de ses appointements fut toujours retenu pour dettes.

« Un sous-lieutenant du 53° de ligne détaché au bureau arabe d'Orléansville a dénoncé par écrit au gouverneur général le colonel Saint-Arnaud, comme coupable d'avoir détourné à son profit des sommes considérables provenant des contributions arabes de la subdivision, et s'élevant à 80 ou 100 mille francs?

« Cette plainte a été transmise au gouverneur général Levasseur, commandant la division d'Alger, avec ordre d'examiner.

« Le sous-lieutenant dénonciateur, appelé à Alger, avait été enfermé au fort l'Empereur et en était sorti à la suite d'un voyage fait immédiatement à Alger par le colonel Saint-Arnaud qui était parvenu à faire étouffer cette affaire véreuse, quoique les lois militaires exigeassent impérieusement que le sous-lieutenant fût traduit devant un conseil de guerre pour outrage à son chef.

« Tout le monde fut alors scandalisé de voir les poursuites suspendues et l'opinion unanime de toute l'armée d'Afrique était que le jeune sous-lieutenant avait dit toute la vérité, mais que la plainte déposée contre le général Saint-Arnaud avait été étouffée par la haute influence du maréchal Bugeaud, protecteur du colonel Saint-Arnaud depuis que ce dernier avait rendu un grand service à la famille d'Orléans en se faisant le geôlier de la duchesse de Berry à Blaye. »

Après avoir terminé cette lecture, le président de la république dit à son confident :

— Vous direz ensuite au général Saint-Arnaud que, s'il refuse les propositions que vous êtes chargé de lui faire de ma part, j'ai entre les mains toutes les pièces nécessaires pour prouver ses détournements et que je ferais immédiatement recommencer les poursuites interrompues ; qu'au contraire s'il accepte les propositions que vous êtes chargé de lui faire de ma part, et que si les événements que je prépare me sont favorables, il sera ministre de la guerre et maréchal de France et que les millions ne lui manqueront pas. Même pour prévoir le cas d'insuccès, je ferai déposer cent mille francs chez un notaire afin de l'indemniser.

— Prince, dit Fleury, en mettant les instructions du président dans sa poche, il sera inutile de menacer Saint-Arnaud et de déposer les cent mille francs chez un notaire ; nous réussirons, et avec les arguments dont vous me munissez et les promesses que vous lui faites, Saint-Arnaud acceptera, j'en suis certain, je le connais, il n'est pas homme à refuser.

— C'est bien, dit le prince, partez donc demain sans retard.

— Comptez sur moi, prince, je n'y manquerai pas.

Pendant que Fleury disait cela, on frappa discrètement à la porte.

— Peut-on entrer ? dit la voix méridionale de Bacciochi.

— Certainement, répondit Louis-Napoléon-Bonaparte.

— Monsieur Fleury, dit le cousin du président, la petite Célina vous attend depuis une demi-heure au moins ; j'ai employé tous les moyens pour la faire patienter, mais elle ne veut plus m'écouter et elle menace de s'en aller.

— Ne la laisse pas partir, dit Louis Bonaparte, dis-lui qu'on va la recevoir de suite.

Et, s'adressant à son confident Fleury, pendant que Bacciochi disparaissait, le prince dit au nouveau colonel :

— Je vous remercie beaucoup, mon cher Fleury, de m'avoir amené la jeune Célina, ainsi que vous me l'aviez promis ; cette jeune danseuse est charmante, pleine d'avenir ; elle a des mouvements de hanches qui me donnent le délire et des yeux qui me font tourner la tête ; quand je pense à elle, l'eau me vient à la bouche. Tenez, voilà les dix mille francs convenus, c'est un peu cher, mais puisqu'elle est exigeante et que je serai le premier, depuis son arrivée à Paris, il faut payer le prix.

Le prince, en disant ces mots, remit dix billets de mille francs à son pourvoyeur. Ce dernier les prit, les mit dans sa poche et sortit en se disant à lui-même :

— Le prince ne sera pas le premier, comme il l'espérait ; car si Bacciochi l'a gardée près de lui une demi heure et l'a introduite, ce n'est pas pour rien, je le connais.

— Monseigneur, je vous amène un officier félon, qui ne sait pas respecter les dames et se laisse désarmer par elles !

Tout en faisant ses réflexions, il arriva dans l'autre pièce, auprès du signor Bacciochi qui lui dit :

— Venez vite, car, comme je vous l'ai dit, la petite s'impatiente. — Et le cousin du prince introduisit le colonel dans un joli petit cabinet tout capitonné de velours dans lequel Mlle Célina l'attendait, assise nonchalemment sur un sofa.

Cette demoiselle ressemblait à une jeune Espagnole, très précoce, ayant à peine vingt ans, d'une beauté incomparable ; elle était faite au tour, bien modelée et d'une carnation admirable ; c'était un beau fruit, mûri sous le soleil brûlant de Grenade, qui brillait de tout son éclat sous les feux du lustre.

Cette jeune ballerine chante encore beaucoup mieux qu'elle ne danse, c'est un rossignol avec les jambes et le corps d'une bayadère; son talent de comédienne égale aussi sa grâce, sa beauté et sa voix mélodieuse. Cette jeune merveille, véritable prodige de talent et de précocité, est bien connue en Europe, elle a été admirée et applaudie dans la plupart des capitales; elle exécute admirablement les danses de caractères, les polkas, les mazurkas et les danses espagnoles en s'accompagnant des castagnettes et même du tambourin. Il serait difficile d'admirer un être plus gracieux que ce jeune prodige de l'art et de la nature; tous ses mouvements sont d'une harmonie inimitable; ses gestes, d'une grâce indescriptible; son sourire enivrant distille la séduction, ses poses de tigresses font courir un frisson dans les veines, et ses ondulations de couleuvre vous fascinent; ses grands yeux noirs, ombragés de longs cils, vous brûlent d'une flamme enivrante et vous inondent d'un fluide voluptueux; ses jambes ravissantes ne peuvent être contemplées sans exciter les plus ardents désirs; sa taille cambrée, souple, mouvementée, gracieuse, voluptueuse donne un véritable vertige si on veut la suivre dans les ondulations de la valse. Certainement, les bayadères des Indes que l'on ne peut admirer impunément, sont moins fascinantes qu'elle. Aussi le volupteux fils d'Hortense ne pût-il la voir impunément la première fois qu'elle apparut sur notre scène. C'était en 1848, il avait alors envoyé auprès d'elle un de ses fidèles mercures galants qui lui remit un riche présent, ainsi qu'à celle qui lui servait de respectable mère, une vieille duègne espagnole; celle-ci parut beaucoup plus sensible que sa prétendue fille aux présents du prince, qui en fit promettre d'autres si la jeune ballerine voulait combler ses vœux. La maman fît donc discrètement espérer au prétendant impérial le bonheur qu'il sollicitait pour le lendemain. Ce dernier se rendit une seconde fois au théâtre, plein d'espérance et d'amour, pour entendre et admirer encore le jeune phénix qui avait fait une si grande impression sur ses sens. Il attendit dans sa loge, avec la plus grande anxiété, la réponse de celle dont la vue augmenta encore des désirs qu'il ayait peine à contenir et que la représentation poussa à leur paroxysme. Quand cette dernière fut terminée, la jeune danseuse, à qui le prince n'avait pas le bonheur de plaire, s'avança sur le bord de la scène où elle avait été rappelée par les applaudissements des spectateurs enthousiasmés de son talent, et au milieu desquels le prince, très en évidence, applaudissait des deux mains plus fort que les autres, en dévorant du regard les maillots de la jeune fille. Elle s'avança donc sur le bord de la scène, et, tournant ses grands beaux yeux suppliants vers son soupirant, elle chanta de sa voix fraîche, en l'accompagnant des gestes les plus gracieux, ce vieux refrain de circonstance :

> Je suis une jeune fillette,
> Je ne saurais;
> Je suis encore trop jeunette,
> Et j'en mourrais !

Un tonnerre d'applaudissements et des rires ironiques accueillirent ce couplet, dont l'allusion fut comprise par un grand nombre de spectateurs, qui connaissaient la passion du prétendant à la couronne impériale pour la jeune cantatrice.

Ce dernier, dissimulant mal son dépit, quitta le spectacle, furieux, et rentra chez lui en proie à un véritable accès de rage hystérique.

Il s'était, depuis cette époque, dédommagé avec beaucoup d'autres, des rigueurs juvéniles de la jeune Célina qui avait alors quitté Paris pour continuer ses représentations dans toute l'Europe. Il s'était écoulé deux ans depuis la scène que nous venons de raconter, et la jeune femme avait tenu tout ce que la jeune fille avait promis.

Mademoiselle Célina était une danseuse hors ligne, une chanteuse admirable et une fillette adorable ; on ne pouvait la voir et l'entendre sans être séduit.

Quant le prince-président l'aperçut de nouveau sur la scène, la veille du jour dont nous parlons, il fut une seconde fois subjugué, enivré ; les mollets, les cuisses, les maillots, les hanches ondulantes, le sourire délirant, le jeu passionné de la belle actrice lui restèrent incrustés dans le cerveau, et sa voix mélodieuse, ses notes perlées, son harmonie empoignante résonnèrent longtemps à ses oreilles. Il chargea son complaisant pourvoyeur de faire de nouvelles démarches auprès de l'objet de ses ardents désirs ; et nous avons vu que cette fois elles avaient eu un plein succès puisque la belle cantatrice était dans les petits appartements du prince.

Lorsque Fleury fut seul auprès d'elle, la belle Célina l'accueillit par une très jolie moue.

— Eh bien, Monsieur, vous êtes gentil, et surtout bien exact, permettez-moi de vous en faire mon compliment ; voilà plus d'une demi-heure que je vous attends ici.

— Pardonnez-moi, Mademoiselle, croyez que si je ne suis pas accouru plus tôt près de vous, ce n'est pas de ma faute ; Bacciochi vient seulement de m'informer de votre présence ici ; si j'avais su que vous m'attendiez, il y a longtemps que je serais venu.

— Quel horreur d'homme que votre signor Bacciochi ! où donc a-t-il été élevé ?

— Dans les maquis de la Corse... Pourquoi, belle demoiselle ?

— Parce que je ne voudrais pas le rencontrer au coin d'un bois.

— Et pour quelle raison, s'il vous plaît, ma belle enfant ?

— Parce que cet homme est effrayant avec sa figure de singe et ses allures de satyre.

— Ah ! je comprends, dit Fleury en riant. Bacciochi a sans doute agi envers vous comme il en a contracté l'habitude avec toutes les jolies visiteuses qui viennent ici.

— Oui, mais je l'ai traité comme il le méritait. Ce malotru, malgré mon refus d'accéder à ses désirs, devenait de plus en plus insolent et très entreprenant ;

je lui ai alors administré un bon soufflet, et comme il n'est pas très solide sur ses jambes, il a roulé par terre en criant comme un perdu. Je l'ai mis ensuite à la porte en lui donnant cinq minutes pour aller vous chercher et en le prévenant que ce délai passé je partirais. C'est alors seulement qu'il s'est décidé à vous dire que je vous attendais ; sans cela je crois qu'il m'aurait fait coucher ici.

— Parbleu ! il ne demandait que cela, à condition qu'il vous tiendrait compagnie.

— Quelle horreur ! Vous me faites frémir, rien que d'y penser, dit la jeune femme avec un accent et un geste de dégoût.

— Veuillez me pardonner, Mademoiselle, dit le galant et brillant Fleury, en s'avançant auprès de la jolie actrice ; je regrette beaucoup ce fâcheux incident, je n'ai pas eu le temps de venir plus tôt ; sans cela j'aurais eu moi-même le plaisir de vous recevoir.

— Et de me témoigner la même galanterie que votre signor corse ? répliqua la jeune femme en interrompant l'aimable officier.

— La même galanterie... non, Mademoiselle, certainement pas une galanterie des maquis corses, dans lesquels je ne suis jamais allé, mais la galanterie toute parisienne qu'un cavalier comme moi s'empresse toujours de témoigner à une charmante et aussi irrésistible personne que vous, lorsqu'il a la bonne fortune de se trouver en tête-à-tête avec elle, dans un joli boudoir comme celui-ci.

— Mais, vous n'y pensez pas, Monsieur ?

— Si, au contraire, j'y pense beaucoup.

Et, en disant ces mots, l'entreprenant officier poussa le verrou de la porte d'entrée et passa son bras autour de la taille de la jolie visiteuse.

— Ah ! qu'allez-vous faire ? si le prince s'en apercevait, s'il allait venir, que dirait-il ?

— Il ne dira rien, il ne saura rien, il ne viendra pas ; tenez, voici 10 billets de *mille* dans ce petit portefeuille de la part du prince, mettez-les dans votre poche, et taisez-vous.

M. Fleury voulut alors imiter l'exemple du signor Bacciochi et prélever à l'aide de la force le droit du seigneur. Mais la jeune actrice n'était pas femme à supporter impunément qu'on essayât de lui faire violence ; aussi, s'emparant prestement de la poignée de l'épée que le colonel avait au côté, elle tira rapidement la lame du fourreau, se dégageant en même temps de l'étreinte de l'officier ; elle se recula rapidement du côté de la porte qu'elle ouvrit en disant au colonel :

— Maintenant, monsieur, veuillez sortir d'ici, marcher devant moi et me conduire auprès du président, je serai votre escorte d'honneur.

En disant ces mots, la jeune femme se plaça en dehors de la porte, l'épée nue à la main pendant que Fleury sortait ; dès qu'il fût dehors, elle se mit derrière lui, toujours armée et lui dit d'un ton de commandement :

— En avant, marche, chez le prince ! et si vous n'obéissez pas, je vous passe votre épée au travers du corps.

M. Fleury craignant sans doute que la jeune femme n'exécutât sa menace, se mit aussitôt à marcher devant elle, Célina lui emboîta le pas et le suivit. Arrivée chez le prince avec son prisonnier, elle lui dit :

— Monseigneur, je vous amène un officier félon qui vous a trahi, un grossier manant qui ne sait pas respecter les dames et qui se laisse désarmer par une d'elles, après avoir voulu user de violence. Voici son épée qu'il est indigne de porter. Veuillez donc le chasser de votre service.

Le prince, qui commençait à comprendre, rit beaucoup de la mésaventure de son cher écuyer. Ce dernier s'empressa de reprendre son épée et de disparaître.

— J'admire, ma belle demoiselle, dit Louis Bonaparte à la charmante actrice, votre héroïsme ; vous êtes aussi courageuse que belle.

Et sans attendre la réponse de la jeune femme, il l'entraîna dans sa chambre à coucher d'où elle parvint à s'échapper. Quand elle fut chez elle, le lendemain, elle examina le portefeuille que Fleury lui avait remis la veille en lui disant qu'il contenait dix mille francs et elle n'en trouva que cinq ; le galant et probe colonel en avait volé la moitié.

— Quels misérables que ces gens de l'Elysée ! pensa Célina, ils ont transformé le palais en un véritable coupe-gorge où l'on ne devrait se hasarder qu'armé jusqu'aux dents. Quant à moi, je n'y remettrai jamais les pieds.

Le lendemain soir, la séduisante Célina jouait dans une représentation donnée à son bénéfice, la salle était comble, la cour de l'Elysée et la ville y assistaient.

Le prince, accompagné de miss Howard, de Persigny, de Morny, de Bacciochi, de mademoiselle de la Moskowa et de la maîtresse de la *Niche à Fidèle* était dans la loge présidentielle. Le bravo Griscelli veillait sur le prince à l'entrée de la loge.

Mademoiselle Célina fut ravissante ; elle se surpassa ; jamais elle n'avait aussi bien dansé, jamais ses pirouettes n'avaient été aussi séduisantes, jamais ses poses aussi gracieuses, jamais ses jambes n'avaient déployé autant d'art ; ses petits pieds mignons ne touchaient la scène que par politesse, ils l'effleuraient à peine ; jamais sylphide n'avait été aussi légère et nymphe plus voluptueuse ; sa taille divine se balançait mollement dans les plus gracieux menuets qui faisaient damner le prince, et sa voix modulait des tons, des notes qui le transportaient au paradis de Mahomet ; il se voyait en imagination dans les bras des houris du prophète, et il croyait voir leur sourire sur les lèvres de la belle bayadère qui était devant lui et dont le jeu, la voix et la danse le mettaient hors de lui.

Cependant on avait remarqué dans la loge présidentielle et dans la salle, que la capricieuse danseuse tournait à dessein le dos au prince et à ses compagnons, et qu'elle lançait de leur côté des regards courroucés et leur faisait une moue mal dissimulée.

Le prince, tout à son admiration ou plutôt tout à sa passion, n'y prenait pas garde ; il songeait à la nuit délicieuse qu'il avait passée la veille avec la belle danseuse et voulait en avoir encore une pareille.

N'y tenant plus, pendant le premier entr'acte, il pria miss Howard et les autres personnes de sa suite de l'attendre, et il sortit de sa loge, suivi seulement du signor Bacciochi et de Griscelli.

Quand il fut au foyer, il dit à son parent, qui avait remplacé Fleury dans ses honorables fonctions de pourvoyeur pendant l'absence de ce dernier, d'aller demander à mademoiselle Célina la faveur d'être reçu dans sa loge.

Deux minutes après, l'infortuné signor revint tout déconfit dire à son maître qu'elle lui avait fait refuser la porte de sa loge et répondre qu'elle ne pouvait pas recevoir le prince.

Ce dernier, très contrarié, retourna assister au second acte.

La cantatrice fut encore mieux que dans le premier, elle jouait le rôle de Reine des Grâces dans une féerie qui lui allait à ravir, et chantait, en s'accompagnant d'une harpe éolienne, des mélodies méridionales qui lui permettaient de faire ressortir toutes les richesses de sa voix moelleuse, souple et bien timbrée.

La salle l'applaudissait à tout rompre. Son Altesse Impériale Louis-Napoléon Bonaparte était à la fois en extase et dans les tourments ; il ne pouvait pas maîtriser son admiration brûlante, et il était en proie à la plus vive inquiétude depuis que la charmante Célina avait refusé de le recevoir. A l'entr'acte suivant, il envoya de nouveau son confident auprès d'elle pour la prier de venir à l'Elysée après la représentation. La ballerine refusa de recevoir Bacciochi et de venir au rendez-vous qu'il lui donna par écrit de la part de son maître.

Cette fois, en apprenant le double refus de la belle, le malheureux soupirant éconduit fut pris d'un accès de profond désespoir, sa passion fut décuplée par le talent admirable déployé par la séduisante artiste, par sa beauté et sa grâce supérieures, par le refus qu'il avait éprouvé, par le mépris qu'elle affichait pour lui. Il souffrit toutes les angoisses de l'amour-propre froissé, et toutes les douleurs cuisantes de sa passion inassouvie poussée à son paroxysme.

Il renvoya une troisième fois son complaisant et malheureux messager d'amour auprès de la cruelle actrice pour lui demander le motif de son refus et la solliciter de nouveau de venir passer la nuit à l'Élysée.

Le Lebel présidentiel s'étant acquitté de sa mission, mademoiselle Célina daigna le recevoir et lui répondit :

— Dites à votre maître que je ne veux plus rien avoir de commun avec un grossier valet comme vous, avec un voleur comme votre collègue, qui m'a remis hier un portefeuille qui ne contenait que cinq mille francs au lieu de dix qu'il m'avait dit être dedans et qui m'avaient été promis, et enfin que je ne veux plus accorder de rendez-vous à Votre Altesse Impériale puante, suintante et dégoûtante.

Le Mercure du prince lui rapporta la seconde partie du message textuellement, il ne dit pas un mot de la première et remplaça la troisième en un simple refus.

Le prince, lorsqu'il sut que c'était au larcin de son écuyer qu'il devait le mauvais accueil de la danseuse, fut à moitié consolé, il s'empressa de lui envoyer cinq mille francs pour remplacer ceux qui lui avaient été dérobés par Fleury, et sollicita un nouveau rendez-vous au prix de la veille.

L'actrice empocha les billets de banque et promit de faire savoir sa réponse à la fin du spectacle.

Louis Bonaparte fut dans la plus grande anxiété pendant tout le dernier acte; il admirait plus que jamais les formes adorables de cette femme sans rivale dont la scène, l'art et la toilette rehaussaient et faisaient ressortir la beauté et mettaient en relief les voluptueux appas.

Il était dans une grande crainte, qu'au dernier moment, l'objet de sa flamme, refusât de lui accorder le rendez-vous qu'il sollicitait.

Enfin, le dernier tableau de la féerie arrive. Célina joue le rôle de la belle Hélène enlevée par Pâris.

L'épouse de Ménélas éplorée, la tunique déchirée, son beau sein découvert, ayant sa splendide chevelure d'ébène dénouée tombant sur ses épaules nues, est penchée en arrière, emportée dans les bras de son ravisseur qui s'enfuit.

Au moment où ce dernier passe près de la loge présidentielle, la fille de Léda dit à Louis-Napoléon Bonaparte en extase devant elle :

— Bonsoir, beau prince Charmant, au plaisir de ne jamais vous revoir!

A ces mots, le prince, désespéré, s'évanouit juste au moment où l'heureux Pâris disparaît avec son précieux et voluptueux fardeau, derrière la toile qui tombe.

Les amis et les valets du prince s'empressent autour de lui, lui font respirer des sels, et en peu d'instants le trop sensible soupirant reprend connaissance, il put regagner sa voiture et rentrer à l'Élysée.

Il passa une nuit affreuse, en proie à un accès de délire hystérique, appelant à haute voix l'objet de sa passion et la cause de sa crise, l'implorant, la suppliant de venir près de lui, de céder à ses désirs; il tombait ensuite dans des crises nerveuses épouvantables, ses cris et ses appels étant sans succès.

— Célina! ô Célina! je t'aime, viens dans mes bras! s'écriait-il, dans son affreux délire.

Alors le docteur Conneau, qui avait souvent soigné le prince, très sujet à de semblables accès, faisait avancer une malheureuse fille de la maison Vieyra-Molina ressemblant quelque peu à Célina, costumée comme elle, et le malade, trompé par le stratagème, se précipitait sur elle, la couvrait de baisers, mais il s'apercevait bientôt que ce n'était pas la véritable Célina, alors il repoussait la malheureuse et voulait la tuer.

Il entrait dans un accès de violente colère.

Ces scènes atroces, épouvantables, se renouvelèrent plusieurs fois, jusqu'à ce que le prince, épuisé par la fatigue, tombât dans un profond assoupissement qui dura jusqu'au lendemain matin.

Quand le jour vint, le malade était beaucoup mieux et la crise complètement terminée.

Voyons maintenant ce qu'est devenue la jolie actrice dont le talent, les charmes et la capricieuse résistance avaient occasionné une aussi affreuse crise chez notre héros.

Quand la représentation fut terminée et que le rideau fut tombé sur la scène qui venait de se passer et dont mademoiselle Célina avait été l'héroïne, ses camarades du théâtre lui demandèrent une explication de l'incident comique qui s'était passé entre elle et le président, lorsqu'elle avait prononcé les paroles moqueuses à l'adresse de ce dernier et qui, certes, ne faisaient pas partie du programme.

La spirituelle jeune actrice leur dit alors :

— Comme je pars demain et que la représentation à mon bénéfice a produit une forte recette grâce à votre dévoué concours, je vous invite à souper au Palais-Royal, et je vous donnerai au dessert l'explication que vous me demandez.

Cette aimable invitation fut acceptée d'aussi bon cœur qu'elle était faite, et la plus grande partie de la troupe s'en fut souper avec la gentille Célina. Quand le repas fut terminé, cette dernière tint la promesse qu'elle avait faite, à ses amis.

— Vous m'avez demandé, leur dit-elle, de vous raconter à la suite de quels rapports entre le président de la République et moi était survenue la scène dont vous avez été témoins ; eh bien, je vais le faire non seulement pour vous amuser, mais encore pour vous instruire, car le vice comme la vertu renferme de grands enseignements. Je ne veux pas me faire meilleure que je ne suis, ni pire, je tâcherai d'être vraie.

Ce grave début étonna beaucoup les collègues de la jeune actrice, car cette dernière ne les avait pas habitués à autant de sérieux de sa part et ils en furent bien étonnés ; mais ils l'écoutèrent néanmoins attentivement, et Célina continua son récit en ces termes :

— Vous me connaissez tous, vous savez comment j'ai été élevée et dans quel milieu. Comme tant de pauvres filles, j'ignore quels ont été mes parents, tout ce que je sais, c'est que j'ai été élevée par une pauvre famille de bohémiens, ou plutôt d'heimathlos, qui m'avaient recueillie toute enfant, au moment de ma naissance, ma mère étant morte en me donnant le jour. Je sais encore que les heimathlos dont je vous parle habitaient le canton de Thurgovie et étaient campés au pied du Cintis. Je dois être née entre 1831 ou 1832. Ma mère, très belle, à ce que m'ont raconté mes parents adoptifs, était bien élevée et bien éduquée, et mon père inconnu devait être un seigneur des environs qui avait abandonné et chassé comme cela arrive souvent ma pauvre mère, après l'avoir séduite ; la seule chose qui me reste d'elle est cette petite bague que j'ai toujours conservée précieusement et que m'avaient donné de sa part les braves gens qui m'avaient recueillie.

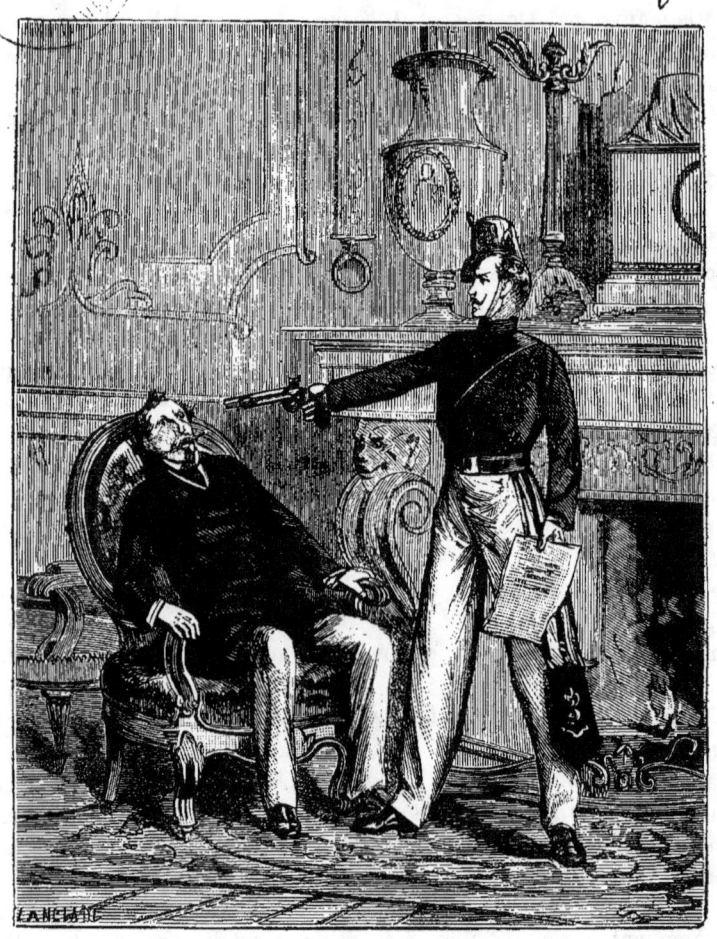

Signez cet ordre, ou je vous brûle la cervelle !

En disant ces mots, la jeune femme montra à ses amis une petite bague en argent formée de deux serpents entrelacés avec une petite pierre bleue, sur laquelle était gravé un petit sphinx égyptien. Les acteurs présents se repassèrent la petite bague cabalistique et la regardèrent tous avec curiosité ; une vieille costumière du théâtre l'examina surtout avec la plus grande attention ; après ce scrupuleux examen, Célina continua son récit.

— Elevée par des bohémiens, j'ai voyagé avec eux en Italie, en Espagne, en Allemagne, en Angleterre et en France; j'ai appris ainsi les langues de ces diverses contrées ; j'ai reçu, en outre, l'éducation de toute bonne bohémienne ; j'ai appris à danser, à chanter, à faire des tours de force et de la musique, à jouer du tambourin, des castagnettes et à dire la bonne aventure, je vous passe mes autres petits talents d'agréments et tous mes *accomplissements*, comme disent les Anglais, car j'en ai de nombreux; je monte à cheval comme une habile écuyère, je nage comme une sirène, je sais faire des armes comme un maître, tous les exercices du corps me sont familiers; douée d'une assez grande intelligence naturelle, je l'ai cultivée depuis que ma position et mes ressources m'ont permis de le faire; je me suis fait donner à moi-même une bonne éducation, surtout depuis que je suis à Paris où j'ai pu me payer les meilleurs maîtres.

Mais, avant d'en arriver là, quelles souffrances, quelles misères et quelle dégradation j'ai dû traverser! J'avais à peine douze ans quand mes bons et braves parents adoptifs sont morts. Restée sans ressource, j'ai dû alors m'engager tour à tour et successivement, pour vivre, dans un grand nombre de baraques ambulantes, chez des danseurs de cordes, des montreurs de lanternes magiques, de singes, de chiens savants, dans des ménageries, des cirques, des troupes de tableaux vivants, des théâtres ambulants; je fus engagée ensuite dans les cafés-concerts, dans les petits théâtres de la capitale; j'ai étudié, je suis entrée au Conservatoire de musique, et enfin, à force de travail et de persévérance, je suis arrivée au but de mon ambition, j'ai eu l'honneur d'être admise à jouer avec vous.

Mais ce qu'il m'a fallu souffrir de misères, de mauvais traitements, d'humiliation, de dégradation, de corruption, de honte, de vice, de débauche et de prostitution avant d'en arriver là, est impossible à dire; je ne tenterai pas de le faire, ceux qui ont vécu comme moi dans les bas-fonds de notre ordre social infect et qui sont arrivés comme moi à fréquenter le monde qui habite à son sommet, tout aussi corrompu et encore plus dépravé que ses couches les plus basses, savent ce que j'ai dû endurer et souffrir. Mais, mes réflexions sont faites, mon parti est pris et bien pris, je veux rompre avec tout ce que ce monde, que je méprise, a de corrompu et de corrupteur, je veux devenir digne de l'art que je cultive, et où j'ai eu quelque succès, et digne surtout de la tâche que j'ai entreprise depuis deux ans, depuis la grande Révolution de 1848; je veux me consacrer toute entière au culte de l'art, à l'amour de la justice et du droit, et travailler de toutes mes forces, par tous les moyens, à la cause de l'émancipation sociale et de tous les déshérités; je veux faire disparaître tous les vices et toutes les plaies sociales dont j'ai souffert: la misère, le paupérisme, la prostitution, etc...; je veux travailler à l'émancipation du prolétariat, cette dernière forme de l'esclavage et du servage!

En prononçant ces dernières paroles, la jeune artiste s'était de plus en plus animée, et sa beauté rayonnante lui donnait un grand charme.

Tous les convives la regardaient avec admiration.

— Mais, laissons pour le moment du moins, cet avenir brillant qui ne fait que de m'apparaître et revenons au présent grossier et dégoûtant que j'ai promis de vous raconter ; seulement souvenez-vous que je ne me souillerai jamais plus à l'avenir, et que j'enterre ce soir un passé qui n'existera plus pour moi que comme un souvenir honteux d'une vie de dégradation dans laquelle j'ai été plongée dès mon enfance par la misère.

Il y a quelques jours, après une représentation dans laquelle je dansais et chantais et à laquelle assistait le président de la République, qui me lorgna beaucoup, j'eus la visite de son familier le plus intime et pourvoyeur bien connu, M. Fleury.

Célina raconta ensuite à ses amis l'invitation qui lui fut faite de passer la nuit à l'Elysée et les scènes qu'elle avait eues avec Bacciochi et Fleury, puis elle leur donna quelques détails sur sa nuit passée avec le prince. Ce qu'elle fit de la manière suivante :

— Enfin, après avoir échappé aux mains des valets, j'arrive dans celles du maître. Dès que je fus entrée dans sa chambre, il s'est précipité sur moi comme sur une proie, sans presque daigner m'adresser la parole. Moi qui avais cru trouver un homme, j'ai rencontré une brute altérée de luxure. Je voulais lui parler de l'avenir de la République, des projets de réforme sociale dont ses livres étaient remplis, mais son accueil m'a collé la langue dans la bouche ; il m'a traitée comme la dernière des courtisanes. Il ne s'est pas même aperçu que j'étais un être doué de raison et de sentiment, il ne s'est occupé que d'une chose, de mes charmes. Les sensations, les attouchements grossiers, la satisfaction des passions les plus basses, les plus honteuses, lui suffisent ; quant au sentiment il s'en soucie fort peu. J'aurais été la proie d'un chimpanzé qu'il n'eût pas agi autrement.

Quel monstre ! Quel être dégoûtant, puant, pustuleux et dartreux ! Pouah ! Quel personnage repoussant ! Il est réellement capable de provoquer des déjections, avec sa peau jaune-verdâtre, tannée, ridée, pustulée, suintant je ne sais quelle sueur morbifique. Et quand je pense que, quand j'étais encore toute jeune fille, chantant à Paris, il y a quelques années, ce monstre voulait me déflorer, je prends ce satyre en horreur, aussi je me suis sauvée à l'Élysée.

Et quand je réfléchis que c'est à un être pareil, aussi dégoûtant au moral qu'au physique, que le peuple français a donné six millions de suffrages ; quand je pense que la grande nation en a fait son premier magistrat, cela me navre et je me demande si ce n'est pas à désespérer de l'espèce humaine !...

Mais, sans envisager la question aussi sérieusement et d'une façon pessimiste, n'est-il pas bien profondément triste, ajouta Célina, de penser que toutes les filles des prolétaires sont les proies prédestinées de ces illustres débauchés des classes gouvernantes, qu'elles sont condamnées à subir leurs sales caresses, leurs infâmes caprices ou à mourir de faim ! Cette pensée m'a toujours révoltée et souvent, si j'avais eu une arme dans la main au moment décisif, j'aurais répondu par un coup de poignard à leurs baisers luxurieux !

Mais je suis bien résolue, comme je vous l'ai dit, à ne plus subir les humiliants et honteux caprices de ces jouisseurs émérites qui nous prennent pour leurs jouets et nous traitent comme des choses.

Ne viendra-t-il donc jamais, le jour où la femme libre, indépendante, sera dans la société bien organisée, l'équivalente de l'homme, son égale en droits et en devoirs ?

Oh ! j'espère bien le voir bientôt briller.

Alors les femmes auront conscience de leur dignité, de leur valeur et de leurs droits. Elle sauront se respecter et se faire respecter des autres. Ne sont-elles pas des êtres humains comme les hommes ? leurs égales en facultés et en qualités, et souvent leurs supérieures par le sentiment et la beauté ? Pourquoi donc alors nous laisser abaisser, avilir et dégrader ? Ne devrions-nous, pas au contraire, conserver notre dignité et notre honneur, et forcer la société à nous estimer autant qu'elle nous admire ?

Quoi ! parce que nous sommes plus faibles que les hommes, jeunes, belles, pleines de grâce et de charme, nous devons, dès que nous avons atteint l'âge de puberté, glisser dans la honte, dans le vice, dans la débauche et dans la prostitution ?

Quant à moi, je préférerais faire vœu de chasteté que de continuer cette vie-là. Dans l'avenir, je contracterai une union libre dès que je rencontrerai un homme que j'aimerai et que je jugerai digne de moi. Mais pour céder de nouveau à cette tourbe de riches ou de puissants jouisseurs dont j'ai été la proie jusqu'à ce jour, jamais je ne le ferai plus, je le jure !

— Vous avez raison, Célina, lui dit un jeune auteur à la physionomie intelligente et douce, les femmes que la cruelle misère ne force pas absolument à se prostituer pour ne pas mourir de faim, devraient se respecter, ne pas céder aux tentations du luxe et de la fortune qui ne les conduisent le plus souvent, après un éclat passager et de honteuses jouissances, qu'à la misère et à la dégradation. Les femmes du théâtre, presque toutes, sont indépendantes par leur talent et leur beauté, et même par leur éducation ; mieux que beaucoup d'autres, elles pourraient rester honnêtes, dignes d'elles-mêmes et de l'art qu'elles professent ; elles devraient comprendre mieux leur mission et ne pas profaner dans la débauche et la prostitution, les heureuses qualités dont elles sont douées et le talent qu'elles ont acquis.

— Espérons, dit un acteur de mérite, auteur de plusieurs pièces dramatiques marquées au coin d'une pensée profonde, qui lui valurent les persécutions du gouvernement, espérons qu'il se fera une réaction puissante contre cette dépravation croissante, ce dévergondage décolleté qui ont été inaugurés en même temps que la présidence et qui ne s'arrêtent malheureusement pas aux coulisses des théâtres ; mais qui envahissent tout, qui gangrènent tout jusqu'à la littérature. Regardez partout : un spectacle affligeant frappe vos yeux, qu'apercevez-vous ?

Un Barthélemy, poète qui jadis eut du talent, l'auteur des immortelles

Némésis, qui vend sa plume au ridicule héros de Strasbourg et de Boulogne, afin de l'aider si c'était possible à se hisser sur le pavois impérial ; un Arsène Houssaye, un Belmontet, poètes écœurants et nauséabonds qui fabriquent des cantates sur commandes, et des élégies sur mesure pour chanter les louanges de notre glorieux président de la République, qu'ils affublent des bottes historiques, du petit chapeau, de la redingote grise et de l'épée de son prétendu oncle ; un About, un Victor Séjour, qui composent des pièces par ordre et que l'on voudrait forcer le public d'applaudir ; un Émile de Girardin, un Guéroult, un Véron, un Romieu, et tant d'autres qui vendent leur plume au prince-président comme des prostituées vendent leurs corps.

Des généraux comme Changarnier et Castellane, qui se donnent des airs de dictateurs et semblent se préparer à jouer le rôle de Monk ; des Bugeaud, des Gémaux, qui menacent et insultent le peuple dans des proclamations aussi odieuses que ridicules ; un Oudinot qui assassine la République romaine, et prépare ainsi sans s'en douter l'assassinat de la République Française.

Et, tout au haut de cette échelle de dégradation dont chaque degré vous abaisse dans la honte, au lieu de vous élever dans l'honneur, que voyons-nous ?

Un président de la République, hissé sur son siège par l'engouement déplorable pour un nom, qui, s'il est synonyme de gloire, nous rappelle aussi notre servitude, nos défaites, deux invasions et tous nos désastres ; l'élu du peuple, conspirateur lui-même, entouré d'une bande de coquins et de traîtres qui l'ont aidé déjà deux fois dans ses ridicules tentatives, qui l'excitent et le poussent aujourd'hui à profiter de sa haute situation pour les recommencer ; puis, à côté de tous ces aventuriers de tous les pays, portant des noms qui ne leur appartiennent pas, et s'affublant de faux titres qu'ils ont volés, nous apercevons une cohue de courtisanes, de femmes adultères, vivant loin de leurs maris, de prostituées de bas étage, faisant ripaille et menant joyeuse vie autour de celui qui devrait donner l'exemple de la dignité et de l'austérité en sa qualité de premier magistrat de la République.

A l'autre extrémité de cette échelle sociale, que voyons nous ? une multitude humaine, « la vile multitude » comme l'a qualifiée M. Thiers, la masse immense du prolétariat, presque toute la nation qui souffre, gémit dans la misère et dans la peine, qui travaille sans cesse, produit tout et ne jouit de rien ; exploitée, opprimée, torturée par une faible minorité de sybarites, de jouisseurs, d'exploiteurs et d'oppresseurs, qui se sont emparés du pouvoir et de la fortune publique par la ruse et par la force, et qui oppriment et ruinent toute la nation à l'aide de l'administration, de la police, de la magistrature, du clergé et d'une armée d'un demi-million de soldats.

Voilà quel est le tableau fidèlement odieux et révoltant de notre ordre social, qu'il faut détruire à tout prix puisqu'il n'engendre que corruption, misère, débauche, prostitution, paupérisme, prolétariat et sybaritisme.

— Très bien dit, répliqua une jolie artiste frisant la quarantaine, et qui paraissait jouir de la confiance de ses plus jeunes compagnes à cause de son expérience de la vie théâtrale ; mais, comment voulez-vous, malheureuses artistes que vous êtes, tendres fleurs écloses, comme en terre chaude, sous les feux de nos lustres, épanouies sous les regards luxurieux des illustres débauchés, qui convoitent vos charmes avant leur maturité, comment voulez-vous, dis-je, échapper à votre destinée ? Ne sentez-vous pas mille forces invincibles qui vous poussent dans le gouffre dont la pente glissante est semée de fleurs, qui vous en cachent la laideur ? Ce n'est que quand le dégoût vous gagne, que quand la lie du breuvage amer que l'on vous fait avaler vous corrode les lèvres et vous brûle le palais, comme cela est arrivé à Célina, que vous voulez repousser la coupe d'amertume et la jeter loin de vous encore pleine de lie et de fiel ; mais hélas ! il est trop tard, vos efforts sont impuissants, il vous faut continuer, comme vous le faites toutes, à boire le breuvage empoisonné.

— Eh bien, à dater de ce jour, je ne la boirais plus, votre coupe d'amertume ! répondit Célina, et j'engage mes compagnes d'infortune à faire comme moi, à briser le vase contenant le breuvage empoisonné et à en jeter au loin les débris. Celles qui auront besoin de mon appui pour les aider dans leur tâche difficile peuvent s'adresser à moi.

Madame Baudin, une vieille costumière qui regardait depuis longtemps Célina et qui l'écoutait avec beaucoup d'attention, lorsque cette dernière eut fini de parler, lui adressa la parole en ces termes :

— Ma chère demoiselle, lui dit-elle, plus je vous regarde, plus je vous trouve de ressemblance avec une de mes amies, morte depuis bien longtemps, et qui, si je ne me trompe, doit être votre mère.

— Oh ! madame, vous auriez connu ma mère ! parlez-moi d'elle, je vous en prie !

— Je ne dis pas, ma chère demoiselle, que j'aie connu votre mère, mais seulement que vous avez une grande ressemblance avec une personne de mes amies, qui pourrait peut-être bien être votre mère. Peut-être pourrions-nous éclaircir le mystère de votre naissance, si vous vouliez me permettre de vous adresser diverses questions, qui pourraient nous aider à le découvrir.

— Adressez-moi toutes les questions que vous voudrez, ma bonne dame, je me ferai un plaisir et un devoir d'y répondre ; et vous me rendrez un bien grand service si vous pouvez m'aider à découvrir le secret de ma naissance.

— Eh bien, mademoiselle, vous rappelez-vous où vous avez été élevée ?

— Oui, madame, j'ai conservé le souvenir du lieu où j'ai passé les premières années de mon enfance. C'est dans le canton de Thurgovie, en Suisse, sur le bord du lac de Constance, au pied du Cintis. Je vois encore d'ici le beau lac bleu qui semblait une grande belle glace dans laquelle le ciel se mirait ; que de fois, quand j'avais sept ou huit ans, j'ai admiré le soir, dans son onde limpide, les belles étoiles qui s'y miraient et qui scintillaient au ciel. Souvent aussi quand la lune au disque d'argent traçait sur ses eaux un léger sillon brillant que faisaient trembler les brises du soir, je contemplais, silencieuse et recueillie, les beautés grandioses de la nature alpestre qui se déroulait à ma vue. Depuis je suis retournée voir les lieux où se sont écoulées les seules années de bonheur et d'innocence de toute ma vie, les seules dont le tendre souvenir me soit cher, et j'ai retrouvé encore la place où la tente des bons heimathlos qui m'ont élevée était située ; j'ai vu encore le grand sapin séculaire qui s'élevait à côté et sous les grosses branches duquel je venais m'abriter en temps d'orage.

— C'est bien cela, répondit madame Baudin, c'est bien dans le canton de Thurgovie, et près des lieux dont vous me parlez, qu'habitait mon amie qui vous ressemblait beaucoup. Les détails que vous me donnez sur les lieux où vous avez passé votre enfance me font supposer que vous êtes bien la fille de mon amie. Une autre chose encore me confirme dans mon opinion. C'est la bague que vous nous avez montrée tout à l'heure et qui est parfaitement semblable à celle qu'avait mon amie.

— Tout cela est bien extraordinaire, madame, dit Célina, et je commence à croire que votre amie était ma mère ; je vous en prie, donnez-moi des détails sur elle, et dites-moi si vous n'auriez pas d'autres indices, d'autres moyens qui me permettraient d'éclaircir ce mystère.

— Vous rappelez-vous quel nom vous aviez, lorsque vous habitiez chez les heimathlos ?

— Oui, madame, on m'appelait Tirzah.

— C'est bien le nom de mon amie ?

— Alors plus de doute, c'est bien ma mère que vous avez connue !

— Cela est presque certain.

— Sont-ce là tous les indices que vous avez pour découvrir mon identité ?

— En voici encore un autre, mademoiselle : mon amie m'a confié un petit coffret fermé avec une serrure dont elle a jeté la clef dans le lac. Il contient, m'a-t-elle dit, des papiers et des lettres qui feront connaître à sa fille des détails intéressants sur sa naissance, les noms de ses père et mère et d'autres secrets pouvant lui être très utiles. Mon amie m'a fait promettre de remettre ce petit coffret à sa fille lorsqu'elle aura seize ans, si je puis la découvrir, et dans le cas contraire, d'ouvrir la boîte au bout de vingt ans, de lire les papiers qu'elle renferme et de les conserver pour les remettre à sa fille aussitôt qu'elle pourra la découvrir.

Or, il y aura, le 2 décembre prochain (1851), vingt ans que j'ai ce petit coffret. Je l'ouvrirai donc à cette époque ainsi que j'en ai reçu l'ordre ; mais comme mon amie m'a chargée de remettre le dépôt qu'elle m'a confié à sa fille si je la découvre, et qu'elle m'a indiqué comme principal signe de reconnaissance la petite bague que vous avez au doigt, je dois donc, pour me conformer aux volontés de mon amie, vous remettre le petit coffret. Vous l'ouvrirez en ma présence, et nous trouverons dedans, m'a-t-elle dit, l'empreinte en cire du chaton de votre bague, si elle est semblable à celle de ce dernier, il n'y aura pas de doute que vous êtes, la fille de mon amie et le coffret et son contenu seront à vous.

— C'est très bien, Madame ; voulez-vous me dire quand nous pourrons faire ouvrir le petit coffret?

— Dès demain, mademoiselle Célina, venez chez moi à dix heures, et je vous attendrai, amenez un serrurier avec vous, nous lui ferons crocheter le petit meuble et nous vérifierons les empreintes du chaton de votre bague.

— C'est convenu, Madame, comptez sur moi ; je serai exacte.

Après ce curieux incident et le rendez-vous pris pour le lendemain avec madame Baudin, les convives se séparèrent fort intrigués par ce qu'ils venaient d'entendre. Ils auraient bien voulu connaitre de suite le contenu du fameux coffret.

Le lendemain, Célina fut exacte au rendez-vous qui lui avait été donné par madame Baudin, chez laquelle elle arriva à l'heure indiquée, accompagnée d'un serrurier qui ouvrit le petit meuble sans la moindre difficulté.

Ce ne fut pas sans une certaine appréhension que la jeune fille regarda les nombreux papiers contenus dans le petit coffret ; sur l'un d'eux il y avait plusieurs empreintes en cire, au-dessous desquelles on lisait :

« Ceci est l'empreinte du chaton de la petite bague en argent que j'ai au doigt et que je recommanderai à mes derniers moments de donner à l'enfant que je porte dans mon sein, s'il m'arrivait malheur, lorsqu'il aura l'âge de raison, en lui disant de la conserver précieusement ; car elle lui servira un jour à retrouver les traces de son père et à connaitre la malheureuse destinée de sa mère. Je désire que ce petit coffret et tous les papiers qu'il contient soient remis à mon enfant, que la bague dont je viens de parler pourra aider à faire reconnaitre. »

Cette note était signée Fernanda Tirzah.

Après avoir comparé le chaton de la bague de Célina aux empreintes de cire, le premier s'adaptait très exactement sur les secondes. Il ne pouvait donc pas y avoir de doute au sujet de la bague, c'était bien celle de l'amie de madame Baudin, et le nom de Tirzah était celui par lequel les heimathlos qui avaient élevé sa fille, la nommaient. Elle avait plus tard, il est vrai, pris le nom de Célina, pour son prénom, quoiqu'elle ne se souvînt pas d'avoir été baptisée, le nom de Tirzah lui ayant occasionné des mauvais quolibets, et des plaisanteries de la part des membres des troupes ambulantes dont elle avait fait partie, qui se moquaient d'elle, en la traitant de bohémienne. Mais jusqu'à l'âge de dix ans elle s'était toujours appelée Tirzah. Il ne pouvait pas y avoir de doute, la charmante cantatrice Célina Tirzah était bien la fille de l'amie de madame Baudin.

Parmi les diverses liasses de papiers contenues dans le petit coffret, il y en avait une grosse, très volumineuse et scellée soigneusement, sur laquelle la mère de Célina avait écrit :

« Ce paquet de papiers contient des pièces et des lettres très importantes dont ma fille seule devra prendre connaissance ; car elles lui révèleront des se-

Bivouac des troupes le soir du Deux-Décembre.

crets de la plus haute importance et qui ne doivent être connus que d'elle. Il renferme aussi mes dernières volontés et mes instructions, et je désire qu'elles soient observées. » Ces recommandations étaient signées par la mère de Célina et scellées avec le chaton de la bague qu'elle avait au doigt.

Les autres papiers, renfermés dans le coffret, étaient de peu d'importance et contenaient des instructions et des recommandations générales que la mère de Célina faisait à son enfant, avant même qu'il eût vu le jour, car, lorsque Fernanda Tirzah avait écrit les notes dont nous parlons, et placé tous les papiers dans ce coffret, sa fille n'était pas née, puisque sa malheureuse mère est morte en couche le lendemain matin du jour de la naissance de sa fille, qu'elle eût à peine le temps et la force de voir et d'embrasser.

Célina, après avoir pris connaissance des instructions générales de sa mère, replaça tous les papiers dans le coffret, qu'elle referma soigneusement, et l'emporta chez elle, très anxieuse et très impatiente de lire seule les mystérieuses pièces qu'il contenait et d'apprendre, par elles, tous les mystères de sa naissance et le nom de son père.

Elle remercia beaucoup l'honnête madame Baudin à laquelle elle fit un très beau présent pour la récompenser de la bonté qu'elle avait eue de conserver si fidèlement et de lui remettre le précieux coffret, qui était, pour elle, d'une valeur inappréciable.

Nous laisserons la belle Célina Tirzah prendre seule connaissance du contenu des papiers enfermés dans son coffret. Nos lecteurs verront plus tard de quelle importance ces derniers étaient pour le héros principal de notre livre.

Mais, en attendant, nos lecteurs nous permettront de suivre le colonel Fleury, qui se rendait en Afrique pour remplir la mission de suborneur auprès de plusieurs officiers de l'armée française. Nous le retrouverons à bord du bateau à vapeur faisant le service de Marseille à Alger.

Le jeune colonel était assis dans la cabine du paquebot la *Ville-de-Marseille*, occupé à lire les instructions que le président de la République lui avait remises au sujet de son voyage à Orléansville auprès du général Saint-Arnaud.

Le dossier de ce dernier, dont une copie lui avait été remise, comme nous l'avons dit, absorbait son attention et piquait sa curiosité au plus haut point.

Le général Saint-Arnaud jouant un grand rôle dans nos récits, nous demandons à nos lecteurs la permission de leur faire rapidement sa biographie et nous sommes certain, à l'avance, que la vie de ce général, véritable Gil-Blas, les intéressera et les amusera beaucoup. Ils verront quels étranges personnages M. Louis-Napoléon Bonaparte associait à sa fortune pour sauver l'ordre, la famille, la religion, la morale et la propriété.

Comme la plupart des hommes de la bande de Louis-Napoléon Bonaparte, le général de Saint-Arnaud portait un nom qui ne lui appartenait pas. Son véritable nom était Jacques-Arnaud Leroy, il était né à Paris, le 20 août 1801, sa mère était mariée en secondes noces avec un M. Forcade, juge de paix du 1er arrondissement de Paris, qui fit entrer le fils de sa femme au collège Louis-le-Grand, d'où il sortit tard en y laissant de très mauvais souvenirs. Son beau-père aurait bien voulu lui faire suivre les cours de l'Ecole de droit, mais des inclinations turbulentes et des habitudes de dissipation poussaient le jeune Leroy vers une autre direction. Ne voulant plus étudier et ne sachant que faire, il s'était décidé à s'engager ; après qu'il eut battu quelque temps le pavé de Paris, à force de sollicitations et de démarches, sa famille le fit admettre en qualité de surnuméraire aux gardes-du-corps dans la compagnie de Grammont, le 16 décembre 1816. C'était, pour notre héros, l'épaulette de sous-lieutenant gagnée sans aucun service, sans instruction spéciale, sans titres d'aucune sorte; car pour être admis dans les gardes-du-corps, on n'avait pas besoin d'être instruit, capable, et d'avoir du mérite, il suffisait d'avoir la taille, des protections et d'afficher un grand zèle pour la monarchie légitime, et M. Leroy-Jacques Arnaud, réunissait ces conditions. A l'époque où il entrait dans les gardes-du-corps, la France était encore occupée par une armée ennemie de 150 mille cosaques, que lui imposait la monarchie légitime, et les gardes-du-corps étaient l'avant-garde de l'armée d'occupation étrangère. On peut juger par là quels étaient le libéralisme et le patriotisme de notre héros. Il montra tout d'abord une grande ardeur de royalisme extrême, à tel point qu'elle finit même par être remarquée au milieu de tant de dévouements exaltés. Ses camarades se rappellent encore qu'il était un des plus violents et des plus furieux dans ces batailles à coups de poings et à coups de cannes, que se livraient aux abords de la Chambre des députés, en 1820, les partisans zélés de la Charte et les ultra-royalistes : étudiants, commis, officiciers en demi-solde d'un côté; gardes-du-corps, officiers de la garde royale en bourgeois, agents de police de l'autre.

Mais hélas! le zèle ultra-légitimiste de M. Leroy ne lui servit pas à grand'chose, après quelques années perdues dans la société frivole des hôtes de la caserne d'Orsay, après avoir porté le cierge à deux ou trois processions de la Fête-Dieu, et traîné son sabre dans les antichambres des Tuileries, M. Leroy fut expulsé de sa compagnie pour avoir coupé les glands d'or du trône de Louis XVIII, un jour de réception qu'il était de garde et pour les avoir mis dans ses poches. Il fut ensuite, grâce à ses protecteurs, qui pallièrent son vol, envoyé comme sous-lieutenant dans la légion de la Corse, dont il ne tarda pas à se faire chasser définitivement par un conseil d'enquête sur la demande des officiers de sa compagnie.

Brouillé mortellement avec sa famille, il fut jeté sans ressources sur le pavé de Paris. Ne trouvant pas ses noms et prénoms assez ronflants pour l'usage qu'il voulait en faire et désirant en changer pour cacher son inconduite et ses méfaits, M. Leroy, Jacques-Arnaud, jugea utile de prendre des noms ayant un cachet plus aristocratique et plus romantique. Il échangea le prénom par trop vulgaire de Jacques contre celui du bouillant Achille, et celui de Leroy contre le nom plus aristocratique de Saint-Arnaud et il s'intitula M. Achille de Saint-Arnaud. Ces changements de noms sont très usités dans le monde des intrigants, et ils ont produit les Saint-Phar, les Saint-Georges, les Saint-Germain et une foule d'autres saints de la haute flibusterie parisienne. Ce procédé commode de s'octroyer de la particule et de porter des noms de fantaisie est très usité dans le monde bonapartiste où il est très difficile de rencontrer quelqu'un, à commencer par le chef qui se fait appeler Bonaparte et dont le père se nommait Werhuell, qui porte le nom de son père. M. Fialin s'est créé lui-même vicomte de Persigny, M. Flahaut s'intitule comte de Morny, M. Granier se baptise de Cassagnac, M. Jacquot se fait appeler de Mirecourt, etc... M. Leroy, Jacques, ne pouvait pas rester en arrière.

Mais, malgré son beau nom et sa particule, le brillant Achille n'avait pas fait fortune ; à bout de ressources, il se fit factotum d'un improvisateur et se mit à débiter des bouts-rimés et des madrigaux au prix modeste de un franc l'exemplaire ; mais le commerce du produit de sa muse n'était pas en hausse et l'infortuné de Saint-Arnaud ne faisait pas fortune. Il s'engagea alors en qualité d'acteur dans un théâtre des boulevards, et joua la comédie sous le nom de Florival ; mais là encore, il n'eut pas de succès, il fut sifflé, quitta la scène et tomba dans une profonde misère. Il vécut alors du produit de la prostitution de malheureuses femmes dont il était à la fois le souteneur et l'amant. Mais il paraît que cet unique moyen d'existence ne suffisait pas pour satisfaire aux besoins et aux habitudes de dissipation et de débauche du futur sauveur de la morale, de la religion, de la famille, de la propriété et de l'ordre ; car, pensant que ce n'était pas encore assez de l'infâme trafic auquel il se livrait, il trouva encore le moyen de soustraire jusqu'au dernier vêtement de ses victimes infortunées, de leur prendre jusqu'à leur unique chemise pour la mettre en gage, ainsi que l'attestent deux reconnaissances du Mont-de-Piété, du 7 janvier 1824, constatant l'engagement de « deux chemises de femmes, l'une en toile et l'autre en calicot, d'un schall (sic) de laine carré et d'un médaillon avec cercle en or. » Au total pour la somme de 33 francs.

On lisait au bas de ces reconnaissances de la plus belle anglaise du futur maréchal d'Empire :

« *Bon à dégager,*

Signé : « de Saint-Arnaud. »

Ces autographes, qui sont en mains sûres, ont aujourd'hui une grande valeur.

La mise en gage des maigres défroques des pauvres dulcinées de notre héros ne le mena pas loin et, comme il était poursuivi par de nombreux et avides créanciers, il prit le parti d'abandonner son ingrate patrie et s'en fut à Londres avec la plus huppée et la plus aristocratique de ses belles Hélènes, sinon la plus jeune, madame la baronne de Pilay, femme d'un âge déjà respectable, d'une expérience consommée et d'une imagination fertile en expédients quand il s'agissait d'échapper aux griffes de la justice. Voici en quels termes la *Gazette des Tribunaux* apprécie les qualités précieuses dont la compagne de notre héros était douée.

« Personne ne savait comme elle exploiter un grand nom, dit le journal que nous citons, faire illusion à des fournisseurs, par des dehors et l'apparence d'une grande fortune, personne ne négociait mieux des effets de commerce sans aucune valeur et pas un équilibriste n'eut parcouru aussi adroitement le sentier étroit qui cotoie la police correctionnelle et la cour d'assises. Elle savait se tenir adroitement sur cette extrême limite, où l'improbité frise incessamment le délit et le crime, sans cependant tomber sous les rigueurs des lois. » Les deux aventuriers allèrent alors s'installer à Leicester-Square et se mirent à exploiter les tripots et les maisons mal famées de Regent-street et d'Hay-market, où ils firent d'abord de bonnes affaires. Mais il arriva un jour que la trop grande dextérité des doigts de la baronne leur amena des désagréments et que le couple *non moral*, comme disent les Anglais, dut quitter Londres clandestinement pour échapper au *trade-mill* ou à Botany-Bay. Comme souvenir les deux touristes emportèrent les draps de lit de leur chambre garnie.

De retour à Paris, Mr de Saint-Arnaud et madame la baronne n'eurent pas de chance. Cette dernière fut condamnée à plusieurs années de prison pour ses méfaits et mourut dans la maison centrale de Clermont après une longue captivité ; son associé Leroy fut plus heureux qu'elle, il en fut quitte pour deux ans de prison à Sainte-Pélagie, où ses créanciers le firent incarcérer. Ce fut la Révolution de 1830 qui, en ouvrant les portes aux détenus pour dettes, lui rendit la liberté. Le 22 février 1831, le sous-lieutenant Saint-Arnaud rentra avec son grade au 64e régiment d'infanterie ; il passa lieutenant par rang d'ancienneté, le 9 décembre suivant, il fut envoyé en Vendée avec son régiment pour combattre l'insurrection légitimiste, fomentée par la duchesse de Berry ; lorsque cette princesse fut arrêtée, le lieutenant Saint-Arnaud l'escorta jusqu'à la citadelle de Blaye et devint un de ses geôliers sous les ordres du général Bugeaud. Il poussa l'abjection et la bassesse jusqu'à espionner la prisonnière et à l'épier par un trou qu'il avait fait pratiquer en secret au plancher de son cabinet de toilette, il assista à la section du cordon ombilical, lorsque cette malheureuse accoucha, et il signa *d'office* l'acte de naissance de l'enfant de la duchesse, un enfant du miracle tout à fait inattendue, celui-ci, par messieurs les royalistes. Lorsque cette dernière fut rendue à la liberté, monsieur de Saint-Arnaud la reconduisit jusqu'à Palerme comme l'aurait fait un agent de police, et il ne la quitta que lorsque son rôle d'espion fut terminé. Cette conduite lâche et vile, lorsqu'il rentra dans son régiment, le fit mettre en quarantaine par ses collègues qui refusèrent d'avoir des rapports avec un officier qui s'était déshonoré en remplissant le rôle d'espion et de geôlier auprès d'une femme malade. Objet de répulsion dans son régiment, Saint-Arnaud dut le quitter pour entrer dans la légion étrangère qui s'organisait alors et il partit bientôt pour l'Afrique où il pût s'exercer tout à l'aise à cette guerre de razzias, de vol, de pillage, d'incendie et de guet-apens, qu'il devait transplanter en France 17 ans plus tard. Comme le général Pélissier, il eut la gloire d'enfumer les Arabes dans les grottes du Sahara ; mais malgré ses cruels exploits il végéta quatre ans sans aucun avancement, ce ne fut qu'en 1837, et encore par rang d'ancienneté, qu'il passa capitaine ; on le nomma en même temps comptable de sa compagnie, mais il puisa avec un tel sans gêne dans sa caisse que, lorsque l'inspecteur général Rulhière la vérifia, il y trouva un déficit considérable.

Le capitaine prévaricateur allait être traduit devant un conseil de guerre, condamné, déshonoré, dégradé, perdu, lorsque le lieutenant-colonel Bedeau, touché du désespoir de son subordonné, parvint à fléchir la juste rigueur de l'inspecteur général qui ne fit pas de rapport. Grâce à cette tolérance, le capitaine Saint-Arnaud conserva son grade et ne fut pas même rayé du tableau d'avancement et, quand son tour d'ancienneté arriva, il passa chef de bataillon au 18ᵉ léger, en 1840 ; puis, grâce à la protection du général Bugeaud, son ancien geôlier en chef à Blaye, il fut successivement promu aux grades de lieutenant-colonel et de colonel, c'est en cette qualité qu'il fut nommé au commandement de la subdivision d'Orléansville, où il put impunément se livrer à son goût prononcé pour les exactions et les rapines ; il se créa ainsi une petite liste civile qui lui permit de mener un train princier dans son pachalick, au grand scandale de ses subordonnés, qui n'ignoraient pas les sources impures où il puisait l'or qu'il dépensait à pleines mains dans l'orgie et la débauche. Il avait alors un train de maison splendide, une table recherchée, un théâtre où il attirait à grand frais les acteurs et surtout les actrices d'Alger ; chevaux, meutes, maîtresses richement pourvues, rien ne manquait à ce petit pacha. Il trouva le moyen avec dix mille francs d'appointement par an de payer 60 ou 80 mille francs de dettes, de prêter pareille somme aux colons d'Orléansville tout en dépensant 40 ou 50 mille francs par an, et cela dans trois ans de temps. Les chefs des bureaux arabes avaient, dit-on, le secret de ce résultat extraordinaire. Ce fut peu de temps après que Bou-Maza se constitua volontairement prisonnier entre ses mains, ce hasard inespéré lui valut le grade de maréchal de camp qui lui fut conféré en 1847. Il profita de cette bonne fortune pour retourner à Paris et pour faire un mariage avantageux.

Le 22 février 1848, le général Saint-Arnaud fut chargé de défendre la préfecture de police, mais il le fit mollement et capitula le 24 en sacrifiant lâchement un détachement de gardes municipaux faisant partie de sa brigade, et le lendemain il offrit ses services au gouvernement provisoire, qui eut la faiblesse de le renvoyer en Afrique commander son ancienne subdivision d'Orléansville, où il continua ses déprédations et ses concussions en les dissimulant cependant un peu. Après la funeste expédition de Zatcha, Saint-Arnaud remplaça d'Herbillon dans le commandement de la province de Constantine ; c'est là que l'embaucheur bonapartiste Fleury alla le trouver et l'enrôla facilement sous la bannière de coup d'État, en lui promettant les étoiles de général de division, le ministère de la guerre et le bâton de maréchal de France, sans compter des avantages pécuniaires considérables. Il n'en fallait pas tant pour séduire l'ancien complice de la baronne de Pilay, aussi il accepta avec empressement les propositions qui lui furent faites. Il fut d'abord nommé commandant en chef d'une nouvelle expédition contre les Kabyles, qu'il conduisit avec une grande incapacité et une déplorable maladresse, mais qui lui valut néanmoins le grade de général de division. C'est revêtu de cette faveur qu'il quitta l'Algérie et fut rappelé à Paris pour accomplir l'honorable mission qui lui était réservée.

A son arrivée on lui donna d'abord le commandement de la 2ᵐᵉ division de l'armée de Paris en attendant le ministère de la guerre.

Ce n'était cependant pas sans une certaine appréhension qu'il entra dans la conjuration bonapartiste et il hésita pendant plusieurs mois avant de vouloir tenter l'aventure. Un incident nouveau vint tout à coup faire cesser ses hésitations et le pousser en avant dans la tentative criminelle qu'il préméditait depuis longtemps. Il fut informé d'une façon indirecte, ainsi que la chose avait été préparée par les conspirateurs de l'Elysée, à la fin d'octobre 1851, qu'un conseiller à la cour d'appel d'Alger faisait une enquête à Orléansville sur certains désordres signalés dans son administration et que ce magistrat avait fait des découvertes qui le compromettaient de la manière la plus grave.

L'affaire s'ébruita bientôt; l'*Atlas* et le *National* en parlèrent. Il était désormais impossible d'empêcher la justice de suivre son cours. Le gouverneur écrivit sans retard au ministre et tout ce qu'on put faire, ce fut d'interrompre momentanément l'enquête, sous un prétexte futile, mais elle devait être reprise prochainement.

Le général Saint-Arnaud épouvanté du coup terrible qui le menaçait et qui l'aurait infailliblement perdu, se décida à tout tenter pour conjurer l'orage et échapper à la justice déjà prête à le saisir. Il se lança à corps perdu dans le coup d'État comme nous le verrons plus loin.

Il y avait aussi, sur la liste des généraux à embaucher, un autre officier supérieur de l'armée bien digne de figurer à côté de Saint-Arnaud et d'être son complice, c'était le général Magnan commandant de l'armée de Paris. Cet officier supérieur avait servi dans les armées du premier empire; il fit en 1800 et 1801 les campagnes d'Espagne et de Portugal; en 1814, il était capitaine de la garde impériale et chevalier de la Légion d'honneur et quittait l'armée après les adieux de Fontainebleau; chose fort honorable, il entra pour vivre en qualité de clerc chez un notaire qu'il quitta dès qu'il apprit le débarquement de Napoléon au golfe de Juan. Il rentra alors dans la garde impériale avec son grade et assista à la bataille de Waterloo. Jusque là, la conduite du capitaine Magnan n'eut rien que de très honorable; pourquoi a-t-il terni plus tard un aussi beau début?

Jugeant sans doute alors la cause impériale à tout jamais perdue, comme il l'a dit plus tard, il prêta serment de fidélité à la Restauration et déploya un tel zèle royaliste qu'il fut placé un des premiers dans la garde royale, qui s'organisait, avec le grade de capitaine adjudant-major qui lui conférait le rang de chef de bataillon. Dès cette époque, le capitaine Magnan commença cette lutte d'intrigues et de ruses, qu'il soutint pendant 36 ans contre les procureurs, les huissiers, les gardes du commerce et les recors, que ses innombrables créanciers mettaient à ses trousses. Dès lors, le cinquième de ses appointements était saisi, et cependant, M. Magnan, outre son traitement, réalisait encore de très beaux bénéfices au moyen de certains rapports de police qui lui étaient chèrement payés sur la caisse des fonds secrets; il était aussi soupçonné de prélever une forte part sur les gains de plus d'une sorte que faisait une artiste distinguée de la Comédie-Française. Eh bien! malgré ces bénéfices honteux et illicites, cet officier était toujours perdu de dettes.

Il fit en 1823 la fameuse campagne d'Espagne, avec le grade de lieutenant-colonel, à la suite de l'armée de la foi. De retour de cette glorieuse guerre, il fut nommé colonel et fit partie de l'expédition d'Alger et de celle dirigée contre Bône et rentra ensuite en France, où avait éclaté la révolution de juillet 1830, et sans avoir obtenu de nouvel avancement, malgré la recommandation de M. de Bourmont qui l'avait fait noter comme légitimiste ; ce qui lui fut très défavorable. Le colonel Magnan était stationné à Montbrison avec son régiment le 49e de ligne lorsqu'éclata à Lyon l'insurrection de novembre 1831, laquelle avait fait prisonnier le général Ordonneau et le préfet du Rhône, qu'elle mit généreusement en liberté, forçant le général Roguet à battre en retraite. Le colonel Magnan et la troupe sous ses ordres avaient fait partie de l'expédition dirigée contre la ville insurgée et, après l'échec éprouvé par l'armée, avaient reçu l'ordre du général Roguet de retourner à Montbrison ; mais au lieu de l'exécuter, le colonel Magnan se rapprocha de Lyon, entra en pourparlers avec les insurgés afin d'obtenir l'entrée de son régiment dans la ville. Il leur fit distribuer des proclamations légitimes qui n'obtinrent aucun succès. Cette conduite ambiguë et cette désobéissance aux ordres de son supérieur inspirèrent la plus grande défiance et firent décréter le colonel Magnan d'arrestation ; ce dernier jugea prudent de prendre la fuite et se réfugia en Belgique ; mais, moins compromis qu'il ne l'avait cru, il fut simplement mis à la solde de congé et remplacé dans son commandement. Il sollicita et obtint du service dans l'armée belge avec le grade de maréchal de camp ; après trois années passées à l'étranger, il rentra en France avec le même grade qu'en Belgique, et fut chargée du commandement du département du Nord. C'est là que l'embaucheur bonapartiste Mésonan, soupçonnant son peu de dévouement à la monarchie de juillet, vint lui faire des propositions de la part du prince Louis Bonaparte, un peu avant l'expédition de Boulogne. Il lui fit offrir : « 100 mille francs comptant, 300 mille francs qui seraient déposés chez un banquier et le bâton de maréchal de France. »

Cette proposition était séduisante, mais il y avait de grandes éventualités à courir et le général n'avait aucune confiance dans l'étoile de l'insurgé de Strasbourg, le sort du colonel Vaudrey ne le tentait pas. Il mit l'envoyé bonapartiste à la porte en lui disant : « d'aller se faire pendre ailleurs, » Devant la Cour de Paris, où il comparut comme témoin à charge, il accabla le prétendant de son mépris en lui disant en face que son parti était « un parti ridicule et perdu. »

Cependant, le zèle royaliste, que déploya le général Magnan dans cette circonstance, ne lui valut aucun avancement et ne rétablit pas sa position financière qui allait toujours en s'aggravant ; ses créanciers devenaient chaque jour plus pressés d'être payés et plus pressants. C'était en vain qu'il avait recours à toute espèce d'expédients pour se procurer de l'argent.

La justice découvrit alors que l'honorable général, qui vivait autrefois des fonds secrets et du produit des galanteries d'une actrice, avait imaginé un nouveau moyen, tout aussi honnête, de battre monnaie ; il s'entendait avec les marchands d'hommes et les compagnies de remplacements militaires pour faire accepter leurs marchandises de mauvais aloi et partageait avec eux les bénéfices

Tous ces splendides joyaux, arrachent à toutes ces courtisanes qui les essaient et s'en parent, des cris d'admiration et de joie.

illicites de leur coupable industrie. L'illustre général spéculait sur la chair humaine faisait ce que l'on appelle vulgairement la *Traite des blancs*.

Ayant absolument besoin d'une somme de 8,000 francs pour payer un billet en souffrance qu'il avait souscrit à un marchand d'hommes failli, il emprunta cette somme à M. Tencé père, négociant, et lui céda en garantie par acte sous-seings privés, dûment enregistré, le mobilier qui garnissait son apppartement. Mais quand son prêteur voulut prendre possession du mobilier cédé. M. Magnan lui avoua que les meubles cédés n'étaient pas à lui, mais à son tapissier, ainsi que le constatait un acte, aussi enregistré, postérieur à celui qu'il avait fait en sa faveur, de sorte que la garantie qu'il lui avait donnée était illusoire. Cette manière de s'approprier l'argent des autres a un nom dans le code pénal, on la nomme *escroquerie*. Ce ne fut qu'après être entré dans la conspiration élyséenne que M. Magnan s'exécuta enfin, et paya M. Tencé avec le prix de son crime et de sa trahison. Malgré sa conduite coupable, le général Magnan ne fut pas destitué, il eut même de l'avancement et fut nommé général de division, et il fut de nouveau envoyé en Afrique et chargé de l'inspection générale de l'infanterie dans la province d'Alger. Quelque temps après, Abd-el-Kader s'étant réfugié au Maroc et Bou-Maza errant sans suite, la guerre sainte fut finie et notre héros revint en France.

En 1848, le général Magnan, comme tous les misérables de son espèce et la plupart des bonapartistes, fit sa cour au gouvernement provisoire et se posa en républicain de la veille; il obtint ainsi le commandement de la Corse, d'où il fut bientôt rappelé pour aller prendre, à Lyon, le commandement de la troisième division de l'armée des Alpes. Pendant l'insurrection de juin 1848, il reçut l'ordre de marcher sur Paris, et vint au camp de Saint-Maur. Après l'élection du 10 décembre 1848, il retourna à Lyon pour le compte du prince président, et réprima l'insurrection du 15 juin 1849, qui eut lieu à l'occasion de la violation de la Constitution, par l'expédition faite contre la République romaine. Il déploya contre les défenseurs du droit un grand luxe de canons, de mitraille et de fusillade, et obtint ainsi un facile succès qui lui valut la croix de grand officier de la légion d'honneur. De Lyon, il alla à Strasbourg, prendre le commandement de la septième division militaire; il fut, à cette époque, nommé représentant du peuple par les électeurs de la Seine: il ne fit que de rares apparitions à l'Assemblée législative. On ne le vit guère que tous les six mois pour faire renouveler son congé, et lorsqu'il venait émarger son traitement, dont le cinquième était saisi par ses éternels créanciers. Enfin, le 16 juillet 1851, Louis-Napoléon Bonaparte, qui, dès lors, faisait prendre place à ses complices, le nomma commandant en chef de l'armée de Paris. Le nouveau commandant travailla, avec ardeur, alors, à se faire pardonner sa conduite, devant la Cour des Pairs, si accablante et si outrageante pour celui qui, depuis, était parvenu à la présidence de la République. Il attendait impatiemment le moment d'agir tant désiré, qui devait lui fournir le moyen de payer ses dettes innombrables et lui donner enfin ce bâton de maréchal de France, qui lui avait été offert en 1840, par le prétendant impérial, et qu'il avait eu le bon esprit de refuser.

Les autres officiers à embaucher, portés sur la liste de Louis-Bonaparte, imitèrent l'exemple de Saint-Arnaud et de Magnan, pas un ne refusa. Nous le verrons tout à l'heure.

IX

Sommaire. — Le bal de l'Elysée, le 1er décembre 1851. — Les belles invitées. — Toutes ces dames excitent Louis-Napoléon Bonaparte à faire son coup d'Etat. — Galante réponse du prince. — Les illustres Saint-Arnaud, Fialin, Morny, Fleury, Magnan, Vieyra, Bou-Zian, Molina, etc., honoraient le bal de leur présence. — Ce qu'étaient venus faire dans cette soirée ces illustrations militaires et politiques. — Les exploits de Canrobert dans l'armée de la *Petite Afrique*. — Sa cruauté de hyène. — Il fait massacrer Bou-Zian, sa femme, son fils et sa fille. — La jeunesse et la beauté de cette dernière ne peuvent le sauver. — Le sinistre trophée des têtes coupées. — Canrobert doit son avancement à sa courtisanerie et à ses crimes. — C'est un des plus abominables défenseurs de l'ordre. — Louis-Napoléon Bonaparte lui promet le bâton de maréchal de l'empire. — Ses exploits aux bals de l'Elysée où il danse des cotillons. — Sa femelle éhontée et cruelle, madame de Kalergi. — C'est Mathilde Bonaparte Demidoff qui a fourni cette courtisane à Canrobert. — Ce maréchal d'empire ayant mérité vingt fois d'être rivé au banc des galériens et d'être marqué avec le fer rouge du bourreau du bagne obtient un siège au Sénat avec le grand cordon de la Légion d'honneur. — De Cotte, le digne accolyte de Canrobert. — Ses débauches, sa passion pour le jeu. — Il reçoit 6,000 francs d'arrhes à compte pour ses crimes. — Le féroce Espinasse est un des assassins de la République romaine. — Son frère a été condamné à 20 ans de galères, il les avait moins mérités que lui. — Le colonel Garderens de Boisse. — Ses honteuses débauches, sa crapuleuse existence, son ivrognerie incurable. — Son immoralité au jeu. — Ce qu'il pense et ce qu'il dit des femmes. — Comme la plupart des conspirateurs bonapartistes c'est un bâtard. — Il menace son père naturel de lui brûler la cervelle s'il ne veut pas le reconnaître. — Ce dernier, épouvanté, le reconnaît. — Son allocution à ses soldats. — Les autres officiers assassins enrôlés dans la conjuration de l'Elysée. — Lawœstine et Vieyra se font vis-à-vis. — Rouher Conchon. — Ce qu'était ce procureur auvergnat. — Fortoul le renégat. — Ducos le polygame. — Fould le turcaret juif, l'apôtre de la banqueroute, honore l'Elysée de sa présence. — MM. Magne, Turgot, Lefèvre-Duruflé dansaient à l'Elysée en attendant leurs portefeuilles. — Les autres invités. — Maupas le traître. — Il fabrique une fausse conjuration afin de proclamer l'état de siège et de faire arrêter des innocents. — Il propose de placer chez eux des écrits compromettants, de la poudre et des grenades pour les faire condamner. — Refus et indignation du magistrat à ses abominables propositions. — Embarras du ministre, il est forcé de le désavouer et de le menacer de destitution. — M. de Maupas va trouver le prince. — Ce dernier enchanté le félicite et lui promet la préfecture de police. — Les autres convives. — Le docteur Véron, Romieux, Baroche, Dupin, Larochejacquelein, Montalambert, Veuillot, Péreire, Mirès, Carlier, Piétri, tous hommes tarés. — Ils trafiquent de leurs vices ou de leurs crimes. — D'autres vendent leurs femmes et leurs filles ou vivent aux dépens de ces dernières. — D'autres sont entretenus par des prostituées et se font proxénètes. — Toutes ces infamies sont bien payées et rapportent de gros bénéfices. — Les confidences du prince Louis-Napoléon Bonaparte à M. Vieyra. — Sang-froid de ce dernier en présence du crime. — Mission importante dont il est chargé. — Comment il s'acquitte de cette glorieuse mission. — Le bal terminé, tous les beaux officiers ont fait une jolie conquête avec laquelle ils passent la nuit et achèvent leur conversion à la cause du prince. — Ces dernières leur donnent rendez-vous après le massacre. — Louis-Napoléon reste seul avec ses complices les plus intimes. — Les 25 millions volés à la Banque de France. — La curée de l'or faite par Louis Bonaparte, Persigny, Morny, Saint-Arnaud, Magnan, Forey, Espinasse. — La conjuration. — Les ordres secrets. — Les bandes nocturnes des conjurés. — Arrestations, emprisonnements, massacres. — La résistance au crime. — Mort héroïque de Baudin et de Denis Dussoubs. — La résistance grandit. — Terreur des conspirateurs de l'Elysée. — Louis-Napoléon Bonaparte et Fialin de Persigny saisis de terreur veulent se sauver. — Intervention de Fleury qui s'y oppose. — Quels sels énergiques qu'il fait respirer au héros de Strasbourg et de Boulogne pour le guérir de sa peur. — Louis-Napoléon Bonaparte ordonne à Saint-Arnaud et à Magnan d'exécuter ses ordres secrets. — Ce dernier s'avance avec son armée sur les grands boulevards pour terroriser, épouvanter et broyer. — Les généraux Canrobert, Rewbell, Dulac, de Cotte, Marulaz, Courtigis, etc., sont chargés de cette affreuse besogne. — Epouvantable massacre sur les boulevards. — Orsini et sa sœur Héléna en sont témoins. — Leurs serments de vengeance. — Triomphe de l'ordre dans le sang et sur les cadavres. — Comment une prostituée donne une leçon de moralité à la cour impériale. — Miss Howard à l'Elysée après la bataille. — Elle veut aller de suite aux Tuileries coucher dans le lit des deux impératrices Joséphine et Marie-Louise. — Pendant ce temps-là les soldats se livrent à l'orgie sur les boulevards. — La prostitution s'ébat sur les cadavres. — Triomphe du coup d'Etat.

Plusieurs mois s'étaient écoulés depuis l'embauchage des officiers supérieurs, dont nous avons parlé; le général Saint-Arnaud, était ministre de la guerre, et son collègue Magnan, avait été nommé depuis longtemps gouverneur de l'armée de Paris, bien triée, et dont l'embauchage avait été savamment accompli par les conspirateurs.

Le premier décembre 1851, à dix heures du soir, il y avait grand bal à l'Élysée, les salons étaient brillamment illuminés, des milliers de bougies et de becs de gaz brillaient du plus vif éclat et se reflétaient en gerbes de feux dans les glaces et les dorures, c'était un ruissellement de lumières, un scintillement éblouissant ; de riches tentures de velours soie brochées d'or garnissaient les appartements, des guirlandes de fleurs artificielles étaient suspendues au plafond et ornaient toutes les salles ; des vases précieux, pleins de fleurs de serres chaudes s'étalaient sur les consoles, l'orchestre faisait entendre ses mélodies séduisantes, les danses gracieuses, les valses vertigineuses, entraînaient les invités dans les cadences variées de leurs tourbillons voluptueux ; des essaims de jeunes femmes adorables, apparaissaient et disparaissaient, comme de féeriques visions, dans les ondulations les plus molles et les tourbillonnements les plus entraînants ; toutes ces belles personnes, aux tailles fines et souples, enlacées dans les bras de leurs cavaliers, avaient les seins palpitants, les gorges rebondies, les épaules de satin et d'albâtre, les joues roses, les lèvres pourpres, les dents blanches, les sourires enivrants, les yeux brillants, les cheveux soyeux ; elles étaient couronnées de fleurs, de perles et de diamants ; leur beauté, leurs grâces et leurs séductions allumaient les flammes de l'amour dans les cœurs les plus froids ; elles passaient et repassaient rapides comme des apparitions fantastiques et féeriques en ondulant, comme une mer de merveilles, devant les yeux éblouis qui ne pouvaient suivre dans leurs aspects variés et infinis, toutes leurs grâces, toutes leurs beautés et toutes leurs séductions ravissantes.

Parmi ces belles personnes, il y en avait plusieurs de notre connaissance ; la séduisante princesse Demidoff brillait au milieu d'elles de tout l'éclat de sa jeunesse et de sa beauté, elle avait une robe à double jupe en moire antique bleu de ciel, garnie de bordures en chenille, dont la seconde jupe était coquettement retroussée par une châtelaine de fleurs ; sa coiffure vénitienne était surtout d'une grande beauté, elle se composait d'une guirlande de feuillage en velours vert, mélangé de petites grappes de sobrier d'or, de glands à calices de même métal, de grappes de corail, rouges comme des fruits d'aubépine, pendants et se dessinant au-dessus de la neige de son cou plus gracieux que celui d'un cygne ; trois magnifiques colliers de diamants, mélangés de turquoises et de topazes, scintillaient comme une voie lactée sur sa gorge, à l'échancrure de laquelle une magnifique broche de roses et de rubis rayonnait comme un soleil ; cette charmante personne ainsi parée, éblouissait sous les feux du lustre et des bougies.

La coquette Marie de S..., de retour d'Italie depuis longtemps, n'était ni moins élégante ni moins merveilleuse que la princesse Demidoff ; elle portait, avec une grâce charmante, une robe de satin lumière, très décolletée, à peine assujettie à ses deux épaules polies comme deux billes d'ivoire et laissant voir deux charmants hémisphères d'albâtre, surmontés d'un bouton de rose qu'entourait une berthe de dentelles blanches avec rubans et pattes de rubans de satin rose descendant par derrière jusqu'à la taille, et fixée à la ceinture par un camélia rose au-dessous d'inimitables épaules à fossette bien dessinée ; la jupe de sa robe était garnie de deux volants tuyautés en satin vert, sur le second étaient placés, de distance en distance, de magnifiques camélias roses semblables à celui de la berthe, avec feuillage brillanté de gouttes d'eau en diamants, surmontés d'un volant de dentelles blanches posées en ondulations et garnies d'un ruban de satin rose traversé par des pattes ; au milieu de chacunes d'elles brillait un nœud de saphirs et de rubis alternés ; une écharpe de dentelles roses entourait vaporeusement la taille délicate de la jeune femme, et ses bras nus s'échappaient gracieusement des bouffes de dentelles et des rubans de sa manche très courte à épaulettes surmontées aussi d'un camélia illustré de pierreries ; de superbes bracelets de saphirs et de rubis ornaient ses poignets délicats, et plusieurs rangs de colliers du même genre entouraient son cou charmant et s'étalaient sur son sein comme dans un écrin de satin, sa chevelure relevée était ornée de fleurs semblables à celles de sa robe et entremêlées de saphirs et de rubis, dont un double chapelet attachait ses cheveux qui retombaient par derrière en deux grappes mouvantes sur son cou.

Miss Howard ne le cédait en rien aux grandes dames, dont nous venons de parler, par la richesse et l'élégance de sa toilette. Elle était ravissante dans sa robe de taffetas blanc, bordée au bas de la jupe d'une ruche de rubans jaune d'or qui l'entourait de ses molles ondulations, au-dessus desquelles s'élevaient, placés perpendiculairement des bouillonnés en crêpe jaune, coupés de distance en distance par des ruches en rubans, semblables à celles de la bordure ornées d'un grand nombre de nœuds au centre de chacuns desquels scintillait un brillant ; une seconde jupe de dentelles noires, garnie de deux magnifiques volants, surmontait la première, cette jupe était relevée de chaque côté, à la hauteur des bouillonnés, par deux larges nœuds de dentelles au centre desquels était placée une agrafe d'émeraudes ; le corsage décolleté de la belle Anglaise laissait admirer un sein de neige, dont une berthe de dentelles noires faisait ressortir l'éclat ainsi qu'un nœud de rubans jaunes, au centre duquel éblouissait une broche en pierreries, d'une beauté, d'une élégance et d'une richesse sans pareilles, qui jetait mille reflets brillants sur le satin velouté de sa peau ; une profusion de colliers précieux mêlaient leurs anneaux dans un scintillement de diamants, de saphirs, de rubis, de topazes, d'améthystes. On aurait cru, en voyant la gracieuse miss aux mille reflets des candélabres et des lustres, que quelque fée, comme dans les contes des Mille et une nuits et dans les récits fabuleux d'Orient, l'avait elle-même parée.

Mesdames Lehon, de Courtades, Ney, Vieyra-Molina, Saint-Arnaud, Magnan, Maupas, d'Espelle, Baroche, Fortoul, Ducos, de Castiglione, Rouher, de Kalergi, etc., etc., toutes en splendides toilettes faisaient aussi les délices de cette soirée, leurs maris et leurs amants goûtaient avec elles le plaisir de la danse. Toutes ces charmantes personnes, lorsqu'elles passaient près du prince Louis, lui souriaient gracieusement, et, comme si elles eussent été convenues d'un mot d'ordre, lui disaient chacune à son tour.

— Eh bien, prince, nous attendons toujours le grand jour qui doit vous assurer le pouvoir de tous les jours; osez donc, Sire !... vous n'oserez donc jamais?

— Belles dames, répondait le maître du lieu, calmez votre impatience, ce jour tant désiré viendra peut-être plus tôt que vous ne le supposez.

Beaucoup de ces belles impatientes dissimulaient mal leur incrédulité et haussaient légèrement leurs blanches épaules en signe de doute; l'une d'elles, la femme adultère Lehon, murmurait à l'oreille de son amant de Morny, qui lui faisait des confidences pendant une valse :

— Et surtout, quand le moment d'agir sera venu, pas de demi mesures.

— Sois sans inquiétudes, répondait l'hôte de la niche à Fidèle; chère amie; quand une fois le drame sera commencé, nous étonnerons le monde et nous terroriserons la France par nos rigueurs. Comme Macbeth, nous voulons être roi, et comme nous jouons notre tête, nous voulons gagner la partie à tout prix.

Messieurs Fialin, de Morny, Fleury, Vieyra, et tous les membres des clubs des Culottes de peau et des Cotillons, ainsi qu'un grand nombre d'autres habitués de l'Élysée, assistaient à ce bal.

L'illustre général Leroy, dit de Saint Arnaud, ministre de la guerre, brillamment costumé et revêtu de tous ses ordres et décorations, le trop célèbre Magnan, aussi en grand costume honorèrent cette fête de leur présence, ainsi qu'un grand nombre d'autres, parmi lesquels le fameux Canrobert, un des généraux de la petite Afrique, qui s'était exercé la main à l'assassinat et au massacre dans la guerre de la petite Kabylie; il était encore rouge du sang de Bou-Zian, de sa femme et de toute sa famille, massacrés à Zaatcha. On se souvient encore de cet épisode dramatique de nos guerres d'Afrique, dans lequel quelque centaines d'Arabes retranchés dans leurs maisons résistèrent longtemps aux colonnes des généraux d'Herbillon et Canrobert composées de plusieurs milliers d'hommes.

Voici un extrait du récit de ce siège meurtrier par la *Revue des Deux-Mondes* qui donnera une idée exacte de la cruauté froide de ces Bachibouzoucks africains, sortis depuis 15 ou 20 ans du milieu civilisé, abandonnés à des passions, à des instincts qu'aucun frein ne retenait, laissant commettre ou ordonnant aux soldats sous leurs ordres les actes de la plus épouvantable barbarie et de la plus sauvage cruauté :

« Ce fut le général Canrobert qui dirigea la première colonne d'assaut contre Zaatcha dans la journée du 28 novembre. Au milieu de la mêlée le commandant Lavarande trouva par hasard deux arabes parlant français, il se fit conduire par l'un deux à la maison de Bou-Zian, chef de l'insurrection. Ne pouvant battre cette maison avec du canon, il se fait apporter un sac à poudre fortement chargé, auquel un intrépide sous-officier du génie se charge de mettre le feu. La mine éclate, fait sauter une partie du mur et laisse à découvert 150 hommes et femmes. Les zouaves se précipitèrent sur eux la baïonnette en avant. Il y eut un moment d'attente. Un arabe d'un extérieur et d'une attitude qui révélaient le chef apparut sortant d'un des coins obscurs de la maison. Sa main tenait un fusil qu'il présentait à ses ennemis. Voilà Bou-Zian, s'écria le guide. Aussitôt le commandant se jette sur lui et empêche les soldats de faire feu.

« Je suis Bou-Zian, telle fut la parole du prisonnier; puis il s'assit à la manière arabe et se mit à prier.

« M. Lavarande lui demanda où était sa famille. Il était trop tard pour la sauver. Sa mère, sa fille et sa femme avaient été mises à mort, victimes de la fureur des zouaves, qui s'étaient introduits dans toutes les pièces et avaient passé les habitants au fil de l'épée. La fille de Bou-Zian, que sa beauté aurait dû faire épargner, ne put donc être sauvée, pas plus que les autres femmes, qui, mêlées aux défenseurs de Zaatcha devaient subir comme eux le sort des armes. M. Lavarande avait envoyé prévenir le général que Bou-Zian était entre ses mains.

« Faites-le tuer! telle fut sa réponse.

« Un second messager fut envoyé et rapporta le même ordre.

« Le commandant fit appeler 4 zouaves et leur ordonna, à un signal donné, de viser au cœur, ce qui fut fait, et Bou-Zian tomba raide mort.

« On voulut lui faire couper la tête par le guide qui l'avait trahi, mais celui-ci refusa et présenta aussitôt la sienne. Ce fut un zouave qui se chargea de la cruelle besogne. Il apporta ensuite le sanglant trophée à Canrobert et le lui jeta entre les pieds. La tête du plus jeune fils de Bou-Zian fut également rapportée à Canrobert et alla rejoindre celle du père. On décapita aussi le cadavre de Simoussa qui avait été découvert parmi les morts.

« Et cependant la population barbare, que MM. Herbillon et Canrobert faisaient exterminer ainsi après la victoire, avait soigné les blessés français tombés entre ses mains. »

Ces généraux, assassins de femmes, d'enfants et de vieillards qui faisaient mutiler les cadavres et décapiter les Arabes morts pour se faire de sanglants trophées de leurs têtes, comme des Hurons, venaient mêler leur sauvagerie féroce aux joies de la danse et à l'orgie élyséennes en attendant l'heure d'égorger leurs compatriotes et de s'élever encore de plus beaux trophées avec les cadavres des élégants promeneurs du boulevards des Italiens.

Cette hyène africaine, qui a nom Canrobert, était alors âgée de 47 ans. C'était un être grossier et commun, épais et vulgaire, ayant la tête dans les épaules. Il était un des plus mauvais élèves de l'Ecole militaire, vaniteux et ignorant, courtisan et plat valet de tous les régimes. Il n'a obtenu ses grades que par la flagornerie, la plus basse courtisanerie et les crimes les plus épouvantables. Nommé capitaine en 1842 par le duc d'Orléans, il fut promu lieutenant-colonel trois ans plus tard par le même. Après la chute des d'Orléans, il se prosterna devant Cavaignac et combattit la candidature de Louis-Napoléon Bonaparte; lors de l'élection de ce dernier, il s'attacha à la fortune du général Changarnier devenu commandant des gardes nationales et de l'armée de Paris, après la répression de la manifestation du 13 juin faite en faveur de la République romaine. Nommé alors général de brigade en récompense de son dévouement à la cause de l'ordre réactionnaire, il s'indignait des orgies militaires de Satory, et traitait d'aventurier le héros de Strasbourg et de Boulogne.

Ce dernier ayant besoin de lui pour accomplir une besogne de boucher, en fit facilement la conquête après boire en lui donnant à entendre que le bâton de maréchal serait la récompense de son dévouement. Dès lors, son zèle bonapartiste n'eut plus de limite ; il devint le courtisan de l'amant de miss Howard et de toutes ses courtisanes. Il se fit remarquer par sa galanterie d'ours mal léché dans toutes les soirées et les bals de l'Elysée où il dansait les cotillons avec toutes les prostituées de la bande impériale ; il devint la coqueluche des *femelles* de ce monde interlope qui se préparait à sucer, à dévorer, à ruiner et à déshonorer la France.

Ce grossier et grotesque soudard se promenait dans les salons de l'Elysée au bras d'une *femelle* éhontée, madame Kalergi, qui avait abandonné son mari et que Mathilde Demidoff, la luxurieuse et la luxueuse, avait jetée dans les bras du nouvel embauché afin de le river solidement à sa chaine de honte et d'infamie. L'impériale cousine n'avait pas rougi de jouer le rôle d'entremetteuse en faveur de son cousin ; la fille de l'ancien roi de Westphalie se montrait digne de son auguste père pour l'avilissement, la bassesse et la dégradation.

Aujourd'hui encore, le bandit Canrobert, qui a mérité le bagne, siège sur les bancs de la geôle du Luxembourg. Mais si ce malfaiteur a échappé jusqu'à ce jour à la marque du bourreau, il n'évitera pas la juste flétrissure de l'histoire.

Le général de Cotte, un digne compagnon de Canrobert, lui faisait vis-à-vis dans les contredanses de l'Elysée, il était aussi effilé et souple que le chacal africain égorgeur de Bou-Zian était gros et replet. Le général de Cotte est un véritable aristocrate à particule, au regard oblique, aux lèvres minces sur lesquelles est stéréotypé un sourire aigre-doux et froid.

C'est un joueur effréné, un débauché sans retenue, criblé de dettes ; il s'était fait donner un commandement en Afrique afin d'échapper à ses créanciers qui le poursuivaient.

Mais ses défauts et ses vices ne l'empêchèrent pas de faire son chemin, au contraire ; ils étaient des titres d'avancement aux yeux de ses supérieurs et du gouvernement, auprès desquels ils assuraient sa soumission et une garantie parfaite de son obéissance servile.

Chef d'escadron en 1832, lieutenant-colonel en 1845, il fut nommé colonel deux ans après.

Sa double hypocrisie politique et religieuse contribua beaucoup à sa rapide fortune militaire. Légitimiste de mauvais ton, il qualifiait grossièrement la dynastie de Juillet ; mais quand il avait la bonne fortune de pouvoir approcher les princes d'Orléans, il leur faisait sa cour en mendiant du galon.

SAINT-ARNAUD. — Un saint qui, le jour où on le mettra dans le calendrier, sera, à coup sûr, le patron des bouchers.

Connaissant la dévotion de la reine Marie-Amélie, il afficha les opinions religieuses les plus prononcées et se mit à pratiquer très assidument les devoirs religieux, espérant ainsi capter la confiance de la reine et l'avoir pour protectrice.

Il mangeait régulièrement le bon Dieu et affichait la plus grande componction. Au sortir du confessional, où il avait édifié son directeur spirituel par sa dévotion, son humilité et sa continence, il courait les tripots et les mauvais lieux, où il faisait l'admiration des chevaliers du trente et quarante, du lansquenet et du baccarat et des courtisanes dont il faisait la joie et le bonheur.

Ce papelard dépravé atteignit son but avec son hypocrisie et sa tartuferie ; l'évêque Dupuch exalta dans ses lettres à la reine la ferveur religieuse et le zèle catholique du pieux colonel, qui fut nommé maréchal de camp.

A la chute de Louis-Philippe, de Cotte lui donna le coup de pied de l'âne, il l'insulta grossièrement et se donna pour un républicain sincère et dévoué. Il fit sa cour à Charras. Mais dès que la réaction eût le dessus, de Cotte ne se gêna plus pour reprendre ses anciennes allures légitimistes et cléricales.

Le 10 décembre 1848, il engagea ses soldats à voter pour le prince-président, *le Crétin.* C'est de cette façon peu respectueuse qu'il qualifiait le prétendu neveu du grand Empereur. Il pensait, comme beaucoup d'autres, que sa nomination faciliterait la restauration de la royauté de droit divin, pour laquelle il faisait des vœux. Le conspirateur bonapartiste devait selon lui faire la planche à la royauté et lui servir de pont volant pour escalader le trône.

Mais depuis que Louis Bonaparte était au pouvoir il lui témoignait le plus grand dévouement, et il s'était enrôlé dans la conjuration impériale. Il avait surtout une haine profonde pour la classe ouvrière, pour le peuple qui travaille, qui paye et qui souffre.

En 1849, à Niort, il sabra sans pitié la population laborieuse dans une insurrection qu'il était chargé de réprimer.

Aux saturnales de Satory de 1851, le général de Cotte enivra ses soldats et eur fit crier : *Vive l'Empereur* ! inaugurant ainsi par les excitations à la débauche et à la trahison ce camp fatal qui fut un champ de corruption, avant d'être un théâtre de massacre et de carnage.

Il recevait dès lors 6,000 francs d'arrhes à-compte du sang qu'il devait verser.

Un autre officier, bien digne de figurer dans un quadrille avec Canrobert, Fleury et de Cotte, c'est le colonel Espinasse, aussi vulgaire de tournure que Canrobert, sa figure est encore plus repoussante que celle de ce dernier, il a le regard fauve et louche de la bête de proie dont il a la férocité.

Un jour, dans une rencontre avec les Kabyles, le duc d'Aumale a sauvé la vie à ce misérable, qui, pour lui en témoigner sa reconnaissance, s'est associé avec Louis Bonaparte pour aider ce dernier à confisquer une partie de l'héritage de celui auquel il devait la vie. Mais c'est là le moindre des méfaits de ce bandit.

En 1848, il offrit, comme tous ses collègues, ses services à la République qui les refusa, le général Cavaignac le jugeant trop incapable pour pouvoir être utilisé.

Le conspirateur de Décembre fut moins difficile, il envoya le colonel Espinasse à Rome avec le catholique Oudinot, pour assassiner la République romaine et rétablir le gouvernement du pontife hypocrite et cruel, ce prétendu représentant de Dieu sur la terre. Tout récemment revenu de Rome, le colonel

Espinasse a été embauché dans la conspiration bonapartiste par l'entreprenant Fleury, qui l'a fait placer à la tête du 42e de ligne.

Ajoutons encore que le frère de cet horrible soudard a été condamné en 1845, par la cour d'assises de la Seine, à 20 ans de travaux forcés pour abus de confiance avec récidive, et qu'il s'est suicidé en prison. Quelle famille ! Un galérien et un traître encore plus digne du bagne que son frère. Voilà un bel échantillon des invités de l'Élysée.

Un autre colonel tout aussi vil que M. Espinasse et bien digne de faire la paire avec lui, c'est M. Garderens de Boisse ; aussi il avait été invité et assistait au bal de l'Élysée, dont il était digne sous tous les rapports de faire partie. Comme tous les bandits enrôlés par le malandrin impérial, il est perdu de dettes, rongé de défauts et de vices ; il a épousé la fille d'un banqueroutier, tel gendre tel beau-père, ce qui ne l'empêche pas de se livrer à la débauche et de courir les mauvais lieux. Sans foi ni loi, n'ayant ni honneur, ni pudeur, ce vil libertin professe le plus profond mépris pour la plus belle moitié du genre humain, à laquelle il applique sans cesse le dicton de l'Arétin. Il se glorifie de ne respecter aucune femme, pas mêmes celles de ses amis. Il met tout en œuvre pour leur plaire et les séduire, dit-il, avec un air cynique, un grossier accent, un sourire abominable : la ruse, les promesses la calomnie, les menaces et les prières, tout m'est bon, et je ne recule devant rien quand il s'agit de la satisfaction de mes plaisirs et de mes passions.

Ivrogne et débauché, il est encore un joueur effréné, il joue toutes les fois qu'il peut en trouver l'occasion, tout ce qu'il a, et surtout ce qu'il n'a pas. S'il ne peut pas acquitter ses prétendues dettes d'honneur, cela lui est fort indifférent, il se moque de ses créanciers et leur rit au nez. Il invoque le bénéfice de la loi qui ne reconnait pas les dettes de jeu.

Mais ce sont là les plus minimes peccadilles de ce bandit capable de tout. Nous allons citer un trait de lui qui le caractérisera complètement et qui fera voir de quoi il est capable.

Ce monsieur Garderens de Boisse est un bâtard ou enfant naturel, ce qui nous est parfaitement indifférent, mais il parait que monsieur Garderens n'est pas de notre avis et qu'il tient beaucoup à la légalisation de sa position sociale. Son père naturel étant gravement malade, il s'en fut le trouver, et s'approchant brusquement du lit sur lequel reposait l'auteur de ses jours, il lui mit le pistolet sur la gorge en le menaçant de le tuer s'il ne signait pas immédiatement l'acte de la reconnaissance de sa naissance légale. Le malheureux père connaissant de quoi était capable son cher fils, et craignant d'être tué, signa tout ce qu'il voulut.

« Soldats, disait Garderens à ses fantassins sur la place Saint-Sulpice, que rien ne vous arrête, frappez hardiment tout ce qui s'opposerait à vous ; femmes, enfants, vieillards, tuez tout sans pitié », et il promettait en récompense à ses soldats les honteux lauriers de la guerre civile !

On comprend qu'un pareil misérable était digne en tout point du choix de M. Louis Bonaparte, et de figurer sur la liste des bandits qu'il associait à sa fortune, et qu'il invitait à ses soirées. Le scélérat, qui ne reculait pas devant un parricide, devait accepter avec empressement les propositions du monstre qui passait rapidement et sans transition des scènes de rapines et de meurtre aux plus grandes orgies et aux plus obscènes débauches. MM. Rochefort et Cornemuse, deux colonels assassins, dansaient aussi avec les courtisanes de l'Élysée.

Le collègue de Canrobert à Zaatcha, le couard incapable et cruel général d'Herbillon, était aussi de la fête élyséenne, ainsi que le farouche Rewbell, le grossier Korte, le cynique meurtrier Dulac, Forey le mal.appris, Rippert et Sauboul, deux obscurs soudards, Marulaz et Courtigis, renommés par leur cruauté froide. Les généraux de division Carrelet, Renauld et Levasseur, étaient les dignes commandants en chef de cette armée de Paris qui « était de nature à écarter toute crainte » comme dit l'historiographe impérial, perdu de sens moral, gascon folliculaire, Granier de Cassagnac.

C'était l'armée qui devait assurer le succès du crime; aussi Louis-Napoléon Bonaparte n'avait rien négligé pour la séduire et la corrompre. Il mit tout en œuvre, les promesses, les séductions, l'embauchage, c'est surtout aux chefs qu'il s'adresse, sans cependant négliger les soldats : aux uns il promet des grades, de l'avancement, des pensions, aux autres de l'argent, des croix, des honneurs; à ceux qui résistent à ces moyens, et il y en a peu, il envoie de jolies femmes chargées de les séduire. Il les invite tous à ses fêtes, à ses soirées, à ses bals où d'aimables sirènes achèvent avec leurs charmes ce qu'il a si bien commencé par l'appât du lucre, le désir de la fortune, la convoitise des grades et de l'avancement.

Quelques-uns des généraux marchent au crime entraînés par la discipline, comme de vieux soldats habitués à la caserne et soumis depuis de longues années à l'obéissance passive. Sauboul et Korte sont de ce nombre.

D'autres sont attirés par l'appât de l'argent comme Saint-Arnaud, Canrobert, Magnan, Forey, Espinasse, Garderens, ce sont les plus dangereux et les plus criminels ; ils tueraient leur père et leur mère pour de l'or. Le butin leur est indispensable, ils le ramassent dans le sang et dans la boue.

Beaucoup désirent des grades et sont prêts à tout pour des galons et des épaulettes. Tel était le général Tartas. Il avait renoncé, il y avait quelque temps, à son mandat de représentant du peuple pour être placé à la tête de deux régiments de carabiniers cantonnés à Versailles ; présomptueux, ignorant et sceptique, il jette volontiers son sabre dans toutes les aventures. « Je ne connais d'autres livres que mes chevaux, » disait-il un jour avec complaisance. Cet officier supérieur réalisait l'idéal du soldat bonapartiste. C'était un assidu des soirées du prince.

La plupart ont fait la guerre en Algérie, mais ils n'y ont joué qu'un rôle secondaire. Leur gloire est restée enfouie dans les palmiers nains que foulaient les sabots de leurs chevaux. Ils n'occupent qu'un rang subalterne dans l'esprit des soldats qui les désignent sous la dénomination de *Petite Afrique;* mais s'ils n'ont pas conquis une grande réputation, dans les gorges de l'Atlas, ils y ont ramassé des besoins et des vices. Ce sol qu'ils étaient chargés de conquérir les a conquis lui-même. Leurs passions et leurs convoitises se sont allumées au contact de cette terre ardente. Elle a développé en eux le goût du despotisme déjà si naturel au soldat. Ils pouvaient peut-être encore croire au droit en quittant la France, mais à leur retour ils ne croient plus qu'à la force ! Ils ont rapporté dans la métropole toutes les mauvaises mœurs, toutes les violences et toutes les corruptions africaines. Les guerres de la *Petite Afrique* ont été une école de brigandage, sous la direction des Saint-Arnaud, des Canrobert, des Herbillon, etc. Ils formaient, à la tête de leurs troupes dressées par eux aux razias, aux rapines et à l'assassinat, un camp de brigands où il n'était pas difficile à Louis-Napoléon Bonaparte de recruter et d'embaucher des mercenaires pour son infâme besogne.

Les généraux traînaient à leur suite une trentaine de colonels dignes de partager leurs exploits et leur butin, et qui rivalisaient de zèle dans le crime.

Après l'embauchage des chefs, on a procédé à celui des simples soldats. Tous ont reçu en argent le prix du sang. Tous l'ont accepté. Voilà ce qu'a fait cette infâme armée du *Bas-Empire.* Elle a assassiné la République, pour de l'argent. Quelle honte !

A côté des généraux mercenaires et traîtres, vils condottieri qui attendaient depuis longtemps le moment opportun pour se vendre, verser le sang des citoyens, détruire les libertés et toucher le prix de leurs crimes, il y avait aussi les chefs vendus de la garde nationale, le général Lawoestine, commandant en chef, et Vieyra Molina, son chef d'état-major ; ces deux derniers, complices des conspirateurs de l'Élysée dans la journée du 13 juin 1849, avaient fait déjà le sac des journaux républicains et pillé les imprimeries Prou et Boulé.

Les futurs ministres de Louis-Napoléon Bonaparte assistaient aussi à cette soirée et mêlaient leurs habits noirs aux brillants uniformes des chefs de l'armée de Paris.

Le lourd et épais Rouher-Conchon, un procureur auvergnat, rapace, tenace et coriace, promenait son encombrante personne dans les salons de l'Élysée. Ce personnage ambitieux et audacieux s'était précipité dans la conspiration comme un chien dans la curée.

Il fit d'abord assez triste figure avec sa face austère et patibulaire ; il faisait tache sur le tableau, lui, pauvre clerc, au milieu des viveurs émérites qui l'entouraient, à côté des figures joviales des Mimi-Véron, des Coco-Romieu et compagnie qui chahutaient autour de lui ; mais comme il était habile dans l'art des proscriptions, retors et expert dans celui de fausser les textes et de crocheter la loi, qu'il n'avait ni moralité ni scrupules, qu'il mentait avec audace et se parjurait avec cynisme, qu'il haïssait d'instinct tout ce qui était grand, beau, bon et généreux, qu'il avait horreur du droit, de la justice et de la liberté, et qu'on le savait capable d'étrangler cette dernière, d'assassiner la République et la Constitution moyennant un fort salaire, on lui pardonna ses défectuosités, son manque de gaieté et d'entrain et son inhabileté à savoir faire *la noce*. Une fois admis dans ce monde de sacripans et de joyeux compagnons, il eut bientôt conquis le premier rang, et, grâce à sa persévérance, à sa tenacité, à son labeur et aux autres qualités de sa race auvergnate, il fut bientôt un des plus ardents et des plus importants conspirateurs impériaux.

Fortoul, son collègue, ne le valait pas, quoiqu'il ne manqua pas d'un certain mérite aux yeux du chef de cette bande de coquins. Ancien maître d'études au collège de Toulouse, il avait été tour à tour catholique, voltairien, Saint-Simonien, républicain, socialiste, révolutionnaire et philogyne. Il sacrifia tout ce bagage sur l'autel du bonapartisme et l'ancien pion pédagogue devait accepter avec un aplomb plus qu'extraordinaire le portefeuille de l'instruction publique et devint ainsi d'un seul coup grand-maître de l'Université.

On rencontre la même hypocrisie et la même bassesse chez M. Ducos, futur ministre de la marine, aussi un transfuge du libéralisme ; ce polygame habitait Auteuil, où il cachait les trois femmes, qui devaient l'illustrer en se disputant son nom et sa main.

Ce pacha parisien avait été, comme tant d'autres, invité au bal de l'Élysée, et il y était venu avec ces trois houris qui, à cette époque, faisaient son bonheur.

Il consacra toute la nuit à ses trois aimables compagnes qui l'absorbèrent complètement et ne lui permirent pas de s'occuper de politique. Lorsqu'il rentra chez lui le matin et qu'il put se consacrer tout entier aux douceurs orientales de son petit harem, il était loin de songer à la gloire et à la fortune qui l'attendaient, il ne se serait jamais douté que quelques heures plus tard, lui, qui était si mollement bercé sur le sein de ses trois grâces, serait bientôt placé à la tête de notre marine, chargé de la protéger contre les flots agités et les tempêtes de l'empire des mers.

M. Fould, le turcaret juif, a daigné honorer de sa présence, l'impériale soirée. Depuis 1848, il s'était donné des airs républicains, afin d'assurer un peu de sécurité à sa caisse.

Il avait même poussé la bonne volonté et la bienveillance envers le nouveau régime, jusqu'à lui donner des conseils. Il avait proposé à l'honnête Michel Goudchaux, ministre des finances après le 24 février 1848, de décréter la banqueroute. Cette opération financière lui souriait beaucoup. Il espérait l'utiliser à son profit en jouant sur les fonds publics alors à la baisse et en réalisant ainsi de beaux bénéfices. Il croyait aussi que la banqueroute déshonorerait la République et amènerait bientôt sa chûte.

C'était à ce financier, honnête et émérite, que l'avenir de nos finances devait être confié.

M. Magne, un ennemi du droit, un partisan de la force brutale, ami de Bugeaud de Transnonain, admirait tous les beaux officiers félons qui devaient bientôt être chargés de mettre ses doctrines en pratique.

Le descendant du grand Turgot, venait déshonorer son nom justement célèbre, dans les salons dorés du bouge élyséen. Il devait être chargé de la tâche difficile de présenter le guet-apens de décembre, comme une chose honorable, aux puissances de l'Europe.

Son voisin, Lefèvre-Duruflé ou le baron l'Empesé, pseudonyme avec lequel il avait signé son fameux traité : l'*Art de mettre sa cravate*, causait avec le fashionnable comte d'Orsay, sans doute; ces deux *beaux* discutaient quelques points importants de l'art transcendant de se cravater, dont M. Lefèvre incontestablement était l'auteur le plus érudit.

MM. Casabianca, Abattucci, Drouin de l'Huys, Bineau, Baroche, Troplong, Billaud, etc., se promenaient ou causaient dans les salons.

Trois autres invités s'entretenaient à voix basse dans l'embrasure d'une croisée; c'étaient MM. Carlier, Piétri et Maupas.

— Vous n'aurez qu'à faire exécuter le plan de Carlier, disait Piétri le corse à Maupas le traître; si vous l'interprétez bien, le succès est assuré.

— Le prince peut compter sur mon zèle et sur mon intelligence, répondit ce dernier.

L'homme qui venait de prononcer ces derniers mots s'était anobli lui-même; à l'exemple de MM. Fialin et Arnaud Leroy, il s'était payé gratuitement une particule, mais meilleur fils que M. Fialin, il avait daigné conserver le nom de son père, pour l'illustrer comme nous le verrons. Il s'était simplement fait appeler *de* Maupas. Jusque là, nous ne lui reprochons rien de bien criminel. Il n'était coupable que de grossière vanité.

Mais, hélas! M. de Maupas ne devait pas s'en tenir là. Ce personnage d'une nullité complète et d'une incapacité grossière avait, malgré cela, ou peut-être à cause de cela, été nommé sous-préfet d'Uzès.

Eh bien, malgré son esprit à la fois présomptueux et court, épais et intrigant, M. de Maupas dût à l'élection du 10 décembre 1848, son élévation à l'importante sous-préfecture de Boulogne, et bientôt il obtint la préfecture de l'Allier, et enfin, celle, meilleure encore, de la Haute-Garonne.

Ces faveurs successives avaient élevé à son paroxysme la vanité de M. de Maupas. Il arriva dans sa préfecture à Toulouse de son air le plus vainqueur, en disant partout et très haut qu'il ne reconnaissait point de ministre, qu'il ne relevait que du président, qu'il avait sa place toute marquée à l'Elysée, et que, s'il se contentait provisoirement de la préfecture de Toulouse, c'est qu'on lui abandonnait comme un fief la souveraineté de son département. Mais il ne se croyait pas préfet pour tout de bon, tant qu'il n'avait pas obtenu la mise en état de siège du département de la Haute-Garonne. Il lui fallait une conspiration, des visites domiciliaires et des arrestations préventives. Et il menaçait de fabriquer lui-même le complot et de faire procéder aux arrestations si on ne voulait pas le faire pour lui. Et pour atteindre son but, il demandait que l'on arrêtât, emprisonnât et condamnât trente-deux citoyens, parmi lesquels trois conseillers-généraux, sous prétexte de conspiration contre la sûreté de l'Etat.

Le juge d'instruction refusait, disant qu'il n'y avait pas lieu, qu'il n'y avait pas de conjuration, et que, s'il opérait des arrestations, il serait obligé de relâcher les prévenus après le premier interrogatoire. Le premier président et le procureur général disaient comme le juge et le couvraient de leur responsabilité. Mais cela ne faisait pas le bonheur de M. de Maupas qui voulait à tout prix avoir son complot.

Alors, en désespoir de cause, moitié par effronterie, moitié par sottise, il dit au magistrat qui lui refusait les arrestations qu'il sollicitait :

— Vous craignez d'être obligé de relâcher vos prisonniers, parce que vous ne trouverez pas de preuves contre eux. Oh ! soyez tranquille à ce sujet, vous trouverez où il faudra tout ce qui sera nécessaire pour bien caractériser un bon complot. D'ici quelques jours je mettrai tout en ordre. J'attends de Paris un agent très habile qui a coopéré à la confection des Bulletins des Comités de résistance, et il nous fera trouver chez les accusés tout ce que nous désirerons, des papiers, de la poudre et des grenades.

Mais, malheureusement, par exception, cette fois le magistrat n'était pas à la hauteur de ses honorables fonctions ; il ne fut pas « tranquille » et s'en fut rendre compte au premier président Piou de la proposition de l'honorable préfet. Le premier président en informa le ministre de la justice. M. de Maupas, de son côté, écrivit aussi et se plaignit au ministre de la grossière incapacité des magistrats toulousains « qui ne comprenaient rien. »

M. Rouher,— car c'était lui qui était alors ministre de la justice,— était fort embarrassé : il n'osait pas condamner son complice et associé de Maupas ; d'un autre côté, il redoutait un scandale s'il ne le révoquait pas. Espérant se tirer d'affaire et gagner du temps, il répondit avec sa candeur de coquin « qu'il ne pouvait croire à tant de déloyauté de la part d'un préfet. »

Le naïf procureur général, croyant à la loyauté de Rouher, s'en fut à Paris, pour le convaincre avec des preuves écrites.

M. de Maupas fut aussi mandé à Paris dans le cabinet du ministre. Là le procureur général, M. Faucher accusa et stigmatisa avec une telle véhémence indignée le préfet de Maupas, que ce dernier perdit contenance, balbutia une excuse embarrassée et ne sut que répondre.

Le ministre ne trouva qu'un moyen de sauver ce qu'il appelait l'honneur du gouvernement : ce fut de sacrifier l'imprudent et impudent de Maupas, il lui annonça sa destitution. Ce dernier, à cette décision imprévue, se rendit « très ému, les yeux encore gros de larmes » à l'Élysée, pour verser sa douleur et sa honte dans le sein d'un maître digne de le comprendre.

Là, naturellement, l'odieuse tentative criminelle qu'on reprochait au trop zélé serviteur et préfet de Toulouse, parut être un trait de génie ; le prince, lui

M. de Maupas, prince de la Coupe-qui-saute, chevalier de la Légion d'honneur et d'industrie.

le comprit et fut tranquille. Il reconnut en M. de Maupas un homme digne de le servir, il était un de ceux dont il avait besoin pour un coup plus éclatant et encore plus criminel. Il fut embauché et invité à la soirée de l'Élysée, et quand le procureur général vint prendre congé du président de la République, qui lui avait fait compliment de sa belle conduite, il fut bien surpris de voir ce dernier se promenant dans les salons bras-dessus bras-dessous avec M. de Maupas. L'infortuné magistrat comprit alors à quels bandits il avait affaire. Il salua et s'enfuit, mais il ne s'attendait pas encore au dénouement du lendemain.

Voilà quel était l'homme que nous verrons bientôt à l'œuvre et qui dans cette soirée faisait le beau, papillonnait et souriait aux jolies femmes.

Après les confidents intimes, les officiers généraux traîtres et fripons, les ministres prévaricateurs, venaient tous les aventuriers, complices subalternes, les comparses, les valets de plume et autres, toute la cohue des larbins politiques, toute la meute des intrigants, qui attendaient leur part de la curée, qui se préparaient à se repaître des dépouilles de la France, à s'engraisser de ses sueurs et de son sang.

Un Véron, un docteur en industries équivoques, journaliste vénal, écrivain immoral, viveur corrompu, Falstaff grossier, gâté de cœur, perdu de mœurs, dépourvu de sens moral, prostitué à tous les régimes.

Un Barthelémy, jadis poète, maintenant tombé au rang des laquais de plume, composant des cantates par ordre et rimant des éloges sur commande, à prix d'or.

Un Romieux, coureur de bouges et de mauvais lieux, ayant passé sa jeunesse dans la dissipation, la débauche et l'orgie, et consacré sa vieillesse à célébrer la venue des cosaques dans des pamphlets dégoûtants, où il glorifie la force brutale, la mitraille, le règne du sabre et du canon, des forts remparts hérissés de baïonnettes et d'artillerie dans des flots de sang ; « car le canon, dit-il, doit régler les questions de notre siècle et il les réglera, dut-il arriver de la Russie. »

Un Baroche, qui après avoir demandé « la mise en accusation d'un ministère odieux et coupable » sous Louis-Philippe, devient plus tard sous la République, le plus odieux et le plus coupable des ministres; vil transfuge, qui passa du camp royaliste dans celui des républicains, se fit socialiste enragé en Février 1848, réactionnaire à tous crins en 1849, bonapartiste un an plus tard, et impérialiste en 1850.

Un Dupin, âme vile et vénale, serviteur, ami et exécuteur testamentaire du vieux roi Louis-Philippe, qui ne rougit pas plus tard d'accepter les faveurs de l'homme qui avait dépouillé les enfants de son bienfaiteur en confisquant les biens de la famille d'Orléans; magistrat sans honneur qui s'oublia jusqu'à prêter serment à un parjure.

Un Larochejaquelin qui déshonora son nom, fit rougir ses aïeux dans leur tombe, et qui fit mourir sa mère et sa femme de honte et de désespoir, en se parant de la livrée sénatoriale, que lui octroya l'héritier de l'assassin du duc d'Enghien.

Un Montalembert, qui est venu sanctionner avec son goupillon la mise en pratique de la devise de ses maîtres les jésuites : *la fin justifie les moyens*, et qui applaudit des deux mains à ceux qui, comme son patron Loyola « faisaient des cadavres », mais des cadavres qui ne marchaient pas, comme il y en eut en si grand nombre sur les boulevards le quatre décembre 1851.

Un Veuillot, batracien grossier et cynique qui coassa dans la boue sanglante de décembre, se vautra comme un animal immonde dans l'ordure du coup d'État, et s'acharna sur les cadavres des vaincus comme un corbeau dégoûtant ou un chien avide.

Un Billaud, transfuge libéral, républicain-socialiste, passé au camp du despotisme, apostat politique, coupable de toutes les palinodies.

Un Péreire et un Mirès, financiers véreux, turcarets effrontés, associés des conspirateurs de décembre; tout le monde connaît les malheurs judiciaires du second et son heureuse chance devant la Cour de Douai, qui l'a acquitté et rendu à la liberté.

Carlier, un double traître, qui conspirait à la fois pour les orléanistes et pour les bonapartistes, et suivit à la fin la fortune de ces derniers, étant fortement compromis dans la loterie des lingots d'or et redoutant la Cour d'assises, dont le coup d'Etat l'a sauvé.

Piétri, vrai bandit Corse, qui avait aidé à la perpétration du coup d'État avec le sang-froid et la cruauté d'un bravi consommé; pour mieux dissimuler les préparatifs de ce forfait, il se disait républicain et se portait garant de la loyauté du prince : « Ne redoutez rien de lui, ne le craignez pas, disait-il, aux membres de la montagne; il est républicain comme nous, il respectera la République; s'il osait jamais l'attaquer, je n'attendrais pas que la loi le frappât; je courrais le poignarder moi-même, je voudrais être son Brutus. » Depuis, Brutus-Pietri vit au ratelier du guet-apens, dont il est un des plus fermes soutiens, comme préfet de police.

Vaudrey, l'ancien complice de Strasbourg, qui a repris son rôle de traître, sans qu'il soit besoin cette fois des charmes et des tendres faveurs de madame Gordon, devenue blette, pour l'atteler au char du nouveau César et de sa fortune.

Mais arrêtons-nous, car nous n'en finirions pas, si nous voulions citer tous les hommes perdus d'honneur qui faisaient partie de la bande de l'Elysée, pas un honnête homme ne s'était fourvoyé au milieu de ces coquins.

Tels étaient les complices de Louis-Bonaparte, presque tous hommes tarés, à la conscience vénale, à la moralité véreuse : Morny vivait aux dépens d'une femme; Saint-Arnaud mettait au Mont-de-Piété, pour 18 francs, les chemises de deux femmes, ses maîtresses, et se faisait payer ses dettes par une femme, pour sortir de Sainte-Pélagie où il était prisonnier; Magnan avait été entrenu par une actrice; Vieyra vivait du produit de la prostitution de six malheureuses femmes publiques; Vaudrey s'était laissé séduire par une femme; Ducos avait trois femmes légitimes; Fialin acceptait la maîtresse de son maître pour en faire sa femme; les proxénètes fournissaient des femmes; Saint-Arnaud se faisait le geôlier d'une femme en couches, qu'il espionnait, et obtenait ainsi de l'avancement; Magnan partageait avec des compagnies militaires les bénéfices de leur honteux trafic, il admettait à prix d'argent leur marchandise véreuse, il spéculait sur la chair humaine et trafiquait du sang de la France, il se faisait, ce que l'on appelle, en argot de caserne, *mangeur de blancs*, après avoir été un *mangeur de blanches*.

La plupart d'entre ces gens tarés sont des bâtards et portent des noms et des titres qui ne leur appartiennent pas.

M. de Morny est un bâtard de Napoléon Ier et de la chaste Hortense de Beauharnais ; Walewski est le produit des amours adultères de Napoléon Ier avec une belle Polonaise ; MM. de Persigny, de Cassagnac, de Saint-Arnaud portent des noms et des titres qui ne leur appartiennent pas ; le vieux Jérôme Bonaparte était un bigame ; quand il épousa sa seconde femme, la première, madame Patterson, vivait encore et il n'avait pas divorcé avec elle, d'où il résulte qu'aux yeux de la loi, ses deux enfants, Mathilde et le prince Jérôme, sont deux bâtards ; M. Ducos est un trigame. Voilà les mœurs et la moralité des hommes qui gouvernaient la France à cette époque.

Les vices et les crimes de ces hommes ont été appréciés, estimés, côtés et payés à prix d'or.

On les avait pesés dans une balance, essayés sur une pierre de touche, tarifés sur un tableau ; Fialin avait été chargé de ce soin.

On les avait recrutés des deux mains pour la conspiration, pour le guet-apens, pour l'orgie et pour la luxure. Tous s'étaient prostitués.

L'un avait vendu ses vices, l'autre ses crimes, celui-ci sa trahison, celui-là son apostasie, un premier son corps, un second son intelligence, un troisième sa conscience ; ce général, son épée ; ce magistrat, le livre de la loi ; ces juges, leurs arrêts ; ce représentant du peuple, la Constitution ; ce conseiller de Cour suprême, la République ; ce prélat, sa religion ; ce législateur, son vote ; ce journaliste, son talent ; cet écrivain, sa plume ; cet historien, la vérité ; ce poète, sa muse ; ces nobles, leurs parchemins ; cet orateur, sa parole ; ces fonctionnaires publics, leurs services ; ces soldats, leurs baïonnettes ; ces femmes, leur beauté ; ces bourreaux, le sang des justes ; et tous, la liberté !

Les plus vils, les valets, les esclaves, les eunuques de Tibère, livraient leurs femmes, fournissaient leurs filles, procuraient des maîtresses, des concubines, des courtisanes ou se prostituaient, en personne, en vrais mignons, au maître et à ses complices. Et toutes ces infamies avaient cours et rapportaient honneur, fortune, puissance.

Les consciences des Sibour, des Baroche, des Troplong, des Rouher ; les vices des Morny, des Vieyra, des Fialin ; les épées des Saint-Arnaud, des Magnan, des Espinasse, des Canrobert, des Forey, des Montauban, etc.; les apostasies des Larochejacquelin, des Billaud, des Timon ; les complaisances des Fleury, des Bacciochi, des Mocquart ; le dévouement des Maupas, des Chappuis-Montlaville, des Conneau ; les platitudes des Cassagnac, des Limeyrac, des Laguéronnière, des Césena ; les louanges fades des Belmontet, des Barthélemy et des Arsène Houssaye ; les malpropretés des Feydeau, des Veuillot et des About ; le concours des Fould, des Rothschild, des Péreire ; les complicités des Girardin, des Guéroult et des Havin ; et les charmes des Mathilde, des miss Howard, des Despel, des Lehon, des Castiglione, etc., étaient cotés très-haut, et rapportaient des millions.

Jamais on ne vit les hontes, les bassesses, les platitudes, les apostasies, les palinodies, les hypocrisies, les trahisons, les prostitutions, être aussi recherchées, aussi prisées, aussi payées et aussi rentées, titrées, décorées, gradées et honorées. C'étaient les saturnales de toutes les infamies; le triomphe de toutes les pourritures; les bacchanales de toutes les laideurs, les hideurs et les horreurs!

Pendant que cette cohue de corruptions faites hommes s'agitait, tournait, dansait, tourbillonnait, enivrée par les symphonies et les harmonies de l'orchestre, le prince, s'étant adossé à une cheminée, appela d'un signe le colonel Vieyra, nommé la veille chef d'état-major de la garde nationale.

— Colonel, lui dit-il en souriant, êtes-vous assez maître de votre visage pour ne rien y laisser paraître d'une grande émotion?

— Je le crois, mon prince, répondit Vieyra.

— Fort bien; — et alors avec un sourire plus épanoui : — C'est pour cette nuit, dit-il à demi-voix. Vous n'avez pas bougé; c'est bien, vous êtes fort. Pouvez-vous me répondre que demain le rappel ne sera battu nulle part et qu'aucune convocation de la garde nationale n'aura lieu?

— Très facilement, pourvu que j'aie assez d'ordonnances à ma disposition.

— Voyez pour cela le ministre de la guerre.

— Partez, maintenant, mais pas de suite, on croirait que je vous ai donné un ordre.

Puis, prenant le bras de l'ambassadeur d'Espagne qui s'avançait, le prince quitta la cheminée pendant que M. Vieyra, pour dérouter tous soupçons, allait échanger quelques banalitées dans un groupe de dames (1).

Peu de temps après cet incident, environ à 2 heures du matin, les convives commencèrent à se retirer, toutes les belles danseuses s'en furent avec leurs charmants cavaliers. Tous les aimables officiers aux brillants uniformes, qui avaient assisté à ce bal, avaient été séduits par une jolie femme qui avait fait leur conquête et enlevé leur conversion à la cause du prince. Toutes ces goules s'attachaient, se collaient à eux par tous ces liens invisibles, avec cette glue qui lie si fortement l'homme à la femme par tous les pores ou plutôt par tous les sens. Elles les excitaient, leur laissaient entrevoir leurs charmes et toutes leurs beautés sans les leur abandonner; elles leur en promettaient la jouissance pour la nuit suivante s'ils avaient bien servi le prince, s'ils l'avaient aidé à faire triompher sa cause. Elles seraient toutes aux vainqueurs de l'anarchie, du socialisme et de la République, à ceux qui auraient fait triompher l'ordre, la religion, la famille, la propriété et l'Empire.

Mais ils devaient être sans pitié pour la démagogie, pour la vile multitude. Ces dames comme leur prince avaient en horreur « *la populace et les faubourgs.* »

Elles promettaient à leurs cavaliers toutes les plus exquises jouissances, s'ils

---

(1) Mayer, apologiste du coup d'État. *Histoire du deux décembre.*

se présentaient à elles après avoir écrasé les défenseurs de la République, les mains rouges du sang du bas peuple. Elles les excitaient de toutes leurs forces au meurtre et à l'assassinat des citoyens. « N'épargnez pas ces canailles, ces crapules de républicains, n'ayez nulle pitié de leurs femmes et de leurs enfants, leur disaient-elles. Ils n'en méritent pas, ils sont nos ennemis et ceux du prince.»

Excités par les fumées du champagne, enivrés par les séductions des pieuvres lascives qui les enlaçaient, les chacals de la Petite Afrique accordaient tout ce qu'exigeaient les vampires femelles qui se promettaient de se repaître de carnage, de se gorger d'or et de sucer le sang du peuple.

Et quand ils les quittèrent sous l'étreinte d'un brûlant baiser, ils leur juraient de revenir dignes d'elles ; rouges de sang, éclaboussés de cervelles et les poches pleines de l'or provenant du pillage des caisses publiques, reçu pour le prix de leur trahison et de leurs massacres.

C'est ainsi que les Canrobert, les Espinasse, les Garderens, les Rewbell, les Forey, les Rochefort, etc., quittèrent le bal de l'Élysée pour aller procéder au massacre de leur concitoyens, au pillage de la banque de France et des caisses des ministères.

Quand tous les invités de l'Elysée furent partis, quand le silence eut remplacé les sons bruyants de la musique délirante, et que les lustres aux mille feux furent éteints, Louis-Napoléon Bonaparte resta avec ses complices les plus intimes, dans le fameux salon doré où trente-six ans avant, en 1815, Napoléon 1er avait fait ses adieux à sa famille et à ses compagnons d'armes avant de quitter la France pour toujours. Le prince Louis-Napoléon Bonaparte, président de la République française, était seul, assis dans un vaste fauteuil, devant un bon feu, ayant les pieds sur les chenets.

Il semblait plongé dans les plus sombres réflexions ; il était pâle et défait, ses traits étaient profondément fatigués, et sa physionomie respirait l'anxiété la plus vive, l'incertitude la plus grande, un léger tremblement nerveux agitait ses bras et ses jambes, ses mains se crispaient sur les bras de son fauteuil qu'il serrait convulsivement, ses lèvres pâles étaient contractées sous ses épaisses moustaches et, quoiqu'il fut devant un bon feu, ses dents claquaient, les rides précoces de son front et de ses joues semblaient encore plus profondes que d'habitude, son teint pâle et jaunâtre était coloré d'un reflet livide, ses yeux ternes paraissaient encore plus vitreux qu'à l'ordinaire sous ses paupières pendantes ; son regard éteint, morne et froid était d'une fixité effrayante.

Tout à coup, le silence de tombeau qui régnait dans le cabinet fut interrompu par un léger bruit ; le prince tressaillit, se leva comme s'il eut été mu par un ressort, et, saisissant deux pistolets, qui étaient devant lui sur la cheminée, il les arma à toute aventure. Mais il les remit bientôt à leur place quand il aperçut, entre les battants de la porte entrebâillée, la physionomie de fouine de M. Fialin,

— Eh bien, lui dit le prince, avez-vous réussi dans votre mission ?

— Oui, prince, les 25 millions demandés à la Banque, sont là, dans le cabinet voisin, sous la garde du général Roguet. On a bien fait quelques difficultés pour me les donner, mais il a bien fallu céder devant les baïonnettes.

— C'est bien, dit le prince, faites les apporter ici, car il me les faudra tout à l'heure pour payer Saint-Arnaud, Magnan, Canrobert, Forey, Lespinasse, Lourmel, etc., etc.; l'or et les billets de banque sont comme vous le savez, le nerf de la guerre et des conspirations. M. Fialin sortit et rentra bientôt accompagné de deux soldats qui portaient un coffre soigneusement fermé, qui semblait très lourd et que Louis-Napoléon Bonaparte fit déposer dans son cabinet de travail attenant au salon.

A peine les 25 millions étaient-ils placés sur la table, que l'ancien acteur Florival, l'ancien pensionnaire de la prison pour dette, l'ex-geôlier de la duchesse de Berry, l'ex-officier taré mis en disponibilité, l'ex-concussionnaire commandant d'Orléansville, le général Leroy, dit de Saint-Arnaud, ministre de la guerre, s'il faut l'appeler par son nom, entrait dans le cabinet du prince. Ce condottiere, malgré l'heure avancée de la nuit, était en grand uniforme tout chamarré de croix et de décorations, et brodé d'or sur toutes les coutures; aucun désordre ne se remarquait dans sa tenue, ni rien d'extraordinaire dans sa physionomie, toute sa personne, au contraire, respirait un air de confiance et de satisfaction. Ce soldat aventurier avait depuis longtemps perdu toute honte et toute pudeur, il était descendu au dernier degré de l'infamie et savait braver de sang-froid le mépris public et le pilori de l'histoire; il était gai et content cette nuit là, car il était persuadé de toucher le prix des nouveaux crimes qu'il allait commettre et d'échapper à leur juste châtiment. Cet homme était dans sa sphère, il avait flairé le parjure, la trahison et l'assassinat; aussi, était-ce le sourire aux lèvres et d'un air radieux qu'il salua le prince.

Bientôt plusieurs autres personnages firent successivement leur entrée dans le salon.

C'étaient : MM. Fialin, de Morny, Fleury et de Maupas, que nos lecteurs connaissent.

Lorsque ces cinq personnages furent près de lui, Louis-Napoléon Bonaparte leur dit :

— Messieurs, c'est pour aujourd'hui... Les grandes destinées que je rêve et auxquelles je travaille depuis si longtemps vont enfin s'accomplir; êtes-vous toujours disposés à me seconder dans mes projets? puis-je compter jusqu'à la fin sur votre concours ferme et dévoué?

— Oui, prince, vous pouvez compter sur nous jusqu'à la mort, répondirent les cinq affidés.

— Réfléchissez bien; car, vous ne l'ignorez pas, nous jouons nos têtes. Si nous succombons, elles sont perdues; si au contraire nous triomphons, il n'y aura plus de bornes pour la satisfaction de notre ambition, nous serons les maîtres absolus de la France, et plus tard de l'Europe. Nous aurons le pouvoir, les honneurs, la fortune, tout ce que des mortels peuvent souhaiter, nos désirs seront tous satisfaits.

— Toutes nos réflexions sont faites, répondirent les cinq complices, nous nous associons à votre fortune et, quoiqu'il arrive, nous la partagerons.

— Merci, Messieurs; avec des amis tels que vous, je suis d'avance assuré du succès de mon entreprise.

Le président, qui avait prêté serment de fidélité à la République, à la Constitution et à l'Assemblée, le 20 décembre 1848, « en présence de Dieu et du peuple français » et devant le monde entier, du haut de la tribune de l'Assemblée nationale, lut alors à ses complices un décret et des proclamations dans lesquels il déclarait : que l'Assemblée nationale était dissoute, que la constitution démocratique et libérale de la République était abolie, et il proposait de la remplacer par les sénatus-consultes despotiques du premier Empire; et il proclamait en outre l'Etat de siège dans toute la première division militaire. Quand le prince eut terminé ses communications et la lecture de toutes ses pièces, ses cinq complices s'inclinèrent en signe d'approbation.

Louis-Napoléon Bonaparte ouvrit alors le tiroir du bureau placé près de lui, dans lequel il prit cinq plis cachetés et il en remit un à chacun de ses confidents en leur disant :

— Messieurs, voici mes instructions pour chacun des vous; je charge M. de Persigny de la direction générale de mon coup d'État; je nomme M. de Morny ministre de l'intérieur, ce sera lui qui fera exécuter mes décrets et publiera mes proclamations dans toute la France, il révoquera les fonctionnaires publics suspectés de tiédeur, il suspendra tous les journaux à l'exception de ceux qui défendent ma politique et que je lui désignerai, il fera occuper les imprimeries par la force armée et apposer les scellés sur les presses, il adressera une circulaire à tous les préfets, et prendra toutes les mesures qu'il jugera utiles pour le succès de notre entreprise; M. Maupas est nommé préfet de police, il dirigera les arrestations dont il signera les mandats, parmi lesquels il y en aura seize contre les représentants du peuple que j'ai jugés les plus dangereux ou les plus influents, il fera emprisonner soixante-dix-huit chefs de clubs, de sociétés secrètes ou de barricades, qui sont nominativement désignés dans mes instructions; le général Saint-Arnaud, ministre de la guerre, assurera le succès de mon coup d'État au moyen de la force armée, il fera exécuter mes ordres par le commandant en chef de l'armée de Paris, le général Magnan, officier supérieur dévoué et audacieux, dont le concours nous est acquis, il fera appliquer rigoureusement l'état de siège, défendra et empêchera les rassemblements sur la voie publique; il assurera l'exécution du décret de dissolution de l'Assemblée nationale, et il fera arrêter et emprisonner tous les représentants qui opposeront de la résistance; il s'opposera à toute manifestation hostile dans la rue et à la construction des barricades; il fera attaquer, prendre et démolir par la force armée toutes celles qui auraient été construites, et il emploiera tous les moyens,

Deux-Décembre. — La troupe brisant les presses des journaux républicains.

même les plus rigoureux, pour assurer le succès de notre entreprise. Dans le cas où nous serions forcés d'abandonner Paris, il ferait retirer l'armée en bon ordre dans les forts et à Vincennes, où il nous serait facile de nous maintenir longtemps encore et de reprendre l'offensive pour reconquérir la capitale en la bombardant. Voici encore un autre pli cacheté dans lequel je donne mes ordres les plus secrets au général Saint-Arnaud, en lui indiquant d'autres mesures de rigueur, dont le succès est infaillible dans le cas où nous éprouverions une résistance trop énergique ; mais je lui recommande de ne le décacheter que sur un ordre spécial que je lui donnerai à cet effet.

42ᵉ LIVRAISON. (LIBRAIRIE POPULAIRE.)

M. Fleury restera attaché à notre personne en qualité d'aide-de-camp, et il sera particulièrement chargé de veiller à notre sûreté et à celle du palais de l'Élysée; il devra toujours avoir des voitures attelées, prêtes à partir pour fuir par derrière le palais en cas d'insuccès.

Messieurs, vous connaissez maintenant mes instructions, veuillez les faire exécuter promptement, et ne pas oublier qu'il y va de nos têtes; « qu'il faut, sous peine de défaite honteuse et de guerre civile, non pas seulement prévenir mais épouvanter. En matière de coup d'État on ne se discute pas, on frappe, on n'attend pas l'ennemi, on fond dessus, on broie ou on est broyé ! »

Après ces recommandations, MM. de Morny, Fialin, Fleury, de Maupas et Saint-Arnaud prirent les ordres qui leur étaient destinés en disant à Louis-Napoléon Bonaparte :

— Prince, vous pouvez vous confier à notre dévouement et à notre zèle pour l'exécution de vos ordres.

— C'est bien, Messieurs, je compte sur vous, mais, comme on ne sait pas ce qui peut arriver et que vous pouvez avoir besoin d'argent, je vais vous donner un acompte pour encourager et récompenser votre dévouement, et vous prémunir contre les éventualités de l'avenir.

Louis-Napoléon Bonaparte passa ensuite dans son cabinet de travail, dans lequel il fit successivement appeler tous ses complices afin de leur remettre une somme considérable.

Le premier introduit fut le général Saint-Arnaud, auquel le président de la République remit quinze cent mille francs en or et en billets de banque, savoir : cinq cents mille francs pour lui, cinq cents mille pour le général Magnan, cent mille pour le colonel Espinasse, cent mille pour Forey et trois cents mille francs pour faire distribuer aux officiers, sous-officiers et soldats de l'armée de Paris.

A la vue de ces richesses, les yeux de Saint-Arnaud brillèrent d'un fauve éclat, il prit avec avidité l'or et les billets de banque étalés devant lui, et il les engouffra dans ses poches profondes, véritables tonneaux des Danaïdes, dans lesquelles on aurait pu verser tous les trésors sans jamais les remplir.

— Ce que je vous remets aujourd'hui n'est qu'un acompte, dit le prince, vous recevrez encore pour vous trois cents mille francs dans trois jours et cinq cents mille francs aussitôt que notre entreprise aura réussi, sans compter le bâton de maréchal qui vous attend.

— Je vous remercie beaucoup, prince, dit le général mercenaire, que l'appât du lucre séduisait, je vous prouverai que je ne suis pas un ingrat, et vous n'aurez qu'à vous féliciter de votre générosité à mon égard, je vous réponds sur ma tête du succès de notre entreprise, et j'espère être bientôt maréchal de France.

Tous les confidents de Louis-Napoléon Bonaparte vinrent ensuite successivement recevoir à l'avance le prix de leur trahison. Persigny, Morny, Maupas et Fleury eurent leur part dans la curée. Combien reçurent-ils ? — On l'ignore, mais on suppose qu'ils ne furent pas moins bien payés que leur collègue Saint-Arnaud.

Quand les machinateurs du coup d'État eurent ainsi scellé leur pacte liberticide, il était deux heures du matin. Le prince les engagea à aller prendre un peu de repos en leur disant :

— Adieu, Messieurs, ou plutôt au revoir, n'oubliez pas que c'est aujourd'hui l'anniversaire de la bataille d'Austerlitz, et qu'il y a quarante-six ans, l'empereur, mon oncle, s'endormait après avoir préparé la bataille du lendemain. Espérons que dans quelques heures nous gagnerons notre bataille d'Austerlitz, et que le jour qui commence nous donnera le pouvoir et la puissance pour tous les autres jours.

— Nous le souhaitons tous, prince, et nous allons préparer ce grand résultat.

Après quelques heures de repos les conspirateurs bonapartistes se mirent à l'œuvre et chacun d'eux alla prendre le poste qui lui avait été assigné. M. de Morny, le plus intelligent et le plus capable d'entre eux, apporta dans l'accomplissement de sa tâche tout le sang-froid d'un homme blasé, le mépris profond des hommes et des choses, et il poussa le scepticisme et l'immoralité, jusqu'à l'oubli de tout sentiment d'honneur, de délicatesse, de probité et d'humanité ; il se jeta résolument dans le crime, comme un homme qui a brûlé ses vaisseaux, comme un aventurier, un flibustier ou un bandit, qui n'a rien à perdre et tout à gagner. Comme tous ses collègues, les insolvables de la société du *dix décembre*, il avait dissipé tout son avoir et contracté des dettes considérables ; il lui fallait satisfaire à tout prix ses créanciers impitoyables, qui menaçaient de l'envoyer à Clichy et de saisir le charmant hôtel des Champs-Elysées où il étalait son fastueux adultère, avec la femme Lehon ; le matin même du coup d'État, la Fulvie associée à sa fortune, à sa honte et au bénéfice de ses crimes, lui écrivait pour lui renouveler la recommandation, qu'elle lui avait déjà faite la veille, d'employer les grands moyens, d'être sans pitié ni miséricorde : — « surtout, frappez vigoureusement, lui disait-elle, souvenez-vous, que si vous succombez, tout est perdu pour nous, que nous serons à tout jamais réduits à mener une existence précaire, que la gêne et la misère seront notre partage, que si nous échappons à nos ennemis, il nous faudra courir à travers le monde, errants et proscrits, sans un coin de terre, sans une pierre pour reposer notre tête. » — Cette perspective était affreuse pour un viveur de la trempe de Morny ; aussi, était-ce avec un désir ardent qu'il convoitait le pouvoir, les honneurs et la fortune ; la fortune, surtout, si nécessaire à une existence de luxe et de plaisir, et qui procure toutes les jouissances.

Les mêmes motifs inspiraient tous ses collègues : le général de Saint-Arnaud était, comme lui, perdu de dettes et de réputation, et, de plus, menacé d'une enquête sur son passé, sur ses concussions à Orléansville, qui allait le déshonorer et le perdre à tout jamais, et comme il avait conservé les mêmes goûts de débauche insatiable et de luxe effréné, il lui fallait pour cela puiser de nouveau à pleines mains dans les coffres de l'Etat.

M. Fleury avait tout perdu, tout mangé, tout dissipé avec les femmes, il ne songeait qu'à deux choses : s'enrichir et jouir, pour cela, il eut commis tous les crimes et mis, s'il l'eût fallu, le feu quatre coins du globe.

M. Maupas avait la même ambition inextinguible, la même soif de fortun que ses collègues, c'est pour cela aussi qu'il s'était jeté dans le crime de décembre.

Quand à M. Fialin, tout le monde sait qu'il n'avait ni sous ni mailles, qu'il ne s'est mis dans la conjuration bonapartiste que pour remplir ses poches, et que pour avoir des titres, des châteaux et des rentes.

De tous ces conjurés, il n'y en avait pas un seul qui eut une opinion politique, tous étaient poussé par les mobiles les plus bas et les plus abjects.

Voilà quels étaient les perpétrateurs du coup d'Etat du 2 décembre 1851.

Mais voyons-les à l'œuvre ; quand une fois ils eurent commencé leur infâme attentat, leurs violences et leurs cruautés, égalèrent alors leur hypocrisie, leur ruse et leur astuce.

Ces traîtres et ces ribauds avaient annoncé dans leurs *bandos* nocturnes collés sur les murs de la capitale, qu'ils seraient sans merci ni pitié envers les défenseurs du droit, qu'ils appelaient, comme toujours, des insurgés, des ennemis de l'ordre, des anarchistes.

« Toute tentative de résistance, disait Maupas, sera promptement et inflexiblement réprimée, qu'aucune d'elle ne se produise sans se briser immédiatement contre une inflexible répression. »

Et comme si ces avertissements féroces, n'étaient pas suffisants pour rendre la pensée de cruauté froide et perfide qu'ils cachaient, le préfet de police des conjurés du 2 décembre ajoutait :

« L'état de siège est décreté, le moment est venu d'en appliquer les *conséquences rigoureuses...*

« Que les citoyens paisibles restent à leur logis.

« Il y aurait *péril sérieux* à contrevenir aux dispositions arrêtées. »

Les assassins prévenaient, en ces termes ambigus, les habitants de la capitale, qu'ils allaient commencer leurs épouvantables massacres et qu'il y aurait *péril sérieux* à sortir de *son logis*. Hélas ! ils n'ont que trop bien justifié ces sinistres présages, comme nous le verrons plus loin.

Le traître Saint-Arnaud était beaucoup plus explicite ; il avouait brutalement les procédés impitoyables qu'il voulait employer pour faire triompher son crime.

« Tout individu pris, construisant ou défendant des barricades ou les armes à la main, *sera immédiatement fusillé*, disait-il.

Les faits sont venus confirmer les craintes que causaient ces menaces féroces. A peine les cinq malfaiteurs, dont nous venons de parler, furent-ils installés dans leurs nouvelles fonctions, qu'ils se livrèrent à tous leurs instincts sauvages de banditisme. M. Maupas, le préfet-bandit, fit envahir par ses argousins, la nuit, à main armée, à l'aide de fausses clefs, de violence et d'effraction, les domiciles des représentants du peuple inviolables : MM. Cavaignac, Charras, Cholat, Bedeau, Lamoricière, Leflo, Changarnier, Valentin, Thiers, Roger du Nord, Nadaud, Greppo, Miot, Lagrange, Baze, Baune, etc..., furent arrêtés après les scènes de violence les plus grossières et conduits dans les cellules de Mazas, où ils furent enfermés comme des malfaiteurs. Un nombre considérable d'autres citoyens, non représentants et connus pour leur dévouement à la République subirent le même sort.

Après l'emprisonnement des représentants du peuple les plus influents, les violateurs du droit firent envahir, par une escouade de gendarmes mobiles et de soldats, le palais législatif, et chasser à coups de crosses et de baïonnettes les législateurs, qui étaient restés fermes à leur poste et qui venaient de décréter : « que Louis-Napoléon Bonaparte était déchu de ses fonctions de président de la République, comme coupable du crime de *haute trahison*. » Plusieurs représentants qui refusèrent de quitter leurs sièges en furent arrachés par force, à coups de crosses et de baïonnettes, et traînés en prison. Le colonel du 6e de ligne, l'ignoble Garderens de Boisse, un misérable soudard, ivre de champagne et d'absinthe, disait à ses soldats : « Emmenez ces brigands de représentants, s'ils font la moindre résistance, vos armes sont chargées, tirez dessus, et si cela ne suffit pas, fou... leur vos baïonnettes dans le ventre, soyez aveuglément soumis aux ordres de vos chefs, que rien ne vous arrête ; tuez tout ce qui s'opposerait à votre gloire; femmes, enfants, vieillards : frappez-les tous ! »

C'était sous la haute direction du colonel Espinasse que toutes les violences commises au palais législatif avaient lieu, ce félon gagnait, en s'en rendant coupable, les cent mille francs, qui lui avaient été remis par les traîtres, fauteurs du coup d'État.

Un nombre considérable de représentants du peuple ayant appris que le palais législatif était occupé militairement, se réunirent à la mairie du dixième arrondissement, sous la présidence de MM. Vitet et Benoist-d'Azy, afin d'aviser aux moyens de défendre la Constitution et ils rendirent les décrets suivants :

« Louis-Napoléon Bonaparte est déchu de ses fonctions de président de la République.

« Les citoyens sont tenus de lui refuser obéissance.

« Le pouvoir exécutif passe de plein droit à l'Assemblée nationale.

« Les juges de la haute cour de justice sont tenus de se réunir immédiatement, sous peine de forfaiture, pour procéder au jugement du président de la République et de ses complices.

« En conséquence, il est enjoint à tous les fonctionnaires et dépositaires de la force d'obéir à toutes réquisitions faites au nom de l'Assemblée, sous peine de forfaiture et de trahison.

« Fait et adopté à l'unanimité, en séance publique, le 2 décembre 1851. »

Par un autre décret, l'Assemblée nommait le général Oudinot commandant en chef de l'armée de Paris, et le chargeait de la défense de l'Assemblée.

Cette nomination fut des plus fâcheuses, car personne n'avait oublié que ce même général avait, en 1849, attaqué et pris Rome par trahison, renversé la République et rétabli le pape. Quelle confiance pouvait inspirer l'assassin de la République romaine aux défenseurs de la République française ?

A peine le général Oudinot était-il nommé que la troupe, sous les ordres du général Forey, aussi vendu à l'Élysée, entourait et envahissait la mairie du 10ᵉ arrondissement.

Un officier se présenta avec un ordre du traître Magnan, lui enjoignant de faire évacuer la mairie, et d'arrêter tous les représentants qui opposeraient de la résistance. Le général Forey, vint bientôt en personne pour exécuter sa honteuse mission. Le général Oudinot le somma, au nom de la Constitution et des décrets de l'Assemblée, de respecter l'inviolabilité de cette dernière ; mais le félon, qui avait en poche, cinq cents mille francs, le prix de son infâme trahison, passa outre en disant qu'il avait des ordres et qu'il les exécuterait.

— Vous devez avant tout respecter les lois et la Constitution, lui répondit l'homme qui avait violé ces mêmes lois et cette même Constitution en détruisant la République romaine.

— Je ne connais que mes ordres, peu m'importe les lois et la Constitution, répondit le général aux cinq cents mille francs, et il donna l'ordre à sa troupe, ivre d'eau-de-vie, d'arrêter les représentants du peuple. Les trabuccaires et les argousins des décembriseurs se précipitèrent alors sur les représentants du peuple, les saisirent au collet et les entraînèrent brutalement dans la rue, où la foule les accueillit aux cris de : vive la République ! vive la Constitution ! vive l'Assemblée ! vive les représentants !

On eut alors un navrant spectacle en voyant arrêter 300 représentants du peuple, élus de la nation, et comptant dans leurs rangs toutes les célébrités de la France ; d'anciens ministres, des écrivains, des orateurs, des magistrats, des hommes illustres dans les sciences, les lettres, la magistrature, le barreau, l'armée, etc..... ; parmi lesquels on comptait plusieurs généraux. Toutes ces illustrations furent empoignées par des argousins, traînées entre deux haies de soldats avinés, à la tête desquels marchait triomphalement un général félon ; tous ces législateurs furent conduits dans la cour d'une caserne où on les parqua comme un troupeau de vil bétail, en les exposant aux lazzis des soldats en goguette.

La haute cour de justice, à la nouvelle du guet-apens du deux décembre 1851, s'assembla et prit l'arrêté suivant :

« En vertu de l'article 68 de la Constitution, la haute cour de justice déclare Louis-Napoléon Bonaparte *prévenu du crime de haute trahison* : convoque le haut jury national pour procéder sans délai au jugement du coupable, etc..... »

Quand le fils naturel de la vertueuse Hortense, l'amant de la Lehon, l'homme de la *niche à Fidèle*, devenu ministre de l'intérieur par la grâce de la trahison et du parjure, eut connaissance de l'arrêt de la haute cour, il fit envahir le prétoire par une bande de ses baskirs. Les juges en hermine, ces graves magistrats en cheveux blancs, revêtus de la toge et de la robe, appuyés sur le livre de la loi, la constitution à la main, qui venaient de mettre en accusation Louis-Napoléon Bonaparte prévenu *du crime de haute trahison*, et qui ce jour-là défendaient bien malgré eux le droit, furent chassés brutalement de l'enceinte du tribunal, par les soldats avinés et corrompus du nouveau Bas-Empire, et jetés à la porte du sanctuaire de la justice.

Les membres du Conseil-d'État, qui avaient protesté contre le crime du deux décembre, eurent le même sort que les représentants du peuple et les juges de la haute cour, ils furent chassés par la force armée du lieu de leurs délibérations.

Partout les criminels du deux décembre avaient mis les sabres de leurs argousins et les baïonnettes de leurs soldats à la place de la souveraineté du peuple, de la justice et de la loi.

Mais les coupables ne s'arrêtèrent pas en si beau chemin, une fois entrés dans la voie de la trahison et de la violence, ils devaient naturellement la suivre jusqu'au bout ; le crime est un engrenage fatal, terrible, inexorable, une fois qu'il vous a saisi il ne vous lâche plus. Après le parjure, la violation de la constitution, et de la souveraineté du peuple, le vol des caisses de l'État, l'arrestation des représentants, les brutalités exercées contre les magistrats, etc., devaient nécessairement venir l'assassinat et le massacre des citoyens ; c'est ce qui a eu lieu en effet. Comme tous les grands coupables, les contempteurs du droit devaient nécessairement descendre les derniers degrés du crime et verser le sang, après avoir volé la liberté et les caisses publiques. C'était dans la logique fatale de leur destinée, comme nous le verrons plus loin.

Les représentants du peuple, faisant partie de la Montagne, avaient aussi publié une protestation et un acte de déchéance contre le président de la République. Voici la copie textuelle de cette pièce énergique et virile, rédigée par le citoyen Victor Hugo.

Au peuple et à l'armée :

« Louis-Napoléon Bonaparte est un traître.

« Il a violé la constitution.

« Il s'est lui-même mis hors la loi.

« Les représentants républicains rappellent au peuple et à l'armée les articles 68 et 110 de la constitution, etc.

. . . .

« Que le peuple fasse son devoir, les représentants républicains marchent à sa tête.

« Aux armes ! vive la République ! vive la Constitution ! (Suivent les signatures.) »

Le trois décembre 1851, à sept heures du matin, les auteurs de cette proclamation énergique résolurent de défendre la République les armes à la main. Les citoyens Cournet, Amable Lemaître, Maillard, Ruin et d'autres tout aussi dévoués ; les représentants du peuple Baudin, Deflotte, Dulac, Schœlcher, Bruckner, Maigne et Malardier, se rendirent au faubourg Saint-Antoine et firent un appel à ses habitants pour combattre avec eux les violateurs de la constitution et de la souveraineté du peuple. Aux cris aux armes ! aux barricades ! que poussaient ces généreux citoyens, une centaine d'ouvriers se joignirent à eux, et ils se mirent immédiatement tous ensemble à construire une barricade au coin des rues de Cotte et Sainte-Marguerite ; à peine leur construction était-elle ébauchée qu'arriva un détachement d'infanterie ; à la vue des soldats, tous les républicains se rangèrent derrière la barricade et s'apprêtèrent à repousser l'attaque de la troupe. Quand celle-ci fut à la portée de la voix, les représentants montèrent sur la barricade et lui firent signe de s'arrêter.

— Nous sommes représentants du peuple, dirent-ils aux soldats, on vous trompe, on vous fait porter vos armes contre la Constitution et la République, défendez-les au contraire, venez combattre pour elles avec nous ; écoutez notre voix, celle de l'honneur, ce sera votre gloire et vous empêcherez la guerre civile et vous sauverez la République !

— Taisez-vous, répondit l'officier, nommé Pujol, qui commandait le détachement, je ne veux pas vous entendre, j'obéis à mes chefs..., retirez-vous ou je commande le feu.

— Vous pouvez nous tuer, répondirent les Montagnards et leurs compagnons, mais vous ne nous ferez pas reculer ; nous sommes les défenseurs de la justice, de la loi et du droit, nous leur ferons un rempart de nos corps, et vous serez obligés de percer nos poitrines avant d'arriver jusqu'à eux ; souvenez-vous qu'en nous frappant vous vous rendez coupables de grands crimes : d'assassinat et de trahison !

Pour toute réponse l'officier ordonna à ses soldats d'apprêter leurs armes et d'avancer. Ceux-ci croisèrent la baïonnette ; les défenseurs de la constitution en firent autant, mais dans ce mouvement précipité, et malgré la recommandation de ne pas tirer qui avait été faite, un coup de feu partit des rangs des républicains, et les soldats y répondirent par une décharge ; Baudin, debout sur la barricade reçut trois balles dans la tête et tomba baigné dans son sang ; un jeune ouvrier placé près de lui fut également tué ; les républicains firent alors une décharge générale sur la troupe, un soldat tomba mort et plusieurs furent blessés.

Les militaires se précipitèrent ensuite à la baïonnette sur la barricade. Schœlcher reçu deux blessures légères et, après une vigoureuse résistance, les

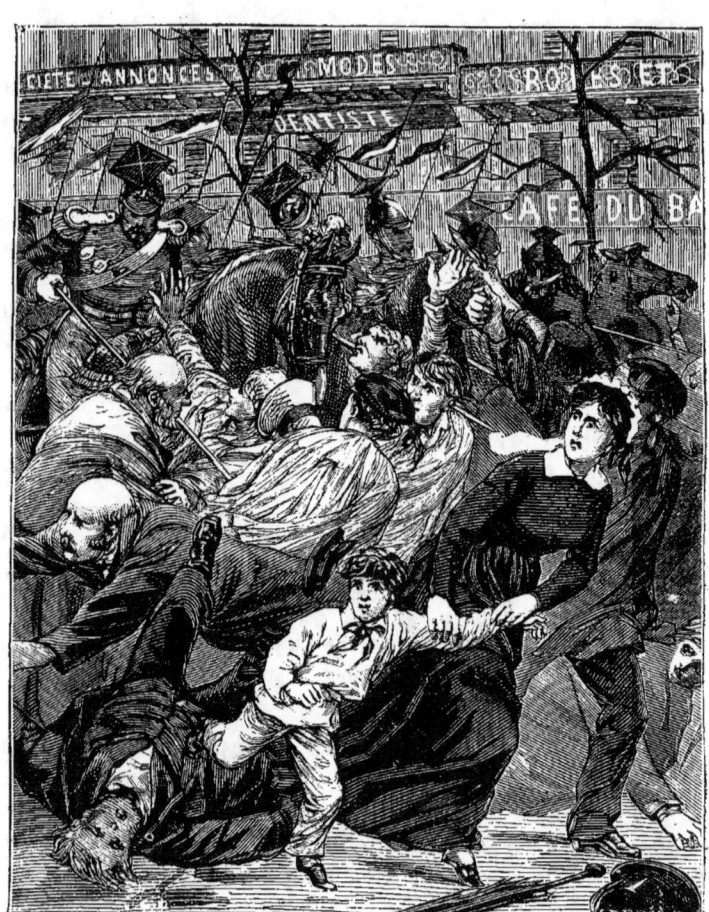

Deux Décembre. — Les lanciers chargeant la foule sur le boulevard.

républicains, mal armés, durent céder au nombre, furent dispersés et se réfugièrent dans les maisons voisines.

Cet épisode d'héroïque résistance de quelques citoyens courageux et de sept ou huit représentants du peuple qui accomplirent jusqu'au bout le mandat qui leur avait été confié; cette mort sublime du martyr Baudin, tombant la constitution à la main, sous les balles des sicaires, des parjures de décembre; ce jeune ouvrier mourant pour la République à côté de l'élu du peuple, sont des exemples sublimes de l'accomplissement du devoir et du dévouement poussé jusqu'au sacrifice, et ils seront à jamais des titres d'honneur et de gloire pour la République qui les a inspirés.

Voici un autre trait d'héroïsme tout aussi grand que celui que nous venons de raconter.

Le même jour, trois décembre, quelques républicains avaient défendu toute la journée une faible barricade construite à la jonction de la rue du Cadran et de la rue Montmartre. A dix heures du soir, deux autres républicains vinrent se joindre aux combattants. C'étaient Carpentier, délégué du comité socialiste et Dussoubs jeune, frère du représentant du département de la Haute-Vienne, ils arrivaient de la mairie du 10me arrondissement, où une lutte sanglante avait eu lieu dans la journée. Dussoubs dont une balle avait labouré la poitrine était agité. Ce brave jeune homme était profondément peiné de ce que son frère, représentant du peuple, retenu au lit par une maladie de poitrine, ne pouvait venir combattre les violateurs de la constitution, et il avait résolu de prendre sa place sur les barricades et de mourir pour la République. Il y avait à peine une demi heure que les deux nouveaux combattants étaient derrière la barricade, quand la troupe, sous les ordres du traître de Lourmel, attaqua les républicains. Dussoubs, debout sur les pavés amoncelés et ceint de l'écharpe de son frère, s'adressa aux soldats; ils les adjura de ne pas soutenir les violateurs de la constitution, les ennemis de la République qui, depuis deux jours versaient le sang du peuple et foulaient aux pieds tous leurs serments; il leur démontra l'étendue de leurs crimes et fit appel aux sentiments de fraternité qui doivent unir les soldats au peuple.

Le commandant, simulant l'attendrissement, invita le jeune républicain à descendre de la barricade et à venir auprès de lui pour fraterniser, traiter de la paix et éviter l'effusion du sang; généreux et confiant, comme on l'est à son âge, Dussoubs n'hésita pas à descendre et à aller au devant de ses ennemis; mais à peine eut-il fait dix pas, que sur un signe de de Lourmel les sicaires du despotismes abaissèrent leurs fusils, firent feu et l'assassinèrent. Ils se précipitèrent ensuite sur la barricade et l'enlevèrent après de rudes assauts. Carpentier et une quinzaine de ses braves amis combattirent en héros et moururent en martyrs.

Mais leur mort et celle du généreux Dussoubs furent bien vengées, de nombreux soldats furent tués dans cette attaque et leurs cadavres tombèrent dans une mare de sang au pied de la barricade.

Dans cette journée du trois décembre il y avait eu un grand nombre de combats dans les rues Montmartre, Saint-Sauveur, du Petit-Carreau, Montorgueil, Aumaire, au passage du Saumon, partout les soldats de la trahison, du parjure et du guet-apens du deux décembre se montrèrent impitoyables, et, selon les ordres féroces qu'ils avaient reçus de leurs chefs, fusillèrent impitoyablement tous leurs prisonniers.

Les bourreaux inexorables ne se lassaient pas d'égorger leurs victimes.

Chinderhannes, Cartouche ou le capitaine Mandrin à la tête de leurs bandes de brigands n'en eussent pas fait autant et se fussent montrés plus humains.

Après ces lâches assassinats des prisonniers, que nous avons racontés, devaient nécessairement venir les égorgements des promeneurs inoffensifs.

Voici en quels termes les raconte un écrivain bonapartiste, apologiste de tous les crimes qui furent commis alors, M. le capitaine Mauduit :

« Le 3 décembre 1861, vers dix heures et demie du soir, le colonel de Rochefort, du premier lanciers, reçut la mission de partir avec deux escadrons seulement pour maintenir la circulation sur les boulevards...

« Le colonel ayant reçu l'ordre de charger tous les groupes, il se servit *d'une ruse de guerre* dont le résultat fut de châtier un certain nombre de promeneurs en paletots.

« Il masqua ses escadrons pendant quelques instants, dans un pli de terrain, près du Château-d'Eau, pour leur donner le change et leur laisser croire qu'il était occupé de ce côté de la Bastille ; mais, faisant brusquement un demi tour sans être aperçu et prescrivant aux trompettes de l'avant-garde de se mettre dans les rangs, il se mit en marche au pas, jusqu'au moment où il se trouva à l'endroit le plus épais de cette foule compacte et incalculable, avec l'intention de piquer tout ce qui s'opposerait à son passage. Les plus audacieux... se placèrent en avant du colonel et firent entendre le cri insultant de : *Vive l'assemblée nationale!* Reconnaissant à ce cri une provocation, le colonel Rochefort s'élança comme un lion furieux, au milieu du groupe d'où il était parti en frappant d'estoc et de taille et de lance. *Il resta sur le carreau plusieurs cadavres.*

« Les lanciers subirent cette rude *épreuve morale* avec un calme admirable.

« De retour à la place Vendôme, et sa *mission accomplie* (mission d'assassin), le colonel de Rochefort s'empressa de rendre compte au général de division Carrelet. »

Quelle préméditation, quel sang-froid dans le crime, quel calme dans la férocité! Timour Tamerlan, qui selon la légende, était né les poings fermés et pleines de sang ; Simon de Montfort, qui disait à ses massacreurs : «tuez toujours, Dieu saura bien reconnaître les siens » ; Charles IX assassinant, tuant Jean Goujon d'un coup d'arquebuse, tiré d'une fenêtre du Louvre, pour donner le signal du massacre de la Saint-Barthélemy ; Philippe II, condamnant à mort tous les habitants des Pays-Bas ; le duc d'Albe, le bourreau exécuteur des hautes œuvres de ce monarque, idéal des princes catholiques, écrivant à ce dernier après le sac d'une ville : Sire, j'ai exécuté vos ordres et il n'est pas resté dans cette cité pierre sur pierre, ni un être vivant, ni une femme pure ; tous les brigands que nous venons de citer, agissaient, disons-nous, avec moins de cruauté et étaient moins féroces que les assassins du deux décembre. Les bonapartistes seuls étaient capables de surpasser ces monstres des temps passés qui sont encore aujourd'hui la honte et l'opprobre de l'humanité.

Mais ce fut surtout le lendemain, que les assassins versèrent le sang à flots.

Comme nous l'avons dit, la résistance s'était organisée de toute part contre le coup d'État. Le 4 décembre les nombreuses barricades, élevées dès le matin, devenaient formidables, des hommes énergiques, des républicains courageux se préparaient à les défendre vigoureusement, pendant que de nombreux rassemblements de gens bien mis, appartenant à la bourgeoisie, se formaient sur les boulevards, et témoignaient d'une manière non équivoque de leur antipathie pour le coup d'État et de leur dévouement à la République. La conscience publique se réveillait indignée contre l'odieux attentat, la trahison et le parjure. Tout le monde sentait que la résistance allait prendre un caractère énergique et qu'une grande bataille serait livrée.

Le bandit de Maupas, préfet de police, perdait la tête; à une heure et quart il témoignait de ses craintes dans une dépêche au ministre de l'intérieur :

« Les nouvelles deviennent tout à fait graves, disait-il. Les insurgés occupent les maisons; les boutiquiers leur livrent leurs armes; la mairie du 5⁰ arrondissement est occupée par les insurgés; ils se fortifient sur ce point... Voici le moment de frapper un coup décisif; il faut le bruit et l'effet du canon, et il les faut tout de suite. »

Dans une seconde dépêche du même au même, le premier dit : « Les barricades prennent de grosses proportions, elles s'élèvent formidables dans le quartier Saint-Denis; des maisons sont déjà occupées par l'émeute, on tire par les fenêtres; les barricades vont jusqu'au deuxième étage. . Masses compactes aux environs de la préfecture de police. On tire par une grille. — Que faire ?

Réponse du ministre de l'intérieur : « Tirez par votre grille. »

Comme la résistance augmentait sans cesse et que l'attaque continuait, le préfet de police, perdant de plus en plus la tête, envoya encore plusieurs dépêches à M. de Morny, avec cette continuelle interrogation : Que faut-il faire ?

Le ministre de l'intérieur voyant que M. Maupas avait grand'peur, lui répondit deux fois : *Couchez-vous !* et à une troisième interrogation : *Couchez-vous genf...* !

La peur gagnait tout le monde dans les ministères, à l'état-major, à l'Élysée, on tremblait. Le vieux Jérôme Bonaparte, ex-roi de Westphalie, vieux misérable que nos lecteurs connaissent, assiégé par les plus sombres terreurs, écrivait à son neveu pour dégager sa responsabilité et pour lui conseiller des mesures plus libérales.

Pendant que ces faits se passaient, ce dernier tremblait dans sa peau, suant de peur, enfoncé dans son fauteuil, devant ses chenets.

Chaque détonation, chaque coup de fusil, qui parvenaient jusqu'à lui, le faisaient trembler, il voyait déjà l'émeute furieuse forcer son palais, enfoncer sa porte et le punir de son attentat. Il tomba dans une noire mélancolie, son impassibilité habituelle l'abandonna, il n'avait plus rien de ce que ses courtisans appelaient le flegme poussé *jusqu'au génie* ; sa physionomie était blafarde et cadavéreuse. De temps en temps la porte du salon s'entrebâillait et la figure aigrefine de M. Fialin, presque aussi pâle que celle de son maître apparaissait.

— Quelles nouvelles ? demandait le prince.

— Mauvaises... très mauvaises, répondait le complice, de plus en plus pâle, la résistance grandit partout dans des proportions effrayantes, si cela continue dans quelques heures nous serons cernés et il sera trop tard pour nous sauver.

— Que dites-vous là ? Fialin, s'il en est ainsi, donnez l'ordre du départ ; allez-vous assurer si les voitures sont prêtes et si je puis fuir encore.

Au moment où Fialin allait sortir pour exécuter les ordres qui venaient de lui être donnés, un jeune officier de cavalerie, le suborneur Fleury ayant des pistolets aux poings, fit son entrée dans la salle ; à son apparition et à la vue de ses armes, le prince et son complice firent un mouvement de terreur.

— Qui parle ici de fuir lâchement, dit le nouveau venu ; croyez-vous que je vous laisserai recommencer ici une nouvelle édition des échauffourées ridicules de Strasbourg et de Boulogne, que le manque de courage, la lâcheté et la forfanterie de M. Fialin ont fait échouer si misérablement ; croyez-vous que j'aie risqué ma tête pour la perdre ? La partie que nous avons engagée, doit être menée jusqu'au bout avec audace, sous peine de défaite honteuse et de châtiment inexorable. Il nous faut donc triompher à tout prix ; et, montrant ses pistolets, il ajouta : le premier qui parle de fuir, je lui brûle la cervelle ! Vous savez prince, dit-il, ce qui a été convenu entre nous, il ne s'agit pas de reculer maintenant, mais bien de faire exécuter les ordres secrets qui ont été donnés à Saint-Arnaud ; veuillez me remettre pour cela les instructions nécessaires, afin que je les envoie au général. Et comme le prince, en proie à une grande terreur, plongé dans une espèce de prostration, restait immobile et inerte devant lui, il lui tendit une plume et une feuille de papier en lui disant :

— Voyons, écrivez : « J'ordonne au ministre de la guerre d'exécuter les ordres secrets que je lui ai remis cachetés. »

Mais le prince, toujours inerte, semblait ne pas entendre ; Fleury arma alors ses pistolets et plaçant la gueule de l'un d'eux sur le front du président, il lui dit :

— Toute hésitation de votre part nous serait fatale, et, comme je ne veux pas perdre ma tête, si vous ne vous exécutez pas de suite, je fais feu.

Le froid du canon du pistolet produisit sur le prince l'effet d'une pile galvanique, l'instinct de la conservation le fit sortir de sa torpeur, il fit un soubresaut, prit la plume et écrivit l'ordre demandé.

— Très bien, dit Fleury, après avoir lu ; maintenant nous sommes sauvés. Prince, vous me remercierez plus tard de la violence que je viens d'exercer sur vous, car elle aura été la cause de notre salut.

Et ployant l'ordre, il le plaça dans une enveloppe cachetée, à l'adresse du général Saint-Arnaud et sortit pour l'envoyer à ce dernier par un aide-de-camp.

Fialin, plus mort que vif, avait profité de la préoccupation de son maître pour disparaître.

Quand le prince fut seul, il s'accouda sur la table, passa sa tête dans ses deux mains, et attendit l'effet des ordres qu'il venait d'ordonner d'exécuter.

Il était plongé dans une sorte de torpeur attendant le dénouement du drame qui se jouait, les yeux fixés sur une liasse de papiers sur laquelle il avait écrit le mot *Rubicon*. C'était un plan de coup d'État fait par l'ancien préfet de police Carlier.

Le Rubicon, que les conspirateurs bonapartistes, auteur du coup d'État, allaient franchir, était une mare de sang, sur laquelle surnageraient bientôt des débris humains : des têtes fracassées, des bras, des jambes séparées du tronc par les boulets et la mitraille, des éclats de cervelles, des corps affreusement mutilés, troués par les balles, percés par les baïonnettes, hachés par les sabres, à côté desquels on voyait des corps de belles jeunes femmes souillés par les égorgeurs de décembre et des cadavres de pauvres petits enfants empallés ou lardés par les baïonnettes des bachibazoucks de l'Élysée.

Le coup d'État du Deux Décembre s'est édifié sur des ruines, ses lauriers ont poussés sur les cadavres de ses victimes. Les larmes, les sueurs, le sang et l'or du peuple ont alimenté ses orgies ; l'abaissement, l'esclavage et la honte de la France feront sa gloire et sa puissance ; c'est par ruse et par trahison qu'il a cueilli les palmes sanglantes ; c'est dans la nuit, comme un hibou, qu'il a jeté son cri sinistre, son *alea jacta est* ; c'est entouré de la rouge auréole des assassins qu'il comparaîtra devant l'histoire et la postérité ; car il s'est plongé tout entier dans le crime, dans l'infamie !

Dès que Saint-Arnaud reçut l'avis que Fleury venait de lui faire parvenir, il décacheta le pli qui lui avait été remis par Louis-Napoléon Bonaparte dans la nuit du Deux Décembre, et il le lut avec beaucoup de soin et d'attention, après quoi, il prit une plume, écrivit de sa plus belle main un ordre pour le général Magnan, commandant de l'armée de Paris, auquel il le fit porter de suite par un de ses aides-de-camp. Il était alors une heure et demie, les troupes de la garnison de Paris, consignées dans leurs casernes, s'ébranlèrent bientôt pour aller prendre les postes de combat qui leur avaient été assignés d'avance. Les divisions Carrelet et Levasseur furent massés sur les boulevards, depuis celui du Temple jusqu'à celui de la Madeleine, avec ordre de converger vers les portes Saint-Denis et Saint-Martin.

La première division, celle du général Carrelet, avait à elle seule 16,410 hommes. Toutes les troupes dont elle se composait : infanterie, cavalerie et artillerie, étaient entassées les unes contre les autres sur les boulevards, depuis la Madeleine jusqu'à la **rue** Poissonnière. Ce jour-là les trottoirs des boulevards étaient couverts d'une quantité considérable de curieux, de promeneurs élégants, d'hommes, de femmes et d'enfants ; les fenêtres des maisons étaient garnies de spectateurs, tous contemplaient avec étonnement et avec stupéfaction, ce déploiement extraordinaire de forces.

Héléna et Félice Orsini étaient sur le boulevard, regardant, comme tout le monde, la masse compacte des militaires qui couvrait la chaussée.

— Vois donc ces soldats, disait Héléna, vois quel air extraordinaire ils ont, leurs yeux brillent d'un éclat inaccoutumé, leurs joues sont colorées, on dirait que beaucoup d'entre eux chancellent en s'appuyant sur leurs fusils.

— Tu as raison, chère amie, répondit Félice Orsini, ces militaires sont ivres et leurs officiers ne le sont pas moins qu'eux, as-tu remarqué quel air étrange ils ont, de quelle façon sinistre ils regardent les passants. On dirait que ces hommes préméditent un mauvais coup.

— Mais écoute, entends ce piétinement de chevaux ; vois quel mouvement considérable a lieu dans la foule ?

— Ce sont des lanciers, ceux du colonel de Rochefort, le massacreur, qui a déjà tué tant de monde hier au soir sur les boulevards, observe comme ce brigand a l'air farouche, il médite bien sûr quelques mauvais coup.

— Quel misérable, ajouta Héléna, je tremble qu'il ne fasse ici de nouvelles victimes.

Pendant qu'Héléna et Félice causaient ainsi, les lanciers avançaient toujours, et le public les accueillait aux cris mille fois répétés de : Vive la Constitution ! vive la République !

Au moment où les cavaliers arrivèrent vis-à-vis d'Héléna et de son frère, les cris redoublèrent. Le colonel assassin, encore souillé du sang qu'il avait versé la veille, ivre d'eau-de-vie, de colère et de rage, avide de massacre et de carnage, et aussi rapide que l'éclair, d'un seul bond, franchit les chaises et l'asphalte, tomba au milieu des groupes et fit aussitôt le vide autour de lui. Ses lanciers se précipitèrent alors à sa suite ; un de ses adjudants abattit à coups de sabre deux individus...; en un clin d'œil le rassemblement fut dispersé, les curieux s'enfuirent précipitamment, laissant bon nombre d'entre eux sur la place, le colonel continua sa marche en dispersant tout ce qu'il rencontrait devant lui, une trentaine de cadavres restèrent sur le carreau ; presque tous étaient bien vêtus et couverts d'habits fins (1).

Dès que le colonel de Rochefort sauta sur le trottoir avec son cheval, Félice, entraînant avec lui sa sœur Héléna, se recula rapidement en arrière pour éviter les atteintes de ce furieux ; mais ce dernier qui les aperçut, leur asséna un grand coup de sabre, qui eut certainement fendu en deux la tête d'Héléna sans la présence d'esprit et le courage de Félice. Ce dernier, lorsqu'il vit la jeune femme être l'objet des attaques du militaire forcené, saisit une chaise, para heureusement le coup de sabre destiné à sa sœur et se réfugia avec elle dans la maison du

---

(1) *Révolution militaire du Deux-Décembre*, pages 217 et 218, par M. Mauduit apologiste du coup d'Etat.

Grand Balcon; tous deux furent conduits, ainsi que quelques autres personnes, au premier étage où est situé le Cercle du Commerce.

Il était alors deux heures quarante-cinq minutes; à ce moment arrivèrent plusieurs estafettes apportant des ordres venant du quartier général de Magnan, c'étaient ceux que Fleury avait fait transmettre une heure avant au ministre de la guerre et que ce dernier faisait exécuter.

La troupe, échelonnée depuis le boulevard de la Madeleine jusqu'à celui Bonne-Nouvelle; changea alors subitement de front, infanterie, cavalerie et artillerie firent face à la foule qui encombrait les trottoirs.

Les fenêtres étaient couvertes de spectateurs, d'hommes, de femmes et d'enfants avec leurs bonnes, presque tous habitants du quartier, qui avaient fermé leurs boutiques.

Félice et Hélèna regardaient avec une longue-vue les troupes les plus éloignées, vers l'extrémité du boulevard Bonne-Nouvelle, lorsque tout à coup ils entendirent quelques coups de fusils tirés par la tête de la colonne et en peu d'instants le feu se propagea avec rapidité et descendit le boulevard comme un rideau de flammes ondulantes. Il était si régulier que beaucoup le prirent d'abord pour un feu de joie en réjouissance de la prise de quelques barricades, ou bien le crurent destiné à indiquer la position de troupes à quelque autre division. Ce ne fut que quand il arriva à une cinquantaine de mètres de lui, que Félice reconnut le son tranché des cartouches à balles; mais alors même il ne pouvait encore à peine croire le témoignage de ses oreilles, car quant à celui de ses yeux il ne lui faisait découvrir aucun ennemi sur lequel la troupe eut pu faire feu. Il continua ainsi à regarder les soldats jusqu'à ce que la compagnie placée au-dessous de lui apprêta ses armes. Il entraîna sa sœur derrière le massif de la muraille entre les deux fenêtres où il se cacha avec elle. Aussitôt une grêle de balles vint frapper le plafond au-dessus de leurs têtes, les couvrit de poussière et de morceaux de plâtre. Une seconde après ils se couchèrent sur le parquet pour éviter d'être atteints, et une seconde décharge frappa toute la façade de la maison, le balcon et les fenêtres, une balle brisa la glace sur la cheminée, une autre le globe de la pendule, tous les carreaux de vitres à l'exception d'un seul, les rideaux et les châssis des fenêtres furent coupés. Tandis qu'on rechargeait les armes, Félice et Hélèna en profitèrent pour se réfugier dans les chambres du derrière de la maison et pendant plus d'un quart d'heure ils entendirent le retentissement de la fusillade. Quelques minutes après les canons furent démasqués et pointés contre le magasin de M. Sallandrouze, cinq maisons plus bas, à la droite du Grand-Balcon. La troupe a fait décharge sur décharge sans qu'on lui ait riposté, elle a tué beaucoup de malheureux qui étaient sur le seuil de leur porte et quelques-uns dans l'intérieur de leur domicile. Il faut que cette fusillade faite de gaieté de cœur ait été le résultat d'une *panique* et que les soldats aient voulu effrayer par un premier feu, dans la crainte que les fenêtres ne fussent garnies d'ennemis cachés, ou qu'elle ait été le résultat d'une *impulsion sanguinaire*. Cette double hypothèse est également dés-

Deux Décembre. — Dussoubs, représentant du peuple, tué sur une barricade.

honorante pour des militaires. Mais nous sommes persuadé que la dernière opinion est la seule vraie, et que c'est sur les ordres exprès de l'Élysée remis par Saint-Arnaud à Magnan que ce massacre a eu lieu.

Mais ce n'est pas tout, quand la fusillade fut un peu calmée, les cris des servantes et des gens qui habitaient le rez de-chaussée de la maison annoncèrent un nouvel évènement, et le bruit de plusieurs centaines de voix criant du dehors : Ouvrez ! ouvrez ! indiquèrent que la force armée voulait entrer.

C'était M. de Larochefoucauld, descendant d'une des premières familles de

France, un preux, jaloux des lauriers du colonel de Rochefort qui menaçait de prendre d'assaut la maison Personne n'ayant été lui ouvrir dans la crainte d'être massacré il fit enfoncer la porte et entra à la tête de ses soldats ivres d'eau-de-vie et de poudre. Ces furieux se précipitèrent dans les magasins et dans les escaliers, démolissant, brisant et renversant tous les obstacles qu'ils rencontraient sur leur passage. Ils cherchèrent partout, de la cave au grenier et arrêtèrent tous ceux qu'ils aperçurent; entre autres le tailleur bonapartiste Dusautoy et deux de ses ouvriers qu'ils voulaient absolument fusiller. Ils fouillèrent successivement toutes les chambres jusqu'à ce qu'ils arrivassent enfin dans celle où Héléna, Félice et les membres du Cercle du Commerce étaient réfugiés, il les menacèrent de les fusiller tous. Le général Lafontaine, membre du Cercle, essaya vainement de faire entendre raison à M. de Larochefoucault, mais voyant que ce forcené était ivre et par conséquent dans une position à ne rien comprendre, il lui dit :

— Eh bien, descendons et vous nous fusillerez puisque telle est votre intention.

Arrivé sur le boulevard, avec ses compagnons et ses bourreaux, le général aperçut un colonel de sa connaissance, s'approcha de lui et lui dit :

— Voilà un capitaine ivre qui veut absolument me faire fusiller avec trente personnes innocentes et parfaitement tranquilles, veuillez le mettre aux arrêts et nous délivrer.

Le général Lafontaine et ses compagnons, parmi lesquels se trouvaient Héléna et Félice, furent ainsi sauvés des mains d'une soldatesque en débauche, ivre de sang et de carnage. Le général Reybell, qu'ils rencontrèrent un peu plus loin, dit à l'un d'eux, à M. Sax, le célèbre artiste, inventeur des instruments qui portent son nom, en faisant sans doute allusion à la profession de ce dernier :

— « Moi aussi, je fais un peu de musique en ce moment. » Cette plaisanterie était bien digne en tous points d'un des chefs des bandes féroces de l'Elysée.

Les mêmes scènes de barbarie se reproduisirent au café Cardinal, au café Anglais, chez Tortoni, à l'hôtel de Castille, chez M. Brandus, au Prophète, chez Sallandrouze, chez MM. Hecquet, médecin, et Boyer, pharmacien.

Dans plusieurs maisons où pénétrèrent les brigands à la solde de l'Élysée, tous les habitants furent exterminés. Les soldats enfonçaient les portes, entraient dans l'intérieur, montaient à tous les étages; on entendait pendant un moment un tumulte épouvantable, des cris affreux, des bruits confus, de sourdes détonations, des cliquetis d'armes et des râles; les soldats sortaient, puis tout rentrait bientôt dans un silence de mort et, un instant après, les tuyaux de fonte, qui dans ces maisons servent à l'écoulement des eaux, vomissaient sur le trottoir un flot rouge et fumant; ce sang encore chaud était celui des inoffensifs habitants de ces maisons que la troupe venait d'égorger en exécution des ordres qu'elle avait reçus. N'y a-t-il pas de quoi frémir d'horreur au souvenir de ces atrocités ?

Mais pourquoi, dira-t-on, s'en être rendu coupable, quel est le motif et le mobile qui ont pu inspirer ces massacres dont on ne comprend pas tout d'abord l'utilité.

M. Mayer, apologiste du Deux-Décembre, a répondu tout au long à ces questions dans son livre, page 55, en disant : « Sous peine de défaite honteuse, il faut *épouvanter*, en matière de coup d'État on ne discute pas, on frappe, on n'attend pas l'ennemi, on fond dessus, on broye ou on est broyé. »

On le voit, c'est absolument comme en matière de guet-apens ordinaire, quand on veut assassiner quelqu'un au coin d'un bois, il faut l'épouvanter d'abord, on ne discute pas, on frappe, on fond sur l'ennemi, on le poignarde, on lui brûle la cervelle, « on le broye ou on est broyé. »

Ainsi c'était pour *épouvanter*, pour terrifier le peuple de la capitale, pour *broyer* tous ses adversaires, pour noyer dans le sang, pour anéantir par la terreur toute résistance, que la troupe avait accompli les affreux massacres dont nous avons parlé, qu'elle avait tout tué sans distinction de sexe, d'âge ou d'opinion, ainsi qu'elle en avait reçu l'ordre de l'Élysée.

Mais la fusillade et les baïonnettes ne suffisaient pas toujours à l'impatience des massacreurs, l'artillerie leur était nécessaire pour aider, agrandir et accélérer leur œuvre de destruction. Ce sont encore les organes des assassins de décembre qui le racontent.

On lit en effet dans la *Patrie* : « Un feu de tirailleurs appuyé *d'un obusier* a été instantanément dirigé contre les maisons; les fenêtres, les façades ont été en partie détruites, puis les détachements sont entrés dans l'intérieur et ont passé par les armes tous les individus qui s'y trouvaient cachés. Six d'entre eux, que l'on a découverts derrière des tapis qu'ils avaient amoncelés pour éviter les balles de la troupe, ont été fusillés sur l'escalier de l'hôtel Lannes, aujourd'hui dépôt des tapis de la fabrique Sallandrouze.

Plusieurs scènes de même nature se sont passées aux environs du théâtre des Variétés et la troupe a fait justice des assassins. »

Selon l'honnête journal des bandits du Deux-Décembre, les assassins sont naturellement ceux qui ont été assassinés.

M. Mauduit, écrivain bonapartiste raconte qu'il était entré dans la rue Saint-Denis où s'étaient livrés les combats les plus sanglants. Deux énormes brèches à deux angles de maison annonçaient que là s'étaient arrêtés deux obus avant leur explosion, qui par leur détonation avaient brisé tous les carreaux du voisinage. Plus loin, à la maison formant l'angle de la rue Saint-Denis et du boulevard Bonne-Nouvelle, il ne restait pas un seul carreau, ni aux devantures des magasins, ni aux croisées. C'était là le résultat des détonations des pièces que l'on avait dû mettre et batterie. »

La maison Sallandrouze est une de celles qui ont le plus souffert du canon ; deux pièces placées sur le boulevard à quelques pas étaient braquées sur la façade de cette maison et tiraient dessus à bout portant et à toute volée; les boulets à une distance aussi rapprochée entraient profondément dans les murs, et quoique cette maison, construite en pierres de taille fut très solide, elle se fendait, se lézardait de toutes parts, et elle allait s'écrouler sous les coups redoublés des décharges d'artillerie, quand un officier vint au galop de son cheval faire cesser le feu, sans lui ce bâtiment se serait effondré sur les canonniers et sur les pièces. Les artilleurs ne cessèrent de tirer que pour sauver leur vie.

La maison Billecocq eut aussi le même sort, elle était si fortement endommagée par la mitraille, les boulets et les obus, qu'on a été obligé de l'étayer pour l'empêcher de s'écrouler et qu'on devra reconstruire sa façade.

Après avoir, comme nous l'avons dit, massacré les promeneurs sur les boulevards et les paisibles habitants dans leur domicile, soit à l'aide du fusil, soit à l'aide du canon, les assassins du Deux-Décembre se mirent à faire la chasse aux passants inoffensifs; ils tirèrent dessus comme sur du gibier, mais ils poussèrent encore plus loin l'infamie, ils assassinèrent odieusement ceux qui leur demandèrent protection et ils massacrèrent leurs prisonniers et les lardèrent à coup de baïonnettes; ils tuèrent lâchement les vieillards, les femmes et les enfants; les plus humains faisaient coucher ces derniers avec les morts. Ils massacrèrent aussi des femmes grosses et en couches et n'épargnèrent pas même leurs petits enfants, qu'ils portèrent triomphalement, comme des sauvages, au bout de leurs baïonnettes.

Nous n'en finirions pas si nous voulions énumérer ici toutes les horreurs dont es décembriseurs se rendirent coupables; car ces misérables n'ont laissé aucune infamie à commettre, ils ont poussé la dépravation jusqu'à profaner, à mutiler les cadavres et à voler les morts; cela n'a du reste rien de bien étonnant; les soldats des faussaires, des parjures, des assassins et des voleurs du deux décembre, des gens souillés de tous les crimes et de toutes les atrocités devaient nécessairement imiter l'exemple de leurs maîtres et, comme eux, se déshonorer par tous les forfaits; ces misérables avaient tellement perdu tout usage du sens moral, toute retenue sur la pente du mal, toute pudeur et toute conscience des crimes atroces qu'ils avaient commis, que quand le soir fut venu ils allumèrent des feux, bivouaquèrent sur le théâtre de leurs exploits et, les pieds dans le sang, entourés des cadavres de leurs victimes, ils se mirent à boire et à fumer; puis, mêlant la débauche à l'ivrognerie, ils envoyèrent chercher des malheureuses prostituées afin d'assouvir sur elles leurs brutales passions, mêlant ainsi le sang à la luxure.

On a pu voir ce jour-là, le boucher Canrobert, le cigare à la bouche, ayant au bras sa Messaline, madame Kalergi, lui souriant amoureusement, et l'excitant au massacre, l'affreux couple titubant, se promenait en ricanant, les pieds dans le sang au milieu des cadavres de ses victimes.

La grosse Mathilde Bonaparte-Demidoff, cette truie lascive, appuyée sur le bras de son amant Niewerkerke, souriait aux bourreaux, traînait et maculait dans le sang la longue queue de sa robe traînante. La Lehon, la Moskowa, la Metternich, la Murat, miss Howard, en calèche découverte et en grandes toilettes étalaient leur luxe insolent et leurs charmes de prostituées, au milieu des cadavres, faisant piaffer leurs chevaux dans le sang, lançant des œillades amoureuses et des sourires provocateurs, promesses d'amour à leurs nombreux amants, commandant les cohortes des assassins.

M. le colonel de Rochefort, l'odieux et féroce massacreur, était félicité et encouragé par elles. Elles étaient prêtes à récompenser ses sanglants exploits par leurs faveurs.

Le colonel du 6ᵉ de ligne, Garderens de Boisse, reçut 100 mille francs pour prix de ses sanglants services, dans les journées des 2, 3 et 4 décembre et des insultes, des menaces et des mauvais traitements qu'il avait prodigués à ses prisonniers. Le soir, les mains encore rougies du sang des massacres et souillées de l'or dont il avait ses poches pleines, il s'en fut trouver une fille de sa connaissance.

— Je viens, lui dit-il, en déposant une poignée d'or sur la table, passer la nuit près de toi, j'ai gagné aujourd'hui 100 mille francs et mes épaulettes de général ; je suis content et je te paie généreusement.

— Ah ! dit la fille, tu es un de ces misérables brigands qui ont assassiné les passants sur les boulevards, qui ont tiré dessus les femmes et les enfants, je t'ai vu, car j'y étais, reprends ton or, taché de sang, et sors d'ici, bandit ! Je ne suis qu'une prostituée, c'est vrai, qu'une P... ; mais je ne suis pas encore tombée assez bas pour recevoir un lâche assassin de ton espèce. Le boucher de mes compatriotes.

Et comme le colonel vendu ne s'exécutait pas assez vite, elle lui jeta son or par la figure, en le poussant dans l'escalier, et en le poursuivant armée d'une chaise, afin de le faire déloger plus rapidement, sans cesser de crier :

— Oui ! je suis une... Mais je ne veux pas de l'or d'un assassin, sors d'ici, bandit !

Cette fille a donné une leçon de haute moralité à cet ignoble soudard, traître et assassin, et quel que puisse être son état d'abjection, cette fille est cent fois supérieure en moralité, à toutes les grandes dames et aux princesses de la cour élyséenne, qui vivent du crime et du sang, et se prostituent comme elle.

Pendant tout le temps qu'avaient duré les massacres, l'inexorable Fleury n'avait laissé arriver aucune des courtisanes de l'Élysée, auprès du prince, mais quand une fois la boucherie fut terminée, et que la partie fut gagnée, quand il vit qu'il n'y avait plus rien à craindre, il permit à toutes ces dames de revenir auprès de Louis Bonaparte.

La tendre miss Howard, fut une des premières à féliciter son amant.

— Enfin, te voilà vainqueur, mon ami, lui dit-elle, tu vas être empereur et moi impératrice.

— Pas encore aujourd'hui, ma tendre amie, lui répondit le prince, je dois encore jouer quelque temps mon rôle de président, je dois consulter le peuple, lui proposer de me nommer empereur par un plébiscite.

— Est-ce que cela sera bien long?

— Non, mon amie, dans quelques mois.

— Est-ce que nous n'allons pas bientôt coucher aux Tuileries?

— Oui, mon amie, je vais donner des ordres pour qu'on nous prépare nos appartements.

— Oh! quel bonheur! je vais coucher dans le lit des impératrices Joséphine et Marie-Louise! Oh! viens que je t'embrasse, pour te récompenser, et en disant ces mots, la trop reconnaissante Anglaise sauta au cou du futur empereur.

Pendant que ces scènes avaient lieu, plus d'une pauvre mère, d'une épouse éplorée, dont le fils ou le mari ne rentraient pas, en cherchant les corps de ceux qu'elles aimaient au milieu des cadavres, purent apercevoir les ignominies, les orgies dégoûtantes d'une soldatesque ivre de vin, de sang et de luxure. Les soldats campaient sur les boulevards, autour de grands feux de coke, buvaient et chantaient, entourés de prostituées, que le gouvernement de Louis-Napoléon Bonaparte leur avait envoyées par ordre, et qu'il payait. Les officiers supérieurs cassaient les rouleaux d'or et de pièces de cent sous, comme des bâtons de chocolat, distribuant un napoléon à chaque sous-officiers, 100 francs aux sous-lieutenants, 200 francs aux lieutenants, 500 francs aux capitaines et 10 francs à chaque soldat. Ces derniers avaient du vin à discrétion et les capsules argentées des bouchons de champagne surnageaient dans des mares de sang, autour desquelles s'accomplissaient l'orgie dégoûtante et repoussante des assassins prenant leurs ébats et polluant *les filles* sur les tas des cadavres de leurs victimes.

Héléna et Félice, en rentrant chez eux le soir, furent témoins de ces hideux spectacles.

— Regarde, disait la jeune femme à son frère chéri, les assassins de la République romaine, consomment un nouveau crime, ils égorgent la République française. Les hommes qui ont rétabli à Rome la théocratie cléricale, le plus monstrueux et le plus détesté de tous les despotismes, vont restaurer en France, la tyrannie impériale, le pouvoir du sabre et le règne de la force brutale. Ce résultat était facile à prévoir, après l'odieux attentat commis contre la République romaine, la République française ne pouvait espérer d'échapper, elle devait avoir le même sort. Le crime engendre le crime, et la logique inexorable fait que celui qui se commet aujourd'hui est une conséquence de celui accompli en 1848. La République française est maintenant punie d'avoir égorgé, il y a deux ans, sa sœur, la République romaine; ce fratricide abominable ne pouvait rester sans châtiment.

— Oui, répondit Félice Orsini quand une fois un homme ou un peuple est entré dans la voie du crime, il ne s'arrête ordinairement que quand il est justement puni de ses forfaits.

— Le châtiment est quelquefois bien lent à frapper les coupables, répondit Héléna d'un air profondément attristé.

— Lorsque cela arrive, dit Félice Orsini, c'est que le peuple est tombé dans un profond abaissement, c'est qu'il n'a plus conscience de sa dignité et de ses droits ; qu'il a perdu le sentiment de la justice, la notion du bien, l'amour de la vertu et l'horreur du crime ; quand il est dégradé et en décadence en un mot. Les peuples virils, qui ont conservé les qualités qui distinguent les hommes des esclaves, c'est-à-dire le sentiment de la dignité humaine, de l'égalité, de la justice, l'amour de la liberté, la haine du servilisme, de la tyrannie, du despotisme, de l'esclavage, ces peuples disons-nous, ne supportent pas longtemps le joug, ils s'arment contre ceux qui les oppriment et brisent bientôt leurs fers. L'histoire nous en offre de nombreux exemples : Lorsque le premier César voulut asservir sa patrie, Rome n'était pas encore dégradée par des siècles de servitude, elle avait encore tout son amour de l'indépendance et la liberté, aussi, quelqu'illustre et quelque grand que fut son premier tyran, le poignard de Brutus en eut bientôt raison. Mais plus tard, lorsque le despotisme et la tyrannie eurent détruit les qualités et le caractère viril du peuple romain, on vit régner une longue suite de tyrans plus abjects et tous plus infâmes les uns que les autres, et le peuple supporta avec calme et résignation toutes leurs tyrannies et tous les excès de leur despotisme. Les gouvernements, qui règnent par la volonté des masses, quoiqu'on en dise sont les miroirs fidèles des peuples et le thermomètre le plus sûr et le plus exact sur lequel on puisse mesurer le degré de leur état social et de leur dignité.

— D'où l'on pourrait conclure, cher ami, que nous vivons à une époque de servilisme et de décadence où toute dignité et tous nobles sentiments sont morts, puisque nous avons eu le malheur d'assister à la chute de notre chère république, et que nous avons pu voir s'accomplir les crimes odieux dont nous sommes témoins depuis trois jours sans que le peuple, pris d'un sentiment de profonde indignation et de colère se soit levé en masse et ait anéanti les misérables qui se sont rendus coupables de ces forfaits abominables.

— Cette conclusion pourrait bien être erronée, ma chère Cornélia ; voici pourquoi, d'abord la république romaine n'a pas succombé sous une tyrannie intérieure mais bien sous les armées des nations étrangères, plus nombreuses et plus fortes que les siennes, ensuite elle a lutté avec courage et persévérance, et si elle a succombée, ce n'est que sous le nombre et sous la force. Quand à ce qui vient d'arriver ici, nous ne pouvons encore nous prononcer aujourd'hui ; si depuis trois jours, la résistance n'a pas été aussi forte que nous aurions pu le souhaiter, il ne faut cependant pas encore désespérer de l'avenir, car nous ignorons ce qu'il nous réserve ; nous ne savons pas ce qui s'est passé dans les départements à l'occasion du Coup-d'État qui s'accomplit en ce moment.

— Tu as raison, mon ami, mais je crois qu'il serait dangereux de nous faire trop d'illusions et que nous ferons bien de ne compter que sur nous pour punir les coupables des guet-apens de Rome et de Paris.

— C'est mon opinion, chère amie, aussi la première question que nous au-

rons à discuter au sein de la Jeune-Italie, d'après la lettre que je viens de recevoir de notre collègue Guiseppe Mazzini, sera celle de savoir s'il n'est pas bientôt temps de délivrer l'Italie et la France de leurs tyrans.

— C'est là une question facile à résoudre, répondit Héléna, car il n'est jamais trop tôt pour punir les tyrans et l'heure est venue de frapper les nôtres.

— Je le crois aussi, et ce sera cette opinion que je chercherai à faire prévaloir au sein des ventes de l'association.

— Et si tu la fais adopter, tu auras rendu un grand service à la cause de la liberté et de l'humanité.

— Je l'espère, répondit Félice, aussi vais-je y travailler de toutes mes forces.

— Et moi également, ajouta Héléna.

Cette nuit là les deux conspirateurs dévoués songèrent longtemps au meilleur moyen à employer pour punir les tyrans, sauver la liberté et la République.

Le lendemain 5 décembre, le Coup-d'Etat était vainqueur dans tout Paris.

X

Sommaire. — Héroïque conduite des défenseurs de la République en décembre 1851. — M. Louis-Napoléon Bonaparte veut faire sanctionner son crime par le peuple. — Le vote du plébiscite. — Effronterie de la magistrature. — Cynisme de Louis-Napoléon Bonaparte — Abjection des classes gouvernantes — Trouble de la conscience publique. — Le *Te Deum* à Notre-Dame. — Curieux et épouvantable spectacle. — Le sacre de la trahison, du parjure et de l'assassinat. — La bénédiction donnée à tous les criminels. — L'apothéose de l'impérial Macbeth. — Les voluptés sacrées de la tourbe dorée. — Douces jouissances des femelles des bandits de décembre. — Déshonneur pour la France. — Son abaissement produit par ces misérables. — Etonnement et stupéfaction de l'Europe. — Joie des ennemis de la France. — Triomphe du mal. — Proclamation de l'Empire — Louis-Napoléon Bonaparte veut faire souche d'empereur. — Il convoite une femme de sang souverain, une princesse ou une archiduchesse — Le sanhédrin impérial. — Les membres qui le composent. — Solennelle déclaration de l'empereur. — Jérôme a proposé la princesse russe Leuchtemberg, petite-fille d'Eugénie de Beauharnais. — L'empereur Nicolas s'est opposé à cette union, il ne veut point du parvenu de décembre. — Louis-Napoléon Bonaparte, jure de se venger du despote moscovite. — Mathilde Demidoff offre la sœur du roi d'Espagne. — Le monarque catholique a des scrupules, il ne veut pas d'un usurpateur pour sa sœur. — La duchesse de Bragance pourrait peut-être être obtenue. — Mais la monarchie portugaise refuse de s'allier aux Bonapartes. — Le grand Empereur forcera bien tous ces monarques à lever le blocus matrimonial. — Morny propose la jolie petite princesse Wasa, une allemande — Il montre son portrait au prince, celui-ci en est enthousiasmé. — Morny est envoyé dans le duché de Saxe-Meiningen pour demander la main de la princesse. — Cette dernière ayant vu le portrait du Sardanapale des Tuileries, déclare qu'elle aime mieux mourir que d'épouser ce monstre. — Morny est éconduit. — Désespoir de Louis-Napoléon Bonaparte. — En désespoir de cause, le gros Murat sollicite la main d'une jeune princesse du petit duché minuscule de Hohenzollern. — La demande de Murat est repoussée avec horreur. — Un vieux landgrave offre la fille du bourreau à l'assassin de décembre. — Non, dit une dame, la fille du bourreau est honnête et Louis-Napoléon Bonaparte est un criminel, une brave femme ne peut s'unir à ce bandit. — Le héros de décembre, profondément humilié et irrité de tous ces refus, cherche des distractions dans la débauche. — Il invite des courtisanes du monde aux fêtes de Compiègne et de Fontainebleau. — Les modernes Laïs à l'œuvre. — La partie de colin-maillard. — Le jeu de cache-cache. — La curée des dames. — M. Fialin boit à la renaissance du luxe — M. Fleury jette des poignées d'or aux courtisanes. — Tenez, leur dit-il, cet or dont la fortune m'inonde, n'a pas plus de valeur pour moi que de la boue. — Gaspillage de la fortune publique. — En sortant de l'orgie, l'empereur assiste à la sainte messe. — Luxure et bigoterie. — Les chasses à Compiègne. — La belle Castillane, maîtresse d'un riche banquier. — Louis-Napoléon Bonaparte, comme le renard, trouve les princesses de sang royal trop vertes. Il veut épouser la fille d'un juif, roi de la finance. — Le ridicule César moustachu des Tuileries, amoureux de la belle amazone. — La coquetterie de cette dernière. — Louis-Napoléon lui fait une déclaration d'amour. — La fille du banquier en est jalouse. — Le jeune Camerata, amant de cœur de la belle écuyère Eugénie de Montijo. — L'entremetteur Morny donne des conseils à son maître pour séduire la belle espagnole

Deux-Décembre. — Les Commissions mixtes jugeant les républicains.

— Conseils d'une mère à sa fille. — Ferme et adroite résolution de cette dernière. — Louis-Napoléon veut employer les grands moyens avec Eugénie. — Il est repoussé. — Elle veut être impératrice. — A ce prix seulement, elle détachera sa ceinture virginale. — Accès d'érotomanie du trop galant empereur. — Le spectre impérial dans un paroxisme de violente hystérie. — Scène affreuse. Pendant ce temps là, Eugénie goûte le plus tendre bonheur avec le jeune Camerata. — L'entrevue de Morny et Persigny avec la mère Montijo. — Cette dernière ne veut pas céder sa fille sans le mariage. — Scène violente entre les pourvoyeurs impériaux et la vieille duègne. — Fin des fêtes de Compiègne. — Les courtisans entourent la belle Eugénie. — Fleury se fait son chevalier servant. — La fille d'Espagne est certaine d'asservir son amoureux fou. — Elle sera impératrice.

Pendant que le coup d'État triomphait dans le sang du peuple à Paris, près de 40 départements prirent les armes pour la défense de la République et de la

Constitution; il n'entre pas dans le cadre de cet ouvrage de faire le récit des luttes héroïques des défenseurs de la République, du droit, de la justice et de la liberté, contre les soldats des traîtres, des parjures et des assassins du Deux-Décembre qui combattaient pour le rétablissement de l'Empire, c'est à dire pour le despotisme, l'oppression, l'exploitation, la corruption et la tyrannie du peuple au profit d'une bande de jouisseurs, de voleurs, de pillards et d'assassins.

Nous ne raconterons donc pas les combats des courageux citoyens qui se sont levés en si grand nombre pour défendre leurs droits, ni leurs défaites sanglantes, les persécutions, les violences, les massacres dont ils ont été les victimes. Il nous suffira de dire qu'un grand nombre ont été tués, qu'un plus grand nombre encore ont été arrêtés, emprisonnés, transportés, déportés, envoyés au bagne et que d'autres ont été exécutés et sont morts sur l'échafaud de la main du bourreau. Les vieillards, les femmes et les enfants n'ont pas été épargnés, les brigands du Deux-Décembre ont fait plus de cent mille victimes, qui sont mortes en combattant, en exil, dans les prisons, dans les bagnes, dans les lieux de déportation, en Afrique, à Cayenne, sous le bâton des argousins ou sous le couteau de la guillotine.

Quand cette œuvre épouvantable et criminelle fut accomplie, quand ce forfait sans nom et sans précédent dans l'histoire fut complètement perpétré, les bandits féroces qui s'en étaient rendus coupables cherchèrent à lui donner une espèce de légalité.

— C'est bien, nous avons triomphé, dit Louis Bonaparte, nous sommes les plus forts, l'armée fidèle et dévouée à la cause de l'ordre a triomphé partout de l'anarchie, elle a étouffé la révolte et vaincu l'émeute, nous avons sauvé la France de la démagogie, elle nous acclame partout comme un sauveur, les prisons sont pleines de révolutionnaires, d'anarchistes ; tous nos ennemis sont dans les fers. L'ordre règne, la propriété, la famille, la religion triomphent avec nous. Le peuple reprendra ses habitudes de travail et d'obéissance qui font son bonheur et la prospérité de la nation. Les germes des idées subversives, des théories sociales et malsaines éclos depuis la Révolution du 24 février et qui avaient déjà fait de si grands et de si dangereux progrès ont été arrachés et étouffés dans le sang de leurs criminels défenseurs. Nous avons avec nous l'armée, le clergé, la magistrature, la police et l'administration, c'est à dire toutes les forces de l'État. Notre pouvoir et notre puissance sont assis sur une base solide, mais ce n'est pas encore assez, il nous faut une autre sanction encore plus importante pour consolider notre pouvoir qui, jusqu'à ce jour, ne repose que sur la force, il faut que cette dernière ait avec elle, le droit; car il n'y a pas de pouvoir durable sans ce dernier. Or, aujourd'hui le droit réside dans la souveraineté du peuple manifestée par le suffrage universel. Il nous faut donc faire approuver notre opinion par ce dernier, lui faire absoudre notre coup d'État. Nous allons faire approuver tout cela par le peuple; nous allons l'en rendre solidaire à l'aide d'un plébiscite par lequel il approuvera tous nos actes, il se dessaisira en notre faveur, entre nos mains, de sa souveraineté, et il nous donnera le pouvoir pour dix ans, en attendant une concession perpétuelle ; alors quand le peuple aura lui-même consenti à ce que nous lui demandons dans son intérêt et dans celui de la civilisation et du repos de l'Europe, notre pouvoir sera incontestable, incontesté et durable.

En conséquence, notre ministre de l'intérieur, M. de Morny convoquera le peuple dans ses comices jusqu'au 21 décembre courant pour lui soumettre notre plébiscite en vertu duquel il sera appelé à voter, par oui ou par non, sur tous nos actes depuis le 2 décembre, et sur les dix ans de pouvoir que nous lui demandons.

— Très bien, prince, répondit M. de Morny, le bâtard de la reine Hortense, le frère utérin et adultérin de Louis-Napoléon Bonaparte, son compère et son complice, le peuple sera, ainsi que vous le désirez, appelé dans ses comices pour voter votre plébiscite.

— Oui, dit Fialin de Persigny, et pour la première fois, depuis 1804, il votera en toute connaissance de cause en sachant bien pour qui et pour quoi.

— Parbleu, dit Fleury, il votera pour nous et pour notre pouvoir. C'est pour cela que nous l'avons mitraillé et forcé à l'obéissance. Il n'a donc qu'à voter *oui* et sans murmurer, car qu'il prenne garde à lui s'il s'agissait autrement et s'il votait *non*, nos soldats et nos gendarmes sont tous prêts pour recommencer, s'il le faut, les massacres et les arrestations.

— Certainement, ajouta Saint-Arnaud, Leroy-Floridal, ma glorieuse épée à peine rentrée dans le foureau est toute prête à en sortir pour le service du prince si cela était nécessaire.

— Nous n'aurons pas besoin de cela, répliqua Vieyra Molina le proxénète, le peuple obéira.

— J'en réponds, dit Maupas, d'un ton convaincu, mes agents et mes gendarmes seront là pour stimuler le zèle des indifférents et châtier les récalcitrants, malheur à ces derniers, tous seront immédiatement arrêtés et transportés à Cayenne s'ils osaient voter *non*. Le peuple, terrorisé depuis les massacres de décembre, vota *oui* à une énorme majorité, sous les menaces de l'administration, sous celles des baïonnettes des soldats, des sabres des gendarmes et de la police.

Quelques jours après le vote de plébiscite dont nous venons de parler, le 31 décembre 1851, à huit heures et demie au palais de l'Élysée, Louis-Napoléon Bonaparte, président de la République, traître, parjure et assassin, entouré de ses ministres et de ses aides de camp, ses complices, bandits associés à ses crimes, et coupables des mêmes forfaits que lui, reçut l'éhonté procureur Baroche, l'odieux apostat qui est venu lui apporter le résultat du scrutin imposé par le glaive et la terreur, falsifié, faussé et fabriqué par les criminels du deux décembre.

L'effronté coquin Baroche a pris la parole en ces termes :

— « Monseigneur le président, le vote des 86 départements, de l'Algérie, de l'armée et de la marine, sur le plébiscite du 2 décembre, a donné 7 millions, 439 mille, 216 oui.

« A l'appel loyal que vous avez fait à la conscience et à la souveraineté du peuple français il a répondu par une immense acclamation, par plus de sept millions quatre cent trente-neuf mille suffrages.....

« Oui, prince, la France a confiance en vous ! Elle a confiance en votre courage, en votre haute raison, en votre amour pour elle.....

« Jamais dans aucun pays la volonté nationale s'est-elle aussi solennellement manifestée? Jamais gouvernement obtint-il un assentiment pareil, eut-il une base plus large, une origine plus légitime et plus digne du respect des peuples? (Marques d'approbation.)

« Prenez possession, prince, de ce pouvoir qui vous est si glorieusement déféré.....

. . . .

« Vous aurez ainsi sauvé la France, préservé l'Europe entière d'un immense péril et ajouté à la gloire de votre nom une nouvelle et impérissable gloire..... »

Le traître, le parjure, l'assassin Louis-Napoléon Bonaparte a ensuite pris la parole, sans broncher, dans les termes suivants :

— « Messieurs, a-t-il dit, la France a répondu à l'appel *loyal* que je lui ai fait... Plus de sept millions de suffrages viennent de *m'absoudre* en justifiant *un acte* qui n'avait d'autre but que d'épargner à la France et à l'Europe peut-être des années de troubles et de malheurs...

« Je comprends toute la grandeur de ma mission nouvelle. Je ne m'abuse pas sur ses graves difficultés. Mais avec un cœur droit, avec le concours de tous les hommes de bien qui, ainsi que vous, m'éclaireront de leurs lumières et me soutiendront de leur patriotisme, avec le dévouement éprouvé de notre vaillante armée, enfin, avec cette protection que demain je prierai solennellement le ciel de m'accorder encore. (Sensation prolongée.) J'espère me rendre digne de la confiance que le peuple continue de mettre en moi. J'espère assurer les destinées de la France... » (Vive Napoléon ! Vive le président !)

Monseigneur l'archevêque de Paris, le chapitre métropolitain et le clergé de Paris ont été ensuite reçus.

Monseigneur l'archevêque s'est exprimé en ces termes :

— « Monseigneur le président ; nous venons vous présenter nos félicitations et nos vœux. Ce que nous allons faire demain, nous le ferons tous les jours de l'année qui va commencer, nous prierons Dieu avec ferveur pour le succès de la haute mission qui vous a été confiée...

« Et afin que tous les citoyens soient de bons citoyens, nous demanderons à Dieu d'en faire de bons chrétiens. »

Le prince remercie l'archevêque d'avoir bien voulu mettre sous la protection divine les actes qui lui ont été inspirés par le sentiment qui lui avait dicté ces paroles : « Il est temps *que les bons se rassurent et que les méchants trem_blent.* »

Après, le doyen du clergé de Paris, le curé de Saint-Nicolas, âgé de 87 ans, s'est approchée du président et lui a dit d'un ton allègre :

— « Je suis heureux, Monseigneur, de vous dire avec le prophète : « *L'œuvre de Dieu réussira* quand même. »

Nous avons transcrit ici le document qui précède, quoique le titre de ce livre semble proscrire le récit de tout incident sérieux de haute politique, et toute cérémonie religieuse et d'un caractère sacré, afin de prouver à nos lecteurs à quel degré d'abaissement profond et de corruption effrayante en étaient arrivées les classes ou plutôt les ordres, les castes qui nous gouvernent : clergé, police, armée, magistrature et administration, et combien cette corruption contagieuse des couches sociales supérieures avait déjà profondément gangrené, en 1851, les couches inférieures, les masses populaires sur lesquelles elle s'écoule comme un virus purulent. Et nous voulions expliquer ainsi comment les débauches et les crimes que nous racontons dans ce livre ont pu se produire et être possibles.

N'est-ce pas en effet un spectacle affreux, épouvantable, incroyable, que celui d'un peuple de 36 millions d'habitants, qui se croit lui-même, le premier peuple du monde, donnant sept millions et demi de suffrages à un bandit nommé Lous-Napoléon Bonaparte. A un traître qui s'est parjuré cyniquement à la face du monde entier avec une audace, un cynisme, qui dépassent toutes les bornes du possible ; à un criminel, à un pillard, enrichi des dépouilles de la fortune publique ; à un assassin couvert de sang, qui a fait massacrer plusieurs milliers de ses concitoyens pour assouvir son ambition ; à un odieux tyran qui immole toutes les libertés pour assurer le succès de son despotisme ; à un crapuleux aventurier qui a passé toute sa vie dans la débauche la plus basse et la plus honteuse.

N'y a-t-il pas de quoi être effrayé, quand on entend un magistrat comme Baroche, un homme qui a de l'intelligence, qui a étudié le droit, la morale, la philosophie ; n'y a-t-il pas de quoi reculer d'épouvante, quand on entend ce docteur, ce jurisconsule dire au vil débauché, au traître, au parjure, au pillard, à l'assassin de décembre :

— « Oui, Prince, la France a confiance en vous !... Prenez possession, Prince, de ce pouvoir qui vous est si glorieusement déféré... Jamais dans aucun pays..., jamais gouvernement eut-il une origine plus légitime et plus digne du respect des peuples ?... »

Les hommes qui ont assisté à un pareil spectacle, qui ont entendu un pareil langage et qui connaissaient l'aventurier coureur de mauvais lieux, en Angleterre, en Amérique, en Suisse, partout, le héros de Strasbourg et de Boulogne, l'entretenu et le souteneur de miss Howard, de la Gordon et de tant d'autres rostituées, le parjure, l'assassin de décembre ; les hommes, disons-nous qui savent tout cela et qui ont vu les massacres des boulevards se sont demandés en entendant Baroche s'ils rêvaient où s'ils étaient éveillés?

Et quand après ils ont vu le taciturne Macbeth, qui lui aussi, veut être roi, dont les taches sanglantes au front et aux mains, ne s'effaceront jamais, se lever pensif et tranquille comme un homme de bien, et quand il lui ont entendu dire de sa voix traînante et calme :

— « Je comprends toute la grandeur de ma mission nouvelle. Je ne m'abuse pas sur ses graves difficultés, mais avec un cœur droit, avec le concours de tous les hommes de bien, qui, ainsi que vous, m'éclairent de leurs lumières et me soutiennent de leur patriotisme... enfin avec cette protection divine que demain je prierai solennellement le ciel de m'accorder encore, j'espère me rendre digne de la confiance que le peuple continue de mettre en moi. »

Alors, nous le demandons, qu'ont dû penser les hommes qui ont entendu ces paroles sortant de la bouche d'un tel monstre ?

N'ont-ils pas dû être troublés, effrayés, n'ont-ils pas senti leur raison chanceler, comme celle d'un homme ivre?

Puis, leur trouble et leur vertige n'ont-ils pas dû encore grandir, quand à son tour monseigneur l'archevêque de Paris, le primat des Gaules, entouré de tout son clergé, a ensuite dit à ce bandit en grand uniforme, chamarré de croix et de décorations:

— « Monseigneur... nous prierons Dieu avec ferveur pour le succès de la haute mission que vous a été confiée?... »

Mission d'assassin, ont dû penser les auditeurs.

Et quand ces derniers ont vu « le doyen du clergé de Paris, » le vénérable curé de Saint-Nicolas, âgé de 87 ans, s'avancer vivement vers le criminel encore tout éclaboussé des cervelles et du sang des femmes et des enfants qu'il a fait massacrer sur les boulevards, et quand ils ont entendu ce prêtre en cheveux blancs, qu'ils avaient cru respectable, dire à l'assassin, traître et parjure :

« Je suis heureux, monseigneur de vous dire avec le prophète: «*L'œuvre de Dieu réussira quand même.* » Nous le demandons!

Qu'ont-ils dû penser ceux qui ont entendu et vu cela? Qu'ont-ils dû éprouver? N'ont-ils pas senti leur jambes trembler, leur esprit osciller?

Mais ce n'est pas tout encore. Voici ce que le peuple de Paris vit le lendemain, 1er janvier 1852 (1). Le président de la République est sorti du palais de l'Elysée à onze heures et demie pour assister à un *Te Deum* solennel en actions de grâce du vote qui vient de ratifier par 7,000,000 de suffrages l'acte du deux décembre.

« Le prince Louis-Napoléon était dans un coupé avec le ministre de la guerre seul. »

---

(1) Tous les paragraphes placés entre des guillemets sont copiés textuellement du rapport officiel de cérémonie du 1er janvier 1851 qui a eu lieu à *Notre-Dame.*

Le proxénète des lupanars de Genève, de Londres et de New-York ; le lâche histrion de la Finkmatt de Strasbourg, ayant encore sur la joue le soufflet et le crachat du colonel Taillandier qui le dégrada, lui arracha son grand-cordon de la Légion d'honneur, ses épaulettes, son épée, brisa cette dernière et foula le tout sous ses pieds, le souffleta et lui cracha au visage ; l'assassin de la caserne de Boulogne, où il était arrivé, un sac d'écus dans une main et une bouteille dans l'autre, pour débaucher et embaucher les soldats ; l'escroc, associé de Smith, le voleur des bons de l'Echiquier anglais ; l'amant entretenu de miss Howard, le héros du bouge d'Haymarket et du cirque d'Eglincton, le voleur des 25 millions de la Banque de France, l'ordonnateur des assassinats des grands boulevards et des journées de décembre, le lâche de l'Élysée qui voulait se sauver comme à Boulogne ; l'auteur du guet-apens de décembre, le traître, le parjure, le massacreur, le pillard et l'assassin, Louis-Napoléon Bonaparte, « était en grand costume de lieutenant général de l'armée de terre, » il avait le grand cordon de la Légion d'honneur autour du cou, un beau chapeau à plumes sur la tête, des épaulettes de général, et au côté l'épée du 2 décembre teinte du sang français.

A côté de ce grand criminel était assis le ci-devant Jacques-Arnaud Leroy, espèce de Gil-Blas de Santillane, tenant le milieu entre Guzman d'Alfarache et Mandrin, et entre Robert Macaire et Schinderhnnes ; ce bandit débuta dans les gardes-du-corps de Charles X, en volant les glands du trône, puis il devint acteur sifflé sous le nom de Florival, ensuite il se fit souteneur de filles en cartes, et leur vola leurs chemises et les mit au Mont-de-Piété ; ayant eu des démêlés avec la justice, il se sauva en Angleterre pour éviter la correctionnelle en complicité d'une escroqueuse, madame la baronne du Pilay, sa maîtresse, aux dépens de laquelle il vivait alors ; poursuivi en Angleterre pour ses méfaits, il revient en France, parvient à rentrer dans l'armée, il se fait geôlier et espion de la duchesse de Berry, obtient de l'avancement pour ces hauts faits, devient commandant d'Orléansville, en Afrique, où il fut bientôt poursuivi pour ses concussions, ses vols et ses dilapidations, il s'embauche dans la bande des *décembriseurs* pour éviter les travaux forcés, devient général, ministre de la guerre, et le principal exécuteur des forfaits du coup d'État ; il a dans ses poches un demi-millon d'argent volé, que son maître lui a donné pour le prix du sang.

Deux officiers d'ordonnance du prince étaient à cheval aux portières de la voiture du Président ; à droite, le colonel Edgar Ney, dont la sœur était la maîtresse de l'homme dont il escortait la voiture ; à gauche, c'était le brillant Fleury qui caracolait, l'aide-de-camp suborneur, corrupteur et embaucheur des officiers africains pour le compte du coup d'Etat, le pourvoyeur, le fournisseur de femmes des alcôves de la présidence.

Devant et derrière la voiture dans laquelle les deux bandits Verhuell Bonaparte et Jacques Leroy, dit Saint-Arnaud, s'étalaient dans leurs brillants uniformes, piaffaient deux escadrons du 1ᵉʳ lanciers, qui avaient froidement, cruellement, avec préméditation et férocité, massacré les promeneurs inoffensifs, les 3 et 4 décembre. Leur farouche et sanguinaire commandant, le colonel assassin de Rochefort marchait à leur tête, fièrement campé sur ses hanches, semblant défier la foule et prêt à recommencer son carnage des jours précédents.

Des escadrons de cuirassiers et de la garde républicaine, aussi des massacreurs du peuple dans les journées de décembre, fermaient le cortège.

« La place du Parvis était splendidement décorée; des deux côtés du portail avaient été disposées dix bannières tricolores soutenues par des mâts dont chacun portait un trophée de drapeaux et un bouclier décoré des lettres L. N. encadrées dans une couronne de lauriers. En outre, trois grandes bannières tricolores étaient suspendues à des mâts dressés en avant du portail.

« L'entrée principale était précédée d'un grand velarium d'étoffe cramoisie, parsemée d'étoiles d'or et du chiffre L. N. également en or. Toute la façade de la vieille basilique, à tous ses étages, et jusqu'aux tours, était décorée de drapeaux, de bannières, de flammes aux couleurs variées ; l'effet était magique.

« Au milieu de la rosace qui surmontait le grand portail se remarquait une large oriflamme sur laquelle était inscrit en gros caractères d'or le chiffre 7,500,000 *oui*.

« Dès onze heures, les portes de Notre-Dame se sont refermées sur les 6,000 invités qui déjà remplissaient l'église. Des estrades disposées en amphithéâtres sur toute l'étendue de la nef, de chaque côté et les galeries spacieuses, qui règnent autour de l'édifice, étaient garnies sur tous les points. Les délégués des départements avaient des places désignées sur deux de ces estrades. Le milieu de la nef, qui n'a été occupé que plus tard, après l'entrée du président, était particulièrement réservé aux autorités militaires.

De vastes estrades en amphithéâtre étaient élevées à chacun des bras de la croix latine. Celle de la droite a été occupée par le corps diplomatique et la Cour de cassation, la Cour d'appel et le tribunal de première instance, leurs présidents en tête ; celle de la gauche par la Commission consultative, conduite par M. Baroche, la Commission municipale et départementale, le Conseil de préfecture, les maires de Paris et des principales communes du département de la Seine, à la suite de MM. le préfet de la Seine et le préfet de police; l'Institut, le Conseil supérieur de l'instruction publique et les quatre facultés précédées de leurs massiers.

« Le premier rang des sièges disposés dans la nef avait été réservé aux grands-croix. On y distinguait les maréchaux Reille et Exelmans, » le prudent complice de Strasbourg, Vaillant, un des assassins de la République romaine, vendu aux auteurs du guet-apens de décembre, d'Hautpoul, le général mouchard de 1849; Petit-d'Argout, le fameux prince Murat, fils d'un traître et traître lui-même, en costume de colonel de la garde nationale en attendant qu'il puisse s'affubler de la défroque sanglante du bomba de Naples dont il convoite l'héritage. Viennent ensuite au second rang, mais bien dignes de figurer au premier, tous

Et toutes ces femmes, avides, se précipitent sur les pièces d'or qu'elles s'arrachent.

les généraux traîtres, félons, pillards et assassins qui étaient placés sur des sièges réservés en premier rang près de celui du prince. Il y avait là Magnan, le général criblé de dettes, qui vivait aux crochets d'une femme entretenue, l'ex-escroc stellionnaire, associé aux spéculations honteuses des marchands d'hommes, qui s'était vendu un demi-million comptant aux criminels de décembre et qui avait commandé en chef les massacres du 4; le général Forey qui s'était vendu pour cent mille francs comptant; les colonels Espinasse et Garderens de Boisse, ivrognes, joueurs et débauchés ; Reybell et Canrobert, les deux plus illustres mitrailleurs des boulevards des Italiens et Montmartre, qui avaient fait couler le sang à flots, défoncé les hôtels, les plus riches magasins et les plus beaux établissements à coups de canons; de Lourmel, l'assassin de Denis Dussoubs, et Pajol, le meurtrier de Baudin.

« Parmi les hauts personnages et les ministres, il y avait Morny, l'homme de la *Niche à Fidèle*; Persigny, l'ex-maréchal-des-logis taré, devenu millionnaire avec l'or volé à la Banque; Bacciochi, le proxénète embaucheur et débaucheur de femmes; Maupas le faussaire ; Rouher, le garde des sceaux qui avait trafiqué de la justice comme d'une prostituée ; Vieyra, le propriétaire de maisons de femmes publiques, vivant de leurs produits, etc., etc.

« Dans les tribunes donnant sur le transept, on remarquait les femmes des grands dignitaires de l'État et des ministres étrangers. L'une de ces tribunes, brillantes et riches entre toutes, était occupée par la princesse Mathilde, la femme adultère, répudiée par son mari, la maîtresse éhontée du hollandais Niewerkerke, la rivale de miss Howard, la louve lascive qui, le quatre décembre, suçait le sang des victimes, encourageait aux massacres, et se promenait avec d'autres prostituées sur les boulevards, dans une calèche découverte, en brillante et insolente toilette, au milieu des cadavres, envoyant des baisers et faisant des œillades aux bourreaux mercenaires; la princesse Marie de Bade, la marquise de Douglas étaient auprès de cette Messaline; la de Solms, la Lesbienne ; Miss Howard, l'ancienne prostituée d'Hay-Market, la Castiglione, la belle courtisane italienne et une multitude d'autres, parmi lesquelles les trois épouses du ministre Fortoul, mesdames Rouland, Magnan, Baroche, Troplong, Lehon, de Metternich, de Pourtalès, Tacher de la Pagerie, etc., etc.

« Ce qui rehaussait l'éclat de cette importante et solennelle cérémonie, c'était la variété et la richesse des costumes officiels dont tous les membres de chaque corps étaient revêtus, ainsi que les toilettes éblouissantes des dames.

« Toutes les places, bien indiquées d'avance, ont reçu dans le plus grand ordre les personnes à qui elles étaient destinées.

« Un peu avant midi, monseigneur l'archevêque, assisté de ses vicaires généraux, MM. Buquet, Surat, Bautain, Eylée, et des chanoines de la métropole, a pris siège sous un dais à droite de l'autel ; les chanoines étaient rangés à la droite du chœur, et les curés de Paris étaient assis sur les dalles du chœur derrière l'autel. »

Lorsque le prince, entouré de son escorte brillante et imposante, arriva sur le parvis de Notre-Dame, les tambours battirent aux champs, et le vieux bourdon des tours de la cathédrale, sonna à toute volée.

Les grandes portes de Notre-Dame se sont alors ouvertes à deux battants, monseigneur l'archevêque de Paris, entouré des diacres, des chanoines, de son grand vicaire, des prêtres de Paris et de tout son clergé, s'est dirigé processionnellement en grande pompe, croix en tête et l'encens brûlant, vers le grand portail, pour recevoir l'homme sinistre de décembre, et ses complices; il les a introduits tous dans l'édifice sacré aux cris de vive Napoléon ! poussés par l'assistance.

Une fois dans la cathédrale, le cortège, ayant à sa tête l'archevêque et son clergé, s'avança en grande cérémonie, au bruit des acclamations, vers le transept où il s'arrêta. Là s'élevait un riche dais en velours cramoisi, à ciel d'or, dont les quatre branches correspondaient aux piliers principaux. Un prie-Dieu et un siège d'honneur étaient établis pour le sanglant vainqueur du quatre décembre, en face d'un autel doré de forme gothique, dressé en avant du chœur, dans la partie centrale, où se croisent la grande nef et la nef transversale.

Le nouveau Macbeth s'assit sur le splendide siège d'honneur, qui lui avait été réservé sous le dais étoilé d'or ; l'escroc proxénète et assassin Jacques Arnaud Leroy, en grand costume de général, la poitrine couverte de croix et de décorations, s'assit à sa droite ; Lawœstine, le bandit pillard, aussi en grand costume de général commandant les gardes nationales de la Seine, s'assit à sa gauche.

Ses aides-de-camp, ses officiers d'ordonnance, tout son brillant état-major, prirent place auprès de lui, tous les ministres se pressaient à ses côtés

Lorsque tous furent en place, et que les acclamations eurent cessées, Monseigneur l'archevêque, officiant en personne, entonna le *Te Deum*, accompagné par les orgues, l'orchestre et les chanteurs placés derrière l'autel ; le *hosanna* retentit harmonieusement développé. L'hymne de louange s'éleva pour porter au ciel les actions de grâce de milliers de spectateurs, et remercier la Providence pour « *l'acte* » du deux décembre. L'encens parfumé brûla, le prince éhonté et hypocrite donna avec affectation pendant toute la cérémonie les signes d'une profonde piété.

A un demi-siècle de distance, le 18 août 1802 et le 1er janvier 1852, deux Napoléons ont inauguré l'avènement d'une ère de tyrannie, de guerres, de carnages, de malheurs, d'invasions et de démembrements ; en 1802, comme en 1852, le *Te Deum* était chanté, à la même place, dans le même lieu, pour remercier le ciel d'une même ère de despotisme, produite par les mêmes trahisons et les mêmes infamies. Le souvenir et l'exemple de l'homme du 18 brumaire inspiraient le parjure et le traître du 2 décembre.

Après le *Te Deum* et le *Domine salvos fac Republicam et Napoléonem*, Monseigneur l'archevêque de Paris a donné la bénédiction du Saint-Sacrement.

L'assassin de décembre, encore tout maculé des éclats de cervelles et du sang de ses victimes, s'est agenouillé hypocritement à la même place où, il y avait un demi-siècle, son oncle, le sanglant et héroïque despote, accomplissait le même sacrilège.

L'archevêque Sibour prit l'ostensoir brillant de pierreries, présent de Napoléon Ier, et l'exposant de sa main pastorale aux yeux du prétendu neveu du traître de brumaire, il prononça les paroles sacramentelles et bénit, sans broncher, dans la personne de Louis-Napoléon Bonaparte, les crimes les plus abominables : le parjure, la trahison, le vol, le pillage et l'assassinat ! Ce prélat éhonté et hypocrite a sanctifié tous ces forfaits à la face de toutes les majestés du culte, sur l'autel et dans l'appareil le plus solennel de la religion. Il a sacré tous ces misérables et leurs crimes exécrables. Il les a donnés en exemple aux masses comme sacro-saints. Il a représenté comme des héros, comme des génies, comme des bienfaiteurs de l'humanité, les scélérats chargés de tous ces crimes; il a dit que leur chef à tous, le plus criminel d'entre eux, était un Sauveur, une Providence.

Mais ni les prières, ni les *Te Deum*, ni les *Hosanna*, ni les bénédictions, ni l'encens, ni l'eau bénite, ni tout l'Océan, comme l'a dit Shakespeare, n'effaceront la tache sanglante et indélébile du Macbeth des Tuileries, que cette honteuse manifestation mettait en lumière, faisait ressortir aux yeux de tous et briller comme une sanglante auréole.

Tous les plus nobles, les plus purs sentiments de délicatesse, de pudeur, d'honnêteté et d'honneur, tout ce que les hommes vénèrent et respectent, était foulé aux pieds dans cette cérémonie sacrilège qui était une insulte à la conscience et à la morale, un scandale flagrant, un défi à l'opinion publique, un outrage au caractère et à l'honneur nationaux.

Les frères et amis de l'Elysée, nouvellement installés aux Tuileries; de Morny, émerveillé de ses gains fabuleux; Fleury, gonflé de ses succès; Niewerkerke, triomphant dans son concubinage; Wieyra-Molina, resplendissant dans sa honte; Maupas, remis de ses terreurs; Magnan, planant dans la gloire sanglante des massacres du quatre; Florival de Saint-Arnaud, majestueusement drapé dans son infamie; Canrobert, stupidement glorieux de sa sanglante boucherie de femmes et d'enfants; les femelles adultères de tous ces gredins, leurs concubines lascives, leurs filles impudiques et éhontées, se repaissaient d'encens et de bénédictions, savouraient les mâles émanations et les voluptés du saint lieu, en attendant celles de l'orgie et se réjouissaient de la honte que cette cérémonie infligeait à la France en l'abaissant à leur niveau.

Tous ceux qui, jusqu'alors, avaient conservé de fausses illusions en croyant à la bonne foi, à l'honneur, à la vertu des classes dirigeantes et des prêtres, et qui pensaient que tout ce que la société honore et que la religion bénit, doit nécessairement être bien, bon, juste, respectable et honorable, furent détrompés.

L'Europe et le monde entier furent stupéfaits.

La conscience universelle fut troublée, elle oscilla incertaine entre les croyances du bien et du mal. Le sentiment du juste et de l'injuste fut profondément ébranlé. Le doute envahit les âmes faibles. Tous ceux qui haïssaient la liberté, la justice et le droit, se réjouirent à ce spectacle. Les ennemis de la France applaudirent à cette honte. Le mal triompha!

Eh bien! tous ces crimes, leur triomphe facile, les dix ans de pouvoir accordés à Louis-Napoléon Bonaparte, ne satisfirent pas ce dernier. Il voulait être empereur comme son oncle. Et, moins d'un an après l'effrayante cérémonie que nous venons de raconter, il a fait savoir aux eunuques muets de son Sénat, qu'ils aient à lui présenter une adresse, le priant humblement de bien vouloir prendre le titre d'empereur et de mettre la couronne sur sa tête respectable et glorieuse. Le Sénat, plus vil que celui qui fit du cheval de Caligula un de ses membres, s'empressa d'obtempérer aux désirs du maître, il présenta l'adresse et rédigea un *Senatus-consulte*, proposant au peuple « le rétablissement de la dignité impériale, dans la personne de Louis-Napoléon Bonaparte et de sa descendance directe légitime ou adoptive. »

L'empire fut voté à la majorité de 7 millions 824 mille 189 voix. Il est inutile de dire que ce furent les fonctionnaires aux gages des impérialistes qui manipulèrent et fabriquèrent le scrutin selon leur bon plaisir ; tout récalcitrant ou réclamant était rigoureusement transporté à Cayenne.

Le résultat de ce second plébiscite fut proclamé avec le même éclat, le même cérémonial et la même pompe religieuse que le précédent à Notre-Dame, et le nouveau régime fut inauguré aux Tuileries, dans une de ces orgies romaines dont seuls les bandits du nouveau *Bas-Empire* avaient conservé la tradition.

Une fois sacrée, le premier souci de Sa Majesté Impériale fut de faire souche d'Empereur, elle avait bien eu, il est vrai, trois rejetons avec miss Howard, deux mâles et une femelle, mais ils n'étaient pas légitimes. La tendre miss aurait bien voulu que son bien-aimé les légitimât par son mariage avec elle ; mais le roucoulant Louis, ne paraissait pas très pressé de s'unir encore plus étroitement avec sa dulcinée d'Hay-Market, il aurait voulu greffer sa lignée impériale sur la souche monarchique d'une famille souveraine régnante.

Louis-Napoléon Bonaparte convoqua un conseil de famille aux Tuileries pour lui soumettre ses graves projets qui devaient assurer la durée de son impériale dynastie, la stabilité et le bonheur de la France.

Les augustes parents et les respectables amis les plus intimes et les plus dévoués de Sa Majesté furent convoqués dans cette grave occurence.

L'illustre Sanhédrin avait pour patriarche le vieux Jérôme Bonaparte, ex-roi de Westphalie, crapuleux, débauché, adultère et bigame, dont les débordements eurent heureusement peu d'imitateurs. Ce libertin émérite avait transformé autrefois son palais en véritable lupanar, et depuis que son neveu était arrivé au pouvoir, il avait repris ses habitudes et sa vie de débauche, et transformé sa demeure en un véritable bouge dans lequel il amenait toutes les filles qu'il rencontrait sur la voie publique ou recrutait dans les mauvais lieux qu'il fréquentait jour et nuit.

A côté de l'oncle de Sa Majesté siège son respectable fils, le prince Jérôme Napoléon, digne en tous points du vénérable auteur de ses jours, auquel il ne cède en rien en lâcheté, en bassesse et en vice. Cet ex-prince rouge, ce républicain ardent, qui, avant le coup d'État jouait le rôle de Brutus, menaçant sans cesse son cousin de son poignard de régicide, qui jurait de venger la liberté et de sauver la République, était, moyennant honneur et argent, à l'époque dont nous parlons, un des plus fermes soutiens du trône de son cousin qu'il traitait jadis de bâtard, de faux Louis, de mauvais Napoléon, etc. Il s'est fait transformer en Altesse Impériale, il aspire aussi à un trône et veut aussi épouser une princesse.

Près du gros Plon-Plon, sa sœur, la princesse Mathilde Demidoff, épouse adultère, maîtresse en titre du hollandais Niewerkerke, étale ses charmes proéminents et surannés.

Cette femelle lascive résume en elle avec une rare perfection tous les vices de son honorable famille, bassesse sans borne, avarice sordide, luxure crapuleuse, ambition inextinguible, cruauté froide et sanguinaire. Cette dame est un modèle du genre, elle figure très bien entre la Solms et miss Howard et complète ainsi le groupe des trois grâces impériales.

M. le comte de Morny, frère bâtard de Sa Majesté Impériale, est un des conseillers les plus précieux de ce conciliabule matrimonial ; sa longue expérience, son audace, son cynisme, sont d'une grande utilité dans cette délicate occurence.

M. Walewski, aussi un bâtard, doit le jour à une passade de Napoléon Ier avec une dame polonaise, qu'il força à passer une nuit avec lui. Il a été admis au conseil de famille à cause de sa parenté de la main gauche avec le prince Louis Bonaparte.

Le mastodonte Murat, fils de l'ancien palefrenier devenu roi de Naples, a apporté son idiote suffisance à ce conseil de famille. C'est un prétendant en perspective à la couronne de Naples ; son aimable cousin, le nouvel Empereur, lui a promis de lui conquérir le trône de son père. Mais le roi Bomba persiste à ne pas vouloir lui céder la place et le menace de lui faire subir le sort de son père, si jamais il tombe entre ses mains. Cette perspective peu charmante tempère beaucoup l'ardente ambition du bouillant Achille Murat.

L'inévitable Fialin de Persigny, plus indispensable que jamais, siège aussi au conseil et se donne comme toujours la plus grande importance. Il remplit auprès du chaste empereur, comme son rival Fleury, le double rôle de mignon et de pourvoyeur, ce qui lui donne une grande autorité auprès du prince.

L'héroïque et pieux Jacques-Arnaud Leroy a aussi été convoqué par son maître, sa pratique des femmes en fait un précieux conseiller.

MM. Fleury et Bacciochi, tous les deux pourvoyeurs des alcôves de Sa Majesté, essayeurs jurés des sujets des petits appartements, devaient faire partie de droit de ce conciliabule. Le premier est à la fois mignon du prince et directeur des harems et des haras.

— Messieurs, leur dit Louis-Napoléon Bonaparte, je vous ai convoqués afin de vous communiquer mes projets.

« Aujourd'hui, que tout sourit à ma fortune, je veux consolider d'une manière définitive l'œuvre à laquelle nous avons tous si laborieusement travaillé.

« Vous devez comprendre que, tant que je n'ai pas d'héritiers, l'empire manque de stabilité,

« Je sais bien que j'ai là mon cousin Jérôme, pour recueillir mon héritage, en cas de malheur ; mais lui-même n'a pas d'enfants, et les collatéraux ne jouissent jamais du même prestige que les descendants en ligne directe.

« J'ai donc pensé que, dans l'intérêt de ma dynastie, pour le bonheur et la paix de la France, il était utile que je me mariasse, afin d'avoir un héritier.

« C'est pour vous consulter sur ce projet que je vous ai convoqués. Veuillez me donner votre avis. »

— Depuis longtemps j'ai songé à cela, dit le vieux paillard de Jérôme, mais il y a une grande difficulté, c'est celle de trouver une femme.

— Comment, dit Louis Bonaparte en interrompant son oncle, il me semble que le titre d'impératrice des Français est assez recherché et assez brillant, pour que toutes les femmes, même les plus haut placées, soient jalouses de le porter. Je suis sûr que toutes seraient fières de partager ma gloire, et que je n'aurais que l'embarras du choix.

— Certainement, répondit l'ex-roi de Westphalie, mais comme l'héritier du grand Napoléon ne peut et ne doit épouser qu'une princesse du plus pur sang royal ou impérial, fille d'un des plus grands souverains de l'Europe, les préjugés ridicules des cours européennes nous créeront sans doute de grandes difficultés au premier abord; nous les surmonterons sans doute, mais il faut s'attendre à en rencontrer. Par exemple, j'avais songé d'abord à une princesse russe, à la grande duchesse de Leuchtenberg, petite-fille d'Eugène Beauharnais ; j'ai même fait sonder le terrain. Hé bien ! le croiriez-vous ! l'empereur de Russie a repoussé ce projet avec mépris; il a déclaré que jamais une princesse russe n'épouserait un parvenu, fût-il empereur des Français.

— L'orgueilleux Moscovite paiera cher cette humiliation, dit Louis Bonaparte furieux, qui mordait de rage sa moustache.

— C'est comme moi, dit la grasse Mathilde ; j'avais songé à la sœur du roi d'Espagne ; mais le monarque catholique a des scrupules. Il ne veut pas mêler son sang castillan à celui de l'usurpateur.

— Mais, dit Persigny, la sœur du roi d'Espagne est d'une laideur repoussante ; elle est affreuse.

— Qu'importe, dit Fleury ; n'aurons-nous pas le Parc-aux-Cerfs ?

— Certainement, dit Bacciochi, puisque la chose est convenue et que j'en serai le directeur.

— Il y a encore une duchesse de Bragance, à la porte de laquelle on a frappé, ajouta Mathilde; mais en Portugal, comme en Espagne, on a aussi refusé. On dirait vraiment que toutes les cours de l'Europe ont juré de mettre notre aimable cousin en blocus matrimonial.

— Je les forcerai bien à le lever, répondit le fils d'Hortense; tous ces orgueilleux souverains me paieront cher leurs dédains. Comme mon oncle, j'entrerai triomphant dans leurs capitales, et mes soldats se chargeront d'adoucir leur morgue et de me conquérir leurs vaniteuses princesses, de les réduire à merci, et elles seront trop heureuses d'accepter mes faveurs.

— Mais, dit M. de Morny, il y a, en Allemagne, une personne accomplie, la petite princesse Wasa, qui, si elle n'appartient pas à une famille souveraine d premier ordre, n'en est pas moins de sang royal. Elle sera pour l'empereur un parti très convenable, et si Sa Majesté voulait m'honorer de sa confiance et s'en rapporter à mon zèle pour la demander en mariage, je suis persuadé que je réussirais.

— Très volontiers, mon cher Morny, répondit le galant empereur; je n'ai jamais douté de votre talent de négociateur, et je suis persuadé que personne mieux que vous ne peut accomplir cette mission délicate.

— Je tiens d'autant plus à réussir, ajouta Morny, que la princesse Wasa est très belle, et que je suis persuadé que Votre Majesté se délectera d'avance, en rêvant à la possession d'une personne aussi accomplie.

Puis, tendant un médaillon à son frère utérin, il ajouta :

— Voici son portrait; jugez vous-même de ses charmes.

— Quelle ravissante personne! dit Louis Bonaparte, en contemplant le portrait de la princesse d'un regard de luxurieuse convoitise; quels yeux! quelle bouche! quelle gorge! elle est vraiment à croquer; puis, si la petite est sage, comme je l'espère, je serai le premier à jouir de sa beauté immaculée, de ses charmes encore vierges, décidément, sa virginité me tente; cela est assez rare. Je suis fatigué de ces femmes trop bien dressées pour l'amour, dont les avances, que je refuse souvent, m'obsèdent et me dégoûtent. Cette petite pensionnaire Wasa me plaît beaucoup; j'aurai un grand plaisir à la déniaiser et à jouir de son innocence et de sa naïveté germanique. Partez au plus tôt, Morny; je vous donne mes pleins pouvoirs pour demander sa main. Je garde son portrait qui ne me quittera plus jusqu'à l'heureux accomplissement de votre mission.

Et dans son enthousiasme pour la jeune Wasa, il passa le médaillon à son cou et le cacha sur son sein, après l'avoir embrassé.

— Si, ce que je ne crois pas, dit Joachim Murat, Morny échouait dans sa négociation, il y a, sur le Danube, près du grand duché de Bade, dont notre tante Stéphanie est douairière, dans la petite principauté de Hohenzollern-Sigmaringen, qui compte quarante-quatre mille habitants, six cent mille francs de revenus et trois cent cinquante-six hommes de contingent fédéral, une jeune fille à marier. Je me chargerai volontiers de demander sa main pour mon cousin, et, comme les Sigmaringen sont un peu parents avec notre tante Stéphanie j'espère réussir.

— Nous verrons cela plus tard, répondit Louis Bonaparte, profondément humilié de ces refus et des précautions qu'on prenait pour lui en éviter d'autres.

Le lendemain, M. le comte de Morny partait secrètement pour accomplir sa mission dans le duché de Saxe-Meiningen. Les membres de la famille Wasa, à la demande de la main de la princesse, parurent stupéfaits; ils demandèrent le temps de réfléchir et de consulter cette chère enfant.

Lorsque Baudin excitait, au Deux-Décembre, le peuple à prendre les armes, un ouvrier lui dit en goguenardant : « Avec ça que nous allons nous faire tuer pour vous conserver vos « vingt-cinq francs! — Eh bien! vous allez voir comment l'on meurt pour vingt-cinq francs! » répondit Baudin. Et il monta sur la barricade.

Quand la jolie princesse eut vu le portrait de l'affreux fils de l'amiral hollandais, elle fondit en larmes, se livra au plus profond désespoir et supplia ses parents de ne pas unir sa destinée à l'être affreux qui sollicitait sa main, disant qu'elle préférait la mort à une pareille union. Ses parents la consolèrent en lui assurant qu'eux-mêmes n'auraient vu qu'avec peine unir son sort à celui de l'empereur, qui avait répandu tant de sang et fait verser tant de larmes, à l'être corrompu, au libertin blasé, qui l'eût souillée de son contact impur. On refusa donc sa main à l'envoyé impérial, et M. le comte de Morny s'en revint, l'oreille basse, conter sa déconfiture à son auguste frère.

Le gros Murat, patronné par la vieille tante Stéphanie, ne fut pas plus heureux ; il employa inutilement tous les moyens de séduction auprès du prince Hohenzollern, qui fut inébranlable et refusa aussi la main de sa fille. C'est en vain qu'on lui offrit la haute naturalisation en France, le grade de général, le bâton de maréchal de France, le rang de prince, deux millions payés comptant, cinq cent mille francs de rente, le titre de sénateur, le grand cordon de la Légion d'honneur et le château de Rambouillet, contre la livraison de sa fille au minotaure des Tuileries.

Plus scrupuleux en cela que ne le fut plus tard Victor-Emmanuel, le ro galant homme, qui vendit sa fille au prince Napoléon, il refusa tout et repoussa la demande de Murat avec mépris.

Il prouva ainsi que la fille d'un pauvre général ne s'achète pas comme l'honneur de certains généraux français, ou comme les descendantes du prétendu libérateur de l'Italie.

Quelque temps après le refus fait au gros Murat, dans une réunion qui avait lieu chez le vieux prince de Metternich, à laquelle assistaient plusieurs officiers supérieurs, d'anciens diplomates, quelques dames et un vieux Landgrave, on racontait les aventures matrimoniales du grand empereur, qui frappait inutilement à toutes les portes, pour avoir une femme ; on en riait beaucoup. Le vieux Landgrave seul était sérieux.

— Si jamais ce monsieur s'adressait à moi et osait me demander la main d'une de mes filles, dit-il, je lui ferais la réponse que la ville de Rhégium fit à Denis le tyran, qui lui demandait une femme : je lui offrirais la fille du bourreau.

— Vous auriez tort, lui dit une belle dame, de sacrifier ainsi cette pauvre jeune fille, si elle est honnête et pure, en unissant sa destinée à celle de cet homme couvert de crimes.

— J'espère bien, ajouta un général, que le bourreau ne lui servira jamais que pour lui faire expier ses forfaits.

— C'est la grâce que je lui souhaite, ajouta une jeune dame.

— Que le ciel vous entende et exauce au plus vite votre prière, dit le vieux Landgrave.

Telles étaient les réflexions et les vœux que suggéraient les nombreuses demandes en mariage du parvenu impérial ; on plaignait d'avance la malheureuse victime qui lui serait sacrifiée. Furieux des refus et du mauvais accueil qu'il rencontrait partout, l'empereur jurait qu'il se vengerait et qu'il irait lui-même, comme son oncle, chercher une femme à Vienne, à Berlin ou à St-Pétersbourg ; qu'il n'épouserait jamais qu'une princesse royale, ou une archiduchesse ; et pour oublier ses déconfitures, il se plongeait de nouveau dans l'orgie.

Profondément blessé dans son amour-propre de ce qu'aucune princesse n'avait voulu partager la honte de sa vie, souillée de tant de crimes ; de ce qu'aucune d'elles, si humble qu'elle fût, n'avait voulu venir s'asseoir près de lui, sur ce trône impérial, construit de trahisons, de parjures et de meurtres, et dont la splendeur ne sert qu'à mieux montrer au monde étonné la scandaleuse bassesse et la criminelle origine du parvenu qui l'occupe, Louis-Napoléon Bonaparte cherche des consolations dans les fêtes. De nombreuses courtisanes sont invitées à Compiègne et à Fontainebleau, pour distraire le maître de la France et chasser les déceptions cuisantes et le remords cruel qui le rongent. Les modernes Laïs emploient tous les secrets de leur art pour leur hôte impérial et ses nombreux courtisans; elles se consument en coquettes agaceries, en minauderies savantes, et étalent des trésors de beauté qui en laissent deviner bien d'autres encore. Ces invitations excitent bientôt les ardeurs voluptueuses des illustres débauchés, l'aiguillon aigu des sens les pique peu à peu, et ils cèdent aux provocations des nymphes qui les charment, et se préparent à mille folies. Toutes ces dames couvrent leurs beaux yeux d'un épais bandeau, comme celui de l'amour, et s'élancent à tâtons dans l'arène, pendant que leurs cavaliers, nonchalamment étendus sur les sofas et sur les canapés, les attendent : le hasard guide les pas chancelants de ces belles aveugles, qui bientôt tombent dans les bras des heureux mortels qui les courtisent; bien heureuse est celle que son destin fortuné conduit auprès de la frétillante Majesté, qui l'attend avec impatience.

Mais les bandeaux qui voilent les regards de nos amoureuses deviennent bientôt inutiles, on les arrache pour pouvoir couvrir leurs beaux yeux de baisers; alors, à la blanche clarté des bougies, artistement ménagée, chacune de nos belles peut distinguer l'amoureux dont le hasard l'a gratifiée; si la fortune lui a donné un jeune et beau cavalier, elle lui témoigne tout le plaisir qu'elle en ressent.

Ces dames prétendent que celle qui fut conduite sur les genoux du prince, ne fut pas la plus mal partagée et qu'il est très aimable, ce qui fait beaucoup pardonner à sa laideur et à son aspect repoussant.

Des mets exquis, des vins délicats, réparent ensuite les forces des cavaliers et de leurs aimables compagnes.

Après le colin-maillard, le prince organise une partie de cache-cache; les bougies s'éteignent presque toutes; ces dames vont se cacher, pendant que leurs joyeux cavaliers abandonnent leurs verres pour les chercher dans cette demi-obscurité; chaque fois que l'un d'eux en découvre une dans quelque coin obscur des salons ou des longs corridors, il s'empare de la dame, qui cherche à se dérober, mais qui ne trouve pas grâce devant son audace, des doux propos s'échappent alors du sein des ombres. Ce sont, assurent les dames, les cris naïfs des jeux innocents.

Mais tant de plaisirs procurés aux hôtes impériaux, méritent une récompense; la curée des dames commence. L'auguste amphitryon leur a préparé une surprise; il invite galamment toutes les belles Lucrèces à plonger leurs chastes mains dans les tiroirs d'une vaste table, dont les flancs sont remplis d'objets d'art les plus précieux; chacune d'elles en retire bientôt un chef-d'œuvre de bijouterie : l'une, un collier magnifique, ruisselant de diamants ; l'autre, un bracelet superbe, artistement ciselé et enrichi de pierres précieuses ; celle-ci, une broche d'un travail exquis, au milieu de laquelle scintille un énorme rubis entouré de topazes orientales ; celle-là, une paire de riches boucles d'oreilles, formées de deux solitaires étincelants ; d'autres, des bracelets de perles fines, des épingles éblouissantes de pierres précieuses et de ciselures. Tous ces splendides joyaux, ces chefs-d'œuvre de richesse et d'art, arrachent à toutes ces courtisanes, qui les essaient et qui s'en parent, des cris d'admiration et de joie.

Elles remercient leurs amants par de tendres sourires, de doux et de brûlants baisers, et encouragent ainsi ce gaspillage effronté des trésors que produisent si péniblement les sueurs et le travail du peuple.

— Buvons, dit l'aimable Fialin, buvons à la renaissance providentielle du luxe !

— Oui, s'écrient tous les convives, le verre en main, à la renaissance du luxe, que nous devons à notre hôte illustre !

— Le luxe fait la prospérité des états et le bonheur des grands, dit Morny.

— Et surtout le nôtre et celui de ces dames, ajoute Fleury d'un voix enrouée par l'ivresse.

Puis, tirant d'une de ses poches une poignée d'or, qu'il jette avec dédain sur le tapis, il ajoute entre deux hoquets :

« Cet or n'a pas plus de valeur pour moi que de la boue ; tenez, mesdames, je vous le donne. »

Et toutes ces femmes avides se précipitent sur les pièces d'or qu'elles s'arrachent.

— Quelle charmante curée, dit le prince, en vidant ses poches, dont il jette le contenu sur le parquet. Tenez, belles Laïs, disputez-vous cet or, pendant que nous plongerons nos regards sur les trésors bien plus précieux de votre beauté.

Et tous les courtisans, imitant l'exemple du maître, couvrent les tapis de pièces d'or, que ces dames se disputent.

C'est ainsi, pauvre France désolée, que les trésors produits par tes rudes labeurs, et qui te sont arrachés par une bande de cyniques débaucheurs, de coquins triomphants, sont donnés en pâture et prodigués, dans une enchère d'œillades, à une tourbe de prostituées !

Mais enfin les bougies pâlissent, et à l'approche du jour, les convives se séparent de leurs joyeuses compagnes après un dernier baiser et la promesse de se revoir bientôt.

Chacun d'eux se retire, et gagne à pas chancelants son équipage qui l'attend à la porte.

Celui-ci a son gilet maculé de vin, celui-là sa chemise ou son habit déchiré, cet autre son chapeau déformé.

Tous ont leur toilette endommagée par l'orgie de la nuit.

Et quand ils sortent, leurs domestiques, qui les attendent, échangent furtivement des regards moqueurs en les voyant dans ce piteux état.

Les toilettes des dames ont encore bien plus souffert que celles des cavaliers.

C'est avec la plus grande peine qu'elles parviennent à mettre un peu d'ordre dans leur toilette et à rajuster leurs costumes. Leurs robes chiffonnées, tachées par l'orgie, leurs guimpes déchirées, leurs coiffures défaites, leurs yeux fatigués, leurs visages pâlis, leur démarche appesantie par le vin et l'insomnie, répandent autour d'elles un aspect de mauvais lieu, une odeur de prostitution, qui font mal au cœur. On sent un parfum de Versailles ou de Saint-Cloud, qui rappelle le Parc-aux-Cerfs ou les petits soupers de la Régence.

Oh ! peuple français déshonoré par une poignée de misérables, que ne pouvais-tu voir à cette heure matinale tes maîtres pervers, et les prostituées, avec lesquelles ils passaient leurs nuits ! que ne pouvais-tu surtout assister invisible à leurs saturnales dégoûtantes ! Tu te serais levé, indigné, à un pareil spectacle, et tu aurais chassé, dans ta juste colère, ces pygmées qui s'engraissaient de tes sueurs, et qui se riaient de ta misère, de tes souffrances et de tes larmes !

Mais, ô malheureux peuple ! tu ignorais tous ces honteux scandales, tes maîtres rusés mettaient un soin extrême à te cacher leurs débauches, et pendant qu'un crapuleux satrape, qui faisait ta honte et ton malheur, et ses vils compagnons s'amusaient et reposaient leurs sens épuisés, ô comble de l'hypocrisie ! on lisait dans les journaux officiels et officieux :

« Pour la première fois depuis vingt-deux ans, les églises de Paris ont été ouvertes pendant la nuit du 24 au 25 décembre. C'est là un noble exemple donné par le gouvernement ; en outre tous les bals ont été interdits hier au soir.

« L'Empereur a assisté à la sainte messe ; sa piété a édifié la cour. »

O Tartuffe ! tu es surpassé !

Saints prélats catholiques, archevêque Sibour, invoquez le nom du Seigneur, élevez vos mains pastorales vers le ciel, pour appeler vos bénédictions sur la tête de votre élu !

La bigoterie est sœur de la luxure.

Ces nuits de débauche ne suffisaient pas pour distraire notre héros des humiliations que lui avaient infligées les princes auxquels il avait demandé une épouse, il organisa des chasses splendide à Compiègne.

Toute la cour y fut invitée.

Le riche banquier de R..., ce roi de la finance, y assistait avec une belle Espagnole, dont les charmes avaient su toucher son cœur.

La jeune Castillane était, disait-on, l'amie de la fille du riche banquier.

Mademoiselle de R..., qui accompagnait son papa et sa belle maîtresse, espérait alors épouser l'empereur, mais la séduisante Espagnole en décida autrement.

Elle était costumée alors en brillante amazone, et montait un pur sang andalous, dont son amant lui avait fait cadeau. Sa taille gracieuse, fine et élancée, était étroitement emprisonnée dans un corsage élégant; ses mollets, si bien faits, se dessinaient sous un pantalon gris collant, qui modelait et mettait en relief ses formes délicieuses; on apercevait même la naissance de ses cuisses adorables, qui faisaient deviner d'autres trésors d'amour mille fois plus séduisants encore.

D'une de ses petites mains potelées, elle tenait les rênes de son fringant coursier, de l'autre elle l'excitait légèrement, avec une petite cravache au manche de nacre, garni de perles, tandis que ses pieds délicats, armés d'éperons d'or, pressaient les flancs poudreux de son destrier.

Car notre belle enfourchait son cheval comme un vrai cavalier, et dédaignait la selle dont se servent ordinairement les femmes. Elle aimait à sentir entre ses jambes nerveuses les flancs brûlants de son rapide coursier, et ne craignait pas se blesser au contact du harnais.

Les longs bandeaux de sa chevelure d'or étaient roulés sous un coquet feutre de mousquetaire qu'ornait une magnifique plume d'autruche, attachée par un agrafe de diamants; ses yeux bleus, d'une douceur angélique, lançaient des éclairs de plaisirs; un tendre sourire errait sur ses lèvres roses et laissait apercevoir l'émail de ses blanches dents; son profil adorable était comme entouré d'une auréole de beauté et de jeunesse; un léger frémissement de narines indiquait la vivacité des impressions de la tendre écuyère et l'impatience fébrile qui l'agitait.

Le jeune prince Camerata, costumé en page, se tenait auprès d'elle, ne la quittait pas du regard et lui souriait de temps en temps.

L'apparition de cette belle étrangère excita parmi les chasseurs le plus vif enthousiasme; tous s'extasièrent à sa vue, et les connaisseurs, qui la dévoraient du regard, avouaient n'avoir jamais vu de personne aussi accomplie.

Aussi tous se pressaient-ils autour d'elle et se préparaient-ils à lui faire leur cour.

Elle jouissait en secret de son triomphe et du dépit de ses compagnes, tandis que M. de R.., son entreteneur, qui l'avait présentée comme étant l'amie de sa fille, commençait à regretter d'avoir cédé au caprice de sa maîtresse en l'amenant aux chasses de Compiègne.

Tout à coup un bruit de chevaux annonça la venue de nouveaux chasseurs; à leur arrivée, tout le monde se découvrit, en disant : l'Empereur!

La belle écuyère inclina légèrement la tête sur son cou de cygne, et salua, en rougissant, l'hôte impérial, auquel elle lança un long regard velouté.

Le grotesque César moustachu, du reste habile écuyer, promenait son œil terne et indifférent sur les invités.

Quand il rencontra le regard brûlant que la voluptueuse fille de Castille dardait sur lui, un frisson électrique parcourut tout son corps, le sang reflua à son cœur, son cerveau s'embrasa, ses tempes battirent avec force, son œil libidineux, jusque-là voilé, s'écarquilla, s'anima et ne quitta plus la belle, qui s'aperçut de suite de l'effet qu'elle venait de produire, et se promit bien d'en tirer un parti avantageux, en redoublant de coquetterie, pour séduire et fixer le cœur de son hôte.

Les fanfares, les aboiements des meutes et les hennissements des chevaux annoncèrent bientôt l'ouverture de la chasse.

Chacun s'apprêta à lancer et à poursuivre le cerf.

L'impétueuse Eugénie de Montijo (car c'est elle que nous retrouvons), conduite par le banquier de R..., aux chasses de Compiègne), sentit renaître en elle toutes ses ardeurs d'habile écuyère; elle pressa, de ses genoux frémissants d'impatience, les flancs de son coursier, elle le piqua de l'éperon et partit comme un trait, avant que son admirateur stupéfait fût revenu de sa première émotion.

C'est vainement qu'après cet instant de trouble il chercha à la suivre; elle avait disparu au détour d'une allée, emportée par un cheval fougueux, et suivie, au triple galop, par le jeune et beau Camerata.

Plusieurs fois, l'intrépide amazone, ses lèvres roses entr'ouvertes, les narines dilatées, les yeux lançant des éclairs d'amour, ses longs cheveux d'or dénoués rayonnant au soleil sur ses épaules, fendit comme une flèche rapide le groupe impérial et disparut de nouveau comme l'éclair.

Chaque fois le monarque amoureux voulut la suivre, mais en vain. La sauvage chasseresse, toujours accompagnée de son galant page, disparaissait de nouveau comme une vision fantastique.

A chaque nouvelle apparition de la divine Espagnole, le prince sentait augmenter son amour et semblait pétrifié par cette enchanteresse.

Enfin, le soir, après avoir excité au plus haut degré la passion de son adorateur, la cruelle Diane voulut bien modérer l'ardeur de sa monture et permettre à son impérial Endymion de la rejoindre.

— Belle chasseresse, lui dit ce dernier, bien malheureux sont ceux que vous percez de vos traits, car les blessures en sont inguérissables et souvent mortelles !

— Sire, répondit l'amazone, j'en serai donc avare, ne voulant procurer à personne le malheur de mourir pour moi.

— Dites plutôt le bonheur ! Car je le sens à mon cœur, je voudrais mourir à vos pieds ! Quel dommage que tant de charmes s'unissent à tant de cruauté !

A ces derniers mots, l'astucieuse Eugénie lança à son amoureux transi, en l'accompagnant d'un enivrant sourire, un de ces longs regards voluptueux qui distillent l'amour le plus pénétrant; puis, piquant son coursier, elle disparut de nouveau.

L'empereur, ne résista pas à cette dernière épreuve... Son émotion fut si violente, qu'il perdit connaissance et tomba évanoui dans les bras de ses écuyers stupéfaits.

Dès lors le sort de la France fut fixé.

Eugénie de Montijo-Théba-Kirkpatrick fut prédestinée à devenir impératrice et à perpétuer la race et la glorieuse dynastie des Napoléon Bonaparte.

Le soir, au souper, après la chasse, Louis Bonaparte fit placer la belle Espagnole auprès de lui, et s'enivra de nouveau à longs traits de sa beauté ; il la dévorait littéralement du regard, et ne pouvait trouver aucun mot pour lui peindre son amour. Cependant au dessert, les excitations du champagne lui délièrent la langue, et il lui déclara sa passion.

Mais la belle, à qui l'amoureux et laid empereur ne plaisait pas, fidèle aux leçons de sa maman et pleine d'expérience, donna à entendre à son adorateur qu'il devait demander sa main, qu'on ne lui refuserait pas.

Louis Bonaparte, fut un peu déconcerté de cette proposition inattendue. Il se promit de consulter, à ce sujet, ses confidents habituels, Fleury, Morny et Persigny, et de leur demander conseil sur les moyens à employer pour triompher de la résistance de son inhumaine.

Mlle de R.., la fille du riche banquier juif, qui avait rêvé de devenir impératrice, s'aperçut bientôt de l'effet qu'Eugénie de Montijo avait produit sur Bonaparte. Elle en mourait de dépit, car elle croyait fermement que c'était pour elle qu'étaient données les chasses de Compiègne, et que l'empereur, vexé des refus des souverains à qui il avait demandé une épouse, voulait, dans son dépit, épouser la fille du roi des juifs, et unir ainsi au prestige du nom des Napoléon la puissance de l'or et de la fortune, cette souveraine du siècle.

Le jeune Camerata, assis vis-à-vis de sa volage compatriote, se mourait d'amour et de jalousie.

Et la maman Montijo suivait avec intérêt la passion croissante de Louis Bonaparte, et s'applaudissait de la prudente coquetterie de sa fille, qui excitait sans cesse l'amour de son hôte, en lui laissant tout espérer sans cependant rien lui accorder.

Après souper, Louis Bonaparte consulta ses intimes en se promenant avec eux, les bras croisés sur sa poitrine, à la manière de son oncle.

— Mon cher Morny, disait-il à son frère utérin, je brûle de l'amour le plus violent pour la belle Eugénie de Montijo. Toi, si expert dans l'art de séduire les cœurs et de subjuguer les belles, aide-moi de tes conseils ; dis-moi quels moyens dois-je employer pour triompher des rigueurs de cette cruelle, dont l'image me suit partout, qui cause ma peine et détruit mon repos.

— Consolez-vous, Sire, répondit Morny ; quelle femme oserait résister au maître de la France, à l'homme du destin, dont le seul froncement de sourcils fait trembler les rois sur leurs trônes, et dont la volonté n'a pas de bornes. Cette belle Espagnole spécule sur ses charmes et sur votre amour ; cette ambitieuse, conseillée par son astucieuse mère, veut devenir impératrice. Voilà pourquoi elle vous refuse ses faveurs.

— Mais que faire pour les obtenir sans l'épouser ? Car enfin je ne puis

Souvenir du Deux-Décembre : une visite à la Banque.

cependant pas asseoir cette fille, quelque belle qu'elle soit, sur le trône impérial de France, dit Louis Bonaparte.

— Il faut, répondit Morny, lui parler en maître, lui faire comprendre qu'il vous est impossible, pour des raisons d'état, de l'épouser, du moins pour le moment. Promettez-lui tout ce qu'elle voudra pour l'avenir : une fidélité éternelle, un amour sans partage, une puissance sans borne ; subjuguez-la par l'éclat de votre autorité et de votre gloire ; séduisez-la par des cadeaux, des parures, des bijoux magnifiques ; imitez votre glorieux prédécesseur Louis XIV, brillez à ses yeux étonnés comme un astre de magnificence et de générosité ; comblez-la de vos faveurs et de vos prévenances, faites qu'elle n'ait plus rien à envier et vous n'aurez plus rien à désirer ; la belle sera à vous.

— Mais si elle me repousse ?

— Si elle osait le faire, fâchez-vous, soyez terrible, et quand la belle, en pleurs, voudra apaiser votre juste courroux, osez tout ! ne gardez plus aucun ménagement, brusquez le dénouement, n'écoutez ni ses cris, ni ses larmes, possédez-la à tout prix ; elle ne demandera pas mieux. Les femmes espagnoles ressemblent à certains capitaines bravaches de leur pays, qui s'épuisent en rodomontades inutiles et livrent honteusement la place confiée à leur garde. Elles ne se rendent jamais à la première sommation, et accordent souvent les dernières faveurs en jurant de mourir plutôt que de céder. Souvenez-vous que sa force est dans votre respect ; dominez votre émotion, soyez hardi plutôt que tendre, redoublez d'audace, je vous le répète : osez tout !

— Mais si elle se livrait à quelque fâcheuse extrémité ? Si, dans son désespoir, elle voulait attenter à ses jours ?

— Ne craignez rien de cela. Votre belle n'est pas une Lucrèce ; sa pudeur ne s'effarouchera pas de vos entreprises ; c'est une rouée, voilà tout ; elle suit les conseils de son ambitieuse mère. Il faut leur prouver à toutes les deux qu'aucune femme ne peut vous résister.

— Bravo, Morny ! Je trouve tes conseils excellents et je les suivrai. Je vais, de ce pas, donner un rendez-vous à la belle, et si elle l'accepte, César ira, verra et vaincra !

— Très bien, Monseigneur ! Nous célébrerons tous, demain, votre victoire, le verre en main, et nous boirons force rasades à vos nouvelles amours, en faisant notre cour à votre belle conquête.

Pendant que Morny conseillait ainsi son frère, Mme de Montijo s'était retirée avec sa fille dans l'appartement que lui avait fait préparer Louis Bonaparte. Elle félicitait sa fille sur le succès qu'elle avait obtenu et sur sa conduite adroite et réservée, et lui renouvelait les sages conseils que lui suggérait sa vieille expérience.

— Ma chère enfant, lui disait-elle, écoute les avis prudents de ta mère qui t'aime tant et qui ne veut que ton bonheur. Souviens-toi surtout des volages, à qui tu as accordé ton amour et qui t'ont aussitôt lâchement abandonnée. N'oublie pas surtout ta dernière aventure avec ton beau cousin le duc d'Ossuna.

Si tu cèdes à ton impérial amoureux, il se lassera bientôt de tes faveurs et t'abandonnera, comme il a fait de tant d'autres.

Suis les conseils de ma vieille expérience, et la couronne de France rayonnera bientôt sur ton beau front.

Simule adroitement avec ton tout-puissant adorateur, l'amour chaste et timide ; et avec une coquetterie réservée, excite toujours ses désirs, sans jamais les satisfaire, mais aussi sans les décourager.

Sois tour à tour douce, aimante et passionnée, et quand tu verras que l'aiguillon de la concupiscence dévore ton amoureux, deviens tout à coup timide, réservée et froide, mais sans cesser cependant d'être coquette.

Contiens habilement la fougue de ton tempérament amoureux et l'ardeur de tes brûlantes passions d'Espagnole. Le succès de notre entreprise en dépend.

Déploie avec le prince cet expansif abandon, ces subjuguantes agaceries qui ont tourné la tête à ce malheureux Anglais que tu enivrais de ta présence à Spa, et qui a tout joué et tout perdu, dans l'espérance de pouvoir, en gagnant, acheter tes faveurs que nous avions mises à un si haut prix, et qui, quand il fut ruiné et que tu lui fermas la porte, s'est brûlé la cervelle de désespoir.

Captive l'empereur de la même manière et fais comme avec l'Anglais. Ne lui cède pas, et je t'assure le succès le plus complet.

Souviens-toi surtout que le sentiment n'a rien à faire ici. Je suis du reste bien rassurée de ce côté; car ton soupirant est trop laid et trop repoussant, pour enflammer jamais ton imagination et exciter tes désirs. Mais ce n'est pas une raison pour le dédaigner et repousser son amour.

Ne me dis plus, comme l'autre jour, d'un air maussade et d'un ton d'humeur : « Il faudra donc que je gazouille d'amour avec ce vilain monsieur, avec « ce laid personnage, dont la figure et les manières me dégoûtent. »

Souviens-toi, ma fille, que ce laid monsieur, comme tu l'appelles, est empereur, et que, si tu suis mes conseils, et que, si tu parviens à vaincre ta répugnance pour sa personne disgracieuse et son accent anglo-allemand-hollandais, tu monteras sur le premier trône du monde. Cela vaut bien, j'espère, le sacrifice de tes répugnances.

Et, du reste, ne te dédommages-tu pas suffisamment avec ton beau cavalier, le prince Camerata, des ennuis et du dégoût que te cause l'amour de l'empereur ? Tu as engagé avec ce dernier une belle partie, dont la couronne impériale est l'enjeu. Il dépend de toi de la perdre ou de la gagner.

— Je la gagnerai, ma mère, je vous le jure ! répondit Eugénie d'un ton résolu ; je serai impératrice !

— Cela t'est facile, répondit l'ambitieuse mère ; imite l'exemple de madame de Maintenon qui, jusqu'après son mariage, renvoyait son royal amant, toujours affligé, jamais désespéré.

Quand plus tard tu seras impératrice et que les licences, que la beauté reçoit de l'hymen, te livreront à ton époux, tu continueras à jouer la comédie avec lui, en simulant des plaisirs qui, peut-être, te manqueront ; ce sera le moyen de conserver ton empire. Mais nous ne sommes pas encore si avancées ; il faut d'abord te faire épouser.

Ces dames en étaient là de leur conversation, quand on annonça l'empereur.

A cette nouvelle, madame la comtesse de Montijo se leva précipitamment et sortit aussitôt, en recommandant une dernière fois à sa fille de suivre ponctuellement ses conseils.

Quand Louis-Napoléon entra, Eugénie était seule, nonchalamment assise sur un superbe sofa; sa chevelure d'or, artistement entremêlée de perles fines, éblouissait aux feux des candélabres, qui éclairaient le salon; un superbe diamant scintillait et miroitait sur son front angélique; ses beaux yeux bleus brillaient d'une douce flamme; sa gorge arrondie et ses épaules éblouissantes, à moitié découvertes, étalaient leurs trésors de beauté; sa taille divine se cambrait dans un soyeux corsage de satin bleu, à la ceinture duquel s'épanouissait une rose; la jupe ondoyante de sa robe, coquettement ouverte par-devant, dans un désordre étudié, laissait apercevoir un soulèvement de déshabillé agaçant; un jupon en dentelle légèrement relevé sur les genoux, dessous lequel se dessinaient admirablement deux bas de jambes adorables et deux petits pieds mignons chaussés d'élégantes pantoufles andalouses roses brodées de soie et d'or.

A l'approche de Sa Majesté, Eugénie de Montijo abandonna sa posture voluptueuse, pleine de grâce et de coquetterie, pour aller au-devant de l'empereur, qu'elle salua en lui offrant un fauteuil.

Mais Louis-Napoléon s'assit sur le canapé, en invitant galamment son aimable hôtesse à se placer près de lui.

Celle-ci, après un moment d'hésitation, se décida enfin, sur les instances du prince, à s'asseoir à ses côtés.

Après un instant de silence que le tête-à-tête rend toujours pénible, Louis Bonaparte dit à son aimable compagne:

— Que j'avais donc hâte de vous rejoindre, belle chasseresse, et de vous exprimer de nouveau tout le bonheur que me cause votre présence.

— Votre Majesté est bien bonne de vouloir penser à moi, répondit Eugénie en rougissant et en voilant ses beaux yeux sous ses longs cils.

— Comment vous oublier quand on vous a vue une seule fois? Cela est impossible! s'écria l'empereur. Plus je vous vois et plus je vous admire; vous me semblez encore plus belle dans ce simple et élégant costume; je découvre toujours en vous de nouvelles perfections. Que je serais donc heureux, si vous vouliez être moins cruelle envers moi, et si vous daignez écouter favorablement mon amour! Car je vous aime de toutes les forces de mon âme, je vous en prie, laissez-moi espérer...

A ces mots il passa un de ses bras autour de la taille voluptueuse d'Eugénie et voulut prendre un doux baiser sur sa bouche rose. Mais la belle Espagnole, souple comme une couleuvre, glissa de ses bras et se plaça à l'autre extrémité du sofa, dissimulant avec peine tout le dégoût et toute l'horreur que lui inspirait le hideux satrape.

Louis Bonaparte, d'abord décontenancé de l'insuccès de cette première tentative, reprit bientôt son assurance, en se souvenant de ce que lui avait dit Morny.

— Pourquoi me fuir ainsi, mademoiselle? dit-il à la Montijo, je vous aime, vous le savez ; fixez vous-même le prix de vos faveurs ; l'empereur n'a rien à vous refuser.

— Monseigneur, dit Eugénie, d'un ton plein de dignité et d'amour-propre froissé, autant votre amour m'honore, autant la manière dont vous me l'exprimez me fait souffrir.

— Oh ! pardonnez, ma charmante, à l'excès de mon amour, dit Louis Bonaparte, en se rapprochant d'elle, et en lui prenant une de ses mains délicates, qu'elle essaya vainement de dérober à ce grossier contact ; daignez m'excuser si mes paroles rendent mal les sentiments que j'éprouve pour vous. Croyez du moins à la sincérité de mon amour, car je le sens, je n'aimerai jamais que vous, je vous jure un amour éternel, exaucez ma prière, soyez à moi, et je n'aurai rien à vous refuser : grandeur, fortune, puissance, je mets tout à vos pieds ; les moindres de vos désirs seront des ordres pour moi, je serai si heureux de subir votre tendre loi et de porter votre douce chaîne. Mais, je vous en prie, ajouta-t-il, en tombant à ses pieds et en collant ses lèvres livides sur les mains carminées de l'objet de sa flamme, ne repoussez pas plus longtemps mon amour, cédez à mes vœux ardents, dit-il, en cherchant à prendre d'autres privautés.

Mademoiselle de Montijo le repoussa doucement en s'échappant de nouveau.

— Sire, lui dit-elle, si vous m'aimez comme vous le dites, si vous êtes tout disposé à déposer à mes pieds votre grandeur et votre puissance, si vous avez, comme vous me le témoignez, un amour éternel pour moi, adressez-vous à ma mère, demandez-lui ma main, elle vous l'accordera, et je serais alors fière et heureuse de votre amour.

— Si la chose ne dépendait que de ma volonté, elle serait déjà faite, mais vous devez comprendre que je suis obligé à certains ménagements, que je dois tenir compte du rang suprême que j'occupe, et que, pour des raisons d'État, que je ne puis vous expliquer maintenant, je ne puis accéder à vos désirs. Mais si, pour le moment, je ne peux pas vous épouser, je puis du moins vous promettre un amour éternel, un dévouement à toute épreuve, et vous assurer que je n'aurais jamais d'autre femme que vous, et qu'aussitôt que des circonstances plus favorables me le permettront, et que les raisons d'État, qui s'opposent aujourd'hui à notre union, auront disparu, je vous épouserai ; je vous en donne ma parole impériale. Mais je vous en supplie à mains jointes, ne différez pas davantage mon bonheur, soyez à moi, car je ne puis vivre plus longtemps sans vous posséder.

Et de nouveau il voulut enlacer la cruelle beauté dans ses bras de satyre ; mais la belle Eugénie, effrayée de la passion croissante de Louis Bonaparte, se recula prudemment et lui échappa de nouveau.

— Cessez, lui dit-elle, des poursuites inutiles ; je ne pourrai jamais être votre maîtresse, malgré les tendres sentiments que j'ai pour vous, mon orgueil castillan et mon honneur auraient trop à en souffrir. Si réellement vous m'aimez, si vous voulez faire un jour de moi votre femme, vous devez comprendre toute la noble délicatesse qui me guide, et savoir que je dois rester pure et digne d'être votre épouse, la femme de César ne devant pas même être soupçonnée !

Et lançant à son amoureux le plus tendre regard et le plus délicieux sourire, elle le laissa seul, en lui disant :

— Vous permettez, Sire, que je me retire, car ma mère m'attend.

Louis Bonaparte, stupéfait de cette brusque disparition, en proie aux plus violents désirs, rentra en toute hâte dans ses appartements. Ce fut en vain, quand il fut couché, qu'il chercha à éteindre le feu brûlant qui le dévorait. Une surexcitation fébrile s'empara bientôt de tout son être ; le spectre impérial, enveloppé dans son drap, semblable à un linceul, se dressa effrayant sur son lit ; à la pâle clarté des bougies il était effroyable à voir ; ses jambes amaigries étaient rongées par d'affreuses dartres, qui les dévoraient, les pustules verdâtres dont son corps était couvert suintaient à travers le drap, qui l'enveloppait à demi, et laissait apercevoir à l'épine dorsale plusieurs ulcères dégoûtants qui lui rongeaient les reins ; sa peau tannée était partout plissée et jaunie comme un vieux parchemin ; sa face livide se violaçait ; ses yeux hagards s'injectaient de sang ; ses tempes battaient avec force ; ses mains crispées, ses bras tendus, semblaient vouloir saisir un être invisible, une forme fantastique ; il poussait d'abord de faibles gémissements, des sons inarticulés sortaient de sa poitrine haletante et oppressée, puis, bientôt après, devenant furieux, il déchirait son drap et sa chemise, et apparaissait alors dans toute son affreuse nudité, hideux de pustules et de dartres, en s'écriant dans son délire : Eugénie ! Eugénie ! ma belle chasseresse ! je t'aime !... je t'aime !... viens à moi, ma chaste Diane !... viens à moi, ma cruelle Lucrèce !... Viens !... viens !... donne-moi de tendres baisers !... Viens !

Et, saisi d'un violent accès, la bouche couverte d'écume, les yeux effrayants de fixité, hors de leur orbite, injectés de sang, en proie à une crise d'érotomanie, il retombait sur son lit en proie à des convulsions.

Ces accès affreux de rage hystérique, qui se renouvelaient chaque fois qu'une passion inassouvie enflammait les sens de l'auguste empereur, anéantissaient pour plusieurs heures ses forces et ses facultés ; il restait longtemps inanimé sur sa couche solitaire, si un de ses gardes ou de ses intimes ne s'en apercevait pas, et ne lui faisait pas donner les secours de l'art. Pendant que ces scènes affreuses se passaient sur la couche impériale, la cruelle Eugénie se consolait amoureusement avec le jeune Camerata des poursuites fatigantes de la laide majesté, et oubliait dans une délicieuse nuit d'amour les ennuis et les souffrances que lui préparait son ambitieuse mère, en la poussant sur la couche impériale.

— Pourquoi, pensait-elle à elle-même, pourquoi faut-il que tant de bonheur s'évanouisse comme un rêve et que demain je sois encore obligée d'écouter les roucoulades de mon impérial soupirant ? Ne vaudrait-il pas mieux abandonner mes rêves ambitieux et me consacrer toute entière à mon amour si doux et si enivrant ? Mais non, le démon de l'ambition me tente, il dévore mon cœur, je veux goûter aussi les âcres voluptés du pouvoir, je veux être impératrice !

Le lendemain, Louis Bonaparte, exténué de fatigue, se plaignait à ses confidents des résistances et des rigueurs de la belle Espagnole, en les chargeant de tenter une démarche auprès d'elle et de sa mère; car il ne se sentait pas le courage d'affronter de nouveau la vue des charmes divins qui causaient son tourment, et cependant il ne pouvait plus vivre sans les posséder.

Ses mercures galants, Morny, Fleury et Persigny, se rendirent chez Mme Montijo et lui exposèrent les tourments amoureux de Sa Majesté, en lui disant que la belle Eugénie pouvait seule calmer le supplice affreux de leur maître; ils renouvelèrent toutes les promesses que ce dernier avait déjà faites. Mais ils ne purent rien obtenir en dehors du mariage qu'exigeait la dame.

De Morny, impatienté par la ténacité de la mère Montijo, qui ne voulait rien accepter en dehors du conjugo, s'écria enfin :

— Mais vous n'y pensez pas, Madame! Vos prétentions exhorbitantes sont vraiment ridicules.

Quoi! la petite-fille de l'épicier Kirkpatrick, dont les aventures galantes, malheureusement trop connues, ont causé plus d'un scandale, et qui a fait parler d'elle par tous les échos de France et de Navarre, d'Espagne et de Brabant, deviendrait impératrice! C'est un peu trop fort.

— Vous oubliez sans doute, Monsieur le comte, répondit la vieille Montijo irritée, qu'il y a des exemples d'élévation plus étranges encore. Ignorez-vous que c'est dans un cabaret de la Livonie que Pierre le Grand a été chercher une impératrice de toutes les Russies?

— Je le sais, répondit de Morny; mais Madame la comtesse me permettra de lui faire observer que Catherine de Russie était une femme vertueuse quand elle devint impératrice, tandis que Mlle Eugénie de Montijo, malgré ses beaux yeux et toute sa beauté, n'est et ne sera jamais qu'une femme entretenue et qu'une courtisane.

— Monsieur, répliqua la mère Montijo hors d'elle, puisque vous oubliez les égards que tout homme, qui se respecte, doit à une femme, je vous rappellerai aux convenances, et je vous ferai observer que vous avez l'honneur de parler ici à une dame d'honneur de la reine mère, Marie-Christine, et que ma fille Eugénie est elle-même demoiselle d'honneur de Sa Majesté Isabelle II, reine d'Espagne, et qu'il sied mal à un bâtard, revêtu d'un nom et d'un titre qui ne lui appartiennent pas, de se montrer si difficile, et que, quand, comme vous, Monsieur le comte, on a poussé l'indélicatesse jusqu'à vivre aux dépens d'une femme entretenue et à s'engraisser de sa prostitution, comme vous l'avez fait avec Mme Lehon, on a perdu le droit d'être si scrupuleux.

— Madame la comtesse, observa Fialin de Persigny, il ne s'agit pas ici de M. le comte de Morny, mais de Sa Majesté l'empereur; et sérieusement, mon maître ne peut épouser l'ancienne maîtresse du duc d'Albe, de Narvaez, d'Ossuna, du jeune Olympio Aguado, du prince Camerata, etc., etc... aujourd'hui entretenue par le banquier juif de R...... Vos prétentions sont réellement ridicules. Dites-nous le prix des faveurs de votre fille, et si élevé qu'il soit, vous pouvez être assurée qu'on ne marchandera pas.

— Monsieur Fialin, riposta la comtesse de Montijo, je pourrai répondre à vos insolences et à vos grossièretés que, quand comme vous, on rougit du nom de son père, et qu'on s'affuble d'un nom et d'un titre qui ne vous appartiennent pas, on devrait être un peu plus modeste; car il est souverainement ridicule à un ancien sous-officier taré, jouant le rôle honteux de pourvoyeur et de mignon auprès de son maître, de vouloir donner des leçons à une femme de mon âge et de mon caractère; et puisque vous m'y forcez, je vous ferai observer, Monsieur, que ma fille Eugénie, comtesse de Montijo, demoiselle d'honneur de la reine Isabelle, belle-sœur du duc d'Albe, n'a rien à envier, sous le rapport de l'origine, à votre maître, comme vous l'appelez, qui n'a de Bonaparte que le nom, et pas une goutte du sang des Napoléon dans les veines; car vous savez mieux que moi qu'il est le fruit des amour adultères de la sensuelle Hortense avec l'amiral hollandais Werhuel. Et croyez-moi, Monsieur, votre empereur de hasard, ex-souteneur de mauvais lieux en Amérique, ex-amant entretenu par miss Howard, la prostituée de Londres, ex-constable en Angleterre, ne se mésallierait pas en épousant ma fille qui est plus reine par la grâce et la beauté, qu'il n'est empereur par le génie et par la gloire. Votre maître n'aura jamais ma fille qu'en passant par le mariage. C'est mon dernier mot. Prenez-en votre parti.

Les trois négociateurs, furieux, s'en retournèrent déconfits, et n'osèrent pas raconter à leur souverain leur entretien avec la mère Montijo. Ils se contentèrent de lui dire qu'ils n'avaient rien pu obtenir, que la vieille comtesse n'avait pas voulu démordre du mariage.

— Vous n'êtes que des maladroits, leur dit Sa Majesté furieuse; vos conseils et votre tactique sont pitoyables; laissez-moi.

Et il leur tourna le dos.

Les trois ambassadeurs se retirèrent confus.

Louis Bonaparte résolut alors d'épouser Mlle de Montijo, puisqu'il le fallait absolument.

Le lendemain, autour de la jeune Espagnole, se pressait un essaim de courtisans empressés, qui, devinant les intentions du maître, faisaient leur cour à la nouvelle favorite. MM. de Morny et Persigny, étaient sombres et seuls. Mais le colonel des guides Fleury, qui ne s'était pas compromis auprès de Mme de Montijo mère, s'était tourné du côté du nouvel astre dont il mendiait les faveurs.

Les fêtes de Compiègne se terminèrent au milieu de la joie des uns et de la tristesse des autres.

Mesdames de Montijo étaient toutes à l'espérance.

Les courtisans se préparaient à saluer le nouveau soleil qui allait éclipser les

La trop sensible beauté le recevait dans ses bras amoureux.

nombreuses constellations qui gravitaient dans le ciel impérial; tous les regards étaient tournés vers lui.

Les femmes devinrent toutes jalouses de la belle péninsulaire.

Mademoiselle de R... surtout, était furieuse d'avoir été supplantée; elle se promit bien de ne plus revoir son amie devenue sa rivale, et son père se félicitait de la passion du prince pour la belle Eugénie, qui allait le débarrasser de sa maîtresse dont les exigences l'importunaient et dont il commençait à avoir assez.

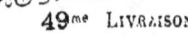

XI

SOMMAIRE. — L'épicier Kirkpatrick grand-père d'Eugénie de Montijo. — Le vicomte de Théba, père d'Eugénie de Montijo. — Le comte de Montijo. — Ses intrigues. — Ses lâchetés. — Ses trahisons. — Son frère les partage. — Infirmité et sottise de ce dernier. — Il épouse Mlle Kirkpatrick, mère d'Eugénie de Montijo. — Colère de son frère aîné qui se marie pour le déshériter. — Il meurt bientôt sans enfants. — Théba hérite de son titre et devient comte de Montijo. — Mme la comtesse de Montijo Théba. — Ses complaisances pour Manos. — Elle lui procure une jeune fille. — Il la fait nommer, en récompense, dame d'honneur de la reine. — Ses nombreux amants. — L'Italien qui lui vole ses diamants. — Son désespoir. — Le scandale la force à quitter Madrid. — Ses nouvelles intrigues. — Les deux amants, le danseur Pétipa et M. de Chabrillant. — Jalousie de ce dernier. — Il se bat avec Pétipa et a un œil crevé. — Conseil ironique que lui donne sa belle. — Elle le remplace par le poëte Belmontet, historiographe de la cour impériale. — Les deux filles de Mme de Montijo. — La duchesse d'Albe et Eugénie. — On ignore quel fut le père de la première. — On attribue la seconde à lord Clarendon. — Elles deviennent camérières d'Isabelle II — Leur rivalité. — Eugénie désespérée s'empoisonne. — On la sauve.

Dans un précédent chapitre, nous avons raconté que la charmante cantatrice Célina avait reçu de madame Baudoin la cassette que sa mère lui avait confiée depuis si longtemps pour lui remettre. Lorsqu'elle eut enfin ce précieux dépôt en sa possession, et qu'elle fut rentrée chez elle, elle l'ouvrit de nouveau, et prenant d'une main tremblante d'émotion le pli que sa mère lui avait laissé et qui contenait les révélations à son adresse, elle en brisa le cachet, le déploya et en lut le contenu. Sa pauvre mère avait consigné dans ce papier le récit de l'attentat abominable dont elle avait été la victime et les terribles conséquences qu'il avait eues pour elle. Elle racontait à l'enfant qu'elle portait encore dans son sein au moment où elle avait tracé ces lignes, qu'elle était chassée du château d'Arenemberg, par la mère de l'infâme qui l'avait violée pendant son sommeil et qui avait tout nié en l'accusant d'avoir un autre amant. Elle lui donnait le nom de ce misérable. Elle lui faisait ensuite la peinture de sa douleur et de son désespoir, elle lui disait qu'elle allait quitter ce château maudit où elle avait déjà été si malheureuse et où elle avait tant souffert, qu'elle ne savait pas où elle allait aller ni ce qu'elle allait devenir.

Quand Célina eut terminé la lecture de ce papier, elle fut prise d'un profond accès de tristesse, de dégoût et de colère. De grosses larmes mouillèrent ses beaux yeux, son charmant visage se colora du rouge de la honte. Elle tomba assise sur une chaise, en sanglotant, la tête entre ses deux mains, accablée par son désespoir.

— Quoi! se dit-elle à elle-même, ce débauché infâme qui me poursuivait depuis si longtemps de ses déclarations passionnées et de son amour criminel et chez lequel j'ai eu la coupable et honteuse faiblesse d'aller, était le bourreau, le meurtrier de ma pauvre mère et, horreur! ce monstre abominable était mon père !... Quelle abomination, quelle honte, quelle infamie ! Quoi, j'ai failli être la maîtresse de...

La malheureuse s'arrêta tout court. Elle n'osa pas, elle ne put pas achever. De sourds et terribles sanglots l'étouffaient. Elle resta plus d'un quart d'heure anéantie, inanimée, ne donnant plus signe de vie, immobile, pâle, le visage caché dans ses mains, à travers lesquelles de grosses larmes s'échappaient et tombaient sur sa robe.

A la fin elle revint à elle, releva un peu la tête, essuya ses larmes, son front, ses yeux et ses joues humides. Elle resta encore longtemps plongée dans un muet désespoir, mais elle ne pleurait plus. Elle avait la figure cadavérique, les yeux vitrés, fixes, hagards, on aurait dit qu'elle était morte, ou dans un accès de catalepsie, elle ne faisait pas un mouvement ; cependant elle reprit conscience d'elle-même, et après s'être de nouveau essuyé les yeux, elle se pencha vers la table sur laquelle étaient épars les papiers contenus dans le coffret de sa mère. Elle n'osait plus en continuer la lecture. Elle en avait peur, elle tremblait de trouver encore quelque plus affreuse révélation dans l'un d'eux. Cependant elle reprit courage et continua leur lecture. Dans les pages suivantes elle trouva de sages et prévoyantes recommandations que sa bonne mère lui faisait. Elle lui disait de ne pas douter de l'exactitude des faits contenus dans les récits qu'elle venait de lire, car ils étaient l'expression de la plus exacte vérité. Elle lui recommandait aussi de n'ajouter aucune foi aux calomnies que ses ennemis pourraient répandre sur elle. Elle jurait à son enfant qu'elle était innocente et pure, qu'elle avait été la victime d'un épouvantable attentat et ensuite accusée de mauvaise conduite et chassée comme la dernière des misérables. En lisant ces dernières lignes, Célina sentit sa douleur et son trouble se ranimer et elle était prête à retomber de nouveau dans un violent accès de désespoir. Mais, faisant un effort surhumain, elle vainquit sa profonde tristesse et continua sa lecture. Au bas de la dernière page il y avait un petit *post-scriptum*, ainsi conçu :

« Je recommande à mon enfant, s'il m'arrivait malheur, aussitôt qu'il le pourra, d'aller à Paris, rue Montmartre, n° 47, chez M. Samuel Simon, notaire, ou de lui écrire s'il ne peut y aller et de l'informer de ma mort, de lui demander des nouvelles de ma mère, et son adresse, si elle n'est pas morte, et son testament dans le cas où elle ne vivrait plus. Ne pas manquer de se conformer à cette recommandation qui est de la plus grande importance pour l'avenir de mon enfant. »

Célina, à cette dernière lecture, sentit son courage et ses forces lui revenir et son désespoir se calmer un peu. La pensée que peut-être sa grand'mère n'était pas morte lui fit beaucoup de bien. Mais après quelques réflexions sa courte espérance s'évanouit bientôt.

— Ma grand'mère est née en 1774, pensa-t-elle, elle aurait donc aujourd'hui 78 ans, je ne dois donc pas conserver beaucoup d'espoir qu'elle soit encore vivante.

Comme il était déjà plus de minuit et qu'elle se sentait très fatiguée, la jeune femme se coucha en se promettant de se rendre le lendemain matin chez le notaire Simon afin de lui demander des nouvelles de sa grand'mère.

Lorsqu'elle s'adressa à ce dernier et qu'elle lui dit qui elle était, l'honorable tabellion la regarda avec une surprise empreinte de défiance. Il lui demanda de lui montrer la bague au mystérieux chaton ; il l'examina avec beaucoup de soin ; il en prit ensuite l'empreinte sur de la cire à cacheter chaude et la compara avec une empreinte qu'il avait sur un pli cacheté, il les trouva toutes les deux parfaitement pareilles, il examina aussi les pièces contenues dans la petite cassette que madame Baudoin avait remis à mademoiselle Célina la veille et après un mur examen il dit à cette dernière :

— D'après la bague, l'empreinte et les pièces que vous me produisez, je crois que vous êtes la personne à qui j'ai ordre de remettre le manuscrit que j'ai ici en dépôt.

Un de mes clercs va vous accompagner chez vous et chez la personne qui vous a remis le coffret contenant les lettres de votre mère, afin de s'assurer de votre identité. Après cette formalité accomplie, il vous remettra ensuite le manuscrit dont je suis le dépositaire, contre un reçu signé de vous.

— Très bien, Monsieur, répondit Célina, mais permettez-moi de vous adresser encore une question avant de vous quitter. Voulez-vous avoir la bonté de me donner des nouvelles et l'adresse de la dame qui vous a confié le manuscrit que votre clerc doit me remettre, car cette personne est ma grand'mère, et je serai très heureuse de la voir ?

— Je regrette beaucoup, Mademoiselle, de ne pas être autorisé à répondre à votre question et à vous donner l'adresse que vous me demandez ; mais je ne le puis pas, et il est probable que vous trouverez dans le manuscrit que je vous remet, tout ce que vous désirez savoir ; s'il en était autrement, veuillez revenir me voir et je ferais tout ce qui dépendra de moi pour vous donner tous les renseignements que vous me demandez.

Après cette réponse, Célina, accompagnée du clerc du notaire Simon, retourna chez elle où elle fit venir madame Baudouin, et, après avoir pleinement justifié de son identité, elle entra en possession de son manuscrit. Dès qu'elle fut seule elle s'empressa de le décacheter.

Il contenait en tête de la première page, la petite notice suivante :

« Ce manuscrit est destiné à ma petite fille X. Tirzah, dont j'ignore le prénom, n'ayant jamais pu trouver sa trace, ni obtenir de ses nouvelles, malgré les nombreuses démarches que j'ai faites et que je continue de faire pour la découvrir.

« Ce document contient un récit complet de mes aventures et des évènements qui ont eu lieu depuis que j'ai eu le malheur de perdre ma pauvre fille. Il renferme aussi mon adresse et tous les renseignements nécessaires pour pouvoir toujours me retrouver. »

Après ce préambule, la grande mère de Célina lui apprenait qu'elle se nommait Zingarita Tirzah, qu'elle était née en 1774, dans la Basse-Egypte, à Siwah, non loin du Caire, dans une tribu de bohémiens ; qu'elle avait beaucoup voyagé ; qu'à l'âge de seize ans, elle avait visité l'Amérique, qu'elle était allé aux Antilles.

Elle lui faisait ensuite le récit des entrevues qu'elle avait eues avec Joséphine de Beauharnais, avec Napoléon 1er et la reine Hortense, que nos lecteurs connaissent déjà.

A son retour sur le continent européen, elle était allée habiter la ville de Malaga, où elle avait épousé un gitanos, qui est mort peu de temps après son mariage ; pendant son séjour dans cette ville, elle a continué à dire la bonne aventure avec un grand succès, il y avait les quatre demoiselles d'un épicier Irlandais, nommé Kirk-Patrick (1), établi dans cette ville, et marié avec une demoiselle espagnole.

Comme ces quatre jeunes filles venaient souvent la consulter, et que la prescience d'une nécromancienne consiste principalement dans la connaissance approfondie de ses pratiques, ainsi que dans celle de leurs parents et de leurs amis, elle s'est livrée à une enquête très minutieuse sur les relations et les mœurs de la famille Kirk-Patrick, comme les renseignements recueillis dans cette enquête, seront très utile plus tard à sa fille et à ses enfants, si elle en a eu, elle les relate ici tout au long. Les voici :

L'épicier Kirk-Patrick, avait une magnifique chevelure d'or, qui le faisait remarquer au milieu des noirs Espagnols, et le Seigneur qui avait béni son union, lui avait, comme nous venons de le dire, donné quatre jolies filles L'aînée d'entre elles était surtout remarquable par sa coquetterie.

Notre brûlante Espagnole avait à peine atteint sa seizième année, qu'elle dévorait déjà du regard les beaux cavaliers qui se promenaient le soir sur le port pour respirer l'air frais de la mer, et ses yeux brillants, ses regards veloutés, trahissaient les besoins de son cœur et les ardeurs de ses sens.

Plus d'un jeune cavalier la suivit le soir, quand elle se promenait avec ses sœurs, et venaient soupirer amoureusement sous ses fenêtres, en jouant de la guitare, selon la mode espagnole.

Mais la trop sensible beauté ne laissait pas longtemps son galant se consumer dans son martyre. Elle ouvrait bientôt la porte qui donnait sur son balcon, sa main charitable tendait une échelle de corde à son tendre ami qui escaladait aussitôt la terrasse, et sa belle le recevait dans ses bras amoureux.

Dire le délire et le bonheur des deux amants pendant ces nuits d'amour toujours trop courtes, est impossible.

---

(1) Kirk, en écossais et en irlandais ou Celtique, signifie Église.
Patrick est le nom anglais de Patrice, et Saint-Patrice est le patron de l'Irlande.
Kirk-Patrick signifie donc : Église de Patrice.

Le couple aimant trouvait les heures bien vite passées, et quand les premières lueurs du jour venaient troubler leur bonheur, il s'écriait naïvement, comme Roméo et Juliette :

— Quoi ! déjà l'aurore qui vient de nous séparer, déjà le chant de l'alouette ; hélas ! il faut nous quitter ! »

Et après un doux baiser, un tendre soupir, un dernier adieu, les amants se séparaient : Roméo escaladait de nouveau le balcon discret, pendant que l'aimante Juliette réparait ses forces et reposait ses beaux yeux dans un agréable sommeil, jusqu'à ce que le papa Kirk-Patrick, impatienté de ce qu'il appelait la paresse de sa fille, vînt la réveiller et la faire lever, pour l'aider dans sa boutique, à servir ses clients.

La jeune senora était le plus bel ornement de la boutique de son père, aussi, tous les plus galants jeunes gens de la ville passaient et repassaient devant le magasin, et les plus hardis entraient pour y faire des emplettes. Ils achetaient des ananas, des grenades, des figues ou des oranges, ce qui leur permettait de voir les demoiselles Kirk-Patrick, de causer avec elles, de leur faire des compliments, de tendres aveux et même de brûlantes déclarations qui étaient toujours bien reçus, surtout par Thérèsa, l'aînée des quatre sœurs, qui encourageait les jeunes amoureux par les plus gracieux sourires, les plus brûlantes œillades, et même par un serrement de main furtif, lorsqu'elle était seule avec eux.

Aussi, souvent ses adorateurs sortaient du magasin le cœur bondissant, la tête en feu, pleins d'espérance et de bonheur. Chacun d'eux croyait être seul aimé et préféré, et souvent plus d'un, le soir, était heureux.

Le papa Kirk-Patrick, qui faisait de très bonnes affaires grâce à ses filles, ne voyait rien ou feignait de ne rien voir. Sa jolie et nombreuse famille prospérait, croissait et multipliait, Madame Kirk-Patrick, qui n'était pas non plus une Lucrèce, faisait comme ses filles, beaucoup d'heureux, et elle était toujours dans une position intéressante.

Les adorateurs augmentaient tous les jours, mais les demandes en mariage étaient rares ; quelques-unes cependant avaient été faites, mais seulement par des amoureux sans fortune et sans nom, et elles avaient été refusées, mesdemoiselles Kirk-Patrick ne voulant épouser que des gens riches ou titrés. L'aînée surtout était très ambitieuse, elle ne rêvait que hautes destinées. Elle voulait devenir une grande dame, avoir un titre nobiliaire qui lui donnât accès dans le grand monde. Elle s'était mis en tête de prouver que si, le proverbe populaire, « la caque sent le hareng » était vrai, sa réciproque était fausse, et que si elle devenait baronne ou comtesse, le hareng ainsi anobli ne sentirait pas la caque.

Mais, malheureusement jusqu'alors, elle n'avait pas encore trouvé une occasion pour réaliser son projet.

Elle pensait que grâce à ses appas et à la fortune de son père, elle pourrait facilement épouser quelque noble ruiné, fût-il vieux et laid, peu lui importait, elle savait bien par expérience que ce ne seraient pas les amants qui lui manqueraient.

Aussi se promit-elle de ne pas laisser échapper la première occasion qui se présenterait, et elle espérait qu'elle ne se ferait pas longtemps attendre.

Parmi ses admirateurs, il y avait bon nombre d'hidalgos et jusqu'à des grands d'Espagne; mais hélas! aucun ne briguait l'honneur de devenir son époux. Un seul peut-être aurait consenti à une mésalliance, mais jusqu'alors il ne s'était pas encore prononcé d'une façon définitive.

C'était le vicomte de Théba, officier d'artillerie, alors en garnison à Malaga, cadet de famille n'ayant comme on dit ni sou ni maille; mais ce qui était pire encore, c'est que le pauvre vicomte était pauvre, sot, laid et infirme.

Il avait eu l'œil droit crevé par une explosion d'artillerie.

Il avait placé sur son œil absent et supurant un affreux bandeau noir, qui lui donnait l'air le plus disgracieux et le plus repoussant qu'il soit possible d'imaginer.

Tel était le seul noble galant qui paraissait disposé à combler les vœux de la séduisante mademoiselle Kirk-Patrick et qui semblait être pour elle un époux en perspective. On comprend qu'il n'était pas fait pour la tenter beaucoup et la séduire.

Mais quelque laid, sot, disgracieux et pauvre que fut M. le vicomte de Théba, il avait deux qualités qui, aux yeux de l'ambitieuse jeune épicière, rachetaient bien des choses : il était noble et il avait de grandes espérances de fortune. Son frère aîné, monsieur le comte de Théba, était un vieux et riche célibataire dont il était l'unique héritier. C'était aux yeux de la jeune fille un avantage considérable et qui méritait d'être pris en très haute considération, car si elle épousait le peu attrayant officier borgne, non-seulement elle serait vicomtesse, mais encore, à la mort du frère aîné de son époux, qui ne pouvait tarder beaucoup, elle hériterait d'une couronne de comtesse et d'une grande fortune. Elle verrait ainsi ses plus chères espérances se réaliser et devant elle s'ouvrirait un avenir de grandeur et de fortune.

Elle se décida donc, sans plus tarder, à mettre tout en œuvre pour atteindre son but. Et depuis cette résolution, chaque fois que le disgracieux vicomte venait lui faire une visite et lui conter fleurette dans son magasin, sous prétexte d'acheter des fruits et des bonbons dont il se montrait très friand, l'astucieuse jeune épicière l'accueillait avec le plus délicieux sourire, elle lui faisait les mines les plus provocantes en lui offrant sa marchandise, elle avait pour lui mille attentions délicates, mille prévenances esquises. Elle lui offrait toujours les fruits les plus beaux, les plus frais et les plus savoureux.

— Prenez ces ananas, monsieur le vicomte, lui disait-elle en minaudant, ils sont exquis, je les ai conservés exprès pour vous, dans l'espérance de vous être agréable, je suis certaine que vous les trouverez excellents.

— Merci, mademoiselle, lui répondait l'amoureux transi, en la dévorant de son œil unique, vous êtes aussi bonne que belle, c'est bien aimable à vous d'avoir pensé à moi.

— Cela est tout naturel, ne doit-on pas toujours penser à ses amis?

— Ah! mademoiselle, ne me dites pas de ces choses-là, elles me font perdre la tête.

— Pourquoi cela, monsieur, êtes-vous donc contrarié des bons sentiments que j'ai pour vous?

— Oh! non, au contraire, j'en suis bien heureux et si je l'avais osé plutôt, il y a longtemps que je vous aurais exprimé tous les tendres sentiments que j'ai pour vous, que je vous aurais dit combien je vous aime, que je vous aurais déclaré mon amour!

Et, en disant ces derniers mots, l'amoureux vicomte se jetait aux genoux de son adorée, il lui prenait la main et la couvrait de brûlants baisers, en lui disant :

— Thérésa, je t'aime, je t'aime, sois à moi !

La jeune boutiquière, à la vue de son disgracieux amoureux qui se traînait à ses pieds en lui faisant des serments d'amour et en la suppliant de le payer de retour, fut effrayée ; elle eut peur que son père, quelque client ou quelques autres de ses amoureux ne surprissent le vicomte dans sa position de suppliant.

— Je vous en prie, monsieur, lui disait-elle, relevez-vous, on pourrait venir et vous surprendre ; que dirait-on, mon Dieu ?

— On dirait que je vous aime et cela est vrai, je ne m'en cache pas ; mais je vous en prie, répondez-moi, dites-moi si vous m'aimez un peu, si je dois espérer que vous me payerez de retour et que vous partagerez mon amour ; je ne puis plus vivre ainsi dans l'incertitude, je souffre trop?

— Relevez-vous, monsieur, et calmez-vous ; certainement les sentiments que vous me témoignez m'honorent beaucoup ; j'en suis très touchée, très émue ; mais vous devez comprendre que ce n'est pas à moi, que c'est à mon papa que vous devez vous adresser pour demander ma main, car lui seul a le droit d'en disposer.

— Alors, mademoiselle, puisque vous me dites de m'adresser à monsieur votre père, vous acceptez mon amour, vous me payez de retour, vous m'aimez donc?...

Et, dans sa joie, le galant officier saisit sa bien-aimée par la taille, en l'attirant à lui pour l'embrasser. La jeune fille qui trouvait les démonstrations de son amoureux un peu hasardées et ses mouvements un peu brusques, et qui n'était pas flattée des caresses un peu vives dont le bouillant et enflammable vicomte la menaçait, se recula en lui disant :

— Mais finissez, monsieur, laissez-moi, je vous en prie, et demandez ma main à mon papa.

Au bruit que faisait le vicomte, aux cris de sa fille, le papa accourut dans le magasin. Il tenait à deux mains un immense bocal plein de fruits à l'eau-de-vie.

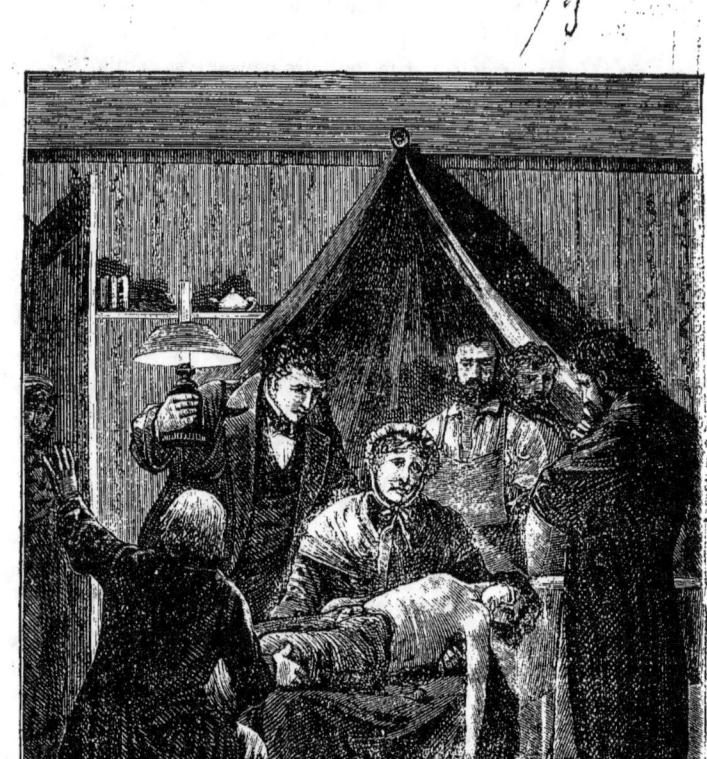

Le Deux-Décembre. — L'enfant avait reçu deux balles dans la tête. (*Victor Hugo.*)

« Le digne épicier, à la vue du vicomte aux genoux de sa fille, fut saisi d'une grande stupéfaction, il écarta ses mains, lâcha le bocal qui tomba avec fracas sur la tête du vicomte, se brisa en mille morceaux, pendant que son contenu, tombant sur le malheureux amoureux, l'éclaboussa et l'inonda de la tête aux pieds. Mais tout entier à sa passion, il ne se préoccupa que très peu de cet accident qui fut beaucoup plus sensible à l'honorable marchand de denrées coloniales, dont la stupéfaction se changea en colère à la vue de ses produits ainsi répandus et perdus.

— « Que faites-vous ici aux pieds de Thérésa ? dit-il, au vicomte.

— « Monsieur, répondit celui-ci, en se relevant ruisselant d'alcool, semblable à un triton sortant de l'onde, au moment où vous êtes entré, je demandais à votre aimable demoiselle si elle voulait être ma femme.

— « Mais, monsieur, c'est à moi que vous deviez vous adresser pour obtenir la main de ma fille.

— « Oui, papa, c'est ce que je disais à monsieur le vicomte au moment où vous êtes entré ; mais il ne voulait rien entendre, il voulait m'épouser à toute force tout de suite.

— « Tout beau, monsieur, cela ne se fait pas ainsi ; on n'épouse pas de suite, sans cérémonie, une jeune fille honnête et sage ; on doit demander sa main à son père.

— « Eh bien, monsieur, je vous demande la main de votre demoiselle, dit le galant, qui paraissait très pressé.

— « Avant de vous répondre, je dois consulter ma fille, lui demander quels sont ses sentiments à votre égard, et si elle veut bien être votre femme, répondit le papa.

— « Certainement, monsieur, que mademoiselle consent ; il n'y a qu'un moment, elle me disait qu'elle avait beaucoup d'affection pour moi, que mon amour l'honorait ; que voulez-vous donc de plus ?

— « Certainement que si ma fille vous a dit cela, que si elle vous aime, je n'ai plus qu'à vous accorder sa main.

— « Mais, papa, je n'ai pas dit que j'aimais monsieur, répliqua vivement la jeune rouée ; je lui ai simplement dit que si vous y consentiez, je l'accepterais pour époux.

— « Mais c'est la même chose, mademoiselle, et je donne aussi mon consentement.

— « Merci, monsieur, dit le vicomte au papa ; et prenant la main de la jeune fille, il dit à cette dernière : Mademoiselle, vous êtes ma femme.

— « Eh bien, et moi ! on ne me consulte donc pas ? je ne suis donc rien ici ? dit la maman Kirk-Patrik en faisant son entrée dans le magasin.

— « Pardon, madame, dit le vicomte, j'allais avoir l'honneur d'aller vous demander la main de votre demoiselle, et je vous présente maintenant mon humble et pressante requête.

— « Il serait un peu tard et j'aurais mauvaise grâce de refuser, dit la maman; je consens aussi, monsieur.

— « Cette fois, mademoiselle, vous êtes bien à moi, dit le vicomte, en embrassant sa fiancée, avec sa figure encore toute mouillée.

« Sa future femme, plus rouge que les cerises et les grenades de son papa, ne paraissait pas très flattée des privautés de son galant.

« Et comme ce dernier voulait recommencer, le papa Kirk-Patrick intervint, en lui disant :

— « Voyons, calmez-vous, mon futur gendre ; essuyez-vous, car vous êtes tout mouillé. Mais c'est un peu de votre faute, si je vous ai mis bien involontairement dans ce piteux état, vous déposiez de si bruyants baisers sur les mains de Thérésa, et j'ai été tellement surpris, que j'ai oublié un instant mes cerises et mes pêches à l'eau-de-vie et que je vous les ai laissé tomber toutes sur la tête ainsi que le précieux liquide dans lequel elles baignaient. Quel dommage, de si bons fruits, qui m'avaient coûté tant de soins et tant de peines pour les préparer et que j'aurai vendus si chers, dit l'économe épicier en poussant un soupir.

Puis se baissant et ramassant une pêche par terre, qui était restée sur un morceau du vase brisé, il la présenta délicatement en la tenant par la queue à son futur gendre, en lui disant :

— « Tenez, goûtez-moi ça, et vous m'en direz des nouvelles ?

Le pauvre galant, n'osant rien refuser au père de son adorée, prit la pêche et la dévora à belles dents.

— « Délicieuse, dit-il ; combien je regrette, monsieur, d'avoir été la cause involontaire de l'accident qui vous est arrivé et de la perte de ces bons fruits.

— « Consolez-vous, mon ami, j'en ai d'autres et des meilleurs encore ; le jour de vos noces avec Thérésa nous en mangerons ; nous boirons du vieux malaga sec que je réserve depuis seize ans pour ce beau jour.

— « Ce sera avec bien du plaisir, cher monsieur, que je ferai honneur à votre cave.

— « Tout ceci est certainement une attrayante perspective pour vous, messieurs, dit Thérésa, mais vous me permettrez de ne pas tout à fait partager votre enthousiasme pour vos dégustations alcooliques ; car je ne voudrais pas que le premier jour de mon mariage mon mari eût trop bu.

— « N'ayez nul souci de cela, ma chère demoiselle ; je vous aime trop pour vous sacrifier jamais aux produits de monsieur votre papa, quelques délicieux qu'ils soient.

— « Je le pense ainsi, mes enfants, mais n'oublions pas que Bacchus est le père de l'Amour, disait en riant le jovial *Irishman* (Irlandais), dont le nez bourgeonné et la rouge trogne indiquaient qu'il prenait quelquefois *a little drop too much* (une petite goutte de trop).

« Quelques semaines plus tard, mademoiselle Kirk-Patrick devint madame la vicomtesse de Montijo.

« Elle avait enfin, comme elle le disait elle-même, un mari responsable de ses actes et de ses produits. Elle avait parfaitement bien compris tous les avantages immenses que le mariage offre à une jolie femme intelligente et coquette. Elle savait qu'en Espagne comme en France la femme peut très bien s'émanciper de l'état de subordination et d'infériorité dans lequel le code dit *civil* la place, en lui imposant la fidélité, le respect, la soumission et l'obéissance à son mari et en lui ordonnant de le suivre partout où il lui plaira de la conduire, comme un petit caniche.

« Dès que la cérémonie nuptiale est consommée, il suffit à l'épouse d'un peu d'adresse pour faire de cette belle législation une lettre morte. Le mariage qui, aux yeux de la loi, fait de la femme une mineure est son grand émancipateur dans le monde. La jeune fille, qui ne pouvait faire un pas sans être suivie de ses respectables parents ou de sa duègne, qui ne pouvait adresser la parole, avoir la moindre relation avec un homme, dès qu'elle est mariée, qu'elle a un protecteur légal, devient libre comme l'air ; elle peut avoir des amis, des admirateurs, des galants, et même des amants, tous les hommes ont le droit et même le devoir de lui faire leur cour, sans doute pour la dédommager d'être tombée en puissance de mari ; elle peut, elle doit les écouter, raffiner avec eux la coquetterie, et même leur donner des espérances ; son époux, sous peine d'être ridicule et de passer pour un homme grossier et mal élevé, doit trouver tout cela charmant, être aimable et prévenant avec les plus chauds admirateurs de madame son épouse. Il est même d'usage, que, sur la présentation de celle-ci, il en accepte un en qualité d'ami de la maison.

« Alors ce dernier devient un autre lui-même ; il le remplace, il le supplante partout : à la promenade, au prône, à la messe, aux courses, au spectacle, en soirée et au bal. A la campagne on le rencontre côte à côte avec madame dans les allées désertes, sous les grands arbres touffus, dans les sentiers escarpés, dans les taillis épais, dans les prairies fleuries, sur les belles pelouses, sur le vert gazon, sur la tendre mousse où il jouit des plus mystérieux et des plus doux tête-à-tête avec madame ; à la ville, on le voit sur les boulevards, au longchamp, au bois, aux courses avec la sentimentale épouse de son ami, nonchalamment étendu dans un riche coupé, pendant que le mari complaisant conduit l'équipage ; à l'église il s'agenouille tout à côté de la jeune pénitente, murmure à voix basse de tendres prières, de bien douces oraisons, il lui offre l'eau bénite sur ses jolis doigts ; au théâtre il est près d'elle dans sa loge, il mêle ses applaudissements aux siens, partage sa vive émotion, et souligne à son adresse les passages des plus brûlantes déclarations d'amour, quand le premier amoureux dit : je t'aime! il soupire à l'oreille de sa gentille compagne : je t'adore ! en soirée et au bal il lui fait une cour assidue, il danse avec elle, il la presse tendrement sur son cœur, dans ses bras, pose ses lèvres ardentes sur son front brûlant, qu'il baise en s'enivrant de son parfum et de sa beauté. Son couvert est toujours mis au domicile conjugal, il tient compagnie à la femme de son ami depuis la salle à manger jusqu'au salon et au boudoir inclusivement.

« Quand elle pleure, le tendre ami essuie ses larmes ; quand elle rit, il partage sa joie ; si elle a ses nerfs, lui seul peut l'approcher ; il passe la journée entière et quelquefois la moitié de la nuit avec elle dans ses appartements les plus secrets ; le mari n'est pas admis, madame a la migraine.

« Ce qu'ils faisaient, je pourrais vous le dire, mais je me tais par respect « pour les mœurs. »

« Le mari débonnaire et prédestiné dit, et l'amant répète avec lui : « *Honny soit qui mal y pense.* »

« Bientôt cet heureux mortel privilégié s'introduira dans le cabinet de bains et dans l'alcôve, sous prétexte d'aider madame à se délacer, ou dans sa plus secrète toilette.

« Le mari devra s'estimer heureux si son sosie veut bien limiter ses droits au seuil de la chambre à coucher, et si un jour, en l'absence du chef de la communauté, ce monsieur ne croira pas que son devoir d'ami de la maison l'oblige à aller jusqu'au bout dans ses privilèges et à remplir auprès de la dame les fonctions imposées à l'époux par le mariage.

« Enfin, pour couronner l'œuvre, quand, grâce à tous les bons soins de son gentil collaborateur, la chaste épouse adorée donne un héritier à l'éditeur responsable de ses œuvres, c'est encore l'ami de la maison qui en est le parrain.

« C'était pour jouir de tous ces charmants privilèges et de beaucoup d'autres encore que mademoiselle Kirk-Patrick avait convolé en première noce avec le vicomte de Théba.

« Mais, malgré cela, au commencement de son mariage, les charmantes nuits d'amour avec ses jeunes et beaux amoureux devinrent un peu plus rares ; ses amants ne pouvaient pas monter à l'échelle de corde, escalader le balcon et s'introduire dans la chambre à coucher quand le mari était là.

« Mais aussi avec quel empressement et quel bonheur la jeune épouse profitait-elle des jours et surtout des nuits de liberté que lui laissait le service militaire de son mari pour se livrer à ses tendres ébats, et quand elle connut plus tard toute la folle passion et la sottise de son mari, elle ne garda plus aucune retenue ; elle profita largement de tous les avantages et de tous les agréments de sa position.

« Son titre de noblesse fit oublier son origine roturière, facilita ses intrigues et lui fournit mille moyens de donner libre cours à ses passions déréglées.

« Le nombre de ses amants allait chaque jour en augmentant : elle cédait à tous ses caprices et à toutes ses fantaisies amoureuses, et le nombre des heureux qu'elle faisait était si grand, qu'elle-même aurait été dans l'impossibilité de les compter.

« Tous les galants de Malaga et tous les beaux officiers de la garnison jouirent de ses faveurs.

« Sa vie privée devint un scandale public ; seul, comme cela arrive presque toujours, son malheureux mari ne s'en apercevait pas.

« Mais le comte de Montijo, qui avait déjà vu avec peine le mariage de son frère, en fut informé.

« Il fit venir près de lui le malheureux vicomte de Théba, lui reprocha durement sa mésalliance avec la fille de l'épicier Kirk Patrick, l'informa de la conduite scandaleuse de cette dernière, et le menaça de se marier et de le déshériter s'il n'y mettait bon ordre.

« Le malheureux Théba, aveuglé par sa passion, et, c'est le cas de le dire, n'y voyant que d'un œil, ne crut pas un mot des accusations portées contre son astucieuse moitié, dont il prit la défense ; il se brouilla ainsi avec son frère, qui mit ses menaces à exécution en épousant une jeune femme dont, heureusement pour son frère et sa belle-sœur, il n'eut pas d'enfants. Et comme il mourut peu de temps après son mariage, ils héritèrent néanmoins de sa fortune et de son titre.

« L'ambitieuse madame Théba, devenue comtesse de Montijo, ne mit alors plus de bornes à sa mauvaise conduite. Elle obligea son débonnaire mari à aller habiter la capitale, espérant y trouver plus de ressources pour son ambition et d'occasions pour ses galanteries.

« Il n'est peut-être pas inutile ici, pour donner une idée exacte de ce qu'étaient ces deux frères, Théba et Montijo, de citer une note historique sur ces deux hidalgos, qui trahirent leur pays avant que leur descendante fît la honte de la France.

« Je copie textuellement, en citant les ouvrages où j'ai puisé :

« Le comte de Montijo, cet éternel factieux (1), après avoir inutilement offert
« de trahir son pays et de vendre son corps d'armée au frère de Napoléon, faisait
« décimer nos soldats par ses guérillas dans les gorges des Alpujarres.

« Il avait été, l'année précédente (1810), arrêté par ordre de la junte centrale
« en compagnie de Palafox; mais relâché ensuite, parce que les événements
« avaient pris une tournure si grave, que la junte n'avait pu s'occuper du juge-
« ment de son affaire (2).

« Les machinations souterraines du comte de Montijo avaient cependant pris
« de telles proportions, qu'elles avaient plusieurs fois mis en péril le gouverne-
« ment local. »

« Mais je laisse parler M. Toreno lui-même :

« On pensait que le duc de l'Infantado n'ignorait pas les trames secrètes et
« les manœuvres du comte de Montijo, que son esprit inquiet et turbulent jetait
« constamment dans toutes sortes d'intrigues.

« Tout à coup des symptômes d'insurrection se révélèrent à Grenade, où le
« Montijo avait quelques partisans et où il s'était empressé d'accourir pour s'em-
« parer de la ville.

« Le général anglais Dogle l'avait accompagné dans son voyage, et le comte,
« instigateur toujours caché des troubles et de la sédition, souleva, le 16 avril 1809,
« une émeute, où les autorités coururent le plus grand danger. Leur perte eût
« été certaine, si le comte de Montijo n'eût, suivant son habitude, manqué de

---

(1) W. Napier, Histoire de la guerre de la péninsule, tome V, page 20.
(2) Toreno, Historca del Levantamiento, tome III, page 168. Madrid, 1835.

« courage au moment critique, et craint de se mettre à la tête du peuple insurgé
« et d'un régiment qui était gagné en sa faveur.

« La junte provinciale, ayant échappé à ce coup de main, reprit son ascen-
« dant et fit arrêter les principaux instigateurs du complot.

« Montijo, chef secret du mouvement, eût expié sa trahison, sans les prières
« du général Dogle, à qui sa qualité d'Anglais donnait une certaine influence, et
« le comte fut seulement expulsé de la ville. Il se réfugia à San Lucas de Barru-
« méda, et ne renonça ni à ses intrigues, ni à ses trames contre l'indépendance
« de son pays. »

« Tel était l'oncle de mademoiselle Eugénie de Montijo, un traître qui offrait
de vendre son pays, et un lâche qui abandonnait l'insurrection après l'avoir
fomentée.

« Son frère, le père de l'impératrice, suivait, en subalterne docile, la fortune,
les intrigues et les leçons anti-patriotiques de son frère aîné.

« Mais revenons à madame Kirk-Patrick de Montijo, qui avait mené avec elle
à Madrid les deux filles qu'elle avait eues depuis son mariage.

« Madame de Montijo elle-même ne sait à qui attribuer la paternité de la duchesse d'Albe, tant étaient nombreux les mortels fortunés qui partageaient ses
faveurs. Elle pouvait seulement affirmer en toute certitude que son affreux mari
n'y était pour rien. Quant à sa fille Eugénie, qui avait hérité de la belle chevelure d'or de son grand-père Kirk-Patrick, elle la croyait, sans en être bien
sûre, de lord Clarendon, qui était alors son amant en titre.

« A Madrid, madame la comtesse de Montijo, grâce à la fortune de son beau-
frère, put mener grand train et faire assez bonne figure. Elle reçut chez elle
tous les hommes à la mode et un grand nombre de célébrités de l'époque.

« Mais ce qu'elle ambitionnait par-dessus tout, c'était d'être reçue à la cour.

« Munos, alors favori de la reine, et qui hantait les salons de la Montijo, lui
promit que non-seulement il la ferait recevoir à la cour, mais encore qu'il la
ferait nommer dame d'honneur, si elle voulait lui procurer chez elle une entrevue
avec une très belle jeune gitana, pour laquelle il avait un de ces caprices violents,
qui ne peuvent s'assouvir que par la possession de la personne qui les cause.

« Madame Montijo promit tout au général et tint parole.

« Un soir, qu'il y avait eu chez elle une brillante soirée à laquelle assistait la
jeune bohémienne, objet de la passion de Munos, quand tous les invités furent
partis, elle retint chez elle la malheureuse jeune fille sous un prétexte plau-
sible ; puis, au bout d'un instant, elle la laissa seule dans une chambre au
fond de ses appartements.

« A peine fut-elle sortie que Munos, caché dans un cabinet, parut devant la
jeune fille, et lui fit mille protestations d'amour.

« La pauvre innocente, à cette apparition inattendue, se troubla beaucoup ;
elle ne savait que répondre; elle balbutiait, tant sa confusion était grande.

« Le général, prenant son trouble pour un demi-aveu, s'enhardit et devint encore plus entreprenant.

« Alors la malheureuse voulut fuir ; mais les portes étaient fermées. Elle appela à son aide, mais personne ne répondit.

« Ce fut en vain qu'elle cria au secours ; sa voix se perdit dans l'immensité des appartements et des corridors. Elle se débattit vainement sous les étreintes du misérable qui voulait lui faire violence. Ses efforts étaient vains et ses forces allaient l'abandonner quand, heureusement, j'entendis crier la malheureuse et je reconnus la voix de ma fille ; j'accourus aussitôt malgré les valets qui voulaient m'empêcher de passer, je les menaçai de mon poignard qui ne me quitte jamais, j'en frappai même un que je blessai grièvement.

« Enfin, j'arrivai à temps auprès de l'infortunée ; c'était bien ma fille, je ne m'étais pas trompée. J'entrai dans la chambre où elle était aux prises avec son ravisseur, juste au moment où, à bout de force, elle allait succomber. Je me précipitai sur le misérable pour le punir de sa criminelle tentative ; mais il ne m'attendit pas ; dès qu'il me vit il se sauva et je ne le poursuivis pas, étant beaucoup plus occupée de mon enfant que de lui ; il s'échappa.

« Ma fille, grâce à mes soins, revint bientôt à elle et nous quittâmes, toutes les deux en toute hâte, l'hôtel de madame la comtesse de Montijo, redoutant quelques mauvaises tentatives et de nouveaux malheurs. Nous pûmes nous échapper saines et sauves.

« Maintenant, je dois vous expliquer comment je me trouvais chez madame la comtesse avec ma fille.

« J'avais été invitée à la soirée pour dire la bonne aventure et ma fille pour exécuter des danses de caractère et chanter ; nous avions toutes les deux accompli notre tâche, et l'on nous avait retenues sous prétexte de nous offrir à souper après le départ des invités. Nous étions seules dans une salle d'attente ; un domestique vint chercher ma fille de la part de madame la comtesse, en me priant d'attendre son retour.

« J'étais sans défiance aucune, je laissais partir ma fille.

« Mais près d'un quart d'heure s'écoula sans qu'elle fût de retour ; je commençais à être très inquiète, j'écoutais et j'attendais anxieuse, lorsque tout à coup, il me sembla entendre du bruit et des cris ; je crus reconnaître la voix de Fernanda ; je me précipitai aussitôt du côté d'où ils partaient et vous savez le reste.

« Le lendemain matin, de bonne heure, je me sauvai clandestinement sous un déguisement, avec ma fille, dans la crainte d'être arrêtée avec elle ; car il n'y avait nulle sécurité pour nous ; nos ennemis puissants auraient facilement obtenu un ordre d'arrestation contre nous, et une fois dans leurs mains, qui peut savoir ce que nous serions devenues.

« Nous parvînmes heureusement à gagner un port et à nous embarquer pour l'Italie, d'où nous nous rendîmes à Rome.

Eugénie, se voyant délaissée, résolut de mourir.

« Mᵐᵉ de Montijo fut nommée trois jours après dame d'honneur de la reine.

« Le misérable Munos, à qui sa souveraine maîtresse n'avait rien à refuser, avait tenu la promesse qu'il avait faite à Madame la comtesse.

« Une fois admise à remplir ces fonctions importantes, la fille de l'épicier Kirk-Patrick fut au comble de la joie; elle pouvait enfin donner un libre cours à son orgueil et à toutes ses mauvaises passions. Ses débordements ne connurent plus de bornes; ses innombrables intrigues amoureuses se nouaient et se dénouaient sans cesse et se succédaient sans interruption.

« Il aurait fallu remonter à l'histoire romaine ou au Bas Empire, aux époques scandaleuses de la régence ou du règne de Louis XV, pour trouver des mœurs semblables à celles de Madame la comtesse de Montijo, et rencontrer une femme aussi corrompue et aussi dépravée que la mère de la belle Eugénie.

« Cette femme éhontée préférait surtout, parmi ses nombreux amants, un jeune Italien d'une remarquable beauté, auquel elle s'était attachée par caprice.

« Le beau Romain était son amant de cœur ; elle le fatiguait sans cesse de ses exigences inextinguibles ; c'était Vénus tout entière attachée à sa proie.

« Le malheureux n'en pouvait plus et souvent succombait dans les bras de sa maîtresse.

« Enfin, fatigué et dégoûté de ses obsessions, il résolut de fuir ; mais hélas ! cette moderne Putiphar avait eu soin de dépouiller ce nouveau Joseph, sinon de son manteau, du moins de son argent, de sorte que le malheureux ne savait comment faire pour partir, n'ayant pas de quoi payer son voyage.

« Dans cette triste extrémité, il se décida à employer un moyen des plus indélicats : il déroba les diamants de la comtesse et les vendit pour payer son voyage, en lui annonçant dans une lettre qu'aussitôt arrivé dans sa famille, il s'empresserait de lui en restituer la valeur

« Quand cette aventure ridicule arriva à Madame de Montijo, sa fureur ne connut plus de bornes : sa vanité froissée, son amour méprisé, ses diamants volés, poussèrent sa colère à son paroxysme. Dans sa rage, oubliant toute prudence, elle se répandit en lamentations, ébruita elle-même son aventure, et poussa l'imprudence jusqu'à aller se plaindre à la police, qui lui dit :

« Que ce qu'elle avait de mieux à faire était de se taire, et de ne pas donner
« plus de publicité à son aventure qui ne pouvait que lui être nuisible.

« Mais malheusement pour elle, le mal était fait, le scandale était si grand que la reine l'engagea à quitter l'Espagne.

« Elle alla passer quelque temps à Paris, et chercha, dans de nouvelles amours, à calmer le feu, encore mal éteint, dont elle brûlait pour le jeune Italien. Notre belle Espagnole, dont les appétis sensuels s'augmentaient encore d'une abstinence forcée de quelques jours, arriva à Paris, véritablement altérée de jouissances, et pour commencer, deux hommes ne lui semblèrent pas de trop.

« Elle jeta son dévolu sur les deux premiers qui lui tombèrent sous la main, ou plutôt entre les bras.

« Le danseur Petipa et M. de Chabrillant furent les deux heureux mortels chargés de calmer sa fureur hystérique.

« Chacun des deux rivaux se croyait séparément être seul préféré et riait secrètement de l'autre ; mais un beau jour, M. de Chabrillant, en entrant discrétement chez sa belle, la trouva dans les bras de l'heureux Petipa.

« Malgré les beautés qu'elle exhiba aux yeux de l'infortuné Chabrillant, plus propres à exciter l'amour que la colère, ce dernier, en proie à un violent accès de jalousie, sentit encore redoubler sa fureur. A la vue de son infidèle, se prodiguant à son heureux rival, il jura de se venger de lui.

« Ces deux messieurs se battirent, et le dieu des amants fut peu favorable au jaloux Chabrillant, à qui cette rencontre fut fatale : il eut l'œil gauche crevé !

« Quand le malheureux revint voir sa belle, elle lui dit ironiquement, en lui montrant sa porte :

« Allez, monsieur le jaloux, allez à Madrid, trouver mon imbécile de mari ;
« il vous guérira de votre affreux défaut. Vous lui conterez votre aventure. Vous
« vous consolerez avec lui de la perte de votre œil ; car, comme vous, il est
« borgne, mais pas jaloux. Il lui reste l'œil gauche, et à vous le droit ; vous avez
« juste la paire entre vous deux ; cela est très drôle, et je donnerais gros pour
« vous voir tous les deux ensemble, cela m'amuserait beaucoup. »

« Le malheureux, éconduit si cruellement, conserva toute sa vie un souvenir bien amer de cette détestable personne. Mais elle, sans se soucier plus longtemps du malencontreux jaloux, le remplaça immédiatement par le poète langoureux, Belmontet.

« Le futur chantre du bas-empire du deux décembre, aujourd'hui historiographe et histrion de la cour impériale, acquit dès lors des droits incontestables à l'attachement de la jeune Eugénie de Montijo, qu'il tutoyait ; car, s'il n'était pas son papa, il en remplissait du moins les fonctions.

« Aussi, félicitons-nous sincèrement du choix que la famille impériale en a fait comme historien, car, personne mieux que lui ne peut apprécier les vertus privées des honorables familles Montijo et Bonaparte, si bien faites pour être unies.

« C'est réellement une chose étrange que la similitude de ces deux familles si dignes l'une de l'autre.

« La tendre reine Hortense, comme la mère Théba Montijo, était de mœurs faciles. Toutes deux épousèrent leurs maris par ambition ; elles eurent de nombreux bâtards et encore de plus nombreux amants. Elles accordaient si facilement le don d'amoureuse merci, elles faisaient un si grand nombre d'heureux, qu'il y aurait réellement cruauté à leur en vouloir.

« Quand leurs époux leur reprochaient d'accorder si facilement leurs faveurs à leurs amants, elles répondaient toutes deux :

« Que voulez-vous, Monsieur, cela nous coûte si peu, leur fait tant de plaisir
« et les rend si heureux, que nous ne pouvons refuser. Du reste, de quoi vous
« plaignez-vous? ne vous restons-nous pas pour satisfaire vos rares désirs quand
« vous en avez et que vous daignez nous honorer de vos maigres faveurs? »

« Mais abandonnons les aventures galantes de madame de Montijo, qui retourna alors à Madrid. Comme la reine Hortense, cette femme sema, dans tous les pays qu'elle visita, de mauvais exemples et de nombreux scandales. »

Le récit de la bohémienne contenait ensuite les détails que nos lecteurs connaissent déjà sur le séjour et la mort de sa fille dans le canton de Thurgovie, et après avoir dit qu'elle avait fait d'inutiles efforts pour retrouver les traces de sa petite fille, la vieille gitana continuait ainsi son manuscrit :

« Désespérée depuis que j'avais appris les malheurs et la mort de ma pauvre Fernanda et à la suite des efforts infructueux que je fis pour retrouver son enfant, je retournai à Madrid, au risque d'être arrêtée par les suppôts de l'infâme Munos et de sa maîtresse, l'impudique et éhontée Christine, reine de toutes les Espagnes. Mais je ne fus pas inquiétée ; la crainte du scandale retint sans doute ces misérables. J'avais du reste eu le soin de me déguiser et de changer de nom ; les chagrins que j'avais éprouvés depuis la perte de ma fille m'avaient beaucoup vieillie et j'étais à peu près méconnaissable.

« Plusieurs années après mon retour à Madrid, un bel équipage s'arrêta à ma porte, comme cela arrivait quelquefois ; c'était le soir, il faisait nuit. Trois belles dames, enveloppées dans des mantilles et ayant leurs figures en partie cachées dans des capuchons de dentelles, descendirent du carrosse et montèrent chez moi pour se faire dire la bonne aventure ; c'étaient madame la comtesse de Montijo et ses deux demoiselles ; mais elles ne me reconnurent pas et j'eus le soin de tenir ma chambre dans une demi obscurité cabalistique.

« Je leur dis successivement la bonne aventure ; je ne découvris rien de bien extraordinaire dans les horoscopes de madame la comtesse et de sa fille aînée ; je prédis à cette dernière qu'elle serait un jour duchesse d'Albe et à toutes les deux une grande fortune. Mais l'avenir de mademoiselle Eugénie me parut bien plus extraordinaire ; j'en étais moi-même émerveillée ; à mesure que je consultais mes oracles et que je pénétrais plus avant dans les destinées de cette jeune personne, je voyais un avenir merveilleux lui sourire, je recommençai plusieurs fois mes épreuves de divination et toujours le destin me fit la même réponse.

— « Cette jeune beauté sera un jour impératrice ; elle s'asseoira sur le premier trône du monde, le front ceint du souverain diadème, me dirent mes oracles.

« Quand je fis cette prédiction extraordinaire à mademoiselle de Montijo, insouciante et légère comme on l'est à son âge, elle avait alors 16 ans ; elle l'accueillit en riant. Mais sa mère, dont l'ambition dévorait l'âme, se montra beaucoup plus crédule.

— « Pourquoi ne serais-tu pas impératrice ? dit-elle à Eugénie ; n'es-tu pas assez belle pour cela ? Laisse-toi guider par ta mère expérimentée, car elle te donnera de salutaires conseils, et elle croit à ta haute destinée.

« Madame de Montijo avait dès ce jour raison en deux choses : c'étaient sa confiance en sa rouerie consommée et dans les charmes admirables, irrésistibles, de sa fille.

« Cette jeune demoiselle était dès lors véritablement impératrice et reine par la beauté. Il était difficile de rencontrer une jeune personne de son âge, plus brillante, plus séduisante et plus accomplie. Avec sa chevelure d'or, ses beaux yeux bleus, son profil gracieux, son nez irréprochable, son beau front, sa bouche rose, son sourire enchanteur, son teint d'une fraîcheur inimitable, son cou délicat et élégant, ses épaules adorables, sa taille divine, sa grâce, sa souplesse, le charme infini de toute sa personne, et la fascination de ses attraits sans rivaux, elle apparaissait comme une vision féerique qu'on peut rêver, mais qu'on désespère de rencontrer.

« L'avenir brillant que j'avais découvert et prédit à ces deux demoiselles, leur beauté merveilleuse et la joie de leur mère à mes révélations, m'avaient causé une vive douleur, il me semblait qu'un fer aigu m'avait percé le cœur ; je réunis toutes mes forces pour dissimuler mon émotion devant ces dames ; mais dès qu'elles furent parties, je lui donnai un libre cours.

« Le souvenir de ma pauvre Fernanda, attirée dans un affreux guet-apens et livrée au luxurieux et féroce Munos par cette vile entremetteuse me torturait ; c'était cette comtesse pervertie qui était la cause de la mort de ma pauvre fille, car sans elle, elle serait restée à Madrid avec moi, et ne serait jamais allée dans ce maudit château d'Arenemberg où elle a rencontré le déshonneur et la mort. Au souvenir des malheurs de ma fille chérie et de sa mort, la pensée de vengeance qui germait depuis longtemps dans mon cerveau se formula tout à coup en un projet, en un plan de représailles. Je résolus de détruire cet avenir de bonheur et de fortune qui attendait Eugénie de Montijo et sa sœur, et si je ne pouvais pas l'anéantir complètement, au moins de l'empoisonner à sa source et de l'assombrir à son déclin. En une minute mon plan de vengeance était conçu, mûri et prêt à être exécuté.

« La suite de ce récit prouvera s'il était bien conçu et bien préparé par moi, et il prouvera aussi si j'ai su le mettre en pratique avec habileté.

« Les deux demoiselles Montijo, à l'époque dont je parle, étaient devenues toutes les deux camérières de la reine, grâce aux intrigues de leur mère et à la protection de Munos.

« Une fois admises à la cour, les deux filles de madame la comtesse de Montijo eurent de nombreux adorateurs, parmi lesquels le duc d'Albe était un des plus assidus.

« Ce jeune seigneur, qui était reçu dans l'intimité chez madame de Montijo, témoignait à ses deux demoiselles une égale préférence ; il leur faisait à chacune une cour assidue ; il aurait été difficile à l'observateur le plus clairvoyant de distinguer dans ses prévenances la moindre préférence pour l'une des deux sœurs, tant il mettait de soin à être également tendre et aimant pour chacune d'elles.

« Mais, comme elles lui accordaient, chacune en particulier, les plus intimes, les plus douces et les plus précieuses faveurs, le galant duc leur jurait à chacune :

« Qu'il n'aimait qu'elle, qu'elle seule possédait son cœur et son amour, que les attentions et les soins qu'il témoignait en public à sa sœur servaient à voiler et à dissimuler leur bonheur secret, que ce moyen ingénieux était une garantie et une sauvegarde pour la réputation de sa bien-aimée.

« Chacune des aimantes demoiselles Montijo croyait sans peine ce que lui disait son trop heureux amant, et excusait facilement les soins qu'il avait en public pour sa sœur, se croyant seule aimée.

« Par cet adroit stratagème, l'heureux duc jouissait depuis longtemps du bonheur le plus complet, par la possession des deux charmantes sœurs, et savourait en secret les plus douces jouissances dans les bras de ses deux belles maîtresses.

« La tendre passion qu'elles lui accordaient flattait infiniment son amour-propre et sa vanité ; il triomphait en secret d'avoir su conquérir le cœur de ces deux belles, et surtout de l'habileté avec laquelle il conduisait cette double intrigue.

« La mère Montijo, qui ne soupçonnait pas jusqu'à quel point allait l'intimité de ses filles avec le duc d'Albe, mais qui cependant était mécontente de la conduite équivoque du duc, résolut de lui en parler et de le forcer à s'expliquer.

« Un soir qu'il avait redoublé de galanteries avec ses deux demoiselles, elle le prit à part et lui dit que sa conduite lui paraissait très extraordinaire, que ses assiduités auprès de ses deux filles les compromettaient également que, depuis si longtemps qu'il était reçu chez elle, il aurait dû faire un choix et se prononcer ouvertement pour l'une d'elles, si ses intentions étaient avouables, tandis qu'au contraire, il mettait une sorte d'affectation à témoigner les mêmes sentiments, à prodiguer les mêmes galanteries à ses deux demoiselles. Que certainement elle se trouvait très honorée, ainsi que ses filles, de la recherche de M. le duc, mais qu'elle le priait de se prononcer, car elle ne pourrait lui permettre plus longtemps de venir chez elle s'il ne faisait son choix et ne lui déclarait au plus tôt quelle était celle de ses filles qui deviendrait duchesse d'Albe.

« A cette brusque déclaration, le galant fut un moment déconcerté, mais il se remit bientôt, quand il vit que madame de Montijo était loin de soupçonner toute la vérité.

Il prit résolument son parti, et comme si, ayant eu d'abord un caprice égal pour les deux sœurs, il préférait et aimait enfin tendrement l'une d'elles, il répondit à madame de Montijo que son choix était fait depuis longtemps, et que si, jusqu'à ce jour, il ne s'était pas déclaré, c'est que l'occasion ne s'en était pas présentée ; que s'il avait toujours témoigné les mêmes soins et les mêmes égards à ses deux demoiselles, c'est que toutes deux y avaient également droit par leur grâce et leur beauté ; qu'il avait espéré que le sentiment d'exquise délicatesse, qui avait guidé sa conduite, aurait été mieux interprété ; et qu'il priait madame la comtesse de vouloir bien combler le plus cher de ses vœux en lui accordant la main de sa fille aînée.

« Pendant que cette explication avait lieu, une jeune gitana que madame de Montijo avait à son service et à laquelle j'avais fait la leçon et recommandé d'employer tous les moyens de saisir toutes les occasions pour provoquer le trouble, la désunion, les rivalités et le déshonneur dans la famille Montijo, saisit admirablement la circonstance favorable qui se présentait ce jour-là de mettre en pratique mes recommandations.

Dès qu'elle eut entendu les premiers mots de la conversation entre madame de Montijo et le duc d'Albe, elle s'empressa d'aller prévenir les deux jeunes filles de ce qui se passait et de les inviter à se glisser furtivement et clandestinement chacune dans une chambre différente communiquant avec celle dans laquelle avait lieu l'entretien secret de madame de Montijo et du duc d'Albe. Ces deux demoiselles s'empressèrent d'exécuter cette recommandation et collèrent chacune une oreille à une porte donnant dans cette chambre et entendirent ainsi toute la conversation les concernant.

« Quelles ne furent pas leurs craintes et leurs appréhensions quand elles entendirent les interrogations et les demandes pressantes de leur mère? Et avec quelle anxiété n'attendaient-elles pas la réponse du duc, qui devait décider de leur bonheur et de leur avenir.

« Toutes deux tremblaient également en proie à la plus cruelle incertitude.

« Et quand le duc eut fait sa réponse, elle produisit un effet bien différent sur chacune des deux sœurs.

« L'aînée sentit son cœur battre de joie et d'allégresse; elle allait donc devenir enfin duchesse d'Albe; son bien-aimé tenait la promesse qu'il lui avait faite si souvent dans toute l'expansion de son nouvel amour; quelle heureuse perspective, quel avenir de bonheur s'ouvraient devant elle? Elle avait peine à maîtriser son émotion, à contenir sa joie.

« Tandis que sa sœur, dans la pièce voisine, en proie à la plus vive douleur venait d'entendre la fatale révélation qui, comme un trait cruel, venait d'entrer dans son cœur, de briser ses plus douces espérances et d'anéantir son bonheur.

« Elle vit tout à coup s'évanouir, comme un songe trompeur, ses plus douces illusions. Il ne lui resta plus que l'affreuse et triste réalité : son amour perdu et son avenir brisé.

« Elle comprit alors que le duc était aussi l'amant de sa sœur, qu'il les trompait toutes les deux. Toute sa conduite astucieuse et hypocrite lui fut à l'instant révélée. Elle s'expliqua sur-le-champ pourquoi son infidèle mettait un soin extrême à leur plaire à toutes les deux.

« Cette découverte inattendue lui navra le cœur et lui causa une si cruelle émotion qu'elle sentit ses forces l'abandonner et le vertige la saisir. Elle n'eut que le temps de s'asseoir sur un canapé où elle s'évanouit.

« Quand elle revint à elle, elle resta longtemps plongée dans une profonde torpeur.

« Peu à peu, l'affreux de sa situation lui revint à l'esprit. Elle se voyait dès lors délaissée, humiliée, trahie, rivale méprisée de sa sœur, condamnée, dans son malheur, à subir le supplice affreux d'avoir, dans sa sœur adorée, une rivale détestée ! Son esprit ne résista pas à cette navrante perspective. Dans son désespoir, elle résolut de mourir !

« Accablée de fatigue, elle se leva chancelante et regagna sa chambre avec grand'peine. Elle prit, dans un petit coffret d'ébène, un flacon, hermétiquement bouché, et la correspondance de son amant infidèle. Elle brûla cette dernière à la flamme d'une bougie, puis elle se déshabilla et se mit au lit, tenant toujours son petit flacon dans sa main fébrile et tremblante ; son regard étrange illuminait sa figure altérée par les angoisses, ses yeux bleus, grands ouverts, étaient d'une profondeur effrayante ; on y voyait briller tout un océan de douleur et de larmes ; le cruel désespoir scintillait sous ses prunelles ; les plis de son front indiquaient une résolution affreuse, inébranlable.

« Après une dernière pensée à sa sœur, un dernier regret à la vie, pour elle, hier encore si pleine d'espérance et de charme, à ses seize printemps, jusqu'alors si beaux et si parfumés, elle déboucha le flacon, et, après un profond soupir et un amer regret, elle en avala le contenu.

« Sa sœur, au contraire, pendant ce temps, svelte et joyeuse, regagnait sa chambre, tremblante elle aussi, mais de bonheur ; son cœur s'épanouissait à la pensée de toute une vie de joie et de félicité.

« Son anxiété était si grande, qu'elle ne pouvait dormir, tant il est vrai que notre faible cœur a autant de peine à supporter les jouissances du bonheur que les souffrances de la douleur.

« Dans son impatience, elle ne put résister plus longtemps au désir qu'elle avait de communiquer sa joie à sa sœur.

« Elle prit sa bougie d'une main tremblante qu'agitaient les plus douces émotions, et se dirigea d'un pas furtif, comme pour un rendez-vous galant, vers la chambre de sa sœur,

« Arrivée près de la porte, elle s'arrêta un moment pour reprendre sa respiration suspendue par l'émotion profonde qui l'agitait. Elle frappa doucement et d'une main tremblante, et attendit un instant... pas de réponse. Elle frappa de nouveau, même silence...

— « Ma bonne sœur, pensa-t-elle, dort du sommeil de l'innocence ; à notre « âge on dort si bien, quand le cruel dieu d'amour ne nous a pas mordu au cœur. « Voyons, puisque notre belle dormeuse ne veut pas nous ouvrir, entrons douce- « ment. »

« Elle poussa la porte avec précaution et s'avança dans la chambre sur la pointe des pieds, enveloppée dans un grand peignoir blanc, ses longs cheveux tombant sur ses épaules divines, son beau visage brillant de bonheur et d'espérance.

« A la blanche lueur de sa bougie qu'elle avait déposée sur la table, on aurait dit la bienfaisante déesse du sommeil, versant ses pavots sur sa sœur endormie.

« Mais la pauvre Eugénie, tenant encore dans sa main crispée le funeste

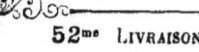

Monseigneur Sibour, archevêque de Paris et bénisseur du Coup d'État.

flacon, semblait plongée dans un sommeil léthargique. Son visage immobile, son front légèrement plissé, ses sourcils froncés, ses lèvres pâlies, lui donnaient un aspect effrayant. Pas une fibre ne bougeait en elle.

« Sa sœur, qui la contemplait avec anxiété et presque avec épouvante, l'appela d'abord plusieurs fois, mais sans obtenir de réponse.

« Pensant toujours qu'elle dormait, dans son trouble elle lui prit la main et la secoua plusieurs fois pour l'éveiller ; mais cette main froide glaça la sienne, et quand, perdue de frayeur à ce contact glacé, elle la lâcha avec épouvante ; cette main inanimée retomba sur le lit.

« Alors cette jeune femme, tout à l'heure si joyeuse, fut tout à coup prise d'une frayeur étrange : elle se mit à agiter convulsivement la sonnette, pendue au chevet du lit, et à crier de toutes ses forces au secours.

« Madame de Montijo et tous ses gens accoururent.

« Bientôt la vue d'Eugénie pâle, froide, inanimée, tenant encore dans sa main le flacon de poison, expliqua tout. On crut de suite à un suicide.

« Un médecin fut mandé en toute hâte ; il confirma cette supposition et administra de suite à la malade un contre-poison.

« Grâce à la promptitude des soins qu'on lui prodigua et à sa jeunesse, après une longue et douloureuse maladie, la pauvre Eugénie fut sauvée, mais il lui est toujours resté depuis un tremblement nerveux qui contracte ses paupières, une agitation fébrile dans tous ses membres, et ces accès de mélancolie auxquels elle est encore sujette aujourd'hui.

« Dans le délire de la fièvre qui suivit son empoisonnement, elle trahit le secret de sa douleur, et sa mère et sa sœur n'ignorèrent plus ses liaisons intimes avec le duc d'Albe. Le lendemain de la tentative d'empoisonnement d'Eugénie, madame la comtesse, sa mère, reçut un petit billet parfumé sur lequel elle lut : « Première vengeance de la mère de Fernanda. »

« Ce qui n'empêcha pas l'ambitieuse comtesse de Montijo de donner sa fille aînée en mariage au jeune duc. Depuis, la duchesse d'Albe entrevit toujours entre elle et son mari sa sœur pâle, inanimée et froide, telle qu'elle l'avait vue dans la nuit fatale de son empoisonnement. C'est ce souvenir et celui de la double trahison du duc d'Albe qui l'ont conduite au tombeau.

« Le lendemain de la mort de la duchesse d'Albe, madame la comtesse de Montijo reçut un nouvel avis mystérieux ainsi conçu : « Seconde vengeance de la gitana, mère de Fernanda. »

« La comtesse de Montijo eut peur.

« Et Eugénie a gardé au cœur la blessure profonde d'un premier amour sérieux, indignement trahi, et la douleur amère d'avoir, involontairement, il est vrai, empoisonné l'existence et causé la mort d'une sœur adorée.

« Aussi, depuis cette époque néfaste pour elle, mademoiselle Eugénie de Montijo a conservé dans toute sa personne un air d'indifférence blasée, un cachet de désillusion et de désenchantement, qui se voient encore aujourd'hui et qui nuisent beaucoup à sa santé.

« Elle a cherché dans les aventures galantes, dans les scènes romantiques ou tragiques, dans les projets d'ambition et de grandeur des aliments à ses brûlantes passions, des distractions à l'ennui qui la ronge et l'oubli d'un amour qui la poursuit partout.

« Et ma vengeance s'accomplit ainsi d'une façon terrible. Madame la comtesse de Montijo a comme moi pleuré la mort d'une fille chérie et l'existence de l'autre est empoisonnée.

« Mais ce n'est pas tout encore. L'avenir lui réserve d'autres châtiments. Ma vengeance n'est pas encore satisfaite ; je poursuivrai mon œuvre jusqu'au bout.

XII

SOMMAIRE. — Célina et les 5,000 francs prix de sa prostitution. — Sa résolution étrange — Ses mémoires. — Visite de Célina à sa grand'mère. — Les choses extraordinaires qu'elle y voit. — Le beau cadeau qui lui est fait. — Étranges révélations faites par la grand'mère. — La jeunesse de Célina. — Misères, souffrances, corruptions et dégradation. — Les amours d'un vieillard de 70 ans pour une petite fille de 12 ans. — Honteuses et criminelles débauches d'un grand seigneur. — La corruption dans les théâtres. — A quel prix on est admis sur la scène. — Le génie aux prises avec l'infamie. — Courageuse persévérance couronnée de succès. — Célina cantatrice. — Elle retourne à Madrid — Ce qu'elle y voit. — La cour de Madrid. — Corruption de Christine et de sa fille Isabelle. — Le fabricateur des rois d'Espagne. — La lesbienne, la sœur Patrocinio et le prostitué Marfori, les deux favoris de la reine. — La loge royale au cirque la Porte du Soleil. — Mme la comtesse de Montijo et sa fille Eugénie. — Goût passionné d'Eugénie de Montijo pour les combats de taureaux. — Le taureau des Pampas de l'Amérique du Sud. — Le jeune toréador Diégo. — L'effroi d'Eugénie à la vue du danger de mort que court son amant le jeune torero. — Elle lui brode un impérial manteau de pourpre, dont elle lui fait cadeau. — Elle lui jette un beau bouquet. — Accès de galanterie érotique d'Eugénie dans la loge royale lorsque Diégo est sauvé des cornes du taureau. — Le matamore Miguel et sa gracieuse souveraine. — L'homme et la brute. — Un héros désarmé. — La reine s'évanouit de terreur à la vue du danger de son bel ami le matamore Miguel. — Sa Majesté recouvre ses sens, fait signe à l'homme qu'elle convoite d'en finir et de vivre pour elle. — Le matamore obéit et perce le cœur du taureau. — Récompense de Sa Majesté à l'heureux vainqueur. — Le toréador Montès reçoit aussi un bouquet de Mme la comtesse de Montijo. — Les trois toréadors devant la loge royale — Les rendez-vous d'amour. — Les amours des princes d'Orléans avec la belle Eugénie. — Les études de peinture au Musée de Madrid du jeune duc d'A... et de Mlle de Montijo. — L'étude des trois grâces. — Eugénie au salon de sculpture devant les nudités des dieux et des déesses. — Le jugement de Pâris. — Eugénie ambitionne la pomme de beauté. — La chaste Suzanne au bain, judicieuse observation d'Eugénie. — Joseph et Mme Putiphar. — Ce que Mlle Eugénie en pensait. — Elle voudrait être enlevée comme les Sabines par un robuste Romain. — Le frère du jeune duc fait le portrait de la belle Castillane en Vénus sortant de l'onde. — Il est amoureux de son modèle et pose sans voile devant lui. — Les promenades équestres de Mlle Kirk-Patrick et du jeune duc de M... — Eugénie monte à poil et nage à la religieuse. — Les promenades sous les frais ombrages. — Les poses sur les pelouses fleuries. — Les ébats sur la tendre mousse — Le marquis d'Alcanizez, l'amant d'Eugénie. — Comment il s'introduit dans la chambre de sa belle. — Le nouveau don Juan. — Les amours de ce dernier et de la belle Espagnole. — La maman Montijo les surprend. — Alcanirez ne veut pas l'épouser. — Le jeune page Olympio Aguado. — Eugénie le séduit. — Elle le conduit dans une mystérieuse grotte. — La salle de bains. — Les doux ébats dans l'onde. — Les tendres mystères. — Le frère aîné d'Olympio surprend les deux amants. — Ce qu'il dit à Mme de Montijo de sa fille. — L'infortunée Eugénie ne put pas épouser le jeune Olympio. — Mais ses relations avec lui continuèrent.

Quand Célina eût terminé la lecture du manuscrit de sa grand'mère que nous avons transcrit, elle resta pensive, la tête appuyée dans ses mains.

C'est une bien étrange et bien terrible histoire que la mienne et que celle de ma mère et de ma grand'mère, se dit-elle à elle-même. Mais ce qu'il y a surtout de sombre, d'effrayant et d'épouvantable dans le drame lugubre de ma famille dans lequel ma pauvre mère a perdu la vie, c'est le secret horrible de ma naissance. Je suis le fruit d'un crime atroce accompli par mon père infâme sur ma pauvre mère innocente; je ne pourrai jamais prononcer le nom de l'auteur de mes jours sans être saisie d'horreur et d'épouvante; car le monstre de perversité auquel je dois la vie, est l'homme sinistre, couvert de crimes et de forfaits qui vient de teindre le manteau de pourpre impériale dans lequel il se drape cyniquement dans le sang de milliers d'innocentes victimes. C'est le taciturne Macbeth, le traître, le parjure, l'assassin du Deux Décembre 1851, dont le crime restera éternellement inscrit dans l'histoire comme un des plus grands forfaits dont l'humanité a été souillée et victime.

Mais ce n'est pas tout encore, ce qui me glace d'horreur, ce qui me fait frissonner de dégoût et de honte, c'est que, moi aussi, j'ai été la proie du scélérat débauché qui a violé ma mère pendant son sommeil, après lui avoir fait respirer un narcotique. Mais ce qui fait ma honte et mon désespoir, c'est de penser que ce n'est pas par ruse ou par force comme ma mère, que j'ai été la victime de ce misérable, mais que je suis allée volontairement dans son palais et que j'ai accepté le prix de ma honte après avoir été la proie de cet infâme ! Oui, j'ai là dans ce tiroir, 5,000 f., prix de ma prostitution avec celui qui est, que je devrais appeler mon...; mais je n'oserai jamais appliquer ce nom respectable ou qui devrait toujours l'être pour une fille à celui qui a fait mourir ma mère de honte, de misère, de désespoir et auquel je me suis prostituée ; je dis ce mot pour me punir de ma faute abominable, car moi aussi je suis une infâme !

Lorsqu'elle eut prononcé à haute voix ces mots terribles, la jeune femme sentit une sueur froide perler son front.

— Oui, ajouta-t-elle, je suis une infâme, et le prix de ma honte est encore là.

En disant ces mots, elle ouvrit le tiroir de la table qui était devant elle près de son lit; elle en tira une bourse pleine d'or en la tenant du bout des doigts comme si elle brûlait ou était malpropre, elle la laissa ensuite tomber sur la table devant elle et s'essuya les mains à ses draps.

— Cette bourse, le prix de la prostitution, pensa-t-elle, est malpropre et me salit les mains ; cet or ne peut rester plus longtemps ici, il me souille, je vais le jeter par la fenêtre.

En pensant à cela, elle fit un mouvement pour se lever et se ravisant, elle se dit :

— Non, jeter cet or; ce n'est pas assez, il faut que l'emploi qui en sera fait le purifie de son origine infecte. Oui, c'est cela, pensa-t-elle encore ; j'ai une idée; cet or servira à aider à punir le misérable auteur de mes jours, le meurtrier de ma mère, cela le purifiera; le criminel aura lui-même fourni l'argent nécessaire à l'exécution de son châtiment.

Après avoir pris cette résolution, Célina repoussa la bourse dans le tiroir dans lequel elle prit un gros cahier de papier soigneusement enveloppé et attaché avec un ruban noir sur lequel était écrit : « *Mémoires de Célina la bohémienne.* »

Elle regarda d'un air triste la liasse de papiers en se disant : C'est bien extraordinaire, moi aussi j'ai écrit un résumé de mon histoire, comme ma grand'mère, et ce qu'il y a de plus singulier encore, c'est que, dans mes récits, il est aussi beaucoup question des dames Montijo qui se sont trouvées; bien malgré moi, mêlées à mon existence et qui m'ont été presque aussi nuisibles qu'à ma mère.

Demain j'irai m'informer à l'adresse qui m'a été donnée dans le manuscrit de ma grand'mère, si cette dernière vit encore; je porterai avec moi le récit de mes aventures, qui complètera celui qu'elle m'a fait, et si je suis assez heureuse pour la retrouver, je lui donnerai connaissance de mon manuscrit.

Après avoir pris cette décision, Célina écrivit quelques lignes en tête de son manuscrit, pour informer sa grand'mère de l'objet de ses mémoires et des raisons qui l'ont engagée à les lui remettre; puis, joignant ce préambule à son manuscrit, elle remit ses papiers dans son tiroir, qu'elle referma à clef, et après avoir soufflé sa bougie, elle s'enfonça dans ses couvertures et s'endormit d'un sommeil très agité ; elle rêva toute la nuit de sa mère infortunée, de son père criminel, de sa bourse qui lui rappelait d'une manière si poignante un souvenir de honte, de prostitution et d'inceste.

Le lendemain matin, après déjeuner, elle se fit conduire de bonne heure chez sa grand'mère.

Lorsqu'elle arriva dans le quartier du Marais, à l'adresse indiquée dans le manuscrit de sa grand'mère, devant une maison de très bonne apparence, elle descendit de voiture pour aller demander au concierge si madame Zingarita Tizzah demeurait dans la maison; son cœur battait à se briser. Elle tremblait de peur dans la crainte de recevoir une réponse négative.

— Oui, madame, c'est bien ici, au deuxième, la porte en face.

A cette réponse satisfaisante, le cœur de la jeune femme battit encore plus fort, et le sang lui monta ensuite à la tête ; elle eût comme un étourdissement ou un éblouissement; elle se sentit chanceler; il lui sembla que la terre tournait sous ses pieds ; elle resta un moment immobile, en place, en songeant qu'elle avait encore sa grand'mère, qu'elle n'était plus seule au monde, qu'elle allait avoir des nouvelles de sa mère, etc. Puis réunissant toutes ses forces pour surmonter son trouble et son émotion, elle monta les deux étages conduisant à l'appartement de sa grand'mère; quand elle fut à la porte de cette dernière, elle agita le cordon de la sonnette d'une main fébrile ; elle était dans la plus grande anxiété; son cœur battait à se rompre ; elle allait enfin voir sa grand'mère. Au bout de quelques instants, un petit guichet pratiqué dans la porte s'ouvrit et une voix de vieille femme demanda :

— Qui est là ?

— C'est moi, madame; ne soyez pas effrayée, je suis la personne à qui votre notaire a remis votre manuscrit; je suis la fille de Fernanda; je suis votre petite-fille.

A cette déclaration, la personne qui était dans l'intérieur de l'appartement poussa une exclamation et entr'ouvrit la porte. Célina voulut alors l'ouvrir tout au large pour se précipiter dans les bras de sa grand'mère et l'embrasser, mais elle ne le put pas, la porte était retenue par une chaîne qui ne permettait pas de l'ouvrir davantage.

— Attendez un instant, madame, dit la voix de la vieille ; approchez-vous, que je vous voie, et après je décrocherai ma chaîne.

La jeune femme sourit à cette précaution et s'approcha.

Une vieille petite femme ayant la peau très brune, ou plutôt jaunâtre comme du vieux parchemin, les cheveux blancs, l'œil vif, très éveillé, le visage ridé, regardait Célina avec ses petits yeux qui brillaient à travers ses lunettes. A peine la petite vieille eut-elle jeté un regard sur la jeune visiteuse, que la chaîne tomba et que la vieille se précipita dans les bras de Célina en s'écriant :

— Ma fille, ma chère fille, te voilà donc enfin, il y a vingt ans que je te cherche et que je t'attends,

— Et moi, il y a tout aussi longtemps que je réclame et que je cherche une mère.

En disant ces mots, les deux femmes s'embrassèrent et entrèrent dans l'appartement.

Nos lecteurs comprendront parfaitement tout ce que cette grand'mère et sa petite-fille eurent à se dire, et toute l'amitié, toute la joie qu'elles se témoignèrent.

La grand'mère donna à sa petite-fille tous les détails les plus minutieux sur sa mère et sur elle-même et elle ajouta encore de vive voix des révélations très intéressantes à celles contenues dans son manuscrit, lorsque Célina lui eut montré la bague de sa mère et les pièces qui lui avaient été remises par madame Baudouin et par le notaire.

— Je n'avais pas besoin de ces preuves de votre identité pour vous reconnaître, ma chère fille, lui dit-elle ; il me suffisait de vous voir, car vous ressemblez beaucoup à votre mère. Je suis bien heureuse de vous avoir retrouvée avant d'être descendue dans la tombe ; je suis bien vieille, j'ai quatre-vingts ans, et bientôt peut-être, maintenant que j'ai une fille, je serai forcée par la nature de la quitter pour toujours.

— Ne dites pas cela, ma bonne grand'mère, vous m'attristez, vous avez l'air encore très bien portante, et j'espère que vous vivrez longtemps et que j'aurai ainsi le bonheur, pendant de nombreuses années, de posséder une bonne grand'mère.

— Je l'espère aussi, ma chère fille, et je serai bien heureuse si vos souhaits se réalisent et si nous restons longtemps ensemble, car j'espère que j'ai enfin retrouvé ma fille pour toujours et que nous n'allons plus nous quitter. Cette maison et tout ce qu'elle contient est à moi, est à vous, ma très chère fille. J'espère que vous êtes seule, et que vous voudrez bien venir habiter auprès de votre grand'mère.

— Certainement, et j'en serai bien heureuse.

— Et moi aussi, ma chère petite-fille, je vous soignerai bien, il ne vous manquera rien auprès de moi, car je suis riche, très riche même ; j'ai, pendant ma longue carrière, beaucoup gagné d'argent et fait des économies, et tout ce que je possède est à vous dès aujourd'hui. Permettez-moi, ma chère fille, de vous montrer une partie de votre fortune, dit la vieille femme en se dirigeant vers un beau meuble antique dont elle ouvrit un des tiroirs.

Elle prit dedans un joli coffret en ébène sculpté, le posa sur la table et l'ouvrit. Elle en montra le contenu à la jeune femme en lui disant :

— Regardez ces jolis bijoux, ces belles parures, ces pierres précieuses, tout cela est à vous ma fille.

Célina fut d'abord éblouie par le miroitement de l'or poli et ciselé, par le rayonnement des pierres précieuses, des diamants, des rubis des saphirs, des émeraudes, des turquoises, des topazes, des améthystes, dont les feux se croisaient dans tous les sens. Elle ne pouvait en croire ses yeux ; elle n'avait jamais vu de plus belles pierreries, même chez les joailliers du Palais-Royal où il y a de si belles choses. Elle prit dans ses mains des parures magnifiques, des rivières de diamants, dont les ruissellements lumineux l'inondaient de leurs feux et l'éblouissaient de leurs rayons, des bracelets splendides d'un travail exquis, des broches inimitables, scintillantes comme des étoiles, des pendants d'oreilles, chefs-d'œuvres d'art et de goût, des colliers de perles, des torsades de corail, des diadèmes, des aigrettes, des couronnes, des éventails qui eussent fait envie à une impératrice et eussent rendu jalouse une sultane favorite et une reine de Golconde.

Célina examinait tous ces trésors avec des regards de femme d'Orient ; ses grands beaux yeux noirs s'illuminaient et s'éclairaient de tous les rayonnements de ces pierres précieuses et de ces bijoux. Elle contemplait sa grand'mère d'un air étonné et d'un regard interrogateur. La vieille bohémienne qui l'admirait s'en aperçut et lui dit :

— Vous êtes étonnée, ma chère enfant, de voir tous ces trésors et toutes ces belles parures dans les mains d'une vieille bonne femme comme moi qui n'en a que faire et qui seraient si bien à leur place en brillant autour de votre cou, sur vos belles épaules, sur votre front pur, autour de vos jolis bras et suspendues à vos petites oreilles. Eh bien, elles sont toutes à vous ; c'est pour vous que je les ai conservées et je vous prierai, dès aujourd'hui, de vouloir bien vous en parer, car jamais on ne rencontrera une beauté plus digne que vous de les porter.

En disant ces mots, la grand'mère prit une rivière de diamants et la passa autour du cou de sa petite-fille ; elle lui mit également de beaux bracelets, suspendit à ses oreilles des boucles de diamants, plaça sur sa poitrine une broche superbe, un dragon ailé tout en brillants et dont les yeux de rubis flamboyaient ; elle orna son beau front d'une escarboucle lumineuse et ses cheveux d'épingles de diamants ; puis, prenant sa petite-fille par la main, elle la conduisit dans un magnifique salon aux lambris dorés, orné de tableaux de prix et de belles glaces de Venise, et, plaçant sa petite-fille devant une de ces dernières, elle lui dit :

— Regardez comme vous êtes belle maintenant, quelle jolie reine des gitanos vous feriez.

Célina, d'abord un peu confuse de l'élogieuse admiration de sa grand'mère, sourit au compliment de cette dernière.

— Vous souriez, mon enfant, dit la vieille bohémienne; mais ce que je vous dis est très sérieux, et si vous le voulez vous pouvez être reine.

— Tout ce que je vois ici est si extraordinaire, que je me crois dans un palais enchanté et que je commence à vous prendre pour une bonne fée qui peut opérer tous les prodiges à l'aide de sa baguette magique.

— Vous avez raison, et je puis très sérieusement faire de vous une reine si vous le voulez.

— Comment cela, grand'mère?

— Vous me succéderez dans ma royauté, car j'étais et je suis même encore reine des Gipsys, puisque je n'ai pas encore été remplacée.

— Alors, c'est donc bien sérieux ce que vous me proposiez tout à l'heure?

— Oui, très sérieux; si vous le voulez, vous pouvez devenir la reine des Gipsys. Mon royaume est situé en Angleterre, à Eping-Forest, près de Londres. J'ai été leur reine ou plutôt leur mère pendant dix ans et ils doivent bientôt me remplacer car j'aurai, dans quelques jours, dépassé l'âge réglementaire qui est fixé à quatre-vingts ans. Si vous le voulez, vous viendrez avec moi dans mon camp, au milieu d'Eping-Forest et, comme vous êtes ma petite-fille, vous serez élue.

— Et que me faudra-t-il faire alors?

— Vous consacrer, comme moi, toute entière au bonheur et à la prospérité de notre tribu, faire exécuter ses coutumes, ses lois et respecter ses mœurs.

— C'est là une tâche très importante et bien faite pour tenter une noble ambition; mais il faut me laisser le temps nécessaire pour réfléchir et surtout que j'aie pu aller voir vos sujets avant de pouvoir répondre à la proposition que vous me faites; mais, dites-moi, vos sujets sont-ils nombreux?

— Oui, encore assez, il y en a environ cinq ou six mille dans le camp d'Eping-Forest et beaucoup d'autres encore voyagent en Angleterre et sur le continent.

— Eh bien, ma chère grand'mère, nous irons ensemble visiter vos Etats, et après je vous rendrai réponse.

— Vous avez raison, mon enfant; mais quelle que soit votre décision, vous aurez une position indépendante; car à côté des bijoux que je vous ai montrés et qui étaient les joyaux de ma couronne, lesquels ont déjà une grande valeur, j'ai encore de nombreux titres de rentes sur plusieurs Etats de l'Europe s'élevant à plus de cent mille francs de revenus. Tout cela sera bientôt à vous et vous pouvez en jouir dès aujourd'hui. Vous voyez donc, ma chère enfant, que vous êtes riche, très riche même, et que vous pouvez choisir le genre d'existence que vous préférerez.

En disant ces mots, la vieille Gipsye montra une liasse de titres de rentes enfermés dans un autre compartiment du précieux coffret. Après cette exhibition de ses richesses, la vieille grand'mère les remit toutes précieusement en place, à l'exception de la parure qu'elle avait donnée à sa petite-fille, et elle ferma le meuble à clef, en remettant cette dernière à Célina.

Diégo prit le bouquet, baisa les jolies fleurs parfumées en regardant tendrement Eugénie.

— Voici, mon enfant, lui dit-elle, une clef de mon trésor, prenez-la et gardez-la, j'en ai une seconde ; vous trouverez toujours dedans, à côté des bijoux et des titres que vous avez vus, des billets de banque et de l'or, de quoi satisfaire tous vos désirs, usez-en largement ; toutes ces richesses sont là pour vous ; elles vous attendent depuis longtemps.

La jeune femme remercia beaucoup sa grand'mère et mit la petite clef du meuble précieux dans sa poche. Puis, s'adressant ensuite à la vieille bohémienne, elle lui dit :

— Permettez-moi de vous demander encore si vous n'avez pas peur des voleurs, seule comme vous l'êtes dans cet appartement, avec des valeurs aussi importantes que celles que vous possédez ?

— Non, ma chère amie ; d'abord, je n'ouvre pas ma porte à tout le monde, comme vous avez pu le voir, et ensuite je ne suis pas seule ici.

En disant ces derniers mots, la bohémienne appuya la main sur un des boutons du meuble qui était devant elle, et au même moment une boiserie s'ouvrit et un beau jeune homme très brun apparut en disant :

— Madame a-t-elle besoin de mes services ?

— Oui, mon cher Josapha, je voulais vous présenter ma petite-fille, que je vous prie de respecter, d'aimer et de servir comme moi. Nous dînerons dans un quart d'heure, faites-nous servir. Je n'ai pas pour le moment d'autres choses à vous demander.

Le jeune serviteur s'inclina profondément et dit :

— Madame, vos ordres seront ponctuellement exécutés par tous les gens de la maison et ils obéiront, ainsi que moi, à mademoiselle comme à vous-même, et on vous servira à dîner à l'heure indiquée.

Après avoir prononcé ces paroles, le serviteur sortit.

— Vous voyez, ma chère amie, que je ne suis pas seule ici ; j'ai encore d'autres serviteurs dévoués qui sont sous les ordres de Josapha et qui, dans moins d'une minute, seront tous ici si je fais un signal nouveau. D'un autre côté, je ne garde pas mes valeurs chez moi quand je suis seule, je les dépose chez mon banquier Rothschild où elles n'ont rien à risquer. Je les avais fait apporter ici, depuis hier, pour vous les montrer, car j'étais avisée de votre visite. Maintenant, ma chère enfant, nous allons bientôt nous mettre à table, et vous me raconterez à votre tour l'histoire de votre vie.

— Hélas ! ma bonne mère, mon histoire, celle d'une pauvre fille orpheline, est bien triste ; l'existence pour moi a été bien amère jusqu'à ce jour ; permettez-moi de ne pas m'appesantir sur les misères, les douleurs, les chagrins, les souffrances et même les hontes les dégradations et les corruptions dont j'ai eu à souffrir, c'est là un trop pénible et trop douloureux tableau à vous faire ; il attristerait trop le jour de notre première entrevue, je vous le ferai une autre fois ; qu'il vous suffise de savoir pour le moment qu'après la mort de ma pauvre mère, que je n'ai jamais connue, j'ai été recueillie par une famille d'heimathelos, qui campait sur le bord d'une grande forêt de sapins, aux pieds de grandes montagnes couvertes de glaciers et de neiges éternelles à leurs sommets et sur lesquelles planaient des aigles dont j'avais bien peur ; mes parents adoptifs ont été très bons pour moi, ils m'ont bien soignée ; j'ai voyagé avec eux en Allemagne, en Italie, en Espagne ; mais mon père adoptif s'est tué en faisant des tours de forces et sa femme est tombée du haut d'une corde sur laquelle elle dansait à Madrid, et elle s'est cassée les deux jambes ; après avoir beaucoup souffert, elle est morte à l'hôpital. Je suis alors restée seule. Une troupe de saltimbanques ambulants m'ont pris avec eux ; j'avais alors huit ans environ ; ils m'ont fait danser et figurer dans leurs parades ;

j'étais très malheureuse, la maîtresse de la troupe me battait ; quand j'eus douze ans, son *homme*, le pitre, me faisait la cour ; sa femme, jalouse de moi, redoubla de mauvais traitements ; je souffrais le martyre. Un jour, un laquais en livrée vint trouver ma maîtresse et lui offrit de l'or si elle voulait me laisser partir avec lui ; il lui dit que son maître, un lord anglais, très riche, me ferait élever comme il faut et que plus tard, quand je serais grande, il m'épouserait ; j'entendis toute la conversation en écoutant derrière la cloison de la voiture des saltimbanques. La vieille horrible femme prit l'or, m'appela et me donna ordre de partir avec le valet dont le maître, me dit-elle, aurait soin de moi. Que fallait-il que je fasse ? Si j'avais refusé d'accéder à cet infâme marché, la vieille ogresse m'aurait rouée de coups. Je suivis donc le valet sans mot dire. Il me fit monter dans un bel équipage à deux chevaux, m'enveloppa dans son manteau pour cacher mes haillons, et me conduisit dans un bel hôtel des Champs Élysées ; là on me confia à deux femmes qui me firent prendre un bain, me lavèrent, me peignèrent, me parfumèrent, me donnèrent des vêtements et me firent dîner. Après quoi, je fus présentée à Monseigneur, un vieillard de soixante-dix ans, qui m'examina comme un maquignon examine un cheval, me dit de danser les danses de caractère que j'avais apprises, de lui débiter les boniments que le pitre de la baraque des saltimbanques m'avaient enseignés et de lui chanter les plus beaux morceaux de mon répertoire. Je fis tout cela de mon mieux, Monseigneur me trouva charmante et me le dit ; il me donna une pièce de 20 francs pour me remercier et m'envoya coucher pour me reposer.

« Je trouvai Monseigneur bien généreux, j'étais complètement rassurée ; j'enveloppai ma pièce de 20 francs dans un morceau de papier ; je la plaçai sous mon oreiller et la fis coucher avec moi. Je m'endormis d'un profond sommeil. A minuit ou une heure du matin, je m'éveillai à moitié suffoquée ; je me sentis presser dans les bras d'un homme qui m'embrassait ; j'ouvris les yeux ; la pâle et mystérieuse lueur d'une lampe d'albâtre à plusieurs becs éclairait parfaitement la chambre ; je reconnus Monseigneur dans l'homme qui était couché près de moi. Instinctivement, j'eus peur, je voulus crier, fuir ; il me retint par de doux propos, me promit de ne pas me faire de mal, d'être bien gentil, que je n'avais rien à craindre, rien à redouter de lui ; il me dit qu'il sortait de l'Opéra, qu'il était venu me trouver pour souper avec moi et en effet, le plancher, par un mystérieux mécanisme, s'ouvrit ; une table, garnie de mets exquis, de vins généreux, apparut, s'éleva à la hauteur de notre lit, et nous soupâmes ; il était enveloppé dans une robe de chambre et moi dans un peignoir blanc, l'atmosphère de la chambre était tiède. Monseigneur me prit sur ses genoux, m'embrassa ; je voulus crier, il étouffa mes cris sous ses baisers ; il me dit de me taire et me promit de ne rien me faire autre. J'avais bien peur ; il me fit manger de bons gâteaux, des pâtisseries fines, des crèmes, des confitures ; il me versa du vin excellent, me fit prendre du café avec du très bon cognac ; il me fit aussi goûter du gin ; il m'embrassa tout le temps, déroula mes épais et longs cheveux noirs qui me tombaient jusque sur les talons et qu'il admirait beaucoup ; il passait souvent sa main dans mes cheveux qu'il baisait, ainsi que mes grands yeux noirs qu'il aimait beaucoup, disait-il. Puis ce fut tout.

« Il me donna deux pièces d'or, et me souhaita le bonsoir ; il se recoucha près de moi, et ronfla jusqu'au lendemain matin ; il dormait encore, quand une domestique vint me chercher pour déjeuner. Je ne vis plus Monseigneur de toute la journée.

« Les femmes de chambre attachées à ma personne, eurent un soin extrême de moi, et surtout de mes cheveux qu'elles peignèrent, pommadèrent avec art ; chaque jour, elles me faisaient une nouvelle coiffure. Elles me vêtirent à la dernière mode, avec des toilettes magnifiques. Ce seigneur anglais me fit aussi donner une brillante éducation ; il me fit apprendre l'anglais, le français, l'allemand et l'italien, la littérature, l'histoire, la géographie, la musique, le chant, le dessin, la peinture, la danse, les armes, l'équitation, etc. Quand j'avais fini mes cours et dîné, on me promenait tous les jours aux Champs-Élysées, au bois, etc., dans un splendide équipage, attelé de fringants purs-sang, avec un groom en livrée, qui veillait sur moi.

« La nuit suivante, Monseigneur, revint près de moi, les mêmes scènes ou d'autres à peu près semblables recommencèrent ; puis toutes les nuits ce fut la même chose. Mais chaque soir Monseigneur prenait de nouvelles et plus libres privautés avec moi ; il passa de son admiration pour mes cheveux et pour mes yeux à de semblables cultes pour d'autres de mes perfections ; chaque fois, je voulais refuser, crier ; mais il me priait, me suppliait de le laisser faire, en me promettant chaque fois qu'il n'irait pas plus loin ; mais le lendemain c'était une nouvelle exigence que je ne pouvais pas lui refuser, ayant accordé les autres ; enfin, ajouta Célina en pâlissant, une nuit il osa et obtint tout.

— Le misérable, dit la grand'mère.

— Et depuis je ne pus rien lui refuser ; dire les raffinements dont il se rendit coupable et tout ce qu'il imagina, est chose impossible ; chaque nuit c'était une nouvelle invention. Enfin, une nuit, après des excès au-dessus de ses forces, il perdit connaissance dans mes bras ; j'eus grand'peur, je sonnai, les valets accoururent, puis le médecin qui déclara que Monseigneur était mort.

— Ce misérable a eu une mort trop douce, dit la grand'mère.

— Dès que le décès fut constaté, le majordome me chassa ; mais j'avais plusieurs milliers de francs d'économies, vingt-cinq environ, des bijoux, de belles toilettes et quinze ans, j'étais grande, forte et très développée pour mon âge. J'étais une femme.

« Pendant les trois ans que j'étais restée avec Monseigneur, comme il m'avait fait donner les meilleurs maîtres et de nombreuses leçons en tous genres, j'étais instruite, bonne musicienne et encore meilleure danseuse.

« Je louai une belle chambre garnie dans laquelle je m'installai ; j'allai ensuite trouver les directeurs des principaux théâtres de Paris et je leur demandai un emploi dans les chœurs ou dans les ballets ; comme je chantais bien, que je dansais mieux et qu'ils me trouvaient belle, ils voulurent bien m'engager, mais à une condition honteuse ; je ris au nez de ces misérables ; j'avais mes vingt-cinq mille francs et je me promis de les faire durer longtemps ; ne pouvant être admise honorablement dans un théâtre, je m'adressai aux cafés-concerts, à l'Eldorado, à l'Élysée, aux Folies-Dramatiques, etc., partout on me fit les mêmes propositions infâmes ; je refusai, je demandai jusque dans les théâtres des faubourgs et de la banlieue ; là ce fut pire encore. Enfin, dégoûtée, j'ai cessé mes démarches, résolue d'attendre un peu et je suis entrée au conservatoire de musique pour me perfectionner, j'ai travaillé avec ardeur, j'ai fait des progrès rapides et j'ai eu un premier prix, ce qui m'a mise en relief, m'a donné du renom ; j'ai alors été engagée à l'Opéra-Comique, j'ai eu des succès et maintenant je suis une pensionnaire du Grand-Opéra.

« J'ai voyagé dans toute l'Europe, où j'ai eu du succès ; en Italie et en Espagne surtout ; j'ai habité très longtemps Madrid, où je me suis beaucoup perfectionnée dans la danse. Depuis je suis revenue à Paris ; j'ai été comme tant d'autres appelée aux Tuileries et j'ai eu le malheur d'y aller ; ce sera le regret de toute ma vie ; j'ai vu le monstre auquel je dois le jour. Mais je vous raconterai cela une autre fois ; permettez-moi pour aujourd'hui d'en rester là de l'histoire de ma vie. Ma bonne mère, voici un manuscrit dans lequel vous trouverez le récit de mon séjour en Espagne, je vous prie de le lire ; il vous intéressera beaucoup, car il contient la suite des aventures galantes de madame Montijo, qui a si puissamment contribué à la perte de ma pauvre mère. Vous y verrez aussi celles de sa fille Eugénie et les tentatives de violence dont j'ai failli être la victime dans cette infâme cour de Madrid dont la corruption n'a d'égale que celle du bouge infect des Tuileries.

« Une autre fois, ma bonne mère, je vous raconterai encore d'autres particularités de ma vie déjà si accidentée, je vous parlerai d'une amie, la seule que je possède et de son frère, deux natures d'élite qui m'ont initiée aux idées de justice et de droit dont le triomphe doit être le but de tout être humain, homme ou femme digne de ce nom.

Pendant tout le temps qu'avait parlé la jeune cantatrice, sa grand'mère l'avait dévorée du regard ; elle était restée muette d'admiration devant tant de charme, de beauté, de talent et de cœur, en proie à un aussi profond malheur, à d'aussi rudes épreuves et victime de pareilles tentatives de corruption et de dégradation. Elle était orgueilleuse et fière, cette vieille grand'mère, de voir que malgré les souillures inévitables du milieu de dépravation que sa petite-fille avait traversé, cette dernière était à la fin sortie victorieuse, sinon pure, de ce combat du génie contre l'adversité. Elle tendit sa main à sa petite-fille en lui disant :

—Mon enfant chérie, tu es plus grande et tu as plus de mérite de t'être relevée après ta chute que si tu n'avais jamais connu l'adversité ; cette dernière purifie la nature humaine comme le feu les métaux. Ta grand'mère t'aidera de tout c qu'elle a encore d'intelligence, de force et de puissance pour continuer ton combat, pour le bon, le beau et le juste, tu ne seras plus seule maintenant.

La jeune femme, ses beaux yeux mouillés de larmes de joie et d'attendrissement causés par le bonheur qu'elle éprouvait d'avoir à la fin trouvé une mère, embrassa cette dernière en lui disant :

— J'espère que nous ne nous quitterons plus.

Le même soir, la grand'mère prit connaissance du manuscrit de sa fille, que nous transcrivons ici pour nos lecteurs :

« Je viens de terminer la lecture du manuscrit de ma grand'mère, dans lequel elle raconte la jeunesse de madame la comtesse de Montijo et les amours de ses deux demoiselles, Eugénie et la duchesse d'Albe ; comme j'ai eu à me plaindre beaucoup, ainsi que ma mère, de madame la comtesse de Montijo, je relate ici les aventures de ces dames dont j'ai été témoin, et celles dans lesquelles j'ai joué un rôle, car elles serviront à compléter le récit de ma grand'mère et lui fourniront des indications propres à l'aider à achever l'œuvre qu'elle a entreprise pour venger sa fille, ma pauvre mère, et pour préparer le châtiment du monstre auquel je dois le jour.

« Après la scène de jalousie et la tentative de suicide d'Eugénie de Montijo que ma grand'mère a si bien racontée, la belle Espagnole avait pris un goût très prononcé pour les combats de taureaux, pour les spectacles sanglants, les drames émouvants des cirques et des arènes, qui lui offraient de puissantes distractions,

« Un an environ après la mort de la duchesse d'Albe, le célèbre toréador Miguel taurisait devant la Cour de Madrid. A l'époque dont nous parlons, la vieille reine Christine, cette prolifique souveraine, avait été chassée d'Espagne par ses fidèles et dévoués sujets bien-aimés ; elle vivait à l'étranger avec les nombreux bâtards qu'elle avait eus du royal étalon Munos, avec le produit de ses dilapidations et de ses vols, au nombre desquels il fallait compter celui des diamants de la couronne. Cette royale coquine jouissait avec impunité à l'étranger du produit de ses crimes. Il n'y a pas d'extradition pour les voleurs qui ont porté une couronne sur leur tête avant de la mettre dans leur poche et de se sauver avec.

La fille de cette femme criminelle, tout aussi misérable qu'elle, lui avait succédé. C'était une lascive Messaline qui se livrait dès sa jeunesse aux officiers et jusqu'aux simples soldats de son armée. Il suffisait, pour être aimé de cette reine en furie, d'être taillé en hercule, grand, fort et joli garçon. On raconte qu'un sapeur de la garnison, qui remplissait ces conditions, disait souvent, en frisant sa longue moustache avec fatuité :

— «C'est moi qui fais les rois d'Espagne ! »

C'est ainsi que tous les monarques, si fiers de leur origine et qui se vantent de la pureté du prétendu sang royal qui coule dans leurs veines, sont, comme le jeune futur roi d'Espagne, les produits de quelques soudards ivrognes, de quelques valets crapuleux, de quelques palefreniers grossiers et brutaux auxquels leurs mères corrompues, lascives et éhontées se sont livrées cyniquement pour satisfaire à leurs basses passions de débauche et de luxure. Ces produits adultérins du vice et du dévergondage, élevés dans la corruption des cours, au milieu des saturnales et des orgies des dignes auteurs de leurs jours, sont ensuite bénits, oints par les prêtres hypocrites et corrompus; les courtisans, les vils prétoriens, les soldats, les généraux mercenaires, les valets abjects, les exploiteurs infâmes, placent ces misérables rejetons bâtards des souches corrompues de la royauté ou de l'empire sur un siège doré recouvert d'un morceau de velours qu'on nomme un trône, et ordonnent aux peuples de se prosterner devant eux, de leur obéir, de leur être soumis et de les adorer, sous le spécieux prétexte qu'ils sont les élus d'un Dieu plus que problématique, depuis que ces prêtres les ont frottés ou oints avec un peu d'huile rance et puante, dont la dernière gourgandine et le plus malpropre souteneur de fille ne voudraient pas pour huiler leurs crânes crasseux.

Voilà pourtant comment sont fabriqués et consacrés les élus de Dieu, les oints du Seigneur.

Comme nous l'avons dit, le matamore Miguel allait avoir l'honneur de tauriser devant une des plus abjectes et des plus viles de ces majestés royales, qui sont la honte et la perte de l'humanité.

La loge royale du cirque de la Puerta del Sol à Madrid, était occupée par ses illustres hôtes, Sa Majesté la reine Isabelle II, d'impudique, de fanatique et de luxurieuse mémoire, qui passait ses nuits et ses jours entre la sœur Patrocinio, la Lesbienne lascive, et Marfori, le royal étalon, pendant que son époux François d'Assise, le castrat, vaquait aux soins du sérail mâle et femelle de son auguste moitié.

Sa Majesté la reine, revêtue d'un costume resplendissant, brillait au milieu de sa cour. On remarquait dans son entourage, assis tout à côté d'elle, à sa droite, son prostitué Marfori; à sa gauche, ses amants, les généraux O'Donnel, Serrano, Narvaez, etc., etc..., et un grand nombre de courtisans. Parmi les dames de la même catégorie, on remarquait madame la comtesse de Montijo, souriant amoureusement et donnant rendez-vous à Serrano, et sa demoiselle; elles remplissaient, auprès de la pudique reine d'Espagne, les mêmes fonctions qu'elles avaient déjà remplies auprès de sa respectable mère. Un grand nombre d'autres belles dames, toutes aussi honorables que madame Montijo, avaient accompagné la pudique souveraine espagnole.

L'ex-épicière de Malaga était encore belle, malgré ses 25 ans de mariage; elle avait su conserver cette fraîcheur qui résiste longtemps chez les fortes natures comme elle, et que l'art et la coquetterie embellissaient encore, grâce au merveilleux talent de maquillage possédé par la comtesse.

Sa fille Eugénie brillait dans la loge royale de tout l'éclat de sa merveilleuse beauté.

Elle était costumée en gracieuse et sémillante Andalouse. Sa taille fine, élégante, élancée, était serrée dans un brillant corsage, richement brodé, qui en faisait ressortir toute la souplesse, toute la beauté et toute l'élégance. Sur sa riche gorge, ses seins mouvants étaient gonflés d'émotion, et palpitaient sous le charme de l'amour ardent qui brûlait son cœur; ses épaules divines, à la séduisante fossette, attiraient les regards des jolis cavaliers, qui l'admiraient; sa peau plus fine, plus transparente que les pétales des roses, auxquelles elle avait emprunté sa teinte légèrement carminée, laissait apercevoir les tons chauds de sa carnation méridionale et le sang bleu des filles de la verte Erin, qui circule, dit-on, dans ses veines, mélangé à celui plus ardent et plus chaud des filles de la brûlante Espagne; le galbe de son cou de cygne était d'une délicatesse, d'une souplesse et d'une grâce inimitable; l'ovale parfait de son visage était d'un dessin merveilleux; sa bouche, plus fraîche qu'un bouton de rose, s'entr'ouvrait juste assez pour montrer ses petites dents blanches émaillées, régulières et brillantes, et pour faire admirer un séduisant sourire errant amoureusement sur ses lèvres humides et voluptueuses; son joli nez, d'une grande pureté de ligne, s'enflait amoureusement d'émotion; ses narines mobiles dénotaient la passion; son teint frais brillait de jeunesse et de beauté; ses deux yeux bleus étaient noyés dans le plaisir et l'extase, sous ses longs cils soyeux qui les voilaient pudiquement; son front gracieux et pur rayonnait sous le resplendissant diadème, formé par les épaisses torsades d'or de sa luxuriante chevelure, entremêlée de perles et de fleurs; son admirable visage, plus doux que celui d'une colombe, était entouré d'une auréole de grâce, de jeunesse et de beauté; sa main fine et potelée tenait une cravache au lieu d'un éventail, car la capricieuse Eugénie, très bonne écuyère, venait ordinairement au cirque montée sur un fringant coursier arabe, et ayant un poignard effilé suspendu à la ceinture de sa jupe courte, laquelle laissait admirer la finesse de sa jambe et la beauté de son mollet andalous; elle emprisonnait ses pieds mignons dans de charmantes petites bottines de satin rose; toute sa personne, pleine d'attraits, respirait la séduction, le charme, la grâce, et inspirait l'admiration et le plus vif attrait.

Cette séduisante beauté attendait, impatiente et anxieuse, que le combat de taureaux commençât.

L'immense amphithéâtre contenait trente ou quarante mille personnes assises sur ses innombrables gradins.

Un brûlant soleil d'Espagne inondait l'arène de ses rayons et dardait des feux capables de donner le vertige. Le cirque flamboyait et ressemblait à une ardente fournaise aux jets de flamme, aux millions d'étincelles, au milieu de laquelle s'agitait, comme un grouillement de démons et de damnés, la multitude immense des spectateurs des deux sexes, de tous les rangs et de tout âge; les uns en haillons, les autres brillamment endimanchés, vêtus d'étoffes de soie, couverts de broderies, de dentelles, de paillettes, enveloppés de cachemires ou parés d'écharpes brillantes. Tous résistaient courageusement à la chaleur tropicale qui les brûlait et les éblouissait. Les femmes, aussi braves que les hommes, sem-

Il fit le portrait de la belle Castillane en Vénus sortant de l'onde.

blaient ne pas se préoccuper de l'atmosphère étouffante dans laquelle elles étaient plongées ; elles causaient avec vivacité et mêlaient leurs gracieux sourires et les feux de leurs prunelles au rayonnement universel, tout en agitant leurs éventails ou leurs mouchoirs et en se garantissant du soleil avec leurs ombrelles ou leurs parasols, afin de préserver leur peau fine et leur teint délicat.

Quant aux hommes, ils semblaient ne pas s'apercevoir des ardeurs de la journée; ils causaient avec les dames, ils échangeaient des œillades et des sourires, et tout le monde attendait avec impatience l'ouverture du tauril.

Devant la porte derrière laquelle mugissait le taureau se tenait tout empapanaché de rubans, le garçon du cirque qui devait ouvrir la loge de l'animal furieux ; à droite et à gauche de la porte étaient rangés les picadores, la lance en arrêt, montés sur de beaux chevaux espagnols qui piaffaient d'impatience et frappaient l'aire de leurs sabots ; on aurait pris ces cavaliers silencieux pour des anciens chevaliers des tournois du moyen âge. Les chulos et les banderilleros, étaient dispersés dans le cirque comme les pions d'un damier ou les pièces d'un échiquier. Le torero se tenait immobile et seul en face du tauril.

Le taureau qui devait combattre était un animal sauvage et féroce amené tout exprès de l'Amérique du Sud par des gauchos, qui l'avaient pris au lasso dans les pâturages solitaires des pampas, s'étendant depuis Rio de la Plata jusqu'aux pieds des Andes. Ce terrible ruminant qui n'avait pas vu dix fois des hommes dans toute sa vie, avait eu les yeux bandés pendant sa longue traversée. Il était enfermé seul dans le tauril, où on l'avait laissé dans l'obscurité pendant douze heures sans manger, afin d'augmenter encore son humeur farouche et d'exciter sa fureur. Au moment où la porte de sa loge devait s'ouvrir et où il allait se précipiter dans l'arène, un picadore, pour mettre le comble à sa rage lui avait enfoncé dans l'épaule un dard acéré en forme d'hameçon, auquel était attaché une touffe de rubans aux couleurs brillantes. Depuis que l'animal indompté avait senti la pointe de l'acier s'enfoncer dans ses chairs et lui causer une vive douleur, il poussait des rugissements affreux et frappait avec fracas de la tête et des cornes contre la porte de sa prison ; on s'attendait à chaque instant à voir voler celle-là en éclats sous ses coups redoublés. L'alguazil remit enfin la clef du tauril au garçon du cirque qui ouvrit rapidement la porte en se cachant derrière. Le taureau fou, de rage et de douleur, se précipita d'un bond formidable dans l'arène, ses cornes terribles relevées d'une façon menaçante, le museau couvert d'écume, les narines irritées, lançant des jets de sa brûlante haleine, battant ses larges flancs de sa queue musculeuse, le poitrail gonflé, heurtant avec force le sol de ses durs sabots, faisant jaillir tout autour de lui un tourbillon de poussière ; sa robe noire et luisante était perlée de gouttes de sang qui s'échappaient de sa blessure ; ses yeux injectés lançaient des flammes et ressemblaient à deux charbons ardents. Un immense applaudissement accueillit l'apparition du formidable animal, des milliers de têtes et de mains s'agitèrent.

La séduisante espagnole à la chevelure d'or qui étalait ses grâces dans la loge royale, était tout yeux ; elle ne perdait pas un mouvement de l'animal qui venait d'entrer en scène. Ce dernier était ébloui par les rayons du soleil éclatant qui inondait le cirque et par le miroitement des étoffes brillantes, des toilettes élégantes, des fleurs, des écharpes, des rubans et des broderies dont la multitude des spectateurs était parée et qui lui donnaient le vertige. Tous les regards étaient fixés sur lui ; il respirait haletant toutes les âcres senteurs que répandait cette foule compacte ; il ne pouvait s'expliquer la présence de cette multitude anxieuse et agitée. Il parcourut comme pour mieux voir toute la circonférence de l'arène et vint s'arrêter au centre. Après être restés longtemps voilés dans l'obscurité, ses yeux s'habituèrent peu à peu aux rayons éblouissants du jour.

Il aperçut alors les picadores sur leurs chevaux immobiles, comme des statues équestres, la lance en arrêt. Impétueux et mugissant, le taureau s'élança sur le cavalier le plus rapproché de lui; son impassible et intrépide adversaire l'attendit sans sourciller, et, se penchant légèrement sur ses étriers, il lui enfonça son arme entre les deux cornes; le fer angulaire rencontra l'os frontal, et la lance se brisa comme une allumette sous le choc du terrible animal; ce dernier, malgré sa douleur et sa blessure, franchit d'un bond l'espace qui le séparait du picadore, et planta ses deux cornes formidables dans le poitrail de son malheureux cheval, qu'il souleva comme une plume; le cavalier voyant sa monture perdre pied et battre l'air de ses quatre jambes, chercha à sauter à terre, mais avant qu'il eût le temps de le faire, le taureau, d'un brusque mouvement de sa terrible tête et de son cou musculeux, renversa le cheval sur le cavalier. A ce spectacle émouvant, un cri immense retentit dans tout l'amphithéâtre; on crut le picadore perdu. Mademoiselle de Montijo, palpitante d'émotion, penchée hors de sa loge, le cou tendu, suivait curieusement cette première lutte.

Le pauvre cheval agonisant fit deux ou trois efforts inutiles pour se relever; le sang sortait à gros bouillons des deux trous faits à son poitrail. Le taureau, que la vue et l'odeur du sang excitaient encore davantage, se précipita de nouveau sur lui avec un redoublement de fureur; il l'éventra et le piétina avec frénésie, cherchant avec ses cornes sous le cheval l'homme enfoui, qui ne donnait pas plus signe de vie que ce dernier. Bientôt coursier et cavalier disparurent dans un tourbillon de poussière et de sang; on ne distinguait plus qu'une masse informe autour de laquelle tournoyait le taureau.

Le second picadore, voulant sauver son malheureux collègue, s'il en était temps encore, piqua son cheval, dont les yeux étaient bandés pour lui dérober la vue du danger qu'il allait affronter et le dirigea sur l'animal furieux. Mais le coursier, flairant l'odeur du sang et prévenu par son instinct de la mort presque certaine qu'il allait affronter, se cabra plusieurs fois en refusant d'avancer. Il obéit cependant à la fin, excité par le sang et l'éperon de son cavalier. Quand le taureau vit ce nouvel ennemi se diriger sur lui, il releva fièrement sa tête menaçante, s'arc-bouta sur ses jarrets puissants, poussa un formidable rugissement et se précipita comme une avalanche sur son téméraire adversaire. Celui-ci avait arrêté sa monture, s'était mis en garde et attendait intrépidement son terrible ennemi; comme cela avait déjà eu lieu, le taureau s'enferra sur la lance; mais cette fois la hampe de cette dernière résista en se ployant légèrement, mais le choc fut si violent que le picadore, appuyé de toutes ses forces sur ses étriers et sur son arme, fut enlevé de dessus sa selle et jeté dans la poussière où il tomba étendu tout de son long; le malheureux cheval, les yeux bandés et sans guide, fut immédiatement renversé avec grand fracas et instantanément éventré sur son cavalier par le taureau.

On entendit un affreux craquement d'os et un broiement de chair ; une mare de sang chaud et fumant tacha le sol, un frisson électrique parcourut la foule, et l'enthousiasme pour cette seconde prouesse de l'indigène des Pampas l'emportant sur la pitié et la cruauté qu'avaient tout d'abord inspirées les deux hommes terrassés, maintenant à la merci du monstre, un immense applaudissment à l'adresse de ce dernier se fit entendre, et plus de trente mille voix crièrent : *Bravo, toro ! Bravo ! toro !* Eugénie, transportée d'enthousiasme, criait plus fort que les autres en battant des mains avec frénésie.

L'animal féroce, comme s'il eût compris ces applaudissements et eût été sensible à cette ovation, releva fièrement et orgueilleusement la tête, dardant les rayons ardents de ses yeux incandescents sur cette foule passionnée, en balançant majestueusement sa tête noire comme les ténèbres, armée de ses terribles cornes et couronnée d'une auréole de pourpre faite du sang de ses victimes et du sien, qui ruisselait jusque dans ses mâchoires et sur son mufle vermillonné, tombant en rouge écume sur son poitrail puissant.

Ce formidable animal était ainsi d'une beauté terrible et sublime, et sa vue faisait battre le cœur et allumait les sens de plus d'une ardente dame espagnole dont les beaux yeux dévoraient les flancs puissants du minotaure du cirque, dont la vue leur rappelait la fable de Jupiter se révélant à la belle Europe sous la forme d'un taureau et lui prodiguant ses monstrueuses caresses. Eugénie de Montijo était une des plus passionnées admiratrices du terrible et beau vainqueur, dont elle admirait les mâles formes ; elle l'applaudissait avec passion en mêlant ses cris d'enthousiasme à ceux de la foule, qui hurlait : *Bravo ! bravo, toro !*

L'animal vindicatif, lorsqu'il eut assez savouré son succès, retourna à sa vengeance et s'élança de nouveau sur ses adversaires pantelants, labourant de ses cornes les entrailles des chevaux morts sous lesquels gisaient leurs cavaliers.

Comme ce spectacle ne pouvait pas continuer plus longtemps sans que les cavaliers évanouis sous leurs montures ne fussent à leur tour mutilés et mis en pièces, le torero fit un signe, et toute la troupe des chulos, des banderilleros enveloppa le taureau en agitant ses capes, ses écharpes de manière à distraire le furieux animal de son affreuse besogne et à attirer sa fureur sur elle.

Un jeune toréador qui ne devait pas tauriser dans ce moment, entraîné par son ardeur et peut être par la présence de la belle señora aux cheveux d'or, devant laquelle il était désireux de faire preuve d'adresse et de courage, se mêla à la foule des assaillants, quoique pour lui ce fût déroger. Mais, soit qu'il fût le plus près de l'animal, soit parce que ce dernier le jugeât plus digne de sa colère que de simples chulos ou banderilleros, il se précipita sur lui avec la rapidité de la foudre ; mais le jeune torero ne fut point effrayé, il se contenta de pirouetter légèrement sur ses talons avec toute la grâce et toute la souplesse d'un danseur d'opéra, et il évita ainsi son terrible antagoniste qui, furieux de l'avoir manqué, poursuivit les chulos, qui fuyaient en agitant leurs capes devant lui. Ces derniers arrivèrent heureusement à la barrière, au-dessus de laquelle ils disparurent comme une volée d'oiseaux ; le dernier d'entre eux avait déjà le mufle de la bête écumante sur son épaule, il sentait déjà son haleine brûlante sur son cou et sa bave dans ses cheveux quand il franchit enfin l'obstacle protecteur ; il était alors plus pâle qu'un mort. Le taureau, lancé à fond de train, se heurta avec fracas contre la cloison ; il enfonça ses deux cornes dans les planches et produisit un énorme craquement ; on crut un instant qu'elles allaient se briser. Il resta une minute ou deux cloué contre la barrière, étourdi par le choc ; les gardiens en profitèrent pour lui jeter sur la tête une grande écharpe rouge qui lui couvrit les yeux. Ayant dégagé ses cornes, le taureau porta alors toute sa fureur contre ce voile de pourpre qui s'était entortillé au tour de son front. Pris de vertige, dans sa rage impuissante, il se mit à tourbillonner sur lui-même avec une grande rapidité, comme s'il eût voulu attraper et mordre sa queue. Il parvint ainsi à se débarrasser de l'écharpe, qu'il foula aux pieds et qu'il déchira en mille morceaux.

Pendant ce temps-là, plusieurs hommes dégagèrent les deux picadores de dessous leurs chevaux morts. Le premier de ces deux malheureux cavaliers avait heureusement été emporté sans connaissance hors du cirque. Les valets du cirque étaient aussi parvenus à mettre le second debout ; l'infortuné, tout pâle et crachant du sang, pouvait à peine se tenir droit avec leur aide ; il n'avait encore fait que quelques pas, soutenu sous les bras par ses conducteurs, quand le taureau, qui scrutait l'arène d'un sombre et cruel regard, aperçut son adversaire prêt à lui échapper ; son instinct de haine farouche s'empara de nouveau de lui, on aurait dit qu'il avait résolu d'exterminer tous ses adversaires. Il contempla à peine quelques secondes ce groupe qui fuyait lentement ; il gratta le sol avec fureur avec ses deux pieds de devant et fit jaillir au loin le gravier ; il abaissa son museau au niveau de la terre, il poussa un hurlement sinistre, et s'élança, rapide, sur le malheureux picadore qui fuyait. Le troisième, qui jusque-là était resté immobile sur son cheval, comme s'il eût été pétrifié de terreur à la vue du sort funeste de ses deux compagnons, mit sa lance en arrêt, piqua sa monture, et vint à son tour affronter la rage de son terrible adversaire. Il se plaça avec intrépidité sur son passage. Le taureau fondit aussitôt sur lui, fit ployer sa lance comme un roseau et donna en passant un formidable coup de corne à son cheval qui pirouetta sur lui-même et tomba. L'agile picadore sauta adroitement par terre sans se faire de mal et s'en fut enfourcher une autre monture. Le taureau, après avoir ainsi écarté ce nouvel obstacle, recommença sa poursuite contre le picadore blessé. Quand les deux gardiens qui conduisaient le malade virent l'animal terrible fondre de nouveau sur eux, ils abandonnèrent le blessé et se sauvèrent ; ce dernier apercevant le danger imminent qui le menaçait, chercha à surmonter sa douleur et à réunir toutes ses forces pour continuer sa fuite ; il fit encore deux ou trois pas, il étendit et agita inutilement les deux bras dans le vide ; personne n'était là pour l'assister et le secourir, il tomba alors tout de son long avant d'avoir atteint la barrière.

Tout le monde le crut perdu, la foule poussa un grand cri d'angoisse, quand tout à coup le jeune toréador que nous avons déjà vu à l'œuvre se plaça entre l'homme évanoui et son ennemi, lui faisant ainsi un rempart de son corps. Le taureau, reconnaissant Diego, poussa un sourd grognement et s'élança sur lui pour le broyer, mais le courageux, adroit et agile torero s'effaça d'un pas seulement, jeta son manteau sur les cornes de l'animal qui, de nouveau aveuglé, s'arrêta court en secouant sa tête avec colère. Pendant ce temps-là on était parvenu à emporter le malheureux picadore blessé; mais le taureau se débarrassa bientôt du léger obstacle qui avait interrompu un moment sa poursuite, et le réduisit aussi en pièces sous ses pieds avec ses cornes. Alors les chulos et les banderilleros redescendirent dans l'arène et agitèrent leurs écharpes et leurs capes autour de l'animal dans le but de l'exciter et d'attirer son attention sur eux. Mais ce dernier, sans prendre garde à leur jeu, cherchait du regard le jeune toréador qui l'avait déjà bravé deux fois. Quand il l'aperçut, il le regarda d'une façon menaçante, son regard s'injecta de sang, son poil se hérissa, une blanche écume couvrit ses lèvres; il était effrayant et sinistre à voir ainsi. Un frisson glacé parcourut l'auditoire, des milliers de voix s'écrièrent :

— Arrière, Diego! arrière, Diego!...

Mademoiselle Eugénie de Montijo était plus pâle qu'une morte.

Les chulos, les banderilleros et jusqu'au matadore, criaient aussi :

— Sauve-toi, Diego! sauve-toi!! Ou tu es perdu.

Ils savaient par expérience que quand un taureau regarde quelqu'un comme celui qui était dans l'arène regardait le jeune toréador, il y avait gros à parier qu'il était un homme mort.

L'intrépide jeune homme sourit dédaigneusement à ces conseils de prudence et attendit de pied ferme son ennemi mortel. Ce dernier se rua sur lui avec frénésie; on aurait dit qu'il jouissait d'avance du plaisir de verser le sang de sa victime, que son terrible choc devait broyer.

Diego, sans armes, était calme et dédaigneux; il attendit sans sourciller, et, au moment où le front de l'animal baissé ras de terre allait se relever pour le frapper, rapide comme l'éclair, il posa son petit pied entre les deux cornes sanglantes du monstre rugissant et sauta comme un daim par-dessus sa tête.

A cette voltige habile et heureuse un immense hourra accueillit Diego, des applaudissements frénétiques le félicitèrent de son courage, de son sang-froid, de son adresse et de son agilité; une pluie de fleurs et de bouquets fut sa récompense.

Les cris de bravo, bravissimo Diego! ne cessaient pas.

Le visage de la charmante Eugénie de Montijo avait repris ses belles couleurs dès qu'elle avait vu l'agile lutteur sauvé. Rouge de bonheur, debout dans la loge royale, elle applaudissait à outrance, et, au moment où le jeune toréador regardait de son côté, elle lui jeta son bouquet et un paquet assez volumineux enveloppé dans du joli papier rose et attaché avec des faveurs bleues.

Diego la remercia d'un gracieux sourire et courut ramasser les présents de la belle Eugénie.

Il prit le bouquet, la porta amoureusement à ses lèvres en baisant les jolies fleurs parfumées et en regardant tendrement Eugénie.

Puis, détachant rapidement le paquet aux rubans bleus, il trouva dedans un superbe manteau impérial de pourpre brodée d'or de la main délicate de la belle Eugénie. Il remercia de nouveau en s'inclinant devant la loge royale et en envoyant furtivement à la dérobée un brûlant baiser à la tendre et généreuse donatrice. Il jeta ensuite prestement sur ses épaules le magnifique manteau qui remplaçait si à propos celui que le taureau avait foulé à ses pieds et déchiré. Mais, à peine le toréador avait-il mis sur son dos le splendide vêtement que des cris d'effroi retentirent de tous les côtés à la fois :

— Diego, le taureau ! le taureau arrive ! criaient tous les spectateurs.

En effet, ce dernier accourait au galop. Ni les cris, ni les applaudissements n'avaient pu distraire la bête furieuse et vindicative de son désir de vengeance.

Après la manœuvre habile et audacieuse de Diego, surprise de voir encore sa proie lui échapper, elle s'était arrêtée court un instant ; mais, au moment où l'imprudent et aimable jeune homme, distrait de la lutte par la galanterie de mademoiselle de Montijo, portait le bouquet à ses lèvres et se drapait dans l'élégant manteau en saluant gracieusement la belle et amoureuse enthousiaste, le taureau courut de nouveau sur son jeune adversaire et, cette fois, arrivant par derrière avant que Diego eût eu le temps de profiter des avertissements des spectateurs, il le saisit entre ses deux cornes, et le lança à vingt ou trente pieds en l'air.

À cette vue, un immense cri de terreur sortit de quarante mille poitrines à la fois et retentit dans toute l'arène.

Au milieu de cette immense clameur on avait pu distinguer une exclamation encore plus déchirante que les autres, c'était celle que mademoiselle Eugénie de Montijo venait de pousser au moment où le jeune toréro avait volé dans les airs. On aurait dit que le cœur de la belle s'était déchiré et que son âme s'était échappée ; ses traits étaient contractés, son visage d'une grande pâleur, ses lèvres livides, ses yeux voilés et ses mains crispées ; penchée en avant, elle suivait avec une angoisse mortelle les péripéties terribles de cet incident dramatique et dangereux. Le trouble et la terreur étaient peints dans toute sa personne.

Elle voyait le jeune Diego pirouetter plusieurs fois en l'air, avec le beau manteau rouge qu'elle venait de lui donner, sa petite veste rose brodée d'argent et pailletée d'or, son gilet bleu, son écharpe de pourpre, ses larges pantalons blancs, ses cheveux noirs bouclés flottant au vent ; le jeune homme tenait toujours son précieux bouquet à la main ; puis elle l'aperçut bientôt retombant dans le cirque à quelques pas en avant de son ennemi qui l'attendait, les cornes en l'air pour le recevoir et le percer.

Les spectateurs ne criaient plus, toutes les respirations étaient suspendues; on croyait le charmant toréador mort, ou, s'il était encore vivant, on tremblait pour lui à la vue de l'animal féroce prêt à fondre dessus et à le broyer. On attendait dans un frémissement d'épouvante le dénouement de ce drame affreux.

Mais au même instant, le picadore qui était monté sur un cheval frais, attaqua le taureau et lui enfonça sa lance dans l'épaule droite. L'animal blessé rugit et se précipita sur ce nouvel ennemi ; celui-ci l'évita rapidement en fuyant au galop. Le taureau le poursuivit un instant, puis alla s'acculer dans un coin de l'arène pour se remettre de sa blessure.

Pendant ce temps, Diego, que tout le monde avait cru mort, se releva prestement, tenant toujours dans sa main son précieux bouquet et ayant toujours sur ses épaules le splendide manteau qui avait failli lui coûter la vie. Les cornes de son redoutable ennemi étaient heureusement passées de chaque côté de sa fine taille sans la toucher, en trouant son manteau; et, chose extraordinaire, il ne s'était fait aucun mal en tombant.

A la vue du jeune héros debout et souriant en saluant le public qui l'acclamait et dont la frayeur et les transes mortelles s'étaient évanouies, mademoiselle Eugénie, qui avait eu une si terrible peur, reprit sa sérénité. Quand elle vit sain et sauf le jeune homme, objet de son admiration et d'un autre sentiment beaucoup plus tendre encore, elle se passionna de plus en plus pour lui, son amour fut poussé au paroxysme et son enthousiasme n'eut plus ni bornes, ni retenue. Debout sur son banc, elle agita son mouchoir brodé et parfumé en battant des mains, ses yeux bleus ordinairement langoureux s'animèrent d'un vif éclat et brillèrent d'une façon étrange ; son cœur gonflé battit avec force, ses seins se durcirent, sa poitrine se dilata, sa bouche se contracta, ses lèvres frémissantes rougirent et pâlirent tour à tour. Toute sa personne respirait la joie, le bonheur, l'espérance et l'ivresse de l'amour.

Pendant que la belle et rousse espagnole était ainsi en extase devant son tendre et héroïque ami de cœur, les combattants du cirque se rangèrent sur deux rangs et s'avancèrent vers la loge royale en marchant en mesure, ayant à leur tête les deux matamores Miguel et Diego, sans plus s'inquiéter du taureau, qui les regardait d'un air aussi stupide que s'il était déjà mort; arrivés sous la loge de la reine, ils mirent tous un genou en terre devant la royale courtisane, adultère, débauchée et corrompue, ayant assis de chaque côté d'elle ses deux amants en titre Marfori et Serrano, et derrière elle son escadron volant d'hétaires et de Lesbiennes dont Eugénie de Montijo était un des plus beaux ornements. Diego, toujours drapé dans son riche manteau et orné de son précieux bouquet, lorsqu'il fut agenouillé juste au-dessous de la belle prêtresse d'amour qui les lui avait donnés, porta amoureusement les fleurs à ses lèvres. Eugénie, qui le regardait, le remercia par le plus doux des sourires et la plus langoureuse des œillades. L'heureux jeune toréador, ivre de joie et d'espérance, pressa amoureusement son bouquet sur son cœur, pendant que le matamore Miguel, agenouillé à côté

Il réveilla la charmante dormeuse avec un doux baiser.

de lui roulait des yeux en boules de loto à sa divine souveraine qui dévorait du regard les formes athlétiques et les nerfs du beau Miguel, se délectant à l'avance de tout le bonheur qu'elle goûterait quand le combat de taureaux serait terminé et qu'elle en aurait un plus doux avec l'homme dont elle convoitait la possession si ce dernier n'était pas tué.

Quand cette cérémonie théâtrale fut terminée, les deux toréadors et toute la quadrille se relevèrent et allèrent continuer leurs exercices dans le cirque.

Afin d'exciter de nouveau le taureau, les chulos se mirent à pirouetter autour de lui en agitant leurs capes par-dessus leurs têtes; bientôt l'animal irrité s'élança à leur poursuite, mais ses agiles persécuteurs disparurent aussitôt en bondissant par-dessus la barrière, comme s'ils eussent eu des ailes.

Les banderilleros vinrent ensuite, tenant des banderilles à chaque main (1), pour les enfoncer dans les épaules du taureau et mettre sa fureur à son comble. L'un des adroits jouteurs lui planta deux dards enrubannés dans les épaules ; un autre de ses compagnons, jaloux sans doute de son succès, voulant braver la fureur du taureau et doubler la difficulté de ce jeu cruel, se fit apporter un siège au milieu du cirque et vint s'asseoir en face de la monstrueuse bête qui beuglait de douleur et trépignait de rage sous les pointes acérées qui lui étaient entrées dans les chairs. Le taureau mesura du regard le dernier ennemi qui venait le braver et fondit sur lui ; le banderillero l'attendit à trois pas, puis il se leva rapidement, lui lança ses dards garnis de rubans et disparut en pirouettant lestement. Le taureau, blessé de nouveau, poussa un rugissement formidable ; les pointes d'acier s'étaient logées dans son corps à côté des deux autres et une volée de petits oiseaux dissimulés au milieu des rubans des banderilles s'en échappèrent dans toutes les directions, plusieurs furent pris par les spectateurs qui les poursuivirent dans le cirque. Les autres banderilleros imitèrent l'exemple de leurs collègues et enfoncèrent leurs dards dans le cou de l'animal, dont le poitrail s'empourprait de plus en plus de sang. Le taureau poursuivait tour à tour ses ennemis, à mesure qu'ils l'excitaient, se laissant alternativement distraire de l'un par l'autre. Il dépensait ainsi ses forces et son énergie en poursuites inutiles. Cependant au moment où un chulos lui présentait sa cape, il se précipita sur lui avec tant de rapidité et de précision qu'au moment où son antagoniste s'effaçait il le toucha de sa corne au haut du bras ; la manche blanche de ce malheureux se teignit de sang, et, à peine avait-il eu le temps de franchir la barrière que son redoutable adversaire fondit une seconde fois sur lui. Le chulos, dès qu'il fut arrivé de l'autre côté, perdit connaissance. Le taureau furieux parcourut ensuite l'enceinte du cirque dans une course effrénée, cherchant de nouveaux ennemis à combattre.

Trois chevaux morts jonchaient l'arène, deux autres étaient blessés ; un picadore, un chulos étaient hors de combat, et le jeune toréador Diego, n'avait échappé à la mort que par le plus grand des hasards ou des prodiges de courage, d'adresse et d'agilité. C'était assez d'accidents et de pertes causés par un seul animal ; la trompette sonna la mort.

Alors le matamore Miguel, un des plus renommés d'Espagne, fut chargé de mettre à exécution cette sentence capitale. Il s'avança seul dans l'arène, tenant à la main une épée, cachée par sa muleta (2).

Mais, avant de commencer le dernier acte de ce drame sanglant, Miguel se

---

(1) Les banderilles sont des nœuds de rubans attachés à un trait garni d'une pointe d'acier ayant une arête comme un hameçon.
(2) Petit drapeau rouge qui sert à exciter le taureau.

rendit, ainsi que c'est l'usage en pareille circonstance, auprès de la loge royale ; il se découvrit, mit une seconde fois un genou en terre, et demanda à la souveraine spectatrice, l'autorisation de tuer le taureau. La reine la lui accorda par un gracieux signe de tête, un tendre regard et un charmant sourire, qui voulaient dire : Tue le taureau, beau toréador, et viens à ton tour mourir dans mes bras, quand le spectacle sera terminé.

Le matador se leva alors radieux, salua la souveraine, en lui lançant une ardente œillade, qui fit rougir de plaisir jusqu'aux oreilles, la royale Messaline, il jeta loin de lui son coquet petit chapeau enrubanné, avec le geste majestueux de l'homme qui va braver la mort, en attendant la plus douce des récompenses.

Sur un signe du souverain du cirque, toute la quadrille rentra dans l'arène et se mit à voltiger autour de lui.

Afin que la Cour pût se repaître tout à son aise du sang qui allait couler, le matamore choisit pour lieu du duel, qui allait avoir lieu entre lui et le terrible enfant des plaines de l'Amérique du Sud, la place située au-dessous de la loge royale.

Les chulos mirent en jeu mille coquetteries, mille ruses, mille manœuvres adroites, pour amener le taureau à l'endroit choisi par son ennemi, pour la lutte suprême qui devait en toute probabilité se terminer par la mort d'un des deux combattants, et peut-être par celle des deux. Les adroits Chulos firent faire un grand détour à l'animal féroce, ils le conduisirent du tauril à la loge de l'alcade, et de celle-ci dans toutes les parties du cirque, en l'excitant et en se faisant poursuivre par lui, et, quand ils l'eurent ainsi bien promené et montré à tous les spectateurs, ils le firent venir juste à l'endroit désigné, en face de son ennemi.

Quand le taureau fut arrivé là, toute la quadrille s'écarta; alors, les deux athlètes se trouvèrent face à face, ils se mesurèrent des yeux, et échangèrent un regard de provocation ; chacun d'eux semblait se recueillir avant d'engager la lutte suprême ; tous les deux comprenaient le danger qu'ils allaient braver. L'animal semblait, avec son instinct plus sûr que la raison, avoir conscience du péril dans lequel il était; on aurait dit qu'il hésitait à engager la lutte avec cet adversaire, pourtant encore inconnu de lui, mais dont il pressentait la valeur.

L'homme avait l'air plus rassuré, plus confiant dans le succès que la bête, il était pourtant bien peu de chose devant ce colosse formidable, armé de deux terribles cornes et d'une force puissante.

Le torero n'avait à lui opposer que sa mince et fragile épée, flexible comme un roseau, mais friable comme du verre.

Mais en compensation, l'éclair de l'intelligence illuminait l'œil du premier des êtres, tandis que la flamme de la férocité stupide luisait seule dans les yeux de la brute sauvage; on souhaitait dans cette lutte de l'intelligence contre la force brutale, de l'esprit contre la matière, du génie contre l'instinct, que la victoire restât à l'homme. Mais la force musculaire du terrible animal semblait faire au contraire pencher la balance et mettre toutes les chances de son côté.

Le matamore agita sa muleta en signe de défi.

L'animal, que la flamme rouge mit de nouveau en fureur, prit son élan et se lança sur son ennemi, en battant de sa queue ses larges flancs écumeux, rasant le sol de son mufle mugissant et de ses cornes terribles.

Miguel, pour l'éviter, fit un léger écart; la corne droite du taureau ne passa pas à un millimètre de la poitrine de son adversaire, qu'elle effleura.

Tout le cirque accueillit cette passe merveilleuse et dangereuse par un immense applaudissement.

Ce fut cette fois le tour de la royale courtisane Isabelle de pâlir en voyant quel éminent danger celui qu'elle rêvait d'avoir cette nuit dans sa couche royale avait couru.

Le taureau, furieux d'avoir manqué son adversaire, revint une seconde fois sur lui.

Le torero l'attendit, l'épée haute; quand l'animal fut à un pas de lui, il abaissa lentement son arme et la lui enfonça dans l'épaule; mais, malheureusement, elle rencontra l'os. L'épée ploya, et s'échappa en sifflant des mains du courageux lutteur, et alla tomber à dix pas de lui.

La reine, à cette vue, sentit comme si le froid de l'épée lui perçait le cœur; toutes les voluptés, toutes les ardeurs brûlantes qu'elle rêvait avec cet homme intrépide allaient lui échapper; car elle le considérait déjà comme un homme mort. Aussi, fut-elle sur le point de s'évanouir; on dut lui faire respirer des sels.

D'un autre côté, peu s'en fallut que la foule égoïste et cruelle ne huât l'infortuné toréador, qui resta désarmé devant son ennemi, devenu fou de douleur et de rage depuis sa dernière blessure.

Les chulos et les picadores s'avancèrent alors au secours de Miguel, qu'ils croyaient en danger de mort; mais celui-ci, très calme, leur fit signe de rester en place.

Il agita de nouveau sa muleta, se contentant d'éviter le taureau par des voltes et des pirouettes admirables de précision, de hardiesse et de sang-froid. Plus de dix fois, l'animal courroucé, écumant de rage, couvert de poussière et de sueur, fondit sur lui, l'effleura de ses cornes, sans jamais pouvoir l'atteindre, et pourtant l'homme n'avait pas pirouetté dans un cercle de plus d'un mètre de diamètre.

Ce tour de force était aussi admirable que dangereux, des tonnerres d'applaudissements accueillaient le courageux et intrépide torero, chaque fois qu'il apparaissait debout et calme dans un tourbillon de poussière.

Après chaque course du taureau, on criait de toutes parts à l'imprudent lutteur:

— Assez! assez!

On tremblait qu'une fausse manœuvre ou un faux pas ne le livrât à son ennemi dangereux; mais l'intrépide champion semblait jouer avec la mort.

Enfin, la reine, qui voyait en tremblant l'homme robuste, beau et courageux, dont elle enviait la possession, exposer ainsi sa vie, lui fit un signe suppliant; l'obéissant matamore s'empressa de céder au désir de la souveraine qui, pour lui, était un ordre. Il se décida alors à ramasser son épée, et, mettant un genou en terre, il attendit son ennemi.

Ce dernier, à la vue de cet homme dans cette nouvelle posture, sembla hésiter un instant, comme s'il craignait un piège; puis, se ravisant sans doute, il courut sur lui comme un ouragan, en poussant un mugissement effroyable.

On vit alors la fine lame d'acier chercher le défaut de l'épaule de l'animal sauvage, en sifflant comme une couleuvre et y entrer tout au long; elle arriva ainsi jusqu'au cœur qu'elle traversa. Le monstre s'arrêta court sous le froid de l'acier, il tomba comme s'il avait été foudroyé aux pieds de son vainqueur, qui se releva triomphant, en saluant avec la rouge lame de son glaive.

Un tonnerre d'applaudissements et de bravos accueillit la victoire de Miguel, qui sortit glorieux de l'arène sous une grêle de fleurs et de bouquets, parmi lesquels il y en avait un de la loge royale, présent de Sa Majesté, que l'heureux vainqueur porta plusieurs fois à ses lèvres, aux applaudissements de l'auditoire, et à la grande et secrète joie de la reine; chaque baiser donné à ses fleurs brûlait son âme et faisait battre son cœur.

Une bruyante fanfare célébra ensuite la victoire de l'heureux toréador et la mort de son ennemi.

Alors, quatre belles mules disparaissant sous de magnifiques aparejos, toutes bouffetées de soie et de rubans, toutes couvertes de grelots, entrèrent, entraînant une espèce de palonnier, auquel on attacha successivement les trois chevaux morts et le taureau, qui furent tous conduits, les uns après les autres, hors du cirque. Puis, quatre valets vinrent avec des rateaux effacer les quatre voies sanglantes tracées par les cadavres des animaux morts. Ils firent de même disparaître toutes les autres traces de sang. En quelques minutes l'arène fut propre, on ne voyait plus de vestiges du combat qui venait d'avoir lieu.

Miguel et Diego, tenant à la main les bouquets de la reine et d'Eugénie de Montijo, apparurent ensuite, suivis de toute la troupe des chulos, des picadores et des banderilleros; ils firent le tour de l'amphithéâtre aux applaudissements de tous les spectateurs, et vinrent saluer devant la loge royale, où les acclamations redoublèrent, et un 3e toréador, nommé Montès, reçut un bouquet de madame la comtesse de Montijo, qui l'avait distingué et choisi pour la nuit.

Plusieurs autres combats eurent encore lieu successivement avec les mêmes péripéties et les mêmes dangers; vingt ou trente chevaux furent éventrés, une dizaine de taureaux et un homme tués, une demi-douzaine d'hommes blessés, dont un mortellement; mais Miguel et Diego n'eurent aucun mal.

Mlle Eugénie de Montijo, qui assista à toutes les courses, eut le plaisir de voir le jeune toréador, pour lequel elle avait une vive passion, tauriser, plusieurs fois devant elle avec un grand courage, une grande habileté et un beau succès; il fit mordre la poussière à plusieurs de ses terribles adversaires.

La reine aussi éprouva un grand plaisir et une âcre volupté à voir tauriser Miguel, qui chaque fois vainquit d'une façon éclatante ses plus terribles adversaires. La belle et voluptueuse souveraine espérait elle aussi succomber, mais d'amour et de plaisir, dans les doux, ardents et brûlants combats, qu'elle se proposait de livrer à l'invincible athlète.

Quand la représentation fut terminée, Miguel, Montès et Diego, examinèrent avec beaucoup de soin les bouquets qui leur avaient été donnés par la reine, par Mme la comtesse et par Mlle Eugénie de Montijo, et, dans le cœur de la fleur centrale de chacun d'eux, ils découvrirent un joli petit billet doux, parfumé et armorié, dont ils s'emparèrent et dont ils prirent connaissance, après les avoir amoureusement baisés.

Chacun de ces billets renfermait la demande d'un rendez-vous d'amour pour la nuit.

Mais les émotions violentes du cirque, les caprices pour les beaux toréadors, ne suffisaient pas à la belle fille de Castille, pour calmer ses ardeurs et alimenter ses tendres sentiments; il fallait à son cœur aimant, à son imagination ardente, à ses sens embrasés et à ses nombreux caprices, d'autres distractions et d'autres amours.

Quelque temps avant le mariage du duc de Montpensier, avec une princesse espagnole, tous les fils du roi Louis-Philippe, étaient allés à Madrid pour assister aux fiançailles de leur frère avec la jeune princesse; les princes français, comme tous les étrangers qui habitaient alors la capitale de l'Espagne, ne tardèrent pas à admirer la séduisante et jeune comtesse, Eugénie de Montijo, dont la beauté et surtout les allures et les habitudes excentriques attiraient les regards et la faisaient remarquer.

Un des jeunes princes, le duc d'A....., séduit par les charmes de la jolie péninsulaire, à la chevelure dorée, entreprit et fit bientôt sa conquête.

Ceux qui ont habité Madrid à cette époque, ont pu voir souvent notre belle Espagnole, tendrement appuyée au bras du duc d'Au... se diriger furtivement, le matin, du côté du Musée, dont les salons n'étaient alors ouverts que pour eux seuls; ils s'aimaient alors d'un de ces sentiments passagers et délicats, d'autant plus vifs, qu'ils sont plus courts, qui brillent un instant comme des météores et disparaissent aussi rapidement que ces astres éblouissants. Nos deux amoureux, allaient, disait-on, étudier ensemble les chefs-d'œuvre de peinture et de sculpture. Le duc d'Au... voulait bien aider sa jeune compagne de son expérience et de son talent dans cette étude des maîtres de l'art.

La belle élève faisait-elle de rapides progrès dans la peinture? On l'ignore, mais ce que l'on sait très bien, c'est que le prince en avait fait de très grands dans son cœur, et qu'il était éperdûment épris des charmes de son élève. Oh! quelles agréables séances ils passaient ensemble; comme le jeune duc était heureux d'expliquer à sa compagne les beautés des nombreux tableaux exposés à leurs yeux; avec quel charme secret ils contemplaient tous deux, dans le salon de sculpture, le groupe harmonieux des trois Grâces.

— Regarde, disait le prince à sa ravissante compagne, regarde, ô mon ange ! quelles formes admirables, quelles poses gracieuses, ont ces trois immortelles ! Elles sont cependant encore moins belles que toi, et leur pudique nudité pâlirait devant la tienne. Si le sculpteur avait vu ton beau corps; si, comme moi, il avait eu l'inappréciable bonheur de contempler tous tes charmes divins, ce marbre déjà si beau, le serait davantage encore; il aurait été paré de mille grâces mystérieuses que m'a révélées ton amour.

— Je t'en prie, ô mon bien-aimé ! disait Eugénie, rouge de plaisir, et dont les sens s'allumaient aux paroles passionnées de son amant, épargne ma modestie et ne flatte pas trop ma vanité; ton amour pour moi te rend partial.

Et le couple amoureux continuait ses études. La brûlante Espagnole ne passait jamais devant un Apollon, un Mercure ou un autre dieu, sans lancer un regard amoureux à leur nudité, qu'elle dévorait des yeux.

Et, si du salon de sculpture elle passait dans celui de peinture, son admiration passionnée, loin de diminuer, ne faisait que s'accroître. Un tableau représentant le jugement de Pâris sur le mont Ida était surtout l'objet de sa contemplation; le beau berger captivait spécialement ses regards; que n'aurait-elle pas donnée pour qu'il lui adjugeât cette pomme de beauté, qu'il décerna à Vénus.

Les tableaux sacrés n'avaient pas moins de charme pour elle que les œuvres profanes; elle admirait la chaste Suzanne au bain, mais elle trouvait peu de vertu à sa continence : « Le beau mérite, disait-elle, que de résister à des vieillards impuissants, surtout quand elle avait pour se consoler et la protéger le jeune et beau Daniel. »

— Cela est très vrai, disait le prince, mais voici une vertu moins facile et plus méritoire, c'est celle du chaste Joseph, refusant les caresses de la Putiphar, et se sauvant en lui laissant son manteau.

— Votre Joseph n'était qu'un sot et qu'un imbécile, je le déteste et je l'ai en horreur! Quoi! refuser l'amour d'une jolie femme, qui brûlait pour lui des désirs les plus ardents, qui, belle d'impudeur et adorable d'adultère, étalait ses charmes les plus secrets et les plus séduisants à ses yeux. Fi donc, ce Joseph n'était pas un homme, c'était un eunuque.

— Soit, ma chère, je le crois comme toi, mais qui sait, peut-être cette Putiphar était-elle laide; je suis persuadé qui si elle avait eu ta beauté, Joseph ne lui aurait pas laissé son manteau.

— Je le crois bien, Viva Dios ! dit la belle, dont l'œil étincelait de colère; si le lâche m'avait fait un pareil affront, je l'aurais poignardé.

— Calme-toi, tendre amie, la puissance de tes charmes est trop grande pour qu'il t'arrive jamais une pareille mésaventure; qui pourrait résister à leur attrait ? dit le galant duc en enlaçant la taille de sa belle et en cueillant sur ses lèvres un doux baiser.

Laissons-là ce tableau ridicule; admire plutôt avec moi cet enlèvement des Sabines; vois ces robustes Romains, comme ils emportent rapidement toutes ces belles jeunes femmes; quelle ardeur brille dans leurs yeux et se peint sur leurs traits. Vont-elles être heureuses, ces belles éplorées, dans les bras de leurs ravisseurs, affamés par une longue continence forcée. Quelle fête ils vont faire aux charmes de leur amoureuse proie. »

— A la bonne heure, dit Eugénie, ce sont des hommes que tous ces hardis ravisseurs; il n'est pas étonnant qu'ils aient enfanté un grand peuple. On respire dans ce tableau un parfum de virilité qui vous charme.

— Et moi, près de toi, ma belle, une atmosphère d'amour qui me dévore; viens, ô mon ange! viens avec moi...

Et le prince amoureux entraîna sa jeune compagne, et bientôt le bruit de leurs soupirs étouffés et de leurs tendres murmures d'amour troublèrent seuls les échos du palais désert. Les muets personnages peints sur les toiles, ou les statues nombreuses qui peuplent ce séjour consacré aux beaux-arts, furent seuls les discrets témoins des doux ébats de nos deux amants.

Mais le duc d'Au... n'était pas le seul des fils du roi des Français, qui eût part aux bontés de mademoiselle de Montijo; son frère, le prince de J... fut tout aussi heureux que lui. Le prince, à Madrid, s'occupait de peinture; il avait demandé à Mademoiselle de Montijo la faveur de copier ses traits enchanteurs; la belle, après quelques difficultés, daigna lui permettre de faire son portrait, mais le peintre, enhardi par cette première complaisance, et séduit par la beauté de son modèle, en devint aussi amoureux. Il hasarda une déclaration qui, d'abord, ne fut pas mal accueillie, et qui, bientôt après, fut récompensée par les plus douces faveurs d'un caprice partagé. Le prince trouva de telles perfections dans son modèle, après une profonde étude, qu'il la pria de poser devant lui sans voile; il fit le portrait de la belle Castillane en Vénus sortant de l'onde, resplendissante de beauté, de grâce et de jeunesse. Il est inutile de dire ici qu'à chaque séance le peintre et son modèle préludaient par les plus doux ébats, et qu'aussitôt que les voiles de la belle tombaient, l'heureux artiste passionné consacrait par le plus fervent des cultes ce corps adorable, que son pinceau devait ensuite reproduire sur la toile; souvent il interrompait son travail pour se livrer à une nouvelle adoration des charmes de sa belle maîtresse.

Mademoiselle de Montijo aurait été digne, dès cette époque, d'entrer dans la famille Napoléon; la scène que je viens de raconter est de tradition chez les Bonaparte, Pauline, princesse Borghèse, veuve du général Leclerc, avait aussi posée toute nue devant le sculpteur Canova, qui fit sa statue.

Le duc de M..., qui a, plus tard, épousé une princesse espagnole, ne fut pas le moins favorisé par la petite fille de l'épicier Kirck-Patrick. Notre capricieuse Espagnole, qui n'aimait pas la monotonie, résolut de goûter avec ce nouvel amant des plaisirs encore plus doux et plus variés, et de posséder les faveurs du prince avant sa royale fiancée; elle imagina de faire avec lui de longues prome-

Il entra au moment où elle lui disait : — Oh ! je t'aime ! je t'aime !

nades équestres, car elle est très habile écuyère ; elle monte à poil comme un palefrenier et manie un cheval avec autant d'adresse et de dextérité que les meilleurs cavaliers ; sa passion pour les chevaux est poussée au plus haut degré ; si on la laissait faire, elle ferait certainement, comme feue la duchesse de Lude, sa toilette dans les écuries.

Elle a toujours eu des inclinations masculines et des goûts très prononcés pour les exercices des hommes ; elle est aussi forte à l'école de natation qu'à celle d'équitation ; elle nage supérieurement à la «religieuse,» elle a des habitudes espagnoles, qui ne sont pas de son sexe ; elle manie mieux le poignard que l'éventail; elle s'habille souvent en homme et endosse avec une parfaite aisance le costume de cavalerie, elle porte éperons et cravache, elle fume la cigarette et le cigare et préfère les parfums du Maryland et du Virginie, à ceux du patchouli ou du musc; elle est plus propre à figurer au cirque ou au corps de garde, qu'en bonne compagnie. Aussi affectionne-t-elle tout particulièrement l'élégant costume andalou, qu'elle porte souvent.

Tout Madrid se souvient encore aujourd'hui d'avoir vu passer à cheval, en compagnie d'un jeune jouvenceau, cette belle fille d'Espagne, à la chevelure d'or, aux doux yeux bleus, distillant l'amour, au ravissant visage, au nez d'une pureté de ligne irréprochable, au profil charmant, au cou de cygne, aux épaules d'ivoire, à la taille élancée et bien prise, si gracieuse et si cambrée, dessinée dans un étroit corsage andalou; personne n'a oublié, encore aujourd'hui, la grâce et l'habileté avec lesquelles elle maniait son fougueux coursier, tout en fumant avec élégance et une aisance parfaite sa cigarette espagnole, dont elle envoyait les bouffées bleues et les capricieux spiraux au visage de son aimable compagnon qui caracolait auprès d'elle.

C'était dans le poétique mois des fleurs, quand la nature entière, renaissant à l'amour, murmurait en doux accords, en limpide harmonie, en suave mélodie, sa joie et son bonheur, que nos deux amoureux partaient chaque matin au lever de l'aurore, sur leurs fringants destriers, pour faire de longues promenades solitaires, dans les sentiers fleuris, où la blanche aubépine mêlait son âcre parfum aux senteurs enivrantes des orangers, des jasmins et des grenadiers fleuris. Le jeune duc de M... cueillait en passant les branches parfumées qui bordaient le chemin et offrait leurs fleurs embaumées ou leurs fruits à sa belle maîtresse.

— Tiens, mon ange, lui disait-il, accepte cette grenade que t'offre mon amour et dont l'incarnat me paraît moins brillant et moins pur que celui de tes lèvres roses; mets sur ton sein d'albâtre cette fleur d'oranger, moins blanche et moins tendre que ta gorge divine, et place dans ta chevelure ce modeste jasmin, moins parfumé qu'elle: effeuillons ensemble ces pâquerettes, qui embellissent ces vertes prairies; qu'elles nous disent le secret de notre amour; jouissons de notre bonheur! Le gazon tendre, si parfumé et si fleuri, les timides violettes, qui se cachent sous les feuilles, nous disent: aimez-vous; les roses entr'ouvertes sur leurs tiges, comme ta bouche, appellent le baiser; les myrtes en fleur, comme tes charmes, invitent à l'amour. Les insectes invisibles, qui murmurent sous les herbes fleuries; les folâtres papillons, qui s'embrassent sur les tendres corolles; les beaux oiseaux du bocage, qui frétillent d'allégresse; les tendres roucoulements des colombes plaintives, qui font l'amour dans la ramée, les chants d'amour du tendre rossignol, le ruissellement de notes suaves et pures de son invocation sublime, la cascade mélodieuse, qui coule à flots de son gosier d'artiste; tout nous convie à l'amour. Viens, ô mon adorée! descends comme moi de ton léger coursier, viens, ta main dans ma main, sur cette pelouse en fleur, à l'ombre des grands arbres touffus et des verts bosquets, près de cette source murmurante, sous ces bouquets de citronniers, savourer notre bonheur! Asseyons-nous dessus ce banc de mousse, pose tes petits pieds sur ce moelleux tapis vert; laisse-moi, ma charmante, entourer ta taille de mon bras et dérouler de ma main tremblante le flot d'or de ta chevelure ondoyante, que caresse le zéphyr; laisse-moi contempler ta beauté divine!... Oh, laisse-moi, ma bien-aimée! laisse-moi t'adorer à genoux! m'enivrer de ton haleine embaumée!...

> Goûter les fruits de ta beauté.
> Vivons, aimons, c'est la sagesse;
> Hors le plaisir et la tendresse,
> Tout est mensonge et vanité!

Mais le jeune duc de M... se maria bientôt à une princesse espagnole dont il s'éprit tendrement, et oublia bientôt auprès d'elle la belle Eugénie, et ses deux frères rentrèrent en France. Pour se consoler de la perte des jeunes princes français, la capricieuse et ardente petite-fille de l'épicier Kirk-Patrick fit la conquête du jeune et charmant marquis d'Alcanirez qui s'éprit éperdûment de ses charmes.

Ce charmant gentilhomme lui fit une cour assidue. Il commença par faire de la musique avec elle : leurs voix mélodieuses se mêlaient dans de charmants duos d'amour, où un aimable troubadour ou quelque page sensible contait à sa belle maitresse ses espérances et son martyre.

Le tendre marquis et la douce Eugénie, tout en roucoulant ensemble de suaves mélodies, échangeaient les regards les plus langoureux, les soupirs les plus amoureux; leurs mains se rencontraient souvent par hasard et se pressaient tendrement.

Le beau marquis séduisit, par des présents, la duègue de mademoiselle de Montijo, qui l'introduisit secrètement dans les appartements de madame la comtesse et le cacha dans sa chambre.

Quand la nuit fut venue, il sortit de sa cachette, et, guidé par la domestique, il se dirigea, à pas furtifs, vers la chambre de sa bien-aimée.

Le nouveau don Juan ouvrit doucement la porte et entra dans l'asile mystérieux où la belle Eugénie, plongée dans un profond sommeil, reposait ses charmes.

Quand il fut seul dans ce sanctuaire d'amour, où, à la faible clarté d'une lampe d'albâtre, il aperçut celle qu'il aimait, étendue dans son lit blanc comme la neige; — la tête posée gracieusement sur son bras, comme celle d'une blanche colombe sur son aile au fin duvet; quand il vit les flots d'or de sa chevelure parfumée inondant la batiste et la dentelle de son oreiller; ses doux yeux fermés sous l'étreinte d'un léger sommeil, ses sourcils arqués comme deux becs d'aigle, ses joues si fraîches et si tendres, ses lèvres entr'ouvertes à demi, comme pour aspirer un baiser d'amour, la fossette de son menton, où se jouait une ombre légère, ses deux petits pieds d'albâtre, d'un blanc mat, veinés de bleu et teintés de rose, qu'un enfant aurait tenus dans sa main, et sa jambe d'une finesse à faire le désespoir d'un statuaire ou d'un peintre, sa cheville délicate que Pygmalion eût enviée pour sa Galathée, quand il vit tous ces prodiges d'amour, une flamme enivrante parcourut ses veines, un nuage de feu obscurcit sa vue, son sang reflua à sa tête et à son cœur, ses tempes battirent avec force, un vertige amoureux s'empara de lui; il réveilla la charmante dormeuse avec un doux baiser. Celle-ci voulut crier, mais l'audacieux galant fut si tendre, si persuasif, si pressant, si brûlant et si ardent, que la trop faible Eugénie ne put pas résister; elle se tut, permit tout et pardonna tout.

Le lendemain elle récompensa par de doux reproches et de tendres aveux, l'audace de son amant, qui recommença à plusieurs reprises ses tendres violences; depuis, il revint souvent passer de délicieuses nuits près de sa belle maîtresse.

Un matin la maman Montijo surprit les deux amants endormis; elle simula une violente colère et fit promettre au jeune marquis de réparer sa faute en épousant sa fille. Mais l'heureux galant, qui commençait à se lasser de sa belle, dont la trop facile possession lui faisait mal augurer de sa vertu, cessa ses visites et partit pour un long voyage.

Comme la tendre Eugénie s'accommodait peu de vivre de continence et de passer ses jours dans l'isolement, elle ne tarda pas à attirer dans ses filets un jeune page de la reine Isabelle, charmant jouvenceau, âgé de dix-huit ans à peine, nommé Olympio Aguado. Ce jeune adolescent, dont la candeur égalait la beauté, se laissa timidement initier aux mystères les plus secrets de l'amour; il tombait presque toujours en extase, devant la merveilleuse beauté de sa jeune prêtresse, qui prenait un plaisir infini à l'initier aux douces pratiques de Cythère.

Ce n'était qu'en tremblant d'émotion et tout palpitant de crainte et de désirs, que ce charmant jeune homme s'approchait de la séduisante beauté; il lui fallait tous les encouragements que lui prodiguait son adorée, pour qu'il osât ambitionner d'autres plaisirs, et souvent sa timidité et le culte d'admiration qu'il professait pour elle nuisaient à leur bonheur.

Dans un des jardins du palais de Madrid, on avait transformé en salle de bains une grotte isolée, cachée derrière des touffes d'orangers. C'était dans cet asile mystérieux que les demoiselles d'honneur de la reine prenaient leurs bains presque chaque jour dans la belle saison.

Mademoiselle Eugénie résolut de transformer cette grotte, consacrée aux nymphes de la cour, en temple pour ses amours; ce fut naturellement le gentil page qui en fut le desservant; elle le faisait entrer dans les massifs d'orangers qui environnaient la grotte, pendant que les domestiques lui préparaient un bain parfumé; puis, quand ils étaient partis, elle introduisait près d'elle l'heureux jeune homme.

Dire et décrire les jeux charmants de la blonde Eugénie dans l'onde parfumée, serait chose impossible, elle était ravissante de jeunesse, de grâce et de beauté; sa longue et luisante chevelure se mêlait aux flots, tremblants comme une gerbe d'or; toutes ses formes adorables se reproduisaient comme dans un brillant miroir dans le transparent liquide qui les entourait. Mais hélas! tout a une fin dans ce monde, et le bonheur le plus complet est souvent le plus court. L'aimante Eugénie et le tendre Olympio Aguado en firent la douloureuse expérience; ce dernier était placé sous la tutelle d'un frère orgueilleux, le marquis de Las Marismas, beaucoup plus âgé que lui. Ce frère rigide le surveilla, et le surprit un jour sortant du bain avec Eugénie. Il se fâcha très fort, fit un scandale énorme, accusant mademoiselle de Montijo d'avoir débauché son jeune frère; la chose vint aux oreilles de la reine, qui, pour voiler ses propres débauches, se montrait très sévère envers ses femmes d'honneur. Elle fit d'amers reproches à la belle Eugénie.

Madame de Montijo ne vit qu'un moyen de réparer le mal, ce fut d'aller trouver le marquis de Las Marismas, et de l'engager à marier son frère Olympio avec sa fille; mais à cette proposition l'irascible marquis se fâcha encore plus fort et congédia la comtesse en lui disant : « Est-ce que vous me croyez assez bête ou assez fou pour marier mon frère avec votre fille dépravée. » Le mariage n'eut pas lieu, mais les relations entre les deux jeunes amoureux continuèrent.

XIII

Sommaire. — La mystérieuse loge grillée. — La confidence de Célina et le rendez-vous donné à Olympio Aguado. — Le maréchal Narvaez. — Sa déclaration d'amour à Célina. — Le second rendez-vous. — Munos le fabricant des rois d'Espagne. — Le troisième rendez-vous avec Munos. — La triple rencontre — Le déguisement. — L'hôtel de Mme la comtesse de Montijo. — Le jeune et joli guide. — La mystérieuse introduction. — Les hôtes inconnus. — La grande dame encapuchonnée. — Une aventure de mélodrame. — Le crime de lèse-majesté. — Le pacte de vengeance. — Les cachettes mystérieuses. — Les armes de Célina. — Zampa, son fidèle agent. — Célina et Munos dans le cabinet de toilette de Mme la comtesse. — Le ravissant spectacle qui s'offre à leurs yeux. — Fureur de Munos à la vue de son infidèle dans les bras de son rival. — Montès, le beau toréador, aux pieds de la Montijo. — Entrée de Munos dans la chambre de sa maîtresse. Il interrompt ses doux ébats. — Fureur et menaces de la dame. — Stupéfaction de Munos. — Intervention de Célina. — Cruel et douloureux châtiment qu'elle inflige à la comtesse de Montijo. — Intervention de Montès. — Cris de douleur et de rage de la comtesse. — Elle est conduite auprès de sa fille effrayée. — Léger déshabillé de Mlle Eugénie. — Le toréador Diégo sort de sa cachette dans le plus simple appareil, sans même une feuille de vigne. — Il s'habille au plus vite. — Il se sauve en oubliant le beau manteau que Mlle Eugénie lui a brodé. — Célina le lui jette sur les épaules et il disparaît. — Olympio Aguado rompt avec Eugénie. — Le beau salon de Mme de Montijo. — Singuliers personnages qu'on y rencontre. — La sœur Patroninio, hermaphrodite, hystérique, mystique et fanatique. — M. Marfori, l'alphonse de la reine. — Quels étaient les hôtes de la chambre à coucher voisine. — Etrange spectacle auquel assiste le maréchal Narvaez, le rival de Marfori. — Il aperçoit le superbe matamore Miguel en conversation intime avec Sa Majesté. — Lui aussi fabrique des rois d'Espagne. — Il mêle son sang à celui des Bourbons. — Un jour, un descendant du matamore Miguel régnera sur l'Espagne. — Les travaux de l'hercule du cirque de Madrid. — La Montijo et la reine. — Ce que lui dit Célina. — La jeune et jolie Némésis annonce et prédit la justice populaire. — Le châtiment de Munos. — Célina et Zampa quittent l'Espagne et se réfugient à l'étranger pour se soustraire aux vengeances de la cour. — A la suite de ces scandales, Mmes de Montijo quittent Madrid.

« Afin de ne pas être gênée dans le récit des aventures arrivées à mesdames de Montijo pendant mon séjour à Madrid, je les raconte absolument comme si je n'avais été mêlée en rien à ces dernières, et comme si j'étais un simple narrateur de ces évènements en parlant de moi à la troisième personne.

Ceci dit, je continue ma narration :

Pendant que les scènes sanglantes et les pantomimes amoureuses du cirque de Madrid avaient lieu, si nos lecteurs avaient pu pénétrer dans une loge grillée faisant face à celle de la cour, ils auraient vu là une jeune femme aux cheveux aussi noirs que sa robe de moire antique, au regard profond lançant des éclairs, au sourire sibyllin, au front nuageux et songeur, ayant une rivière de diamants scintillant autour de son cou de cire, et un diadème de rubis resplendissant sur son front charmant. Elle était nonchalamment renversée sur un sofa de velours rouge sur lequel se dessinait sa taille élancée, ses mains blanches, aux doigts effilés, à l'un desquels brillait une précieuse topaze, elle avait des petits pieds cambrés chaussés d'escarpins brodés d'or et de perles. Il y avait à côté de cette belle jeune personne un charmant jeune homme, Olympio Aguado. Son regard était franc, ouvert et limpide ; ses grands yeux noirs illuminaient son beau visage frais et rose comme celui d'un adolescent et une jolie petite moustache naissante, brune comme ses cheveux, se dessinait sur sa lèvre supérieure dont elle ombrageait le carmin.

Il semblait plongé dans une profonde méditation ; son front élevé et poli se plissait légèrement et une teinte de mélancolie était répandue sur toute sa personne.

— Eh bien, mon cher Olympio, doutez-vous encore de la trahison de votre fiancée, lui disait la jeune femme qui était près de lui.

— Peut-être : car enfin, Célina, qui me prouve qu'Eugénie aime ce toréador ? Elle lui a jeté un bouquet, c'est vrai ; elle lui a donné un manteau pour remplacer le sien que le taureau avait déchiré, c'est encore vrai ; mais qu'est-ce que cela prouve ? Combien de belles señoras en ont fait autant pour récompenser les courageux lutteurs de nos cirques qui bravent la mort sous leurs yeux avec tant de sang-froid et d'adresse ? La reine elle-même n'a-t-elle pas jeté un bouquet à Miguel ? Est-ce donc une raison pour supposer... ?

— Je ne suppose rien, j'affirme qu'Eugénie brûle d'une violente passion pour Diego.

Mais enfin, quelle certitude avez-vous de cela ?

— N'avez-vous donc pas remarqué que dans le bouquet il y avait un billet ?

— Non, je n'm'en suis pas aperçu.

— Eh bien, au centre des fleurs, sous un beau camélia rose, il y avait un gentil petit poulet d'amour, dans lequel votre rousse amie donnait un rendez-vous à son gentil toréador.

— Comment pouvez-vous savoir cela ? répondit Olympio d'une voix tremblante.

— C'est là mon secret : ne vous ai-je pas dit que je suis sorcière ? Mai comme je ne veux pas que vous aimiez plus longtemps cette femme et surtout que vous l'épousiez malgré votre oncle, venez ce soir à onze heures dans la rue de Tolède devant l'hôtel de madame la comtesse de Montijo et je vous donnerai la preuve de ce que j'avance.

— Je serai fidèle à votre rendez-vous, Célina, mais souvenez-vous que si vous avez calomnié Eugénie de Montijo, je ne vous le pardonnerai pas.

— Et si j'ai dit vrai?

— Comptez alors sur ma reconnaissance.

— Ou sur votre haine?

— Pourquoi voulez-vous que je vous haïsse si vous me dites la vérité et me rendez ainsi un grand service?

— Parce qu'un amoureux ne pardonne jamais à qui détruit ses premières illusions.

— Célina, si vous me prouvez la trahison de mademoiselle de Montijo, vous m'aurez rendu un trop grand service pour que je l'oublie jamais.

— Nous verrons cela, Monsieur, je sais parfaitement qu'un service n'est jamais perdu pour celui qui le reçoit.

— Et pour celui qui le rend?

— Il n'en est pas de même, croyez-moi.

Célina avait à peine prononcé ces dernières paroles, qu'on frappa discrètement à la porte de sa loge et que presque au même instant un beau cavalier, en costume de général, entra en saluant profondément.

— C'est bien aimable à Votre Excellence de venir enfin me voir, dit Célina, d'un ton de doux reproche.

— Pardon, señora, de ne pas être venu plus tôt vous présenter mes hommages, j'ai été retenu dans la loge royale jusqu'à présent, et vous le savez, belle Célina, les affaires d'Etat ont de grandes exigences, on est souvent obligé de leur sacrifier les plus douces affections.

— Les affaires d'Etat sont souvent un précieux prétexte qui sert à dissimuler des affaires bien moins graves mais beaucoup plus tendres.

— Mademoiselle, dit Olympio en saluant, permettez-moi de prendre congé de vous ainsi que de monsieur le maréchal, ajouta-t-il, en se tournant du côté de ce dernier, auquel je recommande de ne pas se laisser ensorceler par notre belle Célina, je préviens Son Excellence que notre amie est très dangereuse et qu'on n'est jamais sûr quand on entre ici de ne pas y laisser son cœur.

— Bien heureux sont ceux qui ont cette bonne fortune, répondit le maréchal, je les envie beaucoup et je voudrais bien pouvoir à la fois déposer mes affaires d'Etat et mon cœur aux pieds de notre charmante Célina.

— Je ne suis pas assez exigeante pour demander un aussi grand sacrifice, et je ne mettrai pas monsieur le maréchal à l'épreuve ; j'aurais trop peur de m'attirer les persécutions de l'Etat.

— Et moi je regrette beaucoup votre refus, mademoiselle, dit Narvaez, car il me prive d'un grand bonheur.

— Vous vous exagérez ce dernier, dit Célina, et, si je vous l'accordais, vous en auriez bientôt assez quand vous reconnaîtriez qu'il n'avait qu'un seul avantage.

— Lequel? demanda le général.

— Celui de prouver que vous aviez un cœur, ce qui est assez rare, mais très nuisible de nos jours, et si par hasard vous étiez pourvu de cet inconvénient, monsieur le maréchal, je vous recommande de le cacher le plus possible.

— Vous êtes toujours méchante et sceptique, dit Olympio.

— Non, je suis juste, répliqua Célina.

A ces mots, le jeune Aguado salua et sortit.

Quand le maréchal Narvaez fut seul avec la jeune femme, il la regarda avec attendrissement en lui disant :

— Vous êtes une personne singulière, Célina, vous êtes beaucoup trop sceptique, vous doutez de tout, même de mon amour.

— Dites plutôt : surtout de votre amour.

— Me croyez-vous donc incapable d'aimer? Vous devriez pourtant savoir, Célina, quelle impression profonde vous fîtes sur moi, le premier jour où je vous ai vue; et, si depuis je ne vous ai plus parlé de mon amour, c'est parce que vous me l'avez défendu en me menaçant de ne plus me recevoir, si je vous en entretenais de nouveau. Restons amis, m'avez-vous dit, car je ne puis vous accorder d'autre sentiment pour le moment; contentez-vous de celui-là, ou renoncez à me voir et à me parler. J'ai accepté cette condition étrange pour avoir quelquefois le plaisir de vous voir. Mais il y a des moments où je suis prêt à risquer de perdre votre amitié en vous demandant votre amour, en tombant à vos pieds et en vous disant : Célina, je vous aime.

Le général de Narvaez allait joindre l'action à la parole, quand la belle Célina le retint d'un geste impérieux.

— Ce n'est pas, monsieur, par une déclaration d'amour que vous prouverez à une femme comme moi que vous avez du cœur et que vous êtes digne de son amour, mais bien en n'étant pas plus longtemps l'esclave soumis d'une femme qui vous trompe.

— Que dites-vous là?

— Je dis que si j'étais un homme et que j'eusse une maîtresse qui me trompât, je la mépriserais, je l'abandonnerais, et je la châtierais, cette femme, cette maîtresse fût-elle une reine, car plus l'affront part de haut, plus il humilie, plus il avilit.

— Est-ce qu'Isabelle me tromperait?

— Certainement! et votre naïveté me fait pitié.

— Mais avec qui me trompe-t-elle? Dites-moi le nom de mon rival? fournis-

— Reine infâme, adultère, bigote, fanatique, tyrannique, vous êtes l'opprobre de votre sexe !

sez-moi la preuve de votre accusation, et je me vengerai, je punirai les deux coupables.

— Me promettez-vous cela sur votre honneur ?

— Je vous le jure sur mon honneur !

— C'est bien, je tiens votre parole : venez ce soir à onze heures à la porte de madame la comtesse de Montijo et je vous prouverai ce que je vous ai dit.

Très bien, je serai exact au rendez-vous.

— Je compte sur votre exactitude. Maintenant, rendez-moi un petit service, dites donc à cette brute de Munos que j'ai quelque chose de très intéressant à lui dire et que je le prie de venir me voir.

— Je suis à vos ordres, charmante tigresse, et je vais m'acquitter de votre commission. A ce soir, à onze heures.

— Très bien, je vous attendrai.

Cinq minutes après, celui qui fabriquait les rois et les reines d'Espagne, le soldat Munos, était dans la loge de Célina.

— Vous m'avez fait l'honneur de me faire appeler, dit le *mâle* de l'ex-reine Christine.

— Oui, monsieur, répondit Célina, je voulais vous demander si cela vous serait bien agréable de trouver madame la comtesse de Montijo en tête-à-tête avec votre rival préféré?

— Que dites-vous là? Quel est ce rival?

— Peu vous importe son nom : si vous voulez, cette nuit, à onze heures, être près de l'hôtel de madame la comtesse de Montijo, je vous montrerai cette dernière dans les bras de votre rival.

— Très volontiers, répondit le reître en accompagnant sa phrase d'un gros juron de caserne, si Thérésa me trompe, elle me le paiera cher, ainsi que son amant; ils feront connaissance avec mon poing, capable d'abattre d'un seul coup un taureau sauvage. En disant ces mots, l'hercule de caserne frappa un énorme coup de poing sur une table placée devant lui qui faillit se briser.

— Modérez-vous, M. Munos, vous allez briser mes meubles; pourquoi vous mettre ainsi inutilement en colère? Vous devez assez connaître la comtesse et savoir de quoi elle est capable.

— Comment, que dites-vous? J'ai toujours eu la plus grande confiance dans la comtesse, et j'ai toujours cru qu'elle était incapable de me tromper.

— Votre langage m'étonne beaucoup, monsieur; vous devriez depuis longtemps être fixé sur la moralité de madame de Montijo, car une entremetteuse, une pourvoyeuse d'alcôve, une proxénète, comme madame la comtesse de Montijo est capable de tout. Elle vous vendra sa fille si vous la payer le prix.

— Prenez garde, mademoiselle, vous insultez la comtesse et vous avez tort de l'accuser d'être une pourvoyeuse. Vous seriez bien en peine de fournir des preuves à l'appui de votre dire et je vous mets au défi de le faire.

— Vous rappelez-vous, il y a quelques années, d'une soirée chez la comtesse de Montijo, pendant laquelle elle a voulu vous livrer une jeune bohémienne?

A cette interpellation directe, l'étalon de la reine Isabelle pâlit et balbutia; il dit qu'il n'avait pas un souvenir bien net de cette soirée; mais il n'osa pas nier positivement. Il regarda alors Célina avec beaucoup d'attention et il crut s'apercevoir que cette dernière ressemblait beaucoup à la jeune Zingarita à laquelle elle faisait allusion.

— Quels que puissent être vos souvenirs à ce sujet, je vous certifie le fait vrai, et si vous désirez être fixé sur l'infidélité de votre belle maîtresse, soyez exact au rendez-vous que je vous ai donné, et je vous ferai surprendre madame la comtesse en galant rendez-vous d'amour avec votre heureux rival.

— Je n'y manquerai pas, répondit le soldat brutal en étouffant un juron prêt de lui échapper.

— C'est bien, monsieur Munos, venez et vous verrez que je suis une femme de parole.

Le royal Alphonse sortit de la loge de Célina en lui renouvelant sa promesse d'être au rendez-vous à l'heure indiquée.

Quatre heures après les entretiens que nous venons de relater, à onze heures du soir, trois cavaliers, soigneusement enveloppés dans un grand manteau, la figure en partie cachée sous le large bord d'un grand chapeau catalan, arrivaient successivement à quelques minutes d'intervalle aux abords de l'hôtel de madame la comtesse de Montijo. Dès que le dernier d'entre eux fut arrivé, un jeune homme, aussi enveloppé dans un manteau et ayant un grand feutre sur la tête, se détacha de la muraille, dans l'ombre de laquelle il se cachait et s'avança auprès des trois nouveaux venus auxquels il fit signe de s'approcher de lui. Ces derniers s'approchent aussitôt en examinant avec soin leur muet interlocuteur dont ils aperçoivent à la lueur d'un reverbère la figure imberbe, le teint frais, la peau blanche et fine, la tournure gracieuse, la taille mince et svelte, et certaines proéminences de gorge et de hanches qui leur semblent un peu trop accentuées pour appartenir à un homme. Mais ce charmant jeune cavalier s'avance résolument au-devant d'eux et les aborde en leur disant :

— J'ai bien l'honneur de souhaiter le bonsoir à M. Munos, au maréchal Narvaez et au marquis Olympio Aguado.

A ces mots, ces messieurs, qui ne s'étaient pas encore reconnus, se regardèrent avec étonnement, étant bien surpris de se trouver ainsi tous les trois réunis dans le même rendez-vous ; puis, examinant avec soin le jeune inconnu qui les saluait gracieusement en se découvrant, ils reconnurent aussitôt dans le gracieux jouvenceau qu'ils avaient devant eux, la jeune et charmante cantatrice Célina qui les avait invités chacun séparément au rendez-vous où ils se trouvaient alors.

— Comment, c'est vous, aimable Célina, dirent les nouveaux arrivants en saluant la jeune femme ; vous le voyez, nous sommes exacts ; voici le dernier coup d'onze heures qui sonne.

— Je vous en remercie et je vous en félicite, répondit la jeune femme déguisée ; vous allez me suivre sans bruit.

— Parfaitement, dit le maréchal, mais permettez-moi avant de vous faire mes compliments bien sincères sur votre joli costume qui vous va à ravir.

Certainement, ajouta Olympio, vous êtes ainsi le plus charmant et le plus séduisant cavalier que l'on puisse imaginer, et toutes nos belles señoras, si elles vous voyaient, raffoleraient de vous.

— Oui, dit encore Munos, mademoiselle est très bien en homme, mais je la préfère et de beaucoup sous le costume du sexe. Oh! le sexe, je l'aime beaucoup, j'en raffole, ajouta le butor en frisant ses longues moustaches grisonnantes et comestiquées.

— J'ai pris ce costume, répondit Célina, parce qu'il est plus convenable pour ce que nous avons à faire cette nuit. Mais comme il n'est pas prudent de causer ainsi au milieu de la rue, car nous pourrions exciter les soupçons des habitants de l'hôtel de madame la comtesse ou être rencontrés par une patrouille d'alguazils, veuillez donc me suivre sans mot dire.

Célina conduisit ses trois compagnons dans une petite ruelle qui serpentait derrière l'hôtel Montijo, et, arrivée près d'une petite porte de derrière donnant dans le jardin, elle frappa trois coups mystérieux d'une façon particulière. Au bout d'un moment, un petit judas s'ouvrit doucement; Célina, s'étant approchée du guichet et ayant échangé quelques mots de reconnaissance avec la personne qui était de l'autre côté de la porte, cette dernière s'ouvrit et la belle déguisée et ses trois compagnons entrèrent dans le jardin.

Après avoir refermé la porte avec précaution, Célina fit signe au personnage mystérieux qui la lui avait ouverte de la suivre, et elle introduisit ses trois compagnons dans un boudoir rouge, situé à l'extrémité de l'orangerie, dans laquelle s'était passée la scène entre Célina et Munos, laquelle a été racontée dans les mémoires de la grand'mère de cette dernière. Les volets de ce lieu solitaire étaient soigneusement fermés. La lampe d'albâtre suspendue au plafond répandait une faible clarté; Célina adressa alors la parole au mystérieux personnage qui lui avait ouvert la porte, qui répondait au nom de Zampa et duquel elle s'était fait suivre.

— Zampa, lui dit-elle, as-tu avec toi les personnes que je t'ai recommandé d'amener ici pour nous venir en aide si nous avons besoin de secours.

— Oui, señora, répondit son agent dévoué Zampa, mes compagnons sont tous ici cachés dans une chambre voisine, et prêts à accourir à votre aide au moindre appel.

— Et les personnes qui devaient venir passer la nuit chez madame la comtesse sont-elles arrivées?

— Oui, señora, elles sont chacune dans les chambres qui leur ont été préparées.

— La grande dame mystérieuse que madame la comtesse attendait est-elle ici?

— Oui, c'est même elle qui est arrivée la première. Elle était soigneusement enveloppée dans une grande mante et elle avait la figure complètement cachée sous un voile épais; je n'ai pu distinguer aucun de ses traits; j'ai seulement aperçu briller ses deux yeux noirs dont les éclairs perçaient son voile.

— Alors, ces dames et les trois cavaliers qu'elles attendaient cette nuit sont en tendre tête à-tête, et chaque couple est dans une chambre séparée.

— Oui, señora.

— Très bien. Maintenant, Zampa, tiens-toi prêt avec tes hommes à tout évènement, et, si j'ai besoin de ton aide et du leur, je vous appellerai avec ce sifflet, dit Célina en montrant à son agent secret un petit joujou d'ivoire incrusté d'or qu'elle portait suspendu à son cou. Maintenant je te recommande la prudence et le plus profond silence.

Zampa, à ces mots, s'inclina et disparut comme une ombre derrière une tenture.

— Ma chère Célina, dit le maréchal, dès que Zampa fut sorti, vous nous préparez, je crois, une aventure de mélodrame; vous nous introduisez, la nuit, à onze heures du soir, chez madame la comtesse de Montijo, sans même nous faire annoncer, par une petite porte de derrière, à travers les jardins, comme des larrons, et vous allez nous conduire, à travers de sombres corridors, auprès des hôtes de ces lieux, afin de les surprendre pendant leur sommeil ou au milieu de leurs doux ébats, et s'ils crient, s'ils se fâchent, vous avez là, apostés dans quelque réduit secret, des hommes dévoués pour leur imposer silence.

— Oui, ajouta Olympio Aguado, et nous suivons dans l'ombre notre belle héroïne, déguisée en homme, la main sur nos poignards, comme des conspirateurs.

— Ou comme des voleurs, dit Munos; mais hâtons-nous, car j'ai une grande impatience de voir le dénoûment de cette singulière aventure.

— Un peu de patience, mes beaux messieurs; je vous ai promis à tous de vous faire assister à la trahison de vos belles maîtresses, je vais tenir ma parole, mais à de certaines conditions. D'abord, vous allez me promettre de ne vous montrer que lorsque je vous le dirai, sans quoi vous compromettriez toute notre entreprise et je ne réussirais pas à accomplir ma promesse jusqu'au bout; ensuite, vous allez vous engager aussi à ne faire usage de vos armes qu'à votre corps défendant, et vous me laisserez le soin d'infliger la première punition aux coupables, car, moi aussi, j'ai à me venger; après, je vous abandonnerai vos belles pécheresses, et vous les traiterez comme vous le voudrez. Quant aux amants de ces dames, comme ils sont les moins coupables, je les prends sous ma protection, et, s'ils se retirent sans violence et sans scandale, comme je l'espère, je vous prie de les laisser partir tranquillement.

— Mais, dit Munos, je ne puis cependant pas assister impassible au rendez-vous d'amour de ma maîtresse avec un autre sans corriger ce polisson.

— Je puis vous promettre, monsieur Munos, que vous serez suffisamment occupé d'autres incidents et que vous oublierez facilement votre sentiment de jalousie en présence des surprises que je vous réserve.

— Mais, fit observer le maréchal, je ne pourrai pas non plus permettre qu'un misérable manant ait joui impunément, en ma présence, des faveurs d'une auguste personne qui doit être sacrée pour tous et dont la possession est un crime de lèse-majesté que la loi punit de mort, et il est de mon devoir de premier ministre de faire exécuter cette dernière.

— Devant la nature qui reprend ses droits, quand les augustes et sacrés personnages dépouillent leurs grandeurs, il n'y a plus de crime de lèse-majesté, par une raison bien simple, celle de l'absence de cette dernière, la majesté royale étant transformée en une jolie femme dépouillée de ses atours, de ses oripeaux et de ses grandeurs, se livrant, sans voile et sans majesté aucune, à celui qu'elle aime. La nature alors est la plus forte, elle se rit de vos conventions sociales, aussi ridicules que surannées.

— Mais moi, dit Olympio, je revendique les justes droits d'un amant sincère et dévoué, trahi d'une façon indigne par celle qu'il aime et dont il tient les serment solennels.

— Serments d'amour valent juste les serments d'ivrogne, dit Célina ; on les tient tant qu'ils nous sont agréables, avec le doux espoir de les violer à la première occasion. Mais, dans tous les cas, votre volage maîtresse seule vous doit compte de sa conduite ; son nouvel amant ne vous a jamais rien promis, il est dans l'exercice de son droit en se consacrant au bonheur de celle que vous aimez, mais qui vous préfère son nouvel amant. Ne perdons donc pas un temps précieux en discussions inutiles et oiseuses ; acceptez mes conditions et engagez-vous à les observer, ou, dans le cas contraire, il ne nous restera plus qu'à nous retirer tous et à laisser jouir en paix vos belles maîtresses des plaisirs qu'elles sont en train de goûter.

— Puisqu'il en est ainsi, nous acceptons vos conditions et nous vous promettons de les observer, dirent les trois compagnons de Célina ; mais hâtons-nous tous, afin de mettre au plus tôt un terme aux entrevues d'amour de nos infidèles.

— Très bien, alors, je vais tenir mes promesses ; veuillez ne pas oublier les vôtres.

En disant ces derniers mots, Célina appuya sur un timbre placé près d'elle et son dévoué affidé arriva aussitôt.

— Zampa, lui dit Célina, vous allez faire conduire secrètement, discrètement, et sans faire de bruit, M. Munos dans le cabinet attenant à la chambre à coucher de madame la comtesse ; M. Olympio Aguado dans celui communiquant à la chambre à coucher de mademoiselle Eugénie, et le maréchal dans celui de la chambre réservée à la grande dame qui a daigné venir passer la nuit dans l'hôtel de madame la comtesse. Une fois ces messieurs placés dans les cabinets en question chacun d'eux pourra tout entendre et tout voir par une petite ouverture pratiquée dans la cloison, et assister, invisible, aux tendres ébats de son adorée avec le fortuné mortel qui a pris sa place auprès d'elle pour cette nuit. Mais je leur recommande, à chacun, d'être prudent, de ne pas faire de bruit et d'attendre en silence que je leur ouvre la porte de communication qui leur permettra d'entrer dans la chambre de leur maîtresse et de la châtier.

Zampa s'en fut aussitôt pour s'acquitter de la mission qui venait de lui être confiée et les trois compagnons de Célina furent conduits chacun dans le cabinet qui lui avait été désigné.

Pendant ce temps, la jeune femme prit un poignard bien effilé qu'elle plaça dans une de ses poches, puis elle s'arma aussi d'une petite cravache noire garnie de fines et courtes petites pointes d'acier presque imperceptibles, semblables aux barbes des mauves sauvages, des orties ou des chardons.

Lorsque Zampa eut terminé convenablement la mission dont il avait été chargé, il vint en informer sa maîtresse qu'il trouva prête. Cette dernière lui ordonna alors de ne plus la quitter et de l'accompagner dans le cabinet attenant à la chambre à coucher de madame de Montijo. Comme elle connaissait parfaitement l'hôtel, elle ouvrit la porte, dont elle avait la clef, d'un petit escalier dérobé conduisant à l'appartement de cette dame; elle en gravit avec précaution et sans faire le moindre bruit les marches recouvertes d'un tapis épais. Le fidèle Zampa était derrière elle. Quand elle fut au haut de l'escalier, elle entra dans le cabinet où était déjà enfermé Munos qui l'attendait; puis, poussant un bouton qui ouvrit un petit trou rond à travers lequel ils pouvaient voir tout ce qui se faisait, et entendre tout ce qui se disait dans la chambre à coucher de la comtesse. Tous les deux alors regardèrent dans la chambre de cette dernière à travers la petite ouverture.

Voici le spectacle qui s'offrit à leurs yeux et qui excita un transport de rage dans le cœur du farouche et violent Munos que Célina avait beaucoup de peine à contenir. Madame la comtesse de Montijo, encore belle malgré les quarante-cinq ans sonnés qu'elle avait et les trente-cinq ans qu'elle accusait, était négligemment étendue sur un riche et moelleux canapé, la tête appuyée sur les coussins; sa chevelure noire tombait en flots d'ébène sur ses blanches épaules satinées, encore très fraîches; ses bras nus et potelés sortaient gracieusement des larges manches de son peignoir blanc en mousseline garnie de dentelles, un cordon pourpre avec des glands d'or le serrait très légèrement autour de sa taille encore souple, sa gorge se dessinait sous la gaze légère qui la couvrait et s'en échappait parfois voluptueusement; ses bas à jour laissaient voir la peau rose pâle de ses petits pieds jouant capricieusement dans de délicates babouches rouges brodées d'or; ses joues colorées, bien maquillées et bien teintes, brillaient de fraîcheur, grâce au talent de l'artiste qui les avait enluminées, de tout l'éclat de la jeunesse, et produisaient la plus agréable illusion à la clarté des bougies; ses yeux animés d'une flamme amoureuse et brillant de volupté dardaient des rayons ardents, et, le cosmétique aidant, ses cils, ses sourcils étaient brillants, soyeux et noirs.

Le beau toréador Montès ayant dépouillé son beau manteau bleu de ciel, son écharpe de pourpre, sa petite veste brodée, son coquet gilet de soie brochée n'avait plus qu'un maillot pailleté, des hauts-de-chausses à crevés, des bas de soie et des souliers à boucle; dans ce gracieux et léger costume déshabillé, toutes les formes, tous les muscles, tous les nerfs de ce bel athlète se dessinaient dans toute leur pureté et dans toute leur grâce. Le héros du cirque était agenouillé aux pieds de la comtesse, il enlaçait sa taille souple de ses deux bras, noyait sa chevelure d'ébène dans la neige de son sein, dardait ses yeux ardents, dont les flammes avaient fait reculer les taureaux du cirque, dans les yeux brûlants de sa belle, collait ses lèvres sur sa bouche et murmurait à son oreille les plus tendres mots d'amour.

— Oh! je t'aime, je t'adore! lui disait-il, ne diffère pas davantage mon bonheur, sois à moi!

Et, en disant ces mots, il détachait le cordon de pourpre qui retenait le peignoir autour de la taille de celle dont il convoitait la possession; le léger et mince vêtement, dernier, unique et fragile obstacle qui s'opposait à son bonheur complet allait tomber, quand Munos, qui assistait, invisible, dévoré de convoitise et de jalousie, dit à Célina :

— Madame, je n'y tiens plus, vous soumettez ma patience à une trop rude épreuve, je ne permettrai jamais que devant moi cet homme se permette... et, en disant ces mots à voix basse, il voulut sortir et aller dans la chambre interrompre les doux ébats de madame la comtesse avec son trop aimable toréador.

Au même moment, Célina poussa un ressort dissimulé dans la boiserie, et la porte communiquant avec la chambre à coucher s'ouvrit aussitôt. Alors Célina poussa Munos dans cette dernière en lui disant :

— Mais entrez donc, monsieur, venez donc féliciter madame la comtesse sur ses succès auprès des toréadors; faites-lui donc vos compliments sur ses brûlantes amours, voyez donc comme elle est belle, ardente et courageuse dans cette lutte où elle aurait certainement mis hors de combat l'invincible torero qui n'aurait pas tardé à succomber dans ses bras sans votre malencontreuse intervention.

Pendant qu'elle disait ces mots, le brutal Munos entrait en jurant dans la chambre de la dame, juste au moment où son heureux amant, n'y tenant plus, arrachait le vêtement transparent qui la voilait si peu, et, l'enserrant plus étroitement encore, la couchait doucement sur le sofa.

L'arrivée de Munos interrompit tout à coup cette scène. A sa vue, madame la comtesse poussa un grand cri de surprise et d'épouvante; Montès, surpris, lâcha son amoureuse proie; la belle impudique s'échappa des bras du toréador comme une couleuvre et vint en sifflant comme une vipère au-devant de son amant en titre, en lui disant :

— Vous ici, monsieur! que me voulez-vous? Sortez, vous êtes chez moi, je vous chasse!

Le grand et gros étalon royal fut d'abord étonné, surpris, stupéfait, et il resta coi, à la vue de cette tigresse furieuse qu'il venait d'arracher à ses amours au moment où elle s'y attendait le moins et qui s'avançait, belle d'impudeur et de nudité, écumante et grinçante au-devant de Munos très émotionné. Mais Célina, qui n'avait pas les mêmes motifs d'émotion et qui avait conservé tout son sang-froid, entra à son tour dans la chambre en s'avança armée de sa petite cravache auprès de la dame, en lui disant :

EXTRAIT DU CATALOGUE
DE LA
LIBRAIRIE ANTI-CLÉRICALE
26 et 35, Rue des Écoles, 26 et 35. — PARIS

Le Livre qu'il ne faut pas faire lire, recueil authentique de la pornographie religieuse, contenant in-extenso, entre autres pièces curieuses, *Le Cantique des Cantiques*, de Salomon. Un volume 1 50

Par la Grâce du Saint-Esprit, roman comique par Léo Taxil et F. Laffont, un volume 1 50

La Morale des Jésuites, par Paul Bert. Une volume 3 50

Gros-Jean et son Curé, dialogues anti-cléricaux, par Roussel, de Méry, ouvrage plein d'esprit et de bon sens, illustré de nombreux dessins comiques par Alfred Lepetit. Un beau volume 4 50

L'Alcôve du Cardinal, roman contemporain, démasquant les mœurs dissolues des membres du Sacré-Collège, par J. Vindex .... 3 »

La Guerre des Dieux, par Parny; un volume 1 50

La Vie de Jésus, par Léo Taxil, ouvrage excessivement beau, amusant au possible, avec près de cinq cents dessins comiques, par Pépin. Un magnifique vol. 5 »

Le Couvent de Gomorrhe, ou les Mœurs horribles des cloîtres dévoilées, par Jacques Souffrance, un volume........ 1 50

L'Affaire Léo Taxil-Pie IX, compte-rendu in-extenso de ce procès à jamais célèbre. Débauches, assassinats, fausse-monnaie et autres crimes commis par le dernier pape. Plaidoyer de M. Delattre, député de la Seine, en faveur de Léo Taxil. Une brochure avec portraits . » 60

Les Sermons de mon Curé, satires anti-cléricales, par Roussel, de Méry. Un joli volume 1 50

Le Moine Incestueux, par E. Ploërt; un volume 1 50

La Religieuse, par Diderot; seule édition contenant sans coupure la seconde partie : Amours monstrueuses d'une supérieure de couvent; un volume............ 1 50

Les Galanteries de la Bible, poème irréligieux et badin, par Parny. Une brochure............................ » 60

Les Bijoux indiscrets, par Diderot. Un volume 1 50

Le Capucin enflammé, par le R. P. Alleluia, de l'ordre de la Sainte-Rigolade; un volume 1 50

Le Péché de Sœur Cunégonde, roman anti-clérical, par Hector France. Un volume............................. 3 50

La Pucelle, ouvrage renommé de Voltaire, mais connu à peine par fragments, à cause de l'interdiction dont il a toujours été frappé. Édition complète. Un volume. 1 50

Le Fils du Jésuite, grand roman anti-clérical, par Léo Taxil; préface par le général Garibaldi. C'est à cause de cet ouvrage que Léo Taxil a été excommunié par le pape Léon XIII. Deux volumes; chacun: 1 50

Le Bon sens du curé Meslier, un volume 1 50

Un Pape Femelle, roman historique, par Léo Taxil et F. Laffont; aventures extraordinaires et crimes épouvantables de la papesse Jeanne; un volume........ 1 50

La Bible amusante, pour les grands et les petits enfants ; texte par Léo Taxil, dessins par Frid'Rick. Cet ouvrage paraît par cahiers, contenant chacun vingt magnifiques grands dessins. Chaque cahier peut se vendre séparément. Prix du cahier: 50 centimes. L'ouvrage entier comporte vingt cahiers, lesquels reliés ensemble forment un superbe volume dont le prix est de............................ 10 »

La Belle Dévote, roman, par Vindex; un volume 1 50

Les Quatorze Péchés Capitaux, par E. Delattre. Un volume............. 3 »

Les Doctrines sociales du Christianisme, par Yves Guyot; un volume..... 3 50

Moines et Comédiennes, étude anti-cléricale, par Hortense Rolland. Un vol. 2 50

Joindre à toute commande le prix du volume et le montant des frais de port. — Le Catalogue complet est envoyé gratis à toute personne qui en fait la demande par lettre affranchie.

PIE IX DEVANT L'HISTOIRE
Ses Débauches, ses Folies, ses Crimes
TROIS VOLUMES, PAR LÉO TAXIL. — CHAQUE VOLUME : 1 FR. 50, VENDU SÉPARÉMENT.

www.ingramcontent.com/pod-product-compliance
Lightning Source LLC
Chambersburg PA
CBHW070540230426
43665CB00014B/1761